KB263463

아편전쟁에서 개혁·개방까지

중국 근대화를 이끈 걸출한 인물들

이병주 엮음

지식산업사

중국 근대화를 이끈 걸출한 인물들
－아편전쟁에서 개혁·개방까지－

초판 제1쇄 인쇄 2006. 2. 20.
초판 제1쇄 발행 2006. 2. 25.

엮은이   이병주
펴낸이   김경희
펴낸곳   ㈜지식산업사
        서울시 종로구 통의동 35-18
        전화 (02)734-1978(대) 팩스 (02)720-7900
        인터넷한글문패   지식산업사
        인터넷영문문패   www.jisik.co.kr
        전자우편   jsp@jisik.co.kr
        등록번호   1-363
        등록날짜   1969. 5. 8.

책값은 뒤표지에 있습니다.

ⓒ 이병주, 2006
ISBN 89-423-2066-X   03910

이 책을 읽고 문의하고자 하는 이는 지식산업사 전자우편으로 연락 바랍니다.

차 례

차 례

시작하는 글
―중국 근대화의 특수성과 그 전개―

이 병 주

1. 머리말

중국은 19세기 중반 아편전쟁(1840~1842)에서 근대 서양 열강의 맹주 영국에 굴욕적인 패배를 당하였다. 그때 이래 중국이 오늘날 세계적 강대국으로 우뚝 서기까지는 장장 160여 년이 걸렸다. 그동안의 중국 근현대사는― 슈워츠(Benjamin Schwartz)가 서양 근대사상 소개의 선구자 엄복(嚴復)에 관한 저서에서 갈파한 바대로― '부강(wealth and power)'한 국가를 이룩하기 위한 근대화(modernization) 노력의 역정이었다고 한마디로 말할 수 있다.[1] 그러한 중국의 근대화 노력의 이면에는 또한 중국적 근대화 노력을 지지하고 이끈 동력으로 작용한 민족주의(nationalism)가 중요한 구실을 하였다. 양자의 상호작용을 통하여 중국은 한 세기 반에 걸친 근현대사에서 갖은 곡절과 역경을 극복하고 '중국적 근대화'에 성공하여, 오늘날 마침내 세계적 강대국으로 올라설 수 있었다.

물론 오늘날 중국이 강대국으로 부흥한 것은 직접적으로는 1978년 이래 등소평(鄧小平)이 주도한 실용주의적 개혁·개방 정책에 따른 중국 공산당(중공)의 근대화 노력의 공로가 매우 컸기 때문이라고 할 수 있다. 그러나 중국 근현대사의 모든 기간에 걸쳐 근대화의 모색과 노력이 이어졌다는 점에서 오늘날 중국의 성취를 전적으로 등소평 통치 아래

6

추진한 근대화정책의 결과로만 보는 것은 무리다. 그보다는 거시적 안목으로 보아, 오늘날 중국의 현상을 중국민족이 근현대사 전체를 통해 부강한 국가의 성취를 위해 끊임없이 전개한 근대화 노력의 결과로 파악하는 것이 더욱 타당할 것이다. 즉 1980년대 이후 중공 정권의 괄목할 만한 근대화의 성과는 그전 시대의 근대화 노력이 낳은 실적을 바탕으로 이루어진 것이라는 말이다.

중국은 우리나라와 국경을 마주하고 있는 이웃으로 고대부터 우리나라에 정치·경제·문화·군사적으로 큰 영향을 끼친 나라이다. 게다가 오늘날 중국은 동아시아를 뛰어넘는 세계적 강대국을 이루어, 과거와는 다른 양상으로 우리나라의 여러 문제에 큰 영향을 미치게 되었다. 그러한 만큼 현 중국에 대한 올바른 이해는 우리에게 매우 중요하고도 시급한 문제이다. 그런 뜻에서 이 책은 오늘날 중국 근대화를 역사적 안목에서 심층적으로 이해하기 위한 목적으로 편찬되었다.

이 책의 중국 근대화 과정에 대한 관점과 편찬방식은 다음과 같다. 이 책의 중국 근대화에 대한 관점은, 오늘날 중국 부흥의 성공을 아편전쟁에서부터 지금까지 중국 근현대사의 모든 기간에 걸쳐 추구된 연속적인 근대화 노력의 결과로 파악하고, 중국의 근대화 역정은 동아시아의 다른 나라들과는 다른 특수성을 가진다는 것이다. 그리고 편찬방식이라 함은 중국 근대화 과정을 보여주기 위해 택한 서술방법을 말한다. 이 책의 편찬방식은 이른바 '인물사(人物史)' 방식이다. 구체적으로 말해서, 이 책은 중국 근대화 과정을 이해하는 한 방법으로 중국 근대화 역정 가운데 각 시기별로 정치·사회·교육·사상 방면에서 중요하면서도 독특한 구실을 한 대표적 인물들을 선정, 그들의 생애와 사상을 통하여 중국 근대화의 흐름을 보는 인물전(人物傳)의 방식(biographical approach)을 취하였다.

그러나 중국 근현대사의 근대화정책 유형은 시기별로 다르며, 근대화 관련 각 주요 인물의 시대적 배경도 같지 않다. 그러므로 이 책에 실린 인물들을 그들이 살아 간 시대적 배경과 연관시켜 한 세기 반에 걸친 긴 중국 근대화의 역정을 하나의 체계로 이해하기 위해서는 몇 가지 역사적 사실들에 대한 구체적 지식이 요구된다. 다음에서 그러한 사항들을 요약하여 기술하려고 한다.

2. 과거의 중국, 오늘날의 중국

앞에서 우리는 오늘날 중국이 아편전쟁의 굴욕적 패배 이래 중국민족이 염원하던 강국으로 부상했다는 말을 하였다. 그렇다면 오늘날의 중국은 어느 정도 부강한 나라가 되었는가? 오늘날의 중국과 같은 시대를 살고 있는 우리에게는 지금까지의 중국 근대화 과정을 보기에 앞서 중국의 현재 상황부터 아는 것이 선결 문제라고 생각한다. 이 문제에 대한 자세한 해설을 위해서는 책 한 권도 모자랄 정도로 길고 복잡한 논의가 필요하다. 그러나 지면의 제한 관계로 여기서는 요점만 간추려 되도록 간략히 소개하려 한다. 서술방법으로는 먼저 과거 중국 국민의 생활상을 보고,2) 다음에 오늘날 중국의 현상을 제시토록 하겠다. 그렇게 함으로써 중국이 과거와 견주어 오늘날 얼마나 향상되었는지를 더 명확히 확인할 수 있을 것이다.

1) 과거의 중국

이민족으로서 17세기 중반 이래 중원을 차지하고 동아시아의 종주국으로 군림하던 만주족의 청조(淸朝)는 19세기 후반 근대 서구 열강의 침략을 막지 못하고 쇠락의 길을 밟았다. 그 과정에서 청 정부는 민족의식이 강한 한족 지사(志士)들로부터 압제와 부패 그리고 무능함을 지탄받았으며, 결국 손문(孫文)이 주도한 신해혁명(辛亥革命 : 1911~1912)으

8

로 멸망하고 한족이 수립한 역사상 첫 공화정으로 대체되었다. 그러나 이른바 민국기(民國期)로 불리는 1910년대와 1920년대의 중국은 정치적 파행, 그에 따른 잦은 정권교체, 군벌들의 할거와 끊임없는 내전으로 정치적 분열과 경제적 낙후, 사회적 혼란이 지속되었으며, 일제(日帝)의 침탈까지 더하여 국내외적으로 국가 위기상황이 계속되고 있었다.

1920년대 말에는 국민혁명(1924~1927)이 성공, 삼민주의를 기본 이념으로 하는 통일된 근대정부 형태의 남경 국민정부가 수립되었다. 그러나 얼마 되지 않아 국민당의 내부 분열 — 이른바 '신군벌(新軍閥)'의 연속된 반장운동(反蔣運動) — 과 중공의 도전, 게다가 세계공황과 일제의 만주 점령 및 화북(華北) 지역 침략으로 내우외환(內憂外患)은 계속되었다.

그러한 상황에서 대다수의 국민들은 극심한 궁핍과 무지, 여전한 전통적 인습과 제도, 경제 불황, 불안한 치안 상태 아래서 벗어나지 못하고 있었다. 몇 가지 대표적 예를 들어 보면 다음과 같다.

1927년 당시 중국에서 상공업과 농업이 가장 발달된 강소성(江蘇省) 남부 무진현(武進縣)의 4인 가족으로 12무(畝)를 경작하고 있던 한 전형적 소작농가의 1년간 가계 수입과 지출을 조사한 바에 따르면, 쌀과 밀 그리고 기타 수입의 총계 396위안(元)에서 소작료와 가축사료·비료·농기구대 등 순 농사를 위한 지출 총계 260위안을 제하면 남는 돈이 136위안이었는바, 이 금액은 네 식구의 식량비만으로도 8개월 치밖에 안 되는 것이었다 한다.[3] 또 다른 예로 1930년 유명한 농촌사회학자 비효통(費孝通)이 강소성 남부 오강현(吳江縣)의 개현궁촌(開弦弓村, 360戶)을 조사한 바에 따르면, 부농 한 세대의 1년 생활비 가운데 식량비 외의 일상비(日常費)는 213위안이었던 데 견주어 빈농 한 세대의 일상비는 고작 56위안이었다.[4] 1927년 무렵 강소성 농촌의 빈농 비율이 평균 67%를 웃돌고 있었던 것[5]을 감안하면 당시 대다수 농민들의 가난한 생활상을 가히 짐작할 수 있을 것이다.

그런가 하면 스펜스는 1930년대 중반 대다수 중국인들의 어려운 생활상을 다음과 같은 예를 들어 지적하였다. 1936년 중국의 총인구 4억 8천여만 가운데 당시 새로운 농업기술의 발달과 대도시 공업의 계속된 성장 그리고 철도와 도로의 계속된 확장으로 만족한 생활을 누린 사람들의 수는 수백만이었으나, 수천만의 사람들은 '처참하고 굴욕적인 생활'을 하고 있었다는 것이다.6) 또한 당시 적은 수의 유망한 직장(조선·철도·전기·견직물 공장 등) 노동자들의 평균 월급은 100위안이었으나, 다른 많은 중소 공장(시멘트·석회·알코올·면직·성냥 등) 노동자들의 평균 월급은 20위안이었으며, 하루 12시간 이상 노동을 착취당한 여공들의 월급은 고작 7~8위안(미화 2~3달러)에 지나지 않았다는 것이다.7)

외국인들은 당시의 중국을 가리켜 점잖게 '잠자는 사자'라고 표현하였다. 그러나 그들은 직설적으로 중국인을 불결하고 가난하며, 이(利)만 좋아하고 부끄러움을 모르며, 돈을 숭배하고 사기에 능하며, 권력에 굴종하고 공리(公理)에 불복하며, 방종하고 비열하며, 나약하다고 혹평하였다.8) 중국혁명의 아버지라 불리는 손문은 당시 중국의 상태를 '차식민지(次植民地)'라고 불렀고, 모택동은 '반봉건(半封建) 반식민지(半植民地)' 상태로 규정히였디.9) 또힌 같은 때 중국사회의 병증(病症)을 손문은 '접시 위의 모래[一盤散砂]'로, 호적(胡適)은 '빈궁, 질병, 우매, 탐오(貪汚), 요란(擾亂)'으로 지적하였다.10)

2) 오늘날의 중국

그러면 오늘날 중국은 어떠한 상황에 있는가? 지금의 중국은 80여 년 전과는 천양지차의 다른 나라로 탈바꿈되어 있다. 중국은 더 이상 가난하고 외침(外侵)에 시달리는 후진국이 아닐 뿐만 아니라, 경제와 군사 면에서 자타가 공인하는 세계적 강국으로 떠오르고 있는 것이다.

오늘날의 중국은 등소평의 새로운 실용주의적 정책에 힘입은 바 크다. 그는 1976년 4월 문혁(文革) 4인방의 집중적 비난을 받고 3번째로 실각하였다가 다음 해 7월에 열린 중공 제10차 3중전회에서 다시 부총리로 부활하였다.[11] 그리고 그는 같은 해 11월에 열린 당 중앙공작회의에서 당시 수상 화국봉(華國鋒)에 대해 확실한 정치적 우위를 굳힌 뒤, 이어 12월 중순에 열린 중공 제11차 3중전회를 주도하였다. '위대한 전환점'이라고 불리는 이 회의에서는 그의 의향을 반영하여 당의 노선을 이전의 '계급투쟁'에서 '실용주의적 현대화 노선'으로 전환할 것을 결정하였다. 그러한 결정에 따라 중공에서는 정치·사상·조직 등 모든 분야의 전환과 새로운 근대화 노선(전략)이 마련되었다.

이 새로운 노선의 핵심 내용이 곧 이후에 시작된 이른바 '개혁(改革, 당과 정부의 체제와 경제제도의 개혁)', '개방(開放, 대외개방)' 그리고 '활성화(活性化, 대내경제의 활성화)'이다.[12] 그리고 그 목적은 이전부터 논의되어 왔던 '4대 근대화 계획'(농업·공업·과학기술·국방의 근대화)을 빠르고도 효율적으로 달성하여 서양 열강에 못지않은 부강한 국가를 이룩하는 것이며, 그것을 달성하기 위한 구체적 수단이 곧 '사회주의 시장경제 ― 대외개방 정책'인 것이다.

그 가운데 주요한 대외개방 전략의 하나가 1979년 7월 등소평이 제안하여 실행된 경제특구이다. 경제특구는 정부가 낮은 세율, 저렴한 부지 제공, 이익의 자유로운 국외송금 등 각종 특혜를 부여하여 외자와 유망한 외국기업을 유치함으로써 외화획득과 외자도입을 촉진, 국제수지를 개선하고, 수출증대를 꾀하여 세수입을 늘리는 동시에 고용을 늘리고, 선진 경영관리 기법과 과학기술을 배우는, 국내 경제개혁과 발전을 위한 실험장 구실을 하기 위한 것이었다. 처음에는 심천(深圳)·주해(珠海)·산두(汕頭)·하문(厦門) 4곳에서 시작하여 성과가 좋자, 1984년 5월 특구를 본떠 14개 연해 도시[상해, 천진, 대련, 진황도(秦皇島), 연대(煙臺), 청도(靑島), 연운항(連雲港), 남통(南通), 영파(寧波), 온주(溫州),

복주(福州), 광주(廣州), 담강(湛江), 북해(北海)]로 개방을 확대하였다. 또한 1983년 10월에는 해남도(海南島)를 광동성에서 분리하여 일반 행정구로 만들고, 이어 1988년 4월에는 성(省)으로 승격함과 동시에 성 전체를 경제특구로 지정하였다.[13]

이러한 정책이 시행된 결과 1979년부터 1988년까지 10년 동안 중국의 GNP(국민총생산)와 재정수입으로서의 1인당 GNP는 1980년도의 2배를 달성했으며 경제성장률도 연평균 10%였다. 식량생산은 세계 제2위에서 제1위로, 석유는 제7위에서 제5위로, 대외무역 총액은 1978년보다 3.6배나 증가하여 세계 제26위로부터 제15위로 상승하였다고 한다.[14] 그 뒤에도 개혁·개방 정책은 조정과 수정을 하면서 계속 추진하였음은 물론, 등소평의 사망(1997년 2월) 뒤 강택민(江澤民) 체제에서도 같은 정책이 이어져 시행되고 높은 경제성장이 지속되었다. 예컨대 1998년에서 2003년까지 GDP(국내총생산) 성장률이 각각 8.8%, 7.8%, 7.1%, 8.0%, 7.3%, 8%, 8.6%였다. 그리고 경제규모로는 이미 1995년에 세계 제3위를 차지하게 되었으며, 2003년도 외환보유고는 이미 4천억 달러를 웃돌고 있다.[15]

최근 중국의 경제성장을 개인별 경제소득(1인당 GNP)으로 보면 도시 거주민[城鎭居民]이 2000년에 6,279.98위안, 2001년에 6,859.88위안이며, 농촌 거주민의 경우 각각 2,253.42위안과 2,366위안으로, 도시민은 한국의 수준을 바짝 쫓고 있는 것이다. 도시화 비율도 2003년에는 전국의 36%에 이르렀다.[16]

물론 위와 같은 통계는 중국 당국의 발표이므로 과장된 것으로 보거나, 현재 표면상 20여 년 동안 계속된 고도성장의 이면에는 많은 문제점이 있다는 비판적 시각을 가진 학자들이 있다.[17] 심지어는 감추어진 이면의 많은 모순으로 중국은 결국 붕괴될 것이라고 공언하는 사람까지도 있다.[18] 그러나 그동안 계속된 경제성장에 따른 중국 내부의 많은 모순에도 불구하고 머지않아 중국이 세계 유수의 강대국으로 부상할 것을 기정사실로 보는 학자가 다수이며, 지금 같은 경제성장이 지속될 경우

2020년대에는 중국이 세계 제2~3위의 경제 강국, 또는 최대 경제 강국
이 될 것으로 내다보는 외국 학자들까지도 있다.[19]

한편 오늘날 중국의 군사력을 간략히 살펴보면 다음과 같다. 인민해방
군의 총 병력은 303만 명이다 그 가운데 육군은 230만 명으로 세계 최대
규모이며, 해군 26만 명, 공군 47만 명, 전략핵전력군 9만 명이다. 그밖에
준(準)군대로 인민무장경찰부대 120만 명과 예비역 120만 명, 그리고 민병
약 1,200만 명이 있다. 주요 무기와 장비의 경우 1994년 현재 성능에 일부
문제가 없는 것은 아니나, 양적으로 세계에서 유수한 국가에 속한다.

육군은 전차가 7,500~8천 대로 미국·러시아에 이어 세계 제3위이며,
야전포는 1만 4,500문으로 러시아 다음으로 세계 제2위라 한다. 그밖에
다연발 미사일 3,800기, 고사포 1만 5천 문을 가지고 있으며, 최근에는
무기의 현대화가 진행되어 정확한 수는 알 수 없으나 대전차 미사일, 지
대공 미사일, 사거리 150~500㎞의 지대지 미사일이 증가하고 있으며,
육군항공부대는 군사 근대화의 상징인 무장 헬기 8대, 병력수송용 중형
헬기 70대를 보유하고 있다.

해군의 전력은 3개 함대(북해·동해·남해)와 십수 개 기지부대에 전
함 약 2천 척, 96만 톤(구축함 18, 프리깃 38, 잠수함 45, 기뢰전 함정 130,
수륙양용 전함 51)과 작전항공기 880대를 가지고 있다. 이는 미국·러시
아에 이어 세계 제3위에 해당하는 전력이다.

공군은 전투기 4천 대, 폭격기 470대, 대지(對地) 공격기 500대, 정찰
기 300대, 수송기 600대, 헬기 400대를 보유하고 있으나, 작전기들은 일
부 j-8(미그-23 기종) 신형기를 제외하고는 구식 기종이 대다수를 이루
고 있어 러시아로부터 미그-31과 같은 신형 전투기의 도입을 서두르고
있다고 한다. 이러한 공군의 항공기 보유대수는 세계 제3위이지만 방대
한 국토 면적에 견주어서는 충분한 것이 아니라는 평가도 있다.

마지막으로 중국은 미국·러시아에 이어 세계 제3위의 핵전력 국가
이다. 비록 251~331발의 핵을 비축하고 있는 중급 핵 국가로 분류되지

만, 중국은 미국과 러시아에 대해서도 일정한 억지력을 가진 것으로 평가되는 핵 강국이다. 게다가 미국 본토를 타격할 수 있는 사정거리 1만~1만 3천㎞의 대륙간탄도미사일(ICBM) 4기를 비롯하여, 사거리 2천~7천㎞에 이르는 각종 장거리 미사일 70여 기와 상당수의 핵폭탄 장착 원거리폭격기와 핵잠수함(2기)도 보유하고 있다. 그래서 중국의 핵전력은 미·러도 경시할 수 없는 수준의 막강한 것이다.[20]

그리고 전체 국방력을 지지하고 있는 국방예산의 경우, 중국 정부는 2002년도에 중국 GDP의 4.3%인 311억 달러를 책정했다. 이는 세계 제2위의 국방비로서, 세계 최강 미국 국방비의 10분의 1 수준이나 한국 국방비의 2배를 넘는 거액인 것이다.[21]

3. 근대화의 개념과 중국의 근대화

1) 근대화의 일반적 개념

근대화는 원래 서양적 개념이다. 그것은 서양사의 시대구분에서 흔히 암흑시대로 불리는 중세(medieval period)에 이은 시대를 유럽의 사학자들이 '근대(modern period)'로 설정한 것과 직접적인 관계를 가진 용어이기 때문이다.[22] 즉 근대화란 16세기 르네상스 이후 서구에 나타난 지속적인 새로운 현상을 포괄적으로 지칭하는 용어로, 근대를 한 시대로 성립시키는 필수적 요건의 현상을 말하는 것이다. 다시 말해서, '근대화'는 그것의 과정과 현상이 없이는 오늘날로부터 시간적 원근(遠近)에 관계없이 어떤 시기를 근대라고 부를 수 없는, 근대의 관건적(關鍵的) 현상이란 말이다.

그러면 '근대성(modernity)'이라고도 불리는 근대의 새로운 현상으로서 근대화의 실질적 내용이나 대표적 특징들은 어떠한 것인가? 그 내용

과 특징의 세부적 분류에서는 오늘날 학자에 따라 조금씩 다르다.[23) 그
러나 일반적으로 요약건대, 근대화의 내용으로는 내셔널리즘('국민주의'
나 '민족주의'로 번역)에 바탕을 둔 독립적이고 통합된 국민국가(nation-
state)의 수립, 정치의 민주화, 경제발전, 전통적 공동체적 집단의 붕괴,
개인주의 또는 근대적 자아의 확립, 도시의 발달, 교육의 보급, 과학의
발달 등으로 정리할 수 있다.[24)

서양의 선진국들은 17세기 이래 19세기에 걸쳐 위에 언급한 내셔널리
즘, 즉 국가의 영광과 이익을 최상의 가치로 하는 이념에 바탕을 두어
국민국가를 건설하고, 정치·사회·경제·사상 등 모든 면에서 근대성
을 발전시키는 이른바 근대화를 이룩함으로써 역사상 일찍이 볼 수 없
었던 부강한 국가를 건설하였다. 그렇게 근대화를 이룩한 국민국가가
바로 '근대국가'이며, 또한 그러한 서양 여러 나라들의 근대화 총체가 바
로 '근대 서양문명'이다. 이 근대 서양문명은 위에서 든 근대성의 여러
요소, 특히 내셔널리즘을 동력으로 하고, 끝없는 이윤추구와 자유경쟁을
속성으로 하는 자본주의를 바탕으로 경쟁적 해외팽창을 추구하는 국민
국가를 구성원으로 하는 진취적이고 공격적인 문명이었다.

이러한 특성의 근대 서양문명은 19세기 후반에 들어 막강한 자본과
군사력을 동원한 제국주의정책을 통하여 다른 지역의 문명권에 대한 본
격적 충격과 팽창, 즉 군사적 경제적 침탈을 감행함으로써 20세기 초에
는 세계의 대부분을 정복하고, 근대 서양문명의 세계화를 이룩하였다.
그 선두에 선 대표적인 국가가 영국·프랑스·미국이었다.

2) 동아시아와 중국의 근대화

(1) 동아시아의 근대화[25)

동아시아의 근대화는 흔히 위에서 언급한 근대 서양문명의 '충격
(impact)에 대한 반응(response)'의 이론으로 설명된다. 서구의 근대화가

역사의 진보 과정에서 자기 내부의 자생적 자기 진화의 현상인 반면, 동아시아의 근대화는 동아시아문명이 이질적 문명인 근대 서양문명과 접촉, 충돌하는 과정에서 반응 또는 반작용을 통해서 이루어졌다는 것이다. 근대화의 힘을 빌린 근대 서양문명의 충격으로 전통적 동아시아문명이 패배하고 붕괴의 길에 몰리면서, 동아시아의 반응은 동양적 민족주의의 전개와 근대화 노력의 양면으로 나타났다.

이들 양자는 동아시아의 특수한 근대화 과정에서 파생한 같은 역사현상으로, 서로 분리될 수 없는 밀접한 관계를 가지고 있다. 전자가 서구 제국주의 문명의 침입에 대한 감정적 또는 이념적 성격의 산물이었다면, 후자는 서양문명의 침탈에 대한 정치·경제·사회·문화 면에서 어쩔 수 없는 적응 과정 또는 적극적 대응책으로서의 생존전략이었다고 볼 수 있다. 그렇기 때문에 근대 동아시아에서 흔히 전자는 후자에 선행되며 후자의 동력이자 방향타 구실을 하였다. 다시 말해서, 동아시아에서 민족주의의 성격은 근대화의 질과 방향을 결정했던 것이다.

물론 전술한바, 서구의 근대화에서도 문예부흥 이래의 국민주의와 합리적 정신혁명 그리고 과학주의의 발달이 그 밑바탕을 이루었다. 그러나 동아시아의 민족주의는 서구의 경우처럼 국민국가의 형성·발전과의 관련 속에서 자생적으로 대두된 것이 아니라, 이질(서구) 문명의 도전에 대항하여 자체(동아시아) 문명과 사회를 수호하는 투쟁 과정에서 발생한 데 그 차이가 있다. 따라서 동아시아의 민족주의는 일반적으로 반(反)제국주의와 반(反)서구적 성격을 띠게 되는 것이다.26)

동아시아의 근대화도 동아시아의 민족주의의 특성과 짝하여 서구 제국주의의 침탈 과정 가운데 파생된 기형적 근대화와 반제국주의·반서구적 성격의 자주적 근대화의 두 단계를 거친다는 점에서 단순한 서구화와는 다른 양상을 나타낸다. 즉 동아시아의 근대화는 먼저 서구 침략에 따른 식민지 또는 반(半)식민지적 근대화가 선행되고, 주체적 민족주의에 바탕을 둔 동아시아 여러 나라 특유의 근대화가 뒤따르는 2단계

과정을 거치는 것이다.

이들 두 단계의 진행 내용을 살펴보면, 첫 단계에서는 전통문화의 파괴와 부분적으로 근대 서양의 모방이 이루어진다. 그와는 달리 두 번째 단계에서는 서양의 질곡에서 벗어나서 주체적 근대화를 성취하려는 노력이 나타나는 것이다. 이때 중요한 것은 전통의 무게와 작용이다. 전통의 크기와 생명력은 근대화 속도와 주체성의 정도를 결정하는 열쇠가 되기 때문이다.

위와 같은 동아시아의 민족주의와 근대화 과정의 특징에 비추어 볼 때 동아시아 여러 나라의 근대화 형태는 다음과 같은 세 유형으로 나눌 수 있다.

> 제1유형 : 식민지적 근대화를 거친 뒤 독립국가로서 주체적 근대화로 이행한 나라.
> 제2유형 : 반(半)식민지 상태에서 근대화를 시작하여 독립국가로서 주체적 근대화로 이행한 나라.
> 제3유형 : 식민지화 과정 없이 독립국가로서 주체적 근대화를 실행한 나라.

위의 유형을 좀더 부연 설명하면, 세 유형 가운데 제1유형이 가장 많은 일반적 경우이다. 예컨대, 베트남·한국·필리핀·인도네시아·미얀마·말레이시아 등이 이에 속한다. 제1유형의 경우 근대화 과정은 두 가지 형태로 진행된다. 1단계에서는 우세한 외래문명의 침입으로 토착문명과 사회가 일방적으로 해체되고 식민지가 된 뒤 식민 본국에 의한 서구적 근대화가 부분적으로 이루어졌다. 2단계에서는 제2차 세계대전 뒤 독립국가가 되어 서양적 요소와 토착 요소를 결합한, 자국에 적합한 형태의 주체적 근대화를 기도하는바, 기왕의 서양의 질곡을 벗어나는 것과 빈곤으로부터 탈출하기 위한 급속한 경제적 발전에 중점을 두는 것이 통상이었다. 또한 정치제도에서 많은 경우 '민주주의'를 표방하나 카리스마적 정치 지도자를 중심으로 하는 집권주의적(集權主義的) 성격의 체제를 갖는 것이 대부분이었다.

　제2유형과 제3유형은 동아시아의 대표적 국가인 중국과 일본의 예를 말한다. 제2유형인 중국의 근대화 과정에 대하여는 앞으로 상세히 논할 것이므로 여기서는 생략한다. 제3유형인 일본의 근대화는 일반적 동아시아 여러 나라의 근대화와는 전혀 다른 예외적인 유형이었다. 일본은 식민지 과정을 거치지 않고 독립국가를 유지한 채, 전통적 천황제를 복원하여 국가통합의 구심점으로 삼고 서구 열강을 철저히 모방한 근대화를 단기간에 이룩했다. 그뿐 아니라, 서구 열강과 함께 동아시아의 이웃 나라들을 식민지 내지는 반식민지화 하는 데 참여한 서양 제국주의의 아류(亞流)였다.

(2) 중국 근대화의 단계와 전개 형식

가. 중국 근대화의 특징

　동아시아 근대화의 제2유형으로 분류된 중국 근대화 과정의 특징은 어느 한 국가의 식민지가 되지도 않았으며, 또한 일본처럼 처음부터 서양식의 근대화를 적극적으로 시행하지도 않은 가운데, 시기에 따라 각기 다른 여러 형태의 근대화 노력이 장기간에 걸쳐 계속적으로 이루어졌다는 점이다. 그러한 점은 우선 중국의 방대한 영토와 유구한 역사, 수준 높은 전통문화의 무게와 끈질긴 생명력, 그리고 아편전쟁 이래 20세기 초까지 중국의 이권을 둘러싸고 어느 한 국가가 아닌 영·불·러·미·독·일 등 다수의 제국주의 열강이 시기에 따라 공동보조를 취하거나 서로 경쟁과 견제를 하면서 중국의 주권을 제약, 유린한 상황 때문이었다. 그러한 중국의 상태가 이른바 '반(半)식민지'인 것이다. 그러한 상황 속에서 앞에서 말한 중국 근대화 과정의 특징, 곧 반제·반서구적 민족주의의 전개가 두드러진 '독특한' 주체적 근대화의 모색이 오늘날까지도 계속 이어져 온 것이다.

다시 말해서, 중국의 민족주의는 다른 나라의 경우에 견주어 근대화 과정에서 훨씬 더 직접적이고 강한 영향을 끼쳤다는 것이다. 일반적으로 민족주의 자체가 근대화 현상의 일부이다. 게다가 중국의 민족주의는 오래고 찬란한 전통과 문화를 가진 민족으로서 중국인의 높은 자존심이 외세에게 상처받아 반동적으로 형성된 것이어서, 자연히 반제·반서구적 성격을 띠게 되었다. 따라서 중국의 민족주의는 근현대사 전체를 관류하면서 갖은 역경을 극복하고 근대 서양의 발전수단이었던 근대화를 자체 발전수단으로 역이용하여, 종국적으로 서양 열강과 일제를 따라잡을 수 있게 한 추진력으로 작용하게 된 것이다.27) 요컨대 중국의 근대화와 민족주의는 동전의 양면처럼 서로 떼어 놓을 수 없는 관계로 전자가 중국의 부흥을 위한 실제적 수단이었다면, 후자는 부단히 근대화를 지지(支持)하고 각 시기에 따른 온갖 시련을 극복하면서 근대화를 견인하며, 근대화를 단순한 서구의 모방이 아닌 '중국적 근대화'로 변용(變容)케 한 동력이었다고 할 수 있다.

나. 중국 근대화의 단계

1960년대 말 아이젠슈타트(S. N. Eisenstadt)는 중국이 근대 서구와 조우(遭遇)한 이래의 반응 내지는 변화 과정, 곧 중국의 근대화 과정을 ① 청 제국이 겪은 서구와의 초기 접촉에서 멸망까지의 단계, ② 신해혁명에서 국민정부기(1928~1949)까지의 단계, ③ 중공정권기(1950~현재) 단계의 셋으로 분류하였다. 그리고 그는 근대 서구의 충격이 전통 중국에 제기한 문제를, 외부적으로는 새로운 제국주의적 국제환경에서 영토 보존의 능력 문제, 내부적으로는 제국질서 붕괴의 방지 문제와 붕괴 뒤 혼란의 극복 문제 그리고 새로운 질서의 수립 문제로 보고, 앞의 제1단계와 제2단계 사이에는 상당한 계속성이 있는 반면, 제3단계에서는 불연속성이 있다고 하였다.28)

청이 망한 뒤 민국기(1912~1927)로부터 오늘에 이르기까지 중국 근대화 과정의 특징인 반제·반서구적 민족주의의 전개와 주체적 근대화의 모색이 지속되어 왔음에 비추어 볼 때, 중국 근대화에 대한 아이젠슈타트의 3단계 분기 방법과 진단은 거시적 관점에서 일리가 있다.[29] 그러나 중국 근대화의 역정이 150여 년에 걸친 장기간이었다는 점과 같은 분기 안에서도 정권의 변화에 따라 근대화 전략이 달랐었다는 점에서 그의 분기 방법은 중국 근대화 과정을 자세히 고찰하는 데는 미흡함이 없지 않다. 그러므로 필자는 아이젠슈타트의 3단계 분기 방법을 수용하되, 각 분기를 좀더 세분하여 각 시대의 변화에 따른 근대화 전략의 상이(相異)함과 관련 문제들을 간략히 정리하여 제시코자 한다.

■ 제1단계(아편전쟁~1911)

① 양무자강운동기(洋務自强運動期, 1861~1895)

○ 계기 : 아편전쟁(1840~1842), 제2차 아편전쟁(1856~1860)의 패배, 태평천국(太平天國)의 난(1851~1864)의 시련.

○ 변화 내용 : 전통적 '천조(天朝)', 중화주의적 세계관 → 근대적 국가의식, 국제관념 대두 ; 근대 서양문명, 특히 물질문명과 군함·화기(火器)·양병(養兵)·연병(練兵) 등 군사 부문의 우월성 인정.

○ 근대화 전략·이념 : 서양 열강과 협조정책, 양무운동 ; 중체서용(中體西用), 중학위체(中學爲體), 서학위용(西學爲用) : 중국의 기존 제도와 사상은 온존한 채, 군함·대포·연병 등 서양의 무기·군사제도·기계공업 등만을 도입, 중국문명의 결함을 보충.

○ 주요 인물 : 임칙서(林則徐), 위원(魏源, 선구적 양무사상가) ; 이홍장(李鴻章), 좌종당(左宗棠), 장지동(張之洞) 등 양무대관(洋務大官).

○ 성과와 한계 : 근대자본주의 산업을 중국에 처음으로 도입 ; 정치, 사상 면에서 제한적 근대화 ; 중앙정부의 전국적 계획 결여와 관료들의 부패, 국민 전반의 인식 부족.

② **변법유신운동기**(變法維新運動期 : 1895~1898)

　○계기 : 청일전쟁 패배와 제국주의 열강의 중국 분할 경쟁으로 말미암은 새 위기의식 고조.

　○변화 내용 : 양무운동의 결함 보충, 새로운 자강(自强) 도모의 주장과 운동 대두.

　○근대화 전략 : 일본의 메이지유신을 모델로 한 개혁, 서양의 학문·제도 등 폭 넓은 수입 ; 급진적 개혁운동, 소장기예(小壯氣銳)한 광서제(光緒帝)의 황권(皇權)을 통한 위로부터의 광범위한 개혁.

　○주요 인물 : 변법사상가인 왕도(王韜), 하계(何啓), 엄복(嚴復) 등 ; 중심인물로는 강유위(康有爲), 손문, 장병린(章炳麟), 추근(秋瑾).

　○성과와 한계 : 일본과 다른 중국 근대화의 노정 예시(豫示) ; 손문의 혁명수단 정당성 제고 ; 청 정부와 사회의 보수, 낙후된 의식 아래서 위로부터의 개혁 불가능성 드러냄.

■ 제2단계(1912~1949) : 민국·국민정부기

① **민국기**(1912~1927)

　○계기 : 신해혁명 성공 ; 뒤이은 잦은 정권교체[남경 임시정부(손문), 북경정부(원세개), 군벌정부] ; 중국국민당 개조, 중국공산당 창당, 국공합작(國共合作)에 따른 국민혁명의 성공.

　○변화 내용 : 공화정의 성립과 부진 ; 신문화운동의 대두, 대중적 민족주의의 확산.

　○근대화 전략 : 민주정치의 정착 ; 자본주의경제의 발달, 근대적 교육제도의 기틀 마련.

　○주요 인물 : 손문, 채원배(蔡元培), 진독수(陳獨秀), 이대교(李大釗), 도행지(陶行知), 양수명(梁漱溟), 오치휘(吳稚暉), 노신(魯迅).

　○성과와 한계 : 자본주의경제(공상업, 금융, 농업경제, 우정)의 초보적 발달(민국 초) ; 민족산업의 발달(제1차 세계대전 중·후), 근대

도시사회의 형성, 근대 서구사상의 도입, 근대 정당의 탄생 ; 잦은
정권교체, 정치·사회 혼란, 일관된 국가적 근대화 전략 부재.

② 국민정부기(1937~1949)

○계기 : 국민혁명의 성공과 군벌정부의 청산, 근대적 중앙정부 수립
(남경 국민정부).

○변화 내용 : 국민당 신우파의 집권(이념 : 보수적 해석의 삼민주
의), 신군벌의 정권 참여와 갈등, 중공의 불법화와 도전 ; 일제의
침략(만주 점령, 화북 침략, 중일전쟁).

○근대화 전략 : 국가재정의 통일, 금융기관의 통일, 보호관세, 중공
업의 기초 구축, 경공업 장려, 국가자본에 의한 광공업 건설, 화폐
개혁, 수리건설과 개간사업의 촉진, 철도·도로·공로(空路)의 건
설, 서남·서북 지구 경제개발.

○주요 인물 : 장개석, 모택동, 양수명, 장동손(張東蓀), 추도분(鄒韜奮)

○성과와 한계 : 관세자주권 회복, 영사재판권 폐기, 통화의 통일, 경
공업의 발전, 국가 산업기반 시설 구축 ; 정치·문화 근대화에 편
협, 농촌문제 해결 소홀 ; 일제의 침략.

■ 제3단계(1950~현재) : 모택동 집권기, 등소평 집권 이후

① 모택동 집권기(1950~1976)

○계기 : 국민정부 조기 붕괴, 중공 정권 수립, 소련 일변도 정책, 한
국전 개입, 중소분쟁.

○변화 내용 : 건국과 재건, 과도기 총노선(1차 5개년계획), 대약진운
동, 문화혁명.

○근대화 전략 : 재정·금융의 국가통제, 시장관리 강화 ; 소련 모델
의 중공업 우선 공업화, 농업집단화, 상업·공업·수공업의 사회
주의 개조 ; 인민공사의 정착, 자력갱생.

22

○주요 인물 : 모택동, 유소기(劉少奇), 등소평.

○성과와 한계 : 1차 5개년계획 — 급속한 중공업 발전 ; 농업자금의
수탈, 농민의 희생, 저항과 도시 유출 ; 대약진운동 — 인민공사의
실패 ; 문혁 — 국가체계의 총체적 파탄.

② **등소평 집권 이후**(1978~현재)

○계기 : 모택동 사망 — 정치·이념 우선주의, 자력갱생 정책의 종
언 ; 중공 11기 3중전회.

○변화 내용 : 4인방의 체포 — 문혁(극좌)세력 제거, 등소평 집권 —
실용주의, 근대화 노선.

○근대화 전략 : 정당(整黨), 정치체제 개혁 ; 경제체제 개혁 — 시장
경제화, 농촌개혁, 대외개방(경제특구 설치, 연해지구 경제발전 우
선전략), 중화학공업·첨단기술산업의 육성.

○주요 인물 : 등소평, 강택민.

○성과와 한계 : 지속적 경제성장 ; 대외 의존도 증가, 도농(都農) 사
이의 소득 격차와 지역 사이의 개발 격차 심화.

4. 이 책에 수록된 인물들

이 책에 실린 인물들은 필자가 글의 첫머리에서 밝힌 대로 중국 근현
대사의 전 기간에 걸쳐 끊임없이 모색되고 추구된 긴 근대화 역정의 각
시기, 각 방면에서 중요하고 독특한 구실을 한 대표적 인물들이다. 이
책이 그러한 인물들의 생애와 사상을 살핌으로써 중국 근대화를 이해하
는 '인물전 방식'을 택한 것은, 역사가 기본적으로 인간의 사상과 활동의
산물이라는 점에서 다른 서술방법보다 훨씬 친근하고 생동감 있는 이해
를 가져다줄 수 있기 때문이다.

이 책은 모두 19명의 인물을 골라 서술하였다. 시대적으로는 아편전쟁(1840~1842)에서 청조 멸망(1912)까지의 근대에 5명, 기간이 길고 정치·사회적으로 변화가 많았던 현대(1912~현재)에 14명을 안배하였다. 근대의 5명은 임칙서, 이홍장, 강유위, 장병린, 추근이다. 현대의 14명은 수가 많은 만큼 정치·사회·교육·사상 분야로 나누어, 정치 분야에 손문, 장개석, 모택동, 등소평 등 4명, 사회 분야에 송경령, 진독수, 이대교, 노신, 추도분 등 5명, 교육 분야에 채원배와 도행지 등 2명, 사상 분야에 양수명, 오치휘, 장동손 등 3명을 골랐다.

위의 인물들은 앞에서 제시한 3단계 중국 근대화 과정에서 각 세부 분기의 '주요 인물'에 들어 있는 인물들이다. 위의 인물들을 고른 데는 두 가지를 고려했다. 첫째는 각 시기 근대화 정책이나 흐름의 결정적 주역을 우선적으로 고른다는 것, 둘째는 다른 주요 인물들 가운데서 일반적으로 잘 알려져 있지 않으나 길고 험난했던 중국 근대화 역정의 특수성을 보여 줄 수 있는 인물들을 고른다는 것이었다.

첫째 고려사항인 시대별 주요 인물들을 든다면, 근대의 임칙서는 1830년대 말 엄정한 아편 단속과 아편전쟁에 대한 선각적 대비로 중국에서 '아편전쟁의 민족영웅'으로 추앙 받는 인물이다. 이홍장은 양무사업을 주도하고 청 말 외교와 군사 문제를 좌우한 대표적 한인대관(漢人大官)이며, 강유위는 시대를 초월한 급진적 정치사상가이자 변법유신운동의 주동자로서 각 시기의 중심인물이었다. 단 임칙서와 이홍장은 그들의 중요성에도 불구하고 강유위에 견주어 일반적으로 잘 알려져 있지 않은 편이다.

현대의 손문을 비롯한 장개석, 모택동, 등소평 4명도 각 시기의 최고 권력자로 해당 시기 근대화정책의 주도자이며 책임자였음은 두루 아는 사실이다. 진독수, 이대교, 노신은 모두 5·4기(1915~1922)에 근대 서구 사상에 바탕을 둔 사상혁명을 이끈 신문화운동의 주역과 동역자들이었다. 진덕수와 이대교는 중공의 공동 창시자이기도 하였으며, 노신은 신문화운동 기간에 《광인일기(狂人日記)》·《아큐정전(阿Q正傳)》 등 풍자적 단편소설로 중국 전통시대를 신랄히 비판하여 중국 근대소설의 새로운 장을 열었고, 이후 다양한 문학작품, 동인활동, 정치활동을 통해 1930년대 중국 근대문학을 대표한 인물이었다. 채원배는 민국기에 초대 교육총장과 북경대학 교장 등을 맡아서 중국 근대교육의 토대를 마련한 인물로 '중국 근대교육의 아버지'로 불리고 있다.

둘째 고려 사항에 해당하는 인물들은 중국 근대화의 길목에서 조연의 위치에 있었으나 매우 귀중한 구실을 한 인물들이다. 근대의 장병린은 고문학(古文學)의 대학자며, 강한 종족적 민족주의자로 일찍이 반만(反滿)혁명운동에 투신하였다. 그는 특히 동맹회(同盟會) 기관지《민보(民報)》의 책임을 맡아 금문학(今文學)의 대가 강유위 측의 입헌군주제를 위한 《신민총보(新民叢報)》에 맞서 문필로 첨예한 투쟁을 벌임으로써, 정치적 학문적으로 강유위와 대립관계를 이루었다. 또한 20세기 초 물밀듯이 유입되는 서구 근대문명에 맞서 중국의 역사, 문화전통과 민족적 긍지의 보전을 주창한 국수주의운동에 앞장선 것으로 유명하다. 추근은 청 말 선구적 여권운동가로서, 젊은 나이에 반만혁명운동에 투신, 순교하여 '중국 여성혁명가의 모범'으로 평가받고 있는 여걸이다.

현대의 송경령은 단지 손문의 충실한 부인으로서뿐만 아니라, 손문 사후 정치·인권·사회구호·항일 등 여러 방면에서 보인 그녀의 헌신적인 애국활동과 고상한 품격으로 말미암아 독자적 능력을 인정받아 오늘날 '중국의 가장 존경 받는 여성지도자'로 칭송되고 있다. 추도분은 1930년대 정치·사회 문제와 관련한 많은 논설로 유명한 언론인이다. 그는 민권보장동맹에서 인권운동을 했고, 1930년 초반 만주사변과 화북침점(侵占) 등 일제의 침략과 국민정부의 '부저항정책'에 대항하여 구국회(求國會)를 조직, 광범위한 민중연합의 항일구국운동을 전개했으며, 중일전쟁 동안 항전과 민주적 정부를 위해 노력하는 등 당시 애국지사로서 지식인의 한 전범을 보여주었다.

　도행지는 1920~1940년대 격동기에 안락한 명문 대학의 교수직을 버리고 도시빈민의 문자교육, 농촌의 아동과 농민대중을 위한 '생활교육'에 평생을 헌신한 창조적 농촌·대중교육운동가였다. 또한 항일전 당시와 종전 뒤 진보적 민주·항일투사로서도 많은 사람들의 주목과 존경을 받았다. 그래서 그는 사후 '인민의 위대한 교사'로 칭송되었다.

　양수명은 1910년대 북경대학 교수로 신문화운동 기간에 중국사회를 풍미한 '전반서화(全盤西化)' 풍조에 맞서 《동서문화와 그 철학(東西文化及其哲學)》을 냈고, 평생 중국문화의 특성에 관한 많은 저술을 남긴 저명한 사상가이다. 그런가 하면, 1930~1940년대에 그는 향촌건설운동에 헌신하였고, 항일전 동안에는 민주동맹을 창설하여 항전하였으며, 정치민주화를 위한 노력으로 사회개혁과 애국운동에도 많은 공헌을 하였다. 또한 높은 인격과 곧은 말로도 유명하여 그는 오늘날 중국에서 '특립독행(特立獨行) 일대직성(一代直聲)', '최후의 유가(儒家)', '실천형 철학가' 등의 평을 받고 있다.

　오치휘는 중국의 대표적 무정부주의 사상가의 한 사람인 동시에 중국국민당 원로 정치가이며, 장동손은 저명한 철학자며 정치사상가이다. 오치휘가 살아 온 궤적은 우리에게 중국 무정부주의의 특이한 성격을, 장동손의 삶과 사상은 당시 중국에서의 근대화 과정과 보편적 민주화의 어려움을 잘 보여줄 것이다.

5. 맺는 말

　19세기 후반부터 근대 서양문명이 전 세계로 확산됨에 따라 근대화는 20세기는 물론 21세기 초엽인 오늘날에도 세계 모든 국가의 흥망성쇠와 부강을 결정하는 관건적 요인이다. 그래서 소수의 선진국들을 제외한 많은 국가들은 오늘날에도 근대화를 하루빨리 이루기 위하여 최선을 다하고 있다. 물론 19세기의 고전적 근대화와 20세기 후반 이후의 근대화는 질과 내용에서 차이가 있다. 또한 지역과 각국의 역사적 전통과 정치·사회적 조건에 따라 근대화의 추진 형태와 내용이 다를 수 있다. 그러나 크게 보아 현대의 근대화 현상은 상당한 정도로 일반화한 요소들을 공유하고 있다.[30]

중국의 근대화는 동아시아에서 가장 빨리 시작되었으나 다른 동아시아 여러 나라들과는 다른 험난하고도 고뇌에 찬 긴 도정을 밟아 오고 있다. 그것은 중국 근대화가 태동한 이중의 독특한 배경에 그 원인이 있다. 그 이중적 배경이란, 중국 근대화는 19세기 중엽 동아시아문명의 대표 국가로서 근대 서양문명의 도전에 맞서 동아시아문명과 자국을 수호하는 투쟁에서 패배한 결과 강제된 것이라는 점과 그 뒤 이어진 여러 제국주의 열강의 침탈에 따라 주권이 크게 제약되고 영토가 분할되는 '반식민지' 상황에 놓인 것을 말한다.

이러한 이중적 배경은 중국의 선각자와 정치지도자들로 하여금 근대화를 중국의 생존과 재기를 위한 자체 수단으로 이용해야 한다는 '자각'을 갖게 하였다. 구체적으로, 그 '자각'은 중국이 당하고 있던 치명적 제국주의의 해독과 자국의 약점인 고루한 전통사회의 폐습과 빈(貧)·약(弱)을 동시에 극복하여 새로운 국제환경에서 생존하고, 과거의 영광을 잇는 부강한 세계의 중심 국가로 재기할 수 있는 근대화의 길을 모색하는 것이었다. 그러한 모색은 결국 서구발 근대화를 중국의 역사적 전통과 정치·사회적 실정에 맞게 변용하는 것이었다.

또한 중국 근대화의 독특한 배경은 찬란한 전통과 문화를 가진 중국 민족의 높은 자존심과 함께 외세에 저항적인 반제·반서구적 중국 민족주의를 출현시켰다. 그러한 중국 민족주의는 중국 근현대사 전체를 관류하면서 갖은 역경을 극복하고 서양의 근대화를 자체 발전수단으로 이용하여 종국적으로 서양열강과 일제(日帝)를 따라잡을 수 있게 한 추진력이 되었다.[31] 그리하여 중국의 근대화와 민족주의는 동전의 양면처럼 서로 떼어 놓을 수 없는 관계로, 전자가 중국의 부흥을 위한 실제 수단이었다면 후자는 끊임없이 근대화를 지지하고 각 시기에 따른 온갖 시련을 극복하면서 근대화를 견인하며, 뒤에서 보는 바처럼 근대화를 단순한 서구식의 모방이 아닌 '중국적 근대화'로 변용케 하고 추진한 동력이었다.

중국적 독자성 말고도 중국 근대화에는 또 하나의 특성이 있다. 중국 근대화는 — 일본의 경우와 달리 — 150여 년의 중국 근현대사 전체에 걸쳐 오랜 기간 이질적 정권들이 불연속적으로 교체되는 가운데 지속되어 왔다는 사실이 그것이다. 그래서 묘하게 주체적 근대화의 기본적 기조가 유지된 가운데 각 시기와 정권마다 다른 유형의 근대화 정책들이 시행되어 왔다. 그리고 근대화의 질과 성과가 시기와 정권에 따라 차이가 있었으나 각 시기의 성과들이 쌓여서 오늘날의 중국을 있게 하였다. 그러므로 오늘날 중국 근대화의 놀랄 만한 성과는 단순히 어느 한 정권이나 한 인물의 공로로 치부하기보다는 지난 150여 년에 걸친 중국 근대화 역정의 종합적 산물로 보는 것이 타당할 것이다.

사실 역사는 인간의 발자취이고, 그 가운데서도 훌륭한 선각자나 지도자들의 뛰어난 지도력, 헌신, 봉사 그리고 희생이 일반 대중들을 충동하고 이끌어 함께 창조해 가는 것이다. 따라서 역사의 진전을 뒤돌아볼 때 각 역사의 고비에서 앞장서 역사의 흐름을 이끈 인물들을 고구(考究)하는 것은 기본적이며 필수적인 일이다. 그러한 뜻에서, 필자는 마르크 블로크(Marc Bloch)의 다음과 같은 말이 역사학의 핵심을 찌르고 있다고 본다. 그는 "역사학의 대상은 본래 인간"이며, 역사학은 "시간 속의 인간에 관한 학문"이라고 하면서 사건 중심의 역사가 아닌 인간 중심의 역사를 강조하였으며, 또한 "과거와 현재는 함께 얽혀 돌아가는 것"이라고 갈파하였다.

실제로 영토가 방대하고 인구가 많은 중국 근대화의 긴 역정에는 각 시기마다 많은 걸출한 인재들이 여러 가지 형태로 근대화의 진전에 기여하였다. 이 책에서 우리가 보는 인물들은 중국 근현대사의 모든 시기에 걸쳐 근대화의 진전과 관련하여 각 시기, 각계에서 매우 중요한 구실을 한 대표적 인물들이다. 짧은 지면이나마 그들 한 사람 한 사람이 역사 발전과 나라를 위해 벌인 활동과 그들의 인간적 삶의 궤적을 그림으로써 독자들이 중국 근대화의 전체 모습과 중국의 인물들, 아니 중국을 이해하는 데 도움이 되고자 하는 것이 우리 필진의 소망이다. 우리의 또 다른 소망은 이 책에 실린 중국 근대화를 이끈 각계 주요 인물들이 우리 사회의 앞장선 사람들과 국민들에게 타산지석이 되었으면 하는 것이다.

■ 주 ─────────────

1) Benjamin Schwartz, *In Search of Wealth and Power－Yen Fu and the West*, Harper Torch Books, 1969 참조.

2) 과거 중국의 상황은 지면 관계로 주로 1920년대와 1930년대의 예에 한하기로 한다.

3) Lee, Byung Joo, "Rural Reconstruction Movement in Kiangsu Province, 1917～1937－ Educators Turn To Rural Reform," Unpublished Doctoral Dissertation, University of Hawaii, 1978, p. 59.

4) 小林弘二 編, 《中國農村變革再考－傳統農村と變革》, 東京 : アジア經濟硏究所, 1987, 130쪽.

5) Lee, Byung Joo, op. cit., p. 51.

6) Jonathan D. Spence, *The Search for Modern China*, W. W. Norton and Co., 1990, p. 425.

7) Ibid., p. 426.

8) 陳獨秀, 〈我之愛國主義〉, 《新靑年》 2卷 2号, 1916, 1～3쪽 ; 이병주, 〈5·4期 陳獨秀의 愛國主義－理性的 內的 省察의 愛國觀〉, 《중국사연구》 9, 2000, 135～139쪽.

9) 孫文, 〈第2講 民族の危機〉, 安藤彦太郎 譯, 《三民主義(上)》, 東京 : 岩波書店, 1975, 41쪽 ; 毛澤東, 〈新民主主義論(1940. 1.)〉, 《毛澤東選集》 제2권, 北京 : 人民出版社, 1967, 625～627쪽.

10) 孫文, 〈第5講 いかにして民族主義おどりもどすか〉, 安藤彦太郎 譯, 위의 책, 106～107쪽 ; 胡適, 〈我們走那條路〉, 胡適 等, 《胡適與中西文化》, 臺北 : 牧童出版社, 1980, 73～83쪽.

11) 등소평은 1976년 4월 7일 정치국 결정을 통해서 3번째로 실각하였다. 그가 실각한 것에는 같은 해 청명절 다음날 4월 5일, 그해 1월에 사망한 주은래 전 총리를 추도하는 100만 명에 가까운 인파가 모였던 북경 천안문광장에서의 이른바 '반혁명정치사건'이 빌미가 되었다. 전날 천안문 광장에는 약 200만여 명의 인파가 모였는바, 그날 저녁 주은래와 등소평을 미워한 4인방 주도의 정치국은 광장에서의 주은래 추모행사 금지를 결정하였다. 그리고 5일 정치국의 결정에 따라 출동한 무장 민병, 공안경찰, 북경위수구

(北京衛戍區) 군대 등 1만 5천여 명의 병력에 의해 광장에 남아 있던 많은 추모 민중들이 '반혁명분자'로 체포되었고, 백여 명이 살해되는 사건이 일어났다. 등소평은 이 사건의 배후 음모자로 4인방에 의해 집중적 비난을 받았다. 小島朋之,《摸索する中國－改革と開放の軌跡》, 東京 : 岩波書店, 1989, 30~35쪽.

12) 《紅旗》 편집부, 金材澈 옮김,〈제11기 3중전회 이래의 당 노선을 논함〉(《紅旗》 1987년 제7기 수록),《中蘇研究》 11권 2호, 1987, 253~263쪽 참조 ; 小島朋之, 앞의 책, 56~58쪽.

13) 이러한 대외개방 지역은 그 뒤에도 계속 확대되어 1985년 2월에는 장강(長江)·주강(珠江)의 삼각주, 장주(漳州)·천주(泉州)·민남(閩南)의 삼각지대가 연해경제개방구(沿海經濟開放區)로 지정되고, 1988년 4월에는 산동성·요령성·하북성·광서장족자치구로 확대되어 총 288개 시와 현을 포함하게 되었고, 1989년에는 30개 전 성과 시에 걸쳐 623개의 시와 현이 대외개방지구로 지정되어 대외경제 자주권을 가지고 독자적인 외자도입정책을 실시하고 있다. 李鶴圭 등,《중국의 沿岸省市 투자환경 비교분석》, 산업연구원, 1990, 33~39쪽.

14) 小島朋之, 앞의 책, 16쪽.

15) 등소평의 신경제정책 추진 이후 중국의 경제는 연평균 9%의 고도성장을 지속한바, 특히 1990년대 중국의 경제발전 현황을 간략히 살펴보면 다음과 같다. GDP의 연평균 성장률이 7.1(1997년도)~11% 이상(1990~1994)이며, GNP의 연평균 성장률이 6~9%였다. 《중국의 주요 경제사회지표(1996. 8.)》, 통계청, 44쪽 ; Maurice Meisner, *The Deng Xiaping Era－An Inquiry into the Fate of Chinese Socialism, 1978~1994,* Hill and Wang, 1996, pp. 480~481, 485~486 ; 茅原郁生,《中國軍事論》, 東京 : 芦書房, 1996, 62~65쪽 참조.

16) 國務院發展硏究中心 主辦, 中國經濟年鑑編輯委員會 篇,《中國經濟年鑑》, 北京 : 中國經濟出版社, 2002, 36쪽, 804쪽, 849~850쪽 ;《조선일보》 2004. 1. 1.

17) 田畑光永,《鄧小平の遺産－離心·流動の中國》, 東京 : 岩波書店, 1995 ; 天児慧,《歷史としての鄧小平時代》, 東京 : 東方書店, 1992.

18) Gordon G. Chang, *The Coming Collapse of China,* New York : Random House, 2001.

19) [美國]保羅, A. 薩繆爾森,〈中國可望成爲經濟强國〉, 李仁臣 主編,《外國人看中國改革開放20年》, 武漢 : 湖北人民山版社, 1999, 138~140쪽 ; [美國]安迪·海因斯,〈卽將到來的中國世紀〉, 같은 책, 237쪽.

20) 茅原郁生, 앞의 책, 141~160쪽.

21) 《조선일보》 2004. 1. 1.

22) 근대는 넓은 뜻으로는 16세기 르네상스운동 이후, 좁은 뜻으로는 흔히 17~18세기부터 20세기인 1910년대 제1차 세계대전까지 기간을 일컫는다. '근대'라는 시대구분의 명칭은 16세기 문예부흥(Renaissance) 이후 서구 사회 여러 분야에 대두한 새로운 경향이 발전, 지속된 기간을 기번(Edward Gibbon), 켈라리우스(Christoph Cellarius), 기조(François Pierre Guizot) 등 17~18세기의 역사가들이 그 이전의 시대인 중세(게르만족의 이동에 따라 서로마제국이 멸망한 5세기부터 16세기 르네상스까지 약 천여 년간)와 구별하기 위하여 붙인 명칭이다. 朴成壽,《歷史學槪論》, 三英社, 1982, 449쪽.

23) 근대화에 관한 이론서로는 Gilbert Rozman ed., *The Modernization of China,* New York : The Free Press, 1981 ; Cyril E. Black, *The Dynamics of Modernization,* New York : Harper and Row, 1967 참조.

30

24) 小島朋之, 앞의 책, 9쪽.

25) 이병주, 〈西歐文明의 衝擊과 中國의 反應－傳統社會의 解體와 主體的 近代化 모색의 苦悶〉, 《季刊 京鄕 思想과 政策》 가을호, 1984, 106～119쪽.

26) 植田捷雄, 〈中國のナショナリズム〉, 世界經濟調査會 編, 《ナショナリズムの硏究》, 東京：世界經濟調査會, 1956, 664쪽 ; 이병주, 〈내셔널리즘의 아시아적 展開〉, 《雛星》 12호, 陸士, 1965, 69～70쪽.

27) 중국의 민족주의는, 수백 년 동안 동아시아 세계의 종주국으로 군림해 온 중화제국이 아편전쟁에서 그동안 안중에도 없던 먼 서양 오랑캐 나라 영국에게 연속으로 패하는 굴욕을 당하고, 그 결과 영토의 일부를 할양했으며, 그 뒤 서구 열강과 계속 맺은 불평등조약에 따라 국가주권이 크게 제약을 받게 된 것과 무엇보다 그러한 과정에서 한낱 저급하고 이해 못할 오랑캐 문화로 비하해 왔던 서양문화가 세계 최고의 문화로 자부하던 '중화문화'보다 우수하다는 것을 싫지만 인정할 수밖에 없는 것에 대한 반동적 심리, 즉 자기 문화에 대한 자괴심, 정복자 서양에 대한 반항심, 국가와 문화의 붕괴 위기 극복을 위한 자성, 그리고 서양을 따라잡으려는 민족적 욕구 등이 복합된 민족적 감정이었다(이병주, 앞의 글, 1965).

28) 제1단계와 2단계 사이의 계속성이란 의미는 두 단계가 모두 기존 질서 유지에 역점을 두어 필요한 변경을 할 만한 자체 능력이 없었다는 것과 또한 양자가 다같이 유교를 기본 이념으로 삼은 것을 말한다. 제3단계를 불연속성으로 본 것은 중공의 마르크스-레닌주의 이념의 신봉과 그에 따른 사회혁명을 가리키고 있다(이병주, 앞의 글, 1965).

29) S. N. Eisenstadt, "Tradition, Change, Modernity : Reflections on the Chinese Experience," Ping-ti Ho and Tang Tsou(eds.), *China in Crisis*, Vol. 1, Book 2, Chicago : University of Chicago Press, 1968, pp. 770～775.

30) 여기서 현대라 함은 20세기 후반, 곧 제2차 세계대전 이후를 말한다.

　트뢸치(Ernst Troeltsch)는 고전적 근대화의 기본 요소를 다음과 같이 정리했다. ① 정치적 측면 : 합리적 국가주권, 국민주의(nationalism)-국민국가(nation-state), 민주주의, ② 사회·경제적 측면 : 시민계급의 등장, 자본주의 경제 발달, ③ 정신적 측면 : 인본주의, 합리주의, 과학주의.

　블랙(Cyril Black)은 좀더 발전한 현대적 근대성으로 다음과 같은 다양한 요소들을 들고 있다. ① 지적 측면 : 지식혁명 → 기술에 의한 재생산 ; 과학적 태도 → 신념, 가치관의 변동, 세속적 복지문제에 대한 관심, ② 정치적 측면 : 중앙집권화, 법치주의, 합리적 행정체계 ; 시민권의 성장(인권보장, 참정권 확대) ; 공공의 복지 ; 국민주의(민족주의)-국민국가 ; 여러 가지 효율성의 제고, ③ 경제적 측면 : 자본주의의 발달＝과학기술 혁명 → 기계화 → 대량생산 → 대중시장 창출, ④ 사회적 측면 : 도시화 발달, 핵가족 사회, 지역적 유동성의 극심, 문자 해득력 증대, 여성지위 향상, 건강증진, 인구증가, ⑤ 심리적 측면 : 개인주의의 강화, 불안정성의 증대.

31) 이병주, 앞의 글, 1984.

임칙서 林則徐
양무洋務의 선구자, 아편전쟁의 영웅

이 학 로

1. 임칙서의 학문과 관직생활

임칙서는 건륭제(乾隆帝) 때인 1785년 8월 30일 복건성 복주(福州)의 가난한 유학자 가정에서 태어났다. 그가 태어날 때 마침 새로 부임하던 복건순무 서사(徐嗣)가 집 앞을 지나고 있었다. 이에 그의 아버지 임빈일(林賓日)은 서사처럼 크게 이름을 떨치고, 높은 관리가 되어 가문을 빛내라고 '칙서(則徐)'라고 이름 지었다. 학생들을 가르쳐서 생계를 꾸리고 있던 임칙서의 아버지는 그에게 희망을 걸고 있었다. 그의 아버지는 임칙서가 4세 때 그를 사숙에 입학시켜 공부를 시작하게 하였다. 그 뒤 20세에 과거에 합격할 때까지 그는 주로 아버지한테서 전통 학문을 배웠다.

임칙서는 13세 때 부시(府試)에 1등으로 통과하였고, 14세인 1798년에 수재(秀才)가 되었다. 그 뒤 그는 주로 오봉서원(鰲峰書院)에서 학업에 전념하였는데, 이 서원에서 저명한 경세학자인 정광책(鄭光策)으로부터 영향을 받았고 양장거(梁章鉅) 등과 사귀게 되었다. 또 아버지를 통해서 저명 학자인 진수기(陳壽祺)와 교류하기 시작하였다. 이들로부터 임칙서는 경세학(經世學)의 영향을 크게 받았다.

임칙서는 20세가 되던 1804년에 향시(鄕試)에 합격하여 거인(擧人)이 되었다. 이해에 하남 영성현(永城縣)의 지현 정대모(鄭大謨)의 딸 정숙

경(鄭淑卿 : 당시 16세)과 혼인하였다. 그리고 그는 다음 해(1805)에 처음 회시(會試)에 응시했으나 낙방하였다. 그해는 1796년에 일어났던 백련교 기의(起義)가 최종 진압된 해이기도 하였다. 그 뒤 임칙서는 계속 과거를 준비하면서 한편으로는 생계를 해결하기 위해 학생들을 가르쳤다. 그에게 이 시기는 하층 민심을 파악할 수 있는 기회였다.

임칙서는 22세(1806)에 가정의 생계를 위해 하문(厦門) 해방동지(海防同知) 방영청(房永淸)의 서기가 되었다. 하문은 당시 중요한 무역항으로 대외무역을 관리하기 위해 이미 양행(洋行)제도를 실시하고 있었다. 당시 하문은 사회적 분위기가 크게 문란하여 창녀와 도적이 넘쳐 났고, 도박이 만연하였으며, 아편의 밀수와 흡연이 심각해져 가고 있었다. 임칙서는 이러한 심각한 상황을 목격하고 그 해결책에 대해 깊이 연구하기도 하였다. 뒤에 말하겠지만, 그가 대외사무를 처리하고 지방행정과 아편금연운동을 추진하는 과정에서 취한 자세를 볼 때, 이곳 하문에서의 경험이 그에게 큰 영향을 주었던 것으로 여겨진다.

임칙서는 23세(1807)부터 복건순무 장사성(張師誠)의 막료가 되어 4년 동안 활동하였다. 이 기간에 장사성의 깊은 신뢰를 바탕으로 다양한 지방행정 사무를 경험하게 되었다. 뿐만 아니라, 그는 청조의 정책과 법률 그리고 각지의 자세한 정세 변화 등에 대해 비교적 세세하게 연구할 수 있었고, 청조의 부패 현상을 개혁하려는 생각이 싹트기 시작하였다.

임칙서는 27세(1811)에 세 번째 응시한 회시(會試)에 합격하고 진사(進士)가 되었다. 그는 한림원(翰林院) 서길사(庶吉士)로 관계에 발을 들여놓았고, 이어서 편수(編修)가 되었다. 그는 항상 동향의 편수 곽상선(郭尙先)과 함께 경세학을 연구하였다. 거의 10년의 한림원 생활 동안 그는 역대의 전적을 열람하고, 당시의 유지(諭旨)와 주절(奏折)을 두루 살펴보았으며, 북경의 알려지지 않은 비사(秘事)와 각지에서 올라오는 각종 보고를 접하게 되었다. 황하와 장강의 범람과 조운(漕運)의 문제, 민란이 속속 발생하는 상황, 도적이 각지에서 일어나고 탐관오리들이 아편에 중독되었다는 사실과 각지에 기근이 들었다는 사실을 알 수 있었다.

그는 자기가 몸담고 있는 청조가 이처럼 부패하여 무너져 가고 있다는 사실에 크게 놀랐다. 그래서 청조의 통치체제를 보존하기 위해 여러 폐단을 제거하고 민생을 크게 안정시키는 것을 내용으로 하는 내정 개혁을 구상하게 되었다. 이미 그가 초년 시절부터 갖고 있었던 개혁 의지는 점차 구체적이고 현실적으로 것으로 완성되어 가고 있었다.

임칙서

한림원에 있는 동안 강서성과 운남성의 향시를 담당하면서 임칙서는 인재의 중요성을 깊이 인식하게 되었다. 그가 32세(1816)에 강서의 향시를 담당했을 때는 전통 관례에 얽매이지 않고 실학에 재능을 가진 인재를 적극 등용하였다. 그 결과 합격된 자 가운데 청빈하고 학문을 계속하는 자가 많았다. 그래서 당시 사람들은 그를 '청방(淸榜)'이라고 일컬었다. 35세(1819)에 운남성의 향시 시험관으로 부임하러 가는 길에, 그는 각지의 인심과 명승고적 그리고 장건(張騫)·조조·제갈량 등 역사적으로 유명한 인물들의 유적을 살펴볼 기회를 얻었다. 그래서 《전초기정(滇軺紀程)》이라는 저서를 냈다. 이 과정에서 임칙서는 '민생을 안정시키는 것[民生利病]'과 '백성을 이롭게 하고 정치 부패를 제거하는 것[興利除弊]'이 관리의 마땅한 임무라는 사실을 깊이 깨달았다고 한다.

임칙서는 운남에서 돌아온 뒤 선남시사(宣南詩社)에 참가하였는데, 그 기간은 1819년 겨울에서 1820년 봄까지로 그다지 길지 않았다. 이때 그는 선남시사에서 활동한 것으로 알려진 도주(陶澍)·양장거(梁章鉅)·정은택(鄭恩澤)·공자진(龔自珍) 등과도 교류하였다. 그러나 공자진은 정식 회원이 아니었다.

임칙서가 선남시사의 회원이었던 것은 분명하지만, 그는 선남시사를 세우는 데 참가하지도 않았고 주도적 인물도 아니었다. 또 참가한 기간도 길지 않고 참가할 기회도 별로 없었다. 몇몇 중국 근대사에 관한 연구서에서 임칙서가 마치 선남시사의 주도 인물인 것처럼 묘사되고 있는데, 이것은 선남시사의 정치적 성격을 지나치게 과장한 것으로 명확한 증거는 거의 없다.1)

임칙서는 36세(1820)에 한림원을 떠나 강남도감찰어사(江南道監察御史)에 임명되었다. 이것이 그의 첫 지방 관직이었다. 이때 그는 각종 폐단 때문에 하남의 수리사업이 지지부진하여 홍수가 빈발한다는 사실을 가경제(嘉慶帝)에게 보고하였다. 수리사업은 당시 하남순무였던 기선(琦善)의 책임이었다. 이것은 뒷날 아편전쟁 시기에 서로 다른 처지에서 영국과의 교섭을 추진하였던 기선과 임칙서의 첫 대립이었던 셈이다. 당시 관리들의 부패는 심각하여 이미 돌이킬 수 없는 지경에 이르렀다. 그러나 임칙서는 강직한 관리로서 직책을 수행하고 백성을 다스릴 것을 결심했으며 부패한 자들과는 어울리지 않았다.

임칙서는 그 뒤 1838년 말까지 18년 동안 지방의 주요 관직을 지냈다. 그는 38세(1822)에 양절염운사(兩浙鹽運使)를 시작으로, 강소안찰사(39세 : 1823), 섬서안찰사(43세 : 1827), 하남포정사·호북포정사(46세 : 1830), 강녕포정사(47세 : 1831), 강소순무(49세 : 1833), 호광총독(53세 : 1837) 등의 관직을 지냈다. 이 당시 뒷날 광주의 아편 단속에 도움을 주었던 장유병(張維屛)·황작자(黃爵滋) 등과 관계를 맺기도 하였다. 임칙서는 여러 지방 관직을 담당하는 동안 청렴하고 공평하게 업무를 처리하였고, 하급 관리들을 엄격히 다스려서 백성들의 원성을 사지 않게 하였다. 또 수리(水利) 정비와 구휼에 힘쓰고, 농업과 상업을 발전시키고 보호하였다.

그는 관직을 맡았던 곳곳에서 국가와 백성을 이롭게 하는 사업을 전개하였다. 재난으로 기근에 빠진 백성들이 반란을 일으키면 오히려 그들을 구휼하기 위하여 의창(義倉)을 설치하여 진휼하였다. 수리사업과 조운의 정비가 각종 부패를 척결하는 열쇠라고 여기고 부패 관리들을 엄하게 처벌하였다. 그는 수리사업이야말로 농업의 근본이니 잘 정돈해야 한다고 생각하였으며, 직접 현장을 방문한 뒤 상황에 맞게 계획을 세워서 추진하였다. 임칙서는 또한 민생 구휼이 국정의 근본이라고 생각하여 백성에 대한 착취를 완화하기 위해 노력하였다.

임칙서는 오랜 관직 생활을 동안 민심을 파악하여 그에 따라 개혁 조치를 적극 추진하였기 때문에 다른 관료와 다르다는 칭송을 듣게 되었다. 그가 다스리던 지역의 농민들은 생활이 안정되고 생산이 회복되자 그를 '임청천(林靑天)'이라고 칭송하였던 것이다. 이처럼 오랜 관직 생활 동안 관리의 부패에 대한 적극적인 개혁과 민생 안정으로 지배체제의 안정을 얻고자 했던 임칙서의 가장 두드러진 정치적 업적은 그가 이끌었던 아편금연운동에서 나타났다.

2. 청조의 아편엄금 논쟁과 임칙서의 아편대책

중국에서 아편이 심각한 문제로 거론되기 시작한 것은 1820년대의 도광제(道光帝) 시기부터였다. 그때까지 청조의 아편 논의는 아편의 도덕적 보건적 폐단을 지적하는 소극적 수준에 그치고 있었다. 그러나 도광 시기에 들어서는 아편이 국가 경제를 위협하는 심각한 문제로 떠오르면서 청조 정부 차원의 개입이 필요하다고 생각될 정도로 사태가 악화되었다.

아편문제에 대해 정치적 논쟁이 전개된 것은, 아편 밀수에 따라 중국 문은(紋銀)이 대량으로 유출되었으며, 그 결과 심각한 은가(銀價) 앙등으로 청조가 재정위기를 맞게 되었다는 관료들의 인식 때문이었다. 즉

36

아편 수입으로 은이 유출됨으로써 국내에 은이 모자라 은가가 높아지게 된다는 것이다. 그렇게 될 경우 청조의 조세은납제도(租稅銀納制度) 아래에서 염상(鹽商)이나 농민 등 하층 생산자가 피해를 입게 되고 정부의 재정수입이 타격을 받게 된다. 이와 같은 관점에서 도광 초기 관료들은 은가 앙등을 국내적으로 중대한 경제위기로 인식하여 아편문제를 제기하였고, 그로 말미암아 청조의 엄금정책이 형성 강화되어 갔다.

사실 은의 부족 현상은 가경 시대 이래 중요한 정치적 관심사가 되었다. 은과 동전의 교환 비율은 건륭제 때에 1 : 600~700이던 것이 1830년대에 1 : 1200~1300 사이를 오르내렸다. 당시 관료들은 이러한 은가 앙등의 원인을 연해 지역에서 양전(洋錢)의 사용과 문은과의 교환으로 중국 은이 유출된다는 사실에서 찾았다. 이러한 생각은 임칙서도 마찬가지였으며, 그 대안으로 중국 스스로 은화를 주조하자고 제안하기도 하였다.2)

이러한 상황에서 처음 아편문제의 심각성을 지적한 것은 도광 2년(1822) 귀주도감찰어사 황중모(黃中模)의 상소였다. 그러나 황중모가 아편문제의 심각성을 제기하였다 해도 은의 유출이 아편 수입과 직접 관련되었다고 지적하지는 않았다. 다만 은의 유출과 아편 유통의 폐해를 분명하게 지적하고 있었다.3) 은 유출과 아편 유입 관계를 직접 관련시켜 대책을 강구한 것은 복건도감찰어사 장원(章沅)이 도광 9년(1829)에 올린 상소가 처음이었다.4)

처음으로 옹정제(雍正帝)가 아편금령을 반포한 뒤 단속은 사실 거의 없었다. 가경제 때에도 아편 밀수를 금지하고 있었지만 말뿐이었다. 다만, 도광 초기인 1820년에 양광총독이던 완원(阮元)이 아편 밀수입자 16명을 체포한 것이 대표적인 단속 기록이었다.5) 완원이 16명의 중국 상인을 마카오에서 체포했을 때, 그 가운데 한 명이 고위 관료에게 뇌물을 제공한 사실을 모두 자백함으로써 상당한 파문을 일으켰다. 이러한 완원의 유례없는 적극적인 단속에도 아편 밀수가 줄어들기는커녕 영정양

(零丁洋)의 해상 밀수로 전환되어 아편 밀수는 더욱 확대될 뿐이었다.

도광제는 장원의 상소에 따라 아편문제의 심각성을 인식하고 해결 방안을 모색하고자 하였지만, 소극적인 대책에 그쳤다. 이러한 움직임에 비판을 하고 적극적인 대책 강구를 주장한 것은 급사중(給事中) 소정홀(邵正笏)이었다. 그는 경제적 측면에서 아편의 밀수를 보던 초기의 시각을 뛰어 넘어, 국내 아편 재배로 말미암은 경작지의 피해와 지방관의 적극적 감찰 결여라는 정도로까지 인식의 폭을 확대하였다.

이러한 소정홀의 상소는 도광제의 위기의식을 고조시켰다. 도광제는 각 성의 총독과 순무에게 관할 지역 아편문제의 상황과 단속의 성과를 보고하고 각자의 대책을 제출하라고 지시했다. 도광제의 지시에 따라 당시 총독과 순무들이 제출한 아편문제 해결책은 흡연자와 판매자 처벌과 밀수 단속, 국내 아편 재배 엄금 등에 초점을 두고 있었다. 뿐만 아니라 아편문제 해결의 전제로 관리 부패의 제거, 지방관의 성실한 금령(禁令) 시행을 강조했다. 이들은 은가 앙등 문제를 아편 재배나 밀수를 금하는 금령을 강력하게 추진함으로써 해결할 수 있다고 낙관하고 있었다. 그러나 아편 밀수는 계속 증가하였고 은가 앙등은 더욱 심각해져 갔다. 관리 부패도 시정되지 않고 아편 해독 또한 날로 깊어 갔다.

이러한 상황에서 태상시소경(太常寺小卿) 허내제(許乃濟)는 초기의 엄금 논의를 비판하면서 도광 16년(1836) 4월 27일 이금(弛禁)으로 정책을 전환할 것을 주장하였다.6) 이것은 이금으로 아편 거래를 합법화함으로써 은 유출의 문제를 해결하려는 생각에서 제출된 논의였다. 허내제는 아편을 약재로 여겨 합법적으로 수입하게 하고, 문은의 사용을 금하고 물물교환을 원칙으로 거래하도록 하면 은의 해외 유출을 방지할 수 있다고 주장했다. 이렇게 아편 재배와 교역을 개방하면 관세 수입과 백성의 생계 회복으로 국가재정에 이바지하리라고 보았다. 또 아편 거래는 합법화하더라도 관원·사대부·병사의 흡연은 계속 처벌하고, 일반 백성의 흡연과 판매만 허용해야 한다고 했다.

그의 이금론은 광주 신사(紳士)와 관리, 양상(洋商)의 견해를 바탕으로 구체화했다고 한다. 광주무역의 독점권을 갖고 있던 공행(公行)과 완원이 세운 서원인 학해당(學海堂)의 신사들, 그리고 노곤(盧坤)·등정정(鄧廷楨) 등의 양광총독과 광동 관리들 사이에 형성된 대외무역상의 여론이 허내제의 상주문에 집약되었던 것이다.7) 이러한 초보적 이금론은 이미 1834년에 노곤이 도광제에게 건의한 적이 있었지만, 그때는 주목받지 못하였다.

허내제가 금령의 무력함을 긍정하고 일정한 조건에서 이금(弛禁)의 합리성과 효용성을 전제로 은 유출의 당면 과제를 경제적 관점에서 기술적으로 해결하려 한 점은 평가할 수 있다. 그러나 그가 일반 백성에게 이금을 허용하고 국내 아편 재배를 허용하려 한 것은 청조체제의 기반이자 덕치주의의 도덕적 명분인 민본주의에 정면으로 위배된다는 점에서 처음부터 비판받을 여지가 있었다. 사실 허내제의 이금론이 은 유출 문제에만 논의를 국한시킨 결과, 아편 단속을 책임진 관료들과 아편 밀수를 주도하는 거상(巨商)들의 부패가 심각함을 정확히 인식하고, 이를 적극적으로 해결하려는 체제 개혁의 의지가 없었다는 점에서 현실 타협적 안일성이 있음도 간과할 수 없는 부분이다. 그리고 궁극적으로 아편 밀수를 담당하고 있던 서양 밀수세력들을 중국이 효과적으로 통제할 역량이 갖추어져 있지 않는 상황에서 과연 실효성이 있을지는 의문이 아닐 수 없었다.8)

허내제의 이금론에서 제기된 아편 수입과 민간에 대한 흡연의 합법화는 관료들에게는 충격이었다. 또한 국내 아편 재배를 허용하여 수요를 충당하자는 허내제의 주장은 경작지의 감소를 우려했던 엄금론자의 비판을 받게 되었다. 그 비판의 대표적 인물은 내각학사 겸 예부시랑 주준(朱嶟)과 급사중 허구(許球) 그리고 강남도어사 원옥린(袁玉麟) 등이었다.9) 그러나 이들의 이금론에 대한 치열한 비판에서도 명분론적 반대만 거듭될 뿐 적절한 해결 대안이 없었다. 즉 이들은 관리의 부패 행위를 제거하지 않는 한 금령이 무의미하다는 현실적 체제모순의 인식에서 이 금론이 나온 것이라는 점을 이해하지 못한 채, 체제이념상의 보수적 시각에서 이금론을 공격하고 있다는 점에서 한계가 분명하였다. 그러나 이들이 법률체제와 관료기구, 군사력의 한계에 따른 위기를 다시 인식하게 되었고, 그것의 대응책으로 사대부 중심의 인심풍속의 강화와 민본주의를 바탕으로 한 통치이념의 강화를 강조한 점은 그 뒤 아편엄금론자들의 이념적 기초가 되었다.

이처럼 1836년부터 2년 동안 이금론과 그 반대론으로 일대 혼란에 빠진 청조의 아편대책에 중요한 전환기가 찾아왔다. 즉 1838년에 홍려시경(鴻臚寺卿) 황작자(黃爵滋)가 아편 흡연자 사형론을 제기하였던 것이다. 그는 선명한 논리와 격렬한 어조로 금연의 정당성을 제기하여 아편논쟁을 크게 고조시켰다. 특히 관리와 병사들의 흡연을 크게 문제 삼았다. 그는 흡연자를 사형함으로써 아편의 수입을 근절하고 은 유출을 막을 수 있다는 견해를 밝혔다.10) 즉 아편 수입의 근원을 흡연자에 두고 흡연자가 없으면 판매자도 없을 것이니, 아편의 유입은 자연 근절될 것이라고 했다. 다만 1년의 계몽기간을 두어 금연을 계몽하되 그 뒤에도 금연히지 못하면 사형으로 죄를 다스린다는 것이었다. 그는 보갑법(保甲法)을 이용하여 백성들이 서로 감시하고 적발하도록 하였을 뿐 아니라, 흡연자 사형론을 관철하기 위해 도광제가 강한 의지를 보여 주도록 요청하였다.

황작자의 생각은 은 유출로 말미암은 국가 재정상의 위기의식에서 출발하여, 장래 있을지 모르는 변국(變局)에 대처할 수 있는 청조의 재정적 능력이 은가 앙등으로 파탄될 가능성에 대한 우려를 나타낸 것이었다. 이는 그가 청조의 재정위기를 청조 전제권력의 위기로 연결해 인식한 것으로 보이며, 지배계급의 관점에서 문제 해결을 시도한 그의 국가적 위기의식의 표현이라 할 수 있다.11) 즉 이금론자가 통상제도의 변경으로 재정적 해결책만을 추구한 데 반해 엄금론자는 유교정통론에 따른 도덕주의적 체제 확립의 방향으로 방법을 내면화했던 것이다. 동남 연해 지역에서 아편 밀수를 단속하기가 현실적으로 어렵다는 점과 관료의 부패와 상인들의 부정을 이금론자나 엄금론자가 모두 인정하고 있지만, 그 대응책에서는 양자의 생각 차이가 분명히 드러났던 것이다.12)

그의 흡연자 사형론이 제출된 뒤 도광제가 황작자의 상소를 각 성의 총독·순무·장군들에게 보내어 각자 의견을 제시하도록 요구하자 상주문이 속속 도착하였다. 그 결과 엄금 반대자가 21명(만주인 13명, 한인 8명)이었고 지지자는 8명(만주인 2명, 한인 6명)이었다. 이들 가운데 반대하는 측에 상대적으로 만주족이 많다는 점이 과거에 주목받기도 했지만, 민족의 차이에 따라 현실 대응에 뚜렷한 차이가 있었다고 보기는 어렵다. 왜냐하면 황작자의 흡연자 사형론에 반대하는 것이지 금연 자체를 반대하는 자는 없었기 때문이다.

이들은 전반적으로는 아편엄금론에 찬성하고 있으나 방법론상에서는 차이가 있었다. 황작자의 흡연자 사형론에 적극 찬성한 자 가운데는 호광총독 임칙서와 양광총독 도주 등이 주도적이었다. 특히 임칙서는 아편이 은 유출의 근원이라면서, 이 문제는 엄중한 법의 집행과 흡연자 사형으로 해결할 수 있다고 주장하였다. 그는 지방관이 적극 단속하면 반드시 그 효과를 거둘 수 있고 영원히 퇴폐적인 악습을 끊어 버릴 수 있을 것이라고 하였다. 임칙서는 아편 금연문제야말로 국가 운명과 민생에 깊이 관련된 것이라는 것을 느끼고, 황작자의 엄금 주장에 대해 적극 지지 의사를 표시하였으며, 거듭 흡연자에 대한 강력한 처벌을 요구하고, 강력히 처벌하면 두려워서 어기는 백성이 적을 것이라고 하였다.

임칙서는 구체적으로 '여섯 가지 금연대책[禁煙六策]'을 건의하였는데, 자신이 이미 호광 지역에서 시행하여 효과를 거두었던 정책에 기초한 것이었다. 첫째, 아편 도구를 모두 몰수하여 근원을 막는다. 둘째, 각 성의 지방관들은 계몽을 위해 1년의 기한을 주되 네 단계로 나눠 그 죄를 가중한다는 사실을 알리고 적극적인 태도로 추진한다. 셋째, 아편 연

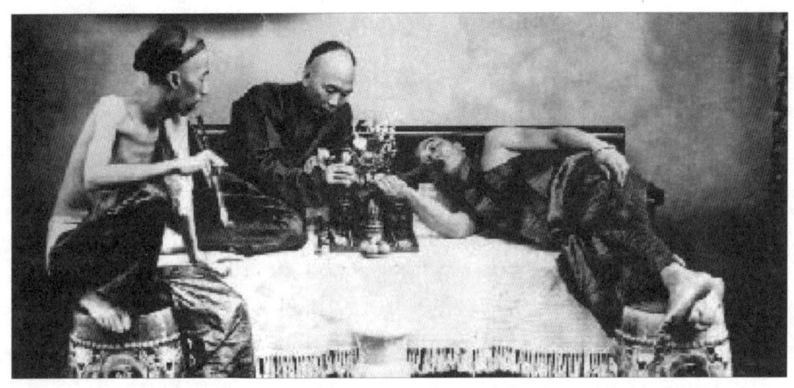

청대 아편 흡연자들의 모습

관(煙館)을 경영하는 자, 아편 판매자와 아편 도구 제조업자는 각각 구분하여 처벌한다. 넷째, 흡연자가 관리의 친인척·막우(幕友)·가정(家丁) 등 관원과 관계가 가까울수록 더 엄하게 처벌한다. 다섯째, 지보(地保)·패두(牌頭)·갑장(甲長)에게 연토(煙土)·연고(煙膏)·연구(煙具)를 수사할 수 있게 한다. 여섯째, 처벌 규정은 지역에 따라 구분하되, 해안의 항구, 나루터, 시장, 교통 요충지 등은 더욱 구체적으로 대책을 세운다 등이었다.13) 그 뒤에도 임칙서는 여러 차례 금연대책을 잇달아 상소하였다.14)

임칙서가 이러한 구체적인 금연대책을 제시할 수 있었던 것은 이미 수년 동안 경험으로 그 나름대로 아편문제에 대한 인식이 형성되어 있었기 때문이었다. 임칙서는 아편문제가 심각하였던 복건에서 태어나 자랐고, 오랫동안 아편 흡연이 만연되고 있다는 생각을 갖고 있었다. 그러나 그가 39세(1823)에 강소안찰사를 맡았을 때 비로소 아편문제의 실상을 분명히 파악하게 되었다. 그는 강소성 지역 관리들의 부패와 백성들의 타락을 비판하면서 이미 아편의 해독이 깊다는 점을 강조하였다. 즉 각지에서 아편 연관을 열어서 하릴없는 무리들이 아편을 흡연하고 있으니 엄격히 단속해야 한다는 것이었다.

그 뒤 청조는 1838년까지 성실히 금연정책을 수행하였으며 성과도 있었다. 특히 1838년에는 호북성 무창과 한양·한구 등에서 많은 아편을 몰수하였다. 조정에서 한바탕 아편문제로 논쟁이 진행되고 있던 1836~1838년 사이에 임칙서는 양강총독과 호광총독 서리였다. 그는 호광총독 시절에 무창과 한구에 아편국(鴉片局)을 설치하고 금연활동을 전개하여 상당한 성과를 거두었다.[15]

임칙서는 구체적으로 아편 흡연자가 얼마인지를 계산하기도 하였다. 그는 1838년의 상소에서, "호부의 조사에 근거하여 각 성의 백성을 계산하면 4억 정도이다. 그 가운데 1%의 사람이 아편을 흡연한다면, 1년 동안 아편 때문에 새어 나갈 은이 1억 냥이 넘는다는 것을 알 수 있는데, 지금 흡연자가 1%에 그치겠는가? 황작자가 지적한 수천만 냥은 극소수일 뿐이다"[16]라고 하여 당시 흡연자 인구를 최소 4백만 정도로 집계하고 있다.

임칙서는 아편 흡연이 만연하는 가장 심각한 이유로 아문의 장수(長隨) 등을 비롯한 무리들의 흡연을 지적하였다. 즉 막우, 관리의 친인척, 장수, 서판(書判), 차역(差役) 등 아문에 소속된 자들 가운데 아편을 즐기는 자가 10의 8, 9이며, 이들이 한편으로는 아편 판매에 협조하거나 묵인하고 있다는 것이다. 그는 "만약 이대로 문제를 방치하면 수십 년 뒤에는 중원에 적을 막을 병사도 없을 것이며, 군량으로 충당한 은도 없어지게 될 것"이라고 주장하였다. 아편 흡연의 영향은 은의 유출로 결국 국가재정, 민간경제를 잠식할 뿐만 아니라 그 결과로 제국의 최후 거점인 군사력의 파탄을 초래하는 지경에까지 이를 수 있다는 것이다. 이러한 임칙서의 주장은 결정을 내리지 못하고 우유부단한 태도를 견지하고 있던 도광제에게 아편문제에 대한 결단을 내리게 하였다. 재원이 날로 고갈되고 군대가 붕괴된다면 아편의 해로움은 왕조체제를 무너뜨리는 결과를 초래할 것이기 때문이다.

임칙서도 다른 관료들과 마찬가지로 처음에는 아편 흡연이 다만 미풍

양속을 해치는 악습이라는 인식에 머물고 있었다. 그러나 강소와 호광에서 금연운동을 실천하는 과정에서 아편의 독성과 해독을 인식하게 되었고, 한번 빠져들면 벗어날 수 없어서 결국 죽음에 이르게 된다는 인식을 갖게 되었다. 그래서 만일 아편 악습을 제거하지 않으면 그 해독이 점점 확산되어 청조의 모든 백성이 허약하게 되고 결국 경제적으로 파탄할 것이라는 인식을 하게 되었다. 그래서 아편 해독을 제거하지 않으면 수십 년 뒤에는 중원에는 적을 막을 병사가 하나도 없게 될 것이며, 군사비를 충당할 수 없을 지경에 이를 것이라는 심각한 위기의식을 갖게 되었다.

영국의 아편 밀무역이 청조의 국가재정 수입과 도덕이나 풍속에 치명적인 해독이 된다는 사실을 간파하자, 임칙서는 그것이 중국의 사회·경제와 민족의 생존을 위협하는 존재라는 점을 인식하게 되었고, 그 어떤 엄금론자보다도 더 강경한 관료가 되었던 것이다. 그러나 그는 영국이 아편무역으로 경제적 침략을 시도한다는 의도를 간파하지는 못하였다. 그래서 금령을 엄격히 추진하면 아편 밀수입도 없을 것이라는 생각에서 금연정책을 수행하였으니, 그는 금연문제를 중국의 내부문제로만 인식하고 있었던 것이다. 그래서 그는 금연의 방침에서 '흡연을 엄하게 다스리는 정책[重治吸食]'을 최우선으로 삼았던 것이다.17)

임칙서처럼 황작자의 흡연자 사형론에 찬동하는 엄금론자가 소수였음에도 아편이 초래할 위기의식을 강조함에 따라 결국 황제의 지지를 얻어 내었다. 특히 임칙서는 호광 지역에서 아편 단속을 한 경험을 바탕으로 한 현실적인 대책을 제시하였을 뿐 아니라, 전제군주체제를 위협하는 경제적이고 군사적인 위기상황을 강조하면서 강력한 반부패, 체제 옹호의 투쟁방향을 제시함으로써, 도광제로 하여금 강력한 아편엄금정책을 이끌어 내도록 하였다. 뿐만 아니라 한림원과 도찰원의 관료들과 황작자·서보선(徐寶善) 중심의 청의파(淸議派) 그룹이 임칙서를 정점으로 아편엄금론의 강경책을 주도하여 황제의 정책 결정에까지 영향을 미쳤다는 점도 간과할 수 없는 부분이다.18)

황작자의 흡연자 사형론과 임칙서의 금연 상소 등으로 위기의식을 갖게 된 도광제는 허내제를 삭탈관직하고 당시 호광총독이었던 임칙서를 불러들였다.[19] 도광제는 그를 8번이나 특별히 불러들여 직접 아편문제 해결방안을 논의하였다. 도광제가 그를 불러들인 이유는 그가 충격적인 상소를 하고 앞장서서 적극적으로 단속 활동을 전개하였기 때문이었다. 또 임칙서의 아편 단속은 다른 지역에 견주어 앞장서서 실행하였다는 면에서 주목받는 성과를 거두었다.[20] 뿐만 아니라, 1820~1830년대 강남의 행정개혁을 비롯하여 지방행정에서 거둔 그의 활동성과에 대한 도광제의 평가 때문이기도 하였다. 그리하여 1838년 12월 말 임칙서는 흠차대신에 임명되어 광주로 가서 아편을 단속하게 되었다.

3. 흠차대신 임칙서의 아편 금연활동

임칙서는 55세가 되던 1839년 1월 8일에 북경을 출발하였다. 그의 아편엄금책은 당시 개혁사상가로 저명한 공양학파(公羊學派) 공자진(龔自珍)과 위원(魏源) 등의 지지를 받고 있었다. 공자진은 아편 단속을 위해 광주로 떠나는 임칙서에게 보낸《흠차대신 후관 임공에게 보내는 글(送欽差大臣侯官林公書)》에서 자신의 금연대책을 개진하였다. 또 안휘성을 지날 때는 광동의 향산 현령을 지냈던 전소천(田小泉)을 만나 아편문제에 대해 논의하기도 하였다. 전소천은 재임 기간에 아편 금연정책을 견지하여 모두 1만여 근의 아편을 몰수한 적이 있었다.

임칙서는 3월 10일에 광동성에 들어서자 바로 아편 단속에 착수하였다. 그는 양광총독 등정정, 광동순무 이량(怡良), 수사제독(水師提督) 관천배(關天培) 등과 함께 상황을 살펴본 뒤 모든 연관을 폐쇄하라고 지시하였다. 임칙서는 3월 18일에 대외무역을 독점하고 있던 13양행의 상인들을 불러 서양 상인들과 결탁하여 아편을 밀수하는 행위를 질책하고,

서양의 아편 밀수 상인들에게 금연정책을 알리고 아편 밀수를 중지하도록 알리라고 지시하였다.

이들 13양행은 공행으로서 광주의 무역체제를 구성하고 있었다. 당시 청조는 정치적으로는 폐관(閉關)정책을 실시하여 중국인과 외국인의 접촉을 금지하였고, 경제적으로는 민간의 해외무역을 금지하였다. 다만 대외무역은 월해관(粵海關)의 감독 아래 광주의 13양행이 대행하도록 하였다. 관세를 관할하는 황제의 직속기관으로 광주의 월해관감독(粵海關監督 : 戶部 혹은 Hoppo로도 불림)이 파견되어 광주무역체제를 감독하고 있었다. 여기서 거두어들인 관세 수입은 황제의 주요한 수입원이었다.

그런데 그것은 관례적으로 누규(陋規)를 통해 진행되고 있었다. 따라서 황제에서부터 광동 지역의 총독과 순무 등 지방 고관들이 모두 이 누규라는 부패 관행에 직접 관련되어 있었다. 그 때문에 광주무역체제에 참가하고 있던 구성원들이 아편 밀수로 이익을 거두고 있었다는 혐의를 받기도 하였다. 따라서 임칙서는 아편 밀수를 매개로 광주무역체제를 위협하는 부패한 무리를 제거하는 것이 시급한 과제라고 보았다. 실제로 임칙서가 광주에 도착하여 조사에 착수하자, 광주의 관리·수사(水師)·기상, 서양의 아편 밀수업자들의 부정부패가 속속 드러났다.

임칙서는 광주에 도착한 뒤 여러 경로로 광주에서 벌어지고 있는 아편문제의 실상을 파악하였다. 그는 월화서원(越華書院)에서 장유병(張維屛)·양정남(梁廷枏) 등 현지 신사들과 협력하여 아편의 실상 파악에 나섰다. 또 월화서원·월수서원(粵秀書院)·양성서원(羊城書院) 등의 학생들을 통해 아편의 밀수와 판매, 하급 관리의 수뢰 은폐에 대한 정보를 수집하였다.21) 그의 이러한 행동은 광동 사람들의 아편 반대 여론을 크게 자극하였다. 그는 61명의 혐의자 명단을 확보하고, 광동포정사에게 그들을 체포하라고 지시하였다. 이와 같은 임칙서의 신속한 조치는 과거에 이금론에 찬성한 적이 있던 등정정으로 하여금 오히려 임칙서의 금연운동에 가장 강력한 협력자가 되도록 하였다.

임칙서는 중국 아편상인들을 단속하였을 뿐 아니라, 외국 상인과 직접 거래하는 양상(洋商), 산상(散商), 외국 상관 직원, 아편 밀수범 등을 통해서 정보를 수집하였다. 또 자신이 직접 외국인을 접촉하기도 하였다. 이러한 방법으로 그는 과거에 알지 못하였던 사실을 확인하게 되었고 영국이 벌이고 있는 아편 밀수의 실상을 파악할 수 있었다.

임칙서는 서양 아편상인과 중국의 흡연자와 판매자 사이에서 서양의 아편상인이 아편문제의 근원이라는 사실을 발견하였다. 그는 서양 상인 가운데 아편을 제조 판매하는 상인과 정상 무역을 하는 상인을 구별하였다. 특히 영국 상인들을 직접 공격의 대상으로 파악하였다. 그러나 아편 밀수에서 영국 상인에만 집중하다 보니 미국 상인의 아편 밀수에 대해서는 정확히 파악하지 못하게 되었다.

아편문제 해결의 관건은 아편을 중국에 공급하는 영국 상인이라는 인식을 한 것은 당시로서는 앞선 시각이었다. 국내 아편 단속[內禁]으로부터 영국의 해상 밀수 금절[外禁]이라는 청조의 아편대책 변화는 임칙서가 흠차대신으로 임명되어 광주에 부임하는 시점에서 시작되었다. 임칙서는 흡연자 처벌을 우선으로 하던 정책에서 아편 공급의 근원을 끊으려는 정책으로 선회하였던 것이다.

임칙서는 영국의 아편 밀수상인들에게 아편 밀수를 중지할 것을 통보하였다. 임칙서는 이들 상인에게 3일 안에 돈선(躉船)에 있는 모든 아편을 내놓고 "이후 영원히 아편을 밀수하지 않을 것이며, 만일 아편을 갖고 오다가 발각되는 날이면 모든 재산을 몰수당하고 사형에 처해지더라도 그 죄를 달게 받겠다"고 서약하게 하였다. 뿐만 아니라, 영국 여왕에게 아편 금지의 방침을 편지로 알려 협조를 구하려고 하는 등 외교적 방법으로 아편 금지를 시도하였다.22)

아편문제를 외교적으로 해결하려고 하였던 임칙서의 자세는 개명한 것이었다. 그러나 그가 영국의 아편 밀수꾼과 영국 정부가 무관한 것으로 인식하고 있었던 점은 분명 약점이었다. 임칙서는 영국의 아편 무역상이 영국 관헌의 처벌 대상인 망명자 무리들이라고 생각하고, 영국과 중국의 공통된 적으로 여겼다. 그래서 영국 여왕에게 청조의 금연조치를 알리고 협조를 구하려고 하였던 것이다. 때문에 임칙서는 영국이 결국 전쟁을 원한다는 점을 미리 간파하지 못했던 것이다.

이러한 임칙서의 몰수정책에 대해 영국 상무감독(商務監督)인 엘리엇(Charles Elliot : 1801~1875, 義律)은 여러 방법으로 그 정책을 무력화하려고 하였다. 엘리엇은 동인도회사의 무역독점권이 폐지된 뒤 중국과 영국의 무역관계 개선을 위해 1836년에 중국에 파견되었다. 엘리엇은 당시 영국 외상으로 중국의 문호개방을 위해 무력 사용까지도 고려하던 파머스턴(H. Palmerston)의 지지를 받아 중국에 파견되었다. 따라서 그에게 주어진 중요한 임무는 청조가 전쟁의 빌미를 제공하도록 하는 것이었다. 그는 1840년 2월에 영국군의 부전권대표가 되어 아편전쟁을 일으켰으며, 1841년 1월에는 기선(琦善)을 압박하여 '천비가조약(穿鼻假條約)'을 체결하였고, 그해 5월에는 혁산(奕山)을 위협하여 '광주화약(廣州和約)'을 체결하였다.

당시 최대의 아편 판매상인이었던 덴트(Dent)는 임칙서의 아편 몰수 요구를 거부하였다. 이에 임칙서는 아편 밀수선 22척을 모두 잡아들이게 하고, 아편 상인의 우두머리인 덴트를 체포하였다. 또 중국과 영국 사이의 무역을 일시 중지시키고 상관을 포위하였으며, 상관과 마카오 사이의 왕래도 차단했다. 결국 엘리엇이 영국 아편 상인들에게 그들의 손해를 만회하게 될 것이라고 다짐하고 마침내 3월 27일 임칙서의 요구에 응하기로 하였다. 그 결과 4월 12일부터 5월 21일까지 영국·미국 등의 아편 상인들은 2만 1,306상자(237만 6,254근)의 아편을 내놓았다.

이것은 중국의 금연정책상의 가장 대표적인 성과에 해당된다. 청조는 옹정(雍正) 7년(1727)에 아편금령을 반포한 뒤 거듭 아편금령을 반포하였지만, 금지되지 않고 오히려 시간이 가면 갈수록 더욱 그 기세가 등등해져 갔었다. 그런데 임칙서가 이끌었던 금연조치가 단 수십 일 사이에 그처럼 큰 성과를 거둘 수 있었던 것은 놀라운 일이었다. 임칙서도 마음속으로 흥분을 감추지 못하였다. 그러한 모습은 몰수한 아편을 모두 북경으로 싣고 가서 황제가 보는 앞에서 당당히 파기하려고 하였던 데서도 나타난다. 그러나 절강도감찰어사 등영(鄧瀛)은 많은 사람들에게 경각심을 심어 주는 것은 좋으나 2만 상자나 되는 아편을 북경으로 운반하는 데는 문제가 많다고 그 같은 계획에 반대하여 결국 광주에서 파기하기로 하였다.23)

임칙서는 1839년 6월 3일부터 호문(虎門)에서 아편을 파기하였다. 그는 많은 관원들이 지켜보는 가운데, 4~5백 명의 인부들로 하여금 두 개의 웅덩이를 파게하고 아편을 짓이겨 바닷물 속에 쓸어 넣고 횟가루를 섞어 용해한 뒤 바다로 흘려보냈다. 이러한 작업을 6월 25일까지 계속하여 모든 아편을 다 파기했다. 이 장면은 중국 관원들뿐만 아니라 지켜보던 외국 아편상인들까지 놀라게 하였다. 이것이 중국 역사상 유명한 '호문소연(虎門銷烟)'이다.

임칙서는 아편을 모두 파기한 뒤에 무역을 회복하고 다시 일상으로 돌아가게 할 것이라고 선포하였다. 그는 합법적 무역과 불법 밀수를 엄격히 구분하여 처리하였으며, 주권을 유지하면서 법을 지키는 한도 안에서 하는 정식 통상과 구별하였다. 그는 맹목적으로 상업과 무역을 배척하지도 않았지만, 그렇다고 중상주의자도 아니었다. 그는 영국의 아편밀수 때문에 붕괴 위기에 처한 광주무역체제를 재건하려는 데 목적이 있었다.

4. 임칙서의 서양 연구

임칙서는 광주에서 아편 금연운동을 주도하였을 뿐만 아니라, 서양에 대한 정보를 다양하게 수집하여 효과적으로 열강의 침략에 대처하였다.

당시 청조의 관료는 중화주의에 빠져서 서양 국가를 섬나라 오랑캐 정도로만 여기고 있었고, 그들의 문화를 인정하지 않았다. 그들은 아편으로 청조가 온통 소란해지고 난 뒤에도 영국이라는 국가의 실체를 알려고 하지 않았다. 당시 영국을 구체적으로 이해하고 있었던 것은 대외무역에 종사하던 양상·통역관[通事] 또는 소수 외국 상관에서 종사하던 하층민뿐이었다. 따라서 아편전쟁 전 중국에는 서양 사정을 알고 있거나 알려고 한 사람은 거의 없었다고 해야 할 것이다.

광주에 올 때까지는 임칙서도 역시 서양에 대해서 전혀 알지 못하였다. 그는 광주에 처음 도착했을 때 중국에는 없는 것이 없으며, 외국인은 중국의 차엽(茶葉)·대황(大黃)이 없으면 살아갈 수 없다고 생각하였다. 그러나 아편 단속을 위해 광주에 온 뒤 그의 이러한 생각은 변하게 되었다. 그는 외국 상인들과 접촉하고 영국과 전쟁을 치르는 과정에서 점차 새로운 사상을 받아들이고 새로운 대책을 만들어 내었다. 청조의 폐관자수(閉關自守)와 자기 과신의 잘못된 태도를 비판하며 여러 차례 서양 학습을 강조하였다.

임칙서는 현실 상황을 중시하는 경세치용의 사상에 바탕을 두고 국내뿐만 아니라 해외에까지 관심의 영역을 넓혔다. 그는 광주에 도착한 뒤, 양정남, 장유병, 유정섭(兪正燮) 등 당시 해방(海防)에 관심이 있던 광주의 지식인들을 초청하여 자문을 받았다. 또 통사·매판·인수(引水) 등 외국인과 직접 접촉하던 인물들에게 외국인들의 동향을 보고하게 하였다. 임칙서는 더 나아가 서양 국가의 정보를 얻기 위해 외국인이 광주와 마카오에서 간행하는 중국어 출판물, 심지어는 기독교 선교책자까지 수집하였다. 또 영어를 해독할 능력이 있는 중국인을 고용하여 외국인의 출판물을 번역하게 하였다. 직접 외국인 선교사·상인·선장·신문편집인 등과 접촉하면서 그들로부터 아편과 영국 등 서양에 관한 정보를 얻었다. 이러한 임칙서의 행동은 당시로서는 대담한 행보였다고 하겠다.

임칙서가 얻으려고 했던 서양 지식은 서양 국가의 역사·지리·법제,

50

아편 생산과 시사 등에 관한 것이었다. 임칙서는 광주에 부임한 뒤《오문신문지(澳門新聞紙)》등에서 중국이나 아편과 관련된 기사를 선택, 번역하여 출판하였는데, 그가 광주를 떠날 때까지 1년여 동안 계속되었다. 또 외국 서적을 수집하고 번역하였다. 이때 번역된 작품은 중국에 대한 영국인의 시각을 알 수 있는《화사이언(華事夷言)》, 국제법 가운데 국가 사이의 분쟁에 관한《활달이각국율례(滑達爾各國律例)》, 아편 금연과 관련된《재중국주아편무역죄과론(在中國做鴉片貿易罪過論)》, 세계 지리에 관련되기도 하고 러시아의 남하정책을 이해할 수 있는《사주지(四洲志)》등이었다. 이러한 자료 수집은 뒷날 위원의《해국도지(海國圖志)》에서 체계적으로 정리되었으며 위원이 제시한 '이이제이(以夷制夷)'의 선구적 실천이었다고 평가할 수 있다.24)

그밖에도 임칙서는 서양의 금융경제에 대해서도 관심이 많았다. 이미 그는 아편전쟁 전 강소에 있을 때 외국 은화가 유통에 유리한 점이 있음을 간파하고 그 우수한 점을 받아들이려 했다. 또 그는 서양의 의약과 병원에 관심을 두고, 서양의 아편 금연 특효약의 제조법과 해부학에 대해 자문받기도 하였다. 외국의 농전수리법(農田水利法)에 대해서도 관심을 두었다.

임칙서는 수집한 자료를 통해 얻은 정보로 서양 국가들 사이의 모순을 이용하여 영국을 고립시키는 전략을 건의하기도 하였다. 그는 아편 금지에 공공연히 저항한 것은 영국뿐이므로 각국 무역을 전부 단절함은 명분이 약하다고 생각해, 영국의 경쟁국인 미국과 프랑스를 비롯한 각국을 이용하여 영국을 제압하려는 전략을 구상하였던 것이다.

이처럼 외국 침략자에 대한 인식이 구체화함에 따라 남으로는 영국, 북으로는 러시아의 침략을 막아야 한다는 주장을 하게 되었다. 광주에 오기 전의 변방 역사에 대한 연구와 관심은 공자진, 위원 등과 마찬가지로 청 초기의 역사적 사실에 두어졌다. 그러나 광주에 도착한 뒤 외국의 역사와 지리 서적을 번역하면서 외국 동향을 파악할 수 있었다. 이러한 자료 수집으로 영국과 러시아가 아프가니스탄과 터키를 거쳐서 중국의 서부 서장(西藏) 지역으로 영향력을 확대하며 위협하고 있다는 사실을 알게 되었다. 이와 같은 견해는 위원의 《해국도지》 편찬에 반영되었다.

임칙서는 중국의 근대 해군 창설의 첫 번째 주창자였다. 그가 서양의 장점을 받아들이려고 할 때, 그 주요한 대상은 주로 군사·과학기술 방면에 집중되었다. 그는 서양의 과학기술 관련 서적, 특히 군사기술 관련 서적을 번역 소개하였다. 이것은 서양 근대 문명의 일부로 특히 군사기술의 도입을 최초로 주장한 것으로, 임칙서의 가장 큰 공헌이라고 할 수 있다. 임칙서는 영국의 선견포리(船堅炮利)에 맞서기 위해서는 근대적 해군을 창설해야 하는데, 이를 위해서 근대 군수공업을 일으키고 서양의 장점을 배워서 신식 선포(船炮)를 제조해야 한다고 주장하였다.

사실 그는 이미 아편전쟁 전에 외국의 선포를 구입한 적이 있었다. 무역 단절 뒤 임칙서는 견고한 대선(大船) 건조에 관심을 갖고 기부금으로 서양식을 모방한 병선 2척을 건조했다. 아편전쟁이 발생한 뒤에는 해관 관세의 10%를 이용해서 선포를 제조하는 경비로 사용할 수 있도록 허락할 것을 조정에 건의하였다. 그는 절강의 정해(定海)가 영국에 함락된 뒤 광주 해관 관세를 이용한 선포의 제조로 서양과 같은 선견포리를 강구하도록 황제에게 건의하고 자기도 절강 전선에 가서 싸울 각오가 있음을 황제에게 피력하였다.[25]

이처럼 임칙서가 선포를 제조하고 해상 전투를 제기한 사상은, 군사적으로는 근대 반침략 전쟁의 방향을 제시한 것이며, 정치적으로는 서양의 장기를 학습하자는 견해를 드러낸 것이었다. 그는 만족할 만한 결과를 얻지는 못했지만 그의 사상이 갖는 역사적 가치는 평가할 만한 것이었다. 그의 이러한 업적은 뒷날 위원·요영(姚瑩)·풍계분(馮桂芬)·설복성(薛福成)·왕도(王韜)·강유위와 양계초 등에게 영향을 주었으며, 그가 추구한 방향을 좇아 더 풍부한 서양 학습의 목표를 추구해 나가도록 했다. 그러나 임칙서는 결국 봉건왕조인 청조를 유지하려는 바

탕 위에 서서 외국의 선진 과학기술을 도입하려 하였고, 부국강병에 도
달하려고 하였다는 점에서 근본적인 한계가 있었다고 비판을 받는다.

5. 아편전쟁과 임칙서의 항영(抗英) 투쟁

임칙서는 1839년 6월 3일부터 25일까지 호문에서 아편을 파기한 뒤
중국과 영국 사이의 정상무역을 회복했다. 그러나 그는 아편 밀수를 더욱
엄격히 금지하였고, 교역에 참가하는 외국 상인에게 아편을 휴대하지 않
았다는 보증서를 제출하도록 요구하였다. 이에 엘리엇은 보증을 거부하
고 모든 영국 상인들을 마카오로 철수시키고 광주무역을 막아 버렸다.

그러나 1839년 7월에 발생한 임유희(林維喜) 사건은 전쟁의 빌미를
찾고 있던 엘리엇에게 놓칠 수 없는 기회를 만들어 주었다. 이 사건은
영국 수병이 구룡(九龍)반도의 첨사취(尖沙嘴)에서 주민들을 살해하면
서 시작되었다. 그때 임유희라는 주민이 중상을 입었고 다음 날 사망하
였다. 임칙서는 여러 차례 범인을 인도할 것을 엘리엇에게 요구하였으
나 거부되었다. 중국의 주권을 수호한다는 생각에서 임칙서는 영국인에
대한 식량 등 생필품 지급을 금지했다. 이에 9월에 엘리엇은 군함으로
중국 해군을 습격하기도 하였다. 11월에도 천비(穿鼻)의 바닷가에서 중
국 수군에 발포하였지만, 관천배에게 격퇴되었다. 그 뒤에도 영국군은
여러 차례 해상에서 군사적 위협을 전개하였다.

이에 도광제는 1840년 1월 임칙서에게 영국과의 모든 무역을 금지시
키고, 그 책임은 영국에 있다고 밝혔다. 임칙서는 마카오에서 영국인을
축출하면서 식량과 땔감 공급을 끊고, 매판 노동자들을 철수시키면서
임유희 사건의 범인 인도와 중국법 관철을 집요하게 요구하였다. 이 같
은 그의 자세는 주권 수호를 위한 애국적 행위였지만, 영국의 자유무역
제국주의의 침략 의도를 저지할 수 있는 해군력이 없는 상황에서 보수

적이고 중화주의적인 청조 관료로서의 고집스러운 모습을 드러내 보이는 부분이기도 했다.

임칙서는 아편을 몰수하여 폐기한 뒤에도 전쟁이 일어날 것이라고는 생각하지 않았다. 다만 엘리엇과 담판을 진행하면서, 그가 아편 이익을 지키기 위해 무력행사도 불사할 것이라는 사실을 간파하였다. 당시 중국 관료들 가운데 전쟁을 예견한 경우가 거의 없었던 상황에서, 임칙서의 자세는 분명 그들과 달랐다. 임칙서는 해양 전투에 중국이 불리하다는 사실을 인정하고, 신식 대포를 구입하여 해안 방어에 치중하였다. 그는 주강(珠江) 입구에서 호문까지 방어선을 구축하였다. 호문의 포대를 개조하고 첨사취에 포대를 신설하였고, 미국 상인으로부터 상선을 구입하여 군함으로 개조하기도 하였다. 또한 능력이 없거나 직무를 소홀히 하였던 총병(總兵)·장령(將領) 등과 부패하고 뇌물을 받은 수사부장(副將) 한조경(韓肇慶) 등을 파면 조치하였다. 아울러 복건·절강·강소·산동·직예 등 각 성에 영국이 북방으로 진격할 것에 대비하도록 통지하였다.

임칙서는 '민심가용(民心可用)'의 견지에서 백성들의 힘을 이용하여 아편 밀무역을 금지시키겠다는 자세를 갖고 있었다. 그는 백성들을 동원하여 상관을 포위하게 하고 시위하게 하기도 하였다. 나아가 어민·단민(蜑民)·염공(鹽工) 등 장정 수천 명을 모아 수용(水勇)을 편성하여 전투를 준비하였다. 사실 민간인을 무장시키는 것은 중앙집권적 국가체제의 유지에는 상당한 부담이 될 수도 있다. 그러나 금연 투쟁으로 많은 민중들이 참가하는 반침략 투쟁을 전개하였기 때문에 임칙서는 중국 근대사에서 대표적인 반침략 투쟁을 이끈 애국주의 인물로 평가되었다.26)

한편 엘리엇은 영국 국회에 신속하게 중국에 대한 군사적 침략을 촉구하는 결의안을 제출하고, 상인들이 아편 서약을 거부하도록 하면서 문제를 확대해 나갔다. 영국 의회에서는 1840년 4월에 중국전쟁 결의안이 통과되었다. 영국 측은 임칙서가 영국을 모욕했으며, 아편엄금법에서 중국인과 영국인을 차별하였고, 아편 밀수를 비호한 청조의 부패 관료에 대해서는 관대했다는 점을 들어 전쟁을 결정하였다.

마침내 아편전쟁이 시작되었다. 1840년 6월 30일 영국 해군이 광동 연안에 속속 도착하였다. 영국은 함선 16척, 무장 기선 4척, 운송선 28척, 병사 4천여 명(뒤에 1만 5천 명으로 증원), 대포 540문으로 조직된 동방원정군을 인도로부터 중국 해안으로 파견하여 주강 하구를 봉쇄하였다. 광주의 임칙서는 이미 전쟁 준비를 진행하고 있었기 때문에 영국으로서도 승리를 장담하기 어려웠다. 영국 해군은 7월에 하문(厦門)을 공격하였으나, 여기서도 등정정에게 격퇴되었다. 이미 등정정은 1840년 1월 민절(閩浙)총독에 임명되어 당시 복건성 하문의 방어를 담당하고 있었다.

영국의 목표는 광주가 아니었다. 조지 엘리엇(George Elliot : 1784~1863)과 찰스 엘리엇은 원래 북침을 계획하고 있었다. 실제로 영국 해군은 북상하여 7월 5일 절강의 정해(定海)를 함락했다. 정해 함락 소식에 임칙서는 매우 분노하였다. 그는 자신이 영국의 전쟁 도발에 대비해서 황제에게 방어 준비를 하자고 다섯 차례나 상소하면서 정해의 점령과 천진 침공 계획에 대해 미리 탐지해서 알렸음에도, 조정은 논의만 하고 대책을 세우지 않았음에 분노하였던 것이다.

정해가 함락된 뒤 청조는 동요하였다. 도광제는 직예총독 기선에게 해안에서 불필요한 충돌을 피하도록 지시하였다. 사실 당시 각 연해의 총독과 순무들 가운데 임칙서와 등정정 등 몇을 제외하고는 어떠한 조치도 취하지 않고 있었다. 임칙서는 민중을 동원하여 정해를 수복하자고 건의하였다. 그는 영국의 장점은 '선견포리'이지만, 그들은 육지에 상륙하면 무력해지기 때문에 정해 일대 십여 만 백성들을 바탕으로 향용(鄕勇)을 조직하여 영국과 싸울 것을 건의하였다. 당시 임칙서는 영국 포함의 기동성과 상륙전 능력이 갖는 위협을 이해하지 못하고 있었다.27)

영국군이 절강을 점령하고 천진으로 북상할 때까지도 청조 조정은 여전히 소극적으로 대응하고 있었다. 그동안 영국군은 계속 북진하여 8월에는 천진의 백하구(白河口)에 도착하여 중국 정부에 전쟁 배상금과 영토 할양 그리고 통상 등의 요구 조건을 제시하였다. 이때 청 조정은 어찌할 바를 모르고 혼란에 빠졌다. 당시 천진에는 수비병이 8백 명뿐이었고, 산해관 일대에는 쓸 만한 대포 하나 없었다.

청조 정부 내부에서는 다시 이금파가 새롭게 살아나기 시작하였다. 그들은 이미 타협·투항파가 되어 있었다. 그들은 도광제의 주위를 둘러싸고 임칙서를 비판하기 시작하였다. 그들은 유언비어를 퍼뜨려 임칙서와 등정정을 공격하였고, 전쟁의 원인이 임칙서의 아편대책에 있다고 주장하였다. 또 외국의 '선견포리'를 쉽게 제어하기 어렵다는 현실론을 내놓았다. 기선은 1840년 8월 20일에 전쟁의 책임을 물어 임칙서를 처벌해야 한다고 상소하였다. 이때가 목창아(穆彰阿)와 기선 등이 임칙서의 강경론을 비판하고 화의론을 제출한 시기였다.28)

원래 금연정책에 대해 우유부단했고 전쟁 의도가 없었던 도광제는 이에 태도를 바꾸고 기선을 천진에 파견하여 담판으로 타협을 모색하게 하였다. 다음 날 광동에서 계속 아편 단속을 실시하고 있다는 임칙서와 광동순무 이량(怡良)의 상소가 도착하였다. 그러나 이 상소문은 오히려 도광제를 분노하게 하였다. 임칙서는 이러한 북경의 상황 변화를 모르고 있었다.

담판에 나선 기선은 임칙서의 조치가 조급하고 잘못된 것이라는 점을 인정하고 그의 죄를 엄중히 문책할 방침이라면서, 영국군이 광주로 돌아갈 것을 요구하였다. 조지 엘리엇은 청조를 협박한 성과를 얻었을 뿐만 아니라, 날씨가 추워지고 바다가 얼어붙을 것을 염려하여 9월에 남하하였다.

임칙서는 9월 24일 죄를 청하는 상소를 올렸다. 그는 이 상소에서도 서둘러 아편을 금해야 된다는 의지를 분명히 밝혔다. 그는 "영국 오랑캐는 염치가 없어서 한번 양보하면 자꾸 요구하는 자들이라"고 하고, 투항파들이 이 전쟁은 금연정책 때문에 일어났다고 주장하지만, 사실은 그들 부패 관리 때문에 일어난 전쟁이라고 주장하였다. 그는 장기적인 안목에서 선포를 제조해서 대비하여야 하며, 특히 해관세에서 군함과 총포를 제조할 비용을 충당하여야 한다고 건의하였다. 광동의 관세 수입이 3천여만 냥인데, 이것의 10%만 이용하더라도 그 비용을 충당하고도 여유가 있다는 것이다. 임칙서의 이러한 건의는 그가 이미 근대 군수공업 건설의 필요성을 인식하고 있었다는 점을 보여 주는 것이었다. 이것은 당시로서는 분명히 진보적이었다. 그는 이미 광동의 수사(水師)와 수용(水勇)을 훈련시켜 바다로 나가 영국 선박들을 단속하려고 하였다.[29] 이런 건의는 그 이전부터 계속 준비해 왔었지만, 도광제는 이것을 이해하지 못하였다.

결국 도광제는 9월 28일, 임칙서의 금연활동은 성과를 얻지 못하였고 오히려 새로운 사태를 유발해서 나라를 욕되게 하고 백성을 고통에 빠지게 만들었으니, 이것은 모두 임칙서가 일 처리를 잘못한 데 원인이 있다고 결론지었다. 그 뒤 기선을 양광총독서리로 임명하되, 그가 광동에 도착하기 전까지는 이량이 잠시 대행하게 하였다. 10월 3일에 다시 유지를 내려 정식으로 임칙서와 등정정을 모두 파직하였다.[30] 임칙서가 전쟁 발발의 책임을 지고 물러나게 되었지만, 광주의 신사와 백성들은 그러한 조치에 대해 불만이었다. 그들은 임칙서의 금연 조치와 항영 투쟁에 대해 지지 의사를 밝혔다.

임칙서가 파직되고 기선이 오기 전, 즉 10월 2일부터 11월 6일까지 35일 동안 이량이 대리하는 기간에도 임칙서는 자문 노릇을 계속하였다. 그리고 11월 6일부터 양강총독 이리포(伊里布)와 조지 엘리엇은 절강에서 정전 협상을 벌였다.

기선이 1840년 11월 29일 광주에 도착한 뒤 바로 실시한 조치는 주강 하구의 방어 시설을 철거하고, 해군 병사를 줄이고, 항용을 해산하는 등 임칙서의 조치를 취소하는 것이었다. 그는 영국과 관련된 일은 순무인

이량과도 의논하지 않고 처리하였기 때문에 임칙서는 어떠한 자문도 할 수 없었다.

12월부터 기선은 영국과 담판을 시작하였다. 이때 조지 엘리엇은 병으로 귀국하였고, 찰스 엘리엇이 전권대표가 되었다. 이 회담에서는 아편 배상금과 영토 할양, 항구 개방, 정해 반환 등이 주제였다. 기선은 아편 배상금 6백만 냥에는 동의했으나 광주 이외 새로운 항구를 개방하는 것은 반대하였고, 먼저 정해를 반환할 것을 요구하였다.

담판이 뜻대로 진행되지 않자 1841년 1월 7일 엘리엇은 다시 호문의 사각(沙角)·대각(大角) 포대를 점령하였다. 이 과정에서 중국은 6백여 명이 희생되는 등 많은 피해를 입었다. 이곳은 바로 광주의 안보에 직접 영향을 주는 요충지였기 때문에 임칙서는 등정정과 함께 기선에게 적극 대응책을 요구하였지만, 기선은 면담 요구조차 거부하였다. 호문을 지키고 있던 관천배와 이정옥(李廷鈺)은 기선에게 지원병을 요청하였으나, 기선은 역시 소극적이었다.

영국이 정해에서 물러나지 않고, 다시 아편 가격에 대한 보상과 새로운 조차지를 요구하자 청조도 강경 자세를 취하게 되었다. 도광제는 영국의 요구가 지나치다고 생각하여 영국에 강력 대응하라고 지시하고, 임칙서와 등정정에게 함께 이 일을 처리하라고 명령을 내렸다. 이에 임칙서도 다시 기선과 함께 투쟁을 전개하였다.

도광제는 1841년 1월 20일 영국에 대한 응징을 지시하였고, 호남·사천·귀주의 병사 4천 명을 광동에 보내 지원하게 하였다. 기선이 엘리엇과 협상을 진행하는 동안, 임칙서는 이량에게 적극적으로 방어하고 군중을 동원하여 광주를 보위하는 계획을 전했다. 같은 날 엘리엇은 마카오에서 아편 배상금 6백만 냥, 홍콩 할양, 광주 통상의 회복 등을 일방적으로 선언하고, 26일 영국군은 홍콩섬을 점령하였다.

영국군이 대각·사각 포대를 점령하였다는 소식을 듣고 청조는 1월 27일 정식으로 선전포고를 하였다. 그러나 전쟁을 적극 전개할 뜻은 없었다. 도광제의 의지는 확고하지 않았고, 기선은 여전히 타협적 태도를 고집하고 있었다. 마침내 기선은 영국의 압력에 굴복하여 홍콩 할양을 인정하였다. 임칙서가 홍콩의 군사적 가치가 크다고 이량을 통해서 밝혔음에도, 도광제는 홍콩의 가치를 몰랐기 때문에 기선의 요구에 동의하게 되었던 것이다. 기선은 홍콩이 쓸모없는 섬이라고 보고하였던 것이다. 이에 임칙서는 양정남에게 알려 신사와 백성을 동원하여 영국군에 저항하라고 하였다. 이에 2월 20일 여러 신사들을 모아서 연명 상소를 올려 저항을 독촉하였다. 이것이 영국의 홍콩 점령에 대한 첫 번째 투쟁이었다.

결국 기선과 엘리엇은 '천비가조약(川鼻假條約)'을 체결하였다. 그러나 이 '천비가조약'에 대해서 영국과 청조가 모두 불만이었기 때문에 비준되지 않았다. 특히 홍콩 할양에 대해서 양측은 서로 불만이었다. 영국으로서는 쓸모없는 바위섬을 점령한 데 그치지 않는다고 불만이었고, 청조로서는 굴욕적인 영토 할양을 치욕으로 받아들이고 있었다. 청조 내부에서도 저항파들이 기선을 파직하고 임칙서와 등정정을 다시 기용하여 항영 투쟁을 전개할 것을 요구하였다. 이에 도광제는 기선을 파직하고, 기공(祁貢)을 양강총독으로 임명하고 유겸(裕謙)을 흠차대신으로 임명하여 절강에 가서 이리포를 대신하게 하였으며, 혁산(奕山)과 양방(楊芳)을 광주로 파견하고 각 성에서 1만 7천 명의 병사를 광주로 보냈다.

'천비가조약'에 대한 비준이 거부되자, 영국은 다시 군대를 동원하여 2월 26일에 호문 포대를 점령하였다. 이때 관천배를 포함한 4백여 명의 병사들이 전사하고 호문 포대는 점령되었다. 그러나 기선은 여전히 소극적이었다. 이때 도광제의 명을 받은 혁산에 앞서서 양방이 3월 5일 광주에 도착하였고, 3월 12일 기선의 파직 명령이 내려왔다. 양방은 광주에 도착하자 엘리엇과 휴전 협상을 시작하면서 광주무역을 재개하였다. 4월에는 혁산이 도착하고 각지의 병사들이 속속 광주에 집결하였다. 그는 광주의 백성들과 병사들이 모두 적과 내통한다고 생각하고 그들을 믿지 않고 복건 병사들을 끌어들였다.

혁산은 5월 21일에 준비도 없이 영국군을 공격하다가 대패하였으며, 반격에 나선 영국군에 광주성이 점령될 위기에 처했다. 26일 영국군은 광주 입성을 준비하였다. 이에 양방은 무조건 항복하였고, 27일 엘리엇과 굴욕적인 '광주화약(廣州和約)'을 체결하였다. 여기서 청조의 군대는 6일 내에 광주에서 60마일 밖으로 철수하고, 일주일 안에 6백만 냥의 전쟁 배상금과 30만 냥의 영국 상관 손실 비용을 지불한다고 약속하였다.

이 사태는 광주 주민들의 강렬한 불만을 불러일으켰다. 광주의 신사들은 홍콩 할양에 대해 적극 반대하였다. 더구나 영국군의 광주 입성 소식에 광주 주민들은 분노하여 그들을 무력으로 저지하려 하였다. 이에 5월 29일 광주 북방의 삼원리(三元里)에서 영국군은 주민들을 공격하였다. 그러나 주민들의 저항으로 오히려 몇 명의 영국 병사가 전사하고 나머지는 후퇴하였다. 지주와 신사들이 주도한 이 항쟁에서 삼원리 주민들은 삼원고묘(三元古廟)에서 집회를 갖고 깃발을 만들어 부근의 103개 향(鄕)의 의용군을 모아 함께 영국군과 싸울 것을 결의하였다. 31일 광주 부근의 400여 향의 수만 명 주민들이 삼원리 주민들과 연합하여 영국군을 포위하였다. 이것이 유명한 삼원리 평영단(平英團) 사건이다.

이러한 광주 민중의 항영 투쟁은 남경조약이 체결된 뒤 3개월이 안 된 그해 11월에 승평사학(升平社學) 영도 아래 광주 동북지역의 동평(東平)·남평(南平)·융평사학(隆平社學) 등 단련(團練) 조직에 따라 또다시 크게 일어났다. 승평사학은 도시 서원의 상층 신사를 핵심으로 한 지역 신사들의 지도력을 매개로 종족 결합에 토대를 두고 있었다. 이것은 아편전쟁 시기 광주 일대에서 임칙서의 항영 투쟁 노선과 일치하는 유명한 사건이었다.

한편 영국 의회는 1841년 4월 30일 엘리엇의 '천비가조약'이 만족스러운 결과를 거두지 못했다는 이유로 부결시켰다. 이에 포팅거(Henry Pottinger : 1789~1856)를 전권공사로 파견하여 새로운 전쟁을 시작하였다. 포팅거는 뒷날 남경조약을 체결하고 첫 홍콩 총독을 지내게 된다. 그는 8월에 홍콩에 도착하여 북침을 재개하였다. 8월 27일 하문을 공격하여 함락시키고, 10월 1일에 다시 정해를 점령하였다. 10일에는 진해(鎭海), 13일에는 영파(寧波)를 점령하였다. 이때 영국은 대만(臺灣)을 공격하였으나 요영(姚瑩)에게 격퇴되었다.

도광제는 10월 18일, 대학사 혁경(奕經)을 양위장군(揚威將軍)으로 임명하고 군사 2만여 명을 동원하여 절강 전선으로 파견하였다. 혁경은 싸울 의사가 없었으므로 유람 가듯 이동하여 북경을 떠난 지 4개월 만인 1842년 2월에 소흥(紹興)에 도착하였다. 무능한 혁경은 아무 준비 없이 군대를 동원, 영국을 공격하였다가 오히려 궤멸당했다. 광주와 절강에서 당한 두 차례의 참패로 청조에는 타협파가 득세하게 되었다. 이에 도광제는 성경장군(盛京將軍) 기영(耆英)을 흠차대신으로 삼고, 파직된 이리포를 다시 기용하여 절강에서 담판하게 하였다. 영국은 자신들의 요구를 청조가 거부하지 못하도록 하기 위해 대거 장강 유역으로 진격하기 시작하였다.

1842년 5월 영국군은 진해를 떠나 병력을 집중하여 17일에는 사포(乍浦)를 함락하고, 6월에는 장강 하류의 오송(吳淞) 포대를 공격하였으며, 이어 상해도 함락하였다. 영국군은 7월 21일 진강(鎭江)을 공격하였고, 8월에 남경 부근에 이르렀다. 영국군이 청조의 대동맥인 장강과 운하를 봉쇄하자 더 이상 버틸 수 없게 되었다. 마침내 혁경과 이리포는 1842년 8월 29일 포팅거의 모든 요구 조건을 들어주는 '남경조약'을 체결하게 되었다.

이로써 제1차 아편전쟁은 종결되었다. 이 전쟁의 패배로 청조는 전쟁 배상금과 아편 배상금 지불, 영사재판권 인정, 관세자주권 상실, 최혜국 대우 부여 등의 불평등조약을 맺고, 서양 열강에 문호를 개방하였다. 이 조약으로 중국의 전통적인 중화사상에 바탕을 둔 질서는 무너지게 되었고, 중국은 세계 자본주의 시장 구조 속으로 편입되었다. 이제 중국은 열강의 침략 속에 반(半)식민지·반(半)봉건사회로 전락하였다. 중국은 근대화로 열강의 간섭에서 벗어나기 위해 자강운동을 시작해야 했고, 결국은 반(反)제국주의·반(反)봉건 투쟁을 전개하기에 이르렀다.

그러나 아편문제는 전혀 해결되지 못한 채 더욱 심각해져 갔다. 건륭제 이후 쇠퇴하던 청조의 체제 이완 현상에다가 아편 밀수와 은 유출로 청조의 재정은 더욱 악화되었으며, 아편 밀수 단속으로 광동무역체제의 기능을 회복하여 국내 체제의 악화 요인을 제거하려던 임칙서와 청조의 아편 단속은 영국과 대외적 충돌을 유발하였고, 결국 아편전쟁의 한 원인이 되었을 뿐 이를 해결하지 못한 채 전쟁의 패배로 종말을 고하고 말았던 것이다.

6. 신강의 유배생활과 만년의 반란 진압

임칙서는 영국에서 '천비가조약'이 부결된 그 다음 날, 전쟁 유발 책임으로 파면 처분을 받은 뒤 절강 전선으로 이동하여 대기하라는 명령을 받았다. 그는 1841년 6월 10일 절강의 진해로 갔다. 여기서도 그는 영국의 침략에 직극 지항하면서 대포를 제조하여 훈련시키는 데 힘썼다. 그는 광동에서 가져온 대포 관련 서적들을 전파하고, 또 근래 자신이 그린 전선 설계도를 공진린(龔振麟)·왕소해(汪少海) 등에게 주고, 선박과 대포를 제조하도록 권하였다. 또 이량과는 계속 긴밀히 연락하면서 광동의 상황 변화에도 관심을 갖고 있었다. 그러나 도광제는 혁산의 '광주화약'을 비준한 뒤, 광동에서 군사적 업무를 소홀히 한 죄를 물어 임칙서와 등정정을 신강의 이리(伊犁)로 유배 보내라고 지시하였다.

임칙서는 1841년 7월 이리로 가서 속죄하라는 유지를 받고 눈물을 흘리며 전선을 떠났다. 이리로 가는 도중, 임칙서는 1841년 9월 21일 하남의 개봉(開封)에 도착하였다. 이때 황하가 범람하는 것을 목격하고 당시 황

복주의 임칙서 사당

하 치수를 명받아 부임한 대학사 왕정(王鼎)을 도와 치수 사업에 종사하였다. 황하의 공사가 완료된 뒤, 임칙서는 왕정과 이별하고 개봉을 떠났다.

임칙서는 낙양을 거쳐 서안에 도착하였다. 그리고 1842년 8월 영국군이 남경에 집결하고 있을 바로 그때, 그는 서안에서 학질에 걸려 고통 받고 있었다. 그는 '남경조약'의 조인 소식을 들으면서, 서안을 떠나 인적이 드물고 황량한 황토 사막지대를 따라 난주(蘭州)로 갔다. 그가 난주에 도착하기 5일 전인 1842년 8월 29일 '남경조약'이 체결되었다.

임칙서는 가욕관(嘉峪關)·합밀(哈密)을 거쳐 4개월 만인 12월 10일 이리에 도착하였다. 그가 도착할 당시 경상범(慶湘帆)이 이리를 다스리고 있었다. 그는 평소 임칙서에게 호의를 품고 있었기 때문에 협조적이었다. 임칙서는 이리에 도착한 뒤에도 쉬지 않고 민정을 살폈고, 많은 사람들이 그를 흠모하여 찾았다. 이리장군 포언태(布彦泰)는 일찍부터 임칙서가 비범하다는 것을 알고 존경하고 있었다.

임칙서는 이리에서 적극적으로 농전 수리사업을 주도하여 생산을 늘리기 위해 노력하였다. 또 신강 지역의 둔전 역사와 현황을 직접 조사하였다. 임칙서는 옹정 12년(1734) 이래 신강의 둔전 실시 상황을 연구하였다. 청대 신강의 둔전은 병둔(兵屯)·범둔(犯屯)·호둔(戶屯)·회둔(回屯)·기둔(旗屯) 등 5가지였다. 그러나 당시 이리와 우루무치 등 몇몇 지역에서만 약간의 성과가 있었다. 대부분의 지역은 토지도 평탄하고 수초도 적당하였지만, 수리시설이 갖춰지지 않아서 개발이 어려웠다.

그래서 임칙서는 이리장군 포언태를 통해 둔전을 위해 수리시설을 확충하고 본토의 한족을 이주시켜 노동력을 확보하며 현지 위구르인들에게 개간을 장려할 것을 건의하기도 하였다. 청 조정은 이러한 건의를 묵살하였다. 그러나 임칙서는 신강 유배생활을 하던 2~3년 동안 개간과 수리 문제에 전념하여 황량한 남강(南疆) 지역에서 거의 100만 무의 토지를 개간하였다.

임칙서는 1845년 3월 12일부터 7월 18일까지 쿠처·악수·코탄·알티샤르·카슈가르 등의 개간지를 둘러보았다. 그곳에서 토지와 수로 그리고 각종 수원(水源)을 둘러보았으며, 지방 토착민들의 삶을 살펴보았다. 그는 빈궁한 회민(回民)들에게 동정적이어서 한인들의 고리대 착취를 반대하고 한인과 회민들이 공존할 수 있는 방안을 제시하기도 하였다. 그러한 조치로 임칙서는 신강 지역을 발전시키고 국방을 공고히 하려 하였다.

임칙서는 말을 타고 각지를 직접 살펴보곤 했는데, 투루판으로 가는 도중에 농민들이 민간 수리시설(坎井, 카레즈)을 사용하여 물을 퍼 올리는 것을 목격하였다. 그는 그 설비가 신강지구의 관개에 적합하다는 것을 발견하고, 즉각 확대 보급한 결과 관개 면적을 크게 늘릴 수 있었다. 이 수리시설을 이용하여 면화와 포도를 생산하게 되어 이 지역 주민들의 생계가 크게 윤택하게 되었다. 사람들은 임칙서에게 감사하는 마음에서 그것을 '임공정(林公井)'이라고 불렀다. 이처럼 임칙서의 끊임없는 노력과 정확한 조치는 신강을 황량한 사막에서 비옥한 경작지로 바꾸어 민생을 크게 여유 있게 만들었다. 이러한 성공이 가능하였던 것은 포언태 등과 긴밀히 협조하였기 때문이었다.

임칙서는 신강에서 뛰어난 정치적 감각으로 러시아 황제의 중국 침략 의중을 간파하고 《아라사국기요(俄羅斯國紀要)》라는 책을 썼다. 그는 최후로 중국의 우환이 되는 것은 러시아라고 주장하기도 했다. 그는 러시아의 남침을 막기 위해 변방의 방어를 공고히 하려는 목적에서 대규모 둔전 수리를 했다. 그것은 당시 경세학자들의 공통적 관심사인 변강의 개발과 신강 방위 구상을 구체적으로 실현하였다는 점에서 큰 의의가 있고, 실제 신강의 개발을 촉진하기도 하였다.

전쟁의 발발 책임을 지고 서북 변경 지역으로 유배를 떠난 뒤에도 임칙서의 사상은 별 다른 변화가 없었다. 임칙서는 신강을 개발하여 신강 백성들의 생계를 해결하였으며, 서북 변방의 안전을 강화하였고, 각 민족 사이의 우호관계를 강화했다는 점에서 중요한 공헌을 하였다.

1845년 10월 28일 도광제는 신강 지역 활동에 공이 있었음을 인정하고 임칙서에게 북경으로 돌아오라고 지시하였다. 이제 유배생활은 끝났지만, 그는 이미 61세였다. 4년 남짓의 유배생활에서 그는 질병을 얻었고 백발이 되었다. 임칙서는 돌아온 뒤 포언태를 대신하여 섬감총독 서리에 임명되었으며, 1846년 등정정이 사망한 뒤 섬서순무로 옮겨졌다. 1847년에는 운귀총독에 임명되었다.

임칙서는 이때부터 국내 계급모순과 계급투쟁이 첨예하였던 서북·서남 지역에서 소수민족의 반청(反淸) 기의를 진압하는 데 참여하였다. 그는 서령(西寧)의 장족(藏族), 섬서의 회민, 운남의 회민과 이족(彝族)의 반란을 진압하였다. 그러나 그 뒤 그의 반침략적 경제사상은 발전하지 않았고, 오히려 후퇴한 점도 있었다. 그는 서북 지역에서도 서양식 총포를 제조하여 청해 지역의 민중기의를 진압하는 등 외국 침략에 저항하던 진보성을 잃어버렸다. 재난을 당한 백성들의 구휼활동을 전개하고 관중(關中)에서 수리를 크게 일으켰지만, 그 목적은 회민 반란을 막으려는 데 있었던 것이다. 운남의 동정(銅政) 문제도 청조의 처지에서 볼 때 약탈적 성격을 띠고 있었다.

그는 아편전쟁 이후 더 이상 금연을 주장할 수 없는 상황에서 새로운 길을 모색하였다. 상인들의 자본을 모아 광산을 열어 은 생산을 늘리려는 것이 그것이었다. 그는 심지어 국내 아편 재배를 허용하여 은 유출을 막아보자는 이금파의 주장을 검토하기도 하였다. 이런 점에서 볼 때 임칙서의 후기 경제사상에는 소극적이고 후퇴한 부분이 분명히 있다. 또 농민기의를 진압하는 과정에서 완고파의 경제사상으로 기울었던 부분이 있어 비판받기도 하였다.[31]

임칙서는 오랜 유배생활 동안 얻은 질병으로 사임하고 1849년 고향인 복주로 돌아갔다. 1850년 도광제가 사망하고 함풍제(咸豊帝)가 즉위하였다. 함풍제가 그를 북경으로 불렀으나 병으로 사양하였다. 1850년 11월 청 정부는 다시 임칙서를 흠차대신으로 임명하고 광서로 가서 태평천국(太平天國)을 진압하도록 명령을 내렸을 때, 그는 이미 66세의 고령이었고 병들어 있었다. 임칙서는 임지로 가다가 1850년 11월 22일 광주 조주(潮州)에서 사망하였다.

7. 임칙서의 금연활동과 개명사상의 역사적 의의

임칙서는 근대 초기의 저명한 정치가이며, 서양에 대해 처음으로 눈을 뜬 인물 가운데 으뜸으로 평가된다. 그는 40여 년에 걸친 관직생활(1811~1849) 동안 점차 동요하고 있던 청조의 내부 모순과 부패를 목격하고 그것을 해결하기 위해 노력하였던 인물이었다. 이 시기는 경세가들이 '변국(變局)'으로 지목하던 때였다. 당시 위원·공자진·포세신(包世臣) 등 경세사상가들은 청조의 체제 모순과 부패를 개혁하려고 하였다. 그들은 '경세치용(經世致用)'의 견지에서 '흥리제폐(興利除弊)'의 방법으로 몰락하는 봉건 청조의 경제를 되살리려고 하였다.

임칙서는 경세가들에 견주어 체계적인 이론을 갖추지는 못했지만, 실천적으로 조운문제를 해결하는 정책에 적극 참여하였고, 염정(鹽政)문제에서도 도주(陶澍)의 염법 개혁을 적극 지지하였다. 또 서양 화폐가 중국에서 유통되는 현실을 개혁하기 위해 중국에서도 직접 은화를 제조하여 상인들이 편리하게 상업 유통에 활용하게 하고자 하였다. 나아가 민본주의 사상에 바탕을 두고 농민을 재난에서 구원하고, 농전 수리를 일으키는 등 백성을 구휼하고 국가재정을 충실히 하려고 하였고, 은광을 열어 상인들이 은을 채취하게 하여 은 부족을 해결하고자 하였다. 이러한 문제는 당시 중국사회가 직면한 개혁의 대상이었기 때문에 임칙서의 역사적 공헌과 그 지위를 평가하는 데 중요한 관건이 되는 문제였다.

임칙서에 대한 역사적 평가는 무엇보다도 그가 19세기 전반기 청조의 최대 현안이었던 아편문제와 그 대책에서 핵심 인물이었다는 점과 청조의 아편정책 결과로 초래된 영국과의 아편전쟁 발단에 직접 관련된 중심인물이었다는 점일 것이다. 임칙서는 아편이야말로 청조의 대내외적 모순과 위기를 더욱더 악화시키는 주요한 문제라고 보고 아편 금연활동을 적극 추진하였던 것이다.

임칙서는 아편전쟁 직전과 전쟁 시기에 아편의 해독이 가장 심하였던 강소와 호광에서 당시 사회·경제 파탄의 핵심문제였던 아편을 직접 단속하였다. 1830년대에 아편 밀수는 급증하여 그 수량이 3~4만 상자에 이르렀다. 아편 밀수는 결국 중국으로부터 대량의 은이 외부로 유출되게 하였고, 청조에 심각한 재정위기를 초래하였다. 그것은 청조의 관료 부패, 사회 기강의 붕괴, 민생과 국가재정 위기와 관련된 문제였다. 아편의 해독은 날로 심해졌고, 은 유출이 그에 따라 급증하여 중국의 재원은 고갈되기에 이르렀다. 이에 청 조정에서는 아편문제에 대한 논의도 분분해졌다. 도광 초기까지의 엄금론에서 허내제의 이금론에 이르러서는 아편문제의 해결을 위한 정책적 선회가 검토되기도 했으나, 황작자의 엄금론, 즉 흡연자 사형론에 이르게 되었다.

도광제는 결국 황작자의 흡연자 사형론을 채택하고, 당시 아편 단속을 가장 적극적으로 실천하고 있던 임칙서를 광주에 파견하여 아편을 엄격히 단속하게 하였다. 임칙서는 경세사상의 바탕 위에 호광총독 시절의 아편 단속 경험에서 형성된 확고한 금연 원칙을 도광제에게 건의하였다. 그는 아편 흡연으로 쓸 만한 병사가 없게 되고 군량이 부족하여 반란을 진압할 수 없는 지경에 이를 것이라고 도광제에게 건의하여 결국 금연정책을 결정하게 하였던 것이다.

임칙서는 도광제의 명령을 받아 흠차대신으로 광주에 가서 적극적인 금연운동을 추진하였다. 그는 강력한 단속으로 2만여 상자의 아편을 몰수하여 폐기했으며 합법적 무역을 제외한 밀수 행위를 당분간 금지할 수 있었다. 그는 아편 밀수는 단속하더라도 합법적인 일반 무역은 보호하는 정책을 썼다. 그는 폐관정책에 대해서는 반대하고, 대외무역을 발전시키며, 근대 군수공업을 일으키고, 중국의 상인이 해외로 나가 서양 상인과 경쟁해야 한다는 적극적 생각을 갖고 있었다. 그의 행동은 과거 어느 중국 관료보다 강력한 일관성을 갖고 있었으며 그것이 그를 '애국주의자'로 평가하는 원인이 되기도 하였다.

나아가 그는 서양에 관한 정보를 다양하게 수집하여 효과적으로 열강의 침략에 대처하였다는 점에서 높이 평가할 수 있다. 당시 중국 관료들 가운데 아편엄금론자들조차도 대외 인식이 결핍되어 전혀 외국 사정을 몰랐고, 또 알려고도 하지 않았다. 그러한 까닭에 영국 제국주의에 대한 지식도 매우 빈약하였다. 오직 광주의 일부 행상을 제외하고는 정확한 대외 지식을 가진 자는 없었다.

임칙서는 광주에서 아편을 단속하는 동안 매일 서양에서 일어난 일들을 조사했고, 서양 서적을 번역했으며, 서양 신문을 읽었고, 또 서양에 관한 서적들을 간행하여 서양의 지리·역사와 정치적 상황을 소개하였다. 또 그는 서양의 대포와 전함을 구입하고 선진 기술을 도입하였다. 그의 사상과 행동은 선진적이었기 때문에, '눈을 열고 세계를 본 첫 번째 사람'이었다고 평가받는다. 그의 대책은 정확하였을 뿐만 아니라, 서양의 장기(長技)를 학습하여 외국 침략을 막아내자는 견해를 처음으로 제시하기도 하였다. 신식 군수공업을 일으키고자 하였고, 서양의 장기를 받아들이자는 혁신적 주장을 하였던 것이다. 그의 서양에 대한 정보 수집은 그 뒤 위원 등 경세가들에게 더 진보적인 연구를 위한 바탕이 되었다. 임칙서가 서양 정보를 수집하여 현실적인 방안을 찾아 효과적으로 대처하였던, 개명하고 진보적인 자세를 갖고 있었다는 점을 부정할 수 없다.

제1차 아편전쟁의 책임은 영국에 있다. 아편전쟁은 청조로서는 국가 재정 파탄을 초래하고 관료 부패와 같은 내부 모순과 직접 관련 있는 아편을 금지하고, 사법권·주권의 수호와 제국의 체제 옹호를 위해 피해갈 수 없는 전쟁이었다. 그러나 영국으로서는 아편 밀수와 치외법권이라는 돌파구로 자본주의 자유무역을 확대하려는 침략 전쟁이었다. 임칙서가 광주에서 청조의 아편엄금정책을 강력히 실시하였고, 이것이 아편전쟁의 도화선으로 영국 측에 이용되었지만, 전쟁 도발의 책임은 영국 측의 자유무역 제국주의에 있음은 분명하다.

그러나 아편전쟁의 원인이 임칙서에 있다고 주장하는 논자들도 있다. 그들은 임칙서도 역시 다른 청조 관원들과 마찬가지로 중화주의적 자세를 버리지 못한 전통적이고 완고한 관료의 하나라고 비판한다. 임칙서가 비록 당시 관료들과는 달리 외국의 사정을 연구하고 자료를 수집하였다고 하더라도 다른 관료들과 마찬가지로 완강한 중화주의자였다는 것이다.

실제로 임칙서는 협상에 따른 해결보다는 강압적인 태도로 아편문제에 임하였다. 그는 아편을 몰수하고 각서를 요구하였으며, 극형과 무력으로 위협하였다. 이러한 강경한 아편정책은 물론 흡연자 사형론자들의 견해와 같은 맥락이었고, 침략적인 영국과 일찍부터 대결을 초래하여 결국 아편전쟁의 발단을 제공하였다는 것이다. 그래서 협상으로 해결할 수 있는 문제를 전쟁으로 격화시킨 임칙서의 외교적 수완의 결함을 지적하는 것이다. 그들은 임칙서가 전쟁을 지연시켜 이미 실시한 금령의 성과를 다지면서 전함을 건조하고 대포를 제조하며 군사를 정비하였더라면, 일정한 시기 안에 영국의 침략을 막을 수 있었을 것이라고 주장한다.

이러한 임칙서에 대한 비판에는 영국의 제국주의적 침략정책을 간과

한 결함이 있다. 영국은 중국에서 경제적 이익을 얻기 위하여 대규모로 군사적 역량을 동원했다. 따라서 전쟁의 원인은 궁극적으로는 자유무역 제국주의에 따라 중국에 대한 경제적 침략을 시도해 왔던 영국의 포함 정책에 있었던 것이다. 경제 침략을 위해 영국은 통상을 확대할 것을 요구하고 있었는데, 임칙서의 강경한 대책이 단지 그 도화선이 되었던 것이다. 임칙서는 아편 단속이 목적이었고 영국은 자유무역에 목적이 있었던 것이다. 물론 임칙서가 청조의 다른 관료들과는 달리 영국의 '선견 포리'에 대한 인식을 갖고 있었지만, 영국의 해군력을 위협적이지 않은 것으로 본 것과 경제적 침략 의도를 정확히 파악해서 대처하지 못한 것은 분명히 약점이었다.

사실 임칙서가 민본주의 시각에서 빈민을 구제하려고 노력한 것은 청조 지배체제를 안정시키려는 목적에서였다. 그래서 임칙서는 만년에는 관료로서 분규를 일으킨 회민과 소수민족들의 반란을 진압하였다. 소수민족이든 농민이든 청조에 저항한다면 당연히 진압하여야 했다. 그가 아편전쟁 시기에 '민심가용(民心可用)'의 견지에서 향용의 힘에 의지할 것을 주장하였지만, 그것도 결국 통치계급의 처지에서 백성을 보는 시각을 벗어나지 못한 것이었다.

비록 임칙서가 만년에는 반청기의를 진압하는 등 진보적인 모습을 보이지는 않았지만, 그의 역사적 지위에 대한 평가는 긍정적이다. 임칙서가 광주에 부임하면서 서양인의 정보를 수집, 번역하고 선포의 도입과 개량에 힘쓴 진취적 자세는 당시 어느 관료보다도 더 개혁성을 인정할 만하다. 그러나 전쟁 뒤에 임칙서는 더 이상 개혁적 구실을 수행하지 못한 채 침묵을 지켰다.

시대적 상황과 관료로서의 처지 때문에 그의 사상은 일정한 한계를 가질 수밖에 없었다. 비록 그가 전통적 민본주의사상의 한계를 벗어나지 못하고 있었다고 하더라도, 서양 정보를 수집하여 현실적인 방안을 찾아 효과적으로 대처하려 했던 개명하고 진보적인 자세를 갖고 있었다는 점과 열강의 침략에 적극 저항한 그의 반침략사상의 정당성과 진보성은 인정하지 않을 수 없다. 또한 화폐유통의 개혁과 합법적인 무역을 보호하는 등 상인을 지원하고 광업을 상인에게 맡겨야 한다는 견해를 편 것은 아편전쟁 뒤 증가하는 상인들의 요구에 일치하는 진보적인 면이었다고 할 수 있다. 그것은 민족 기업의 자유로운 발전과 자본의 축적을 가능하게 할 수 있는 근대 중국 민족자본주의의 발전 방향을 제시하였다는 데 의의가 있다.

■주 ─────────────

1) 來新夏, 《林則徐年譜》, 上海 : 上海人民出版社, 1985, 54·66쪽 참조.

2) 林則徐, 〈查議銀昻錢賤除弊便民事宜摺〉, 《林則徐集》 奏稿 4, 133~136쪽.

3) 黃中模, 〈請嚴禁海洋偸漏銀兩疏〉, 《道咸同光四朝奏議》 卷1, 臺北 : 商務印書館, 1970, 46~47쪽.

4) 章沅, 〈請嚴禁奧洋夷商私易銀兩疏〉, 《道咸同光四朝奏議》 卷1, 211~212쪽.

5) 阮元, 〈拿獲販賣鴉片煙人犯分別定擬摺〉, 《鴉片戰爭文獻彙編》 卷1, 臺北 : 鼎文書局, 141~145쪽.

6) 許乃濟, 〈鴉片例禁愈嚴流弊大應亟請變通辦理折〉, 《鴉片戰爭文獻彙編》 卷1, 471~474쪽.

7) Chan, Hsin-pao, *Commissioner Lim and the Opium War*, Cambridge : Harvard University Press, 1964, pp. 87~88 ; 曹秉漢, 〈鴉片전쟁 시기 '저항파' 林則徐의 改革사상과 淸議〉, 《동아시아역사연구》 1, 1996, 16쪽. ; 田中正美, 〈アヘン戰爭時期にあける抵抗派の成立過程〉, 大塚歷史學會 編, 《東アジア近代史の硏究》, 東京 : 御茶の水書房, 1967, 224쪽 ; 李學魯, 〈廣州의 鴉片問題와 許乃濟의 弛禁論〉, 《중국사연구》 26, 2003 ; 梁廷枏, 〈夷氛聞記〉 卷1, 《鴉片戰爭文獻彙編》 卷6, 6~7쪽.

8) 曹秉漢, 앞의 글, 15~16쪽 ; 田中正美, 앞의 글, 224쪽 ; 李學魯, 〈19世紀 前半期 中國의 鴉片問題와 淸朝의 對策〉, 경북대 박사학위논문, 1997 참조.

9) 田汝康·李華興, 〈禁烟運動的思想前驅－評價新發現的朱嶟·許球奏摺〉, 《復旦大學報(社)》 1978年 1期 참고.

10) 黃爵滋, 〈請嚴塞漏卮以培國本疏〉, 《道咸同光四朝奏議》 卷1, 429~433쪽.

11) 田中正美, 〈黃爵滋の阿片嚴禁論〉, 《東京敎育大學校學部紀要》 56, 1966, 3~4쪽.

12) 曹秉漢, 앞의 글, 18쪽.

13) 《籌辦夷務始末(道光朝)》 卷2, 5月 己未, 138~147쪽 참조.

14) 林則徐, 〈錢票無甚關碍宜重禁喫煙以杜弊源片〉, 《林則徐集》 奏稿 8, 600~601쪽.

15) 林則徐, 〈楚省査拏煙販收繳煙具情形摺〉, 《林則徐集》 奏稿 8, 596~598쪽.

16) 林則徐, 〈錢票無甚關碍宜重禁吃烟以杜弊源片〉, 《林文忠公政書》 乙集 卷5, 天津 : 文德堂, 1898, 359~360쪽.

17) 楊國楨, 〈試論林則徐的反侵略思想〉, 《林則徐論考》, 福州 : 福建人民出版社, 1989, 3~4쪽.

18) James M. Polachek, *The Inner Opium War,* Cambridge, MA : Council on East Asian Studies, Harvard Univ., 1992, pp. 63~99.

19) 〈著湖廣總督林則徐卽來京陛見事上諭〉, 《鴉片戰爭檔案史料》 卷1, 394쪽.

20) 林則徐, 〈楚省査拿烟販收繳烟具各情折〉, 《鴉片戰爭檔案史料》 卷1, 356~357쪽.

21) 梁廷枏, 《夷氛聞記》, 北京 : 中華書局, 1959, 24~25쪽.

22) 李鴻賓, 〈禁止鴉片惟有嚴禁分銷才能絶其來路片〉, 《鴉片戰爭檔案史料》 卷1, 64쪽.

23) 鄧瀛, 〈請將在粤所收繳之烟土就地銷毁無庸解京折〉, 《鴉片戰爭檔案史料》 卷1, 533~535쪽.

24) 楊國楨, 〈林則徐對西方知識的探求〉, 《鴉片戰爭史論文專集(續編)》, 北京 : 人民出版社, 1984, 323~327쪽.

25) 林則徐, 〈密陳辦理禁煙不能歇手片〉, 《林則徐集》 奏稿 10, 885쪽.

26) 楊國楨, 〈試論林則徐的反侵略思想〉, 《林則徐論考》, 福州 : 福建人民出版社, 1989, 5~8쪽.

27) 林則徐, 〈英人非不可制應嚴諭將英船新到煙土査明全繳片〉, 《林則徐集》 奏稿 9, 676~678쪽.

28) 李書源, 〈道光皇帝與鴉片戰爭〉, 《淸史硏究》 1993年 4期, 70~71쪽.

29) 林則徐, 《林則徐集》 奏稿(中), 884~876쪽.

30) 《籌辦夷務始末(道光朝)》 卷15, 491~492쪽.

31) 楊國楨, 〈林則徐經濟思想簡儀〉, 《林則徐論考》, 福州 : 福建人民出版社, 130~131쪽.

이홍장 李鴻章
청 말 근대화와 외교의 주도자

신 태 갑

1. 머리말

이홍장(李鴻章 : 1823~1901)의 본명은 장동(章銅), 자는 점보(漸甫), 호는 소전(少荃)으로 안휘성 합비현(合肥縣) 동향(東鄉, 지금의 肥東縣) 마점(磨店) 사람이다.[1] 이홍장은 19세기 1860~1890년대의 중국 역사에 당시 관료들 가운데 그 누구보다도 커다란 영향을 미친 사람이다. 그가 세상을 떠난 지 두 달도 안 되어 양계초(梁啓超)는 《이홍장》(일명 《中國四十年來大事記》)에서 "이홍장의 이름이 세계에 알려진 뒤 오주만국 (五洲萬國) 사람들은 거의 대부분 이홍장이 있음은 알았으나 중국이 있음은 몰랐나. 한바디로 이홍장은 중국의 유일무이한 대표자였다"[2]고 하였다. 이처럼 이홍장이 당시 청조의 통치집단에서 관건이 되는 인물 가운데 한 사람이었다는 것은 분명하다.

1860년대에 회군(淮軍)이 조직된 뒤 이홍장은 태평군(太平軍)과 염군 (捻軍)을 진압하는 주요 군사장령(軍事將領) 가운데 한 사람이었다. 1870 년 이후에는 증국번(曾國藩)으로부터 직예총독(直隷總督) 겸 북양대신 (北洋大臣)의 지위를 이어받아 당시 정계에서 가장 실력 있는 인물이 되 었다. 그는 청 정부의 군사와 외교 정책의 중요한 설계자 또는 추진자로 서 중불전쟁과 청일전쟁을 지휘하였다. 뿐만 아니라 청 정부를 대표하여 '중영연대조약(中英煙臺條約)'·'중법회정월남조약(中法會訂越南條約)'

74

이홍장

· '중일마관조약[中日馬關(下關)條約]'
등을 체결하였다. 청일전쟁에서 패한 뒤
한 차례 권력의 정상에서 밀려나긴 하였
지만 곧바로 흠차대신(欽差大臣)의 신분
으로 구미에 파견되어 러시아 정부와 '중
러밀약'을 체결하였다. 1900년에는 8개국
연합군이 천진과 북경 일대를 침략하자
양광총독(兩廣總督)에서   직예총독으로
자리를 옮겨 경친왕(慶親王) 혁광(奕劻)
과 함께 청 정부를 대표하여 각국과 '신축조약(辛丑條約)'을 체결하였다.

그가 직예총독 겸 북양대신으로 있던 기간(1870~1895)에 한 일 때문
에 그는 사람들에게 중국의 '이토 히로부미', 또는 '동방의 비스마르크'라
고 불려지기도 하였다.3) 이는 그가 외교상에서 한 구실뿐만 아니라 군
사력 증강과 공업화를 통하여 국가의 발전을 추구했기 때문이기도 하다.
다 알다시피 이홍장은 걸출한 관리로 조정에 대하여 혁신과 개혁을 건
의할 수 있는 위치에 있었다. 그는 1862년 이후 30여 년 동안 양무운동
(洋務運動)의 주도자로서 서방의 기술을 채용하여 중국의 무력(武力)과
재력(財力)을 발전시키고 이로써 서방의 침략에 대응할 것을 주장하였
다. 이홍장은 양무파의 핵심 인물이었으며 그의 주도 아래 중국 초기 근
대화가 시작되었다.

이홍장에 대한 연구와 평가는 양무운동이나 양무파의 평가와 관련이
있을 뿐만 아니라, 만청(晚淸) 정부의 대내외정책과 그 역사적 지위와
작용, 거의 반세기에 이르는 중외관계와 이 시기 중국의 반식민지화 과
정에 대한 연구나 평가와도 관련이 있다. 따라서 그 사학적 가치의 중요
성은 더 이상 말할 필요가 없다.4) 이 글에서는 그의 일생과 업적에 대하
여 회군 창설, 양무사업 추진, 국방 건설, 외교상의 구실, 역사적 평가 다
섯 부분으로 나누어 간략하게 서술하고자 한다.

2. 회군 창설

이홍장은 회군을 창설하여 태평군과 염군을 진압하였다. 이것은 그가 뒤에 누릴 수 있었던 지위와 권세의 바탕이 되었다. 그러나 그가 사후에 마르크스주의 역사학자들로부터 농민봉기를 진압하여 청조의 봉건통치를 수호하는 데 앞장섰다는 질책을 받게 된 것 역시 이로 말미암은 것이었다. 이홍장이 회군을 창설할 수 있었던 것은 증국번의 도움이 컸다. 이러한 뜻에서 그가 일찍이 증국번의 막하에 들어가게 된 것은 그의 일생에 하나의 중요한 전기가 되었다.

증국번과 이홍장의 부친 이문안(李文安)은 같은 해에 진사에 급제한 사이였다. 이홍장은 1843년 무렵부터 증국번과 사생(師生) 관계를 맺게 되었다. 증국번은 스스로 귀감이 되어 이홍장에게 영향을 주었다. 예를 들어 이홍장은 늦잠을 자는 버릇이 있었는데 증국번은 매일 아침 반드시 막료들이 다 모인 뒤에야 비로소 식사를 함으로써 이홍장이 일찍 일어나지 않으면 안 되도록 하였다. 또한 이홍장이 큰소리치기 좋아한다는 사실을 알고 증국번은 여러 차례 정중히 그를 타일렀다.

이홍장의 사상과 성격 그리고 생활습관은 은연중에 증국번의 감화를 받았다. 그는 스스로 이르기를 "나는 많은 스승을 모셨으나 이 어른처럼 잘 가르치는 사람은 없었다. 그는 수시로 어느 곳에서나 일이 있을 때마다 나에게 가르침을 베풀었다"고 하였다. 이와 같이 이홍장은 증국번의 문하에 들어감으로써 일생의 사업과 사상의 기초를 마련하였던 것이다. 다만 한 가지 지적해야 할 것은 이홍장은 결코 증국번처럼 학문에 깊이 마음을 쏟지 않았다는 점이다. 비록 이홍장은 일찍이 증국번으로부터 수학하였으나 그의 문집에 수록된 초기의 저술을 살펴보면 당시 증국번이 깊이 연구에 몰두했던 '한학(漢學)'이나 '송학(宋學)' 혹은 증국번이 진심으로 추구했던 '경세지학(經世之學)'에 대하여 어떤 흥미를 갖고 있었다는 흔적을 발견하기 어렵다.5)

1861년 태평군이 상해를 압박하자 상해의 관신(官紳)과 지주들은 놀라고 당황한 나머지 안경(安慶)으로 증국번을 찾아와서 그에게 구원을 요청하였다. 처음에 증국번은 동생인 증국전(曾國荃)을 파견하여 상해를 돕도록 할 생각이었다. 그러나 당시 증국전은 오로지 천경(天京 : 남경)을 함락하여 태평천국 진압의 일등공신이 되고자 하는 생각으로 머리 속이 가득 차 있었으므로, 형의 명을 따르려 하지 않았다. 증국번은 다시 상군(湘軍) 장령인 진사걸(陳士杰)에게 편지를 보내 출병을 청하였다. 그러나 그 역시 어머니가 연로하다는 이유로 거절하였다. 이에 증국번은 이홍장과 이 문제를 상의하였다. 일찌감치 자신의 세계를 구축하고자 기회를 노리고 있던 이홍장은 흔쾌히 증국번의 제의를 받아들였다. 이홍장은 내심 크게 기뻐하며 곧바로 고향인 합비(合肥) 일대에 사람을 보내 긴급히 단련(團練)과 향용(鄕勇)을 모집하여 자신이 직접 통솔하는 회군을 편성하였다.

이홍장이 처음에 회군을 창설할 때 14개 영(營)이 있었다(영마다 正勇 505명, 長夫 180명으로 합계 685명). 1862년 3월 4일 증국번은 이홍장의 수행 속에 이미 안경에 집결한 회군 각 영을 검열하고 회군의 성립을 선포했다. 곧이어 상해의 신사(紳士)들이 은 18만 냥(兩)을 주고 영국 기선 7척을 고용하여 몇 차례로 나누어 회군을 상해로 실어 날랐다. 제자영(劑字營)이 지주(池州)에 남아 방어하고 있었기 때문에, 기선을 타고 상해에 온 회군은 모두 합쳐 13개 영 약 9천 명이었다. 1862년 4월 5일 회군 제1진이 영국 기선에 올라 안경에서 상해로 출발하였다. 다음 날 이홍장 역시 기선을 타고 길을 떠났으며 이틀 뒤 상해에 도착하였다. 6월 13일에 이르러 회군 전부가 상해에 도착했다.

회군은 처음 상해에 이르렀을 때 "짚신을 신고 짧은 옷에다 수건으로 머리를 동여매고 있었다." 이러한 모습은 상해에 주둔하는 외국 군대의 비웃음을 샀다. 이홍장은 상해에 도착하자마자 바로 외국군을 모방하여 회군의 정비에 착수하였다. 이홍장의 조련으로 회군은 신속히 면모가 일신되었으며 당시 중국에서 가장 현대화된 부대로 탈바꿈하였다. 회군은 체제나 훈련 면에서 쇄신이 있었을 뿐만 아니라 수적으로도 급속히 팽창하였다. 상해에 온 지 반년도 안 되어 회군의 숫자는 거의 50개 영에 약 2만 명에 이르게 되었다. 그 뒤 더욱 늘어나 태평천국의 수도인 천경(天京)을 함락하기 전 회군의 총 병력은 이미 7만 명에 이르렀다. 나중에 이홍장의 지위와 권세가 상승함에 따라 그가 통솔하는 회군은 계속하여 직예·산동·강소·광서·광동·대만 등 여러 성에 주둔하게 되었으며 중국의 주력 상비군이 되었다. 그를 영수로 하는 회계(淮系) 집단은 당시 실력이 가장 강한 양무집단으로 그들의 지도로 중국 초기의 근대화운동이 전개되었다.

증국번의 도움을 받아 회군을 창설한 뒤 이홍장은 군사자금의 공급자 증국번의 기대를 저버리지 않았다. 상해는 실로 부유한 상업도시로 대량의 관세와 이금(釐金)을 징수할 수 있는 곳이었다. 비록 증국번은 때때로 이홍장에게 압력을 가하기도 했으나 결국에는 원하는 바를 얻을 수 있었다. 이홍장은 상해의 신사와 상류층의 적대나 북경 방면에서 몰아치는 탄핵의 위험을 무릅쓰고 늘 증국번을 돕고자 했다. 동시에 이홍장은 매우 신중하여 그의 전투구역을 지나치게 확대하지 않음으로써 증국번 형제가 독자적으로 남경을 점령하고자 하는 강렬한 욕망을 방해하지 않았다.[6]

1864년 당시 상군이 오랫동안 남경을 공격하였으나 함락시키지 못하자 청 정부는 이홍장에게 속히 부하를 거느리고 가서 함께 남경을 공격하도록 하였다. 이홍장은 자신이 남경을 넘보다가는 증국번 형제에게 죄를 짓게 될 것이라고 생각하였다. 이에 그는 한편으로 소주(蘇州)와 상주(常州) 일대에 군사를 주둔시키고 움직이지 않으면서 다른 한편으로 군사를 돌려 남쪽으로 절강을 도모하고자 했다. 이홍장의 이러한 행동은 민절(閩浙)총독 좌종당(左宗棠)의 분노를 사게 되었으며 좌종당은 그에게 "경계를 넘어 공을 취하려 한다"고 비난하였다. 이때의 분규로 말미암아 좌종당과 이홍장은 평생 동안 원수 사이가 되었다.[7]

2. 양무사업 추진

이홍장은 시종 양무운동의 중심인물이었으며 그와 양무운동은 불가분의 관계에 있었다. 양무운동은 청조 통치계급 안의 일부 중앙과 지방 관료들이 심각한 내우외환의 형세에서 취한 자강(自强)의 조치였다. 1856~1860년 청 정부는 대내외적으로 태평천국과 영불 연합군의 침략이라는 위협에 직면하게 되었으며, 이러한 내우외환의 위기를 극복하기 위해 자강신정(自强新政)을 실행하였다. 그 주요 내용은 서양의 근대 과학기술 특히 군사기술을 도입하고 학습하는 것이었다. 당시 양무의 실행을 주장한 중요한 인물로는 이홍장 외에도 혁흔(奕訢)·계량(桂良)·문상(文祥) 등의 중앙 관료와 증국번·좌종당 등의 지방 대리가 있었다. 그러나 그 지위의 중요성과 양무사업에 종사한 기간으로 말하면 이홍장을 능가할 사람이 없었다.

양무운동 초기에 양무 관료들의 주요 임무는 서양으로부터 총과 대포를 구입하는 한편, 자체적으로 신식 군수공업을 설립하여 필요한 무기와 화약을 직접 생산하는 것이었다. 1861년 증국번은 안경내군계소(安慶內軍械所)를 설립하여 탄약과 무기를 생산하였다. 이것은 청 말 최초의 근대적 군수공장이었다. 그러나 군수공업의 설립에 더 중요한 구실을 한 사람은 이홍장이었다. 1862년 이홍장은 상해양포국(上海洋砲局)을 설립하고 1863년에는 매카트니(Macartney)로 하여금 소주양포국을 설립하도록 하였다.

양무운동 초기에 설립된 근대적 군수기업 가운데 비교적 규모가 컸던 것은 4개가 있다. 첫째는 강남제조총국(江南製造總局)이다. 이는 1865년 이홍장이 홍구(虹口)에 있던 미국 상인 소유의 기기철공창(旗記鐵工廠 : Messrs. Hunt & Co.)을 매입한 뒤 상해양포국을 합병하여 설립한 것으로, 무기를 제조하고 선박을 건조하는 일을 하였다. 둘째는 금릉기기국(金陵機器局)이다. 이는 1865년 이홍장이 소주양포국의 일부 설비를 남경으로 옮기고 이를 더욱 확충하여 완성한 것이다. 셋째는 복주선정국(福州船政局)이다. 이는 1866년 좌종당이 복주의 마미(馬尾)에 건립한 것으로 선박의 건조가 주목적이었다. 넷째는 천진기기국이다. 이는 1866년 삼구통상대신(三口通商大臣) 숭후(崇厚)가 창설하였으나 이홍장이 접수 관리한 뒤 비로소 성장의 발판을 마련하였다.

이들 근대 초기의 4대 군수기업 가운데 복주선정국을 제외한 나머지는 모두 이홍장이 건립했거나 그의 통제에 놓여 있었다. 통계에 따르면 1865~1894년 동안 양무파는 모두 22개의 군수기업을 창설하였으며 투자 총액은 5천만 냥 정도였다. 그 가운데 이홍장이 통제한 호(滬 : 강남제조총국)·영(寧 : 금릉기기국)·진(津 : 천진기기국) 3국은 모두 핵심기업에 속하며 자금이 2,454만여 냥에 이르러 투자 총액의 반을 차지했다. 이로써 그가 장악한 군사 경제력이 막강했음을 알 수 있다.[8]

1870년 직예총독 겸 북양통상대신에 임명된 뒤 이홍장은 책임이 더욱 막중해졌으며 시야가 더 넓어져 세계 각국의 발전을 두루 살필 수 있게 되었다. 그는 중국이 약하여 기세를 떨치지 못하는 것에 대하여 그 원인이 빈곤에 있음을 통감하고 "부(富)와 강(强)은 서로 연관이 있으며 반드시 먼저 부유해지고 난 뒤에야 능히 강해질 수 있다"는 인식에 이르렀다. 이에 따라 그의 양무활동의 중점은 '구부(求富)'를 목적으로 하는 민수기업 건설로 전환되었다. 1872년 말 그는 우선 최대의 민수기업인 윤선초상국(輪船招商局)을 세웠다.

윤선초상국은 중국에 있는 외국 기선회사와 상업상의 경쟁을 하기 위해 설립한 것으로 그것은 확실히 '서양 상인의 이권을 나누어 가지는' 목적을 달성하였다. 초상국이 설립되기 몇 년 전 중국 연안에서 영업하는 외국 항운회사의 매년 수익은 모두 백은(白銀) 787만 7천 냥이었다. 초상국이 설립된 뒤 외국 항운회사의 총수익은 감소했다. 기선을 이용한 화물운송은 이제 더 이상 외국 선박에만 한정되는 것이 아니었다. 그뿐만 아니라 초상국이 영업을 시작한 이후 운송비가 점차 낮아져 전체 중국의 상업에 유리하게 작용했다. 태상시경(太常寺卿) 진란빈(陳蘭彬)이 1876년에 만든 통계에 따르면 1873년에서 1876년까지 외국 항운회사의 수입은 합계 492만 3천 냥의 손실을 입었다. 게다가 초상국과 경쟁하기 위해 외국 항운회사는 운송비를 낮추지 않을 수 없었으며, 이것은 같은 기간 동안 813만 6천 냥 이상의 손실을 가져왔다. 따라서 중국 상인이 1873년부터 1876년까지 외국인에게 지불하지 않게 된 비용은 1천 3백만 냥에 이르렀다.9)

이홍장이 설립한 윤선초상국은 중국 역사상 풍부한 창조정신이 거둔 성과의 하나였다. 초상국의 초기 성공은 정부의 재정적 부양과 독립 자주적인 상인의 경영이 서로 결합된 결과였다. 정부의 재정적 부양이라는 유리한 환경에서 상인은 그들의 재산을 초상국에 투자하고자 했다. 그러나 1880년대에 들어 중불전쟁과 일본의 조선에 대한 위협으로 말미암아 방무(防務)에 필요한 정부의 재정이 급격히 늘어나고, 확보할 수 있는 자금의 대부분이 군사 목적에 지출되자 정부의 기업 부양은 방해를 받을 수밖에 없었다. 청 정부는 이제 더 이상 초상국에 충분한 자금을 지원할 수 없게 되었다. 뒤에 정부는 심지어 초상국의 자금을 빼내가기까지 했다. 1891년 이후 초상국은 성선회(盛宣懷)의 감독으로 해마다 정부에 대략 10만 냥을 기부하였다. 이러한 환경은 윤선초상국과 다른 근대 기업에 대한 투자를 저해하였다. 이홍장은 대외관계의 위기라는 압력을 받고 그가 초기에 시행했던 상인보호정책을 유지할 수 없게 되었으며, 관료의 간섭이 증가하자 상인들의 관독(官督) 기업에 대한 신임은 순식간에 사라졌다.10)

1872년 윤선초상국이 설립된 이래 20여 년 동안 양무파는 전후 47개의 민수기업을 창설하였는데, 1894년까지는 여전히 30개가 존재하였고, 그 자본금은 대략 3천 9백만 냥이었다. 그 가운데 이홍장이 창설하고 통제한 것은 윤선초상국(1872), 개평광무국(開平礦務局, 1878), 상해기기직포국(上海機器織布局, 1879), 천진전보총국(天津電報總局, 1880), 평천동광(平泉銅礦, 1881), 중국철로공사(1891), 화성방직총창(華盛紡織總廠, 1894) 등 몇 개의 비교적 큰 공업·광업·교통운수·통신 기업으로, 자본금이 합계 1,740만 냥이었다. 이는 대략 당시 양무파가 설립한 민수기업 자본 총액의 44% 이상을 차지했다. 이것은 민수기업의 경영 방면에서도 이홍장이 다른 양무 관료보다 우세한 힘을 발휘하였다는 사실을 말해 준다.11)

양무시기에 창설된 군수기업과 민수기업은 중국이 봉건사회에서 자본주의사회로 전환하는 발단이 되었으며 중국 근대화의 단서를 열었다. 이들 근대 기업은 사회기풍을 변화시켰고, 기계를 사용한 생산활동이 전개되었으며, 기술 인재를 배양하였고, 새로운 경영·관리 경험을 소개하였으며, 과학·기술 지식을 전파하는 등 여러 방면에서 자본주의적인 새로운 생산방식의 탄생과 발전에 필요한 조건을 마련하였다. 아울러 이것은 새로운 자산계급과 무산계급의 탄생을 초래하고 정치적 근대화를 촉진하는 물질적 기초가 되었다.12)

양무사업의 추진 과정이 결코 순탄했던 것은 아니었으며 이홍장의 경제 근대화 활동은 도처에서 여러 가지 난관에 부닥쳤다. 지방에 공장을 설립하려고 하면 신사와 백성들은 기계 소리가 너무 크고, 굴뚝이 풍수를 해치며, 남녀가 함께 일하는 것은 인륜에 어긋나는 짓이라고 하였다. 완고파는 치국(治國)의 도리가 민심을 얻고 예를 숭상하는 데 있는데 "하필이면 이(利)를 말하는가?"라고 하였다. 그들은 철로의 건설은 지맥을 손상해 "산신과 지신의 안녕을 방해하며", 소민(小民)의 생계를 빼앗고 적을 더 깊숙이 끌어들이는 일이라고 하였다. 그 결과 1890년대에 들어와 중국은 단지 110km의 철로를 건설하였으나 일본은 같은 기간에 3천 마일을 건설하였다. 이 때문에 이홍장이 하나의 사업을 추진하기 위해서는 건의에서 실현에 이르기까지 짧으면 5년, 길면 10~20년이 걸렸다. 그뿐만 아니라 중국은 여전히 과거제를 시행하였기 때문에 각 방면에 필요한 인재가 극히 부족하여 곤란이 매우 많았으며 기술 방면의 인

재는 외국인에게 의지할 수밖에 없었다.13)

이홍장 자신의 경제 근대화 사상 역시 문제점이 없지 않았다. 첫째로 민간기업의 구실을 홀시했다. 이것은 모든 착오 가운데 가장 뚜렷하고 아울러 후세 사람들에게 가장 논란이 많이 되었던 점이다. 그는 비록 민간기업의 발전을 환영하였으나 공업화 과정에서 차지하는 민간기업의 관건이 되는 구실까지에는 인식이 미치지 못했다. 그는 같은 시기 일본이 했던 것과 같이 "민간의 재산을 늘리고 민간기업을 일으키는 것"을 공업화의 핵심으로 삼을 줄 몰랐다. 둘째로 맹목적이었다. 일반적으로 자본의 원시적 축적은 대부분 경방직 부문에서부터 시작된다. 이는 그 것의 사회적 수요는 크나 기술과 자금에 대한 요구는 높지 않기 때문이다. 당시 중국의 환경에 비추어 볼 때도 영리를 획득할 가능성이 가장 큰 것은 역시 경방직과 대외무역 부문이었다. 그러나 이홍장은 오히려 제한된 인력과 물력을 시간과 자금이 많이 들고 고도의 기술이 필요한 탄광과 철로 등 대형사업에 투입했다. 셋째는 분산적이었다. 이홍장의 경제 근대화활동은 기본적으로 전반적인 계획이 없어서 각각의 사업 사이에, 예를 들어 철로·광산·방직 등은 기본적으로 고립적이어서 경제적인 연계가 적었으며 서로 협조가 이루어지지 않았다.14)

따라서 이홍장이 양무운동을 주도한 35년 동안 중국의 공업 근대화 성적은 그다지 좋지 않았다. 예를 들어 1895년에 이르렀을 때 중국이 자체적으로 일으킨 근대적 공업·광업 기업은 단지 100여 개에 지나지 않았고 자본 총액은 3천여만 냥이었다. 이는 전체 국민경제 가운데 극히 적은 일부분을 차지할 뿐이었다.

그러나 같은 시기 일본의 경우 정부가 적극적으로 공업 근대화를 추진하고 개인기업을 부양하는 정책을 실천함으로써 이미 초보적으로 공업의 기초를 마련한 신흥 자본주의 사회가 되었다. 공업화에서 중국과 일본은 이렇게 서로 다른 길을 걸었으며 이것은 국력의 차이로 이어졌다. 그 결과 하나는 승전국이 되고 다른 하나는 패전국이라는 불명예를 안고 영토를 할양하고 배상금을 지불하지 않으면 안 되는 상황에 처하였던 것이다. 그러나 그렇다고 하여 이 모든 역사적 책임을 이홍장 한 사람이 져야 하는 것은 아니며 그럴 수도 없다.15)

인재의 배양과 교육 방면에서도 이홍장은 적지 않은 구실을 하였다. 양무운동의 전반적인 건설 목표는 국방을 공고히 하는 것이었으므로 군사 건설 항목이 가장 많았다. 그러나 근대화한 군대는 근대화한 무기와 장비가 있어야 하며 신식 무기와 탄약을 제조하려면 또한 유능한 인재가 필요하였다. 신식 군함과 기선 역시 이를 조종할 인재가 필요하였다. 무비학당(武備學堂)과 수사학당(水師學堂)의 창건은 이러한 목적을 달성하기 위해서였고 구미에 유학생을 파견한 것 역시 양무운동의 추진에 필요한 인재를 확보하기 위해서였다.

이홍장은 중국에 신식 인재가 부족한 근본 원인은 과거제도에 있다고 생각하였다. 과거로 인재를 선발하는 제도가 청 말에 이르러서는 이미 인재의 배양을 가로막는 장애가 되고 있었던 것이다. 이홍장은 이러한 문제에 대하여 일찍이 심각한 비판을 하였다. 그는 이르기를 "해서체의 작은 글씨로 쓴 시첩(試帖)은 시무(時務)에 아무런 도움이 되지 않는다", "과거에 합격했다고 해서 반드시 진정한 인재라고 할 수는 없으며, 인재를 배양하는 근본적인 길이 꼭 여기에만 있는 것은 아닐 것이다"라고 하였다. 이 때문에 그는 과거제도의 개혁을 주장하며 여러 차례 상소하여 낡은 규칙과 습관을 타파하고 격식에 얽매임이 없이 인재를 선발하고 배양하자고 호소하였다.16)

그는 양무시기 교육의 중요한 개척자였다. 그가 열심히 양무학당을 설립하고 적극적으로 유학생을 외국에 파견한 것은 중국 근대 교육의 탄생과 발전 그리고 새로운 인재를 기르는 데 긍정적인 작용을 하였다.17) 교육 활동이라는 측면에서 이홍장의 훌륭한 점은 그가 완고파의 공격이 몰아치는 속에서도 천조상국(天朝上國)의 지존지대(至尊至大)한 자세나 망자존대(妄自尊大)하며 폐관자수(閉關自守)하고자 하는 전통 관념을 타파하고 사회 환경이 허락하는 한 담력과 식견을 가지고 이전 사람들과 동시대인이 해내지 못한 큰일을 이룩했다는 데 있다.[18]

그러나 중국과 서양의 정치와 교화(教化)의 차이에 대한 그의 인식은 한계가 있었다. 그는 이 점과 관련하여 단지 몇몇 개별적인 면과 부분적인 면에서 서양이 우세하고 중국이 열세하다는 사실을 인정하고 있었을 뿐이며, 자본주의와 봉건주의 두 가지 제도에 대하여 그 근본적인 성질의 우열을 비교 판단할 수 있었던 것은 아니었다. 그가 당시 청조의 정교(政教)에 대하여 몇 가지 지엽적인 비판을 한 목적은 주로 부패한 봉건제도를 보완하고 완전하게 하는 데 있었지 그것을 부정하고 폐지하고자 한 것은 아니었다.

이 시기에 그가 중국과 서양[中西]을 비교해 보고 관심을 가진 것은 여전히 기예 방면에 집중되어 있었다. 그가 영국 국가은행을 방문했을 때 국회의 권한 문제에 관한 이야기가 나오자 이홍장은 이에 흥미를 느끼지 못하고 "말머리를 돌려 다른 사소한 문제를 논했다." 영국인들은 이러한 이홍장의 태도에 대하여 "영국에 온 뒤에 우리 영국의 선정(善政)을 둘러볼 생각은 하지 않고 오직 조선소나 무기, 철로와 전보 같은 것에만 관심을 보이니 지엽적인 것을 추구하며 근본을 망각하고 있다"고 하였다. 이러한 '지엽적인 것을 추구하며 근본을 망각하는 것'은 바로 '중체서용(中體西用)' 사상의 속박을 받고 있다는 증거이다.[19]

4. 국방 건설

이홍장은 국방의 근대화라는 면에서도 그 누구에 못지않은 중요한 구실을 하였다. 그는 회군을 창설하는 외에 북양해군을 창립함으로써 국방 근대화의 기초를 마련하였다. 그러나 그 실패 역시 매우 참담하였다.

1871년 러시아가 이리(伊犁)를 공격하고, 1874년에는 다시 일본이 대만을 침략하자 중국은 새로운 국방상의 위협에 직면하게 되었다. 육방(陸防)과 해방(海防) 가운데 이홍장은 해방을 우선시해야 한다는 생각을 갖고 있었다. 그는 더 많은 세입을 해방에 투입하기 위해서는 신강(新疆)의 수복보다 연해 각 성의 전쟁 준비를 우선적으로 고려해야 한다고 주장하였다. 그는 중국이 확보할 수 있는 세입은 한계가 있으므로 조정은 연해 지역과 멀리 떨어져 있는 서북의 '황무지' 둘 가운데서 하나를 선택할 수밖에 없다고 하였다. 그는 서쪽 정벌을 취소함으로써 얻을 수 있는 비용을 연해의 각 성으로 돌리고자 하였다.

이홍장은 당시 중국을 둘러싼 정세에 대하여 다음과 같이 생각하였다 : "서양인이 우리로부터 얻고자 하는 것은 이익(利)과 세력(勢)이지 땅을 빼앗고자 하는 것은 아니며", 서방 열강이 중국을 핍박하여 문호를 열게 한 주요 목적은 선교와 통상을 위한 것이다. 따라서 "지금 걱정해야 할 바는 오직 러시아와 일본이다." 다만 러시아의 국력은 중국보다 훨씬 강하다. 그러므로 영국·프랑스·러시아 같은 서방 열강에 대해서는 스스로를 낮추어 참고 견디며 은인자중하여 서서히 도모할 수밖에 없다. 그러나 일본은 신흥국가로 국력이 결코 중국보다 강한 것이 아니다. 다만 일본은 거리가 가깝고 흉포한 면모를 갖고 있으므로 "뒤에 반드시 중국의 화근이 될 것"이다. 특히 대만사건 이후 그는 국방의 중점을 일본을 방어하는 데 두고 일본을 중국의 경쟁 상대라고 여겼다. 그가 유구(琉球)를 방치하면서도 대만과 조선 문제에 대해서는 결단코 양보하지 않으려고 했던 것은 전선을 축소하고 역량을 비축하여 일본의 기도에 더 적극적으로 대처하자는 의도였다.[20]

이홍장은 철갑선과 쾌속선을 핵심으로 하는 신식 해군의 건립에 힘을 쏟았다. 그 목적은 바로 중국 해군이 원양에서 작전할 수 있는 능력을 갖도록 하는 것이었다. 그러나 더 정확하게 말하면 그것은 일본 해군을 제압하기 위해서였다. 그는 "지금 해군을 창설하는 데 아낌없이 힘을 쏟는 것은 일본을 방어하기 위해서이다"라고 하였다. 그의 주도로 1888년

86

중국은 마침내 북양해군을 창립하여 진원함(鎭遠艦)과 정원함(定遠艦)
(각각 7,350톤)을 포함한 대소 함정 25척을 보유하게 되었다. 당시 일본
은 단지 17척의 군함뿐으로 작전이 가능한 함정은 겨우 5척밖에 없었다.
그나마 3척은 기계가 낡고 속도가 느려 이미 해상의 이기(利器)라고 할
수 없었다. 북양해군이 창립될 당시 해군의 실력으로 말하면 중국은 이
미 일본과 역량상의 평형을 실현하였다. 청일전쟁이 일어나기 전까지
동아시아 해상에서 출현한 단기적인 화평 국면은 실로 이러한 중국 해
군력의 확충과 밀접한 관련이 있다.[21]

　그러나 반드시 지적해야 할 것은 해군에 대한 이홍장의 신념은 방어
전략에 국한해 있었다는 점이다. 그는 결코 적극적이고 진취적인 해권
(海權) 관념을 갖고 있지 않았다. 그는 비록 철갑선을 보유한 강대한 해
군을 창립하여 "남으로 사이공과 인도를 경략하고 동으로 일본과 조선
으로 나아가고자" 했으나 그의 주요 목적은 방어에 있었지 공격에 있었
던 것은 아니다. 실제로 그는 군사 역량을 주로 위협 역량으로 여겼다.
이홍장의 이른바 적을 제압하는 방법은 '맹호가 산에 머무는 형세'를 취
하여 적에게 위협을 가하는 것이었다. 그러나 그것은 허장성세(虛張聲
勢)로 적을 겁주려는 것이나 다름없었다. 중국 해군의 상황을 손금 보듯
이 알고 있는 일본에 대하여 그것은 아무런 구실도 할 수 없었다.[22] 게
다가 그는 북방의 경기와 남방의 재정 수입과 관련이 있는 소수의 항구
를 방어하는 데 만족하였다. 그는 해군의 힘을 대양으로 확대하려는 웅
대한 포부를 갖지 못했다.[23]

　청일전쟁이 시작될 무렵 정원함은 10인치 대포의 포탄이 겨우 1발밖
에 없었고 진원함 역시 2발밖에 없었으며 기타 소구경의 포탄 역시 매
우 부족했다. 이 두 척의 배는 북양함대가 보유한 가장 큰 철갑선이었다.
중일 쌍방이 전쟁을 시작하게 되자 이홍장은 급히 영국·독일 등으로부
터 포탄을 구입하고자 했다. 그러나 각국은 중립을 지킨다는 이유로 판
매를 거절했다.[24] 기율문제 역시 심각했다. 1891년 일본인 도고 헤이하

치로(東鄉平八郎)는 일찍이 궁도(宮島)에 정박하고 있는 진원함과 정원함의 대포 위에 바지가 널려 있는 것을 보고는 이르기를 "이렇게 큰 함정의 기율이 이러하다면 그 해군은 실로 두려울 바가 없다. 구미 사람들이 중국을 잠자는 사자라고 한 것은 틀린 말이 아니구나"라고 하였으며, 그로 말미암아 일본이 이길 수 있다는 신념을 갖게 되었다고 한다.[25]

이밖에도 북양함대는 여러 가지 결점을 갖고 있었다. 첫째는 제도상의 모호함과 불분명함이다. 북양해군은 명의상 북경의 해군아문(海軍衙門)에 속했다. 해군아문대신인 순친왕(順親王)이 해군에 대하여 전혀 아는 바가 없었기 때문에 함대는 실제로 이홍장의 통제를 받았다. 그는 청 정부에 충성하였으나, 또한 여러 가지 긴박한 사무도 처리하지 않으면 안 되었다. 그는 이 시기에 이미 전국 총독순무(總督巡撫)의 영수가 되어 내정·외교·양무·해방(海防) 사무를 혼자서 감당하고 있었다. 1880년대 말에서 1890년대 초까지 그는 날마다 직면하는 정치문제의 처리에 분주하였다. 이러한 상황은 그로 하여금 북양해군이 안고 있는 여러 가지 문제에 대하여 좀더 세심한 주의를 기울일 수 없도록 하였다.

둘째는 지휘계통이 분명하지 않았다는 것이다. 이홍장이 분주하여 북양해군에만 매달릴 수 없는 상황에 이르자, 정여창(丁汝昌)이 그 지휘 책임을 맡게 되었다. 정여창은 정식으로 해군 훈련을 받은 적이 없었다. 이 때문에 그는 늘 부하들에게 무시당했는데, 그들 대부분은 중국 수사학당 졸업자들이었다. 정여창이 의지했던 외국 국적을 가진 군관도 자부심이 강하고 오만하여 지나친 요구를 하기 일쑤였다. 이들 외국 군관과 중국 군관은 긴장 관계에 있었으며 늘 유쾌하지 못한 일이 일어났다.

세 번째로 경비 부족 역시 아주 심각한 문제였다. 처음에 해방 경비 예산은 매년 200만 냥이었으나 한 번도 정해진 숫자대로 지급된 적이 없었다. 북양해군이 해군아문에 예속된 뒤 함대의 매년 예산은 130만 냥 이하로 줄었다. 가장 심각했던 것은 1891년 4월 호부(戶部)가 함포 구입을 중단하고 인원을 줄이자고 건의한 것이며, 이들 건의는 조정의 윤허

를 받았다. 이로써 함대와 장비의 갱신이 사실상 불가능하게 되었다.[26]

이홍장의 전쟁 지도력은 여전히 여러 방면에서 비판을 받을 만하다. 그러나 그의 지휘관으로서의 실패 때문에 그가 전쟁 전에 중국 국방의 중요한 설계자로 이룩한 업적이나 중국 근대화의 역사에서 한 구실을 과소평가해서는 안 된다. 사실상 이홍장이 없었다면 중국의 국방력은 더욱 약화되었을 것이며 청일전쟁 때 심지어 단 일격에도 견디지 못했을 것이다.[27]

5. 외교상의 구실

이홍장이 '매국노'라는 죄명을 얻은 것은 그가 전개한 외교활동과 밀접한 관련이 있다. 그는 청 정부를 대표하여 1895년에는 '중일마관조약'을, 1896년에는 '중러밀약'을, 그리고 1901년에는 '신축조약'을 체결하였다. 이 3개의 조약은 중국인의 처지에서 볼 때 중국 근대사에서 가장 치욕적인 것들이었다.

청일전쟁에서 패한 중국은 이홍장에게 일본과 '마관조약'을 체결하도록 하였다. 그 결과 중국은 일본에 대만을 내주고 배상금 2억 3천만 냥을 지불하지 않으면 안 되었다. 또한 외국인이 중국의 개항장에서 자유로이 공장을 건립할 수 있는 권리도 허락하였다. '중러 밀약'은 '러시아의 도움을 받아 일본을 제압한다(聯俄制日)'는 의도에서 비롯된 것이었다. 그러나 사실은 '앞문에서 이리를 막으려다 뒷문으로 호랑이를 끌어들이는 격'으로 후환이 많았다. 러시아는 공동으로 적에 대응한다는 미명 아래 중국 동북지방에서 국경을 통과하는 철로를 건설할 특권을 빼앗아 갔다. 그것은 러시아의 육군과 해군이 기회를 틈타 중국 영토에 침입할 수 있는 구실을 제공한 것이었다. '신축조약'으로 중국은 배상금 4억 5천만 냥을 지불하였다. 뿐만 아니라 북경에 공사관 구역을 설치하고 북경에서 산해관(山海關)에 이르는 철로 연변에 외국군이 주둔할 수 있는 권리를 허락하지 않으면 안 되었다. 그 결과 중국의 반식민지적인 지위가 더욱 심화되었다.

총리아문이 대외 사무를 처리할 능력이 없을 때 이홍장은 당시 가장 영향력 있는 인물이었다. 북양통상대신이라는 지위는 그에게 대외교섭 사무를 처리하는 권력을 주는 것과 함께 그가 총리아문과 서로 대등한 하나의 '단독 외교부'가 되도록 했다. 외국에 주재하는 중

이홍장과 영국의 정치가 솔즈베리(R. Salisbury, 왼쪽), 커즌(G. N. Curzon)

국 사절의 공문은 늘 총리아문으로 보내졌을 뿐만 아니라 그에게도 보내졌다. 이홍장은 총리아문에 통보함이 없이 직접 외국 주재 공사들에게 지시를 하기도 하였다. '두 개의 외교부'를 운용하는 것은 자희태후(慈禧太后)의 이홍장에 대한 신임의 상징이었다. 그러나 이러한 현상은 중국의 대외정책 처리의 비정상적인 현상을 반영하는 것이었다. 중국의 외국 사절은 직접 북양대신의 명령을 받들었으며, 군기처(軍機處)에서 준비한 조정의 명령은 이홍장에게 보내졌다가 다시 외국 주재 사절에게 전달되었다. 총리아문은 사실상 한쪽으로 밀려나 있었다.[28]

이홍장이 벌인 외교교섭은 순전히 타협적이고 양보적이었다고 하나 반드시 그런 것만은 아니다. 그는 국세의 허약함을 염려하여 강력한 힘을 가진 구미 열강에 대해서는 당당하게 대항하지 못하고 계속적으로 굴욕적인 강화조약을 수용할 수밖에 없었다. 그러나 구미 열강 이외의 기타 국가와 교류할 때 그의 태도는 분명히 과감하였으며 힘써 논쟁하여 중국이 마땅히 누려야 할 권익을 보호하고자 하였다. 1874년 페루[秘

魯]와 벌인 화공(華工 : 중국인 노동자)에 관한 교섭은 이홍장이 벌인 성공적인 외교담판 가운데 하나였다.29)

1849년 10월 첫 번째 화공 75명이 페루로 팔려 나갔다. 이후 인원이 계속 증가하여 1874년에 이르러서는 이미 약 10만 명의 화공이 페루에 거주하였다. 수십 년 이래 해외로 진출한 화공은 줄곧 짐승처럼 이국으로 팔려 나가 멸시와 압박을 받았다. 그러나 이에 관심을 갖는 사람은 없었으며 더욱이 본국 정부가 나서 교섭하는 일도 없었다. 1874년 '중비사판화공전조(中秘査辦華工專條)'와 '중비우호통상조약(中秘友好通商條約)'이 체결되기에 이르러서야 비로소 이홍장의 담판으로 페루의 화공들이 기본적인 권리를 보장받도록 하였다.

그는 페루 정부가 조약에 규정된 의무를 이행하도록 하기 위해 조약을 체결한 뒤 얼마 되지 않아서 용굉(容閎)을 페루에 보내 현지 화공의 생활을 조사하도록 했다. 그 결과 화공의 처참한 상황이 여전히 개선되지 않고 있다는 사실을 알게 되었다. 이에 1875년 7월 페루 특사가 중국에 와서 조약을 교환하자고 했을 때 이홍장은 그 전에 페루 정부가 반드시 문서의 형식으로 화공을 실질적으로 보호하겠다는 약속을 해야 한다고 주장하였다. 1개월이 넘게 반복 교섭을 거친 뒤 페루 대표는 마침내 조회(照會)의 형식을 빌려 조약의 규정대로 화공을 보호하는 조치를 취하겠다고 약속하였다. 그 뒤 페루 정부는 자국의 농장주와 광산업주가 화공에 대한 대우를 개선하도록 하는 조치를 취하였으며 이에 따라 그들의 상황이 다소 호전되었다.

그러나 불행하게도 대부분의 대외 문제와 관련하여 중국은 늘 약소국의 처지에서 강력한 상대와 교섭에 나서지 않으면 안 되었다. 따라서 중국과 열강은 기본적으로 평등한 동반자로서 관계를 맺는 것이 불가능하였다. 러시아가 여순과 대련을 차지하자 영국은 세력 균형을 유지한다는 구실로 청 정부에 대하여 위해위(威海衛)를 해군 기지로 사용할 수 있도록 조차해 줄 것을 요구하였다. 당시 이홍장은 총리아문을 대신하여 영국 공사와 담판을 하였다. 영국 공사가 그에게 이르기를 "중당(中堂 : 이홍장)은 이러한 이유를 나에게 설명할 필요가 없다. 귀하가 능히 당신의 말재주를 가지고 러시아로 하여금 여순과 대련에서 물러나게 한다면 영국은 절대로 위해위를 조차해 달라고 하지 않을 것이다. 그러나 그렇지 않으면 위해위를 영국에 조차해 주지 않으면 안 된다"고 하였다. 이는 이른바 '약소국은 외교가 없다'는 말을 실감나게 하는 대목이다.30) 이홍장의 비극은 반드시 이러한 한계 속에서 대외교섭을 진행하지 않으면 안 되었다는 데 있다.

이홍장의 외교 생애에서 화공에 관한 페루와의 교섭 등 몇 가지를 제외하면 모두가 괴롭고 굴욕적인 경험뿐이었다. 이 때문에 그는 사람들의 눈에 타협과 양보의 화신으로 비치게 되었으며, 심지어 주권을 잃고 국가를 욕되게 한 죄인으로 여겨졌다. 그러나 외교는 내정의 연장이다. 부패한 봉건전제군주제의 통치 아래 있던 근대 중국의 상황에서 끊임없이 밀려오는 외국 침략자에 대하여 움츠리고 양보하는 것 말고 무슨 다른 방도가 있었을지 의문이 아닐 수 없다. 이러한 상황에서는 이홍장에게 아무리 훌륭한 재주가 있었다고 할지라도 역시 형세를 일변시키기는 어려웠을 것이다. 그가 할 수 있는 것은 오로지 대외적으로 열강과 화평을 유지해야 한다고 주장하는 것이거나, '이이제이(以夷制夷)'할 수 있게 되기를 바라는 것뿐이었다. 이것은 근대 중화민족의 불행이며 이홍장 개인의 비극이었다.31)

6. 맺는 말 — 이홍장의 역사적 평가

마지막으로 말해야 할 것은 이홍장에 대한 역사적 평가문제이다. 이와 관련하여 대만 학자들의 경우 대부분 기본적으로 긍정적인 태도를 갖고 있다.32) 이수공(李守孔) 교수는 "이홍장은 청대에 보기 드문 인재로 그가 중국의 부강을 추구한 마음은 시종 변함이 없었다. 큰일을 위해 치욕을 참고 힘든 일을 마다하지 않은 것은 그의 장점이며, 일시적인 안일을 탐하고 권세에 연연했던 것은 그의 단점이다. 그는 폐관자수(閉關自守)의 시대에는 능히 공을 세울 수 있었으나 열강이 각축을 벌이는 국제무대에서는 능력을 발휘할 수 없었다. 그는 문관으로서 군권을 장악하고 남북을 오가며 전쟁을 하고 북양을 총재(總裁)하였으며, 안으로는 국가의 중추기구에 참여하고 밖으로는 교섭의 중책을 담당한 기간이 30여 년이나 되는데, 그 안목의 원대함과 수완의 민첩함은 결코 동시대인이 미칠 수가 없다"33)고 하였다.

중국대륙의 경우 1950년대부터 1970년대까지 이홍장의 명성은 바닥까지 떨어졌다. 마르크스주의 역사학자들은 그가 농민 영웅인 태평군의 진압을 도왔다는 사실을 들어 질책하였다. 이홍장과 그의 동료들은 만주족 통치자의 편에 서서 한족을 진압하여 전제군주제 질서를 수호하고자 했다는 점에서 사람들의 비난을 샀다. 더욱이 그들은 이홍장이 최대의 '투항파'로, 서방 제국주의자들에게 굴복하여 국가를 욕되게 하는 조약을 체결하였다는 사실에 대하여 비판을 하였다. 하지만 이러한 과격한 비판은 뒤에 수정되기 시작하였다.34)

1980년대 이후 이홍장에 대하여 많은 학자들은 그가 확실히 나라를 욕되게 한 면이 있다는 것을 인정함과 동시에 중국의 근대화를 추진하는 면에서 이룩한 공헌도 충분히 긍정적으로 평가해야 한다고 제기하였다. 다른 양무파 역사 인물에 대한 연구 역시 점차 많아지고 있으며, 아울러 그들의 공로를 인정하거나 긍정하고 있다.35) 그러나 평가문제와 관련하여 아직 완전한 합의가 도출된 것은 아니며, 여전히 다음과 같은 3가지의 서로 다른 견해가 존재한다.

첫 번째 의견은 이홍장의 양무 주장이 당시로서는 개명되고 진보적이었다는 것이다 : 그가 창건한 군수공업은 군대의 낙후한 상황을 개선하였으며 아울러 열강의 침략 기도를 방지하였다. 그가 건설한 민수공업은 외국 경제침략세력의 확장을 저지 또는 제한하여 중국의 반식민지화 과정을 늦추었으며 자본주의 생산방식을 채용하는 길을 앞당겼다. 동시에 이것은 또한 민족 자본주의의 발전에 유익한 작용을 했다.

두 번째 의견은 이홍장은 봉건매판관료로 중국 근대사에서 공인된 매국노라는 것이다 : 이홍장의 양무활동은 중국을 반식민지화하려는 시도와 작용을 바꾸지도 막지도 못했다. 그는 농민봉기를 진압하고 양무사업을 추진하는 과정에서 개인의 세력을 발전시키고 확장하였다. 그의 일체의 행위는 모두 투항적이고 매국적이었다.

세 번째 의견은 이홍장은 그 태도와 행동이 매우 복잡한 인물로 무조건 전면적으로 부정할 수는 없다는 것이다 : 그가 시행한 양무사업은 단지 파멸해 가는 봉건통치체제에 '강심제 주사'를 놓는 것이었을 뿐이며 자본주의를 발전시키기 위한 것은 아니었다. 그러나 그가 추진한 몇몇 양무 조치는 객관적으로 모두 역사 발전의 조류에 순응하는 것이었다. 그가 추진한 대외교섭은 외국 침략자의 이익과 상반되는 것이었다.[36]

이홍장 또는 양무운동의 평가와 관련하여 다음과 같은 주장이 주목을 끈다. 즉 논자들은 양무운동이 제도 방면의 개혁을 진행하지 않았다고 비판한다. 그러나 당시에 개혁을 진행할 안팎의 환경과 객관적인 조건이 구비되어 있었는지에 대해서는 전혀 고려하지 않고 있다. 논자들은 또한 양무운동이 '부강'을 달성할 수 없었다는 점에서 그것이 실패했다고 단정한다. 그러나 실제로 국가와 민족의 '부'와 '강'을 실현하는 일은 양무파가 달성하지 못한 임무일 뿐만 아니라 오늘날의 중국 역시 여전히 전력을 다해 추구하고 있는 목표이다. 중국 근대화의 전체적인 국면에서 양무운동을 바라볼 때, 그것이 마땅히 감당해야 할 역사적 임무는 전근대적인 중국사회에 근대적인 요소를 끌어들이고 취합하여 근대화의 기초를 마련하는 것이었다. 기초가 마련된 뒤의 발전은 다음 역사 단계의 임무이다. 마땅히 인정해야 할 것은 양무운동은 역사가 부여한 사명을 대체로 완성했다는 것이다.[37]

이홍장의 명성으로 말하면 그의 불행은 증국번이나 좌종당과 동시대인이었다는 데 있다. 좌종당의 명망은 줄곧 최고였으며 증국번은 늘 사대부의 전형으로 인식되었다. 두 사람은 청렴결백한 인품으로 말미암아 모두 매우 높은 명예를 누렸다. 반대로 이홍장은 어떻게 재산을 축적했는지에 대해 사람들의 의심을 받고 있다. 이러한 문제를 제외하면 이홍장과 나머지 두 사람은 백중하다. 그들 세 사람은 태평군을 진압하여 청 왕조에 충성을 다하였다. 세 사람 모두 자강운동의 주도자이며, 그들 모두 어떻게 하면 외국에 대응할 수 있는지 그 방법을 강구하였다. 다른 점이 있다면 이홍장(1823~1901)은 증국번(1811~1872)이나 좌종당(1812~1885)보다 수십 년을 더 살았다는 것이다. 그 때문에 이홍장은 그들보다 근대화와 관련하여 더 큰 공헌을 할 수 있었다. 반면에 '투항파'라는 불명예 역시 자신의 몫으로 남겨두지 않을 수 없었다.[38]

군사와 외교적인 면에서 이홍장은 확실히 긍정적으로 평가받기 어려운 여러 가지 활동을 하였다. 그러나 그렇다고 하여 그가 중국 초기 근대화의 창시자로서 경제나 교육 방면에서 이룩한 업적마저 부정할 수는 없다. 그리고 사람들이 지적하듯이 그가 비록 과학이나 정치·외교에 관한 근대적 지식이 부족했던 것은 사실이지만 그의 식견은 19세기 후반 청조의 관료들이 도달할 수 있었던 최고 수준이었음에 틀림없다.

■주 ─────────

1) 이홍장의 또 다른 자는 자불(子黻)이고 말년에는 스스로 호를 지어 의수(儀叟)라고 하였으며 별호는 성심(省心), 시호(諡號)는 문충(文忠)이다. 그의 조상은 본래 허씨(許氏)였는데 명대에 난을 피하여 강서성 호구(湖口)에서 합비(合肥)로 옮겨왔다. 9대조인 이심장(李心莊)에게 아들이 없자 그의 인척인 허영계(許迎溪)가 둘째 아들인 신소(愼所)를 그에게 보내 후사를 잇도록 함으로써 성이 이씨로 바뀌었다. 이씨 집안은 대대로 농사와 면학을 업으로 하다가 이홍장의 고조부 때에 이르러 비로소 "부지런하고 알뜰하게 집안 살림을 꾸림으로써 2경(頃)의 토지를 갖게 되었다." 줄곧 과거나 공명과 인연이 없다가 그의 부친인 이문안이 도광(道光) 18년(1838) 진사에 급제함으로써 이씨 일가는 "드디어

노군(盧郡)의 망족(望族)이 되었다." 형제 가운데 둘째였으므로 민간에서는 그를 '이이선생(李二先生)'이라고도 하였다(馬昌華, 《淮系人物列傳》〈中的生平傳略〉, 合肥 : 黃山書社, 1995 ; 朱玉泉 主編, 《李鴻章全書》(上), 長春 : 吉林人民出版社, 1999, 21쪽).

2) 梁啓超 著, 《李鴻章》, 上海 : 上海書店, 1989, 2쪽(民國叢書 第1編, 歷史·地理類 85, 正中書局 1947년판 영인본).

3) 이토 히로부미는 일본 정계의 거물로 일찍이 구미에 유학하여 영국에서 군사학을 배우고 독일에서는 법률을 연구하였으며 귀국한 뒤 요직을 지냈다. 이토 히로부미의 국내 지위로 말하면 그 형세가 막상막하이나 만약 그들이 대표하는 국가로 가늠하면 이홍장이 훨씬 뒤진다. 일본은 한창 상승 중에 있는 자본주의 국가였으며, 청나라는 쇠퇴하는 봉건왕조였다. 세계 형세에 대한 체험과 관찰에서도 이토 히로부미는 일찍이 서방의 정치·경제·군사·외교·법률 등의 학설을 광범하게 섭렵하였으며, 근대 국제관계의 인식에서도 '이이제이(以夷制夷)'만을 생각했던 이홍장보다 훨씬 고명하다. 더욱 큰 차이는 한 사람은 야심이 만만하여 뜻한 바를 반드시 이루고야 마는 사람이었고, 다른 한 사람은 여전히 자기를 낮추어 온전함을 구하고 스스로 양보하여 분쟁을 없애고자 하는 태도를 갖고 있었다는 점에 있다(戴鞍鋼, 〈李鴻章〉, 石源華 主編, 《中國十外交家》, 上海 : 上海人民出版社, 1999, 51~52쪽).

이홍장은 독일을 여행하다가 특별히 함부르크 교외로 가서 명성이 자자한 비스마르크를 방문하였다. 그는 일찍이 무력에 따른 독일의 통일을 주장하여 '철혈재상(鐵血宰相)'이라는 칭호를 얻은 바 있다. 이홍장은 비스마르크의 명성을 익히 들어온 바였으며 비스마르크 역시 그를 알고 있었으므로 두 사람은 만나자 서로 매우 기뻐하였다. 비스마르크는 이때 이미 사직하였으므로 이홍장이 그때 그를 찾은 것은 비스마르크에 대한 경모하는 마음을 표시하기 위해서였으며 한편으로는 그에게 강국이 되는 방도를 배우기 위해서였다. 비스마르크는 연병(練兵)이 입국의 기초이며 다른 무슨 방법이 있는 것은 아니라고 말했다. 대화 도중에 이홍장은 우쭐한 마음으로 비스마르크에게 사람들이 자신을 '동방의 비스마르크'라고 부른다고 하였다. 이에 대하여 비스마르크는 미소를 띠며 자신은 아마도 '유럽의 이홍장'이라는 칭호를 얻지 못할 것이라고 하였으나 이홍장은 그 말 속에 다른 뜻이 있다는 사실을 알아차리지 못하였다(戴鞍鋼, 위의 글, 60쪽).

이홍장이 이토 히로부미 또는 비스마르크가 될 수 없었던 것은 그로 하여금 반드시 새로운 정책을 실행해야 한다는 사실을 인식하게 한 무실정신(務實精神)과 마찬가지로 그로 하여금 현존하는 군사와 행정상의 상습적인 수법과 타협하도록 했기 때문이다[劉廣京, 〈儒家務實的愛國者 — 李鴻章事業的形成階段, 1823~1866年〉, 劉廣京·朱昌崚 合編, 《李鴻章評傳》, 上海 : 上海古籍出版社, 1995(이하 《李鴻章評傳》), 21쪽].

4) 王承仁·劉鐵君 著, 《李鴻章思想體系硏究》, 武漢 : 武漢大學出版社, 1998, 2쪽.

5) 劉廣京, 위의 글, 21쪽.

6) 龐百騰, 〈李鴻章與沈葆楨 : 近代化的政治〉, 《李鴻章評傳》, 97~98쪽.

7) 馬昌華, 위의 글, 25쪽.

8) 苑書義, 〈李鴻章〉, 孔令仁·李德征 主編, 《中國近代企業的開拓者》, 濟南 : 山東人民出版社, 1991, 316쪽.

9) 黎志剛, 〈李鴻章與近代企業 — 輪船招商局, 1872~1885年〉, 《李鴻章評傳》, 277쪽.

10) 黎志剛, 위의 글, 289~291쪽.

11) 苑書義, 앞의 글, 320쪽.

12) 姜鐸, 〈略論李鴻章〉, 周軍·楊雨潤 主編, 《李鴻章與中國近代化》, 合肥 : 安徽人民出

版社, 1989, 9쪽.

13) 姚傳德, 〈李鴻章的近代化思想評析〉, 復印復刊資料 《中國近代史》 1994年 第8期, 34쪽.

14) 姚傳德, 위의 글, 34~35쪽.

15) 姜鐸, 앞의 글, 12쪽.

16) 王希蓮·張禮恒, 〈李鴻章與中國首批留美學生〉, 復印報刊資料 《中國近代史》 1994年 第1期, 48쪽.

17) 金林祥, 〈李鴻章與洋務敎育初探〉, 《李鴻章與中國近代化》, 226쪽.

18) 王希蓮·張禮恒, 앞의 글, 54쪽.

19) 董叢林, 〈李鴻章的"中西比較觀"述論〉, 復印報刊資料 《中國近代史》 1994年 第5期, 26쪽.

20) 王玉華, 〈甲午戰前李鴻章的實力思想〉, 復印報刊資料 《中國近代史》 1998年 第6期, 71쪽.

21) 王玉華, 위의 글, 72쪽.

22) 戚海瑩, 〈論李鴻章的海防思想〉, 復印報刊資料 《中國近代史》 1997年 第9期, 68쪽.

23) 王家儉, 〈李鴻章與北洋海軍〉, 《李鴻章評傳》, 307쪽.

24) 《李鴻章全書》(上), 54쪽.

25) 《李鴻章全書》(上), 55쪽.

26) 王家儉, 위의 글, 315~316쪽.

27) 朱昌峻, 〈李鴻章：一個評價〉, 《李鴻章評傳》, 334쪽.

28) 梁伯華, 〈李鴻章與琉球爭端〉, 《李鴻章評傳》, 208~209쪽.

29) 戴鞍鋼, 앞의 글, 41~44쪽.

30) 《李鴻章全書》(上), 64쪽.

31) 戴鞍鋼, 앞의 글, 65~66쪽.

32) 張禮恒, 〈臺灣學者的李鴻章研究〉, 復印報刊資料 《中國近代史》 1996年 第1期, 53~56쪽 참조.

33) 李守孔 著, 《李鴻章傳》, 臺北：臺灣學生書局, 1985, 382~383쪽.

34) 朱昌峻, 앞의 글, 338쪽.

35) 馬勇, 〈近代歷史人物研究〉, 曾業英 主編, 《五十年來的中國近代史研究》, 上海：上海書店出版社, 2000, 667~668쪽.

36) 龔書鐸·方攸翰 主編, 《中國近代史學習手冊》, 北京：北京大學出版社, 1989, 176~178쪽.

37) 周積明, 〈從洋務到辛亥：得失成敗的再評估〉, 復印報刊資料 《中國近代史》 1997年 第6期, 118~119쪽.

38) 朱昌峻, 앞의 글, 338~339쪽.

강유위康有爲
변법유신사상의 실천적 선구자
－변법운동과 개혁사상을 중심으로－

김종건

1. 머리말

　강유위(康有爲 : 1858~1927)는 중국 근대사에서 가장 대표적인 변법 유신운동가·개혁사상가이자 뛰어난 문장가이다. 강유위가 혈기 왕성한 청년기를 보냈던 19세기 말의 중국은 국내외적으로 최대의 국난기였다.

　청불전쟁(1884~1885)과 청일전쟁(1894~1895)에서 잇달아 패한 중국 은 또 다시 영토가 할양되고, 속방들을 잃어 전통적 종주권이 무너지는 수모를 겪게 되었고, 1898년에는 영토 대부분이 제국주의 열강에 의해 자의적(恣意的)으로 분할되는 지경에까지 이르렀다. 이로써 제2차 아편 전쟁과 태평천국(太平天國)운동 이후 국권회복책으로 이른바 양무(洋 務) 관료들이 주도한 '중체서용(中體西用)', 곧 중국의 전통 사상과 제도 는 유지하고 서양의 무기·군사제도 등 필요한 것만을 수용한다는 기조 의 양무정책은 실패로 돌아갔음이 드러나게 되었다. 그럼에도 황권(皇 權)을 제약하면서 모든 정무를 직접 독재하여 권력욕과 무자비성에서 당(唐) 초기 측천무후(則天武后)와 비견되는 서태후(西太后)와 부패하 고 시대착오적인 무능한 보수파 관료들의 무정견(無政見)으로 말미암아 청의 조정은 아무런 대응책도 없었다.

　이러한 시대적 환경을 배경으로 일단의 개혁적 지식인들이 새로운 개혁사상이 일으켰다. 그것은 변법사상(變法思想)으로, 실패한 양무운

98

동을 교훈 삼아 근대 서양의 군사와 물질적인 번영의 측면뿐만 아니라 서양의 제도와 일부 사상까지도 받아들이는 전면적 개혁이 필요하다는 것이었다. 이러한 변법사상의 선두에서 끊임없는 정력적 활동을 통해 하나의 강력한 실천운동으로 전개하여, 마침내 국가정책으로 이끈 주역이 바로 강유위였다. 그러나 그의 변법사상은 당시의 일반적 변법사상을 뛰어넘어 공자를 '수기애인지의(修己愛人之義)'와 '제인경세지도(濟人經世之道)'의 종사(宗師)로 삼고, '삼세설(三世說)'의 역사관과 '대동세계(大同世界)'의 실현을 이상으로 하는 급진적 사상에 근거한 것이었다. 또한 그러한 독특한 사상은 후대 사가들에 따라 반동으로 평가되는 무술변법개혁(戊戌變法改革)이 실패하고 난 뒤와 신해혁명(1911~1912) 이후 민국기(民國期)의 정치활동에서도 일관된 사상적 바탕이었던 것이다.

지금까지 강유위의 개혁운동과 개혁사상에 대하여 다룬 연구물은 적지 않다.[1] 그러나 이 글에서는 기왕의 연구성과를 참고하여 우선 그의 가정배경과 교육과정을 살펴보고, 19세기 말 무너져 가는 청조 전제지배체제 아래 중국을 입헌군주제로 이행하려는 개혁을 시도한 강유위의 개혁운동 전 과정을 추적하면서, 그의 개혁사상의 일단을 살펴봄으로써 개혁운동가 강유위의 면모와 개혁사상의 특징을 재조명해 보고자 한다.

2. 가문과 교육

강유위는 다른 이름이 조이(祖詒), 자는 광하(廣廈), 호는 장소(長素) 또는 갱생(更生)이다. 1858년(함풍 8) 3월 19일 중국 동남부의 광동성 남해현 은당향(銀塘鄉) 돈인리(敦仁里)에서 태어났다. 사람들은 그를 고향 이름을 따서 남해선생(南海先生)이라고 불렀다.

강유위의 집안은 전형적인 사대부 가문으로, 가문의 전통과 가정환경은 평생에 걸친 그의 개혁적 지향에 지대한 영향력을 미쳤다. 가계는 9대 유경공(惟卿公)이 사대부가 된 이래 강유위가 21대째이고, 그동안 13대가 사대부였다고 한다.[2] 특히 그의 증조부 식붕(式鵬, 健昌)은 고향에서 강학활동을 하여 순유(醇儒)로 불리었고, 조부 찬수(贊修, 以乾)는 도광거인(道光擧人)으로 연주(連州) 훈도를 지냈으며, 부친 달초(達初, 植謀)는 강서보용지현(江西補用知縣)을 역임했다. 강유위는 부친을 일찍 여의었지만 5세에 이미 삼촌들로부터 당시(唐詩)를 배워 수백 수를 암송하였다고 한다.

강유위(1895)

  6세 때부터 그는 번우(番禺)의 간풍의(簡風儀)로부터 《대학》·《중용》·《논어》·《효경》을 배웠다. 어려서부터 총명하고 독서를 좋아하였으며 한 번 본 것은 잊지 않는다 하여 신동으로 불리었다. 또한 성현지학(聖賢之學)에 뜻을 두어 입만 열면 '성인'을 말하였으므로 사람들이 그를 '성인위(聖人爲)'라고 불렀다 한다.[3] 11세 때에는 조부의 임지인 연주로 가서 《통감》과 《회전(會典)》을 읽기 시작했으며, 13세인 1870년에는 조부의 임지가 광주로 옮겨지면서 그곳으로 돌아와 진봉생(陳奉生), 양인산(楊仁山, 學華), 주차기(朱次琦, 九江) 등에게서 수학했다. 특히 주차기는 당시 광동에서는 가장 유명한 유학자였으며 송학(宋學)뿐 아니라 경세학(經世學)에도 밝은 인물이어서, 강유위의 개혁사상 형성에 가장 큰 영향을 미친 것으로 알려졌다.

  팔고문(八股文)을 익힌 강유위는 이듬해인 1871년(동치 10)에는 동시(童試)에 응시하였으나 합격하지 못했고, 14세 때 또 응시했으나 낙방했다. 19세 때 세 번째의 동시 응시에서도 실패한 강유위는 25세(1882)와 31세(1888) 때에는 수도로 올라가 순천향시(順天鄕試)에 응시했지만 역시 낙방했다. 거듭 과거에 떨어지면서 강유위는 팔고문과 구식 학문에 대한 회의를 갖게 되었으며, 자연스럽게 공양학(公羊學)과 서양 학문에 기울어지는 모습을 보였다. 그러면서도 그는 끈질기게 과거에 응시하였고, "백성을 구제하기 위해 제왕이 아닌 사대부로 태어났다"고까지 하였으며, 과거제도의 모순을 비판하면서도 혁명의 대열에 바로 가담하지는 않았다. 이와 같이 전통 질서에 애착을 계속 가지면서 혁명이 아닌 개혁의 길을 모색한 것은 뿌리 깊은 사대부 의식의 영향이었다고 할 수 있다.

강유위가 태어난 광동성의 특수한 환경도 그의 개혁사상에 중요한 영향을 미치었다. 광동성의 성도 광주는 일찍부터 공행(公行)무역의 관문으로 중국으로서는 외부로 열린 유일한 통로였다. 명·청대를 이어 광주를 통해 서구로부터 신문물이 조금씩이나마 중국으로 들어왔는데, 그러한 새로운 문물을 가장 먼저 접할 수 있었던 곳이 바로 광주 일대였다. 1840년 아편전쟁이 일어나고 서양 포대의 위력을 가장 먼저 접한 곳도 광주였다. 남경조약의 체결로 인접한 홍콩이 영국에 할양됨으로써 서방 문물의 중국 유입 통로로서 광주의 기능은 더욱 강화되었다. 청조 구질서의 한계를 적나라하게 볼 수 있었던 지역이 광동성, 특히 광주와 홍콩이었다. 그런 연유로 광동성 출신 가운데 개혁의 기치를 세운 인물이 많이 나왔다. 광동성은 19세기 대표적 반란인 태평천국의 지도자 홍수전(洪秀全), 혁명운동의 핵심인물 손문, 개혁가 강유위를 배출하였다.

강유위는 22세이던 1879년(광서 5) 11월, 스승 주차기를 떠나 서초산(西樵山) 백운동(白雲洞)으로 가서 도교와 불교 서적에 심취하기 시작했고, 거기서 만난 장연추(張延秋, 鼎華)를 통해 서양에 관한 새로운 사실들을 알게 되었으며, 《서국근사회편(西國近事滙編)》·《환유지구신록(環遊地球新錄)》 등 서양을 소개하는 서적들을 탐독하기 시작했다. 그해 12월 홍콩을 다녀오면서 강유위는 서양 문물의 우수함과 서양인들의 통치에 법도가 있음을 느끼게 되었고, 서학에서 진리를 추구하려는 새로운 지향을 보이기 시작했다.4) 강유위는 25세이던 1882년 순천부시(順天府試)에 응시하였다가 낙방한 다음 돌아오는 길에 상해를 거쳐서 오게 되는데, 이때 직접 목도한 북경과 상해의 번화한 모습을 보고 서양 기술을 더 알게 되었으며 서학에 대한 관심이 깊어졌다.5) 이와 같이 광주와 홍콩을 통해 들어온 서양 문물이 그의 개혁적 지향에 크게 영향을 주었다.

그의 폭넓은 독서활동도 그가 개혁사상가로 나아가도록 한 주요 배경을 이루었다. 그는 독서량이 많았고, 기억력도 좋은 사람이었다. 일찍이 10세 때 법제에 관한 책을 읽었고, 1883년 이후 서양 선교사들이 발간한 잡지인 《만국공보(萬國公報)》를 애독하여 현상 투고에 입선하기도 했다. 또 남경의 강남제조국(江南製造局)에서 번역한 서양 과학서적들을 탐독하였다. 그의 《대동서(大同書)》에 세계 각국과 서양의 새 이론을 폭넓게 소개할 수 있었던 것은 그의 이러한 학문적 추구에서 비롯된 것이었다. 그의 풍부한 독서량은 그가 집필한 서적들의 내용에서도 여실히 확인된다.

또한 그는 기회가 있을 때마다 국내외 각 지역을 여행하면서 지식인들과 폭넓게 교유하였다. 국내의 거의 모든 지역을 스스로 여행하였는데, 이는 중국이 처한 현실을 파악하는 데 중요한 계기가 되었다. 변법운동이 실패로 귀결된 다음 그는 일본을 비롯한 아시아 각국과 미국, 유럽의 여러 나라들을 유람하게 되는데, 그런 과정을 통해 그동안 책을 통해서만 접해 오던 근대화한 서구 문물을 직접 목도하게 되었고, 그것이 그의 만년까지도 기왕의 개혁적 지향을 고수하게 한 주요 배경이 되었다.

3. 변법개혁운동

강유위는 과거 응시 준비를 하고 있던 25세 때, 즉 1882년부터 개혁가로 성장할 수 있는 사상적 집성이 이루어졌다.[6] 즉, 중국 역사서와 전적들을 읽으면서 시사에 관심을 갖게 되었고, 《만국공보》를 통해 서양 지식을 접하였으며, 전족 폐지 운동을 비롯한 구습 타파 운동에 가담하였다. 이때부터 그는 '대동(大同)'의 이상에 대한 구체적 숙고를 시작하였다고 할 수 있다. 특히 그의 회고에 따르면 그의 '대동' 사상의 기원을 1884년 청불전쟁 시기로 소급하고 있다. 청불전쟁의 진행 중에 귀향하여 중외의 서적을 두루 탐독하다가 마침내 '대소재동(大小齊同)'의 이치를 깨닫게 되었다고 한다.[7]

31세이던 1888년(광서 14) 6월 강유위는 두 번째로 응시한 순천 부시에 낙방한 뒤 명13능과 만리장성 등을 유람하고 북경에 머물던 12월 10일, 〈제1차 상서(上書)〉[8]를 올려 '변성법(變成法)', '통하정(通下情)', '신좌우(愼左右)' 등의 정치적 주장을 하였으나 보수파에 따라 상달이 차단되었다. 그동안 《교학통의(敎學通議)》, 《인류공리(人類公理)》, 《강자내외편(康子內外編)》 등을 편찬한 바 있는 그가 이로써 본격적인 정치운동으로 이행했다고 할 수 있다. 이후 각지를 유람한 뒤 광주로 돌아온 그는 《파라문교고(婆羅門敎考)》(1890), 《왕제의증(王制義證)》(1890), 《왕제위증(王制僞證)》(1890), 《신학위경고(新學僞經考)》(1891), 《공자개제고(孔子改制考)》(1892) 등을 출판하였다. 36세이던 1893년에 마침내 향시에 합격을 하고 바로 양계초와 함께 북경 회시(會試)에 응시했으나 실패하였다. 그리고 이듬해인 1894년에는 급사중(給事中) 여연원(余聯沅)의 탄핵을 받아 이단으로 몰려 《신학위경고》와 그 판이 소각 파괴되는 지경이 되었다.

강유위가 정치적 활동을 시작한 것은 청일전쟁 직후부터였다.[9] 1895년(광서 21) 다시 회시에 응시하기 위해 북경으로 올라간 그는, 청일전쟁의 패전과 시모노세키조약 체결 소식을 듣고, 각 성 거인(擧人)들 1,300명과 함께 5월 2일(광서 21년) 이른바 〈공차상서(公車上書)〉를 올리게 되었다.10) 이 〈제2차 상서〉의 요지는 일

강유위의 《일본변정고》(북경고궁박물원 소장본)

본과 조약 체결을 반대하는 것이었는데, 광서제에게 전달되지는 않았다. 그러나 그 내용이 널리 알려지면서 그 파장은 대단히 컸다. 이어 5월 29일에 '부국, 양민(養民), 교사(敎士), 연병(練兵)'을 요지로 하는 〈제3차 상서〉11)를 올렸는데 드디어 광서제에게 전달되어 찬사를 받게 되었다. 6월 30일에는 〈제4차 상서〉12)를 올려서 의회 개설을 통한 여론 수렴을 주장하였으나, 이것은 광서제에게 전달되지 않았다.

1895년 8월에는 북경에서 《만국공보》를 격월간으로 창간하여 변법사상을 전파하였으며, 9월에는 양계초(梁啓超), 문정식(文廷式), 왕붕운(王鵬運), 심증식(沈曾植), 원세개(袁世凱) 등과 함께 '강학회(强學會)'를 창설하였다. 여기에 리처드(Timothy Richard : 1845~1919)와 영국공사도 적극 협조했고, 12월에는 당시 상해 광학회에서 발간하던 잡지와 이름이 같았던 《만국공보》를 리처드의 건의로 《중외기문(中外紀聞)》으로 개명하고 양계초와 왕대섭(王大燮)을 주필로 임명하였다.

1896년(광서 22년) 8월 9일에는 《시무보(時務報)》를 상해에서 창간하여 양계초를 주필로, 왕강년(汪康年)을 경리로 임명하였다. 그리고 자신은 광주의 '만목초당(萬木草堂)'에서 강학을 계속하면서 《공자개제고》, 《춘추동씨학(春秋董氏學)》, 《춘추학》, 《일본변정고(日本變政考)》 등을 저술하였고, 홍콩 · 마카오 · 광서 등지를 여행하였다.

1897년 2월 광서 계림에서 당경숭(唐景崧) 등과 성학회(聖學會)와 광인(廣仁)학당을 설립하고 《광인보》를 발간하였고, 7월에 광주로 돌아와

104

서 강학을 하였다. 이후 항주, 상해를 거쳐 이듬해인 1898년 1월에는 북경으로 가서 '월학회(粤學會)'를 창설하게 되는데, 이 무렵 〈제5차 상서〉를 올리게 되었다.

제5차 상서는 1897년 11월 독일이 산동 교주만(膠州灣)을 점령한 데 크게 자극 받은 것이라 할 수 있다.13) 상서의 주요 내용을 보면, 외교적 절충을 통해 당면한 중국 분할의 위기를 극복하여야 할 것이므로 유능한 외교관을 각국에 파견하고, 특히 영국과 일본의 도움을 받아 중국 분할의 시도를 차단해야 할 것임을 주장하였으며, 이후 전면적 개혁을 국시(國是)로 공표하여 황제 주도의 개혁을 할 것과 인재 등용 및 성별(省別) 개혁의 실시 등을 주장하였다. 그러나 제5차 상서는 관할 공부상서가 전달을 거부하여 황제에게 올라가지 못하다가 도찰원(都察院)을 거쳐 해를 넘겨 전달되었다.14)

제5차 상서를 준비하면서 어사 양심수(楊深秀), 진기장(陳其璋)을 통해 교주만 사건 처리를 위한 '연영일책(聯英日策)'을 건의하게 하였고, 같은 내용으로 급사중(給事中) 고섭증(高燮僧)과 어사 왕붕운의 상주문 초고를 작성해서 올리도록 하기도 했다.15)

그러나 연이은 상소가 받아들여지지 않자 포기하고 남하하려 했으나, 군기대신 옹동화(翁同龢)의 만류와 1월 24일 총리아문 대신들과의 면담이 이루어져 북경에 머물게 되었고, 면담 결과가 황제에게 보고되었다. 면담 때 주장한 내용은 개혁을 주관할 제도국(制度局)의 설립, 개혁 부서의 신설, 세원의 창출, 일본과 러시아 개혁의 참고 등이었다. 보고를 들은 황제는 1월 25일 개혁의 신속한 착수를 지시하고, 구체적인 강의 주장을 문서로 올리고 《일본변정고》와 〈러시아 표트르 대제 변정기(俄大彼得變政記)〉도 올리게 하였다.

강유위는 1월 29일 〈제6차 상서[應詔統籌全局摺]〉에서는, 첫째, 군신을 소집하여 유신을 선포하고 이를 국시로 제정할 것, 둘째, 오문(午門)에 '상서소(上書所)'를 개설하여 백성들의 상서를 허락하고 인재를 널리 등용할 것, 셋째, 조정에 제도국을 설치하여 정치제도를 논의하고 12개 신정국(新政局)을 개설할 것 등을 주장했다.[16] 그가 주장한 신정국은 법률국·탁지국(度支局)·학교국·농상국·공무국(工務局)·광무국·철로국·우신국(郵信局)·회사국·해운국·육군국 등이었다. 그리고 각 도와 각 현에도 신정국과 민정국(民政局)을 두어 개혁에 신사(紳士)들이 참여할 수 있도록 할 것을 주장했다. 다만 제6차 상서에서는 지금까지 주장하던 의회 설립 사항이 구체적으로 보이지 않는데, 이는 자신의 의견이 이미 황제에게 전달되었으므로 이를 굳이 강조할 필요성이 줄어든 때문이라 할 수 있다.[17]

그러나 총서(總署)에 접수된 이 상서는 바로 상정되지 못하였는데, 이는 상주(上奏)체계의 비효율성을 보여 주는 것이며 동시에 상주 내용의 충격성을 반영하는 것으로 볼 수 있다. 그동안 강유위는 강학과 학회 그리고 출판 활동을 적극적으로 벌였으며, 다른 사람의 이름으로 개혁을 주장하는 상주도 계속 올렸다. 3월 8일에는 어사 진기장에게, 3월 9일에는 어사 송백로(宋伯魯)에게 상주를 대신 기초하여 주었다.

3월 12일에는 제7차 상서[18]인 〈역찬아피득변정기성서접(譯纂俄彼得變政記成書摺)〉을 올렸고 이것이 3월 24일 광서제에게 전달되었다. 러시아의 개혁군주 표트르 대제처럼 능동적이고 적극적인 개혁을 황제가 직접 추진하도록 강조한 것이다. 상주가 바로 전달되지 못하는 현실에 대한 비판적 견해도 반영된 것이라 하겠다.

3월 19일에는 러시아의 여순·대련 요구에 대한 대응책으로 열국 및 일본과 제휴를 꾀하고, 전쟁을 각오하고라도 이 요구를 거절할 것을 주장하는 한편, 항구를 열강에 모두 개방하여 중국에서 열강의 세력균형을 도모할 것을 청원했다.[19]

또 4월 19일에는 《일본변정고》와 〈진정일본변정고등서걸채감변법접(進呈日本變政考等書乞采鑒變法摺)〉을 올리고, 여기에 〈청조경제과례추행생동세과시편(請照經濟科例推行生童歲科試片)〉을 첨부하였다.[20] 일본의 메이지유신에서 보이듯이 인재를 등용하여 군신이 함께 개혁을 추진할 것을 강조한 것이었다. 그리고 티모시 리처드의 《법국변정기(法國變政記)》, 《열국변통흥성기(列國變通興盛記)》를 올리고, 앞으로 명이 있으면 《영국변정기(英國變政記》, 《프랑스 변정기》, 《독일 내정기(內政記)》, 《폴란드 멸망기》도 계속 올리겠다고 하였다.

이상 세 건의 상주는 황제에게 전달된 다음 황제의 지시로 서태후에게도 전달되었다. 이는 강유위의 개혁안을 광서제가 긍정적으로 받아들였음을 의미한다. 이때 전달된 그의 상서와 책들은 이후 광서제가 개혁을 공식 선포하고 강유위와도 친견하게 되는 중요한 단서가 되었다.

한편 끊임없이 상서를 올렸음에도 개혁에 관한 구체적 일정이 공표되지 않자 강유위는 여론을 이끌기 위한 목적으로 '보국회(保國會)'를 결성하고 보국·보종(保種)·보교(保敎)를 종지(宗旨)로 내세웠다. 기존의 '월학회(粵學會)'에다 임욱(林旭) 등이 이끌던 '민학회(閩學會)', 송백로 등이 이끌던 '관서학회' 등을 포괄하는 모임으로 4월 17일에 첫 모임을 월동회관에서 가졌다. 연사로 나선 강은 국가의 위기를 극복하고 민생을 지키기 위해서 이 모임을 전국적으로 확대할 것을 강력히 주장하였다. 이후 두 차례 더 모임을 가진 보국회는 수구파의 저항에 직면하여 그 활동이 위축되고 말았다. 그러나 이에 자극 받아서, '보천회(保川會)', '보절회(保浙會)', '보전회(保滇會)' 등이 설립되었고, 그의 주장대로 개혁운동 조직의 전국적인 확산 기운은 계속 활발하게 이어졌다.

이와 동시에 강유위에 대해 반대하고 나아가 탄핵까지 주장하는 움직임 또한 맹렬하게 일어났다.

4월 30일에는 절강의 거인 손호(孫灝)가 〈박보국회장정(駁保國會章程)〉을 인쇄 배포하여 보국회의 '민주' 주장이 황제의 절대권에 대한 침해라고 주장하였다.[21] 5월 2일에는 어사 번경란(藩慶瀾)이 보국회가 백성을 그릇된 길로 선동한다면서 만목초당 폐쇄를 주장하였고, 다음날에는 보국회의 주창자 가운데 하나였던 이성택(李盛鐸)이 보국회를 규탄하는 상소를 올렸다. 5월 17일에는 어사 황계윤(黃桂鋆)이 보국회의 영향으로 각 성에서 비슷한 단체가 성립되는 것을 지적하는 상소를 올렸다.22) 7월 8일에는 문제(文悌)가 강유위와 보국회를 비난하는 상소를 올렸다.23)

강유위와 보국회에 대한 이와 같은 비난과 탄핵이 황제에게 수용되지는 않았으나 보국회 활동을 크게 위축시킨 것은 분명하며, 이에 강유위도 크게 낙심하여 귀향을 결심하게 되었다. 지금까지 그를 지지해 주던 옹동화마저 그의 개혁사상에 대해 우려하며 오히려 귀향을 권하였으며, 황제의 개혁적 지향에 대해서도 제동을 거는 쪽으로 태도가 바뀌고 말았다.

5월 29일 공친왕(恭親王)이 죽으면서 강유위의 활동은 다시금 활력을 얻기 시작했다. 일본에 유학생을 파견하고 정부 자금으로 서양 도서들을 번역하며 종실 인물들을 해외로 보내어 견문을 넓히게 할 것 등《일본변정고》에서 이미 제시한 개혁안들을 양심수(楊深秀)를 통해 상주하였다. 6월 8일에는 서치정(徐致靖)의 이름으로 다시금 국시를 정하여 개혁을 본격화할 것을 청원하였다.24)

그 결과 6월 11일 마침내 광서제는 〈정국시조(定國是詔)〉25)를 발표하여 변법 개혁을 공식 선언하게 되었고 이로써 강유위의 개혁운동은 1차적인 성과를 거두게 되었다. 이후 6월 13일 그는 서치정을 통하여 개혁을 추진할 제도국에 기용할 인물로 자신과 황준헌(黃遵憲)·담사동(譚嗣同)·장원제(張元濟)·양계초 등 자신과 함께 개혁론을 같이 하는 사람들을 대거 추천하게 하였다.26)

이를 받아들인 황제는 이들 인물들을 각 부서에서 만나도록 지시하고, 6월 15일에는 강을 견제하고 있던 옹동화를 면직하였으며 마침내 6월 16일 황제가 직접 이화원(頤和園) 인수전(仁壽殿)에서 강유위를 만나기에 이르렀다. 황제와 만난 강유위는 근본적인 제도 개혁을 실시할 것, 개혁 추진기구로 제도국을 개설할 것, 개혁적 인물을 파격적으로 기용할 것, 개혁안에 대한 수구적 대신들의 심의를 배제할 것, 팔고문을 폐지할 것, 재정확보책을 강구할 것, 서구문물을 적극 도입할 것 등을 건의했다.27)

여기서 강유위는 기대에 못 미치는 '총리아문장경(總理衙門章京)'에 보임28)되어 실망하기도 하였지만 다음날 송백로로 하여금 입법원 개설과 헌법의 제정을 요지로 하는 새로운 개혁안을 상주하게 했다. 6월 19일에는 《공자개제고》를 상정하고 팔고문 폐지 등 개혁안을 상주하였다. 이후 그는 전접(專摺)의 특권을 부여받아 각 아문을 거치지 않고 군기처나 총리아문를 통해 바로 황제에게 개혁안을 전달할 수 있게 되었다. 이후 과거제와 학교제 개혁과 신식학당 개설을 요구하는 상주를 잇달아 올렸는데, 이는 보수파의 강한 반발을 일으키는 요인이 되었다.

그런 가운데 강유위는 7, 8월 동안에 《일본변정고》를 광서제에게 상정하여 메이지유신을 모범으로 하는 개혁을 강조하였고, 8월 중순에는 《폴란드 분멸기》를 상정하여 개혁에 실패하여 멸망한 폴란드를 교훈으로 삼아야 할 것임을 강조하였으며, 이후 관제, 교육과 경제 방면 개혁안들을 잇달아 상주하였다.

광서제는 강유위가 제출한 《일본변정고》를 애독하고 강유위의 상주들을 경청하는 가운데 마침내 9월 12일 〈개도백조도(改圖百詔道)〉를 반포하여 전면적인 개혁의 확고한 태도를 밝히기에 이르렀다.29) 이후 개혁파 인물이 요직으로 잇달아 추천되었고, 개혁안의 상주문이 접수되면 이튿날 바로 상부로 올리도록 함으로써 실질적으로 개혁정치의 시대가 열리게 되었다.

그러나 보수파들은 신진 인물들의 대거 추천이 강유위의 사당화(私黨化)라고 비판하였다. 또 《공자개제고》의 내용에 근거하여 강의 지향이 이단적이라는 비판도 일어났다. 과거제와 학교제를 개혁하여야 한다는 그의 주장이 나오면서 보수 세력들의 위기의식이 본격적으로 발동하여 전면적인 반발이 일어났다. 특히 개혁 추진의 중추기관으로 삼을 무근

전(懋勤殿) 개설은 결국 서태후의 동의를 받아내는 데 실패하기에 이르렀다.

보수 세력의 저항에 다급해진 황제는 9월 17일 강유위에게 북경을 떠나도록 지시하는 상유(上諭)를 내리는 한편, 원세개를 소견(召見)하는 등 발 빠른 움직임으로 정국을 수습하려고 하였다. 한편 보수파들은 서태후에게 훈정을 요청하는 등 정국이 급격하게 긴장 국면을 맞게 되었다.

강유위는 측근들과 긴급 대책회의를 가진 결과 담사동을 원세개에게 보내어 서태후를 제거하는 쿠데타를 단행하도록 하는 계획을 모색하였으나, 원세개의 협조를 얻는 데 실패하였다. 9월 19일 서태후는 광서제를 연금하고 9월 21일에는 '훈정(訓政)'을 선포하고 강유위 체포령을 내렸다.[30] 상황이 부득이함을 느낀 강유위는 미리 탈출하였으나 이후 개혁파에 대한 체포령에 따라 강유위의 아우 강광인을 비롯한 개혁파들이 대거 검거 처형됨으로써 1898년의 개혁운동은 종국을 고하게 되었다.

4. 무술정변 뒤의 정치활동

상해를 경유하여 홍콩으로 도피한 강유위는 10월 24일 일본으로 건너가 긴 망명생활을 시작하게 되었다. 당시 일본에서 혁명운동의 진로를 모색하고 있던 손문, 진소백(陳少白) 등이 그에게 혁명운동 동참을 요청하였으나 그는 광서제에 대한 기대를 유지한 채 이들과의 연합을 거절하였다.

이듬해 1899년 청조로부터 압력을 받은 일본 정부가 강유위의 일본 출국을 요청함에 따라 4월에는 캐나다로 건너갔으며, 7월에는 이복기(李福基)와 더불어 '보황회(保皇會)'를 조직하였는데, 이는 혁명운동에 반대하는 보수적 조직으로 발전하여 미국 화교사회에 적지 않은 영향력을 미쳤다. 그해 10월 캐나다를 떠나 홍콩으로 돌아와서 개혁운동의 기회를 모색하던 그는 1900년에는 싱가포르로 옮겨 영국 정부의 보호에 의지하게 되었다. 의화단운동이 화북으로 확산되는 기회를 틈타 강유위는 무창(武昌)에서 당재상(唐才常)이 자립군(自立軍)을 일으키도록 지원하여 무력으로 광서제 복위를 기도하는 '근왕(勤王)'운동을 주도하였으나 사전에 발각되어 실패하고 말았다.

1901년 말부터 인도·미얀마·자바·베트남 등지를 여행하면서 틈틈이 저술활동을 하였고, 특히 그의 유토피아적 이상을 집대성한 《대동서(大同書)》의 내용도 이때 거의 완성을 보게 되었다. 1902년에는 〈답남북미주제화상론중국지가행립헌불능행혁명서(答南北美洲諸華商論中國只可行立憲不能行革命書)〉를 발표하여, 혁명은 내란을 가져와서 제국주의 열강으로 중국을 멸망시키려는 시도를 하게 할 것이라면서 반대하고 입헌군주제만이 유일한 대안임을 역설했다. 1904년 5월부터는 영국을 비롯한 유럽 각국을 여행하였다. 1905년 초에는 미국에 정착하여 입헌운동을 준비하였다. 이 해에 손문을 중심으로 일본 도쿄에서 혁명파가 통합되어 동맹회(同盟會)가 결성되자 강유위는 이런 움직임을 염려하며 반대하였다. 1906년 혁명세력이 급속히 성장하는 것을 염려한 청조가 〈예비입헌(立憲)〉의 조서를 반포하자 강유위는 이를 적극 옹호하는 태도를 취하였고 '보황회'를 '헌정회'로 개칭하고 청조의 입헌제 개혁의 조치들을 지지하였다.

1910년 봄에 다시 싱가포르로 들어와 화교사회를 기반으로 활동을 전개하였고, 1911년 신해혁명이 일어난 뒤에는 공화제를 반박하고 입헌군주제를 주장하는 활동을 벌였다. 무창봉기 소식을 일본에서 들은 그는 〈구망론(救亡論)〉과 〈공화정체론(共和政體論)〉 등의 글을 발표하여 민주혁명을 반대하였다. 이듬해 중화민국이 출범하고 원세개가 선통제(宣統帝)를 축출하고 대총통에 취임하게 되는 일련의 과정을 그는 혼란으로 인식하고 불만을 토로했으며, 혼자라도 청조의 '유신(遺臣)'으로 충성을 다할 것을 다짐하였다.

일본에 있던 그는 제자 진환장(陳煥章)으로 하여금 상해에서 공교회(孔敎會)를 조직하여 공교운동을 전개하게 하였다. 그는 1913년 봄에는 창간된 잡지 《불인(不忍)》의 주편을 맡았고 《공교회잡지》도 창간하였다. 그해 11월에 긴 망명생활을 청산하고 홍콩으로 돌아온 그는 이후 황제복벽운동과 공교운동을 직접 이끌었으며, 1914년에는 박은식(朴殷植)의 《한국통사(韓國痛史)》 서문을 써 주기도 했다. 그동안 원세개의 초청을 거

60세 무렵의 강유위

절하며 입헌군주제의 소신을 고집하였고, 1916년 원세개가 죽자 여원홍(黎元洪)에게 공교를 이념으로 하는 헌법의 제정과 국회의 소집을 강력히 권유하였다. 1917년 장훈(張勳)의 선통제 복벽운동을 적극 지원하여 정초 복벽을 선언하고 필덕원(弼德院) 부원장을 맡았으나 이 운동이 실패한 뒤 상해에 머물며 잡지 《불인》을 간행하고 〈공화평의(共和平議)〉 등의 글을 발표하며 민주혁명을 반대하였다.

1919년에 《대동서》를 단행본으로 간행하였으며, 5·4운동이 일어나자 〈청주국적구학생전(請誅國賊救學生電)〉을 발표하여 체포된 학생들의 석방과 매국노의 처벌을 요구하였다. 1922년 7월 호남성장 조항척(趙恒惕)이 연성(聯省)자치운동을 일으켰을 때는 이에 반대하여 "분열하면 필시 다툼과 대란이 일어날 것"이라면서 통일을 외쳤으며, 이후 손문의 국공합작노선에도 분명한 반대 의견을 피력하였다.

1922년 12월 1일 선통제 부의(溥儀)의 혼인날에는 항주의 일천원(一天園)에서 북경 궁궐을 향해 하례를 하고 사람을 시켜 예물을 보내기도

했다. 1923년 이후 각 지방을 돌면서 공교회를 설립하고 공교를 전파하였다. 1924년 군벌 풍옥상이 정변을 일으켜 조곤(曹錕)을 몰아내고 선통제 부의를 자금성(紫禁城)에서 축출하자 이를 비판하는 전보를 보내기도 했다. 1925년 부의가 천진의 일본 조계지 장원(張園)에 피신하고 있음을 듣고 친견하기도 했다. 1926년에는 '천유학원(天遊學院)'을 설립하여 강학활동을 했으며, 각급 군벌 장령들에게 전보를 보내어 풍옥상을 몰아내고 청조를 회복할 것을 요구하기도 했다.

이와 같이 그의 만년은 보황운동과 공교운동으로 요약된다. 1927년 3월 8일 70회 생일에는 부의로부터 편액과 옥 등 축하 예물을 받기도 했다.31) 이에 감동하여 부의를 친견하기 위해 천진으로 올라가다가 3월 31일 청도(靑島)에서 지병으로 사망하였고 청도 상이산에 묻힘으로써 파란만장한 생을 마감했다.

5. 강유위의 개혁사상

강유위의 개혁운동이 100일 만에 실패로 끝나고 보수파들이 정권을 장악한 다음, 그동안 실시된 개혁적 환경을 복구하는 여러 조치들이 단행되었는데, 그 중요한 내용들은 대략 다음 네 가지로 요약된다. 물러난 관료들의 복직, 상서 활동의 중지, 학당 활동에 대한 규제, 팔고문 부활 등이다. 또한 보수파들이 강유위가 주도한 개혁파들에 대해 비난한 내용의 핵심은 민권론과 평등사상에 대한 것이었다. 이러한 요소들은 보수파의 기득권을 위협하는 것이었고 그들의 우려를 일으킬 수 있는 것이었다.

강유위의 개혁사상은 탁고개제론(託古改制論)과 방양개제론(仿洋改制論)으로 간추릴 수 있다. 전자는 전통 유학, 즉 공교로 대표되며, 후자는 서구식 제도인 입헌군주제로 대표된다고 할 수 있다. 강유위의 개혁

사상은 중국적 전통사상 가운데서 기본적인 논리를 찾아냄과 동시에 서
구 열강의 근대적 국가체제를 모델로 삼은 것이었다. 전통적인 민본사
상과 서구의 입헌제를 중국식 황제체제와 결합하려고 애쓴 것이 그의
개혁운동의 요지이며, 이러한 이상을 그는 공화제가 성립한 이후에도
포기하지 않았다.

1) 탁고개제론

'탁고개제론'의 출발점은 《공자개제고》와 《신학위경고》였고, 이를 집
대성한 것이 《대동서》였다. 《대동서》에 담긴 내용은 그의 개혁운동의
유토피아적 이상이 망라된 것이라고 할 수 있다. 《예기(禮記)》〈예운편
(禮運篇)〉에 나오는 '대동'의 이상을 《춘추공양전(春秋公羊傳)》의 '삼세
설(三世說)'에 연결시켜 접근한 현실 개혁 방안을 상세히 정리하고 있다.
전체 구성을 보면 갑부(甲部)에서 계부(癸部)까지 전체 10부로 이루
어져 있다. 그 내용을 보면 갑부는 〈인간세상의 모든 괴로움〉, 을부는
〈국경 없는 하나의 세계〉, 병부는 〈계급차별 없는 평등한 민족〉, 정부는
〈인종차별 없는 하나의 인류〉, 무부는 〈남녀차별 없는 평등 독립〉, 기부
는 〈가문의 벽이 없는 평등한 천민(天民)〉, 경부는 〈산업간의 경계가 없
는 공평한 생업〉, 신부는 〈난세를 태평세로〉, 임부는 〈인간과 짐승의 구
별이 없는 모든 생명 사랑〉, 계부는 〈괴로움이 없는 극락의 세계〉로 이
루어져 있다.32) 천하 모두가 공평하게 그리고 평화스럽게 살 수 있는 세
상은 어떤 모습이며 이를 이루기 위해서 개선해야 할 현실적인 과제가
무엇인지를 폭넓게 정리하고 있다.
현재 남아 있는 《대동서》의 내용은 개혁운동이 실패한 뒤인 1902년
무렵에 거의 집필이 완료되었고, 출간은 1919년에 가서 이루어진 것이
지만, 그 대부분의 내용은 1884년 청불전쟁을 전후한 시기부터 그가 갖
게 된 개혁사상에 근거하고 있다. 다만 푸리에의 공상적 사회주의 사상

114

등의 영향은 개혁 실패 이후에 그가 접한 것이지만, 책의 대부분의 내용은 무술개혁 이전에 그가 갖고 있던 생각이라고 보는 것이 일반적인 견해이다.33) 따라서 《대동서》는 그의 개혁운동의 모태라고 할 수 있다.

또한 그는 공자교(孔子敎)를 서양의 기독교와 같은 권위를 갖게 하여 이를 기반으로 중국의 모든 역량이 결집되는 것만이 중국의 장래가 보장되는 길이라고 여겼다.34) 그는 서력기원 대신 공자기년(孔子紀年)을 제창하였다.35) 또 서양의 교회 조직처럼 중국에 공자묘(孔子廟)를 전국 각지에 널리 세울 필요가 있음도 주장하였으며, 이를 위해 전국의 사묘(祠廟)를 공자묘로 전환하자는 제안도 하고 있다. 아울러 공자교를 널리 펼치기 위해 학당을 세워 공자교를 전파할 것도 주장했으며, 나아가 중국뿐만 아니라 세계만방에 전파할 것을 역설했다.36)

강유위는 공자가 단순한 역사기록자가 아니라 공자교의 창시자로 간주하였고, 육경(六經)을 제작하여 만세를 위해 모든 모범을 수록하였다고 주장하였다. 즉, 민주제도와 의원제도를 포함한 입헌제의 기본 요소들도 모두 공자가 이상으로 여긴 것이었다고 파악하였다. 강유위는 공자를 공교의 창시자로 추존하였다.37)

공교의 제창은 정치적 개혁에 소극적인 유가적 사대부들을 동원하기 위한 수단으로서 제시된 일면도 있다. 특히 중국의 위기 상황이야말로 중국 문화의 주축인 공교의 위기라는 점을 은연중 강조하였다. 그는 이를 지키기 위한 적극적 모색이 필요하다고 전제하면서 개혁과 변법의 논리적 근거까지도 공자에게서 찾아내려고 하였다.

1897년 계림에서 당경송 등과 더불어 창립한 성학회는 '존공자 구중국(尊孔敎 求中國)'을 구호로 내세워 위기에 처한 중국을 구하기 위해서는 곧 공교와 공자를 받드는 길뿐임을 강조했으며,38) 이듬해 창립한 보국회도 '보국, 보종, 보교'를 제창함으로써 나라와 민족을 구하기 위해서는 공교를 보전해야 함을 강조했다.39)

강유위의 이러한 사상은 그의 주변 인물들에게도 크게 영향을 미쳤다. 당재상(唐才常)이 주도한 《상학보(湘學報)》도 '대동'의 이상이 공자의 가르침이라 강조하면서 개혁의 원리로 강조했고, 담사동도 공자의 뜻을 널리 펴는 것이 중국이 강성해지는 길이며 이를 위해 공자 개제의 뜻을 밝혀 주는 루터가 나타나야 한다고 주장함으로써 강유위의 구실을 강조하였다.[40] 크게 보아 민권론과 평등론으로 요약되는 그의 대동사상은 당시 개혁론자들을 크게 고무시켰고, 학회·학당·신문·잡지를 통한 개혁운동의 주요 이념을 이루었다.[41]

강유위의 탁고개제적 주장은 개혁에 반대하는 세력들로부터 반역이나 반란의 의지가 숨어 있다는 의혹과 비판이 일게 하는 근거가 되기도 하였다. 그러나 그가 제기한 공교론과 대동사상은 개혁지지 세력의 결속력을 높이고 개혁의 신성성을 제고하는 데 이바지하였다.

2) 방양개제론

강유위의 개혁사상에서 '탁고개제론'과 더불어 또 하나의 큰 축을 이루는 것은 '방양개제론'이었다. 그는 여러 외국의 변법 성과를 본받아 중국의 개혁 방안을 모색하려 하였다. 지금까지 이 문제에 주목한 연구는 아주 적었는데, 그 이유는 강유위의 개혁 추진에 '방양개제론'적 기여가 크다는 사실을 간과한 때문이며, 아울러 이와 관련한 자료의 발굴이 부진하였던 때문이기도 하다.[42] 강유위에 대한 평가가 다양하게 이루어지고 있지만 그가 서양을 배우려고 나선 선구적 인물의 하나임은 부정할 수 없다.[43]

강유위는 《아피득변정고(俄皮得變政考)》, 《일본변정고》, 《파란분멸기》, 《법국변정고》, 《영국변정고》, 《덕국변정고》 등 6개국의 변정고를 저술하여 헌상한 바 있다.[44] 《러시아 표트르 대제 변정고》를 1898년 3월에 처음으로 헌상하였고, 7월에는 《일본변정고》를, 8월에는 《폴란드 분열 멸망기》와 《프랑스변정고》, 《영국변정고》, 《독일변정고》를 잇달

116

아 헌상하였다. 이 가운데 앞의 책 세 권은 전해지고 있으나 뒤의 책 세
권은 찾아볼 수 없다.

열강의 침략을 받아 중국의 영토가 계속 분할되고 열강의 세력이 중
국 전역으로 밀려들고 있던 상황을 국난으로 파악한 그는 이 난국을 타
개할 방도를 세계사 속에서 찾으려 하였다. 청일전쟁 이후 동양 국가로
서 강대국의 반열에 진입한 일본이 강성하게 된 원인에 그는 주목하였
다. 중국을 위협하고 있는 유럽의 강국들과 일본이 어떻게 자본주의의
길을 걷게 되었고, 또 어떻게 부강한 나라로 발전하였는가 하는 점을 각
국의 개혁 성과에서 찾아보려 한 것이다. 아울러 개혁에 성공하지 못한
나라 폴란드는 마침내 약소국이 되어 분열 멸망하였음을 지적하면서 개
혁의 필요성을 절대시하였다.

그는 먼저《아피득변정고》에서, 러시아를 약소국에서 강대국으로 만
든 표트르 대제를 개혁군주의 모델로 보았다. 이 글을 통해 그는 광서제
가 러시아 표트르 대제를 모범으로 삼아 개혁군주로서의 사명을 굳건하
게 감당할 것을 역설했다. 특히 표트르 대제가 황제의 위엄을 돌보지 않
고 서구 각국을 돌면서 선진 문물을 몸소 살펴보았을 뿐만 아니라, 인재
를 파견하여 외국 문물을 적극 수용하여 러시아의 개혁을 성공적으로
이끌었음을 강조하면서, 광서제도 그와 같이 개혁의 선구 노릇을 감당
해야 할 것임을 주장하였다.[45] 또한 개혁에 반대하고 나서는 수구파의
방해를 황제가 앞장서서 제거해 나가야 함도 지적하였다.

이어 광서제의 지시에 따라 헌상한《일본변정고》는 본문 12권에
〈표〉가 부기된 방대한 저술로 강유위의 '방양개제론'이 구체적으로 담겨
있다.[46] 여기에 정리된 개혁의 기본 방향은 전체 군신에 대한 국시(國
是) 공포, 제도국 설립으로 헌법 논의, 신진 인물로 고문 기용, 폭넓은
여론의 수렴, 해외 유학생 파견으로 신식 학문의 장려, 역법(曆法)과 복
식 개선 등이다. 그리고 의정국(議政局)·신정국(新政局) 등 개혁기구
개설, 군주 주도의 개혁, 종교부(宗敎部)와 종교법 제정, 편서국(編書局)

개설, 역서 권장, 상법 제정과 상업 진흥, 신식 학교 개설, 도로 개수, 영토 개척과 신무기 개발, 여학교 진흥, 정당과 사회단체 권장 등의 내용도 담겨 있다.

여기서 그는 특히 위로부터의 개혁이 성공을 거두었음을 강조하였고, 광서제를 메이지유신의 구심점을 이룬 메이지 천황으로 상정하여 입헌군주제로의 개혁방안을 제안하였다. 신하들의 개혁 건의를 받아들이고 수구적 인사들의 건의를 물리친 메이지 천황의 자세를 강조하면서 광서제도 자신들의 개혁 건의를 수용하고 신진인사들을 중용해야 할 것임을 지적했다.47) 이 글은 일본 메이지유신의 전체 과정을 소개하면서 중국의 개혁방안을 구체적으로 제시한 것이라 할 수 있다.

《파란분멸기》는 간행되지 않았지만 전체 6권으로 폴란드 역사를 상세히 기록하여 광서제에게 올린 것이다. 앞의 두 편이 개혁의 모범을 제시한 것이라면 이 글은 개혁을 이루지 못했을 때 어떤 운명을 맞게 되는지를 보여주는 것이었다. 폴란드가 강국의 지위를 이어가지 못하고 분열 멸망한 가장 중요한 원인이 바로 변화하는 국제정세에 제대로 적응하지 못하고 보수적인 자세로 관망하다가 개혁의 기회를 잃어버린 때문이라고 지적하였다.48) 이는 개혁파를 견제하고 있던 중국 수구세력들의 저항을 제압하고 개혁을 이루어 나가야 할 당위성을 강조한 것이라고 하겠다. 그는 특히 폴란드를 침공한 러시아가 중국의 동북지방을 호시탐탐 노리고 있음을 아울러 지적하면서 개혁의 시급함을 주장하고 황제의 결단을 촉구하였다.

광서제는 강유위의 저술들을 읽고 크게 감명 받았으며, 결국 개혁의 실천을 결심하고 그 선봉에 서게 되었다. 당면한 열강의 침략 앞에 선 중국의 위기 상황뿐만 아니라 서태후를 비롯한 수구파의 압박 아래서 통치력을 제대로 발휘하지 못하고 있던 황제 자신의 입지까지 개선할 필요성을 느꼈고, 그 모델로 열강의 정치제도 개혁을 염두에 두었던 것이다.

그러나 각국의 개혁 역사를 소개하면서 제기한 강유위의 '방양개제론'의 한계성도 지적되고 있다. 서구 열강의 제국주의적 속성에 대한 구체적 분석이 결여되어 있고, 혁명으로 이루어진 변화에 대해서는 의도적으로 외면하고 오로지 황제에만 주목했다는 점이 지적되고 있다. 1898년의 개혁운동이 실패로 귀결되는 것은 바로 이러한 인식의 한계에 말미암은 것이라고 분석되기도 한다.

그러나 그러한 점이 분명히 있다 하더라도 그의 '방양개제론'의 의미를 과소평가할 수는 없다. 세계사에 눈을 뜨지 못하고 있던 당시 중국사회에 계몽적 구실을 감당하였고 변법의 방향을 제시하기에 충분한 것이었다. 또한 변법파의 추진 역량으로 기여한 점 역시 지대하였다고 평가할 수 있다.

6. 맺는 말－종합과 평가

강유위는 중국역사에서 가장 대표적인 개혁사상가 가운데 하나였다. 그는 위기에 처한 청조에서 입헌군주제에 근거를 둔 무술(戊戌)개혁을 주도하였다. 그의 개혁운동은 보수파의 쿠데타로 실패하였으나 그의 개혁운동과 개혁사상의 의미는 중국 근현대사의 흐름 속에서 무시할 수 없는 큰 의미를 준 것이었다.

그에 대한 평가는 다양하다. 강유위가 살아 있을 당시 양계초를 비롯한 개혁파로부터 그는 전적으로 추앙받는 존재였다. 그러나 손문을 비롯한 혁명파로부터는 그의 보황주의가 가진 한계성에 대한 반대와 비판을 받았고, 이대교 등 사회주의 개혁론자들로부터는 복고반동사상으로 지탄받았다.

중국의 연구자들은 강유위의 개혁적 지향을 대체로 긍정적으로 평가하면서도, 대중의 힘을 결집한 혁명과 민주주의적 정치체제에 대한 강유위의 반대가 그의 사상이 가진 결정적 한계임을 지적하고 있다. 이택후(李澤厚)는 강유위의 대동사상에서 유토피아 사상은 개혁적이었지만 대중혁명을 반대하고 이를 점진적으로 실현하려고 하는 가운데 결국 반동주의와 결합하고 마는 한계를 보였다고 평가했다. 후외려(侯外廬)는 강유위를 민주적 대중혁명을 반대한 부르주아적 이상주의자로 평가하면서 그가 대동의 세계는 주창했지만 그러한 세계를 이룩할 수 있는 방법을 찾아내지 못하였다고 그 한계성을 지적했다.[49]

한편 전목(錢穆)은 그의 유교와 공자 숭배는 서구와 민주주의에 대한 열정을 중국적 요소로 윤색하는 과정에서 나온 것으로, 그가 그린 대동의 세계는 허구라고 혹평했다. 그러나 소공권(蕭公權)은 강유위야말로 인류와 역사를 위해 자신의 모든 것을 바친 인물이라고 긍정적인 평가를 내렸다.

이와 같이 평가가 극명하게 갈리는 그의 개혁사상은 '탁고개제'와 '방양개제'로 요약된다.

사대부 가문에서 태어나 전통 유가적 교육을 받은 그는 개혁의 당위성을 유교와 공자에서 찾았다. 그는 당면한 중국의 위기를 타개하기 위해서는 유교, 즉 공자교를 보전하고 공자를 받들어야 한다고 강조했다. 서구 열강이 기독교와 교회를 중심으로 강대국이 된 것처럼, 중국도 공자교를 중심으로 중국과 중국민족의 발전을 모색할 것을 주장했다. 특히 《공자개제고》에서 개혁의 중국적 선구자로서 공자를 제시하고, 현재의 개혁 추진이 공자의 정신을 계승하는 것임도 천명하면서 개혁에 대한 반대를 제압하고 개혁에 만인이 동참할 것을 호소하였다.

개항장 광주와 홍콩에 인접한 곳의 출신인 그는 서구 열강의 실력을 생생하게 체험한 바탕 위에서, 중국의 개혁 모델을 서구 열강의 근현대사 속에서 찾았다. 러시아의 표트르 대제와 일본의 메이지 천황을 개혁 군주의 모델로 제기하였고, 러시아의 근대화와 일본의 메이지유신을 개혁의 모범으로 제시하였다. 폴란드가 쇠망하게 된 역사를 보고 중국이 개혁을 이루지 못했을 때 맞을 운명을 교훈으로 제기하였으며, 영국·프랑스·독일의 개혁 과정도 정리하여 광서제에게 올렸다.

그의 개혁안은 광서제를 깨우쳐 황제 스스로 개혁을 선포하게 하였으며, 자신을 비롯한 개혁적 인물들의 등용과 개혁안의 채택까지 이루어지게 하였다. 그러나 개혁 주도세력이 미약하였던 데다 수구파의 반동에 직면하여 그의 개혁은 백일천하로 막을 내리고 말았다. 이후 망명생활과 순회 강학활동으로 만년을 보낸 그는 신해혁명으로 공화국이 성립된 이후에도 계속 입헌제를 바탕으로 한 중국 개혁의 꿈을 버리지 못하였다. 물러난 황제 선통제에 대한 신하로서의 예를 끝까지 다하였으며 수시로 복벽운동과 보황운동을 전개하였다. 그의 만년이 언뜻 우직스러워 보이긴 하지만 그렇다고 하더라도 그는 평생의 소신을 지키면서 혼란을 거듭하던 청 말 중국사회의 활로를 적시한 대표적 개혁가였다고 할 수 있을 것이다.

■ 주 ────────

1) 국내에서 이루어진 대표적인 연구들만 보아도 咸洪根, 〈康有爲의 思想에 對하여—大同思想을 中心으로〉, 《역사학보》 8, 1955, pp. 435~487 ; 咸洪根, 〈康有爲의 國家思想〉, 《역사학보》 17·18, 1962, 631~650쪽 ; 閔斗基, 〈康有爲의 改革運動(1898)과 孔敎—康은 孔敎에 왜 끝까지 執着하였는가〉, 《역사교육》 36, 1984, 133~155쪽 ; 閔斗基, 《中國近代改革運動의 研究》, 296~317쪽 ; 閔斗基, 〈康有爲 改革運動(1898)의 基本方向 ; 그 志向과 挫折〉 《동양사학연구》 18, 1983, 113~166쪽 ; 閔斗基, 《中國近代改革運動의 研究》, 서울: 一潮閣, 1985, 181~210쪽 ; 閔斗基, 〈역사 속의 강유위〉, 《사회비평》, 1989년 여름호, 315~337쪽 ; 曹秉漢, 〈康有爲의 초기 유토피아 관념과 中西文化 인식—근대 개혁 이데올로기의 탐색〉, 《동양사학연구》 65, 1999, 85~141쪽 등이 있다. 기타 연구물들은 참고문헌 목록 참조.

2) 이하 그의 연보는 康有爲, 中國史學會 주편, 〈康南海自編年譜〉, 《中國近代史資料叢刊 戊戌變法》 (4), 上海人民出版社·上海書店出版社, 2000, 108쪽 이하 참조. 이하 《戊戌變法》으로 줄임.

3) 呂彦博, 〈康有爲〉 (吉林省歷史學會 編) 《中國近代愛國人物》, 吉林文化出版社, 1985, 227쪽.

4) 康有爲, 《戊戌變法》 (4), 115쪽.

5) 《戊戌變法》(4), 116, 120~123쪽.

6) 咸洪根, 〈康有爲의 思想에 대하여〉, 《역사학보》 8, 1995, 441쪽.

7) 《戊戌變法》(4), 117쪽.

8) 내용은 湯志均 편, 《康有爲政論集》 상, 北京 : 中華書局, 1981(이하 《康有爲政論集》으로 줄임), 52~61쪽 ; 《戊戌變法》(2), 123~131쪽 참조.

9) 小野川秀美, 〈康有爲の變法論〉, 《淸末政治思想硏究》, 東京 : みすず書房, 1975, 112쪽.

10) 내용은 《康有爲全集》 2, 上海古籍出版社, 1990(이하 《康有爲政論集》으로 줄임), 74~126쪽 ; 《康有爲政論集》 상, 114~136쪽 ; 《戊戌變法》(2), 131~166쪽 참조.

11) 내용은 《康有爲全集》 2, 132~159쪽 ; 《康有爲政論集》 상, 139~148쪽 ; 《戊戌變法》(2), 166~174쪽 참조.

12) 내용은 《康有爲全集》 2, 168~184쪽 ; 《康有爲政論集》 상, 149~162쪽 ; 《戊戌變法》(2), 174~188쪽 참조.

13) 내용은 《康有爲政論集》 상, 201~210쪽 ; 《戊戌變法》(2), 188~197쪽 참조.

14) 《戊戌變法》(2), 189~197쪽.

15) 《戊戌變法》(4), 137~138쪽.

16) 《康有爲政論集》 상, 211~217쪽 ; 《戊戌變法》(2), 197~202쪽.

17) 閔斗基, 〈康有爲 改革運動(1898)의 基本方向〉, 《近代中國改革運動의 硏究》, 서울 : 일조각, 1985, 172쪽.

18) 내용은 《康有爲政論集》 상, 218~211쪽 ; 《戊戌變法》(2), 202~206쪽 참조.

19) 《戊戌變法》(4), 〈康南海自編年譜〉, 141쪽.

20) 〈康南海自編年譜〉에는 구체적인 날짜를 밝히지 않고 있다. 閔斗基, 《中國近代改革運動의 硏究》, 175쪽.

21) 《戊戌變法》(4), 419쪽.

22) 《戊戌變法》(2), 465~466쪽.

23) 《戊戌變法》(2), 485쪽.

24) 《戊戌變法》(2), 339~341쪽.

25) 《大淸德宗景皇帝實錄》(영인본) 권418, 광서 24년 4월 을사, 臺北 : 鼎文書局(이하 《淸實錄》으로 줄임), 3814쪽.

26) 《戊戌變法》(2), 335~338쪽.

27) 위의 책.

28) 《淸實錄》 권418, 광서 24년 4월 경술, 3816쪽.

29) 《淸實錄》 권425, 광서 24년 7월 무인, 3883쪽.

30) 《淸實錄》 권426, 광서 24년 8월 정해, 3895쪽.

31) 齊春曉·曲廣華, 《晚淸巨人傳 : 康有爲》, 哈爾濱出版社, 1996, 614~615쪽.

32) 康有爲 지음, 이성애 옮김, 《대동서》, 서울 : 민음사, 1991.

33) 曹秉漢, 〈康有爲의 초기 유토피아 관념과 中西文化 인식―근대 개혁 이데올로기의 탐색〉, 《동양사학연구》 65, 1999, 85~86쪽.

34) 梁啓超, 《淸代學術槪論》, 臺北 : 中華書局, 1956, 57쪽.

35) 《强學報》는 공자기년을 쓰고 있으며, 박은식의 《한국통사》에 실린 강유위 서문을 비롯한 여러 편에서 공자기년을 실제로 사용하였다. 그러나 장지동, 양계초 등은 공자기

년에 동조하지 않았다(《戊戌變法》(4), 547쪽).

36) 《戊戌變法》(4), 〈湖南時務學堂學約十章〉 10, 傳敎條, 505~506쪽.

37) 梁啓超, 〈南海康先生傳〉, 《飮氷室文集》 광서 31년, 廣智書局刊, 傳記, 9쪽.

38) 《戊戌變法》(4), 〈聖學開會〉, 379쪽.

39) 《戊戌變法》(4), 〈保國會章程〉, 399쪽.

40) 《譚嗣同全集》, 蔡尙思·方行 편, 北京 : 中華書局, 1981, 增訂本 下冊, 335~338쪽.

41) 尹惠英, 〈變法運動과 立憲運動〉, 《講座中國史 VI – 改革과 革命》, 서울대학교 동양사
    학연구실 편, 서울 : 지식산업사, 1989, 18쪽.

42) 王曉秋, 小山三郎 역, 山田辰雄 편, 〈康有爲維新變法思想新探〉, 《近代中國人物硏究》(
    慶應義塾大學 地域硏究センター, 1988. 여기서 필자는 北京故宮博物院檔案館에서 새
    로 발굴한 〈傑士上書滙錄〉, 〈列國政要比較表〉 등의 자료를 통해 특히 강유위의 '방양
    개제론'에 대하여 논증하고 있다.

43) 馬洪林, 《康有爲評傳》, 南京大學出版社, 1998, 4쪽.

44) 《戊戌變法》(4), 〈康南海自編年譜〉, 141, 143, 150쪽.

45) 《戊戌變法》(3), 〈進呈俄羅斯大皮得變政記考〉, 1~2쪽 ; 湯志均 편, 《康有爲政論集》
    상, 北京 : 中和書局, 1981, 225~226쪽.

46) 강유위의 메이지유신관에 대해서는 표교열, 〈강유위의 변법론과 명치유신관〉, 《서울
    대 동양사학과논집》 1, 1977, 55~78쪽 참조.

47) 《戊戌變法》(3), 〈進呈日本明治變政考序〉, 2~5쪽 ; 《康有爲政論集》 상, 222~224쪽.

48) 《戊戌變法》(3), 〈進呈波蘭分滅記序〉, 9~10쪽 ; 《康有爲政論集》 상, 344~345쪽.

49) 侯外廬 엮음, 양재혁 옮김, 《중국근현대철학사》, 서울 : 일월서각, 1991, 115~127쪽.

장병린章炳麟
배만排滿, 국수주의國粹主義의 국학대사

천 성 림

1. 머리말

개항과 함께 강요된 서구식 근대화에 맞서, 비(非)서구세계에서는 구미와 동화를 지향하지 않는 식의 변혁은 무엇인가에 대한 모색도 동시에 시작되었다. 국수주의는 그러한 변혁 구상의 산물이었다. '국수학파(國粹學派)의 태두', '국학대사(國學大師)', '학문 있는 혁명가' 등으로 불린 장병린(章炳麟 : 1869~1936)은 신해혁명 시기, 중국의 학술(국학) 보존과 발양이라는 목표 아래 배만(排滿)민족주의의 이론적 구축과 선전에 주력하였고, 특히 국학에 대한 해박한 지식으로 당시 완고한 사대부들로 하여금 강유위(康有爲)·양계초(梁啓超) 등이 주장하는 '개혁'에 대한 환상을 버리고 '혁명'으로 기울어지게 하는 데 최대의 공을 세운 혁명파의 이론가였다. 당시 그는 비록 직접 혁명에 참여하거나 혁명파 내부에서 높은 지위를 차지하지는 않았지만 심오한 국학과 역사 지식을 바탕으로 필력으로써 혁명선전과 정치사상 영역에서 중요한 구실을 하였다.

니체가 죽은 지 한 세기가 지난 지금 그가 서구 학계에서 시대를 앞선 예언가로 화려하게 부활하고 있듯이, 이념이 퇴조하고 그 자리를 대신하여 국학열풍이 불어 닥친 1990년대 중국에서 장병린은 서구적 근대화를 부정한 '국학대사'로 주목되어 그 학술과 사상 자체에 대한 깊이 있는 분석이 이루어지고 있다.

124

　장병린은 1869년 1월 12일 절강성 여항(餘杭) 주변의 창전진(倉前鎭)에서 대대로 유학을 가르치던 명문에서 출생하였다. 원래 이름은 학승(學乘)이었으나 뒤에 병린으로 개명했다. 청초(淸初)의 고염무(顧炎武)를 흠모해 강(絳)으로 개명하기도 했다. 호는 태염(太炎), 자는 매숙(梅叔, 枚叔)이다. 어려서부터 유학을 공부했지만 관료의 길로 나아가지 않고 학자의 길을 지켰다. 어려서는 특히 외조부 주유건(朱有虔)의 영향을 많이 받았다. 그의 외조부는 틈이 있을 때마다 외손자에게 《명청유사(明淸遺事)》와 왕부지(王夫之), 고염무의 저술을 보여 주면서 민족주의[夷夏之辨]가 군신(君臣)의 의(義)보다 중요함을 일깨워 주었다.

　23세가 되자 항주의 고경정사(詁經精舍)에서 유명한 고문경학자 유월(兪樾)에게 나아가 7년 동안 경사(經史)를 학습했다. 뒤에 강유위 등의 강학회(强學會)에 가입, 학파상의 상위(相違)를 넘어 변법운동(變法運動)에 참가한다. 운동이 실패한 뒤에 대만으로 또 일본으로 망명한다. 1900년에는 당재상(唐才常)의 자립군기의(自立軍起義)에 일시 가담했으나, 변법운동에 회의를 느끼고 변발을 자름으로써 청조와 결별을 다짐하고 혁명(청 왕조 타도)의 길로 나아가게 된다. 1903년에는 '만한불분(滿漢不分)', '만한동종(滿漢同種)'을 주장하는 강유위의 논리를 반박하기 위해 〈강유위를 반박, 혁명을 논하는 글[駁康有爲論革命書]〉을 발표했고, 더욱이 추용(鄒容)의 〈혁명군〉에 서문을 써 준 일로 말미암아 청 정부의 미움을 받아 추용과 함께 투옥된다(蘇報事件). 그러나 옥중에서도 투쟁을 계속하여, 1904년에는 채원배(蔡元培)·도성장(陶成章) 등과 광복회를 조직했다. 또 불교 법상종의 주요 전적들을 연구하기도 했다.

　서양문화의 세례 속에 민족과 전통문화의 소멸[種亡, 學亡]을 우려하는 지기(知己)들이 '연구국학(硏究國學), 보존국수(保存國粹)'라는 목표 아래 1905년 2월, 상해에서 국학보존회를 성립하자, 그 기관지 《국수학보(國粹學報)》에 원고를 보내기도 했다. 1906년 출옥한 뒤 곧바로 일본으로 건너가 지난해 동경에서 성립한 중국혁명동맹회에 가입하는 한편,

그 기관지 《민보(民報)》의 주편을 맡아 양계초 등이 발행하던 보황파(保皇派)의 잡지 《신민총보(新民叢報)》에 맞서, 혁명 논전의 선봉으로 나서게 된다. 이때가 그의 정치와 사상 면에 가장 찬란했던, 이른바 '황금시대'로 지금까지의 장병린 사상에 대한 연구도 대부분 이 시기에 집중되어 있다. 신해혁명이 성공했을 때에는 손문(孫文), 황흥(黃興)과 함께 '혁명의 삼존(三尊)'으로 존칭되었다. 신해혁명 뒤 일본에서 귀

장병린

국한 그는 '혁명당(동맹회) 해산'을 주장하고 정당 활동에 참여하는 등 혁명 뒤의 급변하는 정세 속에서 다양한 궤적을 밟으며 비난과 불평을 사기도 했다. 1917년 이후로는 정치에 염증을 느끼고 자신을 '민국유민(民國遺民)'으로 부르며 상해, 소주 등지에서 강학에만 몰두하였다. 그러나 1931년 9·18만주사변이 발생하자 전국에 항일을 선포하고 장개석(蔣介石)의 부저항주의와 '초공(剿共)'정책을 비난하는 등 1936년 사망하기까지 비판적 지식인의 면모를 유감없이 보여 주었다.

장병린의 사상에 대한 연구는 무수히 많지만, 연구자들 대부분이 토로하듯이 극도로 난해한 문장과 기묘한 논리 구사, 특이한 발상 등으로 그 정체를 포착하기란 결코 쉬운 일이 아니다. 이 글에서는, 변법운동과 혁명운동을 거쳐 은퇴한 뒤 학자로서 강학에만 몰두하다가 다시 비판적 지식인으로 생을 마감하기까지 굴곡 많은 장병린의 생애와 사상을 추적함으로써, 1880년대에서 1930년대에 이르는 그야말로 복잡다단했던 중국현대사의 궤적을 따라가 보기로 한다. '보수적 혁명가'로 일컬어지는 그의 사상편력을 살펴보면서 우리는 보수와 진보, 동과 서, 전통과 근대의 갈등과 조화를 동시에 체험할 수 있을 것이다.

2. 혁명파의 이데올로그

'민족', '민족주의'란 단어가 중국에 전파되고 유행하기 시작한 것은 1900년 즈음이었다.1)

장병린 민족주의의 출발점은 '종족주의적 민족주의'였다. 그리고 그 핵심은 유년기부터 학습한 고문학파의 이른바 "나와 같은 종족 아니면 그 마음 반드시 다르다[非我族類, 其心必異]"(《左傳》)고 하는 화이준별(華夷峻別)의 민족관에 있었다. 강유위 등의 변법운동에 동조한 시기에는 타협적 태도를 취해 '객제(客帝)', 즉 주인인 한민족의 객으로서 만주족 황제라고 하는 존재를 '망국' 위기의 타개책으로 인정하였지만, 청조에 의한 정치개혁의 꿈이 물거품이 되어 버리고 나아가 의화단 사건을 경험하면서 더 이상 '객제'를 승인할 이유가 없어졌음을 확신한 그는 〈객제의 잘못을 바로잡는다(客帝匡謬)〉를 써 자신의 과오를 반성하고 스스로 변발을 잘라 배만(排滿)의 결의를 표시했다. 이 글을 통해 그는 중국이 구미 열강의 침공에 유효하게 대항할 수 없는 것은 이민족인 만주족의 지배체제 때문이라고 성토하였다. 소보사건의 발단이 되었던 논문 〈강유위를 반박, 혁명을 논하는 글〉에서는 "민족주의란 태고 원초로부터 인류의 본성에 잠재해 있던 것이 오늘에 이르러 점차 발달한 것으로 인간의 양지(良知) 본능"이라 하면서, 이 본능과도 같은 민족주의에 근거하여, 만주족과 한족은 강유위가 말하는 것처럼 결코 동족이 아니며, 더욱이 만주족 청조는 "중국인을 억지로 자신들의 풍습에 동화시키려 했고, 정치·경제·문화 모든 면에서 한족을 억압하고 착취해 왔다. 그들의 유교에 대한 존숭은 정책적인 의도에서 나온 것일 뿐"2)이라고 공격하였다.

나아가 그는 당시 소개된 서구의 진화론에 전통적 양이론을 접목하여 종족주의의 측면을 선명하게 제시하였다. 그는 만주민족을 개나 양, 야수와 같이 보는 등 인간 이하의 열등한 존재로 몰아붙이고, 철저히 차별

함으로써 그 반역의 정당성을 입증하려 했다. 또 다른 민족 사이의 차이는 마치 동물의 종류가 다름[不同]과 같아 도저히 조화시킬 수 없는 것이며, 한민족과 소수민족 사이의 경우 오로지 소수민족이 한족으로 동화하는 것을 통해서만 해소될 수 있다고 하였다. 그런데 현재의 이민족 통치자 즉 청조는 도리어 자신들의 풍속[辮髮, 胡服 등]을 강요하고 정치적으로도 한족을 억압하고 있다. 그들은 한족과 동화를 거부하고 있으며, 따라서 만주족과 한족의 대립은 피할 수 없다는 것이다.

이처럼 장병린의 민족주의는 일차적으로는 종족중심주의에서 출발하고 있었다. 그는 중화와 만주의 구별을 종족의 차이로서 강조한 것이다. 그러나 단순한 혈통의 차이만으로 만주민족에 반발한 것은 아니었다. 그의 민족주의의 출발인 종족주의는 한족과 만주족의 문화적, 종족적 동화를 주장하며 청조를 온존한 채[保滿] 개혁으로 중국의 근대화를 추진하려 했던 강유위 노선에 대한 비판의 논거로서 제시된 것이었다. '민족의 단일성'에 집착했지만 현실적으로 그는 한족의 혈통적 순수성을 고집하지 않았고, 다만 한족이 소수민족과의 동화에서 주도적인 구실을 하였다고 주장하였다. 나아가 그는 종족주의를 문화민족주의와 결합시킨다. 그는 "근세의 종족 구별은 역사민족에 따라 구별하지 자연민족에 따라 구별하지 않는다"고 한다. 민족이란 자연적 존재인 민족이 아니라 오랜 역사적 유대에 따라 결합하는 '언어, 풍속, 역사를 공유하는 문화적 공동체'라는 것이다.3) 그는 단순한 혈연공동체가 아닌, 중화민족의 정치전통과 문화유산으로 결합되는 공동사회에 관심을 두었던 것이다. 중화문명의 정통을 계승하는 한민족이야말로 현재의 망국과 문명의 위기를 타개하는 자기혁신 능력을 갖는다는 확신이 있었기 때문이다. 그는 "민족의 형성에서 불가결한 요소는 언어, 풍속, 역사"라고 한다. 역사는 각각의 민족에게 개별적이기 때문에 가치를 갖는다. 이 역사적 소산으로서 민족을 가리켜 그는 '역사민족'이라 불렀다. '역사민족'은 혈연관계로 결합한 씨족이나 부족과 다르다. 그것은 문자와 정교(政敎)에 따라 형성되는 것이며, 이민족의 경우 한족으로의 동화를 거쳐 가능해진다. 즉, 문화에 의해 종계(種界)의 구별은 해소될 수 있다는 것이다. 이처럼 장병린은 역사적으로 형성된 민족의 차이를 문제 삼았던 것이다.

　비록 종족주의적 민족주의에서 출발, '중화와 이적(夷狄)의 차별'을 강조하기는 했지만, 그것은 강유위의 보만과 보황의 논리를 반박하기 위한 논거로 제시한 것이고, 민족에 대한 그의 집착은 사실 '문화적 공동체인 역사민족'에 있었다. 바로 이 때문에 그는 다른 민족·문화의 고유·개별적 가치를 인정할 수 있었던 것이며, 곧이어 살펴보겠지만 반제아시아연대를 결성할 수 있었고, 또 정치적 관점을 초월하여 국학의 연구와 전승에 몰두할 수 있었던 것이다.

　1906년, 출옥과 동시에 일본으로 건너 간 장병린은 그곳에서 동맹회 기관지 《민보》 주필을 담당하는 한편 인도의 애국지사들과 자주 왕래하면서, 날짜를 확실히 알 수는 없지만, 1907년 여름 무렵 '아시아 최초의 반제동맹' 아주화친회(亞洲和親會)를 조직한다.4) 아주화친회에는 중국·인도·조선·필리핀·버마·월남·일본에 망명해 있던 식민지·반식민지의 아시아 각국 혁명가와 애국지사 그리고 이들에 동정적이었던 도모도쿠 아키미(幸德秋水), 사카이 도시히코(堺利彦), 야마카와 히로시(山川均), 오스기 사카에(大杉榮) 등 일본의 대표적 사회주의자와 무정부주의자들이 참여하고 있었다. 일본의 동맹회 회원 가운데 장계(張繼)와 1907년 2월 일본으로 망명해 온 유사배(劉師培) 등은 도모도쿠 등과 이미 접촉하여, 친밀한 관계를 유지하고 있었으며, 1907년 6월에는 사회주의강습회를 설립, 무정부주의적 견지에서 잡지 《천의(天義)》를 발간하고 있었다. 장병린은 특히 유사배를 통해 사회주의와 무정부주의사상에 접촉, 강한 지적 자극을 받고 있었다. 유사배와 장병린은 1903년 애국학사(愛國學社) 설립 이래의 지기로, 학문적 계보로 따지자면 유사배는 장병린에게는 고문학파의 후학으로 1905년 《국수학보》 창간 이래 두 사람 모두 이 잡지의 주요 찬고자이기도 했다. 장병린은 유사배를 천재일

우(千載一遇)의 동학(同學)으로 생각
하고 그의 학문에 대해 아낌없는 찬사
와 격려를 보냈다.5)

아시아 각국의 혁명지사와 중일 무
정부주의자들과 접촉하면서 장병린의
민족주의에는 또 한 차례 변화가 발생
한다. 그것은 배만민족주의에서 반제
민족주의라는 발전이었다.

〈정복구지시비(定復仇之是非)〉
(《民報》 제16호), 〈배만평의(排滿平

유사배(1884~1919)

議)〉(《民報》 제21호) 등 논문에서 그는 "만주를 배척하는 것은 강종(強
種)을 배척하는 것이며, 청주(清主)를 배척하는 것은 강권(強權)을 배척
하는 것"이라 하여 배만을 반강권의 처지에서 정당화하고 나아가 그 연
장선상에서 구미의 제국주의도 배척하였다. 아울러 계급적 관점에서 민
족문제를 다루었다. 따라서 만주족 가운데서도 지배자와 피지배자를 나
누어 지배자만 배척의 대상으로 삼았고, 한족 가운데서도 지배자의 경
우는 만주귀족과 같은 범주에 포함하여 배척의 대상으로 삼았다. 따라
서 이제 배만은 만주족 전체를 배척하는 것이 아니라 청조 전제정부의
전복을 의미하게 된다. 반제를 위해서는 그들의 앞잡이로 전락한 청조
의 타도(배만)가 우선시되어야 한다고 하여, 전략상 보류해 두었던 제국
주의비판도 거침이 없었다. 당시 장병린의 사상은 유사배의 그것과 거
의 일치하고 있다. 장병린은 "제국주의란 바로 오늘날 세계의 해충"이라
고 비난하는 유사배와 함께 인도에 대한 영국의 강권, 베트남에 대한 프
랑스의 강권, 조선에 대한 일본의 강권, 필리핀에 대한 미국의 강권 및
침략의 죄상을 낱낱이 폭로하였다. 나아가 제국주의를 자본주의의 악성
적 발전의 산물로 보고 그 수혜자는 자본주의 본국과 아시아 여러 나라
의 민중이며 가해자는 본국의 정부와 자본가임을 명확히 지적하였다.

130

제국주의 침략국가의 정부와 그러한 정부에 반대하는 인민들을 명확히 구분한 것이다.

또한 아시아 국가 가운데서도 침략과 피침략의 부동한 존재가 있음을 설파하면서, 이전에는 순치(脣齒)의 관계가 되어야 한다고 하여 기대를 걸었던 일본에 대해서도 지금은 "구미 제국주의에 가세하여 이웃을 괴롭히는 야비한 제국주의 국가"[6]로 비난하고 아시아의 평화를 지키고 아시아 약소민족의 독립을 도모한다면 백인의 강권을 배제해야 함은 물론 일본의 강권도 배척해야 한다고 성토하였다. 이는 손문이 제창하던 중일연대론에 보이는 일본에 대한 낙관론과 극히 대조적이었다. 당시 손문은 〈중국문제진해결(中國問題眞解決)〉이란 글에서, 의화단 사건을 정점으로 하는 배외운동은 '폐관자수(閉關自守)'의 정책을 취하는 만주인의 교사·선동에 따른 것이며, 대다수의 중국인은 외국인의 우인(友人)이라고 하는가 하면, 중국혁명은 무역의 증대, 철도의 건설, 천연자원의 개발 등을 가져오니 구미에는 '황화(黃禍)'가 아니라 '황복(黃福)'이 된다고 미국인에게 호소하였다. 현실적 정치가로서 손문은 혁명을 위해서는 제국주의의 원조조차 거절하지 않은 것이다. 이와 달리 장병린의 반제인식에는 다분히 이상주의의 측면이 보이기는 하지만 제국주의의 침략 본성에 대해서는 명확하게 인식하고 있었다. 그에 따르면, "혁명투쟁을 하면서 강국의 힘을 빌어 자국의 보전을 도모하는 것은 품격에서 하열(下劣)이며 실제로도 아무런 효과가 없기 때문"이었다.

3. 서구적 근대를 넘어

반제인식의 심화에 따라 서구 근대의 여러 가치와 자본주의적 물질문명에 대한 장병린의 비판도 격해졌다.

우선 그는 서구 제국주의의 침략을 뒷받침하고 있는 '학술'을 사회진화론이라 보고, 그것을 '위도덕(僞道德)'이라 하였다. "진화의 실(實) 자체는 나쁘지 않지만 그것의 용(用)은 취할 만하지 않다"고 하면서 그는 제국주의자들이 진화론을 내세워 자신들의 침략을 정당화·합리화하고 있다고 꼬집었다. 사회진화론에 대한 비판은 《민보》시기 이전에는 없던 것이며, 이전에 그는 사회개혁의 필요성을 설명하기 위해 엄복(嚴復)과 마찬가지로 다윈의 진화론과 사회다위니즘을 선전했다. 예컨대 그는 인류를 진화의 산물로 보았고 인류가 야만에서 문명으로 진화, 발전했다고 보았다. 또한 인류 진화사에서 생산도구의 작용을 중시, 생산도구의 개진(改進)을 인류 진화의 표지로 보았다.7) 스펜서의 사회유기체론과 사회다위니즘을 신봉하여 스펜서의 《사회학원리》를 공역하였다.

이처럼 장병린은 한때 사회진화론을 크게 선전하였고 그것을 신봉하기도 했지만, 혁명파로 전화하고 나서는 진화론을 완전히 포기하고 대신 '구분진화론(俱分進化論)'을 제시한다.

1906년 《민보》 제7호에 발표한 '구분진화론'을 비롯하여 〈오무론(五無論)〉,8) 〈사혹론(四惑論)〉9) 등에는 그의 구분진화론적 역사관이 잘 나타나 있다.

구분진화론이란 그가 옥중에서 연마한 불교의 유식종과 함께 노장(老莊)의 상대주의에 바탕을 둔 역사철학이다. 인류의 역사발전을 선과 악의 동시 병진(竝進)으로 보는 것으로, 생활방면에서는 고(苦)와 낙(樂)이 동시 병진하고 지식방면에서는 지(智)와 우(愚)가 동시 병진한다는 것이다. 그는 "진화가 진화인 까닭은 한쪽의 일방적 직진 아닌 쌍방의 병진에 따른 것이다. …… 쌍방의 병진이란 그림자가 형체를 따르는 것과 같다"고 설명하였다. 나아가 세계역사의 발전으로부터 구분진화론을 설명하였다. 예컨대 부르주아가 봉건적 가부장제를 타파하고 일정한 자유와 평등을 달성한 것은 '선'의 진화이지만 다른 한편, 이러한 자유 평등의 배후에 빈부의 차에 따른 엄격한 불평등이 재생산된 점에서는 '악'의 진화라는 것이다. 결국, "문명이 진보할수록 인도(人道)의 유린도 심

132

화되며", "문명이 진행할수록 야만도 심해지는 것"이다. 〈4혹론〉에서는 '공리(公理)', '진화', '유물', '자연' 등 여러 관념을 '4혹'이라 하여 그것들을 보편성의 미명 아래 비서구세계에 강요되는 서구적 가치라고 비판하였다.

장병린이 사회진화론을 포기하고 구분진화론을 제시한 것은 그것이 강자의 논리, 제국주의의 논리임을 깨달았기 때문일 것이다. 나아가 그가 추구하는 새로운 중국이란 서구형의 자본주의 근대화가 아님을 알 수 있다.

장병린은 일본에서 활동하면서 사회주의 사상에 접촉하였고, 또한 자본주의적 근대화에 따른 사회모순의 실태를 직접 보고 느낄 수도 있었다. 당시 장병린의 자본주의에 대한 비판은 정치적으로는 대의제 비판과 경제적으로는 '균배토전(均配土田)'으로 크게 나눌 수 있다. 먼저 대의제 비판의 근거는 대의제가 새로운 일련의 억압을 재생하는 것이 아닌가 하는 염려에 있었다. 따라서 그의 대의제 반대는 민권 반대가 아니라 '평등'을 의미했다. 그에 따르면, 납세의 다과 또는 식자(識字) 여부를 기준으로 선출되는 오늘날의 의원은 과거 귀족을 대신하는 계급이었다. "선거란 민권을 신장하고 민의 뜻을 펼쳐야 하는 것이다. 그러나 일단 선출되고 나면 그들은 하루아침에 왕로(王路)에 올라 가만히 앉아 도리를 논하고 오로지 당견(黨見)만을 도모하고 민의를 도모하지 않는다. …… 그들은 민의 원수[仇]이지 민의 벗[友]이 아니다". 어떤 방식으로 선거하든 의원은 모두 부호의 손에 떨어질 수밖에 없고 그들이 조성한 의사(議事)기관은 '봉건의 변상(變相)'이요, '말이 국회이지 실은 간부(奸府)에 불과'하다는 것이다.10) 요컨대 빈부의 경제적 격차라는 현실을 방치한 채 대의제를 채용한다면, 사회적 불평등을 조정할 수 없을 뿐 아니라, 오히려 확대재생산하여 결국에는 정치적 불평등의 관계로 전화 고정하는 구실을 수행하게 만든다는 우려이다. 그는 의회가 '호우(豪右)', 즉 지주나 지주에서 전화한 자본가층의 이익을 대변하는 정치기관이 될 가능성이 매우 높다고 판단한 것이다.

원래 고대 그리스의 도시국가인 아테네에서 시작된 민주주의는 자유롭고 평등한 시민들이 광장(agora)에 모여 토론을 통해 자신들의 문제를 스스로 결정하는 시민주권자들의 자치였다. 이런 직접적이고 참여적인 민주주의는 서로 토론과 심의가 가능한 대면사회(face-to-face society)이자 소규모의 동질적인 시민들로 구성된 도시국가였기에 가능했다. 방대한 영토와 엄청난 규모의 인구를 가진 근대 영토국가에서 지리적으로 직접적인 의사소통이 불가능한 익명사회에 살고 있는 시민들에게 이러한 아테네의 민주주의는 실현 가능하지 않았다. 그래서 고안된 제도적 혁신이 대의제 민주주의이다. 대의제 민주주의에서 시민들은 선거를 통해 대표를 선출, 자신들의 집단적 의사를 확인하고 실현했다.

그러나 대의제 민주주의는 한편으로 여러 가지 폐단을 낳았다. 무엇보다도 '대표의 실패'를 극복하지 못하였다. 민주적으로 선출된 대표는 주권자인 시민의 완벽한 대리인으로 행동하지 않고 사익을 추구하는 데 급급했다. 강력하게 조직된 이익집단의 이익을 추구하려는 경향은 강하나, 주권자인 시민들이 약속을 위반한 대표들을 처벌하여 민주적 책임성을 확보할 수 있는 제도적 장치는 미흡하다.[11]

"민권은 대의제도에 따라 펼쳐지는 것이 아니라 오히려 그 때문에 상실된다"며, "의원(議院)이란 국가가 어리석은 인민을 유혹해 그들의 입을 틀어막는 도구이다. 관리가 뇌물을 받으면 의원이 탄핵하여 추방할 수 있지만 의원이 뇌물을 받으면 누가 탄핵, 추방할 수 있겠는가?"라는 장병린의 반문은 비록 근대의회제의 민주주의적 계기에 대한 이해를 결여하고 있지만, 19세기적 의회제의 실상과 그 정치적 본질을 적확히 꿰뚫은 것이라 할 수 있다.

그의 의회제 비판은 당시 함께 활동했던 도모도쿠 아키미, 사카이 도시히코, 야마카와 히로시 등 일본 무정부주의자들의 제2인터내셔널의 의회주의, 개량주의에 대한 공격적 언론과 상당 부분 일치하고 있어 그 영향을 짐작할 수 있지만, 한편으로는 그 자신의 독특한 역사관에 근거한 것이기도 했다. 그는 "유럽이나 일본의 경우 봉건을 벗어난 지 얼마 안 되었지만 중국은 이미 2천 년 전에 봉건시대를 마감했다. 그런데도 헌정을 시행한다면 이는 역사의 역류(逆流)"이며, 더욱이 중국은 통일된 지 벌써 2천년이나 지났고, 등급제도도 이미 느슨해졌으며, 인민은 자유롭고 평등하다. 그런데 만일 대의제를 시행하게 된다면 '횡분계급(橫分階級)'하는 결과가 되어 새로운 불평등을 조성할 수 있다고 한다. 요컨대 그는 중국이 역사적으로 봉건시대를 벗어난 지 이미 너무 오래여서 명확한 계급구분이 없고, 또 중국은 면적이 너무 넓고 인구가 많아 대의제를 실행하기에 불편하다는 점을 들어 대의제 실시를 반대하였던 것이다.

그러나 그는 부득이하여 선거를 해야 한다면 소선거구제가 바람직하며, 의원을 선출한 뒤 만일 그들에게 탐오(貪汚)의 사실이 있었음이 밝혀질 경우, 평민은 이를 해산할 수 있도록 하는 '공산의원제(公散議員制)'를 입법화할 것을 주장하였다. 이렇게 함으로써 그들의 전횡을 방지하고 그들이 새로운 귀족층을 형성하지 못하도록 해야 한다고 했다.

권력과 부를 소수의 사람들이 독점하는 것을 막기 위해 그는 경제적으로도 '분산재권(分散財權)'을 제시했다. 이를 위한 세 가지 방법으로 그는 첫째로 토지를 균등히 분배하여[均配土田] 직접 경작자가 소작인이 되지 않게 할 것, 둘째로 정부에서 공장을 설립(官立工場), 이익의 4분의 1을 임금으로 지급하고 관리와 그 친척의 공상업 경영을 엄금할 것, 셋째로 상속을 제한할 것 등을 제시하였다.[12] '토지의 균배'는 중국에서 정치전통으로 내려 온 '균전법(均田法)'사상을 원형으로 하고 있으며, 나아가 유교사상 가운데 흐르는 농본주의적 '균부(均富)'사상의 반영이기도 했다. 그것은 또 章炳麟이 속한 광복회의 토지강령을 발전시킨 것이기도 했다.

장병린은 일본에서 생활하면서 구미 등의 자본주의적 공업화와 물질문명이 가져올 폐해들을 충분히 예상할 수 있었고, 바로 그 때문에 자본주의를 회피할 수 있는 경제발전을 생각한 듯하다.

〈오조법률색은(五朝法律索隱)〉13)에서는 자본주의의 발전에 따른 상공업자의 이익 증대와 노동자 증가, 농민 감소[商日益橫 工日益多 農日益減] 현상을 비판하면서, 문명의 이기(利器)는 오로지 상인의 이윤증대에만 소용될 뿐 평민들에게는 아무런 도움이 될 수 없음을 지적하였다. 자본주의 발전이 가져 올 좋은 결과[善果]보다는 나쁜 결과[惡果]가 훨씬 더 많으리라고 예상한 그는 "사람들은 진화를 구해 기계를 숭상하고 석탄을 캐내고 있지만 인간이 필요로 하는 것은 여기에 있지 않다. 지하 굴속에서 고통을 당하면서 후락(後樂)을 구하느니 차라리 나무하고 땅 갈고 배 두드리며 사는 편이 더 낫다"고 하여 문명부정론을 전개했다. 그는 실업이 일어남에 따라 자본가가 부와 권력을 독점하고 자영업자가 몰락하게 되는 상황을 우려했던 것이다. 이 때문에 그는 '균배토전'뿐 아니라 공상자본의 억제까지도 주장한 것인데, 그의 '균배' 범위는 광산·공장·은행에까지 미치고 있으며 이는 확실히 자본주의 발전을 억제하려는 것으로 볼 수 있다.

그러나 그 대안으로 그가 제시한 것은 서구식 사회주의는 아니었다. 그는 자본주의를 비판하면서 사회주의를 실현해야 한다고는 했지만, 그가 말하는 사회주의란 균전제, 과거제, 기타 행회(行會) 등 전통시대 중국에 이미 존재했던, 그리고 그가 보기에 사회주의 성질을 띠는 제도라 생각한 것들의 정신을 다시 부활하는 것을 뜻했다. 장병린의 자본주의 비판은 앞에서 살펴본 제국주의 비판과 마찬가지로 사회과학적 인식에 의거하여, 자본주의의 경제적 구조성을 파악한 위에서 이루어진 것이기보다는 주로 도덕적 측면에서 다루어진 것이었다. 자본주의 경제에 대한 그의 냉담한 태도는 어떻게 보면 전통적 중농억상주의의 연장에 불과했으며, 그것은 자본주의 경제에 대한 대안의 구실을 해낼 수 없었다.

4. '국수'와 '혁명의 도덕'

그런데 이상에서 살펴 본 장병린의 민족주의와 반자본주의에는 '국수 (國粹)'라고 하는 상당히 견고한 문화민족주의가 드리워져 있었다. '소보 사건'으로 감옥에 갇혔을 때 그는 "하늘은 나에게 국수를 부탁하였다"고 하면서 중국의 국고(國故)와 민기(民紀)가 자신의 손에서 끊기게 될까 봐 우려하였다.14) '국학대사'로서의 자각은 그의 전 생애를 통해 이어진 다. 1906년 일본에 건너간 직후 가진 유학생들의 환영회 연설에서는 "최 근 구화주의(歐化主義)를 주장하는 자들이 나타나 중국인은 서양인에 견주어 크게 뒤떨어진다고 하면서 자포자기, 중국은 반드시 멸망할 것 이며 황인종은 전멸하게 될 것이라고 주장하고 있다. 이는 그들이 중국 의 장점을 깨닫지 못하여 나라를 사랑하고 민족을 사랑하는 마음이 쇠 미해졌기 때문이다. 만일 그것을 깨닫게 된다면 나라사랑, 민족사랑의 마음은 용솟음쳐 나올 것"이라고 하면서 "국수로써 민족성[種性]을 고 무하고 애국의 열정을 증진시킬 것"을 제창하였다. 이후 그는 주필을 맡 은 《민보》를 통해 '국수'를 선양하는 글을 잇달아 발표하고 아울러 《민 보》사 안에 국학진기사(國學振起社)를 설립, 국학을 강연하였다. 노신 (魯迅)·허수상(許壽裳)·전현동(錢玄同)·공보전(龔寶銓)·고힐강(顧 詰剛) 등 '선후 백 수십 명'이 모두 그의 수강생이었다.

한편 그는 상해에서 간행되고 있던 《국수학보》에도 논문을 기고하였 다. 신해혁명이 일어나기까지 쉬지 않고 간행되었던 이 잡지의 내용을 보면, 그들이 말하는 '국수'란, 넓게는 중국의 역사와 고문화의 유산을, 좁게는 국학을 의미하는 것이었다. '국수'라는 용어는 메이지 20년대 (1880년대) 일본에서 유행한 국수보존운동에서 암시를 받은 것으로 보 인다. 장병린의 생애와 사상에는 변화, 굴곡이 많았지만 이 '국수'주의만 은 배만민족주의와 함께 한결같이 계속되었다. 그 자신에 따르면, '국수' 란 통치철학인 유교이데올로기가 아니라, 한민족의 역사문화유산 즉 중국문화의 정수를 의미한다. 구체적으로 말하자면, 한민족의 문화유산으로서 언어와 문자 나아가 관제·세제·형명(刑名)·법률 등이 완비된 행정제도, 그리고 이민족 지배에 저항한 민족영웅으로서 진말(晉末)의 유유(劉裕), 남송의 악비(岳飛) 같은 인물의 공적, 그리고 학술에서는 장주(莊周), 순경(荀卿) 등의 제자학(諸子學)과 불학(佛學)까지도 망라하고 있었다.

서구 근대문명으로 자국의 역사와 문화에 대해 자신을 상실하는 경향이 있던 풍조 속에서, 그는 한민족이 갖는 창조성과 주체성의 역사적 예증인 '역사·문화유산=국수'를 재인식, 민족적 긍지를 회복하여 '애국애족의 마음'을 불러일으키려 한 것이다.

국학자로서 장병린은 그러나 서양학문의 수용에도 적극적이었다. 앞에서 설명했듯이, 비록 나중에는 포기했지만, 사회진화론을 비롯하여 서양의 다양한 정치사회학설과 서양 각국의 역사에도 관심을 보였다. 그리스와 독일의 철학서에도 관심을 가졌다. 장병린 사상이 최근 중국에서 주목 받는 이유도 국학대사로서 그가 보인 서학에 대한 깊은 이해와 관심 때문이다. 그러나 그는, "학술연구는 서방학술원리를 교조로 삼아서는 안 되며 서학학술원리를 운용할 때는 그것이 중국역사문화의 객관사실과 부합하는지를 주의해야 한다"고 하여 무조건적인 신취와 섭취에는 반대했다.

장병린은 '국수'로써 민족적 각성을 도모하고 동시에 나아가 혁명적 지식인에 대해 혁명가로서, 개인의 내면적 주체자세의 문제를 묻는다. 그에 따르면 자신이 참가했다가 패배를 경험했던 변법운동의 실패는 주로 그 운동에 내포되어 있던, 당인(黨人)의 도덕적 부패에 원인이 있었다. 예외도 있지만, 운동참가자의 대부분은 '부귀이록(富貴利祿)'에 집착하는 무리들이었다고 비판함으로써 혁명에서 도덕의 중요성을 강조했다. 동경 도착 직후에 가진 연설회에서 그는 "유가 최대의 오점은 사람들이 부귀이록의 사상에서 벗어나지 못하게 하는 데 있다"고 지적하였

138

으며,《국수학보》1906년 사설 제2기에 발표한 논문 〈제자학약설(諸子學略說)〉에서도 공자가 "이록에 집착했기 때문에 담(膽)이 작았고 이상을 위해 분투하지 못했다"고 찔렀다.

그에 따르면, 도덕의 증진을 위해서는 '부귀이록' 사상에서 벗어나지 못하는 유교적 도덕으로는 불충분하며 종교, 즉 불교적 도덕이 필요하다고 한다. 그는 불교 가운데서도 화엄종과 법상종을 가장 높게 평가하였다. 왜냐하면 화엄종은 중생을 보도(普渡), 자신의 육체를 아낌없이 남을 위해 버리도록 설교하기 때문에 도덕의 함양에 가장 유익하며, 법상종은 결코 타인에게 의존하려 하지 않고 자력에만 의존[依自不依他] 하려 하기 때문이라는 것이다. 특히 법상종의 의자불의타(依自不依他) 사상은 중국의 문화전통과도 합치하는 것이라고 강조했다. 무엇보다도 불교는 "군권(君權)을 가장 증오하고 평등을 가장 중시하기 때문에 평등을 방해하려고 하는 자를 반드시 제거하려고 한다". 평등을 말하는 불교야말로 "노예심을 버리고 용맹무외(勇猛無畏), 대중의 뜻을 하나로 하여 성(城)을 이루는 것"이 가능하다는 것이다.15)

《민보》 제8호에 발표한 〈혁명의 도덕〉이라는 글에서 그는 "도덕의 쇠망이야말로 망국멸종의 근저"라는 결론 아래 '혁명도덕'을 제창한다. 그의 '혁명도덕'은 "확고견려(確固堅厲), 약속을 중시하고 생사를 가벼이 여기는 것"을 의미한다. 그는 중국인의 직업을 16종으로 나누어 각각을 도덕성과 관련하여 논한다. 그에 따르면, 도덕의 높이는 "첫째가 농민, 둘째가 노동자, 셋째가 비판(裨販, 행상), 넷째가 좌고(坐賈, 점포상), 다섯째가 학구(學究, 촌(村)의 선생), 여섯째가 예사(藝士), 일곱째가 통인(通人, 민간의 학자 지식인), 그 다음 행오(行伍), 서도(胥徒), 막객(幕客), 직상(職商), 경조관(京朝官), 방면관(方面官), 군관(軍官), 차제관(差除官), 고역인(雇譯人) ……"으로 "예사(藝士)까지는 모두 도덕의 범위 안에 있고 통인부터는 대체로 부도덕하다"고 하여 지식과 권위의 상승에 따라 도덕은 반비례한다고 주장한다. 왜냐하면 인간이란 "지식이 증

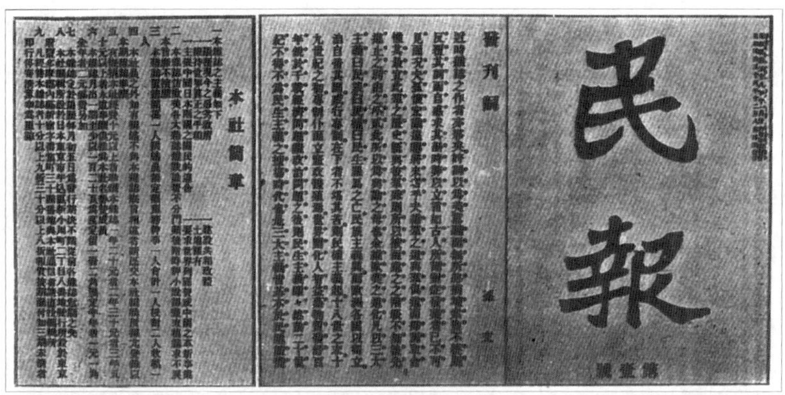

《민보》 창간호

대하고 권위가 상승함에 따라 도덕에서 멀어지기” 때문이라는 것이다. 이는 유교교양의 함양이 도덕성으로 직결한다는 기성의 도덕관을 부인하는 것이다.

농민이 ‘도덕상 최고’인 이유는 그들이 남에게 의존하는 일 없이 자기 자신의 노동으로 자급자족하기 때문이며, 혁명세력은 16종의 직업 가운데 농민에서 통인에 이르는 사회계층에 따라 구성된다. ‘통인’이란 장병린에 따르면 ‘박학(樸學)’(고전학), ‘이학’(철학 윤리), ‘문학’(문예), ‘외학(外學, 불교)’ 등에 통하는 ‘무관(無官)’의 민간지식인을 가리킨다. 그들은 비록 도덕상 약간 처지기는 하지만 그 가운데는 ‘독신호학(篤信好學)의 사람’도 있어 그들이야말로 ‘자주독왕(自主獨往)의 인재’이며 지덕을 겸비한 ‘천하의 최상등인(最上等人)’이라 하여 혁명의 주창자로서의 구실에 큰 기대를 걸었다. 결국 장병린이 예상하는 혁명세력은 주도자로서의 ‘통인’과 ‘무관의 민간인’을 포함하는 것이며, 관리나 서양의 침략에 봉사하는 역관은 도덕의 견지에서 배제되는 것이다. 일찍이 “금일의 혁명은 수재(秀才)의 조반(造反)”이라고 말한 바 있었던 그는 이제 무관의 민간지식인이 높은 도덕성을 갖고 농민과 노동자의 선도자로서 지도할 것을 요청하는 것이다. 일찍이 양독생(楊篤生)은 〈신호남(新湖南)〉을 써 '중등사회'의 대표자로서 지식인의 계몽적 구실을 강조했었는데, 장병린은 지식인을 비판하면서도 한편에서는 그들의 혁명 참여를 촉구한 것이다.

5. 신문화운동의 저편에서

1911년 10월 10일, 무창기의 소식을 듣고 서둘러 귀국한 장병린은 "혁명군이 일어났으니 혁명당은 해체되어야 한다[革命軍興, 革命黨消]"는 구호를 외치며 장건(張騫)을 비롯한 구 입헌파, 구 관료들과 연합, 중화민국연합회를 발기 조직하였다. 이는 뒤에 통일당, 공화당으로 이어진다. 정치활동에 분주하는 한편, 그는 국학강습회를 계속 개최하지만 과거 동경에서만큼 큰 호응은 받지 못하였다. 혁명 직후의 혼란을 우려한 장병린은 원세개에게 기대를 걸고 그의 고문이 되기도 했지만, 원의 제제(帝制) 부활 기도를 간파하고는 그를 '민국의 반도'라 부르면서 그 부당성을 강력히 비판하다가 결국 '연금'을 당하였다. 비록 원세개 사망 뒤에 풀려나기는 했지만 정치활동에 염증을 느끼고 그 뒤에는 국학연구와 강습에만 몰두하게 된다. 《민보》시기에 전개되었던 그의 격렬한 반제국주의 주장과 반 서구 근대사상도 이후 더 이상 발전하지 못하고 중국의 전통학술 속으로 깊이 침잠하고 만다.

노신은 일찍이 신해혁명 뒤의 장병린에 대해 "자기 스스로 쌓은 담장 속에 틀어박혀 시대와 멀어져 갔다"고 하면서 장병린이 날로 민중을 이탈, 점차 시대의 낙오자로 전락해 갔다고 아쉬워했다. 《민보》시기 그 격한 배만민족주의로써 수많은 사람들을 혁명으로 나서게 했던 장병린을 떠올린다면, 신해혁명 뒤 그의 정치 사상적 처지는 확실히 퇴보적으로 보일 것이다.

1915년 《신청년》의 창간과 함께 중국의 지식계는 근대 서구의 문화,

사상 등에 대한 의구심과 선망에서 오는 전면적 서구화(전반서화)의 시기를 맞게 된다. 신문화운동 때의 장병린은 서구의 사상, 학문, 나아가 제도 등에 대해 견고히 저항, 거부하려는 태도로 일관하였다. 그는 신문화운동의 제창자, 옹호자들이 서학을 전파, '국수'를 포기하는 것에 대해 "(그들은) 자신을 잃고 서양 것이라면 돌덩어리도 보물처럼 여긴다"고 비난하면서, "국수가 소멸하면 나라에는 무엇이 남는가?"라고 물었다. 왜냐하면 "국수란 입국(立國)의 근본으로, 국수가 소멸하면 국가는 존재할 수 없기 때문"이었다.

1917년 봄 호적(胡適)이 〈문학개량추의(文學改良芻議)〉를, 진독수가 〈문학혁명론〉을 발표한 지 얼마 안 되어 장병린은 상해에 '아주고학회(亞洲古學會)'를 설립, "근래 서학동점(西學東漸)에 따라 우리 아시아인들은 과거의 문명을 가벼이 여기고 서양풍에 물들어 아주의 고학이 점차 소멸해 가려 한다. …… 그러나 최근 세계대전이 발생, 그 참화는 이루 말할 수 없으며 서양의 도덕은 땅에 떨어지려 하고 있다. 동방의 고상한 풍격과 빼어난 학술은 결코 멸하지 않을 것이다"고 하면서 "전 세계의 학자들과 함께 과거의 문명을 제창하는 것"을 임무로 삼았다. 이렇게 하여 그는 당시 드높아가는 신문화운동의 반대쪽에 선다는 것을 분명히 밝힌 것이다.

나아가 과거 자신의 공자비판에 대해서도 참회하였다. 1921년 11월, 유이징(柳詒徵)이 《사지학보(史地學報)》 창간호에 〈최근 학자들의 제자학 연구의 과실을 논함[論近人講諸子之學者之失]〉을 발표하여 장병린과 양계초, 호적 등을 비판하였다. 특히 장병린이 쓴 〈제자학략설(諸子學略說)〉(1906)에 나타난 반공(反孔) 논조, 예컨대 공자와 노자의 관계에 대한 논술에서 공자의 학(學)이 노자에서 나오며 또 공자가 노자의 이름을 찬탈하려 했다는 것 등을 황당무계하다고 비판하였다. 이에 대해 장은 공개서한을 보내 과거 자신의 행동을 '광망역사지론(狂妄逆詐之論)'이라 뉘우치고, 당시 자신의 공자비판은 단지 "강유위의 학(공자

142

를 개혁가, 교주로 보는 公羊學)을 심히 꺼려 그랬던 것"이라고 해명하
였다. 유이징은 호선숙(胡先驌)·매광적(梅光迪)·오복(吳宓)·유백명
(劉伯明)·탕용동(湯用彤) 등 미국에서 철학·문학·식물학 등을 전공
하고 돌아 온 학자들과 함께 1922년 1월 남경에서 '창명국수 융화신지
(昌明國粹 融和新知)'를 표방하며 잡지《학형(學衡)》을 창간한다. 이들
은 대부분 신해혁명 전 국수학파 인물들과 사제관계에 있었고 논문을
기고한 자 가운데도 과거 국수학파의 성원들이 많았다.《학형》은 유사
배 등 북경대학 교수들이《신조(新潮)》에 저항하여 간행했으나 곧 정간
되어버린《국고(國故)》와 달리, 1933년까지 상당히 오랫동안 간행되었
고 제2차 세계대전 뒤 세계적으로 유행한 '동방문화구세론'과도 맞물려
영향력이 큰 편이었다.

　《학형》이 창간되고 "미래의 세계 문화는 중국문화가 될 것"이라고 하
는 양수명(梁漱溟)의 강연 '동서문화와 그 철학'이 중국 지식계에 커다
란 파문을 던지고 있던 때에 장병린은 강소성 교육회의 초청에 응하여
1922년 4월 1일부터 6월 17일까지 10회에 걸쳐 상해에서 '국학대개(國學
大概)'와 '국학파별(國學派別)'을 강연한다. 과거 동경과 북경에서 있은
강연에 이어 세 번째이다. 동경에서의 강학이 이론을 실제와 연계시키
는 데 치중, 학술문화를 통해 배만혁명을 고취한 것이라면, 이번의 강연
은 순수학술적인 강학이었다. 그 때문인지 날이 갈수록 청강자가 줄어
들지만 첫 날의 강의는 청중이 4백 명 정도로 자리가 모자랄 지경이었
다고 한다. 장병린의 국학강의는 그가 사망하는 1930년대까지 소주에서
이어졌고 장씨국학강습회(章氏國學講習會)의 명의로 창간된 반월간 잡
지《제언(制言)》은 '고유문화의 연구와 국학인재 조성'을 취지로 장병린
뿐　 아니라　 전현동·유이징·황간(黃侃)·왕동(汪東)·오승사(吳承
仕)·진석유(陳石遺)·주희조(朱希祖) 등이 주요 필진으로 참여하였다.
만년의 장병린은 정치에 흥미를 잃고 오로지 학술에만 몰두하였으나,
한때는 지방군벌들이 조성한 분열주의와 할거주의를 특색으로 하는 '연

성자치(聯省自治)'에 동조하기도 했으며, 또 신해혁명 이전 그와 교유하였던 풍자유(馮自由)·마군무(馬君武) 등의 영향인지 반공적 태도를 취하기도 하였다.

이미 밝혔듯이 《민보》시기 그는 서구식 자본주의에 깊은 회의를 품었었다. 그러나 그것이 곧 소련식 공산주의에 대한 지지로 이어지지는 않았다. 오히려 그는 10월혁명 후 러시아와 중국에서 활동하던 코민테른에 대해 기본적으로 불신의 태도를 견지하였다. 그의 이런 태도는 국공합작을 반대하는 국민당 우파 인물들의 환영을 받지 않을 수 없었다. 1924년 겨울, 국민당 개조와 국공합작을 격렬히 반대하던 풍자유·거정(居正)·전동(田桐)·마군무 등은 상해 남양교(南陽橋) 유복리(裕福里)에 있는 장병린의 거처에 모여 "구 동맹회원들이 결집하여 시국을 바로잡을 것"을 주장하고, 장병린에게 동맹회 회복을 명분으로 다시 역량을 결집하여 개조 후의 국민당과 대항하도록 호소하는 공개서한 〈호당구국공함(護黨救國公函)〉을 쓰도록 했다.16) 1926년 4월 장병린은 상해에서 반공세력을 결집하여 이른바 '반적구국대연합(反赤救國大聯合)'을 조직, "과격파가 적화(赤化) 정책으로 나라를 망치려 한다"고 비난하면서, "지금은 적화에 반대하는 것이 실로 구국의 요도(要圖)"17)라 주장하였다. 장병린의 이러한 반공적 자세는 그의 사상적 퇴보를 상징하는 것으로 비난받아 왔지만, 반공은 곧 보수반동이라고 하는 등식이 그대로 적용될 수 없다면, 그리고 "모든 주의란 현실의 수요에 따라 발생할 뿐"이며 "강국의 힘을 빌려 자국의 보전을 도모하는 것은 품격에서 하열(下劣)"이라는 그의 말을 상기한다면, 장병린 만년의 학술과 정치관에 대해서도 깊은 성찰이 필요할 것이다.

반공적 자세를 견지했다고 해서 그가 장개석의 남경정부를 지지한 것은 아니었다. 그는 국민당이 오색국기(五色國旗)를 대신해 청천백일기(靑天白日旗)를 내세운 것에 대해 "중화민국을 배반한 것"이라고 공격하였고, 특히 만주사변 이후로는 장개석의 부저항정책을 적극 비판하였다. 1931년 12월에는 왕정위와 장개석의 '매국행위'를 공격하고 청년학생들의 항일구망운동을 적극 지지하면서 전국 군민(軍民)의 항일항전을 주장하기도 했다. 일찍부터 그는 "민족주의의 의의를 알기만 하고 역사와 전기를 일체 읽지 않는다면 회고(懷古)의 깊은 정은 무엇에 따라 일어날 것인가. 생각건대 민족주의(운동의 수행)는 바로 농사와 같은 것이다. 사적(史籍)에 기록된 인물·사적(事蹟)·지리·풍속 등으로 물을 대주면[灌漑] 무럭무럭 자라날 것이다"고 주장하고, 역사 공부는 민족주의의 원천이라고 강조했다. 그는 1932년 3월에는 〈오늘날 절실한 학문을 논함[論今日切要之學]〉이란 강연을 통해 청년들이 역사를 학습하여 애국주의사상을 격발하고 국가의 위망(危亡)을 만회할 것을 고취하였다. 1933년 3월에는 〈전국 군민에게 드리는 글[至全國軍民電]〉을 발표하여 장개석 정부의 반공을 비난하고 장개석을 가리켜 "사투(私鬪)에 용감하고 공전(公戰)에 비겁하다"고 매도하였다. 국학강연의 한편에서 진행되었던 국민당의 반공정책에 대한 비판은 그가 담낭염과 후두암으로 1936년 6월14일 68세로 소주에서 사망하기까지 계속되었다.

6. 맺는 말

혁명 고취자로서 장병린의 정치적 구실과 국학대사로서 학술적 업적 가운데 어느 것이 중요한지는 일찍이 그의 제자들 사이에서뿐만 아니라 연구자들 사이에서도 논란의 대상이 되어 왔다. 노신은 스승을 가리켜 '학문 있는 혁명가'라 했다. 그는 장병린의 업적이 학술가로서 그것보다 혁명가로서 그것에 더 큰 비중이 있다고 생각했다.[18] 그러나 학자이면서 동시에 정치가 혹은 혁명사상가라고 하는 것은 어떤 의미에서 중국 지식인의 훌륭한 방식이라 할 수 있다. 혁명파의 이론가이자 동시에 국학대사이기도 했던 장병린은 그 두드러진 체현자의 한 사람이었을 뿐이다. 전통 지식인의 우환(憂患)의식과 참여의식은 그에게 전형적으로 드러나고 있다. 그런데 '부정(否定)의 사상가',19) '반자본주의적 사상가',20) '저항의 철인(the Sage of Rebels)'21) 등 그를 연구한 학자들이 붙여 준 타이틀처럼 학문을 통한 그의 현실참여는 늘 비판과 부정이라는 방법을 통해서 이루어졌다. 청조 전제지배체제에도 반대했지만 한편에서는 대의민주제에도 반대했다. 봉건주의에 반대했지만 자본주의에도 반대했고 나아가 마르크스주의에도 반대했다. 입헌파를 비판했지만 혁명 후에는 혁명파를 비판하기도 했고, 한때는 공자를 비판했지만 신문화운동 시기에는 공자를 비판하는 자들을 비판했다. 국공합작을 반대하고 중국 공산당을 비난했지만, 한편에서는 공산당을 탄압하는 장개석의 정책을 비난하기도 했다. 부정의 부정 끝에 〈오무론(五無論)〉이라는 글에서는 무정부, 무취락(無聚落)을 실행한 뒤 무인류(無人類), 무중생(無衆生)에 도달해야 하며 최후로는 무세계(無世界)로 되어야 한다고 하는 등 극단적 허무주의를 전개하기도 했고, 1908년, 동맹회의 분열이 계속되고 민보사가 봉금(封禁)되었을 때는 일본을 떠나 인도로 가서 승려가 되려고까지 결심하기도 했다.

장병린의 생애와 사상에서 이 같은 방황과 회의, 전변은 20세기 초 중국사회와 중국혁명의 특징을 반영하는 것으로, 일찍이 시마다 겐지(島田虔次)는 이러한 극과 극을 달리는 장병린의 사상적 비약을 가리켜 'romantic irony-사유의 비상능력'22)이라고 표현했는데, 현실 정치가로서는 신중하지 못한 처사라 생각된다. 그러나 사상가로서 그의 이러한 비판과 부정은 때로 계몽적 구실을 하기도 했고, 때로는 분열주의를 낳기도 했다. 기존의 연구에서처럼 공화혁명과 사회주의혁명에 대한 기여도만으로 그를 평가한다면 그의 공은 반반이 될 것이다. 19세기 말 20세기 초 중국의 급변하는 사회와 정치를 통해 한 인물의 시대에 대한 적응능력이 보수와 진보를 가늠하는 척도가 될 수 있다면 말이다. 그러나 정작 장병린 자신의 처지에서 말하게 한다면, 그 자신은 어떤 면에서 변화

146

하지도 부정하지도 않았던 그 무엇에 대해 말하고 싶어 할지 모른다. 그는 새로운 시대와 사상에 적응하기보다는 과거의 역사와 전통, 특히 학문적 유산에 집착하면서(이를 일러 장병린은 '애석(愛惜)'이라 했다) 그들을 철저히 부정해 버릴 수가 없었다. 중국의 전통문화 가운데 현재에 쓰임이 될 수 있는 부분(국수)을 최대한 동원하여 자신의 주의주장을 뒷받침하는 것은 그의 한결같은 태도였다. 그는 "주의(主義)라고 하는 것은 하늘에서 내려오는 것도 아니고 땅에서 솟아나는 것도 아니다. 학설을 주워 모아 되는 것도 아니고 관념 명상에 따라 되는 것도 아니다. 현재의 상태에 대응하였을 때 거기에 바로 주의가 있다"23)고 한다. 주의란 현실에 대응하여 발생하는 것이므로 현실의 변화에 따라 주의는 언제든지 바뀔 수 있다는 것이다. 그러나 한 민족이 한 민족이 되는 까닭인 역사와 문화는 민족과 국가의 흥망성쇠와 떼려야 뗄 수 없는 불변의 가치라 생각한 점에서 그는 문화보수주의에 바탕을 둔 혁명가였다. 문화 분야에서 그는 자신을 '정신적 지주'로 생각하는 당시 국수파 인물들과 함께 전통문화 자체의 가치를 발견하였고 문화의 민족성을 특히 중시하였다. 나아가 세계문화는 다원적이며 중국문화와 서방문화는 조화를 이룰 수 있고 공존할 수 있다고 생각했다. 바로 이 때문에 일본에서 국수보존 운동이 원래의 의도와 달리 민족 독립의 영역을 넘어 침략적 제국주의 정책을 떠받치는 군사주의적 이데올로기에 흡수되어 버렸던 것24)과는 달리 중국의 국수주의는 쇼비니즘, 민족제국주의로 흐르지 않고 각 민족 고유의 문화가 갖는 개별적인 가치를 존중하는 문화상대주의 태도를 견지할 수 있었던 것이다.

　장병린은 비록 제자학, 불교철학 등 전통사상을 무기로 서구의 근대주의와 자본주의를 비판하기는 했지만, 그 비판은 때로 시대를 앞서 간 예언자의 날카로운 안목을 보이기도 했다. 특히 그의 상대주의 철학과 그 결과로 나타난 역사와 인간에 대한 '진보신앙'과 '이성신앙'에 대한 의문 제기, 서양의 동양 지배를 위한 논리로서 사회진화론비판과 서구

문명비판, 그리고 직접민주주의의 제창과 '당시 혁명파 가운데 최고 수준'25)이라 불리는 반제인식과 아시아연대론 등은 오늘날까지 살아 있다. 가쿠타 데이이치(河田悌一)도 말했듯이 장병린은 "과거를 보면서 미래를 걸은 자"26)이기도 한 것이다.

근현대 중국의 사상과 학술계에 대한 장병린의 영향력은 막강하다. 《민보》 시기 그의 배만민족주의가 갖는 선전 구실은 이미 언급한 바 있지만, 5·4신문화운동의 거장들인 노신·주작인(周作人)·전현동 등은 그의 문하에서 나왔으며, 진독수·호적·오우(吳虞) 등 또한 모두 그의 영향을 받았다. 동시에 신문화운동의 반대편에 섰던 문화보수주의자들, 예컨대 당시 《학형》파의 주장(主將)들 또한 일부가 그의 문하에서 나왔고 그와 교류가 잦았다. 이를 발단으로, 1920년대 중국 학술계에는 왕국유(王國維)·진인각(陳寅恪)·진원(陳垣)·탕용동(湯用彤)·전목(錢穆)·유이징 등을 대표로 하는 일종의 '본토문화주체론자'들이 등장, 같은 시기 호적·부사년(傅斯年) 등의 서화파(西化派) 그리고 곽말약(郭沫若)·후외려(侯外廬) 등 마르크스주의자들과 논쟁을 거듭하면서 중국의 현대 학술연구에 풍부하고 다채로운 국면을 조성하였다. 장병린은 우리나라의 국학 연구에도 영향을 주었다.

일제 아래 암울한 시기, 국학의 진흥에 온몸을 불살랐던 우리나라의 민족주의 역사학자 정인보(鄭寅普 : 1893~?)는 중국에서 신해혁명 직후 혼란이 채 가시지 않았던 1913년, 상해에 체류한 바 있다. 당시 장병린은 원세개에 따라 연금 상태에 있었기 때문에 장병린과 정인보 두 사람이 교유하였는지의 여부는 확인할 수 없지만, "내수동 시절 위당(爲堂, 정인보)은 늘 장병린의 문집들을 가까이 두고 있었으며 뒷날 위당에게서 강하게 느껴지는 것도 장병린의 학문에서 오는 기풍이었다"27)고 한다. 정인보는 귀국한 뒤 대학 강단에서 국학 관련 논설을 통해 우리 문화유산과 역사 인물의 위대성을 알리는 데 진력하였다.

이렇게 볼 때, 노신의 평가와 달리 장병린 사상에 대한 연구는 그가

일생 동안 변함없이 추구했던 국학과 민족문화의 계승이라는 측면에 주
목해야만 그 실체에 더 가까이 접근할 수 있을 것이다. 국학, 넓게는 전
통문화의 정수— 국수를 지키고 전승하려는 과정에서 그의 민족주의(배
만과 반제를 포함한), 반(反)서구, 반(反)근대의 사상도 나온 것이다.

■ 주

1) '민족'이란 단어는 일본 메이지시대의 신조어로 1873년 가토 히로유키(加藤弘之)가 블
   룬칠리(J. K. Bluntschli)의 *The Theory of the State*를 번역할 때 독일어의 'nation'을 옮긴
   것이다. 중국에서는 양계초가 1901년, 가토의 번역문에 의거하여 블룬칠리를 논하는 글
   을 쓰면서 '민족'이라는 단어가 유행하기 시작한다.

2) 章炳麟, 〈駁康有爲論革命書〉, 湯志鈞 편, 《康有爲政論選集》, 北京 : 中華書局, 1977,
   194~209쪽 참조.

3) 章炳麟, 《章太炎全集》 3, 上海 : 上海人民出版社, 1984, 323~324쪽 ; 章炳麟, 〈華民國
   解〉, 《民報》 제15호(1907. 7. 5.) 등 참조.

4) 아주화친회에 대해서는 다케우치 젠사쿠(竹內善朔)의 회고록 〈明治末年における中
   日革命運動の交流〉(《中國硏究》 5, 1949)와 王有爲, 〈試析章太炎亞洲和親會約章〉, 《學
   術月刊》 1979-6 참조.

5) 章炳麟, 〈再與劉光漢書〉, 《章太炎全集》 4, 上海 : 上海人民出版社, 1985, 57쪽.

6) 章炳麟, 〈國家論〉, 《民報》 제17호(1907. 10. 25.).

7) 章炳麟, 앞의 책, 1984.

8) 《民報》 제16호, 1907. 9. 25.

9) 《民報》 제22호, 1908. 7. 10.

10) 장병린의 대의제도에 대한 비판은 그의 〈代議然否論〉(《民報》 제24호, 1908. 10. 10.),
    〈官制索隱〉(《民報》 제14호, 1907. 6. 8.), 〈政聞社大會破壞狀〉(《民報》 제17호, 1907. 10.
    25.), 〈與馬良書〉(《民報》 제19호, 1908. 2. 25.) 등에 전개되어 있다.

11) 임혁백, 〈심의민주주의론〉, 《중앙일보》 2000. 8. 30.

12) 《民報》 제16호, 1907. 9. 25. ; 《民報》 제24호, 1908. 10. 10.

13) 《民報》 제23호, 1908. 8. 10.

14) 章炳麟, 〈癸卯日中漫筆〉, 《國粹學報》 제9기, 1905. 8.

15) 《民報》 제6호, 1907. 1. 10.

16) 章炳麟, 〈致李根源書〉 1925. 2. 25.(《近代史資料》 1978 제1기, 139쪽에서 재인용).

17) 章炳麟, 〈反赤救國大聯合宣言與通電〉, 《申報》, 1926. 5. 2.

18) 章炳麟, 《章太炎生平與學術》, 北京 : 三聯書店, 1988, 8~10쪽 참조.

19) 河田悌一, 〈否定の思想家 章炳麟〉, 《中國近代思想と現代》, 東京 : 硏文出版, 1987.

20) 李澤厚, 〈章太炎剖析〉, 《中國近代思想史論》, 北京 : 人民出版社, 1979.

21) Charlotte Furth, "Sage as Rebels - The inner world of Chang Ping-lin," *The Limits of Change*, Cambridge : Harvard University Press, 1976.

22) 시마다 겐지(島田虔次), 〈章炳麟について〉, 《思想》, 1958, 407 · 408쪽

23) 章炳麟, 〈排滿平議〉, 《民報》 제21호, 1908. 6. 10.

24) 일본의 국수보존운동에 대해서는 모토야마 요시히코(本山幸彦), 〈明治20年代の政論に現われたナショナリズム-陸羯南 · 三宅雪嶺 · 志賀重昻の場合〉(사카다 요시오(坂田吉雄) 편, 《明治前半期のナショナリズム》, 東京 : 未來社, 1958)와 Kenneth Pyle, *The New Generation of Meiji Japan*, Stanford : Stanford University Press, 1969 등 참조.

25) 李時岳, 〈論章太炎與光復會〉, 《吉林大學學報》 1979-4.

26) 河田悌一, 〈否定の思想家 章炳麟〉, 앞의 책, 1987.

27) 민영규, 〈위당 정인보 선생의 行狀에 나타난 몇 가지 문제 : 實學原始〉, 《동방학지》 13집, 1972.

추 근秋瑾
여성해방과 반만反滿혁명운동의 열사

박선영

1. 머리말-추근의 참모습

　메이지유신 뒤 일본이 청일전쟁에 승리하여 강국으로 떠오르자, 아시아인들은 일본에 대한 두려움을 갖는 한편, 일본을 앙모하여 일본을 배우자는 분위기가 조성되었다. 동아시아의 종주국(宗主國)으로 자처하던 과거 중국의 역사를 뒤로 하고, 중국은 아편전쟁에 패하는 쓰라린 근대를 경험하면서 그 아픔을 극복할 수 있는 방법으로 군사적 근대화를 꾀하는 양무운동을 전개하였지만, 그것마저도 청일전쟁에 패하면서 철저한 실패를 경험해야 했다. 민족적 위기에 직면하여 몰골이 초라해진 중국은 최대한 국권을 유지하면서 대중의 분노를 삭이고 실추된 국가 이미지를 되살리기 위해, 신정(新政)을 펴기도 하고 일본으로 유학생을 파견하기도 하였다. 1896년 청조가 처음 일본에 유학생을 파견한 뒤, 1899년에는 2백 명, 1903년에는 1천 명, 1905~1906년에는 총 8천여 명 이상이 되었다.1) 이들에게 일본은 어떤 의미가 있었을까?

　다양한 각도에서 중국을 구원하고자 하는 양무파나 변법파 또는 혁명파 등 지사들의 피난처이며 새로운 변혁을 꾀하는 창조적인 공간으로 활용되기도 하였던 일본은 중국과 거리가 가깝기도 하고 한자문화권 안에 있기 때문에 중국인이 쉽게 적응하며 배울 수 있는 곳이었다. 청조 신정의 일환으로 일본에 파견되었던 사람들은 군사기술을 배우고, 일본

추근

어를 익히며 근대 신사상을 배우기도 하였다. 그러나 1905년 과거제도가 폐지된 뒤 입신양명의 도구로 일본에 유학한 자들도 있었다.[2] 아시아 국가로서 서양의 근대화를 배워 성공한 일본에서 구국의 방법을 배우려는 당대 많은 중국 지식인들은 새로운 문물을 접할 국가로 일본을 선택하였다. 추근[秋瑾 : 1875, 1877 또는 1879~1907, 원명은 규근(閨瑾), 자는 선경(璇卿)]은 이러한 시대적 조류에 힘입어, 일본에서 신사상을 배우고 행동하는 혁명가가 되기 위해, 어린 자식들과 이상이 맞지 않은 남편을 중국에 남겨 두고 홀연히 떠났다가 신해혁명 전기 혁명열사로 역사에 이름을 남긴 여걸이었다.

그녀의 활동이 역사에 미친 영향은 그에 대한 다음과 같은 많은 평들이 잘 보여 주고 있다. 손문(孫文)은 '여자영웅'이라고 하였고, 채원배(蔡元培)는 선열의 용감한 희생은 결코 헛되지 않다고 기념비를 썼으며, 주은래(周恩來)는 여협(女俠)의 유산(遺産)을 이어받아 더욱 빛을 내자고 칭송하였고, 노신(魯迅)은 자신의 소설 《약(藥)》에서 중요 인물인 하유(夏瑜)의 원형으로 삼기도 하였다. 동맹회에 가입하여 신해혁명에 참여하였고 뒤에 공산당원으로 활약했던 오옥장(吳玉章)은 "중국 근대사에서 위대한 여자 영웅이 민족해방과 여성해방을 위해 생명을 희생하여 구민주주의 혁명시기 중국 여성혁명의 모범이 되었다"고 하였다. 사학가 범문란(范文瀾)은 〈여혁명가 추근(女革命家秋瑾)〉에서 추근과 담사동(譚嗣同)을 비교하여, 추근이 견지한 혁명의 길은 담사동보다도 고귀하다고 하였다. 이러한 추근은 문화대혁명 시기 4인방(四人邦)에 대항하며 한 사람의 삶과 죽음은 혁명을 위할 때만 의의가 있다고 외치며 희생되었던 장지신(張志新)을 떠올리게 한다.3) 추근은 자신의 삶을 불살라, 5·4운동 때에 지식인들이 입센의 《인형의 집》주인공인 노라의 가출을 선전하며 여성해방을 부르짖었던 것보다 더욱 적극적으로 행동하면서 구국의 길을 제시하고자 노력하였다.

추근은 변화의 중국, 혼란의 중국을 바로잡기 위해 3년(1904~1907년) 정도의 혁명생애를 굵고 짧게 살았다. 그러나 그녀가 활동했던 시간이 짧았고 자료의 한계로 말미암아 그동안 출생이나 사망시기 그리고 구체적인 활동시기 등이 논란의 대상이 되었다.4) 또한 추근에 대한 기존 연구는 여성해방론의 선구자인 추근을 부각시키는 데 초점이 맞추어졌다.5) 그러나 필자는 추근이 자신의 각성을 통해 실천해 왔던 많은 활동의 목적이 여성해방의 차원에만 머무르지 않았다고 생각한다. 어떻게 구국할 것인가 하는 것이 그녀가 추구하고자 했던 궁극적인 목적이었다.

이 글에서는 혼란과 변혁의 시기에 전통적인 윤리나 사회적인 관념의 속박을 받고 살았던 추근이 어떻게 구국의 꿈을 키워 왔고 실천하였는지에 중점을 두고자 한다. 또한 추근 당시 중국의 시대상과 그녀가 생각한 구국의 방법, 그리고 추근의 사상과 실천의 한계 그리고 역사적 의의를 분석함으로써 신해혁명 진기 추근이 구국을 위해 동분서주했던 활동가의 면모를 밝혀 보고자 한다.

2. '인형의 집'을 탈출한 추근

노르웨이의 극작가 입센이 1879년에 초연한 작품 《인형의 집》의 주인공 노라는 "아내이며 어머니이기 이전에 한 사람의 인간으로 살겠다"며 집을 뛰쳐나와 신여성의 대명사가 되었고, 여성해방운동이 여러 곳에서 불타오르는 계기를 만들었다. 《인형의 집》은 입센의 가장 뛰어난

154

작품임은 물론 세계 근대극의 대표작으로서 명성을 얻고 있다. 그러나 《인형의 집》을 쓴 입센은 '노라가 집을 나간 뒤 어떻게 했을까'라는 물음에 해답을 주지 못했다. 그런데 자신의 생명을 희생하면서 여성해방과 민족해방, 더 나아가 중국을 구하기 위해 적극적으로 실천하면서 그 답안을 제시한 여인이 바로 추근이다.

보편적으로 전통시대의 중국 남자는 정권(政權)·족권(族權)·신권(神權)의 지배를 받아왔다. 그러나 여자는 거기에다 부권(夫權)의 지배까지 받았다. 그러나 군주와 가장(家長)의 이중적인 압박과 모든 권력의 지배를 뒤로하고 새로운 삶을 위해 추근이 일본으로 떠났을 때, 일본에는 많은 중국인 유학생이 있었고, 유학생들 사이에는 양계초(梁啓超)와 강유위(康有爲) 등이 이끄는 입헌운동(立憲運動)의 열기와 손문이 이끄는 반만(反滿)혁명사상이 팽배해 있었다. 이러한 일본의 중국인 유학사(留學史)는 곧 근대 중국의 문화사요 정치사였다. 당시 비록 손문의 혁명사상이 호응을 얻으며 세력을 확대해 나가고 있었지만, 자본주의 열강들 가운데 여러 나라가 입헌군주제를 채택하고 있었으며, 과격한 혁명운동으로 열강세력이 중국을 분할할 수 있다는 우려, 그리고 강유위, 양계초 등의 입헌군주론이 중국에 미쳤던 영향 등으로 많은 사람들이 입헌군주론에 동조하고 있었다. 추근도 일본유학 이전에는 강유위, 양계초 등의 사상에 영향을 받았었다. 그러나 그녀는 일본에서 다양한 혁명활동을 전개하던 혁명파의 주요 인물인 도성장(陶成章)·노신·황흥(黃興)·손문 등과도 교류하면서 혁명 활동에 더 관심을 쏟았다.6)

추근은 절강성 소흥(紹興) 사람으로 복건성 하문(厦門)에서 태어났다. 당시 복건제독이던 추수남(秋壽南)의 딸이자 청 말 관료 집안의 규수로서 어릴 때부터 경사(經史)와 시문을 배웠고, 평소에 중국역사를 탐독했으며, 전설적인 영웅들을 숭배하고 사모하다가, 혁명에 뜻을 두고 난 뒤에는 스스로 '경웅(競雄)', '감호여협(鑑湖女俠)'이라 불렀다. 그녀는 이색적인 취미로 무술이나 검술을 좋아하여 일찍이 문무를 겸비한 인재로 성장하였다.7) 그녀는 서양인 가운데 나폴레옹과 워싱턴에 대해서도 잘 알고 있었으며 바이런의 시나 루소의 문장에도 익숙하였다. 또한 중국의 영웅을 좋아했을 뿐만 아니라 서양의 영웅 가운데 프랑스의 잔 다르크(Jeanne d'Arc)와 프랑스 대혁명의 여성 혁명가 롤랑 부인(Madame Roland), 러시아 혁명의 소피아(Sophia Perovskaya)의 이야기에 감동하였다. 그녀는 당시 중국을 풍미했던 엄복(嚴復)의 사회진화론 번역서의 영향을 받기도 하였으며, 서구의 여러 서적을 읽다가 자유평등을 논하는 새로운 지식과 사상을 접했다. 특히 영 알렌(Young Allen), 티머시 리처드(Timothy Richard)가 간행한《만국공보(萬國公報)》에서 여성 교육과 여성 체육의 중요성을 인식하기도 하였으며, 다양한 서양 사상을 접하면서 서양 여성의 자유와 남녀평등 사상에서 천부인권론을 재확인하였고, 강한 나라와 강한 종족의 형성은 반드시 여성에게 의존해야 하고 가정교육도 여성이 한다는 점을 되새기며 여성의 자립을 외쳤다.8)

'여성은 재능이 없는 것이 덕'이라고 여겨지던 중국의 전통적인 시대에 오히려 추근의 재능과 개성을 자유롭고 풍부하게 개발할 수 있도록 물심양면으로 지원한 사람이 바로 어머니 단(單) 부인이었다. 단 부인 자신은 전통적인 사회가 요구하는 교양이 몸에 배어 있었지만 딸인 추근에게 무예를 단련시키는 등 전통적인 관념에서 상상하기 힘든 '여자답지 못한 자유분방한 교육'을 허용하여 혁명가 추근을 탄생시키는 데 지대한 구실을 하였다.9) 비록 추근은 당시 전통적인 관습으로 결혼을 잘 하기 위해, 아니면 명문가의 규수임을 나타내기 위한 하나의 징표였던 전족(纏足)에서 자유롭지는 못했지만, 명문규수가 문무를 겸비하면서 성장할 수 있었던 것으로 보아 그녀의 집안이 상당히 개방적이었다고 볼 수 있겠다.

자유롭게 성장하던 추근은 아버지가 호남성 이금국(厘金局 : 상품 통과세를 징수하는 곳)으로 전근하자 1895년10) 상담(湘潭)으로 이사했다. 거기에서 그녀는 태평천국운동의 진압에 공을 세운, 근대 군벌의 개창

156

자(開創者)라고 할 수 있는 증국번(曾國藩)의 사촌인 왕폐신(王敝臣)의 아들 왕정균(王廷鈞)과 결혼하여 아들(沅德)과 딸(燦芝)을 낳았다. 왕폐신은 증국번의 출세로 땅 수십 무(畝)와 백여 칸의 집을 가지고 있고, 고리대금업을 했던 부호였다. 1900년에는 남편의 관직을 따라 북경으로 이주하였으며, 비록 남편의 방탕한 생활로 행복한 결혼이라고 보기는 힘들었어도 북경에서 알게 된 친구 오지영(吳芝瑛)을 통해 신문화와 새로운 사상을 접할 수 있었다.

이와 같이 겉으로 드러난 모든 조건으로 보면, 추근은 틀림없이 당시 중국에서 상위 몇 퍼센트 정도에 드는 행운아요 행복한 여성이었다고 할 수 있겠다. 그럼에도 추근은 외면적으로 보이는 모든 행복을 돌연 박차고 인형의 집을 탈출할 계획을 세웠다. 추근은 당시 기준으로 볼 때 파격적인 이혼을 원했고 자신의 이상을 실현하고자 유학자금을 마련하였다. 1899년에 처음으로 중국 여학생이 일본 유학을 시작하여, 1902년에는 그 수가 10여 명11) 가량이었던 것으로 보아, 추근(1904년에 유학)은 초기 일본에 유학한 여성 선각자들 가운데 한 사람이라고 할 수 있겠다. 과연 무엇 때문에 추근이 모든 것을 과감하게 박차고 새로운 삶을 살려고 결단하게 만들었는가?

추근 인생의 전환점은 호남성에서 왕정균과 결혼한 데 있었다. 여걸의 기풍이 있었던 추근과는 달리 남편 왕정균은 여자를 닮은 인상이었으며, 두 사람의 관계는 사상적, 감정적으로 원만하지 못하여 추근의 결혼생활이 매우 적막하고 무료했다.12) 그 일면을 보여 주는 것으로 오빠 여장(譽章)에게 보낸 편지에서, 추근은 남편이 신의와 정의(情誼)가 없고, 주색잡기와 도박과 거짓말을 하며, 자기의 이익을 위해 타인에게 해를 입히고, 친척을 능멸하는 등의 악습은 평생 가야 바뀔 수 없다고 극언을 할 정도였으며, 심지어는 금수만도 못하다고 하였다. 그녀는 또한 "내가 만약 좋은 배우자를 만났다면, 서로 절차탁마하여 7~8년 동안 학업에 힘써서 지금처럼 면목이 없지도 않았을 것이고, 다른 사람보다 훨씬 우수한 실력을 보여서 우리 부모형제의 자랑이 될 수도 있었을 텐데"13)라고 후회와 자조 섞인 말을 하였다. 이러한 말들은 그녀가 전통적인 관례에 따라 부모님이 정해 준 배필과 결혼하였지만 서로 이상이 맞지 않아 추근이 꿈꾸어 왔던 결혼생활이 되지 못했던 것을 여실히 보여주고 있다.

게다가 추근 시부의 세 부인들 가운데 성격이 포악한 굴(屈) 씨가 면박을 잘 주었기 때문에 추근의 시집살이가 고되었다. 추근이 "구습은 가장 부끄러운 일이니 여자는 소와 말과 다름이 없다"14)고 인식하게 된 것도 시댁의 원만치 못한 가정환경과 관련이 있다. 추근은 이 세상에서 가장 처참하고 위험한 글자가 '흑암(黑暗)'이라고 생각했다. "흑암 속에는 시비(是非)가 없으며, 식견(識見)이 없고, 인간세계에 있어야 할 모든 사상과 행동이 없다. 위험한데도 위험한 것을 깨닫지 못하는 것은 참으로 위험한 것이며, 위험한데도 위험한 것을 알지 못하는 것이야말로 큰 흑암이다"15)라고 그녀는 생각하였다.

추근이 인식한 흑암은 자신의 처지뿐만 아니라 중국 여성 더 나아가 중국이 흑암상태에 있다고 인식하였다. 그러나 위험을 깨닫지 못하면 더욱 큰 흑암으로 빠지는 것이기에 추근은 등을 밝혀 무수한 중생(衆生)을 피안(彼岸)으로 이끌어 가려는 생각을 키워 왔다.16) 그녀는 언젠가는 그 뜻을 반드시 이루리라 생각하며 현실에 안주하지 않았다. 왜냐하면 추근의 '흑암'이라는 인식에는 자신의 원만치 못한 결혼 생활뿐만 아니라 당시 중국이 당면하고 있던 어려운 시대상도 포함하고 있어서, 이러한 요소들이 곧 추근을 실천적인 행동으로 이끈 원동력이 되었기 때문이다.

그녀는 신문화에 관련된 책을 읽고 토론하면서 지식의 폭을 확대하였고, 1900년 의화단 운동 이래 중국의 참담한 현실을 구하기 위해서는 좀 더 적극적으로 방법을 강구해야 한다는 생각에 일본 유학을 결심하였다. 1904년 일본 동경유학생회관에서 설립한 강습소에서 일본어를 배우며 절강·호남 동향회 집회 등에 자주 나가 혁명구국과 남녀 평등사상을 연설하기도 하였다. 공애회(共愛會)·10인회(十人會)·3합회(三合會) 등에 참가하면서 혁명 활동을 하였으며,《백화보(白話報)》를 창간하여 다양한 언론활동을 하였다.

1905년 일어강습소를 졸업한 뒤 동경 청산실천여학교(靑山實踐女學校) 부설 청국여자속성사범학교(淸國女子速成師範學校)를 다니다가 유학비용을 마련하려고 잠시 귀국해 상해에서 채원배, 서석린 등을 만나 광복회에 참가하기도 하였다. 7월에 일본으로 돌아와 청산실천여학교에서 공부하면서 중국동맹회에 가입하여 절강성 책임자 노릇을 하기도 하였지만, 1905년 11월 일본정부가 청조의 요청으로 청국유학생취채규칙(淸國留學生取締規則)을 공포하자 이러한 조치에 항의하여 중국으로 돌아왔다. 1907년 1월 상해에서《중국여보(中國女報)》를 창간하여 여권 신장과 혁명을 부르짖었고, 뒤에 소흥(紹興)으로 가서 대통(大通)사범학당을 운영했다. 또한 광복회와 연락을 맺고 광복군을 조직하여 서석린(徐錫麟)과 함께 절강성과 안휘성에서 거사를 준비했으나, 1907년 7월 6일 서석린이 안경(安慶)에서 체포되어 봉기는 실패하였고, 추근도 체포되어 소흥 헌정구(軒亭口)에서 처형되었다.

3. 추근 당시 중국의 시대상

추근은 복건성 하문(廈門)에서 자랐기 때문에 아편전쟁 뒤 점차 확대되어 온 서양 제국주의 세력과 중국의 관계에서 나타난 많은 모순을 보고 경험할 수 있었다. 추근의 할아버지는 1879년에 하문 해방청(海防廳)에 근무하였는데, 당시 외국과 통상 항구로 개방된 하문은 중국이 마음대로 통제할 수 없는 상황이었다. 영국·프랑스·포르투갈의 선교사들과 중국인들의 갈등은 중국인 관료도 속수무책인 상태였다. 이러한 형세를 개탄한 할아버지는 관직을 사임하고 귀향하였다. 추근의 아버지는 거인(擧人)이 되어 복건성 민후(閩侯)현의 지현(知縣)을 지냈기 때문에 복건지역에서 느낄 수 있는 서양열강의 힘은 추근에게 나름대로 강한 인상을 주었다.

아버지의 전근으로 추근이 호남성에 왔을 무렵, 유신파 인사 진보잠(陳寶箴)은 호남 순무(巡撫)로서 안찰사 황준헌(黃遵憲)과 학정(學政) 강표(江標)와 함께 신정(新政)을 대대적으로 선전하였다. 호남성은 전역에서 신학문과 학회 설립이 성행하여, 전국에서도 가장 활발하게 유신활동이 전개되었던 성이었다. 당시 학회·학당·신문관(新聞館)(지학공회(地學公會), 남학회(南學會), 시무학당(時務學堂), 교경학당(校經學堂), 무비학당(武備學堂), 부전족회(不纏足會), 상학보(湘學報), 상보(湘報)) 등은 신정을 펴고 유신변법사상을 전파하는 데 매우 중요한 구실을 했다. 애국주의를 제창하고 서양과학문화를 소개하며 민권에 대해 선전한 유신변법사상이 풍미했던 호남성의 새로운 사회사조가 추근의 사상형성에 영향을 미쳤다고 볼 수 있다. 그것은 추근의 편지17)에서 호남 유신파 인사였던 당재상(唐才常) 등을 언급한 것을 보아도 알 수 있다.

추근은 유신변법사상이라는 새로운 사조에 따라 변화하는 중국을 경험했고, 사회의 혼란과 부패를 직시하기도 하였다. 그녀가 호남성에서 부호의 아들 왕정균과 결혼할 때의 중국은 청일전쟁에서 패하여 제국주의 침략이 차츰 격화되고, 청조의 위신은 땅에 떨어지고 있었다. 더불어 오랜 전통의 과거제 폐지론이 나오고 새로운 학문 교육의 필요성이 절실하게 요청되는 전환의 시기였다. 이런 변화와 혼란의 틈을 타 관직의 기강이 무너져 내리고 있을 때 남편은 과거시험에 합격하여 관직을 얻은 것이 아니라, 북경의 요인에게 상납하여 부랑(部郎)이라는 관직을 샀고 그 때문에 북경으로 이사하게 되었다. 남편 자신의 실력으로 시험에 합격하여 관리가 된 것이 아니라 돈을 주고 관직을 샀다는 사실에서 추근은 청조 통치체제의 총체적인 부패상을 가까이서 볼 수 있었다.

추근은 또한 북경에서 남편과 같이 근무하는 염천(廉泉)의 부인 오지영(吳芝瑛)과 가까이 지내면서 신문화에 관한 책도 많이 읽고 시문을 지으며 시사를 담론하였고 다양한 인사들과 교류하는 폭도 넓어졌다.[18] 이렇게 사상과 지식의 폭이 확대되고 있던 차에 추근의 생각을 좀 더 다듬을 수 있게 한 사건이 1900년의 의화단운동이었다.

격화된 열강의 침략 아래 놓여 있던 당시 중국은, 서양 공업제품의 유입에 따른 영세수공업의 파괴로 민중들의 생활이 피폐해지고 실업자들이 많이 발생하자 저항의식이 싹텄을 뿐만 아니라, 기독교 포교를 둘러싸고 외국인들과 마찰이 끊이지 않았다. 설상가상으로 북중국에 심한 가뭄이 엄습하여 실업자와 궁핍한 농민들이 비밀결사와 연계하게 되었다. '의화단'으로 대표된 성난 민중들이 부청멸양(扶淸滅洋)을 외치며 북경까지 진출하자, 8개국 연합군이 출병하여 수도 북경을 함락하여 청조는 다시 한번 굴욕적인 조약을 맺게 되었다. 이때 추근은 청조의 무능과 부패로 말미암아 연합국이 중국 내정을 간섭하고 중국의 주권을 짓밟으며 국가 위신을 추락시키는 것을 보고 충격을 받아 국가의 장래를 염려하며 혁명의 불씨를 키우게 되었다.[19]

당시의 울분을 추근은 다음과 같은 시로 나타내었다. 〈북방의 전란은 언제 끝날까, 외국과의 싸움은 여전히 계속되고 있는데, 어두운 방에서 우국의 한을 품지만 두건을 투구로 바꾸기가 어려우니〉.[20] 〈몸은 남자보다 강하지 못하지만, 마음은 오히려 남자보다 강렬하다〉.[21] 이 시에서 추근은 비록 몸은 여자지만, 구국의 의지는 남자보다 강렬함을 나타내었다.

추근은 또한 동지들에게 보낸 편지에서 "나는 경자(庚子) 이래로 이미 나의 생명을 고려하지 않았으며, 성공을 못하고 죽어도 내가 후회하지 않으리라"[22]고 혁명정신을 토로하였다. 여기에서 '경자 이래'는 단순히 의화단운동의 진압시기 뿐만 아니라, 1900년 당재상의 자립군(自立軍)기의와 혜주(惠州)기의, 1902년 홍전복(洪全福)의 광주기의, 1904년 화흥회(華興會)의 장사(長沙)기의 등 일련의 혁명적인 사건을 모두 포함하는 것 같다. 그리고 그러한 사건들은 추근의 혁명적 구국 결심을 더욱 굳게 해 주었던 것 같다.

추근은 북쪽 오랑캐인 만주족이 중화의 주인이 된 것을 한족의 수치로 여겨, 한족(漢族)의 생존을 확보하기 위해 또 한족의 시조인 황제를 기억하기 위해 '황제기원대사표(黃帝紀元大事表)'를 만들어 한족사상(漢族思想)을 고취하려 하였다.23)

항주 서호(西湖)의 추근 묘

또한 어렸을 때부터 영웅호걸에 관심이 많았던 추근은, 그녀의 시문(詩文)에서 살펴볼 수 있듯이, 진양옥(秦良玉)·심운영(沈雲英)의 활약상, 양홍옥(梁紅玉)이 적을 물리치기 위해 전쟁에 참가한 것, 여성이라는 굴레를 뛰어넘어 화목란(花木蘭)이 남성 못지않게 싸운 것24)에 감명을 받았으며, 혁명을 위해 스스로 희생할 것을 굳게 다짐하였다.

당시 북경에는 많은 청년들이 중국의 비운과 동포의 고통에 가슴 아파하며 비밀리에 단체를 조직하여 혁명사상을 선전하는 등 다양한 활동을 하고 있었다. 추근도 북경에서 이러한 비밀단체에 가입하여 반청소조직활동(反淸小組織活動)을 하였다. 이 활동에서 강유위·양계초 등의 무술정변(戊戌政變)과 그 사건으로 구속되었던 왕조(王照)의 사정을 들은 추근은 비록 직접적으로 그를 알지는 못하였지만 왕조가 석방될 수 있도록 노력하였다.25) 그러나 추근은 북경에서 활동하는 것에 만족하지 않았다. "그 시작은 미미하나 그 마침은 매우 크리라"26)고 생각한 추근은 미래를 꿈꾸며 구국의 방책을 찾기 위해 일본에 가서 공부하며 활동하였던 것이다.

4. 구국의 방법과 실천

추근은 개인적인 경험과 시대의 요청에 따라 중국을 구하고자 하는 생각이 더욱 구체화해 적극적인 실천으로 나타나게 되었다. 추근이 생각한 일차적인 구국의 방법은 남성과 가정으로부터 '자립(自立)'하는 것이었다. 그러기 위해서는 여성도 학문을 해야 한다고 믿었다. 추근은 평소 지론으로 "여성도 마땅히 학문하여 자립해야 하며 일일이 남성에게 신세를 지는 것은 부당하다. 오늘날 젊은 청년들이 혁명, 혁명하며 말하고 있지만 나의 혁명은 가정으로부터 시작하는 이른바 남녀평등이다"[27]라고 말했다.

그러나 추근은 단지 자신만의 해방에 만족하지 않았다. 자신의 이런 주장이 중국 전역에 확대되어 여성교육을 강화하는 단계에 이르도록 노력하였다. 추근과 절친한 오지영은 "동생은 남들이 들어 이상하게 여길 만한 이야기는 삼가는 것이 좋겠어"라고 충고하였다. 그에 대해 추근은 오히려 "언니, 이상하게 여기지 마세요. 내가 가진 이러한 뜻은 여성 교육이 흥성하면 수십 년 뒤에 반드시 그 목적을 달성하게 될 것입니다. 그것을 주장하는 자가 없다면 누가 계속하겠습니까?"[28]라고 당당하게 대답하여 선각자의 면모를 보여 주었다.

추근의 생각은 개인의 해방과 자립에 만족하지 않고 사회적인 자립과 해방을 중국의 모든 여성으로 확대해 나가고자 하였다. 그녀가 '천족회(天足會)'를 설립하여 전족의 악습에 반대하는 운동을 폈던 것도 같은 맥락에서 이해할 수 있겠다.[29] 이러한 활동이 무지한 중국인들을 자각시켜 민족정신을 깨우치는 데까지 나갈 수 있는 효과를 창출하기 위해 활용되었던 방법으로, 말하는 자의 감정과 열정을 생생하고 쉽게 전달할 수 있는 연설이 매우 유용하였다. 그녀는 어느 곳에서나 자유롭게 천하의 상황을 설명할 수 있고, 돈 들이지 않고 많은 사람이 들을 수 있으며, 무식한 사람도 쉽게 이해하여 군대를 조직하거나 민중을 동원할 수

있는 연설의 장점을 살리고 활성화하기 위해 '연설(演說) 연습회'도 조
직하였다.30)

　추근이 생각한 구국의 두 번째 방법은 학문을 익히고 구체적으로 반
청(反淸)단체 등과 관계하면서 활동하는 것이었다. 일본에 유학한 추근
은 일어 보습소에서 일어를 배우고, 청산실천여학교부속 청국여자사범
공예속성과에 다니며 자유로운 사상과 신문화의 물결을 경험하였다. 그
녀는 절강동향회(同鄕會)에 가입하여 활동했을 뿐만 아니라 비밀단체인
십인회, 요코하마[橫濱] 삼합회에 가입하여 폭탄 제조술 등을 배웠다.
또한 손문이 이끄는 반청혁명결사인 중국혁명동맹회에 가입(1905년)하
였다.31) 이들 단체는 반청(反淸)이 목적이어서 '황제기원대사표'까지 작
성하며 반만사상을 불태웠던 추근이 참여하는 것은 자연스럽다고 할 수
있겠다. 이 시기 일본에서 추근과 비밀결사의 관계와 활동경험은 그 뒤
추근이 중국에서 무장기의(武裝起義)를 일으킬 준비를 하면서 중국 안
의 비밀결사들과 연락하는 데 중요한 구실을 했다.

　추근의 실천은 자신의 자각뿐만 아니라 사회적인 개화에까지 미쳤기
때문에 동경의 각급 학교에 재학 중인 여학생들을 중심으로 한 공애회
(共愛會) 등 여성단체 활성화에 주력하기도 하였다. 공애회는 "중국 2억
여성들을 구제하고 그 고유의 특권을 회복함으로써 국가 사상을 갖추어
스스로 국민의 천직(天職)을 다할 수 있는"32) 목표를 이루기 위해 설립
된 근대중국 여성계의 최초 자선단체로서 "청조에 대항하여 중원을 회
복"하고자 하였다. 그녀는 모임이 있을 때마다 여권신장과 반청사상에
대해 열변을 토하였고, 이런 사상을 전파하고 정치의식을 고양하기 위
해 동경에서 《백화보》(1904년)를 창간하였다. 새로운 사상을 일본에서
유학하는 사람들만 공유할 것이 아니라, 국내의 여성들에게도 알려 그
들의 의식개혁에도 주력하였던 것이다. 또한 일시적으로 일본에 온 중
국인 여성들을 개화시켜 전통의 굴레에서 벗어날 수 있도록 도와주며
여학교에서 공부할 수 있도록 학비를 마련해 주는 일도 하였다. 그리고

164

남의 첩이 될 사람을 설득하여 생각을 바꾸게 하기도 하였다.33)

그렇다면 중국인 여성들이 자립하고 남성의 통제에서 벗어나 학문하는 것이 구국과 어떤 관계가 있는 것인가? 1905년 6월《여자세계》에 실린〈호남제일여학교에 보내는 편지〉34)에서, 그녀는 여성이 남성의 압제에 침몰되어서는 안 된다고 강력하게 호소하고 있다. 남성의 통제에서 벗어나려면 자립해야 하고, 자립하려면 학문을 하여 모두가 기술을 가지고 생활을 도모하여 놀고먹는 사람이 없어야 한다. 그렇게 된다면 국가가 강성하지 않을 수 없다는 것이다. 즉, 그녀는 국가를 강성하게 만들려면 여성들이 일어서야 한다는 것이다. 추근은 이러한 사상을 외치는데 그치지 않고, 이런 뜻으로 일본에 유학하고자 하는 사람이 있다면 적극적으로 모든 편의를 도모해 주고자 하였다.

또한 추근은 일본에 유학한 많은 남성들이 아무런 사상이나 자각도 없이 장차 통역이나 매판(買辦)에 종사할 인물밖에 안 되는 것을 가슴 아파하였다. 많은 학생들이 일본 유학을 임관이나 하고 고속 승진할 수 있는 지름길 정도로만 여기는 세태를 진보라고 볼 수 없다고 통탄하였다.35) 이미 본질을 잃어버린 수많은 유학생의 전철을 여성계가 되밟아서는 안 된다고 호소하면서 여성계에 희망을 걸고 구국의 길로 나가고자 하였던 것이다.

그녀의 분명한 논조는〈중국 2억 여성 동포들에게 경고한다[敬告中國二萬萬女同胞]〉에서 확인할 수 있다. "여러분은 나라가 망하려고 하는 것을 압니다. 남성들 자신이 어쩔 줄을 모르고 있는데, 우리들은 아직도 그들에게만 의지하고자 합니까? 우리들 자신이 분기하지 않아 나라가 망하면 그때는 늦습니다."36) 그러나 여성계가 아직 깨어 있는 상태가 아니기 때문에, 새벽종이 울리고 동쪽의 해가 떠올랐어도 숙취에 빠져 있는 이들에게 풍랑에 휩쓸려 침몰해 버리지 않도록 방침을 정해 나아가고자 하였다. 그것이 신문잡지를 활용한 여성의식 개혁이었고, 이로써 그녀는 2억 여성을 단결시킬 수 있는 총기관(總機關)을 만들어 대광명

(大光明)의 세계로 나아가고자 하였던 것이다. 추근은 여성계가 각성하여 잠자는 사자를 깨워 전력 질주하게 만들어서, 문명을 선도하고 광명을 비추어 전 인류가 놀라게 하고자 뜻하였던 것이다. 추근은 자신의 의식개혁에서 중국인 여성의 의식개혁으로 나아가는 것이 국가를 강성하게 만드는 지름길로 인식하였던 것이다.

추근이 생각한 구국의 세 번째 방법은 반청혁명이었다. 그녀의 반청사상은 "입으로는 크게 입헌을 내세우고 있지만 여전히 전제(專制)가 자행되고 있다. 명목상으로는 만한(滿漢) 집권체제를 이룬 것 같지만 사실 한족(漢族)은 착취를 당할 뿐이다. 남북 병권(兵權)은 이미 전적으로 만주 노예[滿奴]의 손으로 조종되고 천하의 재부(財富)도 한쪽으로만 집중되어 가고 있다"37)는 말에 잘 드러나 있다. 그녀는 청조가 한족을 완전히 제압해 기를 펴지 못하게 한 것을 부각함으로써 반청사상을 구체화하고자 하였다.

청조에 대한 분노와 항거는 그녀의 짧은 일본 유학생활에서도 멈추지 않았다. 1905년 청조와 일본이 합의하여 일본에 있는 중국 유학생의 활동을 제한하는 〈청국유학생취체규칙〉이 선포되자, 추근을 비롯한 많은 학생들이 강력하게 항의하고 동맹휴학을 결의했을 뿐만 아니라 학업을 중단하고 귀국하여 혁명운동에 참가하자는 의견을 내기도 하였다. 그 가운데 추근은 강력한 귀국파로 1905년 당시 많은 학생들과 함께 귀국하였다.

귀국한 뒤 추근은 상해에서 중국공학(中國公學)을 통해 중국혁명동맹회의 비밀연락사무를 맡기도 하였고, 예진학사(銳進學社)를 결성하기도 하였으며, 1906년에는 호주(湖洲)의 심계(潯溪)여학교에서 교편을 잡기도 하였다. 또한 소흥(紹興) 대통(大通)학당의 교무를 보면서 학생들을 훈련하고 비밀결사들과 연락하면서 혁명파와 비밀결사 단체들을 결집하고 연결하는 일을 하면서 구체적인 무장기의를 준비하였다. 특히 대통학당은 절강성 출신으로 광복회에서 활발하게 혁명운동을 하던 서석린이 혁명의 거점으로 세운 학교로서, 추근은 이 학교를 군사적 기반으로 삼아 여학생에게 여식(女式)체조교육과 병기를 다루는 훈련도 실시하였다. 여자체육교육을 실시하면서 여성 비밀결사회원들을 적극적으로 포섭하여 이들을 여성 혁명가로 단련시키고 더 나아가 여성국민군을 조직하려 했다. 그녀는 여성도 나라를 위해 종군하는 것이야말로 '의무의 남녀평등'이라고 인식하였던 것이다.

추근은 서석린과 더불어 대규모 반청기의(反淸起義) 작전을 준비하며, 절강의 혁명군사조직을 통일하기 위해 '광복군군제(軍制)'를 편성하고 '광복군기의격고(起義檄稿)'를 써서 무장봉기를 선언하였다. 이 비밀문서는 '보고동포격고(普告同胞檄稿)'와 더불어 기의 전에 인쇄할 예정이었는데,[38] 1907년 7월 안휘성 안경(安慶)에서 서석린의 거사가 실패함으로써 연루된 추근은 체포되어 "가을바람 가을비로 수심에 싸인다"란 말에 못다 한 혁명의 여운을 남기고 1907년 7월 17일에 처형되었다. 추근은 비록 죽더라도 다시 살아날 것을 믿으며 자신을 희생하는 영웅적인 삶으로 그 책임을 다하고자 하였다.[39] 반청혁명으로 한족의 운명을 새롭게 하여 구국하려고 몸부림쳤던 추근은 "후일에 이름을 날리리라"[40]고 다짐했던 것처럼 그렇게 역사에 이름을 남겼다.

5. 맺는 말－추근 사상의 한계와 역사적 의의

사회혁명을 하려면 가정 혁명을 해야 하고, 가정 혁명을 하려면 먼저 자신의 혁명이 필요하다. 개개인의 인격적, 사회적, 경제적 독립이 '국민을 창출'하여 새로운 국가사회를 건설하는 데 바탕이 되기 때문이다. 이와 같은 새로운 사회를 창출하기 위해 여성이라는 전통적인 인형 노릇에서 벗어나 진보적 혁명가로 실천해 온 추근이지만 자신의 개인적, 시대적 한계를 완전히 탈피하지는 못하였다.

첫째, 추근은 궁극적인 구국을 청조타도에서 찾음으로써 종족혁명에 집착하였는데, 그것은 어디까지나 반만혁명을 위한 것이지 봉건적 전통체제를 타파하고 여성해방으로 새 사회를 창출한다는 인식이 분명한 것은 아니었다.

둘째, 추근은 구국의 방법으로 여성들의 각성은 요구하였지만 남자들의 인식변화와 함께 사회제도의 총체적인 변화까지 요구하지는 않았다. 그 결과, 신해혁명 뒤 건립된 중화민국이라는 신체제 아래 남녀평등 사상과 참정권 등이 구체적으로 제도화하지 못하였다. 물론 당시 전체적인 사회적 변화와 성숙도의 한계나, 또한 혁명 활동을 했던 여성들이 소수였던 점, 또 그 활동지역이나 대상의 범위가 좁았고, 소수 일부를 빼고는 문화수준이 그렇게 높지 못했으며, 통일되고 집중적인 조직을 구성하지 못했던 것도 더불어 고려되어야 할 것이다.

셋째, 추근은 일본에 대한 비판적 수용과 제국주의에 대한 인식이 부족했다. 이를 반증하는 것으로 추근은 〈호남제일여학교에 보내는 편지[致湖南第一女學堂書]〉에서 중국인이 유학해야 할 가장 좋은 지역으로 일본을 꼽았고, 일본이 사상적으로 자유롭고 여성도 대우 받고 사는 것처럼 선전하였다. 일본은 여성 교육이 흥성하고 여성이 남성에게 기대지 않고 기술을 익혀 놀고먹는 자가 없기 때문에 부국강병하다는 논지를 폈다. 더구나 추근은 〈나의 동포에게 경고한다[警告我同胞]〉에서 러일전쟁을 위해 출정하는 일본 군인을 보고 분노보다는 오히려 일본인이 자기 생명을 희생하면서 나라를 위해 싸우는 모습과 그런 군인들을 환송하는 일본 국민들에게 감동을 받았다.

추근의 구국사상에 이와 같은 한계가 있었지만 그녀의 활동이 역사에 미친 영향은 매우 컸다. 추근이 혁명적인 민족해방 투쟁에서 희생된 최초의 여성은 아니었다. 1900년 다재상의 한구(漢口)기의 실패 때 주복정(周福貞)·모지향(毛芷香)·유자방(劉慈芳)이 희생되었고 그 뒤 다수의 희생자가 있었지만, 추근의 영향력은 이들을 능가하는 것이었다. 이러한

추근을 객관적으로 평가하기 위해 먼저 당시 중국 여성 지식인들의 보편적인 특징을 3가지로 살펴보자.[41]

먼저, 그들은 대체적으로 명문 규수나 부호 출신 또는 남편이 거상 등으로 혼인이나 전족 등의 문제로 전통적인 속박을 받은 경험이 있었기 때문에 가정의 혁명을 중시하였다. 또한 이들은 신지식을 접할 수 있는 기회가 있어서 천부인권론이나 자유·민주·평등 등의 의식이 있었기 때문에 전통적인 속박을 거부할 수 있는 의식이 강렬하고 분명한 사람들이었다.

다음으로, 20세기 초 선각 여성들은 중국 2억 여성의 해방이라는 무거운 짐을 어깨에 지고 각종 단체를 조직하고 신문 창간 등 광범위한 선전 활동으로 여성의 자주와 자립 등 독립인격의 배양을 위해 노력하였다.

마지막으로, 청조의 무능과 부패를 인식하였으며 유신변법운동이 실패하자 외부에서 구국의 진리를 찾고자 노력하였다. 구국의 진리를 추구하고 그것을 견지하기 위해 스스로 희생하는 것을 마땅하게 여겼다.

당시 여성들이 활동하기에는 사회적, 제도적 환경이 열악하였지만, 신해혁명 전기의 수많은 여성 지식인들은 개인의 각성에 그치지 않고 구국을 위해 자기를 희생하는 것으로 국민으로서 의무를 다하고자 노력하였다. 그러나 그들에게 구국할 의무는 있었으나 평등한 권리를 누릴 수는 없었고, 생명을 다해 공헌할 수는 있었으나 그에 상응하는 사회적 지위를 누릴 수는 없었다. 그렇지만 자신을 희생하며 자립·평등·구국을 갈구했던 선각자의 외침이 있었기에, 뒤를 이어 사회적 변화를 꾀하는 움직임이 계속될 수 있었던 것이다. 당시 여성 지식인들의 보편적인 특징 가운데서도 추근의 사상과 활동이 영향력 있다고 평가되는 이유는 다음과 같다.

첫째, 추근의 죽음을 기념하기 위해 《신주여보(神州女報)》[42]라는 잡지가 출판되었을 뿐만 아니라, 그녀의 혁명정신을 이어받은 많은 여성들이 신해혁명과 참정권 운동에 참여하여 여성들의 권리를 찾는 데 노

력하였다. 비록 중화민국 약법(約法)이 남녀평등을 보장하게 만드는 데
는 실패하였으나, 1912년 광동성에서는 원세개 정권이 성립되기 전까지
영국보다 앞선 중국 최초의 여성참정권이 획득되기도 하였다.

둘째, 추근이 주장했던 여성의 종군이 '의무의 남녀평등'으로 인식되
어 신해혁명 때 많은 여성들이 직접 혁명에 참여하게 되었고, 그녀가 그
토록 조직하려고 하였던 여성 혁명군도 조직되었는데, 추근의 학생이었
던 윤예지(尹銳志)·윤유준(尹維俊) 자매가 절강(浙江)여자군을 만들어
항주기의에 참가하였다. 그밖에 여자국민군, 중화여자경진회(中華女子
競進會), 의무계(醫務界)여자후원회, 여자북벌결사대, 여자군단, 여자북
벌군, 여자군사단, 동맹여자경무연습대(同盟女子經武練習隊)등이 결성
되었다.43) 특히 여자북벌결사대는 추근의 정신에 감명 받아 혁명운동에
참가한 단체로, 추근의 영혼 위로를 목표 가운데 하나로 선언하였던 점
에서 추근의 영향력을 살펴볼 수 있겠다. 이러한 여자 군대는 청조를 타
도하는 데 어느 정도 공헌을 세웠다. 이 시기 혁명적인 활동을 했던 여
성들은 민족주의로 말미암아 정치운동에 참여하게 된 1세대들이라고 할
수 있겠다.

셋째, 추근의 삶은 혁명가들에게 정신적인 지주가 되었다. 추근의 희
생은 광동·홍콩·마카오 여성계에 영향을 주어서 많은 여성들이 혁명
운동에 참가하는 계기가 되었다.44) 전통적인 여성관에 지배받고 있던
중국인에게 도전장을 던졌던 추근은 모든 남녀 중국인에게 천 마디 혁
명선전문구보다 더욱 강한 삶 그 자체로 보여 준 선전도구가 되어 신해
혁명 정신에 이어졌다. 추근 기의의 실패는 주변 지역 비밀결사 조직에
큰 타격을 주었지만, 오히려 이들을 격노케 하여 혁명당원과 여러 세력
들이 통일작업을 촉진하는 계기가 되었으며 계속해서 기의할 수 있는
원동력이 되었다. 다양한 기의의 잇단 실패는 대중의 투쟁을 증대시켜
이들의 임무를 고려하게 되었으며, 비밀결사 중심의 여러 기의의 실패
는 군사적 관점에서 당시 여러 성에서 근대적 무장으로 훈련을 받았던

신군과도 연합하는 계기가 되었다. 추근의 영향력은 단순히 신해혁명 시대에서 그치는 것이 아니라 그 뒤 중국 현대사의 각종 혁명에 뛰어드는 여성의 표상이 되었다는 점에서도 중요하다.

그렇다면 20세기 초 예술가·혁명가·교육가로서 자질을 한 몸에 겸비하고 성숙한 결과를 끌어낸 추근은 새롭고 진보된 시대상을 제시하기 위해 몸부림쳤던 실천하는 혁명가, 근대국가의 시민이 될 수 있는 권리를 남성과 동등하게 누리기 위한 기초를 닦는데 일생을 바친 선각적 여성 해방운동가라고 할 수 있겠다. 그러나 자신의 삶을 불살라 완성하려고 했던 그녀의 궁극적인 목적은 위기와 혼란에 빠진 중국을 반청혁명으로 구하려는 것이었다. 그것을 실천하기 위해 단계적으로 활용되었던 자립과 여성해방 등의 방법은 마땅히 실천적 구국혁명을 이루기 위한 과정으로 이해되고 평가되어야 할 것이다.

■ 주 ──────────────

1) 王燕梅, 〈淸末留日學生及其革命活動〉, 《靑海師範大學學報》, 1989. 1., 55쪽.
2) 王燕梅, 앞의 글, 1989, 54~55쪽 ; 陳宇翔, 〈淸末留日學生的政治傾向〉, 《社會科學戰線》, 1991. 4., 203쪽 ; 夏風, 〈淸末留日敎育産生發展的主要原因及其分析〉, 《敎育評論》, 1987. 4., 49~53쪽 ; 石井洋子, 〈辛亥革命期の留日女學生〉, 《中國關係論說資料》 제26호 3분책 상.
3) 추근에 대한 평가는 다음의 글들을 참조할 것. 柯靈, 〈秋瑾烈士百年祭〉, 《中國婦女》, 1979. 11. 15. ; 謝獄, <女革命家秋瑾>, 《中國婦女》, 1979. 11. ; 許錚, <辛亥革命前的革命家：秋瑾>, 《歷史敎學》, 1980. 4. ; 平慧善, 《秋瑾》, 南京 : 江蘇古籍出版社, 1984, 76~77쪽.
4) 추근의 생년월일에 대한 고증은 다음의 글들을 참조할 것. 邵雯, 〈秋瑾出生年代初考〉, 《歷史硏究》, 1978. 11 ; 晨朵, 〈關於秋瑾的生年, 卒歲和生地〉, 《華東師範大學學報》(哲學社會科學版), 1981. 3 ; 李景光, 〈秋瑾生年考〉, 《遼寧大學學報》, 1983. 2.
  추근의 활동에 대한 것으로는 다음의 글들을 참조할 것. 洪克夷, 〈談秋瑾硏究中的一個問題 : 兩次東渡日本與回國的問題〉, 《杭州大學學報》, 1979. 12 ; 郭長海, 〈瑾疑事考〉, 《紹興師傳學報》, 1981. 4 ; 郭延禮, 〈瑾入光復會先於同盟會考〉, 《學術月刊》, 1982. 3 ; 郭長海, 〈秋瑾持槍拒捕考〉, 《學術月刊》, 1982. 12 ; 樽本照雄, 〈瑾來日考〉, 《中國關係論說資料》 제26호 3분책 하.
  湖南 거주 시기에 대한 것으로는 郭延禮, 〈秋瑾入湘居湘考〉, 《近代史硏究》 1982. 1, 北京 : 中國社會科學出版社.

5) 이에 관한 연구로 한글로는 다음의 글들을 참조 할 것. 정세현, 〈반청 여성 추근의 생애와 사상〉, 《근대 중국민족운동사연구》, 일지사, 1978 ; 진경희, 〈추근의 혁명사상과 행동〉, 성균관대 석사학위논문, 1984 ; 윤미영, 〈추근의 여성해방 운동에 대한 일고찰〉, 숙명여대 석사학위논문, 1992.
　　중국어로는 다음의 글들을 참조할 것. 謝獄, 앞의 글, 《中國婦女》, 1979. 11 ; 鮑家麟, 〈秋瑾與淸末婦女運動〉, 鮑家麟 編著, 《中國婦女史論集》, 臺北 : 牧童出版社, 1979 ; 鄭雲山·陳德禾, 《秋瑾評傳》, 河南 : 敎育出版社, 1986 ; 許錚, 앞의 글, 《歷史敎學》, 1980, 4.
　　일본어로는 다음을 글들을 참조할 것. 中山義弘, 〈20世紀初めの中國婦人雜誌と女性解放論〉, 《近代中國における女性解放の思想と行動》, 北九州 : 北九州中國書店, 1983 ; 中國女性史硏究會編, 〈秋瑾 : 秋風秋雨人を愁殺す〉, 《中國女性解放の先驅者たち》, 東京, 日中出版, 1984 ; 竹之內安己, 〈辛亥革命先驅者, 秋瑾〉, 《中國關係論說資料集》 제15호 4분책 상 ; 中山義弘編, 〈秋瑾文獻目錄〉, 《中國關係論說資料》 제25호 4분책 하.
　　영어로는 다음을 글들을 참조할 것. Mary Backus Rankin, “The Emergence of Women at the end of the Ching : The Case of Chiu Chin,” *Women in Chinese Society*, Standford University Press, 1985 ; Ono Kazuko, edited by Joshua A. Fogel, *Chinese Women in a Century of Revolution*, 1850~1950, Stanford University Press, 1989 ; Wang Zheng, *Women in the Chinese Enlightenment : Oral and Textual Histories*, University of California Press, 1999.

6) 재일 유학생의 정치성향에 대해서는 다음의 글을 참조할 것. 陳宇翔, 앞의 책, 1991 ; 中山義弘, 앞의 글, 120쪽 ; 吉林省歷史學會編, 《中國近代愛國人物傳》, 長春 : 吉林文史出版社, 1985, 407쪽.

7) 秋燦芝(추근의 딸), 《秋瑾革命傳》, 臺灣 : 출판사 미상, 1953, 3쪽.

8) Joshua A. Fogel, op. cit., p. 64 ; 鮑家麟, 앞의 글, 1979, 358쪽 ; 秋瑾, 〈精衛石〉, 《秋瑾集》, 上海 : 上海古籍出版社, 1991, 159~160쪽(이하 《秋瑾集》).

9) 中國女性史硏究會編, 앞의 책, 1984, 12쪽.

10) 郭延禮, 앞의 글, 1982, 275쪽에서 추근이 1894년 가을에 호남성에 왔다고 고증하고 있다.

11) 중국 여학생이 최초로 일본에 유학했다는 연대는 문헌마다 조금씩 다르다. 石井洋子(앞의 글, 352쪽)는 1899년, 黃福慶(《淸末留日學生》, 臺北 : 中央硏究院近代史硏究所, 1975, 58쪽)은 1900년, 中山義弘(앞의 책, 83쪽)은 1901년으로 기록하고 있다.

12) 秋燦芝, 앞의 책, 1953, 4~5쪽 ; 竹之內安己, 앞의 글, 111쪽.
　　秋瑾이 결혼생활의 적막함을 읊은 시인 〈春日偶占〉과 〈秋日獨坐〉는 《秋瑾集》(61·70쪽)에 실려 있다.

13) 〈致秋譽章書, 其五〉, 《秋瑾集》, 39쪽 ; 〈致秋譽章書, 其三〉, 《秋瑾集》, 36쪽.
　　직접인용은 〈致秋譽章書, 其四〉, 《秋瑾集》, 37쪽을 참조할 것.

14) 秋璨芝, 위의 책, 5쪽.
　　직접인용은 〈勉女權歌〉, 《秋瑾集》, 121쪽을 참조할 것.

15) 〈中國女報發刊辭〉, 《秋瑾集》, 12쪽.

16) 주 15와 같음 ; 〈贈小淑三疊韻〉, 《秋瑾集》, 92쪽.

17) 秋瑾, 〈致王時澤書〉, 앞의 책, 1991, 48쪽.

18) 秋燦芝, 앞의 책, 1953, 9쪽.

19) 秋燦芝, 앞의 책, 1953, 13쪽.

秋瑾이 국가의 장래를 염려하는 것으로 〈感事〉(《秋瑾集》, 79쪽)가 있다.

20) 秋瑾, 〈杞人憂〉, 앞의 책, 1991, 62쪽.

21) 秋瑾, 〈滿江紅〉, 앞의 책, 1991, 105쪽.

22) 秋瑾, 〈致王時澤書〉, 앞의 책, 1991, 48쪽.

23) 秋瑾, 〈黃帝紀元大事表〉, 앞의 책, 1991, 27~28쪽.

24) 분문에서 언급된 순서대로 보면, 〈滿江紅〉·〈憤時疊前韻〉·〈偶有所感用魚玄機步光威袞三女子韻〉은 《秋瑾集》의 114·92·75쪽에 실려 있다.

25) 秋燦芝, 앞의 책, 1953, 9쪽 ; 陶成章, 〈秋瑾傳〉, 秋瑾, 앞의 책, 1991, 187쪽.

26) 秋瑾, 〈中國女報發刊辭〉, 앞의 책, 1991, 12쪽.

27) 吳芝瑛, 〈記秋瑾女俠遺事〉, 추근, 앞의 책, 1991, 193~194쪽.

28) 吳芝瑛, 앞의 글, 1991, 194쪽.

29) 秋瑾, 〈精衛石〉, 앞의 책, 1991, 129~132쪽에서 전족과 남녀차별의 악습을 통렬히 비판하며 전족폐지의 필요성을 설명하였다.

30) 秋瑾, 〈演說的好處〉, 앞의 책, 1991, 4쪽(연설의 장점을 5가지로 설명하였다) ; 吉林省歷史學會編, 앞의 책, 1985, 407쪽.

31) 陶成章, 〈秋瑾傳〉, 秋瑾, 앞의 책, 1991, 187쪽 ; 秋燦芝, 앞의 책, 1953, 34~36쪽.

32) 石井洋子, 앞의 글, 356쪽.

33) 추근의 처첩행위 반대와 다양한 구제활동은 다음의 글을 참조할 것. 鄭云山, 《鑑湖女俠秋瑾》, 上海 : 上海人民出版社, 1984, 45~46쪽 ; 孔菁慧, 《風雨自由魂秋瑾》, 北京 : 中華書局, 1999, 68~70쪽.

34) 秋瑾, 〈致湖南第一女學堂書〉, 앞의 책, 1991, 33쪽.

35) 秋瑾, 〈中國女報發刊辭〉, 앞의 책, 1991, 13쪽.

36) 秋瑾, 〈敬告中國二萬萬女同胞〉, 앞의 책, 1991, 6쪽.

37) 秋瑾, 〈普告同胞檄稿〉, 앞의 책, 1991, 20쪽.

38) 秋瑾, 〈普告同胞檄稿〉·〈光復軍起義檄稿〉·〈光復軍軍制稿〉, 앞의 책, 1991, 20~26쪽.

39) 秋瑾, 〈致徐小淑絶命詞〉, 앞의 책, 1991, 26쪽.

40) 秋瑾, 〈致秋譽章書, 其四〉, 앞의 책, 1991, 37쪽.

41) 沈智, 〈辛亥革命時期的女知識分子〉, 《上海社會科學院學術季刊》, 上海 : 該院出版社, 1991. 4, 62쪽 ; 石井洋子, 앞의 글, 356쪽 ; 中山義弘, 앞의 책, 1983, 84쪽.

42) Joshua A. Fogel, op. cit., 1989, p. 62 ; 中山義弘, 앞의 책, 87쪽.

43) Joshua A. Fogel, op. cit., 1989, p. 78 ; 鮑家麟, 앞의 글, 377쪽 ; Wang Zheng, op. cit., 1999, pp. 43~44.

44) 小野和子, 〈辛亥革命時期の婦人運動〉, 小野川秀美·島田虔次 編, 《辛亥革命の研究》, 東京 : 筑摩書房, 1978, 289쪽 ; Joshua A. Fogel, op. cit., 1989, 65쪽 ; 中山義弘, 앞의 책, 112·136쪽 ; Wang Zheng, op. cit., 1999, p. 295·297.

손 문孫文
중국 국민혁명의 국부

전 동 현

1. 손문을 어떻게 이해할 것인가?

활동가이자 이론가로서 중국혁명을 대표하였던 혁명가 손문(孫文 : 1866~1925)은 중국의 미래상을 제시한 선구자로 잘 알려져 있다. 그는 새로운 이념을 중국에 도입함으로써 단순한 왕조 변화 이상의 일을 해낸 최초의 인물로 평가되기도 한다.[1] 근래 중국학계에서 '근대화'가 중요한 주제로 떠오른 이후에는 근대화의 선구자로서 손문이 더욱 강조되면서 삼민주의야말로 당시 중국에서 가장 완전한 근대화 사상이었다는 찬사까지 이어졌다. 삼민주의는 기존 이데올로기 즉 자본주의와 사회주의를 모두 초월하여 새로운 근대화의 모델을 시도하였다는 점이 높이 평가받았던 것이다.[2]

이념의 벽을 넘어 중국대륙과 대만에서 모두 혁명의 선구자로 추앙받는 손문이지만 그에 대한 평가가 모두 긍정적인 것만은 아니다. 현실 혁명가였던 손문에게는 실제와 이상의 애매한 경계, 실리주의와 정치적 기회주의 그리고 이상주의와 실리주의가 병존함으로써 어디까지가 명분이고 어디서부터 실제인지 짐작하기 어려운 수수께끼 같은 면모가 있었기 때문이다.[3] 그러나 실패한 혁명가, 섣부른 음모가로서 손문의 한계를 지적하는 처지에서조차도 손문의 혁명적 상징성이 여전히 유효하다는 점에는 이의를 제기하지 않는다.[4] 그래서 결국 손문의 '신화'는 극복

174

손 문

되어야 한다는 제안도 등장하였다. 즉 혁명지도자, 혁명사상가, 혁명 실천가, 군사지휘관, 정치가, 이론 가 등의 다면성과 다양성을 지닌 손문의 실상을 통일성 있게 묘사 한다는 것은 지난한 작업의 수준 을 넘어 도저히 불가능하다는 것 이다. 물론 이러한 손문의 복잡한 성향은 물론 그가 혁명을 통해 도 전했던 대상이 여러 가지 모순이 포함된 근대 중국이었다는 데에서 비롯하는 것이기도 하다. 그래서 그가 추구하려 한 이상과 현실적

조치는 이따금 모순을 드러내었다. 그가 기존의 영웅혁명을 대신하려 했던 국민혁명조차도 국민을 위한 혁명이었는지는 모르겠으나, 국민에 의한 혁명은 아니었고 엘리트에 의한 영웅혁명이었다는 지적은 바로 이 러한 모순을 잘 보여주고 있다.5)

그러나 민주(혁명)와 독재(지배) 사이에서 양극화한 손문 평가와는 상관없이 우리가 알고 있는 것은 당시의 중국 국민들이 그들의 희망으 로 손문을 선택했다는 점이다. 그뿐 아니라 손문이 죽은 뒤 중국 정국의 주도권을 장악하려는 과정에서 국민당은 물론이고 공산당조차도 손문 이나 손문이념의 계승을 통하여 자신의 정통성을 강화하려 하였다. 그 들의 노력에 힘입어 손문은 사후에 국가적 상징으로 정착되어 갔다.

그가 이렇게 위대한 혁명가로 남을 수 있었던 기반은 혁명과 건국문 제에 대한 대안을 함께 제시한 데서 찾을 수 있다고 본다. 혁명가 손문 은 정국에 대한 해결책을 제시하면서 혁명과 동시에 건국(통치)의 구상 도 함께 설명하였다. 그리고 국민혁명의 종결로 혁명정당이던 국민당은

통치정당으로 변모하였고, 혁명의 지침이었던 삼민주의 역시 건국의 지침으로서 다시 국가이데올로기의 지위를 확보하게 되었다. 그 과정에서 손문은 혁명의 선구자이자, 신중국 건설의 선구자로서 그 지위를 누릴 수 있었던 것이다.

손문은 혁명에서 통치로의 전환기에 세상을 떠남으로써 새로운 국가의 청사진을 남겼을 뿐 통치능력과 새로운 체제를 평가받을 수 있는 기회를 갖지 못했다. 이러한 잠재력이 그를 영원한 혁명의 상징으로 살아남게 했다고 보기도 한다. 그러나 사람들을 사로잡았던 손문의 매력을 그렇게만 단정 짓기는 어렵다. 그는 평생 실패를 거듭하면서도 중국에 대한 낙관적 기대를 버리지 않은 혁명가였고, 다른 정객들과 달리 매우 청렴했으며, 결코 감정적이지 않으면서도 사람들을 사로잡는 탁월한 화술과 연설 솜씨를 뽐냈다. 그리고 그가 지닌 개인적 카리스마는 다양한 성향의 당원들로 이루어진 국민당을 운영하는 데서도 그에 대한 신뢰를 가진 이들을 개인적 충성관계로 묶을 수 있었던 힘이 되었다. 물론 이러한 개인적 정치력에 바탕을 둔 조직 운영이 문제점이 없는 것은 아니었고, 실제로 손문 사후의 혼란과 분열상이 이를 증명하기도 하였다. 그러나 결국 이 모든 요소들이 척박한 상황에서도 혁명 활동을 지속할 수 있었던 자산이 되었음을 부정하기는 어려울 것 같다.

2. 혁명을 향한 시도[6]

1866년 혁명가 손문[7]이 출생한 곳은 비교적 서구의 영향을 접하기 쉬운 광동성 향산현(지금의 중산현)이었다. 가난했기 때문에 1875년 열 살이 되어서야 사숙(私塾)에 가서 전통교육에 입문할 수 있었으며, 1876년에는 태평천국에 참여했던 노전사가 들려주는 태평천국과 그 지도자 홍수전(洪秀全)에 관한 이야기들에 매료되어 청에 대한 반감과 혁명에 대한 이상을 키워나갔다. 1878년에는 어머니와 함께 형 손미(孫眉)가 정착해 있는 하와이 호놀룰루로 이주함으로써 본격적인 서구교육의 기회를 얻게 되었다. 이후 호놀룰루의 오아후대학(Oahu College), 홍콩중앙서원(香港中央書院), 광주박제의원(廣州博濟醫院) 부설의학교, 홍콩서의학원(香港西醫學院)에서 학업에 열중하였다. 우수한 학업성적으로 졸업하였지만 그가 받은 교육과정이 홍콩 일반 의료위원회의 기준에 미달하였기에 정치활동을 전개하였다. 모교인 홍콩서의학원 은사의 도움도 받으면서 당시로서는 드물게 수술에 능한 명의로서 상당한 명성을 누렸다. 그러나 정치에 관심이 많았던 손문은 이러한 생활에 안주할 수 없었다.

광주에서 의학을 공부하는 동안에도 자신이 중국의 정치지도자로서 무엇이 부족한가를 생각했던 손문은, 전통교육의 경험이 짧았던 만큼 중국 전통학문에 대한 소양이 부족하다는 점을 깨달았다. 이후 손문은 한학 개인교습을 받으면서 정치적 토론에 열중했다. 1894년 손문은 최고 실권자였던 이홍장(李鴻章)을 통하여 정치개혁에 대한 제안을 담은 상소를 올렸다가 무시당하고 집권세력에게는 더 이상 기대할 수 없다는 결론을 내렸다. 그 좌절의 경험으로도 정치적 열정을 접을 수 없었던 그는 형이 속해 있던 해외 화교사회의 지원을 기대하면서 다시 하와이로 갔고, 그곳에서 최초의 혁명단체 홍중회(興中會)를 창립하였다. 당시 집권세력인 청 정부(만주족 왕조)에 반대하는 격렬한 민족감정을 공유하는 이 혁명단체는 홍콩에 지부를 결성하면서 손문의 혁명 전략 즉 해외 화교의 자금 지원으로 무기와 병력을 확보하고 이를 중국에 침투시켜 무장봉기를 꾀하는 방식을 시도하는 데 중요한 기반이 되었다.

그러나 손문의 혁명 전략은 실패를 거듭하였고 결국 1895년 광주에서 일으킨 무장봉기가 미수에 그친 뒤 그는 중국을 떠나 해외를 전전하는 신세가 되었다. 그는 먼저 일본으로 탈출하였고 다시 하와이와 미국 여행을 거쳐 영국으로 향했다. 이때 당연히 청 정부는 전 세계에 파견되어 있는 중국 외교관들을 총동원하여 해외의 손문을 체포하기에 혈안이 되어 있었다. 이러한 상황에서 런던대사관이 손문을 납치한 사건이 발생하였다. 사건의 진상에 대해서는 처지에 따라 진술이 엇갈리고는 있으나, 어찌되었든 손문은 스스로 런던의 중국대사관을 찾아들었고 이 기회를 이용하여 그를 감금한 중국대사관에서는 본국으로 송환할 준비를 서둘렀던 것이다. 그러나 손문은 자신에게 호의를 갖도록 주변 인물들을 설득하고 친지들에게 절박한 사정을 전달하는 데 성공함으로써 결국 영국 경찰국, 외무부, 언론사의 도움을 받아 제2의 인생을 맞이하게 되었다. 당시 세계의 중심이었던 영국의 수도에서 발생한 이 극적인 사건은 손문이라는 실패한 혁명가를 일약 레닌에 버금가는 세계적인 혁명가로 떠오르게 했다. 이러한 국제적 명성은 자금도 조직도 취약했던 손문이 일생 동안 혁명가로서 활동을 전개하는 데 주요한 자산이 되었다. 런던 생활에서 손문이 얻은 또 하나의 중요한 자산은 바로 그의 독창적 정치사상인 삼민주의(민족주의, 민권주의, 민생주의)의 구상이었다. 정치적 사상체계로서 삼민주의는 논란의 여지가 많지만 손문이 단순한 활동가가 아니라 명실상부한 혁명지도자로서 도약할 수 있는 바탕을 마련해 주었다고 할 수 있다.

해외 화교의 지원을 주요 기반으로 손문의 독자적인 혁명 활동은 1905년 일본행을 거치며 또 하나의 전환점을 맞이하게 되었다. 즉 반청 혁명 활동이 활발하던 일본에서 화흥회, 광복회 등 기존 혁명단체들과 연합하여 중국동맹회를 결성하고 총리에 추대되었던 것이다. 회원이 일부 지역의 화교에 한정되었던 흥중회에 견주어, 동맹회는 중국 전역에 걸친 광범위한 세력이 결집한 최초의 혁명단체였다. 그러나 동맹회원들이 손문에게 기대한 것은 사상적 측면이 아니라 공인된 활동능력에 기반을 둔 기업 경영식 지도였을 뿐이므로8) 손문의 지도력은 물론 동맹회의 혁명 역량 역시 중국혁명을 실질적으로 영도하는 데는 한계를 가질 수밖에 없었다. 그 뒤 신해혁명 정국에서 동맹회가 주도적 구실을 수행하지 못한 데서도 충분히 그 한계를 드러내고 있다. 같은 해 11월에 창간된 《민보(民報)》는 손문을 둘러싼 혁명이론가들의 활동무대가 되어 양계초의 《신민총보(新民叢報)》와 대립하며 꾸준히 5권 헌법(입법, 사법, 행정, 고시, 감찰원으로 구성된 정부안)과 삼민주의 등 일련의 중국 혁명론을 선전해 나갔다.

한편 무장봉기에 따른 전국적인 혁명의 고조는 손문이 꾸준히 추진해 온 혁명 전략이었음에도 그가 관여한 광주와 혜주 등지에서는 모두 실패로 돌아갔다. 그러나 1911년 10월 무창에서 신군이 손문이나 동맹회와 거의 관련이 없이 일으킨 무장기의가, 바로 손문이 기대했던 전국적인 연쇄반응을 일으켜 신해혁명으로 이어지는 혁명정국을 열었던 것이다. 손문은 미국에서 신문을 통해서야 무창 봉기 소식을 접했으며, 동맹회 역시 조직의 취약성과 혁명의 신속한 종결을 촉구하는 분위기에 밀려 국내 신사층과 군사세력에게 압도당하고 있었다. 12월에야 귀국한 손문은 투표를 거쳐 중화민국의 임시대총통으로 선출되었지만 즉시 원세개(袁世凱)를 향해 공화국에 충성한다면 대총통직을 인계할 수 있다고 통보하였다. 결국 청 황제의 퇴위가 선포됨으로써 2000년 동안 중국을 통치했던 황제 지배체제는 막을 내리고 원세개는 손문에게서 중화민국 임시대총통의 자리를 넘겨받았다. 손문의 권력 이양이 정국의 평화적 해결을 위한 양보인가 혁명진영의 취약성에서 비롯한 후퇴인가에 대한 논의가 분분하기는 하지만 신해혁명을 결정적으로 굴절시키는 계기가 되었다는 데에는 이견이 없을 것이다.[9]

원세개의 취임에 앞서 제정된 〈중화민국 임시약법〉은 의회와 내각이 대총통의 권한을 견제하는 내각책임제를 구현하고 있었으므로 혁명단체인 중국동맹회는 의회정당인 중국국민당으로 개조되어 의회정치시대에 대비하였다. 손문은 집행위원회의 이사장에 선출되고 송교인이 직책을 대리 수행하였다. 원세개의 집요한 방해공작에도 총선거에서 국민당이 압승하자 송교인은 암살되고 혼미를 거듭하던 국회는 결국 해산되었다. 원세개에 반대한 제2혁명 역시 실패로 돌아가자 손문 등은 다시 일본으로 피신하였고 원세개는 중국의 안정을 담보할 인물로서 영국을 비롯한 서구 열강들의 지지를 확대하는 데 힘썼다.

의회정치의 실패를 경험한 손문은 다시 혁명의 필요성을 절감하여 전통적 비밀결사조직의 형태를 띤 혁명정당으로서 중화혁명당을 출범시켰다. 손문에 대한 개인적 충성을 서약해야 하는 독재적 규율의 새 정당에 불만을 품고 일부 혁명파들은 참여하지 않았다. 손문은 일본의 후원을 얻어 원세개에 대항하려 했으나 그 전에 이미 원세개는 황제를 부활시키려는 무리한 시도를 통해 스스로 몰락해 가고 있었다. 제제운동은 취소되었지만 정국의 혼란이 무마되지 않아 결국 원세개의 하야로 이어졌고, 정권은 임시로 여원홍(黎元洪)이 계승하였으나 실제로는 단기서(段棋瑞)를 대표로 하는 군벌들의 통치시대가 막을 올렸다.

한편 원세개에 힘겹게 대항하고 있던 손문은 1915년 그에게 새로운 혁명적 영감을 주었다는 평가를 받는 23세의 혁명동지 송경령(宋慶齡)과 결혼식을 올렸다. 세 아이를 낳은 첫째 부인 노모정(盧慕貞 : 1867~1952)과 정식 이혼을 하지 않은 상태에서 이루어진 이 결혼은 기독교인들이었던 손문과 송경령의 주변을 당황스럽게 하였다. 그러나 화제를 모은 이 결혼으로 손문은 혁명을 함께 수행할 수 있는 실질적인 내조자를 얻었으며, 송경령은 손문이 죽은 뒤 국부의 미망인으로 추앙받으며 그의 뜻을 계승하는 정치투쟁을 계속하였다.

손문은 원세개를 계승한 여원홍이 국회와 1912년의 임시약법을 회복시키려고 노력하는 시도를 관망하다가, 1917년 단기서가 국회를 해산하자 다시 정치일선에 뛰어들어 광주에 호법 군정부를 조직하였다. 손문은 군정부 대원수로 추대되기는 하였으나, 실권을 쥔 지방군벌들이 입헌정부를 회복하려는 손문의 북벌계획에 반대함으로써 군벌과의 연합은 실패로 끝났다. 1918년 대원수직을 사임하고 상해로 간 손문은 저술에 몰두하였다. 그 성과가 〈행이지난(行易知難 : 심리건설)〉, 〈실업계획(實業計劃 : 물질건설)〉, 〈민권초보(民權初步 : 사회건설)〉 등 손문학설

(孫文學說) 3부작으로 이루어진 《건국방략(建國方略)》이었다. 5·4운동을 지켜보면서 선전에 관심을 가지게 된 손문은 잡지 《건설(建設)》을 창간하여 혁명방안을 발표하는 한편 중화혁명당은 대중정당의 성격인 중국국민당으로 개조하였다. 중국국민당의 새로운 강령에서는 5권 헌법과 더불어 훈정(訓政) 계획이 포함되었다. 국민당의 지도부가 이끄는 정치훈련 단계로서 훈정이 헌정 이전 단계로 설정되었던 것이다.

1920년 손문은 광동을 장악한 군벌 진형명(陳炯明)과 연합하기 위해 광주로 돌아와 군정부를 조직하고 비상대총통에 취임하였다. 그러나 북벌을 강행하려던 손문은 광동을 안정적으로 지배하려 드는 진형명과 충돌하지 않을 수 없었다. 1922년 진형명의 반란에서 겨우 몸을 피해 상해로 간 손문은 기존 활동방식의 문제점 즉 혁명군대의 부재, 조직력의 미비를 절감하고 새로운 혁명의 길을 모색하게 된다. 서구 열강의 지원을 더 이상 기대할 수 없게 된 손문은 코민테른 대표 마링(Maring)과 합의하여 소련의 지원을 받아 국민당과 공산당의 당내합작에 힘쓰기로 하고 1923년 광주로 돌아와 대본영을 조직한 다음 육해공군 대원수에 취임하였다. 새로 파견된 노련한 혁명가인 코민테른 대표 미하일 보로딘과 중국공산당원들이 국민당을 더 강력한 규율과 조직의 정당으로 개조하는 작업에 함께 참여하였다. 그 결과가 1924년 1월 중국국민당 제1차 전국대표대회에서 발표된 개조선언으로 군벌지배를 타도하기 위한 국민혁명이 궤도에 오르게 되었다.

국공합작은 소련의 지원으로 손문의 숙원이던 혁명무장력 문제를 해결해 주었고(황포군교), 대중조직활동가 공산당원들의 투입으로 혁명에의 대중동원도 강화할 수 있었다. 그러나 이념과 조직을 달리하는 공산당원들의 당내 활동이 국민당원들의 우려와 반발을 일으킨 것은 불가피한 일이었다. 손문은 국민당원들을 향하여 공산당원들을 이념이나 조직적 권위에서 충분히 포용, 흡수할 수 있다는 낙관론을 펼치며 국공합작을 강력히 옹호해 나갔다. 제1차 전국대표대회 선언에서 새롭게 해석한 삼민주의를 국공합작의 사상적 기반으로 제시하고, 삼민주의의 내용을 집대성한 삼민주의 강연을 통해 새로운 국가 청사진을 적극적으로 제시하였다. 그러나 손문의 자신감과는 달리 공산당과의 합작에 대한 우려는 완전히 털어내 버릴 수 있는 문제가 아니었고, 결국 손문 사후에 손문주의의 계승이라는 명분을 내세운 숙청작업을 거쳐 합작이 결렬되기에 이르렀다.

1924년 11월 북경정부의 요청에 따라 광주를 출발한 손문은 북상선언을 발표하여 각계 대표로 구성되는 과도기 권력기구인 국민회의의 소집과 반제노선의 표명으로서 불평등 조약의 취소를 제안하였다. 국민회의 제안 자체는 비록 현실화하지 못했지만 준비과정이 확산되면서 나타난 정치참여의 경험은 대중들의 정치의식을 높이는 데 기여했다. 북상한 손문은 급격히 병세가 악화하여 1925년 3월 12일 북경에서 간암으로 별세하였다. 그 많은 시행착오 속에서도 평생을 혁명과 함께한 중국혁명의 상징 손문을 향한 애도는 전국으로 확산되었고 이후에도 정치세력들은 손문을 내세워 자신의 정치적 입지를 강화하려는 노력을 기울였다. 국민당 측에서는 혁명의 아버지로, 공산당 측에서는 혁명의 선구자로 저마다 손문의 공헌에 대하여 관점을 달리 하였다. 그러나 양측 모두 그 혁명정신의 계승자임을 자처하고 있는 데서도 손문의 상징적 의의는 충분히 설명되고 있다.

3. 새로운 중국을 위한 제안

직업혁명가로서 손문의 사상적 관심은 혁명과 국가 건설에 관한 제안에 있었으며, 그 핵심적 내용은 혁명의 진행과정에서 보완된 중국 중심의 독자적 혁명론, 즉 삼민주의에 집약되어 있다.[10] 그리고 그의 정치적 제안은 행동과 인식에 대한 전통 관념을 뒤집는 데서 출발한다.

1) 행동하기는 쉬워도 알기는 어렵다(行易知難)[11]

신해혁명의 실패를 겪으면서 손문은 중국인의 행동에 대한 혐오가 혁명에 가장 중대한 장애물이라고 생각하였다. 즉 유교의 전통 속에서 중국인들은 "알기는 쉬워도 행동하기는 어렵다(知易行難)"는 사고방식에 물들어 있기 때문에 내용을 제대로 알지도 못하는 변화에 적극적으로 투신하지 못한다는 것이다. 그렇다면 어떻게 혁명이라는 거대한 변화에 국민들을 동참시킬 수 있을 것인가? 이에 대한 손문의 대안은 행동과 인식에 대한 기존 관념을 바꾸는 것이었다. "행동하기는 쉬워도 알기는 어렵다(行易知難)", 즉 알기는 어려워도 행동하기는 쉽다는 것이다. 그는 이론적으로 완전히 알지 못해도 행동으로 동참하게 되면 인류의 진보가 훨씬 빨리 진행될 수 있다고 보았다. 그래서 행동은 진보의 비결이 되며 아는 것보다 행동하는 것이 훨씬 쉽다는 논리가 된다.

이러한 행동관은 지도자와 대중의 관계를 바탕으로 하고 있다. 상황을 명확히 이해하지 않고도 대중이 행동에 동참할 수 있으려면 그만큼 절대적인 신뢰를 보낼 수 있는 지도자(지도층)가 있을 때 비로소 가능한 일이기 때문이다. 그렇다면 과연 그러한 지도와 추종관계가 가능하다고 본 것일까? 손문은 인간을 세 부류로 나누어 혁명에서 저마다 다른 구실을 부여함으로써 가능하다고 보았다. 그는 인간을 천성적 재능에 따라 미래를 예측하고 혁명계획을 제시하는 선각자[先知先覺], 혁명계획을 이해하고 대중을 동원하는 선전가[後知後覺], 지도자들의 계획을 실행하는 행동가 대중[不知不覺]으로 분류하였던 것이다. 과연 엄밀히 말해서 아는 것과 행동하는 것이 분리될 수 있는 것인가, 자칫 소수의 독재를 합리화하는 것이 아닌가에 대한 의문이 제기되지만, 일단 여기서는 손문의 의도가 변화 앞에서 망설이는 국민들에게 혁명에 대한 신념과 결심이 얼마나 중요한가를 환기하는 데 있었다는 점을 지적해 두고자 한다.

2) 민족주의 – 반제국주의와 대민족주의(대한족주의)

청조에 대한 반대에서 시작한 민족주의는 신해혁명 이후 외국에 대한 중국의 독립을 추구한다는 내용으로 변화하였다. 그리고 중국이 독립국가로 떠오를 수 있는 방안으로서 미국과 스위스를 모델로 한 대민족주의와 적극적 민족주의를 내세웠는데, 이는 한족(漢族)을 중심으로 중국 내 모든 소수민족을 동화시켜 강한 중국을 건설하자는 대한족주의(大漢族主義)의 성격을 띠고 있었다. 적극적 반제인식은 국공합작을 준비하던 시기에 손문이 중국을 식민지로 표현하는 데서 드러나기 시작했으며, 국민당 제1차 전국대표대회 선언(이하 1전대회 선언이라 함)을 통해서는 민족주의의 대외적 노선으로 반제국주의를 공식적으로 표명하고 국민당과 민중의 결합에 따른 자유와 독립의 추구를 선언하였다. 민족주의의 대내적 노선으로는 중국 내 각 민족의 자결권을 승인하고 제국주의와 군벌에 반대하는 혁명이 승리를 거둔 뒤에 자유로운 통일적(각 민족이 자유롭게 연합한) 중화민국을 조직해야 한다고 선언하였다.

삼민주의 강연에서는 강한 공동체의식으로 단결한 국민, 곧 국족(國族)이라는 독특한 개념으로 국민의 단결을 강조하는 한편, 중국의 상황을 여러 열강의 공동식민지, 곧 식민지보다 더 열악한 차식민지(次植民地)라고 표현하였다. 외국에 저항하는 방법으로는 민족정신을 진작하고 민권과 민생의 해결을 추구함으로써 외국과 분투하는 방안을 제기하고 중국 고유문화의 우수성과 그 회복의 필요성에 많은 비중을 할애하였다.12) 따라서 결론 부분에서도 치국평천하(治國平天下)라든지 중국 고유의 도덕으로서 평화에 바탕을 둔 세계통일, 대동세계의 구현과 같은 전통으로의 회귀가 강조되었다. 즉 국공합작의 정치 강령으로서 대회선언에서는 대중노선에 따르는 반제투쟁이 강조되었다면, 강연의 민족주의에서는 중국전통의 강조, 중국 중심적 사고의 강조가 두드러졌던 것이다.

결국 당시 손문과 국민당이 이해하고 있던 민족주의의 기본 성격은 중국 고유의 문명과 문화 발전을 구국의 방안으로 삼는 민족주의, 중국 문화의 주역인 한족 중심으로 국내 소수민족들을 동화시키는 대한족주의의 범주를 벗어나지 못한 것으로 이해할 수 있다. 당시 세계문제의 핵심을 왕도(王道)적인 동방문화와 패도(覇道)적인 서방문화의 충돌로 이해하고, 중국과 일본이 중심이 된 아시아 대연합을 주창했던 손문의 대아시아주의(大亞洲主義) 역시 이러한 문화 중심적 사고의 연장선에 놓여 있었던 것이다.

3) 민권주의 – 혁명민권과 전민정치(全民政治)

동맹회 시기 손문은 청 정부 타도를 민족혁명이자 정치혁명이라고 보고 정치혁명의 내용, 즉 민권주의는 평민혁명을 통해 국민정부(민주입헌정체)를 건립하는 것이라고 규정하였다. 신해혁명 이후 정치독점의 폐해를 배척하는 의미로 사용되었던 민권주의는 스위스의 직접민권을 모델로 구체화했고, 5권 헌법에서도 5권(입법, 사법, 행정, 고시, 감찰권)의 분립과 더불어 직접민권 행사를 보장하기 위한 제도로 현 자치(縣自治)를 중시하였다. 1전대회 선언에서는 혁명원칙으로 민권주의를 제안한 코민테른의 주장을 수용하여, 진정으로 제국주의에 반대하는 개인과 단체는 다 같이 모든 자유와 권리를 향유할 수 있지만, 제국주의와 군벌에 충성하는 자는 단체나 개인을 가리지 않고 모두 이러한 자유와 권리를 획득할 수 없다는 내용의 혁명민권을 제시하였다. 그러나 혁명민권을 향유할 수 있는 대상을 (코민테른이 제시한) 노동군중이 아니라 일반 평민이라고 명시하여 특정 계급(계급성)에 대한 옹호는 거부함으로써 견해의 차이를 분명히 하였다.

강연에서는 혁명민권에 내재해 있는 중국전통의 계승을 표방하고 새로운 국가에 대한 청사진을 구체적으로 제시함으로써 독자적 성격을 더욱 뚜렷이 드러내었다. 손문은 민권의 개념을 공자와 맹자에서 끌어내어 서구의 대표적 혁명사상인 프랑스 혁명의 이념과 비교하였다. 그는 국력의 강화를 위하여 개인보다 국가의 자유를 강조하였고, 발명가[先知先覺], 선전가[後知後覺], 실행가[不知不覺]가 지니는 천성은 불평등하지만 도덕심에 바탕을 두고 서로 협력하여 노력한다면 진보할 수 있고 평등에도 이를 수 있다고 보았던 것이다. 이러한 민권주의가 건설하려고 하는 새로운 중국은 국력의 강화를 최우선 과제로 삼는 통일적 (중앙집권적) 전민정치(全民政治)의 국가였다.

전민정치가 서구의 정치체제보다 우월한 점은 정부와 인민이 대립하지 않는다는 데 있었다. 인민의 권(權·政權 : 선거·創制·複決·파면권)과 정부의 능(能·治權 : 행정·입법·사법·考試·감찰권)을 구분하고, 선천적으로 불평등하게 형성된 각자의 능력에 따라 유능한 전문가로 구성된 정부와 정치를 감독하는 인민으로 구실을 분담하면 대립 없이도 강력하고 유능한 만능정부가 가능하다는 것이다. 정부를 감독하는 국민을 주인으로 설정함으로써 정부보다 국민이 우위에 있다는 인상을 주기는 하지만 과연 민권의 감독을 받는다는 명목 아래 만능이 허용된 정부에 대해서 조직화하지 못한 4개 민권이 얼마나 유효한 감독을 할 수 있을 것인지는 의문의 여지가 있다. 나아가 선천적 불평등과 아울러 부국을 위한 통일을 강조한 손문의 의도와 연결되면, 민권주의가 유능한 자의 통치, 국민에 대한 우위, 민주보다는 통제를 정당화하는 방향으로 흐를 가능성도 배제하기 어렵다.

즉 국민혁명 과정에서 제기된 혁명민권은 반혁명세력에 대한 권리 박탈이라는 차원에서 일반적 의미의 혁명의 철저성을 담보하기 위한 요소들을 반영하였다. 반면 손문이 제시한 전민정치란 삼민주의의 고유한 특성을 반영한 개념으로서 특정 계급이 아닌 모든 국민에 대한 평등한 배려라는 미명 아래 자칫 혁명의 철저성을 희석하고 민주적 요소를 유보시킬 여지를 안고 있었는데, 실제로 훈정체제가 구축되는 과정에서 그 해석을 둘러싼 논란을 일으켰던 것이다.

손문이 민권주의의 구체적인 실행을 위해 제시한 방안은 군정(軍政), 훈정(訓政), 헌정(憲政)의 3단계론이었고, 그 전 과정을 관통하는 기본 전제는 일당독재 즉 중국국민당의 통치였다. 손문의 독특한 정치의식이 가장 많이 반영된 것으로 여겨지는 훈정단계는 혁명무력으로 하나의 성(省)이 평정되었을 때부터 실시할 수 있었으며, 주요 임무는 당이 국민에게 직접민권을 행사할 수 있도록 정치적 훈련을 실행하여 현(縣)자치를 완성하는 데 있었다. 그리고 오원제(五院制)에 바탕을 둔 정부기구의 완성은 그 다음인 헌정단계의 과제로 설정되었다.[13] 그러나 현실적으로 남경정부가 주도하였던 훈정에서는 국민이 보유해야 할 정권을 완전히 국민당이 대행하는 형태의 통치원리가 관철되었다. 이러한 독재적 경향은 손문에게 이미 내재해 있던 민주를 위한 독재, 즉 민주와 독재의 이중성으로 설명되기도 한다.

4) 민생주의 – 평균지권(平均地權)과 절제자본(節制資本)

동맹회 시기 손문은 민생주의의 책임이 사회경제조직을 개량하여 나중에 도래할 사회혁명을 방지하는 데 있다고 규정하고, 이것이 민족혁명이나 정치혁명의 책임보다 더 중요하다고까지 강조하였다. 그가 구상한 민생주의적 경제는 평균지권에 바탕을 둔 단일세(地租)제도를 근간으로 부유한 국가를 건설한다는 것이었다. 평균지권이란 지주가 토지가격을 국가에 보고하면 이를 근거로 국가가 징세하거나 수매하고 지가상승분에 한해서만 공유화하는 것이다. 따라서 토지문제의 평화적, 점진적 해결을 통해 지주 등 기득권 세력의 동요를 최대한 방지하고 그 결과 공산주의식 토지혁명에 대한 대안의 성격을 띠게 된다.

자본제도의 폐해, 즉 부의 불균등을 피하고 동시에 사회주의의 폐해, 즉 공산혁명도 피하겠다는 민생주의의 성격은 보는 각도에 따라 국가사회주의와 국가자본주의 사이를 오가는 것이지만 손문 자신은 사회주의,

공산주의, 대동주의 등 다양한 표현을 동원하였고, 또한 공산혁명을 방지한 비스마르크의 경제정책을 설명하면서 국가사회주의라는 용어도 사용하였다. 1전대회 선언에서는 민생주의의 두 가지 원칙으로 평균지권과 더불어 절제자본(節制資本)을 제시하였다. 절제자본이란, 중국인과 외국인의 기업, 독점적 성질을 띠었거나 규모가 지나치게 커서 개인의 능력으로 운영하기 어려운 은행, 철도 등은 국가가 경영·관리함으로써 사유자본제도가 국민의 생계를 좌우하지 못하게 하는 제한적 국유화를 의미하였다. 선언의 두 원칙은 코민테른 측이 일반적 혁명론을 염두에 두고 기대한 경작자의 토지 소유(耕者有其田)와 산업(자본)의 국유화와는 성격을 달리하는 것이었다.

한편 강연에서는 국공합작 정국에서 민생주의를 둘러싼 사상논쟁을 의식한 듯 민생주의와 자본주의, 사회주의의 관계에 대하여 공산주의와 사회주의는 모두 민생주의에 포함되는 개념이라고 설명하였다. 손문이 공산주의와 민생주의의 우호적 공존을 애써 강조하면서도, 생존이 아닌 물질을 역사의 중심으로 삼았다는 점에서 마르크스주의를 비판하고 마르크스나 소련이 제시한 공산주의의 방법이 중국에 적용될 수 없다고 단정한 데는 당시 합작을 유지하면서 한편으로는 국민당이 공산화할지 모른다는 일각의 우려를 털어버리려는 의도가 반영되어 있었다.

손문은 토지정책과 관련하여 평균지권 말고도 경작자의 토지소유[耕者有其田]를 언급하고 있는데, 이를 공산혁명에서 주장하는 무상몰수 무상분배로 이해하기는 어렵다고 본다. 그가 평균지권에서 이미 토지사유를 인정한 만큼 1전대회 선언에 나타났던 부분적 토지분배, 즉 토지를 갖지 못한 전호에 한정하여 토지를 분배하는 차원에 머물러 있었던 것으로 이해할 수 있다.

민생주의는 삼민주의 가운데서도 자본제도를 비판하는 경제적 성격을 띠기 때문에, 국민당과 공산당의 이념 대립에서 가장 다양한 해석과 논쟁이 이어졌던 부분이라고 할 수 있다. 손문은 자신의 민생주의 안에 공산

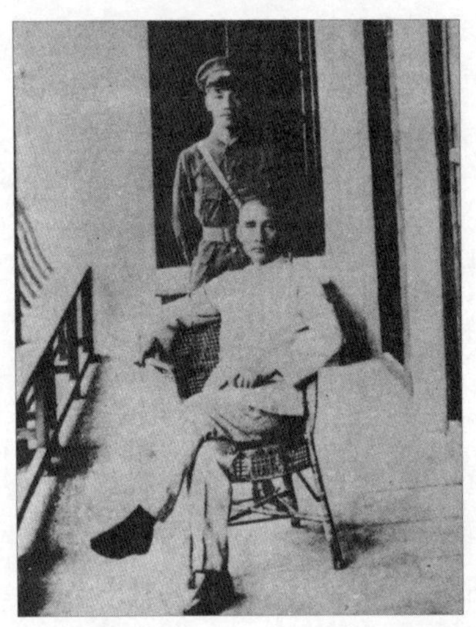

손문과 황포군관학교 교장 시절의 장개석
(1924년 촬영)

주의와 사회주의를 모두 포괄하여 국공합작의 기반으로 삼고자 했기 때문에 두 이념의 경계가 다소 모호하기는 하다. 하지만 결국 손문이 지향했던 민생주의의 성격이 공산혁명을 방지하기 위한 국가사회주의였다는 점에 주목한다면, 민생주의와 공산주의의 차별성을 강조하고자 했던 것으로 이해하는 것이 손문 자신의 의도에 가깝게 보인다.

삼민주의는 중국의 현실을 반영하여 혁명과 건국을 모두 주도하였다는 점에서, 일반적인 정당 이데올로기보다 훨씬 강력하고 지배적인 영향력을 행사하였다. 삼민주의의 이러한 영향력은 일차적으로 손문의 절대적 권위를 배경으로 한 것이었지만, 손문 사후에는 그의 권위를 계승한 존재로서 후계자들이 다시 그를 옹호함에 따라 중국국민당 나아가 중국혁명의 상징으로 기능하였던 것이다.

4. 정치적 영향과 평가

1) 손문과 삼민주의에 대한 다양한 해석

손문과 그의 이념에 대한 직접적 계승은 그가 이끌었던 국민당의 후계자들에 힘입어 이루어졌다. 국민당 후계자들은 손문 사후에 국민당의 정체성을 새롭게 모색할 필요를 절감하였고, 합작의 청산이 필요하다고 인식하였다. 그러나 손문이 강력히 추진하였던 국공합작을 결렬시키는 문제는 자칫 손문의 권위에 대한 도전일 수 있었다. 그래서 국민당원들은 소련과 연합하고 중국공산당을 받아들이며 노동자·농민을 지원한다는 합작의 기본 원칙, 즉 3대 정책을 임시방편 전략으로 설명하여 손문과 삼민주의에서 분리해 냄으로써 합작을 결렬시킬 수 있는 명분을 획득하였다. 손문이 사회주의와 유사성을 강조하였던 민생주의의 이념적 성격에 대해서도 민생주의는 생산을, 공산주의는 공산 즉 분배를 중시한다는 점을 지적해 내어 이념적 분기점을 확실히 하였다. 즉, 공산주의 이념에 대한 배타적 태도로 선회한 후계자들이 새롭게 해석한 삼민주의는, 이제 합작의 공동기반이 아니라 합작의 결렬을 정당화하는 공격적 사상으로 변모하였던 것이다.

손문의 훈정 구상은 국민혁명을 끝낸 다음 새로운 중앙정부로 등장한 남경정부의 성립과정에서 구체화하였고 국민당의 안팎에서 민주와 독재를 둘러싼 논쟁 또한 가열되기 시작하였다. 우선 손문이 제시한 훈정의 대원칙 즉 국민당에 의한 통치[以黨治國]에 동의하는 당원들 사이에서조차도, 당권(黨權)을 우위에 두는 전민혁명론(신생명파)부터 민권(民權)에 우위를 두는 혁명연합전선론(개조파), 심지어는 노동자·농민 중심의 평민혁명론[등연딜(鄧演達)]에 이르기까지 다양한 훈정론이 대두되었다. 이러한 훈정론은 물론 손문의 정치사상 특히 삼민주의에 혼재된 전통 유가적 요소, 급진주의적 요소 등 다양한 요소에 따라 저마다의 처지에서 강조점을 달리하여 해석한 결과이기도 하였다.14)

나아가 국공합작 결렬 이후 손문과 삼민주의에 대해 격렬한 비판을 제기했던 중국공산당조차도 항일전쟁을 전후한 시기에 이르면 손문의 권위를 계승하기 위한 노력을 기울였다. 모택동이 자신의 신민주주의론을 소개할 때 손문의 혁명적 삼민주의라고 표현했다든지, 중국공산당이 항일전쟁 직후에 삼민주의를 철저하게 실현하자는 슬로건을 내세웠던 것15)은 바로 손문과 삼민주의의 상징적 위상이 어느 정도였는지를 짐작하게 하는 대목이다.

2) 왜 독재로 회귀인가?

혁명정당에서 통치정당으로 전화한 국민당의 남경정부가 채택한 것은 손문의 건국구상에 따른 훈정체제였다. 혁명이 완수되었을 때 바로 헌정으로 이행하지 않고 통치정당이 국민을 정치적으로 훈련시키는 과도기로서 훈정단계를 설정했다는 점은 국민의 민주적 정치능력을 불신하고 국민의 주권을 유보시켜 독재를 합리화한다는 비난을 받을 소지를 크게 안고 있다. 그리고 사실 평생 동안 민주공화정의 실현을 위해 투쟁했던 노혁명가의 결론이 일당독재로 이어졌다는 점은 역사의 아이러니가 아닐까 한다.

이에 대해서는 공산주의운동의 역사에서 나온 대행주의(代行主義)라는 개념을 통해 일반적 독재와 구분하기도 한다. 즉, 당이 국민을 위하여 혁명을 대행하는 것이므로 당연히 민주화를 준비하는 단계로서 의미를 지닌다는 것이다. 그리고 어쩌면 결코 안팎으로 순탄하지 않았던 중국과 같은 위기 상황에서는 국민들 역시 이러한 당치를 원할 수 있다는 것이다.16) 그러나 1930년대 민주와 독재의 논쟁에서 호적(胡適)은 이에 대한 반론을 제기한다. 즉 훈정이 갖는 최대의 문제점은 국민이 미숙하다고 해서 정치적으로 배제해서는 안 되는 것이며 정치 참여의 경험을 통해서만 정치적으로 성숙될 수 있다는 점을 간과한 데 있는 것이다.17)

이러한 훈정을 둘러싼 민주와 독재의 딜레마는 꼭 훈정을 현실화하는 단계에서 잘못 적용된 결과로만 볼 수는 없다. 손문은 수많은 혁명 시도들의 좌절을 경험하면서 민주를 위한 독재, 이른바 민주적 독재를 가장 이상적으로 평가하게 되었기 때문이다. 그래서 의식적, 무의식적으로 혁명의 성공을 담보하기 위한 독재적 요소들이 그의 사상 안에 포함되었다. 강한 중국을 건설하기 위한 대한족주의적 경향이라든지 국민당에

의한 통치, 즉 일당독재 개념 등이 바로 그러한 사례였던 것이다.[18]

그래서 더 완전한 민주를 위한 직접민권과 훈정 그 자체는 새롭고 독창적인 시도임에 틀림없지만, 손문 자신이 기대했던 민주와 독재의 완전한 균형이란 현실정치에서 풀어내기에는 너무나 어려운 과제였던 듯하다. 결국 실행과정에서 정부는 독재에 우위를 두게 되었고, 이에 반대하는 세력은 민주에 우위를 두게 되었기 때문이다. 결국 손문이 생각했던 국민과 정부의 구실 분담, 즉 권(權·政權)과 능(能·治權)의 분리는 효율적이고 완전한 민주정체의 실현을 지향한 것이었음에도 사실상 국민을 정권에서 배제하는 결과로 이어졌다.[19] 물론 손문은 정부기구 구성에 앞서 훈정단계에서 현의 자치를 완성하도록 규정함으로써 민주적 요소를 강조하였다. 그러나 막상 훈정단계를 주도한 남경정부는 현자치의 준비 대신 중앙집권적 권력기구의 건설부터 서둘렀고 국민들의 권리는 훈정이라는 명분 아래 기약 없이 유보되었다. 이로 미루어 본다면 역시 정권과 치권의 분리가 아니라 양자의 합일에 힘입을 때만 국민의 민주적 정치훈련이 이루어진다는 훈정 반대세력의 논리가 더욱 설득력을 얻게 되는 것이다.

3) 혁명수단의 불투명성 — 제국주의와 군사노선 그리고 정치적 지도력

손문을 비판적으로 평가할 때 가장 많이 지적하는 점은, 역시 제국주의와 군벌의 관계가 불투명하다는 점이다. 손문은 만년에 공산국가인 소련과 연합하여 국민혁명을 추진하기는 하였으나, 사실 대부분의 혁명 활동 기간 동안 끊임없이 서구 열강에 의존하려는 태도를 보였다. 그의 민족주의 사상 역시 국공합작 직전까지는 제국주의와 충돌을 피하려는 타협적인 성향을 짙게 띠고 있었다. 그는 왜 무시당하고 배반당하면서도 끊임없이 외국에 의존하려 했을까? 직접적인 원인은 그의 혁명 활동이 대부분 해외의 모금에 의존하였던 만큼 무기구매 등에서 외국 지원자들의 도움을 많이 받았기 때문이라고 볼 수 있다.[20] 물론 그뿐 아니라 국내적 혁명기반이 미숙한 상태에서 혁명을 신속하게 완결 지으려는 의도에 따라 편의적으로 외국의 지원을 얻으려고 한 측면도 있다. 그리고 손문 특유의 자신감과 낙관주의를 고려할 때 혁명 과정에서는 제국주의의 지원을 받더라도 중국혁명을 성공시킨 뒤에는 자신의 정치적 능력으로 충분히 불평등조약의 취소 등 제국주의 문제를 해결해 낼 수 있다는 자신감도 강하게 작용했을 것이다.

군벌과 연합하는 문제도 마찬가지로 혁명기반의 취약성에 따른 선택이었다고 볼 수 있다. 손문이 초기 혁명 활동부터 지속적으로 견지해 온 혁명 전략은 무장봉기, 즉 군사노선에 따른 혁명의 완수였다. 그런데 손문은 수많은 시도를 했으면서도 독자적인 혁명군대를 소유하는 데 실패하였고, 그 상태에서 군벌정부와 정면으로 대립해야 했던 것이다. 따라서 중앙정부를 장악한 대군벌들에 대하여 반감을 공유하는 군소 군벌들과 연합하여 군대를 빌리는 방법을 썼다. 임시방편적인 이러한 연합은 매번 참담한 배신을 안겨주었지만 그는 무장봉기, 군사노선이 아닌 다른 길은 중국에서 가능하지 않다고 믿었던 것이다. 결국은 국공합작과 더불어 국민혁명군도 창설되고 대중운동의 활성화를 통한 혁명이라는 대중노선이 새롭게 도입되었지만, 여전히 군사노선이 혁명방안으로서 대중노선에 우선하였음을 부정하기 어렵다. 대중노선에 많은 비중을 두지 않는다는 점은 결국 손문이 여전히 엘리트 중심의 우민의식(愚民意識)을 극복하지 못했다는 혐의로 이어질 가능성을 안고 있었던 것이다.

이러한 혁명방안의 불투명성은 손문의 정치적 지도력에 대한 자신감으로 설명할 수 있는 측면도 갖고 있다. 손문은 혁명적 정치세력과 전통적 군사세력의 광범위한 연합전선을 구축하고, 상호 모순되는 세력들의 통합과 지도를 수행해 낸 강력한 지도자의 면모를 갖고 있었기 때문이다. 현실적이면서도 결코 혁명적 이상주의를 포기하지 않는 손문의 정치 지향은 다양한 성향의 세력들을 통합해 내는 데 탁월한 지도력을 발휘하였다. 물론 그렇게 개인적 정치력에 의존하였기 때문에 그의 사후 국민당의 권력과 권위의 공백이 그토록 심각했다고 이해할 수 있다.21)

4) 미완의 혁명, 미완의 건국

손문은 유언에서 혁명은 아직 끝나지 않았다는 말을 남겼다. 이는 결국 중국의 혁명가로서 손문의 활동과 이념 역시 미완성인 채 마감되었다는 것을 의미한다. 그는 만년에 가장 진보적인 방식의 국민혁명을 추진하였지만 그 국민혁명이 제 궤도에 오르는 것을 보지 못하고 세상을 떠났다. 국민혁명의 목표였던 군벌세력에 대한 군사적 토벌과 새로운 근대 중국의 건설은 후계자들의 과제로 남겨졌다. 그리고 그 후계자들은 나름대로 이해한 손문의 이념을 내세워 혁명과 건국 작업에 나섰다.

그러나 손문 사후 여러 차례 격렬하게 전개되었던 이념 논쟁에서 증명되듯이 삼민주의에는 적지 않은 혼란과 모순이 존재하고 있었고, 그러한 점에서 아직은 완결되지 않은 설계도였다. 손문은 오랜 기간 혁명과 더불어 건국, 즉 통치를 준비했지만 현실적으로 통치의 측면은 검증받을 기회를 갖지 못한 채 중국혁명의 상징으로 남았던 것이다.

물론 손문의 삼민주의가 완결구조를 확보할 수 없었던 이유는 그가 실제 통치과정에서 보완할 기회를 갖지 못했기 때문만은 아니었다. 레닌이 현실성을 결여한 주관적 사회주의로 일컬었던 민생주의부터 보더라도 삼민주의는 체계적인 완결성을 갖추지 못했다. 그것은 기본적으로 삼민주의가 자본주의도 사회주의도 모두 비판하는 양비론(兩非論)의 입장을 고수했기 때문에 필연적으로 발생한 약점이기도 하였다. 새로운 중국이 무엇을 피해야 하는가는 분명했지만, 결국 구체적으로 어떤 모습의 국가체제를 만들어 내야 하는가에 대해서는 정교한 보완작업을 마치는 데까지 이르지 못했던 것이다. 즉, 기존 체제의 문제점은 비판했으나 스스로 완결구조를 갖춘 새로운 이념체계로 성립하지는 못했던 것이다.

삼민주의의 미완적 측면은 결국 기존의 정치이념을 초극하는 새로운 가능성에 대한 시도이기 때문에 나타난 것이다. 손문에게서는 전통과 서구의 문제도 같은 맥락에서 이해할 수 있다고 본다. 손문의 의도, 즉 현존 체제들의 모순과 문제를 극복하기 위한 새로운 정치이념을 창출한다는 목적을 완수하려면 당연히 서구를 그대로 모방할 수는 없는 것이었고, 서구적인 요소를 보완하고 극복하려면 그와는 다른 문화체계, 즉 동양 또는 중국적 전통에 의지할 수밖에 없었기 때문이다.

손문의 혁명 활동과 이념은 반드시 일관성과 깊이를 보여주지는 않는다. 그러나 그렇다고 해서 중국혁명의 선구자이자 상징으로서 그 의미가 퇴색되는 것도 아닐 것이다. 오히려 좌충우돌 고군분투하는 혁명 시도들, 복잡한 개념과 구상들이 혼란스럽게 나열되는 혁명사상을 보면서 혁명에 대한 열정과 새로운 국가에 대한 희망과 낙관을 읽어낼 수 있다. 바로 여기에서 중국이 혁명을 통해 새로운 시대를 열기 위해 겪어야 했던 진통을 발견할 수 있는 것이며, 손문이 중국혁명의 상징으로서 갖는 의미와 한계 역시 중국혁명의 맥락에서 설명될 수 있는 것이다.

■ 주

1) 체스타 탄 저, 민두기 역,《중국현대정치사상사》, 지식산업사, 1977, 95~128쪽(譚昌霖, *Chinese Political Thought in the Twentieth Century*, Garden City, N. Y. : Doubleday & co., 1971).

2) 曾業英 主編,〈孫中山硏究〉,《五十年來的中國近代史硏究》, 上海 : 上海書店, 2000, 49 4~529쪽 ; 林家有,《孫中山與中國近代化道路硏究》, 廣州 : 廣東敎育出版社, 1999 참조.

3) 민두기,〈해제〉, 시프린 저, 민두기 역,《손문평전》, 지식산업사, 1990, 262~264쪽 (Harold Z. Schiffrin, *Sun Yat-sen, Reluctant Revolutionary*, Boston & Toronto : Little Brown & Company, 1980).

4) 위의 책, 257~259쪽.

5) 橫山宏章,〈孫中山神話を超えて〉,《中國の政治危機と傳統的支配 : 帝國の瓦解と再興》, 東京 : 硏文出版, 1996, 303~311쪽.

6) 손문의 행적에 관한 내용은 별도의 제시가 없는 한 시프린 저, 앞의 책 ; 王俯民,《孫中山詳傳》, 北京 : 中國廣播電視出版社, 1993 ; 中國科學院近代史硏究所中華民國史

組·廣東省哲學社會科學硏究所歷史硏究室 合編, 《孫中山年譜》, 廣州 : 中華書局, 1976의 내용에 근거하였음.

7) 손문은 직업혁명가로서 험난했던 역정을 반영하듯 매우 많은 이름을 사용했다. 아명은 帝象, 帝朱, 日新, 정식 이름은 文, 족보상의 이름은 德明, 그밖에 일정 기간 사용한 이름은 逸仙, 中山, 汶, 陳載之, 强武, 가명은 中山樵, 中山方, 高野長雄, 高野, 高野方, 張宣, 吳仲, 山月, 蕭大江, 杜嘉若, 艾斯高野, 陳文, 高達生, Dr. G. S. Sun, Nakayama, Longsang, Dr. Alaha, 필명은 南洋小學生, 公武, 南洋一學生, 廣東香山來, 杞憂公子, 載篤, 中原逐鹿士.

8) 史扶領 著, 丘權政·符致興 譯, 《孫中山與中國革命的起源》, 北京 : 中國社會科學出版社, 1981, 318.쪽(Harold Z. Schiffrin, *Sun Yat-sen and the Origins of the Chinese Revolution*, Berkeley : University of California Press, 1970).

9) 嚴昌洪·馬敏, 〈20世紀的辛亥革命史研究〉, 《歷史研究》, 2000-3, 136~151쪽(《中國近代史 K3》, 2000-8, 2~17쪽). 청 황제의 퇴위를 앞당겼다는 의미에서는 성공적 측면을, 원세개가 혁명 권력을 찬탈했다는 점에서는 실패의 측면을 지적한다.

10) 삼민주의에 대한 내용은 〈中國國民黨第一次全國代表大會宣言〉, 《孫中山選集》, 北京 : 人民出版社, 1986, 586~600쪽 및 〈三民主義〉, 같은 책, 615~879쪽 ; 전동현, 〈중국 국민혁명기 삼민주의 연구 ― 통치이념화 과정을 중심으로〉, 이화여대 사학과 박사논문, 1998 참조. 이 글에서는 손문의 건국구상이 최종적으로 집대성되었고 이후에도 가장 많은 영향력을 행사한다고 보는 1924년 개조 단계의 내용을 중심으로 서술하였음.

11) 孫中山, 〈孫文學說 ― 行易知難(心理建設)〉, 앞의 책, 115~211쪽 ; 체스타 탄 저, 앞의 책, 115~117쪽.

12) 바로 이러한 측면 때문에 손문은 당시의 시대 조류였던 민족주의, 민주주의, 사회주의를 중국 고유의 심성문명과 결합하여시켜 새로운 중국심성문명관을 출현시켰다는 평가를 받는다. 段云章, 〈孫中山心性文明觀的民族化特色〉, 《中山大學學報》(社科版), 1999-4, 84~93쪽(《中國現代史 K4》, 1999-10, 94~103쪽) 참조.

13) 孫中山, 〈國民政府建國大綱〉, 앞의 책, 602~603쪽.

14) 후계자들의 삼민주의 해석에 관해서는 전동현, 앞의 논문 ; 賀淵, 《三民主義與中國政治》, 北京 : 社會科學文獻出版社, 1995 등 참조.

15) 安井三吉, 〈毛澤東·孫文の三民主義觀〉, 藤井昇三·橫山宏章 編, 《孫文と毛澤東の遺産》, 東京 : 硏文出版, 1992, 217~251쪽.

16) 山田辰雄, 〈序論 ― 現代中國における代行主義の傳統ついて〉, 山田辰雄 編, 《歷史のなかの現代中國》, 東京 : 勁草書房, 1996, 1~9쪽.

17) 橫山宏章, 〈中國には獨裁が似つかわしいのか : 一九三〇年代の"民主と獨裁"をめぐる學術論戰〉, 앞의 책, 196~235쪽.

18) 康維鐸, 〈孫中山民主觀兩重性簡論〉, 《唐都學刊》, 2000-2, 39~41쪽(《中國近代史 K3》, 2000-7, 83~89쪽).

19) 鄭淑芬, 〈論孫中山主權在民思想〉, 《北方論叢》, 1999-5, 53~57쪽(《中國現代史 K4》, 2000-2, 141~145쪽).

20) 藤井昇三, 〈孫文の民族主義〉, 藤井昇三·橫山宏章 編, 앞의 책, 33~62쪽.

21) 橫山宏章, 《孫中山の革命と政治指導》, 東京 : 硏文出版, 1983, 385~409쪽.

장개석蔣介石
남경 국민정부의 영수
-그의 국가 근대화 정책-

요전덕(姚傳德)

1. 머리말

　장개석(蔣介石 : 1887~1975)은 1925년 3월 12일 손문이 갑작스럽게 죽은 지 얼마 되지 않아 광동 국민정부의 실권자로 떠올랐다. 그리고 1926년 7월 국민혁명군 총사령으로서 혁명군을 이끌고 '국민혁명'의 대사(大事)인 북벌전쟁에서 승리함으로써 주요 군벌들을 타도하고 국토를 통일, 1928년 10월 중국사상 첫 근대 정부인 (남경)국민정부를 수립하였다. 그 뒤 그는 1949년 말 국공내전(國共內戰 : 1946~1949)에서 패하여 대만으로 탈출할 때까지 20여 년 동안 중국대륙의 최고 통치권자로서 권위와 명성을 누림과 동시에, 수많은 내란을 극복하고 국가의 존망을 위협한 8년 동안의 항일(抗日)전쟁을 지도하며 국가 통일의 유지와 근대화 발전의 기틀을 마련해야 하는 3중의 시련 속에서 참으로 어려운 세월을 보냈다.

　이러한 장개석의 일생에 대한 오늘날의 평가를 보면 특히 중국대륙에서 긍정적인 면보다는 부정적인 면이 훨씬 더 많다. 이러한 현상은 아마 그가 결과적으로 국가의 진로를 둘러싸고 대립적 이념을 가진 중공과 싸워 중국대륙을 잃은 패장이기 때문이 아닌가 생각된다. 따라서 장개석의 생애 전체에 대한 객관적인 역사적 평가는 이념적 편견이 사라지게 될 수 세기가 지난 뒤의 역사가들 몫일 것으로 본다.

198

장개석

그와 같은 관점에서 볼 때, 이 글은 장개석이 국민정부의 영수로 있을 때 그의 국가 근대화 정책과 사상을 주로 다룬 것으로서, 대륙의 일반적인 이념적 편견의 굴레에서 벗어나 쓴 것이라 할 수 있다. 그런데 당시 장개석의 근대화 정책과 사상이 왜 그러했는지를 이해하기 위해서는 그의 생장과 교육 배경 그리고 전반적 정치 역정에 대한 최소한의 지식이 필요하다. 그러나 그의 평생에 걸친 정치·군사적 역정이 너무나 길고 복잡한 만큼, 다음 장에서는 지면 관계로 이 논문의 본문인 그의 집권 뒤 근대화 정책과 연결되는 시점, 곧 그의 출생부터 그가 북벌을 완성하고 1928년 10월 남경 국민정부를 수립하여 정부주석 자리에 올라 손문의 후계자로서 국정을 펴게 되는 때까지만 살펴보도록 하겠다.

2. 생장, 교육 그리고 (남경)국민정부의 영수가 되는 과정

1) 출생과 교육 배경

장개석(원명 瑞元, 뒤에 中正으로 개명, 자 介石)은 1887년 10월 31일 절강성 봉화현(奉化縣) 금효향(禽孝鄕) 계구진(溪口鎭)에서 아버지 장조총(蔣肇聰, 호 肅庵)과 어머니 왕채옥(王采玉, 조총의 셋째 부인) 사이에서 장남으로 태어났다. 부친 조총은 여러 대 전부터 이어온 가업인 소염상(小鹽商)이어서 중산층 가정이었다고 할 수 있으나 부친은 장개석이 9세 때 사망했고 이후 장개석의 가정 형편은 어렵게 되었다 한다.

젊은 나이에 남편을 잃고 홀로 장개석과 누이동생 서연(瑞蓮) 그리고 전처의 소생 남매(錫候, 瑞春)를 기르게 된 왕 부인은 전형적인 중국의 현모양처로서 불교신앙이 깊고 자녀들 교육에 엄격하며 매우 근면한 분이었다고 한다. 예컨대, 장개석을 학숙(學塾)에 보내면서 반드시 시간을 지켜 보냈고, 등하교 때 책가방을 검사하여 장난감을 가지고 다니거나 다른 물건을 가져오지 못하게 하였으며, 집에서도 공부 외에 가사노동을 가르치고, 식사 때 음식을 귀히 여기기와 잘 때 의복 정돈하기, 그리고 신체단련, 위생상식, 일상예절 등을 모두 가르쳤다 한다. 장개석의 유년기에 이루어진 왕 부인의 이러한 교육은 그가 장성한 뒤의 인생관과 생활습관에 큰 영향을 끼쳤다고 하는데, 그는 평생 자신의 모친을 존경하였다.[1]

장개석은 6세부터 16세 소년기까지 고향의 여러 사숙(私塾)을 옮겨 다니면서 여러 스승에게서 전통 한학을 공부하였다. 그는 8세 때 이미 《대학(大學)》과 《중용(中庸)》을 읽기 시작하였으며, 13세에 《상서(尚書)》와 당시(唐詩)를 배웠고, 14세에 《역경(易經)》을 완독하였으며, 15세에 《좌전(左傳)》을 읽고 책론(策論)을 배우기 시작했으며, 16세에는 모사성(毛思誠) 문하에서 《좌전》을 다시 배우고 《통감(通鑑)》을 훑어 보았다고 한다. 이렇게 장개석은 소년기에 이미 중국의 전통 학문과 사상에 대한 상당한 수준의 지식을 쌓았는데, 이것이 훗날 그의 민족주의적 성향과 중국의 전통적 가치를 중히 여기는 데 바탕이 되었다.

장개석은 14세가 되던 해 당시 관행대로 어머니가 정해 준 5년 연상의 인근 처녀 모복매(毛福梅)와 결혼하였다. 이 첫째 부인 모 여사가 장개석의 장남 장경국(蔣經國)의 친어머니이다.[2]

장개석이 신식교육을 받기 시작한 것은 17세 때부터다. 그는 봉화현의 봉록학당(鳳麓學堂)에 입학하여 영어·산학·이화학 과목 등을 배웠고, 다음해 영파(寧波)의 전금공학(箭金公學)으로 전학하였는데, 거기서 박학하고 혁신적 사상을 가진 고청렴(高清廉) 선생을 만났다. 장개석은 고 선생으로부터 손문의 혁명운동과 구미 선진국에 대하여 듣고 손문을 존경하고 혁명에 투신할 뜻을 세우게 되었다. 그가 일본에 가서 군사학을 배울 생각을 하게 된 것도 이때 비롯되었다 한다.

1906년 20세가 된 장개석은 일단 봉화의 용진(龍津)학교로 전학하여 고향으로 돌아갔다가, 3개월 만에 뜻한 대로 변발을 자르고 군사학을 배우러 일본에 갔다. 그는 원래 일본 육군사관학교에 들어가려 했으나 중국 육군에서 보낸 유학생이 아니었기 때문에 자격이 미달되어 강유위(康有爲)가 동경에서 시작한 청화(淸華)학교에 입학하였다. 그가 청화학교를 다닌 것은 1년도 못 되는 짧은 기간이었다. 그러나 이 청화학교 시기는 그의 일생에 대단히 중요한 기간이었다. 일본어를 배우는 동시에 동경의 많은 중국인 혁명지사들과 사귀게 되었고, 특히 손문의 측근 진기미(陳其美)를 알게 되었기 때문이다. 장은 혁명지사들과 교류하면서 중국혁명운동에 참가하게 되었고, 진기미를 통해 중국혁명의 아버지 손문을 만나게 되었던 것이다.[3]

그러나 장개석은 일반 학교인 청화학교에 오래 다닐 수가 없었다. 같은 해 겨울 그는 누이동생의 결혼으로 왕 부인의 부름을 받아 귀국하였다. 그리고 21세 되던 1921년 여름 청정(淸廷)이 하북성 보정(保定)에 설립한 통국육군속성학교(通國陸軍速成學校 : 陸軍保定軍官學校의 전신)에 입학하여 1년 동안의 수업을 마치고, 육군의 일본유학생으로 선발되어 1908년 봄 일본 육사의 예비학교인 무진학교(武辰學校)에 정식으로 입학하였다. 무진학교에 다닌 3년 동안 장은 엄격한 군사교육과 훈련을 통해 군사학의 신지식을 얻는 동시에 강건한 신체단련, 견인불발(堅忍不拔)의 군인정신, 명령복종과 사생관(死生觀)의 도리를 배웠다. 그밖에, 이전에도 왕양명(王陽明)의 《전습록(傳習錄)》을 읽었지만, 왕양명의 서적들을 구입하여 탐독, 왕양명의 지행합일(知行合一) 사상에서 큰 감명을 받았는데, 왕양명의 사상은 평생 동안 장개석의 일상생활과 혁명역정에서 주된 수양의 기초가 되었다. 또한 그는 쉬는 날을 이용하여 중국

동맹회 혁명동지들과 접촉하여 함께 비밀회의에 참석하는 등 혁명활동을 계속하였다.

그러던 중 1909년 장개석은 진기미의 소개로 중국동맹회의 회원이 되었다. 그리고 같은 해 여름 손문이 혁명계획을 추진하기 위해 동경에 왔을 때 진기미와 함께 손문을 만났다. 손문과의 이 첫 만남은 그가 신해혁명 과정에서 손문의 신임을 얻게 되고, 손문 사후 그의 후계자로까지 나아가는 출발점이었다. 진기미에 따르면, 그때 장개석을 만나 본 손문은 그를 가리켜 장차 국민당과 혁명을 위해 중요한 인물이 될 것이라고 말했다 한다. 1910년 무진학교를 졸업한 장개석은 니가타현(新潟縣) 다카다시(高田市) 야전포병 13연대의 견습사관으로 배치되었으며, 1년 동안의 고된 훈련을 통해 강인한 체력과 함께 견인불발의 의지, 그리고 임무완수의 투철한 사명의식을 기를 수 있었다.4)

2) 신해혁명 참가에서 광동 국민정부 실권자로

두루 아는 바, 1911년 10월 10일 무창(武昌)봉기를 시작으로 신해혁명이 일어났다. 장개석은 무창봉기가 일어나기 여러 달 전인 1911년 초여름에 다카다의 13연대에서 휴가를 내어 귀국, 상해에서 지하활동을 하고 있던 진기미를 만나 혁명이 일어날 경우 상해와 절강성, 강소성에서 필요하게 될 준비와 혁명전술을 연구하고, 8월 중순 13연대로 돌아가 혁명의 날을 기다리고 있었다. 무창봉기가 일어나자 그는 13연대와 작별하고 10월 30일 상해에 도착, 진기미의 지령을 받아 백여 명의 혁명군을 이끌고 항주를 장악하였으며, 이어 호주(湖州)·온주(溫州)·영파를 함락시켜 절강성이 독립선언을 하는 데 큰 공을 세웠다. 그리고 상해의 혁명이 성공하자 그는 상해로 돌아가 도독(都督)이 된 진기미의 오른팔로 제2사 5단(연대)장이 되었다.5)

신해혁명 성공 뒤 장개석은 진기미의 허락을 얻어 군사학을 더 배우기 위하여 다시 일본에 갔다. 그러나 반년 뒤인 1913년 3월 원세개(袁世凱)의 사주로 일어난 송교인(宋敎仁) 암살로 7월에 제2혁명이 일어나자 그는 다시 상해로 귀국, 손문을 만나고 제2혁명에 가담하였다. 장개석은 진기미와 함께 강남제조국(江南製造局)을 공격할 때 자신의 5단 1영(營)을 이끌고 3일 밤낮의 전투에서 불굴의 정신으로 용전함으로써 손문에게 깊은 인상을 주었다. 그밖에도 장개석은 손문과 함께 일본에 망명하여 1914년 상해의 세 번째 혁명계획에 참여하였고, 같은 해 6월 손문의 명을 받아 1개월 동안 만주에서 혁명 가능성을 조사했으며, 1915년 11월 그동안 혁명세력 측에 가장 큰 장애였던 원세개의 심복 상해진수사(上海鎭守使) 정여성(鄭如成)을 제거하는 데 결정적인 구실을 하는 등 여러 면의 공으로 자신에 대한 손문의 신망과 기대를 한층 높였다. 그러던 가운데 1916년 5월 중순 원세개의 자객에 의해 진기미가 암살되는 불행한 사건이 일어났다. 그러나 그 사건은 그때까지 주로 진기미를 사이에 두고 간접적이었던 장개석과 손문 사이가 직접적인 것이 되어 뒤에 장개석이 손문의 후계자로 등장하는 출발점이 되었다.[6]

그동안 원세개는 1915년 중반부터 황제가 되려고 무리하게 제재(帝制)를 추진하다 결국 실패, 1916년 6월 실의와 화병으로 사망하였다. 이어서 전개된 것이 10여 년에 걸친 이른바 군벌기이다. 이 기간은 원세개의 부장(部將)들과 기타 군사 세력가들이 지역의 군벌이 되어 전국을 분할, 할거하고 쟁투를 벌임으로써 정치·경제·사회적으로 원세개 통치 때보다 더욱 암울한 시기였다. 그러나 이 군벌기는 장개석이 손문의 확고한 신임을 얻고 국민혁명군의 핵심 인물로 떠오른 기간이기도 했다.

원세개가 죽자 손문은 민국 수립 직후 제정했던 임시약법(臨時約法)에 따른 민주정의 회복을 기대했다. 그러나 북경정부를 장악한 완계(皖系)의 단기서(段祺瑞)의 반대와 장훈(張勳)의 복벽(復辟) 소동(1917. 6.)으로 희망이 보이지 않자 그는 남쪽으로 내려가 서남군벌과 연합하여 광주(廣州)에 중화민국 군정부(軍政府)를 수립, 대원수에 취임하고 호법

(護法)과 북벌 운동을 동시에 추진하였다. 그러나 군대를 갖지 못한 손문은 서남군벌들이 자신을 소외시키자 상해로 물러났다. 그리고 1922년 6월 중순에는 충성을 서약했던 광동군벌 진형명(陳炯明)의 반란으로 광주의 총통부가 포격당하자 황포(黃埔) 해군기지에 정박하고 있던 군함 영풍호(永豊號)로 겨우 피신했으나, 반란군의 포위 속에서 절망적 상황에 처하게 되었다.

한편 장개석은 1920년 후반부터 월군(粵軍 : 광동군)의 작전주임을 사임하고 고향에서 휴양하고 있었으며, 더욱이 1921년 6월 모친상을 당하여 슬픔에 빠져 있었다. 그는 처 모복매와 이혼하고, 1922년 초순 군대로 복귀하여 제2월군 사령관 허숭지(許崇智)의 참모가 되었다가 모반의 기미가 있는 진형명에 대한 손문의 우유부단함에 실망해 상해로 돌아가 있었다. 그러한 때에 손문이 진형명에 의해 영풍호에 갇혀 있다는 소식을 들은 장개석은 즉시 상해를 떠나 위험을 무릅쓰고 영풍호의 손문과 합류하여 그를 도우면서 56일 동안 고난을 같이하다가 8월 8일 영국 포함의 도움으로 홍콩으로 탈출할 수 있었다. 당시 절체절명의 위기상황에서 거의 2개월 동안 영풍호에서 손문을 도와 고난을 나누고 극복한 일은 손문의 장개석에 대한 신임을 더욱 높이는 계기가 되었다.[7]

장개석에 대한 손문의 높은 신임은 1923년 1월 손문 휘하 허숭지의 월군과 복건 및 광서 군벌들의 군대가 진형명의 군을 패퇴시키고 광동성을 회복한 뒤 바로 나타났다. 손문이 상해에서 광주로 돌아와 다시 대본영(大本營)을 조직하고 정부의 대원수로 복귀하자, 그해 6월 영풍호에서 한 고생으로 몸을 상해 고향에서 정양을 하고 있던 장개석은 광주로 돌아와 대본영 참모장에 취임하게 되었다. 그 뒤 손문이 그에게 중국국민당(이하 국민당) 군사 부문의 중임을 잇달아 맡김으로써 당내에서 그의 위상은 빠르게 상승하였다.

당시는 이미 1921년 12월 계림에서 있었던 손문과 코민테른 대표 마링(H. Maring) 사이의 회담에서 합의한 대로 연아(聯俄) · 용공(容共)을 기조로 한 국공합작이 진행되고 있었다. 소련 원조에 따른 당군(黨軍)의 건립도 약속되어 있었다. 손문은 당군 건립의 핵심 임무를 장개석에게 맡겼다. 1923년 8월 손문은 장개석에게 소련의 군사·정치·당무(黨務)를 시찰할 '손일선(孫逸仙) 박사 대표단'을 이끌고 소련을 다녀오도록 하였다. 1924년 1월 장개석이 돌아와 소련시찰보고서를 제출하자 손문은 그것을 참고로 당군의 골간이 될 장교를 육성할 사관학교 설립을 위한 '육군군관학교주비위원회'를 구성, 장개석을 위원장에 임명하였다. 같은 해 6월 광동 황포에 군사정치학교(황포군관학교)가 개설되자 장개석이 초대 교장에 취임하였다. 황포군관학교는 약 반년의 속성 훈련과정으로 제1기부터 1926년 1월 제4기까지 모두 5,500여 명의 졸업생을 배출하였다.[8]

장개석은 황포군관학교 개교 이후 졸업생들을 중심으로 국민당 제1의 정예군을 확보하고, 광동성 안팎의 적들을 진압하면서 당내에서 가장 막강한 군사 지도자로서 위치를 확보해 나갔다. 그는 1924년 10월 황포군관학교 학생군과 경위군(警衛軍)으로 영국의 지원 아래 광동정부에 반기를 든 매판적 광동 상인들의 상단군(商團軍)을 진압하였고, 1924년 12월 손문의 북상을 틈타 광동성 동부에 진입한 4만의 진형명군을 3천여의 군관학교 교도단(敎導團)으로 공격, 패퇴시켰다. 그는 또한 1925년 6월에 교도단을 개편한 당군과 월군을 지휘하여 성 전역의 점령을 목표로 이미 4월에 광동에 진입해 있던 운남군벌 양희민(楊希閔)과 광서군벌 유진환(劉震寰)의 3만여 병력을 포위, 괴멸시켜 광동성에서 완전히 몰아냈다. 이러한 모든 난들이 평정된 뒤 장개석은 혁명군의 영웅이 되었고, 광주위수사령에 임명되었으며, 광주의 실권자가 되었다.

그러나 그동안 남북의 통일을 위한 방편으로 국민회의를 소집하는 문제로 1924년 11월 북상한 손문이 지병인 간암의 악화로 1925년 3월 12일 북경에서 사망하는, 국민당에는 중대사가 발생하였다. 국민당은 1925년 6월 15일 중앙집행위원회를 열어 대원수부(大元帥府)를 국민정부로 바

꿀 것을 의결, 7월 1일부로 왕정위(汪精衛)를 주석으로 광동 국민정부가 성립되었다. 이때 정부 개편에서 장개석은 7인 군사위원회의 위원이 되었으며, 8월에 조직된 국민혁명군 제1군의 군장으로 임명되었다. 제1군은 역시 군관학교 생도와 교도단을 간부로 한 당시 남방군 가운데 가장 강력한 정예부대였다.9)

손문 사후 왕정위를 수반으로 한 새 정부가 출범했으나, 국민당 안에는 손문 생존 때부터 내연하고 있던 국공합작을 둘러싼 좌·우파 사이 갈등이 표면화되고, 그로 말미암은 여러 사건이 연이어 발생하여 큰 난국을 맞았다. 그러한 상황에서 2년이라는 짧은 기간에 장개석은 정치와 군사의 실권을 장악하고 북벌을 성공적으로 수행, 군벌시대를 끝내고 남경 국민정부를 수립하여 중국의 최고 권력자가 되었다. 그렇게 될 수 있었던 것은 그의 뛰어난 군사적 재능과 강인한 의지, 정치권력에 대한 끊임없는 열망 그리고 능숙한 정략적 수완 덕분이었다.

장개석은 우선 손문의 사후에 국민당 내 국공합작을 둘러싸고 좌·우파의 대립이 격화되고 있는 상황에서 어느 편에도 결정적으로 가담하지 않고 중도적 태도를 견지하는 한편, 소련 고문관들과 좋은 관계를 유지히어 그들의 신뢰를 얻었다. 그리고 상황에 따라 자신에 유리한 대로 기울다가 결정적 시기에 군권을 이용하여 반대파를 제거하였다. 예컨대, 손문의 사망 이전과 직후 그는 당시 권력을 잡고 있었던 좌파와 공산주의자들에게 동정적인 태도를 취하여 자신의 지위를 지켰다.

게다가 당시 정치정세는 장개석에게 유리하게 돌아갔다. 1925년 8월 20일 좌파 지도자 요중개(廖仲愷)가 우파 지도자 호한민(胡漢民)의 사촌동생 호의생(胡毅生)에게 암살당하는 사건이 일어났다. 우선 이 사건에서 요중개의 피살로 유력한 손문의 후계 후보자 4명 가운데 요중개와 호한민이 제거되고 왕정위와 장개석 둘만 남았다. 요중개의 피살 직후 장개석은 사건 처리를 위한 특별위원회의 한 사람이 되었고, 호한민은 사건 관련 문제로 연금되었다가 소련으로 보내졌다. 또한 9월에는 한때

206

장개석의 상관이었던 허숭지의 월군이 진형명과 내통하여 국민정부를 전복하려 한 혐의로 허숭지가 장개석의 군대에 체포되고 광주에서 추방 되었다. 이때 장개석은 허숭지의 군대를 자신의 제1군에 흡수하여 병력을 늘렸다. 게다가 광동 동부에 다시 진입한 진형명군을 소탕하고자 9월 말부터 11월 중순까지 계속된 작전에서 장개석은 총사령으로서 대성공을 거두었다. 그 결과 당내에서 그의 지위는 급상승하였다. 1926년 1월 제2차 국민당 전국대회에서 장개석은 광주위수사령, 제1군 군장에 더하여 당 중앙집행위원과 상무위원에 추대되어 왕정위와 더불어 국민당 최고 직위에 오르게 되었다.10)

3) 중산함(中山艦)사변, 북벌, (남경)국민정부 수립

장개석의 위망(威望)과 지위가 날로 높아지자 왕정위와 보로딘은 불안해 하면서 함께 그를 여러모로 견제하였다. 3월 초 왕정위는 장개석의 광주위수사령관 직을 해제하였으며, 장개석이 광주를 떠날 것이라는 말까지 한 것으로 전해졌다. 이렇게 장개석이 왕정위와 소련 고문관들에 의해 불안한 상황에 처해 있을 때, 3월 18일 밤 해군국장 대리이며 중공 당원인 이지룡(李之龍)이 중산(中山)과 보벽(寶壁) 두 군함을 황포로 회항한 일이 일어났다. 그러자 장개석은 3월 20일 이지룡의 회항이 자신의 명령을 가장하여, 자기를 블라디보스토크로 납치하려 한 음모라고 주장하면서 계엄령을 선포하였다. 소련 고문들을 연금하고, 성항파공위원회(省港罷工委員會)를 급습하여 규찰대의 무장을 해제하였으며, 황포군관학교의 공산계 교관과 이지룡을 포함한 중공당 간부들을 체포하였다. 이것이 이른바 '중산함사변'으로, 왕정위와 소련 고문관 및 중공의 자신에 대한 적대행위를 정면 돌파한 반격이었다. 또한 이 사건은 장개석의 본심인 반공을 분명히 드러낸 것으로, 그 뒤 그의 이러한 태도는 평생 견지되었다. 여하튼 이 중산함사변 뒤 장개석과 소련 측은 서로의 필요

장개석과 개혁파 군벌 풍옥상(왼쪽), 염석산(오른쪽). 1927년에서 1928년 사이에 찍은 것으로 보인다.

에 따라 화해하였으나 국민당 안에서 중공세력은 크게 제약을 받아 약화되었으며, 왕정위가 프랑스로 떠남으로써 장개석은 당내 하나뿐인 중심적 영수가 되었다.11)

국민당의 당권과 군권을 장악한 장개석은 손문의 숙원이던 북벌 준비에 착수하여 6월 5일 국민혁명군 총사령이 되었고, 1926년 7월 1일 8개 군(軍) 10만 병력으로 마침내 북벌에 나섰다. 3갈래로 나뉘어 북진을 시작한 국민혁명군은 그동안 혁명군 선전대가 각 성에서 해 온 활동에 힘입어 군벌들의 학정에 시달리고 있던 광범위한 민중들의 자발적 협조와 혁명군 장병들의 용전으로 반년도 안 되어 오패부(吳佩孚), 손전방(孫傳芳) 양대 군벌을 괴멸시키고 호북·호남·강서·복건·사천·귀주까지 장악하였다.

그러나 1927년 1월 당중앙과 정부가 광주에서 무한(武漢)으로 옮긴 이후 무한정부를 장악한 좌파와 중공 그리고 보로딘 등의 반장(反蔣)운동으로 이들과 장개석 측의 갈등이 재연, 심화되었다. 그 결과 4월 12일 장개석이 일으킨 '상해 반공쿠데타' 사건과 4월 18일 남경 국민정부 수립으로 무한[漢]-남경[寧] 양 정부의 대치, 그리고 7월 15일 무한정부로부터 중공 추방(청당) 등 정치적 대사건들이 잇달아 일어났다. 또한 8월 12일에는 무한정부와 남경정부의 합병 조건으로 장개석의 하야를 요구한 왕정위 등 국민당 내 요인 7명의 제안을 받아들여 장개석이 국민혁명군 총사령을 사직하고 고향으로 돌아갔다. 그의 하야 기간에 일어난 특기할 사항은 12월 1일 그(40세)와 미국 웨슬리대학 출신 송미령(宋美齡 : 27세)의 결혼이었다. 송미령과의 결혼은 그녀의 세련미와 특출한 영어실력 그리고 헌신적인 내조로 그의 정치적 위상 제고와 뒷날 미국 등과의 대외 외교에 큰 도움이 되었다.12)

3개월 남짓한 장개석의 하야 기간 동안 국민당 내부에서는 왕정위와 서산회의파, 백숭희(白崇禧), 이종인(李宗仁)의 광서계(廣西系) 그리고 호남의 당생지계(唐生智系) 등 정·군의 여러 계파들 사이에 복잡하게 얽힌 갈등과 무력충돌이 빈발하였다. 게다가 8월 초순 남창폭동, 9월 초순 추수폭동, 11월 중순 광동의 해륙풍(海陸豐) 소비에트 정부 수립 등 출당된 중공이 각지에서 무장폭동을 일으켰다. 따라서 북벌은 한동안 중지되었고, 당은 심한 분열에 휩싸였으며, 나라의 정치정세가 매우 혼란하였다.

그렇게 되자 당내에서는 시국 수습을 위해 장개석이 복귀해야 한다는 여론이 높아졌다. 이에 왕정위는 12월 초 장개석을 만나 국민혁명군 총사령직에 복귀할 것과 국민당 제2기 중앙집행위원회 제4차 전체회의(2기4중전회)를 개최해 줄 것을 요청하였다. 그리고 왕정원는 12월 중공의 장태뢰(張太雷)와 섭검영(葉劍英)에 의해 3일 동안 광주폭동(11~13일)이 일어나 책임문제가 대두되자 12월 16일 밤 병 요양을 구실로 파리로 떠났다. 한편 장개석은 왕측의 제의를 수용하여 1928년 1월 정식으로 혁명군 총사령직에 복귀하였다. 그리고 2월 1~7일 남경에서 개최된 4중전회에서 그는 중앙상무위원회와 정치위원회 주석에다 중앙조직부 부장에 선출되어 당권·정권·군권을 독차지하게 되었다.13)

복귀 뒤 장개석은 국민혁명군을 4개 집단군으로 개편하고 북벌을 계속하였다. 각 집단군의 총사령과 병력은 각각 장개석의 제1집단군(17개 사단), 풍옥상(馮玉祥)의 제2집단군(12개 사단), 염석산(閻錫山)의 제3집단군(8개 사단), 이종인의 제4집단군(6개 사단) 등 총병력 70여만이었다. 4월 7일부터 장개석군과 풍옥상군의 일부는 손전방(孫傳芳)과 장종창(張宗昌)이 지키는 산동성을 공격하여 5월 1일 제남(濟南)을 점령했다. 그러나 5월 3일 제남의 일본 거류민과 장개석의 북벌군 사이에서 일어난 마찰을 구실로 일본 주둔군이 중국 민간인과 군인들에게 발포, 양국 군대 사이에 교전이 벌어져 중국 민·군과 일본 민·군의 사상자가 각각 3천여 명과 2백여 명이 발생한 이른바 제남사변이 일어났다. 이는 일본이 산동성을 만주에 이어 중국 진출의 교두보로 생각하여 일으킨 것이었다.

장개석은 군벌 타도가 북벌의 주목적인 만큼 일본군과의 충돌을 빨리 종결하고 제남에서 철수, 이남에 약간의 병력을 남긴 채 황하를 건너 북진을 계속하였다. 그동안 풍옥상군과 염석산군은 북경을 향해 빠르게 진격하여 5월 하순에는 북경 입성을 목전에 두게 되었다. 북경의 함락이 임박해지자 6월 3일 열차를 이용하여 만주로 철퇴하던 장작림(張作霖)이 4일 봉천 근방에서 일본 관동군에게 폭살된 사건이 일어났다. 그리고 이어 손전방이 하야하자 북방의 군벌군은 완전히 와해되었으며, 6월 8일 염석산군이 북경에 입성함으로써 동북 3성을 제외하고 국민정부에 의한 북벌은 일단 완료되었다. 장개석을 비롯한 각 집단군 총사령들은 7월 6일 손문의 영구가 안치된 북경 교외 서산(西山)의 벽운사(碧雲寺)에 모여 손문 영전에 북벌의 완성을 보고하였다.14)

북벌이 일단락됨에 따라 국민당은 1928년 8월 8일부터 15일까지 남경에서 제2기 5중전회를 열어 중앙상무위원을 선출하고, 북벌 완료 뒤의 기본 정책을 토의, 〈훈정(訓政) 개시 및 5원(五院) 설립에 관한 안〉, 〈군사정리(軍事整理)에 관한 안〉, 〈민중운동(民衆運動)에 관한 안〉 등을 결의하였다. 국민당 중앙상무위원회는 10월 3일 훈정강령을 공포하고, 그에 바탕을 둔 국민정부조직법에 따라 10일 5원제(행정원·입법원·사법원·고시원·감찰원)의 국민정부가 출범하였다. 장개석은 국민정부위원회 주석에 선출되어 정부의 수반뿐만 아니라 국민당 군사위원회 주석, 육해공군 총사령직도 가지게 되어 치권(治權)과 군사권 그리고 외교권을 동시에 장악, 바야흐로 '장개석의 중국' 시대가 열리게 되었다.

한편 장작림의 폭사 뒤 모든 봉천군(奉天軍)은 만주로 철퇴하고 만주의 정세는 혼란에 빠졌다. 그러나 장작림의 아들 장학량이 6월 17일 비밀리에 심양으로 돌아가 동북보안총사령직을 계승함으로써 어느 정도 안정이 되었다. 부친이 일본군에 암살된 것을 알게 된 장학량은 일본의 정치·경제·군사적 압력에도 불구하고 사신을 장개석 측에 보내 '통일을 방해하지 않을 것'을 천명하고 '분치합작(分治合作)'을 묵계하였다. 그에 따라 10월 8일 국민당은 장학량을 국민정부위원으로 임명하였고, 장학량은 12월 29일 전국에 통전(通電)하여 그날부터 '삼민주의의 준수, 국민정부에 복종, 기치의 변경'을 알리고, 그날로 동북 3성과 열하 전역에 국민정부의 청천백일기(靑天白日旗)를 걸도록 하였다. 그 다음날 남경 국민정부가 장학량을 동북변방군 사령장관에 임명함으로써 형식상으로나마 국민정부에 의한 중국의 남북통일이 실현되었다.[15]

3. 장개석의 정치 근대화 방안

장개석은 정치 근대화를 이룩하는 데 손문의 '혁명의 3단계설', 곧 군정·훈정·헌정의 3단계에 따라 순서대로 점진적으로 정치 민주화의 임무를 완성할 것을 내세웠다. 그는 일찍이 청년시절인 1912년에 '개명전제(開明專制)'의 수단으로 중국의 근대화를 실현한다는 사상을 가졌었다. 그는 "우리 당이 중국을 강대한 공화국으로 건설하고자 한다면 바로 이 10년 안에, 단지 미국과 프랑스 공화정의 껍데기만을 치리(治理)라고 생각할 것이 아니라, 마땅히 '개명전제'의 정신을 이용하여 계획을 세워야 한다"고 하였다. 이른바 '개명전제'란 위정자가 '워싱턴과 같은 포부'를 품고, '나폴레옹과 같은 수단'을 갖는 것이다.

다시 말해 위정자는 워싱턴처럼 천하를 공공의 것으로 생각하고 모든 것을 국가의 이익으로 돌리며, 개인과 당파의 사적인 이익에 따라 일을 처리하지 않는 풍도(風度)를 가져야 한다는 것이다. 그런 뒤에 나폴레옹처럼 강대한 권위를 가지고 정국을 통제할 때 비로소 점차적으로 민주공화정 체제를 세울 수 있으며, 그렇지 않고 급작스럽게 민주공화정을 실행하면 "정당의 사견을 소멸시킬 수 없고, 도독의 강한 마음을 수렴할 수 없으며, 번주(藩主)의 폭동을 평정할 수 없고, 백성들은 재난 속에서 초췌해질 것이며 …… 민주공화의 효과는 나타나지 않고 분할의 재앙만 있을 것이다"16)라고 하였다. 말하자면 장개석은 '개명전제'는 각종 중국 근대화 사업의 전제이며, 중국의 근대화는 오직 '개명전제'의 정신을 가지고서 점진적으로 추진될 수 있다고 생각했던 것이다.

1927년 현대 중국의 역사무대에 주역으로 등장한 뒤 장개석은 중국의 근대화문제에 대해 많은 견해를 발표하기 시작했다. 그가 비교적 체계적으로 중국의 근대화문제를 논술한 것은 1935년 아미군관훈련단(峨嵋軍官訓練團)에서 작성한 〈국부유교개요(國父遺教概要)〉17)이다. 그는 정치 건설의 직접적인 목표는 마땅히 '민생낙리(民生樂利)', 곧 "사람마다 자기의 재능을 충분히 발휘하고, 땅은 그 이로움을 충분히 발휘하고, 사물은 그 쓰임을 충분히 발휘하고, 화물은 막힘없이 유통되어야 한다"고 강조했다. 가장 원대한 정치 건설 목표는 당연히 《예기》 〈예운편(禮運篇)〉에서 말한 것과 같은 대동세계(大同世界)이다. 이러한 대동세계는 중국에서 예로부터 자애롭고 지조 있는 사람들이 일관되게 내세운 정치적 이상으로, 공산주의가 묘사하는 상황과도 약간의 공통점이 있다. 공산주의운동이 중국에서 신속하게 유행할 수 있었던 것 역시 — 비록 이상적인 공산주의가 지금 세계에서 실천되느냐 하는 것은 전혀 다른 문제일지라도 — 그것이 중국인들이 동경하고 있는 이상사회와 매우 많은 부분에서 서로 들어맞았기 때문이다.

그러한 전제 아래 장개석은 더 구체적으로 정치 근대화의 순서를 설명한바, 그것은 기본적으로 손문이 말한 세 단계, 곧 군정·훈정·헌정의 순서와 같다. 즉 그는 정치 민주화의 목표에 이르기 위해서는 한 번으로 되거나 끝나는 것이 아니고, 상당히 긴 과정을 거쳐 반드시 앞뒤의 순서와 진행의 단계가 정해진 뒤에야 비로소 적은 노력으로 많은 효과를 거둘 수 있다고 생각했다. 혁명의 3단계에 대한 그의 해석은 다음과 같다.

첫 번째 단계, 군정 : 모든 제도는 모두 군정부에 예속된다. 정부는 한편으로 병력을 이용하여 국내의 장애를 제거하고, 한편으로 주의(主義)를 선전하여 전 국민의 인심을 개화함으로써 국가의 통일을 촉진한다. 말하자면 군정의 임무는 무력으로 국가를 통일하고, 근대화파가 통제하는 전국 각지에 대해 효과적인 명령을 발포할 수 있는 권위적인 정부를 세움으로써 국가로 하여금 안정과 질서로 나아갈 수 있게 하며, 그러한 뒤에 비로소 정치와 기타 여러 항목의 근대화 건설을 전개할 수 있다는 것이다. "무릇 삼민주의 건설을 방해하는 일체의 습관·사상·언론제도 등은 모두 우리들의 혁명 대상이며, 이러한 장애에 대해서는 우선 무력을 이용하여 제거할 필요가 있다." 따라서 군정은 바로 '개명전제'이며, "반드시 무력을 이용하여 그것을 추진하고 촉진해야 한다"고 하였다. 이러한 주장은 장개석이 청년시절 《군성잡지(軍聲雜誌)》를 출판할 때의 견해와 거의 일치한다.

두 번째 단계, 훈정 : 이 단계의 주요 임무는 민주화의 기초를 확립하는 것으로, 훈정은 지역에 따라 진행해야 하는데, 하나의 성이 완전히 안정되는 날이 곧 훈정이 시작되는 날이며 군정이 정지되는 날이다. 훈정시기의 가장 중요한 내용은 지방자치를 행하는 것으로, 예를 들어 전체 현의 인구를 조사하고, 전체 현의 토지를 측량하고, 전체 현의 치안을 유지하고, 사방으로 도로를 건설하고, 인민에게 4권 — 선거·파면·창제(創制 : 발안)·복결(複決 : 소환)의 권리 — 을 행사할 수 있는 훈련을 시작하는 것이다. 그러한 뒤에 민선 현의원(縣議員), 민선 현관(縣官)을 두는 것 등이다. 이밖에 또한 평균지권(平均地權) 작업을 진행해야 하는데, 지주는 스스로 토지가격을 신고하고, 지방정부는 지가에 따라서 세금을 징수하며 또한 지가대로 수매할 수 있다. 뿐만 아니라 이후에 경제발전에 따라 증가한 지가는 일률적으로 공공의 것으로 돌린다. 주목할 만한 것은 여기서 말하는 "평균지권의 정확한 뜻은 곧 점진적인 방법을 이용하여 한 걸음씩 토지공유의 목적을 달성하는 것이다." 그밖에도 지방자치를 준비하는 시기에 또한 교육의 발전, 사회복리제도의 실시, 경제의 발전 등을 추구한다.

장개석은 지방자치를 위한 여러 가지 일이 민주화를 실현하는 기본 조건이라고 생각했다. 1945년 그는 다시 말하기를 첫째로 민중이 조직적으로 훈련되지 않으면 정치의 기초가 확립될 수 없으며, 둘째로 민중에게 자치 의식과 능력이 없으면 어떠한 건설도 추진할 수 없다고 하였다. 예를 들어 호구가 명확하게 조사되지 않으면, 각종 행정의 시행은 근거가 없게 된다. 유권자가 몇 명인지조차 알지 못하면서 어찌 선거를 이야기할 수 있겠는가? 토지의 측량이 완전하지 않으면 평균지권은 실시할 방법이 없고, 게다가 모든 경제생활 사업은 근본적으로 구상할 수 없다. 예를 들어 경찰제도 정비가 불완전하면 도적이 횡행하게 되고 인민은 안전하게 거주하며 즐겁게 일할 수 없다. 도로교통이 정비되지 않으면 교육·문화와 생산·건설이 모두 발전할 수 없다는 것이다. 그는 그러한 조치들은 "모두 삼민주의를 실현하기 위한 최소한의 필요조건"18)이라고 주장했다.

이어서 그는 다음과 같이 설명했다. 무릇 한 성의 모든 현들이 지방자치의 임무를 완성하면 곧 그 성에서 헌정을 추진할 수 있다. 국민대표들이 성장(省長)을 선거하여 성 자치의 감독을 맡게 하되 성 안의 행정사무는 중앙이 지도한다. 이때 중앙과 각 성의 권한은 균권제(均權制)를 채용하고, 무릇 전국적인 사무와 관련 있는 것은 중앙이 관할하며 지방의 사무는 각 성이 스스로 처리함으로써 중앙집권 또는 분권에 치우치지 않게 한다. 전국 대부분의 성에서 자치작업을 완성한 뒤에 곧 헌정을 시작한다.

세 번째 단계, 헌정 : 민주화의 완성 단계이다. 헌정을 시작한 뒤에 국민대회를 소집하고 헌법을 반포한다. 이렇게 하여 중앙의 통치권은 국민대회로 이전되며, 군정부가 권력을 통할하는 시기는 이로써 끝나게 되고 국민대회가 최고 권력기관이 된다. 국민대회는 중앙정부의 관원에 대하여 선거권과 파면권이 있고, 국가 법률에 대한 창제권과 복결권이 있다. 헌정시기에 중앙정부는 5원을 설치하여 '5권 분치'를 시행한다. 즉 행정원·입법원·사법원·고시원·감찰원이 그것이다. 행정원은 그 아래 내정부·군정부·재정부·농업부·공상부·교육부·교통부를 설치한다. 헌법이 반포되기 전에는 중앙의 각 원장과 부장을 모두 총통이 임면하고 감독한다. 국민대회가 성립되고 헌법이 반포된 뒤 국민은 헌법에 따라서 대선을 치를 수 있다. 국민정부는 선거가 끝난 뒤 3개월 안에 자동적으로 해산되고 권력을 민선정부에 이양한다.

이렇게 하여 정치 건설의 임무는 끝이 난다. 군정에서부터 헌정에 이르기까지 얼마나 긴 시간이 필요한지에 대하여 동맹회 시기에 손문은 10년을 넘지 않을 것이라고 생각했다. 뒷날 여러 차례 좌절을 겪고 난 뒤 말년에 이르러 그는 각 단계마다 임무만을 규정하였다. 또한 오직 한 단계의 임무를 완성해야만 비로소 다음 단계로 나아갈 수 있다고 생각하였으며, 다시는 명확한 시간적 제한을 두지 않았다. 이러한 관점은 손문 말년의 저작인 《건국대강》에 집중적으로 반영되어 있다. 손문의 이러한 관점은 또한 장개석에게 계승되었는데, 그는 손문과 마찬가지로 세 단계는 각자 서로 다른 임무가 있으며 순서대로 점차 발전해야지 단계를 뛰어넘어서는 안 된다는 점을 강조했다. 오직 한 단계의 임무가 완성되어야만 비로소 다음 단계로 넘어갈 수 있는 것이지 시간의 장단은 문제가 아니라는 것이다.

장개석의 이러한 정치 근대화 방안은 완전히 손문의 《건국대강》에서 기원한 것이 분명하다. 당연히 장개석 또한 일관되게 손문의 유언에 대한 충실한 집행자로 자처하였다. 그러한 장개석의 민주화 3단계 견해는 정확하고 현실적이었다고 할 수 있다. 군정·통일국가는 정치 건설의 제1보이니 그 중요성은 두말할 나위도 없다. 하나의 국가가 군벌로 말미암아 혼란스러운 시기에 처했는데도 능히 전국에 명령을 내려 시행할 수 있는 권위 있는 정부가 없다면, 어떠한 근대화 방안도 모두 헛된 이야기이다. 국가가 통일되고 권위 있는 정부가 확립된 뒤에도, 중국의 낙후된 상황 때문에, 호구가 불분명하여 선거인이 분명하지 않기 때문에, 대부분의 민중이 모두 문맹이라 정치에 참여할 능력이 없고, 중국의 역사로 말한다면 더욱이 직접적인 참정 훈련의 결핍과 그밖에 근대적 단체와 신문이 모두 성숙되지 못한 것 등의 요소 때문에 자연히 즉각 민주화를 실시할 방법이 없다.

그러므로 민주화를 실현하려면 반드시 준비과정을 거쳐야 한다. 다른 나라의 민주화 경험을 보면, 이때 지방자치를 진행하고, 호구를 조사하고, 문화와 교육을 발전시키고, 경제를 발전시킨다. 중국의 경우, 훈정 시행은 다만 현실적으로 실행 가능한 것일 뿐만 아니라 반드시 거쳐야 하는 단계이다. 이 단계가 끝난 뒤에야 비로소 민주화를 실현할 수 있다.

당대의 저명한 정치학자 헌팅턴도 역시 낙후된 국가의 근대화 초기에는 안정이 모든 근대화사업의 전제이며, 오직 집권체제만이 근대화사업에 필요한 질서를 제공할 수 있다고 생각했다. 그는 "민주화의 수준이 낮은 사회는 민주화의 수준이 높은 사회보다 더욱 높은 경제 성장률을 보인다"[19]고 하였다. 그는 전제제도가 확실히 민주제도에 견주어 우월한 점이 있다는 것을 통계적으로 밝혔다. 당대의 대만 학자 팽회은(彭懷恩) 역시 "신흥 국가의 건설 초기에 권위를 동원하는 정치형태를 채택하는 것은 부득이한 선택처럼 보인다"[20]고 했다. 그밖에 나라의 현대화를 성공적으로 이끈 동아시아의 영도자들, 곧 일본의 오쿠보 도시미치(大久保利通), 한국의 박정희, 싱가포르의 이광요 역시 모두 기본적으로 같은 견해를 가지고 있었다.[21]

정치 근대화의 3단계 임무를 자세히 논술한 뒤 장개석은 또한 손문의 말을 빌려 민주·자유·평등에 대해 해석하였다. 그는 손 총리가 남긴 모든 가르침의 정확한 뜻에 대하여 다음과 같이 말하였다.

1) 충분한 민권을 주장하였다

장개석은 '5권' 헌법이 충분한 민권의 반영이며, 중국의 민권상황이 서양 각국을 능가하게 할 수 있다고 하였다. 그는 또한 루소가 인권은 선천적인 것이라고 말했으나 사실은 그렇지 않으며, 민권은 시대적 추세와 사회적 조류가 만들어 내는 것으로 각기 다른 시기에는 각기 다른 민권이 있으며 다소간 사회적 필요에 따라 달라질 수 있다고 하였다. 민권은 사회관계의 반영으로 사회의 생산수준과 문화수준 같은 조건에 따라 결정된다는 것이다. 실제로 인권뿐만 아니라 인류사회의 거의 모든 규범들이 인성(人性)에 따라서 결정되는 것이 아니라, 정반대로 인성을 제한하기 위해 탄생한 것이다. 이 제한은 서로 다른 사회발전 단계와 서로 다른 사회환경 속에서 큰 차이가 있을 수 있다. 그렇기 때문에 '천부인권'을 제창하는 것은 신구가 교체되는 사회에서 옛날 것을 없애고 새로운 것을 세우는 정치적 선전기능이 있는 것을 제외하고는 사회발전의 기본 철학에 부합되지 않는 것이다. 그러한 견지에서 위와 같은 장개석의 해석은 현실적인 것이라 하겠다.

2) 합리적인 자유를 제창하였다

장은 자유에 대해 다음과 같이 말했다. "자유는 반드시 '타인의 자유를 침범하지 않는 범위에 한정되어야 하는데' 지금의 중국에서는 자유가 지나치게 범람하여 천하가 크게 어지러워지고 군벌이 혼전을 벌이기에 이르렀다. 따라서 현재의 중국에서 가장 필요한 것은 자유가 아니라 바로 규율이며, 개인의 자유를 희생하여 국가와 집단 전체의 자유를 쟁취할 필요가 있다." 그는 손문의 말을 인용, 다음과 같이 설명하였다.

첫째, 중국사회는 고대 이래 이미 상당한 자유를 누렸으며, 그래서 자유를 구호로 해서는 민중을 동원하여 혁명에 참가시킬 수 없다. "중국 인민은 오직 정치개혁을 이야기할 줄만 알았지 자유가 무엇인지 알지 못한다. 중국 역대 황제의 마음속에는 오직 자신의 지위를 유지하고 영원히 천하를 자기 집안의 소유로 하여 자자손손 안락하기만을 바라는 생각뿐이었다. 그래서 그들은 인민들이 세금을 내고, 황제의 지위를 침범하지 않고, 그들 조상 대대로 내려온 황통(皇統)을 방해하지만 않으면, 무슨 일을 하든지 신경 쓰지 않았다. 인민들이 세금을 내기만 하면 만사태평이었다." 고대의 농민봉기는 무슨 자유를 쟁취한다는 구호를 제기하지 않았다.

손문이 말한 바는 일리가 있는 것으로, 중국문명의 근대성 때문에 중국 민중들은 진한(秦漢) 이래의 왕조에서 확실히 봉건시대의 유럽보다 훨씬 더 많은 자유를 누렸다.22) 중국의 "인민들은 일찍부터 매우 큰 자유를 누렸기에 자유를 쟁취할 필요가 없었으며, 유럽인은 이전에 부자유의 고통을 받았기 때문에 자유를 쟁취하고자 했다."23) 손문은 당시 중국의 가장 큰 문제는 빈곤이라고 생각하고 "현재 인민이 궁핍하고 재정이 파탄난 시기에 이르러 인민이 받는 고통은 빈곤이다. 그러므로 현재 중국인에게 그들이 자유를 쟁취해야 한다고 말한다면 그들은 이를 이해하지도 못할 뿐만 아니라 함께 하려고도 하지 않을 것이다. 다만 그들에게 돈을 벌라고 말한다면 많은 사람들이 따를 것이다"24)라고 하였다. 그는 또 "근년에 많은 청년 학자들이 신사상을 조금씩 접하면서 자유라는 두 글자를 알게 되어 정치상의 개혁을 말할 때면 곧 자유를 쟁취해야 한다고 하니 참으로 시무(時務)를 모른다고 할 것이다"25)라고 하였다.

위와 같은 주장은 중국사회에 이미 현대 서양 국가와 같은 자유가 있어서 사회혁명을 진행할 필요가 없다는 것이 아니다. 다만 자유를 쟁취하는 것은 당시 중국사회에서 가장 절실한 요구가 아니며, 중국사회에서 가장 큰 문제는 많은 사람들이 빈곤으로 고통스러워하고 생존에 곤란을 느끼고 있는 점이라는 사실을 말하고자 하는 것이었다. 중국은 공업화하지 않았기 때문에 공업의 발전을 이용하여 땅 없는 농민들을 흡수, 고용노동자로 만들어 그들의 생계문제를 해결할 수 없다는 것은 분명했다. 뒤에 공산당은 토지를 분배함으로써 농민들이 그들을 옹호하도록 했다고 할 수 있다. 그러나 다른 측면에서 볼 때 위의 말은 — 그 채택 방식에 논란의 여지가 있으나 — 중국 사회문제의 실질을 파악한 것이라고 할 수 있다.

그밖에 자유의 정도는 주로 사회의 발전에 따라 결정되며, 낙후된 농업경제의 기초 위에서 현대 공업사회의 자유생활을 누리고자 한다면 그것은 근본적으로 불가능하다. 그렇기 때문에 관건적 사회·경제 문제를 해결하지 못하면 그것은 단지 공허한 구호에 지나지 않으며, 이로울 것이 없을 뿐만 아니라 도리어 사회에 해를 끼칠 수 있다.

둘째, 현재 중국은 지나치게 산만하고 자유가 지나치게 범람하고 있다. 장개석은 손문의 말을 빌려, 중국은 예로부터 비록 자유라는 이름은 없었으나 자유의 실질은 있었으며, "유럽은 이전에 자유가 너무 없었기 때문에 혁명을 일으켜 자유를 쟁취해야 했다. 우리들은 자유가 너무 많아 단체가 없고 저항력이 없으며 흩어진 모래와 같은 무리가 되었다. 흩어진 모래와 같은 무리였기 때문에 외국 제국주의의 침략을 받았고 열강에게 경제상업전쟁의 압박을 받았지만 우리들은 현재 저항할 수가 없다”고 하였다. 중국은 이미 상당한 자유가 있기 때문에 “중국의 학생들은 자유의 사상을 얻어서는 다른 곳에서 사용하지 않고 학교 안으로 들여와서 사용했고, 그리하여 학생운동이 생겨났는데, 이를 아름답게 꾸며서 자유를 쟁취한다고 하지만 …… 이는 자유를 잘못 사용하고 있는 것이다”라고 하였다. 단지 학생만이 그런 것이 아니라 국민당 역시 이와 같다. “청 왕조를 전복시킨 이래 오늘에 이르기까지 민국을 건립하지 못한 것은 바로 자유의 나쁜 점을 잘못 사용했기 때문이다. 이전에 원세개가 우리 혁명당을 쳐부술 수 있었던 것은 간단하게 말하면 그에게는 매우 견고한 단체가 있었고, 우리 혁명당은 흩어진 모래와 같은 존재였기 때문이다”라고 하였다.

셋째, 현재 중국의 혁명이 필요로 하는 것은 규율과 단속이다. 중국이 혁명에 성공하려면 “개인의 자유를 타파하여 견고한 단체를 결성해야 하며 …… 중국의 혁명은 개인의 자유를 쟁취하는 것이라고 할 수 없으며, 만약 개인의 자유를 쟁취하는 것이라고 한다면 더욱더 흩어진 모래가 될 것이며 …… 우리 혁명의 목적은 영원히 성공할 수 없을 것이다”26)라고 하였다. 그렇기 때문에 사람들이 충심으로 나라에 보답하여 국가가 자유를 얻게 하고, 인민들이 모두 삼민주의를 가슴에 새겨 통일된 조직의 지휘와 동원 아래 민족부흥이라는 대업을 완성할 것을 그는 요구하였다.

장개석은 손문을 본받아 그가 만든 이 방안이 서양의 것을 단순히 옮겨 온 것이 아니며, 그것은 “중국 고유의 정치와 윤리철학의 정통사상에 연원을 둔 것이고, 동시에 중국의 국가정세를 참작하여 서양의 사회과학과 정치제도의 정수를 취하고 다시 그 위에 자신의 독창적인 수많은 진리를 융합하여 주조한 완벽한 사상체계”27)라고 하였다.

대만에 도착한 뒤에도 그는 여전히 위에서 말한 주장을 견지했다. “오늘날 선진 민주국가는 이미 민주제도의 병폐가 생겨나고 있다. 예컨대 민주가 윤리와 사회질서의 준칙을 넘어서게 되고 자유가 도덕과 책임의 규범에서 벗어나게 되어, 의식상에서는 모든 것을 부정하게 되고, 생활상에서는 극도로 산만하며, 정치상에서는 일종의 거짓 민주와 반사회적 경향이 형성되었다"라고 했다. 그는 사람들에게 "조직적인 민주, 규율 있는 자유"를 견지하고, "민주와 자유의 어느 한쪽이 소홀해지거나 남용되는 것을 막아 민주로 하여금 덕으로 이끌고 예로써 가지런하게 하는 민주가 되게 함으로써 우리의 정치가 책임 있는 정치, 전 국민의 정치가 되게 해야 한다"28)고 강조했다.

요컨대 정치 근대화 과정으로 말하면, 장개석은 순서에 따라 점진적으로 나아가야 하며 한걸음에 하늘에 오를 수는 없다고 생각하였다. 당시 중국의 형편에서는 초기에 강력한 근대화파가 통제하며 정세를 안정시킬 수 있는 중앙정권이 필요하며, 그런 뒤에 오직 강대한 중앙정권의 영도 아래 비로소 지방자치와 국민에 대한 기본적인 민주 훈련 등을 실시할 수 있고, 조건이 성숙한 뒤에야 다시 헌법을 반포하여 진정한 민주정치를 실현할 수 있다는 것이다. 그렇지 않고 조건이 아직 성숙되지 않은 때에 경솔하게 서양식의 민주정치를 실시하면 천하대란이 있을 뿐이니, 너무 급하게 서두르다가는 오히려 목적을 달성할 수 없다고 그는 주장하였다.

4. 경제 근대화 방안

장개석은 경제 근대화야말로 각종 근대화사업의 핵심이라고 생각했다. 그는 정부의 영도와 계획 아래서 민영의 방식으로 경제의 근대화를 실현해야 하며, 정부는 민영경제의 발전을 위해 장애를 제거해야 한다고 주장하였다. 그리고 계급투쟁과 사회모순의 격화를 막기 위해 그는 경제 근대화를 실현하는 동시에, 평균지권과 절제자본(節制資本 : 자본통제) 정책을 실시하여 경제혁명과 사회혁명 두 가지가 한꺼번에 이루어지게 해야 한다고 주장하였다.

(1) 장개석은 경제 건설이 훈정기의 주요 사업이고 국가 부강의 기초이며, 공업이 경제 건설의 핵심이라고 보았다. 1936년 3월 3일, 장개석은 《현정과 정치 건설의 추진(推進縣政與政治建設)》에서 이르기를, 중국 고대의 대정치가인 관중·상앙·제갈량·왕안석 등은 모두 경제를 매우 중시하였으며, 경제를 정치 건설의 기초로 삼았다고 하였다. 실제로 이 원칙은 동서고금을 막론하고 불변의 진리라고 할 수 있다. 국가는 먼저 부유해진 뒤에야 강해질 수 있으며, 민주문명의 국가를 건설하는 데도 "창고가 가득한 뒤에야 예절을 알고, 의식이 풍족해진 뒤에야 영욕을 알게 된다." 그러므로 "오늘날 국가를 건설하려면 우선 인민의 경제문제를 해결하는 것에서부터 시작해야 하며, 경제를 벗어난 정책은 모두 헛된 것으로"29) 이는 국가를 다스리는 근본원칙이라고 하였다.

중국의 당시 상황을 언급하며 위기에서 벗어날 방도를 모색할 때 장개석은 1931년의 연설에서 이르기를, 중국으로 말하면 "반드시 경제적으로 자급자족의 능력을 갖추어야 하며, 그 뒤에야 비로소 민족의 독립을 실현할 수 있나. 또한 오직 국가가 경제적으로 자급자족의 능력을 갖춘 뒤에라야 국민 모두가 풍족함을 누릴 수 있다. 그러므로 생산을 증가시키는 것은 실로 삼민주의를 실천하는 근본이다"30)라고 하였다.

1935년에 시작된 '국민경제건설운동' 가운데서 그는 더욱 명확하게 지적하였다. "오늘날 중국의 근본적인 위기는 모두 경제의 파탄으로 국민의 생활이 나날이 궁핍하게 된 데 있으며, 민족의 운명 역시 이 때문에 매우 위태로워져 20세기의 오늘날에 생존할 수가 없다. 그러므로 지금 우리나라에서 유일하게 긴요한 문제는 어떻게 하면 이미 붕괴된 국민경제를 만회하여 인민으로 하여금 격에 맞는 생활을 할 수 있도록 하느냐에 있다." 그렇기 때문에 "우리들이 말한 다섯 항목의 건설, 즉 심리·윤리·사회·정치·경제는 마땅히 동시에 나란히 추진해야 하며 하나라도 빠질 수 없다. 그리고 그 중점은 경제에 두지 않을 수 없다. 경제는 단지 각종 건설의 중점일 뿐만 아니라 모든 건설의 급선무이다"라고 했다. 요컨대 "신중국을 건설하기 위해서는 반드시 새로운 경제를 건설하여 국가경제와 인민생활의 문제를 해결해야 한다"31)는 것이다.

그리고 경제 건설에서 가장 관건이 되는 것은 사회 생산활동을 농업에서 공업으로 전환하는 것이다. 장개석은 1943년 〈중국의 명운〉에서 말하기를 "중국의 자력갱생은 특히 공업화가 급선무이며, 그러므로 앞으로 국민경제 건설은 마땅히 공업경제를 발달시키는 것을 기초로 삼아야 한다"32)고 했다.

(2) 장개석은 이론상으로나 중국의 현실에 근거해서나 자유경제는 중국의 필요에 부합하지 않으며, 오직 정부가 계획하고 육성하는 방식을 채택하여 상명하달식으로 해야만 비로소 거대한 규모와 비교적 빠른 속도로 경제 건설 사업을 완성할 수 있다고 생각했다.

이론적으로 말하면, 반드시 경제활동은 계획적으로 진행해야 한다. 1943년 〈중국경제학설〉33)에서 장개석은 말하기를, 개인으로 말하자면 사람은 반드시 계획적으로 자기의 생산과 돈벌이를 진행하며 계획적으로 소비와 저축 등을 진행해야 한다. 그렇게 해야만 비로소 자신의 생산 규모를 날로 확대시킬 수 있고, 돈을 벌고 부를 쌓아 자신이 필요로 하는 여러 가지를 충족시키는 목적을 달성할 수 있다. 인류 집단으로 말하면 "개인의 이기적인 욕망이 만약 한계가 없다면 개개인의 이기적인 욕망 때문에 반드시 분쟁이 일어날 것이다"라고 하였다. 그렇기 때문에 사회의 충돌을 방지하고 자신의 필요를 충족시키려는 개인의 활동이 서로 충돌하지 않도록 하기 위해서 사람들은 반드시 집단의 생존활동에 관한 계획을 세우고 규칙을 제정해야 한다. 그리고 인류는 또한 이성적인 동물로서 합리적인 계획 아래 서로 협조할 수 있으며, 그렇기 때문에 이론적으로 말하면, 인류의 경제활동을 계획적으로 조정하는 것은 명백한

카이로회담의 세 거두 장개석, 루스벨트, 처칠(왼쪽부터)

도리이다.

중국 고대의 경제학설로 말하면, 그것은 줄곧 계획경제였다. 유가나 법가를 막론하고 그들은 모두 사람과 사물의 관계를 토론하였고, 그들의 토론은 모두 인류의 이성과 인류의 욕망 관계를 위주로 하였으며, "유가는 이성의 확대를 추구하였고 법가는 욕망의 제약을 강조했으니, 양자는 모두 이성에 뿌리를 두고 있다"고 하였다. 중국의 경제학설은 이성을 근본으로 삼고 욕망을 근본으로 삼지 않았으므로 "중국은 예로부터 계획경제의 습관이 형성되었으며, 중국의 경제학설은 줄곧 국가경제와 인민생활의 학문이었다. 그것은 인류와 사회 전체를 단위로 삼으며, 우주만물과 민족국가의 각도에서 사람과 사물의 관계를 고찰해 왔으며, 이성으로서 인류의 생존활동을 지도하였다"고 하였다. 그렇기 때문에 중국은 고대로부터 관중, 왕안석, 장거정(張居正) 등과 같은 사람이 줄곧 국가의 역량으로 경제활동을 계획 조정할 것을 주장하였다고 했다. 하지만 중국 고대의 경제 운영에 비록 일정한 계획이 있었다고 해도 총

224

체적으로 말하면 역시 자연경제였으며, 이 점에서 장개석의 주장은 과
장되었다고 하겠다.

장개석은 서양의 경제학설도 시대의 발전에 따라 끊임없이 변화한 것
으로 보았다. 15~16세기에 서양은 농업사회에서 공업사회로 바뀌는 과
도기에 처해 있었고, 국가가 간섭하는 중농주의학설과 중상주의학설이
함께 일어나 자웅을 겨루었다. 영국의 산업혁명 이후에는 자유주의적
경제학설이 또한 일세를 풍미했다. 다만 19세기 독일의 산업혁명 이후
에는 자유주의에 반대하는 '국가경제학'이 우세를 차지하게 되었고, 그
리고 20세기에 자유자본주의가 독점자본주의로 바뀜에 따라 대외적으
로는 국가적인 보호를 실행하고 대내적으로는 국가적인 계획의 실행을
주장하는 학설이 지배적인 경제모델이 되었다.

그러나 중국의 현실로 볼 때 자유경제를 실시할 수 없다는 것이다. 중
국은 불평등조약의 속박 아래 공업이 낙후되어 공업이 발달한 각국과
경쟁할 수가 없으므로 국제무역 방면에서 반드시 보호정책을 채택해야
하며, 공업건설 방면에서는 반드시 계획경제제도를 채택해야 한다. 만약
공업건설을 여러 민간자본에 넘겨주어 경영하게 하면, 그들은 충분한
자본으로 거대한 규모를 수립하여 외국의 큰 트러스트(trust)나 국영기
업과 경쟁할 수 없다. 그뿐 아니라, "국가가 만약 인민의 경제활동에 대
해 한계를 정하거나 계획을 확정하지 않고 사람들이 마음대로 다투게
한다면 오직 사회의 혼란만 불러올 뿐 국가건설 활동에 종사할 수 없게
된다." 그렇기 때문에 어떤 각도에서든 "정부는 마땅히 경제에 간섭해야
한다"는 것이다.

물론 장개석도 계획경제와 통제경제를 구분했다.《반공과 소련에 대
항하는 기본론(反共抗俄基本論)》에서 그는 "민생주의는 경제계획을 이
용하여 독점자본을 소멸시키고 다수의 균형발전을 보장하는 것으로, 경
제적 자유는 비록 국가계획의 제약을 받지만 소수의 자유에 대한 제약
은 오히려 다수의 자유를 보장한다. 다만 우리는, 자유를 방임으로 해석

하는 것은 자유를 유린하는 것이며, 계획을 통제라고 해석하는 것 역시 계획을 유린하는 것이라고 생각한다"[34]고 하였다.

(3) 장개석은 개인자본주의 경제를 유지한다는 전제 아래 자본의 통제와 평균지권으로 계급투쟁을 소멸시키고 사회혁명을 완성한다고 했다. 사유제 사회 안에서 상품경제의 발달 때문에 양극화하고 격렬하게 변하는 계급투쟁이 일어나는 것을 어떻게 해결할 것인가 하는 문제는 동서고금의 정치가와 사상가들이 반복하여 토론했던 과제이다. 중국의 사상가들은 일찍이 춘추전국시대에 이미 "백성들은 몫이 적은 것을 근심하는 것이 아니라 공평하지 않은 것을 걱정한다"는 사실을 발견하였다. 그 때문에 중국의 역대 정부는 균전(均田)·균부(均賦)·균수(均輸)·농대(農貸)·억상(抑商) 등과 같은 문제를 해결하기 위해 고심했다. 다만 이러한 방법들은 부분적인 조화 작용을 일으켰을 뿐이며, 근본적으로 문제를 해결할 수는 없었다.

중국 고대 각 왕조의 흥망성쇠는 주로 역시 재산집중 상황에 따라 변화하였다. 일단 토지겸병이 심해지고 빈부의 분화가 커져서 모순이 격화되면, 왕조 최후의 날 역시 곧바로 다가왔다. 대규모의 농민봉기는 구질서를 타파하고, 폭력수단으로 인력과 물력(物力)을 파괴했으며, 이로부터 인구는 감소하고 토지는 상대적으로 증가하게 되어 토지의 분배가 균등하게 이루어졌다. 그 뒤에 새로 건립된 왕조는 이러한 기초 위에서 세금과 부역을 가볍게 하는 조치들을 실시함으로써 왕조는 서서히 흥성하게 되고 경제는 번영하게 된다. 다만 그와 동시에 토지겸병은 다시 격화되고 사회모순은 다시 격렬해짐으로써 역사는 다시 새로운 순환을 시작하는데, 이러한 현상은 중국 역사의 특징을 이룬다.

서양 사회에서는 빈부의 분화로 일어난 충돌이 사회에서 일으키는 파괴가 중국에 훨씬 못 미쳤다. 서양은 중세기에 농노제 때문에 상품경제가 극히 발달되지 못했고, 토지는 세습적인 것이라서 매매가 불가능했으며, 사회 전체는 정체상태에 있었기 때문에 토지겸병문제는 비교적 완화되었다. 그밖에 각 봉건 장원제도(莊園制度)가 채택하고 있는 정책 역시 완전히 똑같지 않았기 때문에 비록 농노의 봉기가 있었다고 해도 중국처럼 거대한 규모를 형성할 수 없었으며, 그 때문에 중세기의 서양 사회는 상대적으로 안정되었다.

14~15세기에 이르러 상품경제가 발전하기 시작하고 공·상업 활동이 번성하면서 자연히 토지겸병과 빈부의 큰 분화가 생겨났다. 영국에서는 '양이 사람을 먹는' 대규모의 '인클로저(enclosure)운동'이 출현하였다. 그 토지겸병 속도의 빠름과 규모의 거대함은 중국 역사에서는 찾아볼 수 없는 것이었다. 비록 소규모의 충돌이 존재하기는 했으나, 중국처럼 사회질서를 전면적으로 파괴하는 괴멸적인 계급투쟁은 없었다.

그 원인은 공·상업 발전의 수준 차이에서 찾을 수 있다. 영국과 서구는 바로 농업에서 공업으로 바뀌는 과도시기에 처해 있었으며, 공·상업이 왕성하게 발전하여 대량의 노동력이 급히 필요하였고, 이 때문에 토지를 잃은 농민들을 거의 완전히 흡수할 수 있었던 것이다. 물론 이어서 등장한 식민운동 역시 일부 과잉 노동력을 해소하는 출로가 되었다. 그렇기 때문에 영국의 인클로저운동은 사회문제를 일으키지 않았을 뿐만 아니라 오히려 상업의 번영을 촉진했다. 중국 고대는 즉 생산력 수준과 지리적 환경의 제약 때문에 공·상업이 비록 발전하기는 했으나 사회 전반적으로 농업에서 공업으로 전환하려는 추세가 나타나지 않았으며, 따라서 토지를 잃어 생계유지가 어려운 자유 노동력을 흡수할 수 없었다. 또한 중국은 서양과 같은 식민과 이민의 풍조가 형성되지 않았으며 그 결과, 마침내 사회질서의 파멸을 초래하였다.

서양 국가가 산업시대에 진입한 뒤 20세기 이전의 자유자본주의 시기에는 많은 국가들이 아직 원시적인 자본축적 단계에 있었고 공·상업 기술이 낮았다. 따라서 당시 광범하게 존재하였던, 거의 생산비도 고려하지 않는 가내 수공업생산 경쟁 가운데서 공장주는 상품 가격을 낮추기 위해 생산단가를 최대한 낮출 수밖에 없었다. 자연히 거기에는 노동자의 임금을 최대한 낮추는 것이 포함되었다. 그러므로 자본의 원시적 축적 시기에는 일반 노동자의 생활수준은 모두 상대적으로 낮았으며, 이 때문에 노동자와 자본가의 모순은 이 단계에서 매우 두드러지게 나타났다. 게다가 자본주의적 사회질서가 아직 형성 중이거나 여러 방면에서 미성숙한 상태였고 생산계획이 매우 불충분하여 늘 파괴적인 경제위기가 발생하였다. 공장가동이 중단되고 노동자는 실직함으로써 설상가상으로 기존의 사회모순을 더욱 격화시켰다.

자본주의사회의 이러한 상황에 대하여 마르크스는 자본주의사회의 생산수단의 사유화와 생산의 사회화 사이의 모순은 이미 타협이 불가능하다고 생각하였다. 그래서 그는 생산수단의 공유제(公有制)로써 이 문제를 해결하여 빈부와 계급모순을 완전히 소멸시킬 것을 주장하였다.

그러나 서양의 선진 자본주의국가들은 모두 이러한 길을 걷지 않았다. 1930년대의 대공황 이후에 생산과잉의 위기에 대처하기 위해 자본주의국가가 채택한 방법은 국가의 간섭을 강화하는 것으로, 국가가 화폐발행·은행대출·세금징수·공공사업·국가소비 등을 이용하여 경제를 이끌었다. 그 결과 뜻밖에도 과거에는 극복할 방법이 없다고 생각했던 경제위기, 생산수단의 사유제와 생산의 사회화 사이의 모순이 성공적으로 해결되었다. 빈부의 분화문제에 대해서는 제2차 세계대전 뒤 영국을 필두로 복지국가정책을 채택함으로써 사회모순이 완화되었다. 또한 생산수준의 제고와 개인이 평균적으로 만들어 내는 재부(財富)의 증가에 따라 봉급생활자의 임금 역시 이전과 견주어 크게 올랐으며, 게다가 주식제도의 유행 또한 사회의 자산을 다원화함으로써 지금의 서양사회에서는 노사 사이의 모순이 비교적 완화되었다.

사회적 빈부의 양극화에 대한 장개석의 방략은 사유제의 기초 위에서 평균지권과 절제자본 정책을 실시함으로써 계급모순을 완화하는 것이었다. 장개석은 "우리 혁명의 목적은 총명하고 재치 있는 거짓 평등을

228

요구하는 것이 아니라 정치적 지위에서 출발점이 되는 참 평등을 구하는 것이며, 참 평등의 발판 위에서 각자의 총명과 재주를 발휘하여 대중을 위해 봉사하고 국가를 복되게 만드는 것이다"라고 하였다.

그 뒤에 그는 손문의 연설을 인용하여 "천지간에 생겨난 물건들은 모두 서로 같은 것이 없으며, 기왕에 모두가 서로 다르다면 자연히 평등이라는 것을 말할 수가 없다. 자연계에 이미 평등이 없는데 인류에게 어찌 평등이 있겠는가?" "선천적으로 인류는 본래 역시 불평등했지만, 봉건 전제가 발달한 뒤 전제적인 제왕이 만든 불평등은 원래의 불평등보다 더 극심하여 선천적인 것과 견주어서 더욱 불평등하게 되는 결과를 가져왔다. …… 이러한 인위적인 불평등 때문에 특수계층의 사람들은 지나치게 포학무도하고, 압박당하는 인민들은 몸을 붙이고 살 곳이 없었다. …… 혁명의 근본적인 의의는 인위적인 불평등을 타파하는 것이다." 만약 진정으로 선천적인 평등을 믿고서 "가령 진리를 무시하고 억지로 성공한다고 해도 그것은 역시 거짓 평등", 즉 재능과 지혜가 있는 성현과 어리석고 모자란 범인을 구분하지 않으며, 수입과 혜택 등을 논하지 않는 절대평등에 지나지 않는다고 하였다.

손문은 이렇게 각자의 발판을 고려하지 않고 '머리 높이를 똑같게 하는 평등'은 '거짓 평등'이라고 생각했다. "사회상의 지위평등이란 처음 시작점의 지위평등이며, 뒤에는 자신의 천부적인 총명함과 재능에 따라 스스로 성취하는 것이다. …… 만약 각자의 천부적인 총명함과 능력에 관계없이, 뒤에 높은 지위를 성취한 이들을 역시 내리눌러 일률적으로 평등하게 만들려고 한다면 사회는 진보하지 못하고 인류는 퇴보하게 될 것이다. 그렇기 때문에 우리가 강구하는 민권평등은 세계를 진보시키고 정치상에서 인민의 지위를 평등하게 하는 것으로"35) 기회의 균등을 강조하는 것이지 분배와 혜택의 절대평등이 아니라고 하였다.

만약 재능과 지혜가 있는 사람과 어리석고 모자라는 사람의 보수를 평등하게 하고, 부지런한 사람과 게으른 사람의 수입을 같게 한다면, 필연적으로 재능과 지혜가 있고 부지런한 사람의 노동의 적극성을 손상시켜 사회가 퇴보하고 사회적 분위기가 나태하게 될 것이 뻔한데, 이 점은 이미 뒷날의 역사 발전에 의해서도 증명된 바이다. 1924년 당시 손문은 국민당과 공산당의 고급 간부에 대한 강연 도중에 이 이야기를 했으며, 이는 당시 상황과 관련이 있다. 다만 중국 현대사의 발전은 이 위대한 목소리를 귀담아 듣지 않았으며, 오늘날 사람들은 대륙에 있는 중국인의 근면분투 정신이 50년 전보다 훨씬 못하며 이미 한 무리의 나태한 인간집단으로 변하고 말았다고 한다.

장개석은 대만에 도착한 뒤 위에서 설명한 사상을 체계화하였다.《반공과 소련에 대항하는 기본론》36)에서 그는 평등에는 두 가지 염의(含意)가 있다고 했다. "하나는 법률 앞에서의 형식적인 평등이고, 다른 하나는 생활조건의 실질적인 평등이다. 우리는 생활조건의 평등에 대해 더욱 정확한 해석을 해야 한다. 생활조건의 평등은 결코 보수의 같음이 아니며 모든 사람들이 기본적인 생활을 할 수 있는 경제조건과 기본적인 지식의 교육이라는 조건에서 공정함과 기회의 평등을 얻을 수 있게 하는 것이다. 보수가 같아야 한다는 평등 관념은 손 총리가 말한 머리 높이를 같게 하는 거짓 평등이다. 모든 사람들이 기본적인 생활과 지식의 수준 위에서 기회균등의 평등을 얻는 것이 바로 손 총리가 말한 발판을 같게 하는 진정한 평등이다"라고 하였다.

20세기 초 중국의 사회모순은 복잡다단했으며, 각종 모순 가운데서 가장 큰 것은 농민과 지주계급의 모순이었다. 그렇기 때문에 손문은 우선 '평균지권'의 구호를 제기했으며, '절제자본'이라는 발상은 비교적 늦게 나왔다.37) 장개석은 손문의 이러한 사상을 기본적으로는 계승했지만, 큰 변통이 있었다. 진정으로 체계적이고 완전한 사상을 형성한 것은 대만으로 패퇴한 뒤였다.

1943년의 〈중국경제학설〉에서 그는 산업혁명과 사회혁명은 반드시 동시에 이루어져야 한다고 강조했다. 공업 방면에서 그는 한편으로는 국영기업을 발전시켜야 하며 다른 한편으로는 민간자본을 통제해야 한다고 생각했다. 그는 이렇게 하는 것이 "계급투쟁의 병폐가 발생하지 않게 하는 객관적인 조건이다. 공업은 오직 직업을 증가시키고 생활을 개선시키는 이익이 있으며, 자본가로부터 억압받는 고통은 결코 없다. 그렇기 때문에 중국의 공업화는 비록 완성의 단계에 들어왔지만, 공산주의의 이른바 계급투쟁은 여전히 발생할 가능성이 없다"38)고 말했다. 구체적인 방법에 대해서는, 민간기업의 발전을 보호하면서 또한 민간자본의 신속한 확장을 규제함으로써 그것이 국가경제와 인민생활을 조종하는 것을 예방해야 하고, 무릇 독점적인 성질이 있는 기업은 모두 국영으로 돌리며 개인의 능력으로 경영할 수 없는 것은 모두 국영으로 한다는 등의 방법을 말하였다.

평균지권 방면에서 장개석은 대륙에 있는 기간 동안에 손문의 방안을 약간 변통하였다. 먼저 그는 위에서와 마찬가지로 폭력에 의지하여 토지문제를 해결해서는 안 된다고 주장했다. 그는 생각하기를 "역사적 교훈에 따르면 토지문제는 폭력으로 해결할 수 없으며, 무릇 폭력이나 강제적 방법으로 해결하려고 하면 반드시 실패하게 된다"고 했다. 그는 마땅히 농업과 상업의 관계 위에서 토지문제를 해결해야 한다고 주장하였는데 "공・상업은 농업에 대해 매우 큰 영향을 미치며, 공・상업의 영향 아래서는 토지의 매매가 필연적인 추세이고 돈이 있는 사람이 토지 매매에 투자하기 때문에 토지권의 분배는 균등할 수가 없다." 그렇기 때문에 중국 고대 수천 년 동안 토지문제는 시종 해결되기 어려웠으며, 이것이 관건의 소재이다.

이 때문에 "만약 농업과 공업의 관계를 고려하지 않고 단지 폭력을 이용하여 토지를 균등분배하면, 설령 토지를 균등하게 분배할 수 있다고 하더라도 오래지 않아 곧 불평등 현상이 재발할 것이다. 오늘은 빈농이 부농을 죽이지만, 빈농이 내일에 약간의 축적이 있게 되면 어찌 다시 부농이 되지 않는다고 할 수 있겠는가?"라고 하였다. 이러한 폭력의 방법은 또한 인성(人性)에 위배되는 것이다. 그렇기 때문에 타당하고 근본적인 방법은 "바로 상업자본이 토지 방면에 흘러 들어가는 것을 허락하지 않고, 토지매매가 투자의 대상이 되지 않게 하는 것이다." 그렇게 하면 "불평등한 토지권을 평등하게 할 수 있고, 이미 평등하게 된 토지권은 다시는 불평등하게 되지 않을 것이다." 또한 이러한 정책을 실시하는 동시에 다시 다른 각종 방법을 채택하여 "농업자본을 회전시키고, 농산물의 가격을 조절하며, 농업기술을 개량하고, 농민생활을 증진시키면 토지문제는 반드시 해결할 수 있을 것"이라고 주장했다.

그는 만약 위에서 말한 방법을 채택하여 자본이 토지 부문으로 흘러들지 않게 하고 공업투자 쪽으로 향하게 한다면, 상업의 매점매석과 토지겸병 현상이 소멸될 뿐만 아니라 중국의 공업화를 촉진시켜 장차 국방과 민생 건설의 기초를 닦을 수 있을 것이라고 생각했다.[39]

장개석의 이 방법은 농업과 공업 관계로부터 중국의 토지문제를 고려한 것으로, 확실히 중국 사회모순의 관건을 파악한 것이었다. 고대 중국에서 수천 년 동안 줄곧 이 문제를 해결할 수 없었던 것은 바로 사회의 생산이 공업으로 전환될 수가 없었기 때문이며, 이 때문에 토지겸병은 나날이 심각해시고 토지를 읽어 버린 농민들은 해마다 증가하여 최후에는 사회모순을 격화시켰다. 그렇기 때문에 장개석은 농촌의 사회모순을 해결하는 것은 오직 공업화에 달려 있다고 보았다. 그러나 장개석의 견해에는 역시 부족한 점이 있다. 농업사회에서 토지겸병은 토지를 잃는 농민들을 늘리고 농민의 생존을 위협하여 사회모순을 격화시키므로 반드시 통제되어야 한다.

그러나 공업사회에서는 그렇지 않은데, 정상적으로 발전하는 국가에서는 공업의 발전이 토지겸병으로 말미암아 땅을 잃은 농민들을 흡수할 수 있기 때문에 일반적으로 토지겸병은 결코 사회모순을 수습할 수 없을 정도로 격화되지 않는다. 또한 공업화 과정에서 공업의 거대한 이윤 때문에 농민들은 흔히 자발적으로 토지를 버리고 공업으로 전환하며,

이는 많은 공업화 국가에서 자주 볼 수 있는 현상으로 토지겸병이 있기 전에 이미 많은 공터와 황무지들이 출현하였다. 그렇기 때문에 이 시기에는 토지를 황폐하게 하느니 차라리 겸병하는 것이 낫다.

또한 공업의 거대한 이윤은 농촌의 노동력을 흡수할 뿐만 아니라 농업자본이 공업으로 흘러 들어가도록 하기 때문에 이 시기에는 공·상업자본은 말할 것도 없고 농촌자본이라고 할지라도 일반적으로 토지에 투자를 할 흥미를 잃게 되니, 이것이 바로 선진국가에서 토지를 산림·목축지로 바꾸거나 토지의 황폐화가 나타나는 원인이다. 그밖에 현대사회에서는 소농생산이 확실히 현대적 생산의 요구에 적응할 수가 없고, 토지겸병은 토지와 자금을 집중시킴으로써 기술 향상과 대규모 생산에 유리하고 농업의 진보에 유리하기 때문에 공업의 발전이 토지를 잃은 농촌 노동력을 충분히 소화할 수 있는 시기에는 토지겸병이 격려할 가치가 있는 행위이다.

그러나 1930년대 중국 농촌의 토지문제는 국민당과 공산당 사이의 극히 첨예한 분쟁에 직면하여, 당시 이미 겸병을 규제하는 문제가 아니라 당장 토지집중 문제를 해결하지 않으면 안정된 정치질서를 확립할 수 없는 상황이 되었다. 다만 여러 가지 사정으로 장개석은 평균지권의 방안을 실시할 수가 없었다. 반면에 공산당은 자기의 점령구에서 보편적으로 강제적 토지분배정책을 실시하여 단기간 안에 농촌의 모순을 기본적으로 해결하였다. 비록 수단이 난폭하기는 했으나 의심할 바 없이 이 정책은 땅이 없거나 조금 가진 농민들 대부분의 지지를 얻었다.

중국은 당시에 바로 농민의 국가였다. 농민의 지지를 얻은 결과 공산당은 작은 것에서 큰 것으로, 약한 상태에서 강한 상태로 바뀌었으며, 최종적으로는 정권을 얻었다. 토지정책은 장개석이 대륙에서 저지른 가장 큰 실수였다. 대만으로 망명한 뒤에는 안정적인 환경에서 건설문제를 일정에 올릴 수 있게 되었다. 참혹한 실패를 경험한 뒤에 그 실패를 반성하며 대만의 현대화 방안을 계획하는 과정에서 장개석의 민생주의 방안은 더욱 완전해지고 충실해졌다.

1952년에 장개석은 〈반공과 소련에 대항하는 기본론〉을 발표하여 새롭고 비교적 현실적이며 인도적으로 사회의 재부를 균등하게 하는 방안을 서술했다. 공업 방면의 기본 방침은 "한편으로는 공업화를 완성하고 다른 한편으로는 공업화 과정에서 사회화 정책을 실시하여 독점자본을 막음으로써 생산증가의 이익을 모든 인민이 함께 누리도록 한다"는 것이었다. 말하자면 산업혁명도 완성하고 노사분규도 해결한다는 것이었다. 구체적 내용은 다음과 같다.

첫째, 소득세를 누진제로 징수하여 도로·항구·부두·창고의 건설과 공공사업에 사용함으로써 공업 환경을 개선하고 공업 진보를 촉진한다.

둘째, 독점성이 있는 사업, 예를 들어 도로·부두와 동력·철강 등의 기간산업은 모두 국가자본이 경영함으로써 인민생활을 독점자본이 조종하지 않도록 한다.

셋째, 합작사 조직을 발전시켜 소비자들이 직접 공장과 교역하게 함으로써 상인이 중간에서 착취하는 것을 막는다.

농업 방면에서 토지국유의 함의를 해석하면서 장개석은 손문의 말을 인용하여 "토지국유의 방법은 반드시 토지를 국유로 거두어들일 필요는 없으며", 따라서 토지국유의 진정한 뜻은 마땅히 "토지국유의 원칙 아래 토지소유권을 포함하는 사유재산제도의 합리적 존재를 인정하는 것이다"라고 하였다. 그가 말하는 농업의 기본 방침은 다음과 같다.

첫째, 농업을 발달시키기 위해서는 농업을 과학화 기계화해야 한다는 것이다.

둘째, 평균지권의 방법을 이용하여 토지겸병의 폐해를 막아야 한다.

셋째, 경작자가 토지를 갖도록 하여 지주와 소작농 사이의 계급투쟁을 없애야 한다.

평균지권의 구체적인 방법은 두 가지이다.

첫째, 시지(市地) 즉 도시의 토지에 대해서는 기본적으로 가격을 관청에 신고하게 하여 세금을 징수하는 방법과 가격이 오르면 그 상승분을 국가에서 거두어들이는 방법을 채택하고, 가격이 올라서 국가가 거두어들인 부분은 도시 건설비용으로 쓴다.

둘째, 경지 즉 농촌의 경작지에 대해서는 강제로 몰수하는 방법을 채택하지 않고, 평화적인 수단으로 경자유전(耕者有田)을 실현한다. 먼저 전조(田租)를 낮춘 뒤에 지주의 남아도는 토지를 수매하여 낮은 가격으로 소토지 농민과 무토지 농민에게 판매함과 동시에 국유경작지를 풀어서 경자유전의 목표를 달성한다.[40]

위에서 말한 방안은 장개석이 손문의 평균지권 사상을 더욱 발전시킨 것으로, 그대로 실행되기만 하면 확실히 농촌의 빈부모순을 완화 또는 해결하는 것이 가능하다. 1952년 〈토지국유의 의의〉에서 장개석은 다시 '균부(均富)'를 주장했고, 그것은 이후 국민당 당국의 정치구호가 되었다. 그는 다음과 같이 주장했다.

균부는 개개인이 쉽게 민생주의의 도리를 알게 한다. 좀더 분명하게 말하면, 균부는 비록 모든 사람이 씨 뿌릴 밭을 가지게 하고 모든 사람들이 돈을 벌 수 있게 하는 것이지만, 정해진 양의 토지 외에 더 많은 토지를 독차지하여 대지주가 되는 것을 허락하지 않으며, 또한 자본가가 사회의 재부를 집중하여 트러스트(trust)가 되는 것도 허락하지 않는다. …… 바꾸어 말하면, 국내 인민의 빈부를 균등하게 하여 특수계급이 없도록 하는 것이니 이는 바로 내가 이야기하는 '균부'이자 민생주의의 참뜻이다.[41]

1960년대에 들어 대만 사회의 공업화가 실현되고 민영경제가 왕성하게 발전함에 따라, 원래의 '절제자본' 방침은 명백히 경제발전에 장애가 되었다. 기업 규모의 확장을 규제함으로써 국내 기업이 국제적인 거대기업과 경쟁할 능력을 잃게 했다. 그리고 국가자본의 발전은 대부분의 경우 국민을 혹사시키고 물자를 낭비하며 효율을 저하시켰다. 이러한 상황에서 장개석은 '절제자본'의 내용을 재해석했다.

> 절제자본이라고 해서 오로지 민간자본을 규제한다는 생각만 해서는 안 되며, 우리가 생각하는 절제의 절(節)은 정부가 민간자본에 대하여 조절하고 통제하는 방법으로 국내의 공영과 민영 자본을 발전시키는 것이다.

손 총리가 이야기한 절제자본의 주요 목적은 "국가자본을 발달시킨다는 것이지 민간자본을 규제한다든지, 인민들의 국영기업 참여를 불허하는 것은 결코 아니다. 손 총리의 주장은 외국 자본가들이 우리의 국영기업에 투자하는 것을 격려하여 국가자본을 발달시켜야 한다는 것이며, 다만 정부가 책임지고 민간자본을 조절하고 통제함으로써 그것이 지나치게 기형적으로 발달하는 것을 방지하여 대부호 계급이 탄생하지 않도록 해야 한다는 것뿐이다. '절제자본'은 단지 민간자본에 대한 '조절'·'통제'뿐만 아니라 보호의 뜻도 있다"고 하였다. 그는 국유기업 가운데 소수의 특수한 성질을 가진 기업을 제외한 대다수의 기업은 마땅히 모두 주식회사 형태로 만들어 민간의 참여를 허락해야 한다고 했다.[42]

손문의 '절제자본' 정책에 대한 이와 같은 새로운 해석 역시 손문 사상을 장개석이 발전시킨 것 가운데 하나라고 할 수 있다. 여기서 공업 영역에서 빈부 분화를 규제하는 것은 이미 부차적인 문제이며 민간자본에 대한 조절·관리가 주요 내용을 이루었으니, 이는 자연히 민영 공업의 자유로운 발전에 유리하였다. 동아시아의 근대화를 성공적으로 이끈 영도자들 가운데 장개석은 재부의 균등 작업을 가장 중시한 사람이다.

그와 같이 된 까닭은 미국의 데요(Deyo)가 말한 것처럼, 그가 "중국대륙에서 농민혁명의 고통을 충분히 겪었기" 때문이다.[43]

(4) 장개석은 자본가와 노동자의 이익이 일치함을 강조하고 노사가 합작하여 공동으로 중국의 경제 현대화를 추진할 것을 제창하였다. 그는 생존을 추구하는 인류의 욕망과 활동이 바로 역사 발전의 동력이며, 계급투쟁은 단지 사회발전 과정 중에 나타난 일종의 비정상적 상태라고 생각했다. 사회가 끊임없이 진보할 수 있는 까닭은 역시 대다수 사람들이 서로 협조하기 때문이며, 이로부터 하나의 질서 아래서 자신을 위해 이익을 꾀할 수 있게 되었다고 하였다. 모든 개인 노동의 성과와 사회의 재부는 인류의 협동 노동의 산물이며, 그렇기 때문에 공업의 이윤은 단지 노동자의 노동 성과일 뿐만 아니라 기업관리자, 도로운수업자, 상점 판매자, 소비자 등이 모두 이윤의 생산과정에 참여한 결과라고 하였다. 장개석이 실제로 말하려 한 뜻은 자본가는 기업의 관리를 통해 이윤 창출에 참여하는 것이며 결코 기생충이 아니라는 것이다.

장개석은 자본가와 노동자의 이익이 일치함을 다음과 같은 예로 설명하였다.

첫째, 정치 방면에서 만약 한 민족국가가 멸망한다면, 다만 자본가만이 망국멸종의 고통을 받게 되는 것이 아니라 노동자 역시 마찬가지로 망국멸종의 고통을 받는다. 그렇기 때문에 민족의 이익으로 말하면 자본가와 노동자의 이익은 일치하는 것이다.

둘째, 경제 방면에서 민족국가의 공업이 발달하면 자본가가 돈을 벌 수 있을 뿐만 아니라 노동자 역시 취업의 기회가 늘어나며 아울러 생활 조건을 개선할 수 있다. 공업이 발전하지 않거나, 또는 쇠퇴하거나, 또는 파괴되면, 단지 자본가가 경영할 수 있는 공장만이 없어지는 것이 아니라 노동자 역시 일을 할 수 있는 공장이 사라지게 된다. 그렇기 때문에 경제의 발전과

　공업의 진보는 노사 양쪽에 모두 유익하며, 노사 양쪽은 경제를 발전시키는
　문제에서 서로의 이익이 일치한다.

　만약 "공업이 자유주의적 경제제도 아래에서 발달한다면 공업의 발달
에 따라 어쩌면 계급충돌, 심지어 계급투쟁이 있을 수 있다." 다만 중국
의 정책은 "산업혁명과 사회혁명 두 가지를 한꺼번에 달성하는 것으로"
한편으로는 국가자본을 발전시키고 다른 한편으로는 민간자본을 통제
해야 하는데, 이래야만 "노동자는 일자리가 늘어나고 생활이 개선되는
이익을 누리게 되며, 자본가로부터 압박을 받는 고통이 없게 된다"44)는
것이다.

　장개석은 지적하기를 "지금 중국의 최대 문제는 경제가 낙후되고 공
업이 발달하지 못하여 외국 상품이 가득하며, 국민경제는 나날이 곤궁
해져 국가가 생사존망의 위기에 처하게 되었다. 그렇기 때문에 지금 중
국에서는 경제를 발전시키고 수출을 증가시키는 것이 급선무이며, 이를
위해 그 무엇도 아끼지 말아야 한다"고 했다. 이런 상황에서 만약 노동
자가 "현재의 생활상태를 벗어난 요구를 제기하여 파업, 태업, 노동시간
단축 등을 단행하면 단지 생산품이 점차 감소할 뿐만 아니라 생산품의
품질을 떨어뜨림으로써 …… 무역에서 수입이 수출을 넘어서 망국멸종
의 위기를 초래할 수 있다." 그렇기 때문에 중국 경제를 발전시키려고
한다면 "전국의 각 계급이 일치단결하여 중국 경제를 발전시킨다는 큰
목적 아래 각고의 노력을 하지 않으면 안 된다. 우리들은 마땅히 절대적
으로 …… 계급투쟁적인 항조(抗租), 파업, 태업, 노동시간 단축 등 망국
멸종의 정책을 취소하고, 국민경제 발전을 중심으로 하는 중국국민당의
농·공 정책과 산업정책을 실행해야 한다"고 했다.

　이는 말하자면 모든 정책은 경제발전이라는 목표에 복종해야 하며 경
제의 발전은 모든 것에 우선한다는 뜻이다. 그러나 "국민혁명이 완성되
기 이전에는 정부가 마땅히 있는 힘을 다해 농민과 노동자의 생활을 제

고하여, 한편으로는 항조·파업 등의 활동을 금지해야 하며, 다른 한편으로는 자본 방면에서 농민과 노동자를 억압하는 행동이 있다면 법령으로 이를 엄격히 방지해야 한다." 그 때문에 "국민경제 발전에 대한 전국 인민의 책임감을 환기하고 각 계급을 같은 목표 아래 규합하여, 노고를 참고 백절불굴의 정신으로 자강(自强)을 도모하며, 자치를 추구하고, 자립을 꾀해야 한다." "우리나라 산업계와 농·공·상업에 종사하는 모든 사람들이 일치단결하여 서로 돕는 데 힘쓰고, 조업정지·파업·태업을 하지 않기로 서로 약속하며, 싫증 내지 않고 근면하게 일하고, 밤낮을 가리지 않고 생산 증가를 추구함으로써 외국의 경제적 침략과 압박에 대항해야 한다"45)고 하였다. 말하자면 장개석은 국난에 직면한 당시에 경제를 발전시켜 민족을 위기에서 구하기 위해서는 반드시 모든 희생을 아끼지 말아야 한다고 생각한 것이다. 그의 이러한 논리는 일리가 있으며, 국민들의 양해를 얻을 수 있는 것이었다.

(5) 경제 발전은 자력갱생을 위주로 하되 외국의 원조를 얻어 보완해야 한다.

장개석은 "우리 중국은 빈곤한 국가로 대규모로 실업을 발전시키고 싶지만 많은 자본을 마련할 수가 없으므로 외자의 도움을 받지 않을 수 없다"고 말했다. 외자는 외국의 직접적인 투자와 자금을 끌어들이는 것뿐만 아니라, 해외에서 이미 시대에 뒤떨어진 값싼 설비를 구입하는 것도 포함한다. 또한 외국이 경제위기에 처해 있을 때 기회를 틈타 고급 기술 인력을 초빙하여 중국에서 일하게 해야 한다. 그밖에도 외자를 흡수함으로써 어려운 환경 가운데서 중국의 국민경제를 세계 각국과 하나로 연결시킬 수 있어야 한다. 그렇게 되면 중국에서 발생하는 문제 역시 세계의 문제가 될 수 있으므로 민족의 독립을 유지하는 데도 자못 유리하다. 즉 "한편으로는 중국이 각국 세력이 서로 견제하는 균형상태 아래에서 자존자강(自存自强)할 수 있게 하며, 다른 한편으로는 중국의 발전을 촉진할 수 있다"는 것이다.

그러나 외국 자본을 끌어들이는 것이 경제 건설에 대해 갖는 의미가 크다고 하더라도 무엇보다 중국 자신의 역량에 의지하여 경제를 건설하는 것이 중요하다고 하였다. 그는 다음과 같이 설파했다.

> 근래 국민경제 건설운동을 제창하는 취지는 바로 국민경제를 촉진하려는 노력에 있다. 자기의 역량으로 생산사업을 발전시켜 전체 국민경제 건설을 완성하는 것이 가장 가능성 있는 길이다. 만약 자신은 노력하지 않고 오직 다른 사람들에게 의지하기만 한다면 결코 희망이 없다. …… 반드시 자력으로 자존을 추구해야 하며, 자강한 뒤에야 비로소 자립이 가능하다.46)

이러한 외국 자본에 대한 장개석 사상의 정확성은 이미 역사 발전으로 증명된 바이다. 요컨대 장개석이 위에서 밝힌, 중국의 경제 근대화를 위한 전반적 방안은 현실적이고 주도면밀하며 핵심을 찌르는 것이었다고 할 수 있다. 이러한 점은 뒷날 대만과 기타 동아시아 여러 나라가 근대화에 성공한 예들이 증명하고 있다.47)

5. 사회윤리 건설 사상

장개석은 현대는 전통의 연속이므로 전통문화에 대해서 장점은 키우고 단점은 포기하는 태도를 취하여, 알맹이는 계승하고 찌꺼기는 제거해야 한다고 생각했다. 그는 전통문화를 낡은 것으로 여겨 전면적으로 부정하는 민족자비주의적(民族自卑主義的)인 행동에 반대했다. 그는 중국 전통문화의 정수(精髓)를 이용하여 중국을 근대 문명국가로 만들 수 있다고 생각했다. 중국 전통문화에 대한 장개석의 인식은 그의 다음과 같은 사상에서 알 수 있다.

240

(1) 장개석은 일본 메이지유신(明治維新)의 성공은 중국철학 때문이라면서, 중국철학은 일본 사회를 단결시키고 조직하며 서방의 현대적 정치·경제·과학기술 지식을 학습할 수 있는 사유방식을 제공했다고 생각했다. 1932년 장개석은 남경 중앙군관학교에서 일련의 연설을 하였다. 그는 말하기를 "무릇 하나의 민족이 세계에 우뚝 서서 수천 년 동안 다른 민족으로부터 멸망당하지 않으려면 반드시 나라를 세우는 정신이 있어야 하는데 이것이 바로 이른바 '국혼(國魂)'이다." 일본은 메이지유신에서 현재까지 중일전쟁과 러일전쟁이라는 두 개의 전쟁을 치른 뒤 "우리의 대만을 빼앗고, 우리의 유구(琉球)를 점령하고, 현재 우리의 동삼성(東三省)을 침략하면서도 세계 5대 강국 가운데 하나로 불리고 있다." 그것은 일본에게 그들의 국혼이 있기 때문으로, 그것은 바로 '무사도(武士道)'이다. 이른바 무사도 정신은 곧 충군애국(忠君愛國), 상협호의(尚俠好義)와 같은 것으로, 이것은 실제로 모두 중국철학에서 나온 것일 뿐만 아니라 '중국철학의 찌꺼기'라고 하였다.48)

이른바 무사도의 사도(士道)라는 것은 바로 중국의 '유도(儒道)'이다. 그러므로 무사도는 무인의 유도이다. 구스노키 마사시게(楠木正成)의 가훈과 도쿠가와(德川)시대에 반포된 무사도의 신조는 무용(武勇)의 부분을 제외하면 그 핵심 사상은 기본적으로 모두 유가 학설에서 비롯된 것이다.

일본 무사도의 신조에 대해 장개석은 계속해서 "우리 중국인이 볼 때 그것은 완전히 봉건적 유물로 사람들의 봉건사상을 기르는 것에 지나지 않으며, 결코 근대적이고 새로운 민족국가의 정신을 만들어 낼 수 있는 것이 아니다. 하지만 사실은 정반대이다"49)라고 말하였다. 장개석은 그가 일본에서 유학할 때 모든 사람들이 양명학에 열중하는 것을 발견하고 그 스스로도 본국의 학설을 연구 토론하기 시작했으며, 일본의 무사도 정신이 왕양명의 '치양지(致良知)'철학에서 비롯된 것임을 발견했다고 한다. "메이지 이전에 일본은 중국의 정주(程朱)와 육왕(陸王) 등의 학설을 연구했다. 그 결과 일본인들은 왕양명의 '지행합일'의 학설에서 깨달은 바가 있었는데, 그것은 바로 사도(士道)는 아는 것일 뿐만 아니라 행하는 것이라는 사실이었다. 그리고 그들은 치양지와 지행합일의 학설을 알고 그것을 나라를 세우는 정신으로 삼았다"50)는 것이다.

그러한 장개석의 견해는 일리가 있다. 양명학은 일본에서 막부(幕府) 시대 말기와 메이지시대에 매우 유행하면서 한 무리의 유신 인사를 만들어냈는데, 요시다 쇼인(吉田松陰), 요코이 쇼난(橫井小楠)과 다카스기 신사쿠(高杉晉作) 같은 사람이 그러한 인사들이다. 장개석은 일본에서 "유신을 주장한 여러 호걸들이 경천동지의 위업을 이룩할 수 있었던 것은 왕학(王學)의 가르침을 받지 않은 것이 없다"51)고 하였다.

일본이 성과를 거둔 원인에 대한 장개석의 위와 같은 분석에는 편파적인 면이 있다. 만약 남미의 천주교 국가들, 이슬람교 국가들, 아프리카 지역과 비교한다면 앞에서 서술한 것과 같은 그의 견해가 일리가 있다. 그리고 이성(理性)·선(善)을 택하여 따르는 유가사상의 세계관, 공리의 본질, 서로 화합하는 인생 태도는 동아시아가 기타 후진 지역보다 앞서 근대화에 성공할 수 있는 기초가 된다.52) 그러나 일본이 중국보다 일찍 근대화의 길로 나갈 수 있었던 것은 주로 당시 중국과 달리 상대적으로 낙후된 정치와 문화 환경을 갖고 있었기 때문이다.

(2) 장개석은 불평등조약 체결 뒤부터 중국이 점차 식민지사회로 전락한 뒤 중국의 많은 지식분자들 사이에 심각한 민족자비(民族自卑) 정서가 생겨나서, 중국민족의 우수한 전통을 멋대로 욕하고 부정하고 포기함으로써 사회도덕을 잃게 되었다고 보았다. 그러한 상황을 그는 다음과 같이 역사적으로 설명하였다.

1840년의 아편전쟁으로 열강에 의해 중국의 문호가 열리고 일련의 불평등조약이 체결되었고, 사태가 갈수록 격화되어 중국의 주권적 지위와 영토 보전은 모두 심한 침범을 받았다. 그 사이에 비록 근대화운동이 있었으나 완고파의 방해로 실패했다. 19세기 말에 이르러 중화민족은 이미 망국멸종의 지경에 이르렀다. 20세기 초에 신정(新政)이 시작됨에 따라 일부 젊은 학자들이 해외유학을 시작했고, 이때 비로소 선진과 낙후 사이의 큰 차이를 느끼기 시작하여 바야흐로 구국운동이 일어났다. 중국의 역사와 현실 그리고 외국 역사에 대한 일부 사람들의 무지로 말미암아 문화상의 자비주의(自卑主義)가 생겨났다. 그들은 전통문화는 중국의 근대화에 최대의 장애물이며, 오직 오래된 전통을 완전히 타파하고 외국의 선진문화를 받아들여만 비로소 민족의 위기를 구할 수 있다고 생각했다.

이러한 문화상의 자비감(自卑感)은 신해혁명이 실패하고 중국이 군벌할거 시기로 들어서서 국면이 절망적으로 변하면서 더욱 유행하게 되었다. 신문화운동기에 제기된 "신도덕을 제창하여 구도덕에 반대하고, 공자를 타도하고, 공맹의 책을 읽지 말자"는 등의 주장은 비록 합리적인 면이 있다고 해도, 그 속에 짙은 민족자비주의 정서가 깔려 있다는 점은 부인할 수 없다. 이러한 자비주의 정서는 뒤에 우매한 세력과 결합되어 뜻밖에도 하나의 조류를 형성함으로써 민족의 우수한 전통문화가 유형·무형 부문을 막론하고 모두 공전의 재난을 당했고 지금까지 그 후유증이 남아 있다.

위와 같은 장개석의 중국문화에 대한 견해는 명백히 손문의 영향을 받았다. 손문은 비록 다년간 혁명에 종사하였으나 중국의 전통문화에 대해서는 오히려 기본적으로 긍정적인 태도를 견지했다. 1924년 손문은 국공 양당 간부를 대상으로 한 삼민주의에 관한 강연에서 다음과 같이 말했다.

우리가 지금 민족의 지위를 회복하기 위해서는 모두가 연합하여 국가라는 민족 단체를 결성하는 것 말고, 우리 고유의 구도덕을 먼저 회복해야 한다. 고유한 도덕이 있고난 뒤에야 비로소 고유한 민족지위의 회복을 바랄 수 있다.

현재 우리는 외래 민족의 압박과 신문화의 침략을 받고 있으며 그들 신문화 세력은 이 시각 중국을 횡행하고 있다. 일반적으로 신문화에 심취한 사람들은 구도덕을 배척하면서 신문화만 있으면 구도덕은 필요 없다고 생각하며, 우리의 고유한 것이라도 좋은 것은 보존하고 나쁜 것은 버려야 한다는 사실을 모른다."

그는 전통문화 속의 '예의염치(禮義廉恥)'와 '충효인애(忠孝仁愛) 신의화평(信義和平)'은 중국의 민족정신으로, 단지 조금만 개량하면 새로운 형세에 적응하여 쇠약함을 회복할 수 있다고 하였다. 따라서 그러한 원칙을 "보존할 뿐만 아니라 더욱 발양한 연후에 우리 민족의 지위를 비로소 회복할 수 있다"고 하였다. 손문은 또한 《대학》 속의 '수신제가(修身齊家) 치국평천하(治國平天下)'의 노력은 "가장 체계적인 정치철학으로 외국의 어떤 정치가나 철학가도 깨닫지 못했고 말하지도 않은 것으로, 그것은 반드시 보존하고 발양해야 할 것"53)이라고 하였다.

장개석은 손문으로부터 이러한 사상을 접한 뒤에 이를 더욱 발전시켜 하나의 완전한 윤리 건설 체계를 만들었다. 〈중국의 명운〉에서 장개석은 다음과 같이 설파하였다.

"중국 고유의 인생철학은 공자의 가르침, 맹자의 천양(闡揚) 그리고 한대 유학자들의 해석을 거쳐 스스로 하나의 숭고한 체계를 이루었으며, 세상 그 어떤 유파의 철학과 비교해도 실제로 뛰어나면 뛰어났지 못한 것이 없다. 그러나 중화민족은 여전히 겸허하게 외래 종교를 받아들이며 외래 종교의 심오한 이치를 습득함으로써 그것과 중국 고유의 인생철학이 서로 발전할 수 있도록 해야 한다." 불교·이슬람교·기독교는 중국에 전래된 뒤에 "모두 중국의 학술사상에 도움을 주었다." 비록 중간에 약간의 충돌이 있었으나 서방에서 나타난 것과 같은 그러한 대규모의 잔인한 종교전쟁은 없었다.

"이와 같이 각종 학술을 받아들일 수 있었기 때문에 중국의 학술은 날로 새로워졌다." 중국의 문화와 학술은 고유한 체계가 있으며, 중국이 각종 문화와 학술을 받아들여 융합 관통하려면 곧 이러한 고유한 체계를 중심으로 해야 한다. 따라서 외래문화의 중국 이식은 이미 중국의 국가경제와 인민생활의 일부분이 되었다. 그러나 "근 백 년 동안 중국문화에 절대적인 폐단이 발생했는데, 그것은 바로 불평등조약의 핍박 아래서 중국 국민이 서양 문화에 대해서는 거절에서 굴복으로 바뀌고, 고유 문화에 대해서는 자대(自大)에서 자비(自卑)로 바뀐 것이다. 굴복이 독신(篤信)으로 바뀌고 그것이 매우 심해져 스스로 외국 학설의 충실한 신도가 되었다고 여겼으며, 자비가 자책(自責)으로 바뀌고 그것이 매우 심해져 잔인하게 우리 중국 고유의 문화유산을 모욕하였다."

특히 신해혁명이 실패한 뒤에 "치욕을 씻고 강해지려는 일반 국민의 기개는 혁명이 실패함에 따라 더욱 심화되었고, 국민은 자기도 모르는 사이에 자기를 버리고 남에게 의지하며, 바깥 것을 중시하고 안의 것을 가볍게 여기고, 의지하고 맹종하는 분위기를 만들어 냈다. 중국인은 본래 노예가 되는 것을 참을 수 없어 서양의 문화를 배우기 시작했으나, 서양 문화를 배움으로써 자기도 모르는 사이에 외국 문화의 노예가 되었다." 그리하여 일반 문인·학자들이 자존과 자신을 잃었고, "이러한 풍조로 말미암아 일반인은 서양 것은 모두 옳고 중국 것은 모두 틀리다고 생각했으며, 그들은 각자 한 나라를 모방하고, 각자 한 학파를 섬기며, 각자 문호를 세우고, 들어와서는 주인 행세를 하고 나가서는 노예가 되었다."

장개석은 서학파가 비록 명목은 번다하나 모두 구름이나 연기처럼 금방 사라지는 것에 지나지 않는다고 생각했다. 다만 그들의 학설이 난립한 결과 민족의 응집력을 강화하거나 풍속을 돈독히 하지 못했을 뿐만 아니라 오히려 "중국 문화가 지리멸렬한 기풍 속으로 빠져들게 하였다"

는 것이다. 중국의 보통 민중은 누구의 말을 믿어야 할지 몰랐고, 그로 말미암아 전통도덕은 잃어버리고 내부의 투쟁이 격렬해져 최종적으로 국가는 존망의 위기에 빠져들었다. 그래서 "우리 고유의 미덕, 잘 완비된 입국(立國)의 정신, 훌륭한 주의는 …… 모두 버려졌으며 …… 고유한 민족정신은 모두 사라지고 한 오라기도 남지 않게 되었다"54)고 했다.

그는 이르기를, "현재 사회는 파탄 나고, 인심은 마비되고, 기율은 사라지고, 질서는 문란하고, 염치는 조금도 없으며 신의도 없다." "우리 국가와 민족이 지금 다른 나라의 압박과 침략을 받고 있는데도 전혀 관심을 갖지 않을 뿐만 아니라 뻔뻔스럽게 부끄러운 줄도 모르고, 오히려 국내에서 그러한 기회를 이용하여 권리를 얻어내기 위한 술수나 부리고 있으며, 각국의 침략이 어떠한 지경에 이르든지 일본인의 침략이 어떠한 상황에 이르든지 관계없이, 국가야 어떤 위험에 빠지든 가리지 아니하고, 유일한 목적은 조국을 혼란스럽게 만들고 음모를 꾸며 국민정부를 전복하고 국민당을 타도하는 것뿐이다." "만약 우리가 다시 우리의 민족정신을 구제하고 부흥시킬 방법을 찾지 않는다면 멸망은 바로 눈앞에 있다"고 한탄했다. 그리고 "외국의 모욕을 막고 중국을 구하는 근본 해결책은 …… 우리 고유의 민족성을 회복하는 것이다"55)라고 하였다.

(3) 장개석은 민족을 위기에서 구하려면 반드시 중국민족의 우수한 전통을 부흥시켜 '충효인애 신의화평'과 '예의염치'의 '팔덕사유(八德四維)'를 실천해야 하며, 따라서 반드시 아래의 몇 가지를 달성해야 한다고 생각했다.

첫째, 장점은 취하고 단점은 버리는 태도로 전통문화를 대하여야 한다.

그는 1920~1930년대 중국에서 유행한 민족자비주의의 반(反)전통적 경향에 대해 비평하여 이르기를 "백화문을 제창하는 것만이 신문화운동인가? 서양의 문예를 단편적으로 소개하는 것만이 신문화운동인가? 모든 기율을 타파하고 개인의 자유를 확대하는 것만이 신문화운동인가?

맹목적으로 외국을 숭배하고, 전혀 취사선택 없이 외래문화를 소개하고
수용하는 것만이 신문화운동인가? 만약 그렇다면 우리들이 원하는 신문
화는 실제로 너무 유치하고, 너무 싸구려이며, 너무 위험한 것이다"[56]라
고 했다.

위와 같은 신문화운동에 대한 그의 비판은 약간은 과격하고 일방적인
점이 있지만 분명 일리가 있다. 뒤에 일어난 대륙의 '문화대혁명'은 바로
1920~1930년대의 이러한 민족자비주의 사조가 극단적으로 발전된 것
의 반영이라 할 수 있다.

전통문화를 어떻게 대할 것인가에 대한 장개석의 견해는 대만으로 건
너간 뒤 장시간의 사고를 거쳐 더욱 성숙되어 완성되었다. 그는 1969년
한 강연에서 다음과 같이 말했다.

"어떤 사람은 근대는 새로운 것이고 전통은 오래된 것으로 여겨 전통
과 현대를 신(新)과 구(舊), 고(古)와 금(今)의 대립으로 여김으로써 관
념상의 편차와 사상상의 충돌이 발생한다. 그들이 어찌 어제[古]와 오늘
[今]은 바로 역사·문화의 과정이고, 전통과 현대 역시 장강대하(長江大
河)의 상류와 하류처럼 원래 엄격한 구분이 있는 것이 아니며 …… 오늘
을 알기 위해서는 어제를 본보기로 삼아야 하며, 어제가 없으면 오늘도
없다는 사실을 알겠는가?" 따라서 "현대화는 결코 전통을 부정하는 것
이 아니며, 전통을 무시하는 것도 아니다. …… 그러므로 전통을 잘 알지
도 못하면서 현대화에 관한 헛된 이야기만 늘어놓게 되면 반드시 망령
됨에 빠지게 되며, 전통을 고수하여 시대의 발전에 적응하지 못하게 되
면 시대에 의해 도태당하게 되며 반드시 열등한 민족이 된다." 그러므로
문화·역사 전통이 "시대와 환경에 맞지 않으면 개혁하고 교정해야 하
며, 국가와 민족의 우수한 문화·역사라면 마땅히 그 불변과 가변의 흔
적을 자세히 살피고, 시대와 과학정신을 융합하고, 시대와 함께 전진해
나갈 때 나날이 새롭게 될 수 있다."[57] 위와 같은 생각이 문화상의 전통
과 현대의 관계에 대해 장개석이 가졌던 기본적인 태도이다.

둘째, '지행합일'을 제창하고 힘써 행하는 철학[力行哲學]을 주장했다.

장개석은 중국철학은 원래 "매우 광대하고 심원한 것"이지만, 송대 이학(理學)이 탄생한 이래 불학(佛學)이 섞이면서 "청정(淸靜)하고 적막하고 현묘한 경지로 빠져들어" 질서와 화합을 지나치게 강조하고 창조와 모험을 크게 억압했다고 했다. 지식분자들은 서재에 틀어박혀 공리공담만 늘어놓으며 "부녀자의 태도를 익힐" 뿐 "나라를 다스리고 세상을 구제하는 데 힘쓰며 성실하고 친절한 행실을 실천하는 사람은 실로 샛별처럼 드물었다"58)는 것이다.

이학이 탄생된 때는 중국철학사에서 제2의 전성기라 할 수 있으며, 그것이 중국 고대사회를 더욱 성숙하게 만들고, 중국 고대 철학의 체계화를 완성한 공로는 인정하지 않을 수 없다. 다만 이학은 또한 — 확실히 장개석이 말한 것과 같이 — 많은 부정적 영향을 낳았다.

장개석은 왕양명의 철학을 숭상하여 다음과 같이 말했다. 그것은 "하나의 새로운 국면을 열었으며", 그것은 "'동(動)'을 제창하고 '정(靜)'을 비판하는 철학으로 '지행합일'을 주장하였고, 일본 메이지유신의 위업은 곧 왕학(王學)의 덕택"이다. 그러나 장개석은 단지 '지행합일'의 학설에만 의지해서는 중국민족은 유학의 낡은 기운을 제거할 수 없으며, 손문의 '알기는 어렵고 행하기는 쉽다(知難行易)'는 학실을 이행하여 "중국인이 있는 힘을 다하도록 격려해야 하고", "만약 중국 인민이 중국 고유의 양호한 철학을 충분히 응용하고 손 총리의 학설을 마음에 새겨 잊지 않고 찬란하게 발양한다면"59) 반드시 중국을 하나의 번영 창성하는 국가로 건설할 수 있을 것이라고 하였다.

셋째, '팔덕사유'를 중심으로 민족의 우수한 전통문화를 부흥시킨다.

장개석은 전통문화의 부흥이 전면적인 복고를 뜻하는 것이 아니라 그 가운데 우수한 부분은 계승 발전시키고, 가치 없는 것은 버리고 정수를 흡수하는 것이라고 말했다. 그는 "이전에 '충(忠)'이라고 하면 그것은 충군(忠君)을 가리키는 것이었다. 그렇다면 지금은 군주도 없는데 여전히

248

'충'이 필요한가?" 묻고, "오로지 국가와 민족이 존재하는 한 '충'을 제창하지 않을 수 없는데, 당연히 이때의 '충'은 민족에 대한 충성, 인민에 대한 충성 등 더욱 폭넓은 함의를 가진다. 전통문화의 부흥은 모두 교육에 달려 있으며, '군대·학교·사회·가정교육을 막론하고 반드시 때와 장소에 맞게 근본적인 방침과 원대한 규모를 확정해야 한다"고 하였다.

그는 또한 "새로운 국가를 건설하려면 오래된 문물제도를 모두 한결같이 말살해서는 안 되고 …… 반드시 그 시대를 파악하고 그 의도를 생각하며 그 가치를 재평가하여, 단점을 버리고 장점을 취해야 한다." 따라서 고대의 교육 내용과 방식을 일부 참고하고, 민국시기 즉 현재의 수요에 근거하여 하나의 새로운 교육방식을 만들어야 한다고 말했다. 그는 청조 강희(康熙)시대의 〈성유광훈(聖諭廣訓)〉 16조, 곧 돈효제(敦孝弟)·독종족(篤宗族)·화향당(和鄕黨)·중농상(重農桑)·상절검(尙節儉)·융학교(隆學敎)·출이단(黜異端)·강법률(講法律)·명례의(明禮義)·무본업(務本業)·훈제자(訓弟子)·식무고(息誣告)·계닉도(誡匿逃)·완전량(完錢糧)·해구분(解仇忿)·연보갑(聯保甲) 등의 내용은 "비록 오래된 이야기지만 진충부책(盡忠負責)·지치자강(知恥自强) 등의 몇 조목만 더하면 국민 교육에 적합한 준칙이라고 할 수 있다"60)고 하였다.

그리하여 장개석은 국민당원을 위해 12조의 수칙을 제정했는데, 충용(忠勇)·효순(孝順)·인애(仁愛)·신의(信義)·화평(和平)·예절(禮節)·복무(服務)·노동(勞動)·정결(整潔)·조인(助人)·학문(學問)·유긍(有恆)이 그것이다. 그 뒤 1934년 신생활운동 가운데 '예의염치'의 뜻을 해설할 때 그는 다시 국민 교육에 대한 그의 생각을 강조하였다. 즉 사람의 마음을 바르게 하고 풍속을 교화하기 위해서는 학교교육을 중시해야 하며, 인생의 성장과정으로 말하면 "소년시대에 퇴폐나 광란의 길에 빠지게 되면 청년시대에 이르러서도 국가사상·민족도덕의 도야가 어렵다는 것이다. 그는 청년시대에 자애자강(自愛自强)하지 못하면 장년·중년 시대에 또한 어떻게 국가 건설 부흥의 중임을 맡을 수 있겠는가?"61)라고 물으면서, 중학교와 소학교의 교사에게 본업에 충실하고 인재를 양육하며, 명리를 탐내지 말고, 비현실적으로 이상만 높게 가지지 말고 분수를 지킬 것을 요구했다.

넷째, 일련의 체계적인 사회교육의 사상체계를 확립하였으며, 그 속에는 가정교육, 위생교육, 문예·체육 활동 등이 포함되어 있다.

1953년 장개석은 〈민생주의의 교육과 행복 두 편에 관한 보충 글(民生主義育樂兩篇補述)〉62)을 발표, 일련의 사회윤리 건설 사상을 제기했다. 그는 사회가 농업에서 공업으로 바뀜에 따라 사회관계에도 급격한 변화가 일어나고, 오래된 윤리와 새로운 형세 사이에 격렬한 충돌이 일어났으며, 사람들의 행동거지가 망연자실 질서를 잃고 혼란에 빠졌다고 하였다. 사회 발전을 계획하고 방임하지 않기 위해서 그는 일련의 근대화에 바탕을 두고 전통의 정수를 융합하는 교육사상을 연구하였다.

도시와 핵가족의 상황에 대해서 그는 다음과 같이 지적하였다.

첫째, 사람은 여전히 가정을 기본으로 해야 하며, "안정적인 가정이 있어야만 비로소 안정된 사회가 있고, 건전한 아동이 있다."

둘째, 부모 자녀의 관계와 의무를 명확히 하기 위해서는 대가족 아래서 아동의 개성을 무시하고 부모가 절대적 권위를 갖는 것을 피해야 할 뿐만 아니라, 핵가족 아래서 어수선하고 질서가 없는 것도 피해야 한다.

셋째, 일련의 사회복리와 보장조치를 마련해 핵가족의 부족한 기능을 교정하고 보완한다. 경제를 발전시키기 위해서는 사람들에게 충분한 수입을 제공해야 하고, 아동교육원·탁아소·아동보건원·공립산부인과 의원 등을 설립해야 한다. 그밖에도 국민들에게 위생교육을 실시하고, 의료 기구를 보편적으로 설치하며, 검역과 전염병 예방을 강화하고, 질병보험 등을 실행해야 한다. 장애인에 대해서는 전문적인 기술훈련을 받게 하고, 홀로 사는 과부와 노인에게는 구제사업을 펼쳐야 하는 것 등이 있다.

넷째, 학교교육을 강화하되 특히 학교의 도덕적인 권면기능을 강화해야 한다. 학교교육 가운데 단지 진학교육만을 중요시하는 편파적인 현상을 바꾸고, 전면적인 '지체덕군(智體德群)'의 '사육(四育)'과 전통적인 '예악사어서수(禮樂射御書數)'의 '육예(六藝)' 교육을 진행하며, 학생을 훈련을 하여 '신심평형(身心平衡)·수뇌병용(手腦幷用)·지덕겸수(智德兼修)·문무합일(文武合一)'의 전인(全人)이 되게 해야 한다.

다섯째, 광범위한 사회교육 체계를 확립한다. 아동에 대해 의무교육을 실시하고, 성인에 대해 철저하게 문맹을 퇴치해야 한다. 도서관·과학관·고생물진열관·박물관·동물원·식물원 등을 많이 설립해야 한다. 또한 각종 문예선전에 대한 적절한 규범을 제정하고, 예술가가 멋대로 할 수 없도록 하며, 예술이 하류에 영합하지 않게 하는 것 등이 있다. 그밖에 도시의 농촌화와 농촌의 도시화를 실현하고, 대규모로 식목과 조림을 시행하며, 강과 산을 정비하는 것 등이 있다.

6. 맺는 말

대만의 근대화를 논할 때 사람들은 반드시 장개석과 장경국 부자, 특히 장개석을 거론한다. 그것은 중국 근대화 과정 속에서 총괄해 낸 일련의 성숙된 근대화 방안과 또한 바로 중국 근대사의 급변하는 정세 속에서 단련된 그들의 능숙한 정치 기교가 대만에서 개화한 결과 대만이 후진 국가로서 근대화에 성공한 모범이 되었기 때문이다. 그들은 대륙에서 실패했다. 그러나 역사에서 결코 일시적인 성공과 실패로 영웅을 평가해서는 안 된다. 난세의 효웅(梟雄)들 가운데도, 일찍이 승리한 적도 있고 일시적으로 세력을 얻기도 하였으나 국가와 인민에게 심각한 재난을 안겨줌으로써 결국 만인의 욕을 듣는 결말을 면할 수 없었던 사람이 있다. 그런가 하면 어떤 사람은 일찍이 많은 사람들의 오해를 받고 실패하기도 했지만, 심지어 그것이 심각한 실패라고 할지라도, 최종적으로는 도리어 국가를 위해 인민을 위해 진정한 공헌을 하고, 인민에게 환영받고 세상 사람들의 찬양을 받았다. 장개석은 의심할 바 없이 후자에 속한다.

본문에서 논한 장개석의 근대화 사상을 한마디로 요약하면 다음과 같다. 우선 그의 근대화 사상은 중국의 전통 유가사상과 손문의 현대화 방안의 영향, 일본 메이지유신의 경험에 대한 총결, 중국의 시국에 대한 인식, 러시아 방문 뒤 공산주의와의 결별 등과 같은 요소의 상호작용 아래에서 만들어진 것이다.[63] 장개석은 중국의 근대화를 이루기 위한 첫 단계로, 낙후되고 군벌이 할거하는 환경 아래에서 중국은 우선 반드시 무력을 이용 국가를 통일하여 통일적이고 강력한 중앙집권정부를 수립해야 한다고 생각했다. 그러한 뒤에 강력한 권력으로 모든 인력과 물력을 집중하여 계획적이며 민영을 주체로 하는 경제 현대화 활동을 전개하고, 동시에 훈정(訓政)을 전개하여 지방자치를 진행하며, 민중의 문화 수준과 참정과 의정의 소양을 향상시킴으로써 정치 민주화를 위한 준비를 해야 한다고 했다. 그 다음 모든 것이 자리가 잡힌 뒤에 헌정을 실행하여 최종적으로 현대화의 마무리 작업을 완성한다는 것이다.

근대사회의 윤리 건설 방면에서 그는 민족자비주의를 무시하거나 전통적인 방식을 파괴하는 것에 반대했으며, 중국문명의 정수는 매우 강한 현대성을 가지고 있으므로 단지 장점을 계승하고 단점을 버리는 태도로 개량하는 동시에 서양문명의 장점을 흡수한다면 완전히 중국을 번영하는 강대한 국가로 건설할 수 있다고 생각했다. 장개석은 대륙에 있는 기간 동안 여러 가지 원인으로 말미암아 시종 하나의 통일된 국가를 건설할 수 없었으며, 그 때문에 이러한 과학적인 현대화 방안은 진정으로 실행되지 못했다. 그러나 대만으로 철수한 뒤 그의 국가 근대화 방안은 마침내 빛을 발하였다. 대만은 후진국이 이룩한 근대화의 전형이 됨으로써 그의 근대화 사상의 가치는 실천으로써 증명되었다.

〔신태갑 옮김, 이병주 교정〕

252

■주 ─────────────

1) 吳寄萍 著, 王壽南 總編輯, 中華文化復興運動推行委員會 主編,《蔣中正》(中國歷代思想家 54), 臺北：臺灣商務印書館, 1978(이하《蔣中正》), 1~3쪽 ; 松本曉美,《蔣介石の中國史》, 東京：參玄社, 1975, 9~14쪽 ; Emily Hahn, *Chiang Kai-shek, an Unauthorized Biography*, Garden City, NY：Doubleday & Company, Inc., 1955, pp. 17~25.

2)《蔣中正》, 4쪽 ; 松本曉美, 위의 책, 15~16쪽 ; Emily Hahn, op. cit., p. 27.

3)《蔣中正》, 5쪽 ; 松本曉美, 17~38쪽

4)《蔣中正》, 6~8쪽 ; 松本曉美, 앞의 책, 38~55쪽.

5) 松本曉美, 앞의 책, 58~60쪽.

6) 松本曉美, 앞의 책, 68~71쪽.

7) 松本曉美, 앞의 책, 76~78쪽 ; Emily Hahn, op. cit., pp. 67~78.

8) 松本曉美, 앞의 책, 82~84쪽 ; Emily Hahn, op. cit., pp. 78~86 ; 廣東革命歷史博物館 編,《黃埔軍校史料(1924~1927)》, 廣州：廣東人民出版社, 1982, 1~10쪽.

9) 松本曉米, 앞의 책, 87~89쪽.

10) 郭廷以,《近代中國史綱》下篇, 香港：中文大學出版社, 1991, 540~542쪽 ; 張憲文 主編,《中華民國史綱》, 鄭州：河南人民出版社, 1985, 242~245쪽.

11) 張憲文 主編, 앞의 책, 251~254쪽.

12) 郭廷以, 앞의 책, 547~563쪽 ; Emily Hahn, op. cit., pp. 117~130.

13) 郭廷以, 앞의 책, 563~566쪽.

14) 郭廷以, 앞의 책, 567~570쪽 ; 張憲文 主編, 앞의 책, 334~345쪽.

15) 張憲文 主編, 앞의 책, 337~340쪽.

16) 中國國民黨中央委員會黨史委員會 編,《先總統蔣公思想言論總集》第35卷, 臺北：中國國民黨中央委員會黨史委員會, 1984(이하《先總統蔣公思想言論總集》), 7~8쪽.

17) 蔣總統集編輯委員會 編,《蔣總統集》第1冊, 臺北：國防研究院, 1968(이하《蔣總統集》).

18)《蔣總統集》第2冊, 1753쪽.

19) (美)亨廷頓(Samuel P. Huntington) 著, 王冠華 譯,《變革社會的政治秩序》, 北京：三聯書店, 1992, 183쪽.

20) 彭懷恩,《臺灣政治變遷四十年》, 臺北：自立晚報社, 1977, 35~71쪽, 97·99쪽.

21) 姚傳德,〈大久保利通, 朴正熙, 李光耀政治現代化思想比較〉, (中國)《史學月刊》1999年 7月 增刊 참조.

22) 姚傳德,〈東亞文明的現代性〉, (中國)《學習與探索》1998年 第2期 참조.

23)《孫中山選集》下, 北京：人民出版社, 1956(이하《孫中山選集》), 578~579쪽, 681쪽.

24)《孫中山選集》下, 684쪽.

25)《孫中山選集》下, 579쪽.

26)《孫中山選集》下, 689쪽.

27)《蔣總統集》第1冊, 2쪽.

28)《先總統蔣公思想言論總集》第29卷, 247~249쪽.

29)《蔣總統集》第1冊, 927~933쪽.

30) 《蔣總統集》 第1冊, 570~571쪽.

31) 《蔣總統集》 第1冊, 917~918쪽.

32) 《蔣總統集》 第1冊, 152쪽.

33) 《蔣總統集》 第1冊, 171~205쪽.

34) 《蔣總統集》 第1冊, 255쪽.

35) 《蔣總統集》 第1冊, 2쪽.

36) 《孫中山選集》 下, 692~694쪽.

37) 《孫中山選集》 下, 799~802쪽.

38) 《蔣總統集》 第1冊, 181쪽.

39) 주 24와 같음.

40) 《蔣總統集》 第1冊, 255~266쪽.

41) 《蔣總統集》 第2冊, 1829~1833쪽.

42) 《先總統蔣公思想言論總集》 第29卷, 26쪽.

43) (美)弗雷德里克 戴約(Frederic C. Deyo) 主編, 王燕然·王逾西 譯, 《經濟起飛的新視
    角》, 北京 : 中國社會科學出版社, 1991, 201·194쪽.

44) 《蔣總統集》 제1책, 180~181쪽.

45) 《蔣總統集》 第1冊, 527쪽.

46) 《蔣總統集》 第1冊, 32~33쪽.

47) 姚傳德, 앞의 글, 1999 참조.

48) 《蔣總統集》 第1冊, 578~582쪽.

49) 《蔣總統集》 第1冊, 584~588쪽.

50) 《蔣總統集》 第1冊, 589쪽.

51) 陳鐵鍵·黃道炫, 《蔣介石與中國文化》, 香港 : 中華書局, 1992, 12쪽.

52) 姚傳德, 〈儒家思想的現代性〉, (臺灣)《中國文化月刊》 1999年 4月, 第229期 ; 《蔣總統
    集》 第1冊, 589·578쪽.

53) 《孫中山選集》 第2冊, 649·653쪽.

54) 《蔣總統集》 第1冊, 588·583쪽.

55) 《先總統蔣公思想言論總集》 第29冊, 240쪽.

56) 《先總統蔣公思想言論總集》 第28冊.

57) 주 41과 같음.

58) 《先總統蔣公思想言論總集》 第25卷, 332쪽.

59) 《蔣總統集》 第1冊, 589쪽.

60) 〈國父遺教槪要〉, 《蔣總統集》 第1冊.

61) 《蔣總統集》 第2冊, 2101쪽.

62) 《蔣總統集》 第1冊.

63) 萬仁元·方慶秋 主編, 《蔣介石年譜初稿》, 北京 : 檔案出版社, 1992 ; 王俯民, 《蔣介石
    詳傳》, 北京 : 中國廣播電視出版社, 1993 ; (日)《産経新聞》社 撰, 古屋奎二 主筆, 飜譯
    組 譯, 《蔣介石秘録》, 長沙 : 湖南人民出版社, 1988 ; 鄭南榕 篇, 《論蔣介石的成敗》(自
    由時代系列叢書), 臺北 : 自由時代週刊社.

모택동 毛澤東
중화인민공화국의 창건자
─농촌 무산혁명가에서 제왕적 통치자로─

김 진 경

1. 머리말

　1949년 10월 1일 모택동(毛澤東 : 1893～1976)은 천안문광장에서 중화인민공화국이 건국되었음을 선포하였다. 이로써 1840년 아편전쟁으로부터 붕괴되기 시작한 중국의 구 정치체제는 100여 년의 혁명과정을 거쳐 사회주의체제로 재탄생되었음을 세계에 알렸다. 모택동은 신 중국의 탄생에 가장 크게 기여한 인물이다. 그가 없는 중국의 건국은 상상하기 어려울 정도이다.

　모택동의 구실은 건국에만 한정된 것이 아니었다. 중국역사 속에서 그의 구실은 오히려 건국 이후 증대하였다. 1976년 9월 9일 심근경색으로 사망할 때까지 그는 중국 영토 위에 살았던, 전 인류의 20%나 되는 중국인들에게, 특히 20세기 후반기 동안 절대적인 영향을 끼쳤다.

　건국 이후 모택동은 자신의 권위를 중국공산당의 권력과 동일시하며 자신의 권력을 절대화했다. 이를 위하여 그는 수십 년 동안 생사고락을 같이한 수많은 혁명 동지들까지 숙청하였다. 또한 그는 수많은 보통 중국인들의 삶과 죽음을 결정했다. 그의 권력은 중국의 전제 황제만큼이나 절대적이었다.

　이러한 모택동을 우리는 어떻게 평가해야 하는 것일까? 프랑스대혁명이 공포정치와 독재자 나폴레옹으로 종결되었다는 역사적 평가를 중국의 혁명사에도 적용해야 하는 것일까? 이 글은 모택동의 성장기부터 만년의 문화대혁명기에 이르기까지 주요한 각 시기의 행적과 정책을 훑어보고 하나의 평가를 찾아 보는 시도이다.

2. 성장기의 모택동

모택동은 지극히 중국적인 인물이었다. 뒷날 중국공산당의 지도자가 된 인물들 가운데는 청년기에 해외 경험을 한 인물들이 많았지만, 모택동의 성장과정은 이들과 대조적이다. 모택동은 1893년 12월 26일 호남(湖南)성 성도인 장사(長沙)에서 멀지 않은 상담(湘潭)현 소산(韶山)이라는 조그만 농촌 마을에서 태어났다. 이 지역은 강서(江西)성과 호북(湖北)성으로부터 멀지 않고, 당시 신문물의 중심지인 광동(廣東)성으로부터 영향을 받는 지역이기도 하였다. 가난한 농부인 아버지와 불교신자인 어머니 사이에 태어난 모택동은 어린 시절부터 밭에서 농사일을 하였는데, 엄격한 아버지와는 잘 맞지 않았다.

모택동이 받은 교육은 당시 중국 사정으로 보면 결코 짧은 것이 아니었다. 8세부터 마을 서당에서 교육을 받기 시작하여 5년 동안 수학하였다. 유교경전 중심의 전통교육을 받은 그는 지루한 경전보다는 《서유기》나 《수호전》 같은 소설에 더 흥미를 가졌다고 알려져 있다. 13세가 되자 모택동은 아버지의 뜻에 따라 집안의 농사일을 하였다. 소년 모택동은 고집이 센 아이였던 것 같다. 공부를 계속하고자 했던 모택동은 16세 때에 아버지와 충돌한 뒤 집을 나와 마을에서 50리 떨어진 근대식 소학교의 고학년에 다시 입학하였다. 그곳에서 모택동은 과학과 같은 근대교육을 처음 받게 되었다.

중학교에 진학하기 위해 장사로 나간 모택동은 1913년 그곳 사범학교에 입학시험을 치고 5년제 호남사범학교에 입학하여 5년 동안 교육다운 교육을 받게 되었다. 이곳에서 모는 중국 전통학문에 대한 체계적 교육을 받았다. 모택동은 수학이나 과학 같은 과목에는 관심을 가지지 못했고, 한문과 작문에는 두각을 나타냈다. 그는 시에 소질을 보였고 일생 동안 많은 한시를 남기기도 했다. 튼튼한 육체가 강한 중국을 만든다는 신념에 따라 모택동은 육체적 극기훈련과 수영 등에도 열심이었다.

모택동

학생 모택동은 특히 학교 밖 활동에 관심이 많았다. 1911년 신해혁명 당시 모택동은 잠시 혁명군에 입대하였지만 흥미를 잃고 학교로 복귀하였다. 사범학교 시절 급우들보다 나이가 훨씬 많았던 모택동은 야학이나 사회활동에 적극적이었다. 당시 중국의 대도시에는 사회활동을 하는 학생조직들이 활발하였는데, 모택동도 그 가운데 하나인 신민학회(新民學會)를 조직하는 데 주도적 구실을 하였다. 이 조직은 많은 호남성 학생들을 프랑스에 노동유학(勞動遊學)을 보내는 근공검학(勤工儉學)운동을 실행했다. 뒷날 중국공산당 지도자들 가운데는 이러한 경험을 한 인물들이 많았다. 그러나 정작 모택동 자신은 해외유학을 경험하지 않았다.

장사의 사범학교에서 모택동이 맺은 인연은 개인적으로, 그리고 사회적으로 그에게 인생의 출발점이 되었다. 1920년 호남에 일어난 정치적 변화로 급진주의자들이 권력을 장악하자, 모택동은 그들과 친분관계로 모교인 사범학교 부속 소학교의 교장에 취임하게 되었다. 생활의 기반을 마련한 모택동은 사범학교에서 자신이 존경했던 은사 양창제(楊昌濟)의 딸 양개혜(楊開惠)와 결혼하였고, 그녀와 사이에 아들 둘을 두었다. 그러나 양개혜는 1930년 국민당 군벌에게 처형되었고, 둘 사이에서 태어난 장남은 1950년 한국전쟁에 참전하였다가 북한 지역에서 미군의 폭격으로 사망하였다. 모택동이 겪은 이러한 가족의 비극은 당시 중국 공산주의자들에게는 너무나 흔한 것이었다.

모택동이 공산주의자가 된 것은 1920년 무렵이다. 스스로 자신이 공산주의자라고 선언할 정도의 공산주의자가 되었다. 그가 이렇게 공산주의자가 된 것은 모택동 개인의 성향과 시대적 상황이 복합적으로 작용한 결과라고 볼 수 있다. 모택동은 소학교 시절부터 청 말의 개혁가 강유위(康有爲)와 양계초(梁啓超) 같은 정치개혁가의 사상에 영향을 받았을 뿐만 아니라, 사범학교 시절에도 사회 문제에 많은 관심을 보이고 활동을 해왔다. 모택동은 과학이나 수학 같은 실용적 학문보다는 군벌통치 아래의 중국 정치상황에 더 많은 관심을 가지고 있었다. 청년 모택동은 다분히 정치 지향적인 인물이었다.

모택동의 개인적 기질에 더하여 시대적 분위기 또한 모택동이 혁명가의 길을 택하는 데 중요한 작용을 하였다. 신해혁명으로 청 왕조가 멸망하였을 때 모택동은 18세였다. 중국의 모든 악의 근원으로 여겨졌던 만주족의 왕조가 멸망하고 동양 최초의 공화정이 수립되었지만 중국의 상황은 오히려 악화되었다. 공화정 아래 군벌들은 일본이나 서구 제국주의자들과 결탁하여 국가이익을 희생하고 자신의 권력 확대를 추구했다. 국가존망의 위기의식은 절박했으며, 즉각적인 해결책이 요구되는 상황이었다. 이러한 상황에서 1917년 러시아에서 일어난 공산주의 혁명은 일부 중국인들에게 중국의 모든 문제를 해결할 수 있는 마법의 해결책으로 다가왔다. 국가존망이라는 위기는 상당 부분 서구 제국주의 침탈 때문이라는 다분히 중국인의 자기만족적인 상황인식에 더하여, 많은 중국 지식인들의 눈에는 유럽에서 일어난 제1차 세계대전은, 서구 자본주의 문명이 스스로를 파괴하고 더 이상 발전할 수 없는 단계에 다다른 것처럼 보였다. 더욱이 20세기 초 서구가 지배하던 국제정치는 중국인들을 분노하게 만들었다. 서구에 대한 실망과 배반감은 러시아의 공산혁명을 더욱 매력적인 중국의 구원책으로 보이게 했다. 중국의 문제를 하나하나 해결해 가자는 서구식 문제해결 방법보다는, 중국의 모든 문제를 한꺼번에 해결한다고 약속하는 공산주의에 모택동은 더 많은 관심을 가졌다.[1)]

1918년 장사의 사범학교를 졸업한 모택동은 북경으로 가서 은사 양창재의 소개로 북경대학 도서관에서 사서로 근무하게 되었다. 그곳에서 중국에 마르크스주의를 소개한 이대교(李大釗)와 접촉하고, 그가 이끄는 '마르크스주의 연구회'에 참여하여 공산주의사상에 대한 관심을 높였다. 또한 뒷날 중국공산당 창당 뒤 최초 서기가 된 진독수(陳獨秀)와도 접촉하고 영향을 받았다. 고향으로 돌아온 모택동은 장사에서 잡지를 창간하고 중국을 구원하기 위해서는 중국 인민의 참여가 절대적으로 필요하다고 주장하였다. 고향에서 문필활동으로 모택동은 북경에도 알려지게 되었다. 1919년 다시 북경을 방문한 모택동은 당시 번역되어 소개되기 시작한 공산주의 이념서적들을 탐독하고 좀더 확실한 공산주의자가 되어 갔다. 장사에서 학생들을 조직하여 호남의 독재군벌에 저항하는 파업을 주동하였기 때문에 모택동은 상해와 북경을 오가는 불안한 생활을 하였다. 모택동이 공산주의자가 된 시기가 '5·4운동'이라고 알려진 중국의 지식혁명기였다는 점은 그가 시대를 앞서 갔던 지식인들 가운데 한 명이라는 사실을 보여주고 있다.

1921년 7월 상해에서 중국공산당이 창당되었다. 중국공산당 제1차 대회로 불리게 된 이 창당 모임에 모택동은 12명의 참가자들 가운데 호남성(湖南省)을 대표하여 참가하였다. 그는 중국공산당 호남성 서기가 되어 장사로 돌아왔다. 창당 당시 중국 전역의 공산당원은 약 60명에 지나지 않았다. 그 숫자로 보아 공산당이 당시 군벌이 지배하던 중국의 현실정치에 큰 의미를 가질 만한 세력은 되지 못하였다.

젊은 공산주의자 모택동의 활동을 보면, 1980년대 이후 한국의 이른바 운동권이라는 젊은이들의 사회활동과 비슷했다. 그는 장사에 문화서사(文化書社)라는 서점을 열어 급진주의 이념서적을 보급하였다. 문맹퇴치운동의 일환으로 자수대학(自修大學)을 세워 식자교육을 위해 활동하면서 그 교육을 공산주의 이념 전파를 위하여 활용하는 치밀함을 보였다. 그는 강서성에 있는 안원(安源)탄광의 광부들을 조직하여 파업을 시도하기도 하였다. 모택동은 공산주의 이념을 보급하는 한편 학생과 노동자를 조직하였다. 이러한 활동들은 중국의 여러 활동가들을 모방한 것이었지만 누구의 지시도 받지 않고 모택동 스스로 추진한 활동이었다.

모택동이 정치적으로 처음 성장한 것은 1924년 중국공산당이 손문(孫文)이 이끄는 국민당과 합작을 하면서부터였다. 합작 당시 중국공산당은 여전히 전국에 겨우 400명의 당원을 둔 미미한 단체였기에 중국을 지배하고 있던 군벌들을 타도하기 위하여 국민당과 합작하였다. 코민테른과 손문 사이에 이뤄진 국공합작 협상 결과에 따라 개인 자격으로 국민당에 입당한 모택동은 국민당 중앙집행위원 후보위원으로 선출되었다. 그 뒤 모택동은 상해의 국민당 조직부 비서로 임명됨으로써 국민당 안에서 상당한 지위에 올랐다. 모택동은 국민당과 합작에 상당히 적극적이었으며 손문의 강령을 지지하는 연설을 하는 등 국공합작에 많은 기대를 한 것 같다. 그러나 국공합작은 일부 공산당원들의 반대에도 코민테른의 권유에 따라 성사된 것이기에, 공산당원의 일부는 이러한 모택동의 활동을 비난하기도 하였다. 특히 1925년 3월 손문이 사망하자 공산당원 내부에서 국공합작에 회의적인 시각이 나타났지만, 국민당 안에서 모택동의 활동은 더욱 많아졌다. 모택동은 국민당 우파였던 호한민(胡漢民)이 관장하는 조직에 있었다. 국민당 조직 활동에 열심이었던 모택동을 두고 공산당 동료이자 경쟁자였던 이립삼(李立三)은 호한민 비서라고 비아냥거렸다.

1926년 3월 장개석은 반동 쿠데타라고 할 수 있는 중산함(中山艦)사건을 일으켜 손문 사망 뒤의 국민당에서 새로운 세력으로 떠올랐다. 그러나 어떠한 대가도 무릅쓰고 국민당과 계속 합작하기를 원했던 스탈린의 지시에 따라 장개석의 반공적 태도는 문제시되지 않았다. 장개석은 그해 7월 국민혁명군을 이끌고 북벌(北伐)을 시작하였다. 1927년 2월 북벌군이 모택동의 활동무대였던 장사를 통과한 뒤로 모택동은 고향 부근 5개 현의 농촌을 약 한 달 동안 조사하여 농촌에 일어난 변화를 흥분과 희망으로 묘사한 보고서를 작성했다.

1927년 3월 모택동이 작성한 〈호남농민운동조사보고서〉는 당시에는 별 주목을 받지 못하였지만 뒷날 모택동노선의 승리를 찬양하는 중국공산당의 중요한 문건들 가운데 하나가 되었다. 이 보고서에서 모택동은 빈농들이 농촌에서 지주와 지배계층에 대항해 일으키는 반란을 찬양하면서 중국의 변화의 힘이 빈농들의 혁명적 열기에 있다고 주장하였다. 모택동은 혁명은 만찬 파티나 고상한 문화행동이 아니라는 비유를 하며 농촌에서 농민들이 일으키는 폭력과 처형을 정당화하였다.

농민에 의한 폭력적 혁명은 모택동의 평생과업이 되었다. 모택동이 농민의 중요성을 인식한 최초의 중국 혁명가는 아니었다. 하지만 당시 중국공산당원들이 소련의 볼셰비키혁명을 전형으로 보아 도시 노동자를 조직하고 혁명의 첨병으로 삼고자 하는 목표에 주력하고 있었던 점과는 대조된다. 중국 인구 대부분이 농민이고 도시 노동자계층이 아주 미미했다는 것은 너무나 당연한 객관적 상황이었지만 당시 중국공산당원 대부분이 이 점에 주목하지 못했던 것 또한 사실이다. 모택동의 현실인식을 인정하지 않을 수 없다. 그가 농민에 주목하게 된 것은 그 자신이 농민 출신이라는 점 말고도 국민당 내부에서 농민과 노동자 조직은 공산당원들이 장악하고 있었고, 광동에서 농민을 훈련하기 위한 기구인 농민강습소를 모택동이 잠시 담당하였던 경험도 작용하였을 것이다.

농촌에서 혁명 열기는 국민당이 조직한 농민협회가 주도하고 있었다. 모택동은 빈농이 중심이 된 농민협회의 활동을 지지하였다. 그러나 농민협회가 지주의 재산을 몰수하고 농촌에 공포를 조성하자 공산당과 협력하고 있던 국민당 좌파들마저 과격한 행동에 대하여 비판하였다. 모스크바에서 중국공산당을 원격조정하고 있던 스탈린 또한 이러한 행동에 반대하였다. 스탈린은 중국에서 서구 제국주의 타도를 최우선 외교 목표로 하고, 이를 위해 절대적으로 필요한 국민당 군대 장교들의 많은 수가 지주 출신이라는 점을 고려하여 농촌에서 과격한 행동을 반대하였던 것이다. 농촌의 토지혁명 문제는 장개석에 반대하며 공산당과 협력하던 국민당 좌파마저 공산당과 결별하고 반공태도를 분명히 한 장개석과 합류하게 만들었다.

1927년 4월 상해를 장악한 장개석은 그곳의 노동조합을 탄압하고 체포된 공산당원들을 처형하였다. 이로써 손문이 출발시킨 국민당과 공산당 사이의 합작은 더 이상 계속될 수 없었다. 공산당은 그해 가을 양자강 유역의 여러 도시들에서 무장반란을 일으켜 맞대응하였다. 추수 봉기로 알려진 이 반란에서 공산당은 농촌지역과 광주(廣州)에서 무장봉기를 일으켰지만 크게 실패함에 따라 타격을 받았다. 모택동 또한 이번 반란의 일환으로 고향 장사 부근에서 농촌 봉기를 조직하였으나 실패하고 호남과 강서성의 경계지역인 정강산(井崗山)으로 도주하였다.

3. 정강산의 모택동

정강산 근거지에서 모택동의 활동은 그 자신의 정치적 역정과 중국공산당의 발전에 다같이 중요한 단계였다. 중국역사에서 행정구역의 경계지역은 자주 반란세력의 근거지로 이용되고는 하였다. 정강산은 이러한 지역 가운데 하나였다. 모택동은 지주에 대항하는 농민반란을 조직하고 농민을 공농병으로 모집하였다. 모택동과 중공은 1934년 국민당의 다섯 번째 봉쇄작전을 이기지 못하고 중국의 서북쪽에 위치한 섬서성(陝西省)의 연안(延安)으로 도피하게 되지만, 정강산 일대에서 활약한 6년 세월 동안 중요한 통치 경험을 쌓게 된다. 약 5만㎢에 인구 250만 명을 통치하며 모택동과 중국공산당은 토지혁명과 같은 공산주의 이상에 따른 정책을 시험하게 되고 징세 등과 같은 행정의 현실적 문제들을 경험하게 된다. 이러한 통치는 공산당 이론에 따른 것이 아니라 하루하루 생존을 위한 투쟁에서 얻은 경험을 바탕으로 이루어졌다.

뒷날 중공의 공식 역사는 이 시기부터 모택동의 역정을 중공의 역사와 동일시하여 기술하고 있다. 남창(南昌)에서 봉기를 이끈 주덕(朱德)은 잔류군대를 이끌고 모택동의 정강산 근거지에 합류하였다. 모택동은 공산당을, 주덕은 군을 대표하는 인물 구도가 성립한 것도 이 정강산 시기부터이며, 이 구도는 모택동의 사망시기까지 지속되었다. 그러나 이곳에서 모택동의 독주 구도가 확립된 것은 아니었다. 소련의 지시를 받는, 이립삼·진소우(陳紹禹)·주은래(周恩來) 등 소련에서 귀국한 유학생들과 계속하여 당권 경쟁을 하여야 했다. 모택동이 중국의 독재자가 된 뒤에도 주덕에게만은 공손하게 대하였다는 것은 특이하다. 이는 아마도 주덕이 군사문제 말고 정치적으로 민감한 문제에는 무색무취의 태도를 지켰기 때문이기도 했을 것이다. 모택동이 중공의 중심인물로 두각을 나타내기 시작한 것은 1927년 추수폭동의 실패로 많은 공산당원들이 사망하여 잠재적 당권경쟁자들이 사라졌기 때문이기도 하다.

공산 세력이 농촌시역을 짐령하고 근거지를 미련한 곳은 모택동의 정강산 지역이 유일한 것은 아니었다. 이런 지역들은 1931년부터 소비에트구역으로 발전하였는데, 모택동이 장악한 지역은 강서(江西) 소비에트로 알려져 있다. 이러한 소비에트는 당시 중국 전역에 10여 개가 있었고, 다른 공산지도자들에 의해 지배되었다.2) 그러나 1949년 중국이 건국된 뒤 권력핵심을 이룬 인물들은 모두가 이 강서 소비에트에서 활동한 자들이었다. 다른 소비에트에서 활동한 공산주의자들은 중국공산당의 역사의 뒤안길로 사라졌다.

모택동은 이곳에서 처음 조직된 공산당의 군대, 즉 홍군에 대한 기본원칙을 확립하였다. 홍군은 단순히 전쟁만 하는 것이 아니라, 무산계급을 위한 정치혁명을 집행하는 무장집단으로 규정하여 정치목적이 군대를 지배한다는 원칙을 확립하였던 것이다. 홍군은 전투 말고도 군중선전, 군중조직, 군중무장 등 정치사업을 수행한다는 임무를 부과하였다.[3] 중국공산당은 이제 더 이상 지식인들이 노동조합을 결성하는 조직체가 아니었다. 공산당은 산악지역에서 국민당군과 전투하며 생존해 가는 군인 중심의 조직체로 바뀌었다. 중국공산당은 당이 군대를 통제하는 전통을 만들었다고 이야기되지만, 실상 모든 당원이 전투에 참가하는 상황에서 당원과 군인의 구분은 불가능했다.

전략전술가로서 모택동의 진가는 이 시기부터 발휘된다. 모택동은 현장 경험을 축적하여 공산당의 전략전술을 발전시켜 나갔다. 군사에서 모택동의 가장 큰 특징 가운데 하나인 유격전 개념도 이곳에서 진가를 발휘하였다. 군대를 나누어 대중을 발동시키고, 군대를 집중하여 적에 대항하여야 한다는 원칙을 세웠던 것이다. 적이 공격하여 오면 물러나고, 적이 물러나면 공격하고, 적이 머무르면 소란하게 하고, 적이 피곤하면 공격하고, 적이 퇴각하면 추격한다는 전술을 폈다. 이러한 유격전술은 자신보다 무력이 강한 적과 전투에서 살아남기 위해 우선 아군의 전력보존을 최우선으로 하고 자신들이 원할 때만 싸운다는, 즉 아군의 피해가 최소라고 예상될 때만 싸운다는 현실적 계산을 바탕으로 하고 있다.

유격전이 성공하기 위해서는 적의 동태를 알려줄 뿐만 아니라, 홍군의 생존에 필수적인 농민들의 협조가 절대적으로 필요하였다. 모택동은 이러한 농민과 홍군과의 관계를 물과 물고기의 관계로 비유하며 공산당세력의 성장에 중요한 농민들의 협조를 얻기 위해 군대에는 엄격한 기율을 강조했다. 세금의 원천이며 군대 인력의 원천인 농민을 중시하는 정책은 너무나 당연한 것이었다.

공산당의 재정·군사적 자원을 강화하는 것은 토지혁명이었다. 모택동은 농민을 지주·부농·중농·빈농·고농(雇農)의 5계급으로 분류하고 상위 두 계층, 즉 지주와 부농을 타도의 대상으로 삼았다. 이들의 토지를 몰수하여 하위 3계층에게 재분배하는 토지혁명을 실행하였다.[4] 그러나 가옥, 농기구, 임야, 기타 재산의 분배 등 토지혁명은 단순한 농토 분배만으로 해결되지 않고 더 복잡한 문제들을 수반한다는 점도 모택동은 알게 되었다.

1934년 가을 모택동과 공산세력은 강서 소비에트에서 철수하여, 장정(長征)이라는 대 후퇴를 시작하였다. 장개석은 우선 일본이라는 외적보다 내부 적을 소탕한다는 정책[先安內後攘外] 아래 만주와 중국의 여러 지역을 침략하는 일본군과 타협을 하고 공산당 소탕에 주력하였다. 이전의 네 차례 포위공격으로도 모택동 세력을 소탕하지 못한 장개석은 군사작전보다는 공산지역으로 소금 수출을 금지하는 조치로 공산군을 철수하게 만들었다.

모택동과 중공 세력이 그들의 최종 종착지인 중국의 서북부 섬서성에 도착한 것은 1935년 10월이었다. 만 1년 동안 1만 2천km의 행군이었다. 인력 손실은 엄청나 최초 출발 병력의 10%만이 도착하였다. 그러나 이 장정은 모택동의 정치역정에 결정적 구실을 하였다. 장정을 출발할 당시 중공은 확실한 목적지를 갖지 못했다. 몇 차례의 회의를 거쳐 최종적으로 서북으로 향한다는 것만 결성되었다. 이 과정을 모택농이 수도하였고, 당의 권력도 모택동으로 넘어왔다. 바로 1935년 1월 귀주(貴州)성 준의(遵義)회의에서였다. 모택동의 당권장악은 중국공산당이 소련의 영향력으로부터 벗어나 완전하지는 않지만 독자적 목소리를 가지기 시작했다는 역사적 의미를 지닌다.[5]

모택동이 강서 소비에트를 중심으로 농촌에 근거지를 만드는 동안에도 중국공산당 지도부는 상해 등 도시에 근거지를 두고 코민테른의 지시를 받으면서 도시 노동자를 중시하고 홍군을 동원하여 일부 도시를 무력으로 점령하려는 성급하고 무모한 정책을 추구해 왔다. 준의회의 이후 코민테른을 통해 소련에서 파견한 인물들이 중국공산당의 수뇌부를 이루던 전통은 사라졌다. 그 대신 모택동이라는 중국에서 자생적으로 성장한 공산주의자가 중국공산당을 지배하는 새로운 전통이 공식화하였다.

4. 연안시대의 모택동

장정 끝에 모택동과 중국공산당은 섬서성 서안(西安) 북쪽의 연안(延安)에 근거지를 확보하여 제2차 세계대전이 종전될 때까지 이곳을 중심으로 활동하였다. 이 연안에서 보낸 10년 남짓 동안에 중국공산당은 급성장하여 종전 당시 군사력은 국민당의 약 3분의 1 정도로 성장하여 국민당과 겨룰 만한 세력으로 떠올랐다. 이러한 성장의 기회를 제공한 것은 결과적으로 볼 때 일본의 중국 침략이었다. 우선 공산당의 최대 적인 국민당 군대는 일본군에 의해 많이 파괴되었다. 그리고 일본군이 북중국을 장악하고 있었기 때문에 장개석의 국민당 군대가 중국 서북부에 근거하고 있는 모택동과 그 세력을 직접 공격하는 것이 물리적으로 불가능해졌다.

일본은 1931년 만주사변을 일으킨 뒤로 중국에서 일본 지배지역을 확대해 오다 1937년 중일전쟁을 일으키고 중국 본토 침공을 본격화하였다. 이러한 침공에 장개석은 무저항 정책을 유지했다. 이와는 대조적으로 모택동과 중국공산당은 항일(抗日)을 주장하며 일본과의 전쟁을 선언하였다. 이를 위해 모택동은 전략적 퇴각, 대치, 반격이라는 3단계로 전략을 구성한 지구전(持久戰) 개념을 도입하였다. 모택동은 일본의 전력이 현재는 우세하지만 중국의 영토와 인구가 방대하므로 최후에는 중국이 승리할 것이라는 예측을 한 것이다. 1945년 일본의 패전까지 전쟁 양상을 되돌아보면, 모택동의 예측은 정확했다는 것을 알 수 있다.[6] 구체적인 방법으로 전 인민을 동원하고 유격전과 운동전으로 대응한다는 전략

섬서 지방에서 홍군을 지휘하고 있는 모택동

을 제시하였다. 사실 지구전 전략의 밑바탕에는 우선 세력을 기르고 전쟁은 그 뒤에 하겠다는 논리가 깔려 있었다. 중공은 1940년 8월 '백단대전'으로 알려진 대규모 공세를 취한 뒤에는 뚜렷한 공세를 취한 적이 없었다. 이를 두고 소련조차 일본과는 싸우지 않고 국민당과의 전쟁에만 힘을 모으고 있다고 중국공산당을 비난하였다.7)

침략자 일본의 편에서 보면 중국을 지배한 것은 장개석의 국민당군이므로 당연히 국민당의 세력 근거지인 상해와 남경을 점령하였다. 이로써 장개석은 자신의 근거지와 재정적 원천을 잃고 중경으로 옮겨 다른 군벌과 그 지역의 토지세에 의존해야만 하는 처량한 처지에 놓이게 되었다. 이와는 대조적으로 아직 그 세력이 미미하였고, 섬서라는 구석진 곳에 자리한 공산당으로서는 일본과 전쟁으로 잃을 것이 많지 않았다. 또한 공산당은 국민당과 연합하여 항일할 것을 제안하여 1937년 제2차 국공합작(國共合作)을 성사시켰다.

침략을 당한 애국적 중국 국민들이 중국공산당에 지지를 보내는 것은 너무나 당연하였고, 실제로 많은 젊은이들이 연안으로 들어가 공산당에 입당하여 항일투쟁에 참가하였다. 또한 일본군이 중국 북부지역을 점령하고 있었지만 그 지배는 도시와 도시를 잇는 교통선의 장악에 지나지 않았고, 그 밖의 농촌지역에서는 공산당의 세력이 급속히 팽창할 수 있었다. 그 결과 1945년 일본이 패전할 당시 중국공산당은 90만의 정규군을 가지고 19개 성에 걸쳐 1억의 인구를 지배하는 정치권력으로 성장해 있었다.[8] 이러한 공산당의 성장은 일본이라는 외세의 침략과 이에 분노한 중국인의 애국심, 그리고 이 두 가지 요소를 공산당의 세력 확대 기회로 이용한 모택동의 전략 없이는 상상하기 어렵다.

항일 전쟁 동안 모택동은 공산당의 정책을 다소 온건하게 조정하여 공산당의 성공을 가능하게 하였다. 공산당은 강서 소비에트에서와 같은 빈농 중심의 토지혁명을 일시 중지하고, 농토의 소작료를 50%에서 25%로 내리고, 높은 이자율을 1% 내지 1.5%로 제한하는 좀더 온건한 경제 정책을 실행하였다. 또한 삼삼제(三三制)를 실행하여 행정기구 안의 공산당원 수를 3분의 1로 제한하고 나머지 3분의 2는 좌파와 중도파로 채웠다. 이러한 정책은 경제적으로 지주 등 잠재적 적대세력을 포용하고, 정치적으로 민주적 기구 운영이라는 모양새를 갖추는 동시에 실제 권력은 공산당의 수중에 두는 것이었다. 또한 공산당의 계급투쟁 대신에 손문의 삼민주의를 앞세워 공산당이 손문의 계승자임을 과시했다. 모택동과 공산당은 항일 전쟁이라는 명분의 파도를 올라탔고, 국민당과 대결에서 중도파를 공산당 지지세력으로 만드는 한편, 무산계급의 이익을 보호하고 정치권력을 장악하고자 하는 공산당 고유의 목표를 동시에 달성할 수 있었다.

연안시대로 알려진 이 시기에 모택동은 뒷날 모택동 개인숭배사상으로 이어질 실마리가 된 정책을 실행하였다. 1942년 일본의 패전이 예측되자 앞으로 있을 중국 정복을 위하여 모택동은 당내 사상 통일과 지도권 확립을 염두에 두었다. 정풍(整風)운동으로 알려진 이 사상개조 및 숙청작업은 마르크스주의를 교육하는 것이었지만, 실상은 모택동 사상을 강요하는 것이었다. 또한 일본의 침략에 맞서 민족주의 감정으로 공산당에 입당한 사람들에게 공산주의는 단순한 애국심이 아니라 사회혁명을 수반한다는 사실을 주입시키는 목적을 가지기도 했다. 그리고 소련에서 보낸 공산지도자 왕명(王明)의 추종자들을 주된 공격목표로 삼아 공개적으로 자기비판을 강요한 뒤 말직으로 좌천시키거나 자살을 종용하기도 하였다. 그 결과 당에 대한 소련의 영향력은 자연히 차단되었다.

이 정풍운동 동안 모택동은 지식인의 표현과 탐구에 한계를 설정하였다. 학문과 문학, 예술을 논할 때 그 활동이 중국 현실에 바탕을 둘 것을 주장하였다. 모택동은 문학과 예술은 민족해방과 전쟁이라는 정치적 목적을 위하여 종사하여야 하며, 그 청중은 노동자·농민·군인, 당 간부를 대상으로 할 것을 강요하였다. 그는 문학과 예술이 수준보다는 대중화에 주력해야 한다고 강조하였다.[9] 모택동의 이러한 지식인에 대한 통제 요구는 1949년 건국 이후에도 계속되었다. 이는 뒷날 지식인에 대한 탄압으로 이어져 중공정권에 대한 지식인의 자발적 참여를 저해하였고, 국가적 재앙으로 번졌다.

모택동이 20세기 중국의 지도자로 등장한 것은 제2차 세계대전이 끝나고 4년 만에 공산당이 군대와 지배 영토가 자신보다 3배 이상 많은 장개석의 국민당 정부를 패배시키고 중국을 통일하였기 때문이다. 이 승리의 원인을 오랜 동안 모택동이 추구한 공산혁명의 정당성에서 찾는 것보다는 일본의 패전 이후 수년 동안 일어난 중국 내부의 변화와 모택동의 군사전략에서 찾는 것이 타당할 것이다.

모택동과 공산당의 승리에 기여한 것은 장개석과 국민당의 실패이다. 일본이 패망한 뒤 장개석과 국민당의 유력 인사 가문들은 일본 적산들을 착복하는 데 열심이었다. 부패한 국민당의 권력자들은 항일전쟁과 전후처리 문제를 축재의 수단으로 삼았던 것이다. 또한 1945년 이후 국민당은 급증하는 군비와 재정 수요를 화폐를 남발하여 해결함으로써 겨우 수년 만에 십만 배가 넘는 인플레이션을 일으켰다. 이러한 물가 앙등은 모든 중국인을 국민당에게서 등을 돌리게 하였다.

또 다른 장개석의 실책은 일본의 패전 이후 국내외의 내전반대 여론을 무시하고 무력으로 공산당을 패배시키려는 정책을 포기하지 않은 것이었다. 일본의 진주만 기습 이후부터 국민당을 지원해 오던 미국 정부 또한 국공 사이의 평화적 해결을 원하여 중재를 자임하고 나섰다. 그 결과 국공 사이에 정치협상회의가 시작되어 1945년 10월 10일 평화적으로 해결하기로 합의하였지만 지켜지지 않았다. 장개석은 국내 평화를 원하는 군소 민주당파들의 목소리를 억압하고 탄압하였다. 모택동은 이에 연합정부론을 주장하면서 내전 반대의 여론을 등에 업고 공산당에 대한 지지를 한층 더 강화하였다.

1946년 여름 국공내전이 본격적으로 시작된 다음 초기에는 국민당이 승리하는 것처럼 보였다. 압도적 군사력으로 국민당이 공산당의 근거지 연안을 점령하자, 공산당은 도시를 포기하고 다시 농촌을 장악하는 전략을 구사하였다. 만주에서도 국민당군은 공산군을 대부분 소탕하였지만 소련 국경 가까이까지 추격할 수는 없었다. 농촌에서 토지혁명으로 농민의 지지를 받고 있던 공산군은 북만주에서 세력을 회복하자 1947년 5월 대대적인 반격을 시작하여 2년 남짓 만에 국민당군을 중국 대륙에서 축출하였다.

5. 건국 뒤의 모택동

1949년 10월 1일 모택동은 북경 천안문광장에서 "중국인민은 일어섰다"라고 선언하며 중화인민공화국의 건국을 세계에 알렸다. 실로 아편전쟁의 첫 해전이 일어난 지 110년 만에 새로운 중국이 일어선 것이었다. 모택동은 건국에 앞서 1949년 6월 〈논인민민주주의전정(論人民民主主義專政)〉이라는 논문을 발표하여 신중국 통치의 기본 방향을 제시하였다. 국내적으로 전정(專政)이라는 단어가 의미하듯 노동자, 농민, 도시 소자산가, 민족 자산가의 4계층만이 신정권 아래 민주주의를 향유할 뿐, 공산당이 지목한 적대세력, 즉 지주, 구정권 관료, 친 국민당 분자, 제국주의 주구 출신에 대하여는 인민이 독재를 행한다고 노골적으로 선언하였다.

이 논문은 신중국의 외교 기본노선을 제시하였다. "한쪽으로 기운다 [一邊倒]"는 표현으로 반미 친소 외교노선을 표방하였다. 미국은 제2차 세계대전 동안 연안의 공산당을 방문하고 국공 사이의 항일공동전선 형성을 위해 중재하는 과정에서 공산당과 접촉한 경험이 있었다. 이 과정에서 미국의 외교 실무자들 가운데는 부패하지 않고 농민의 지지를 받는 공산당의 활동에 호감을 가진 자들도 있었다. 신중국 건설 뒤 중국과 미국 사이의 관계가 어떻게 형성될 것인가는 아직 정해지지 않은 상태에서 모택동의 '일변도' 선언은 중국과 미국 사이의 우호관계 가능성을 말살한 것이었다.

모택동의 소련 일변도 정책은 지금까지 모택동과 중국공산당에 끼친 스탈린의 영향력을 생각하면 자연스러운 것이었다. 스탈린은 손문이 국민당을 창당할 때부터 국민당과 관계를 맺어 왔고, 동시에 중국공산당을 지원하는 이중적 중국정책을 유지해 왔다. 일본의 패전 이후 국공내전에 대하여도 명목상 중립을 유지해 왔지만 몰래 중국공산당을 지원했다. 중공이 1949년 10월 1일 건국을 선언한 것에도 스탈린의 영향이 있었다. 구소련이 붕괴한 다음 공개된 비밀문서에 따르면 모택동은 홍콩을 정복하고 대륙의 완전한 통일을 이룬 다음 건국을 선언하기를 원했다.10) 그러나 중국은 홍콩을 정복하지 않고 건국을 선언하였다. 아마도 스탈린은 국공내전이 완전히 종결되지 않은 상황에서 건국을 선언함으로써 중공의 승리를 기정사실화하는 것이 국민당의 반격 가능성을 미연에 방지하고 국제정치에 유리하다고 판단하고 모택동에게 미리 건국을 선언하도록 충고했으며 모택동은 이를 따른 것 같다.

건국 뒤 모택동에게는 국내문제 말고도 두 개의 당면과제가 있었다. 하나는 중국 안의 제국주의 이권을 말살하여 중국의 국제적 지위를 공고히 하는 것이었고, 다른 하나는 장개석이 피신한 대만을 정복하여 중국역사에서 최대 영토였던 청조의 영토를 공산당 지배 아래 회복하는 것이었다. 아편전쟁 이래 서구 제국들과 맺은 불평등조약들은 1943년 장개석이 영·미 등의 국가들과 신조약을 체결하여 모두 무효화하였다. 그러나 소련만은 1945년 8월 14일 국민당 정권과 맺은 '중·소우호동맹조약'을 통하여 여순·대련항과 장춘철도 사용권과 같은 제국주의적 이권을 새롭게 획득한 상태였다.

중국에 남아 있는 유일한 제국주의 이권인 소련의 이권 문제를 해결하기 위하여 모택동은 소련을 방문하였다. 1949년 12월 6일 모택동은 기차를 타고 북경을 떠나 생애 최초로 외국 방문 길에 올랐다. 12월 21일은 스탈린의 70세 생일이었다. 이를 축하하기 위해 유럽 등 여러 공산국가의 수반들이 모스크바에 모였고, 모택동 또한 공식적으로는 이 잔치 참가를 위해 간 것이었다. 모택동은 생일선물로 산동성에서 생산된 대황(大黃)싹, 배추, 큰 무, 굵은 파, 큰 배를 각각 5천 근씩 준비하여 비행기로 공수해 갔다.11) 소련 당국은 모택동을 생일잔치에서 스탈린 다음가는 자리에 앉힘으로써 공산세계 안에서 중국의 국제적 위상을 인정했다.

모택동은 2달 남짓 동안의 체류 끝에 중·소우호동맹상호원조조약을 체결하는 데 성공하였다. 이 조약은 일본 또는 그 동맹국이 중·소를 침공하여 한 국가가 전쟁 상태에 있을 때 모든 수단을 동원하여 서로 군사적으로 돕는다는 것을 기본 골격으로 하고 있다. 그러나 전쟁 상태에 추가조건을 달아 침공을 받아도 선포를 하지 않은 전쟁의 경우 원조를 하지 않아도 될 가능성을 열어 두었다. 소련이 중국에 제공한 안전보장은 동구공산권 국가에게 제공한 것보다 소련의 의무가 약하다고 할 수 있다.

모택동은 소련의 여순·대련항의 사용권과 장춘철도의 사용권을 제한하는 데 성공하였다. 국민당이 제2차 세계대전 말에 소련과 체결한 조약내용을 수정하는 데 성공한 것이다. 소련군의 여순항 사용을 1952년 또는 일본과 평화협정을 맺을 때까지라는 시한을 둠으로써 장개석 정부가 약속한 소련의 사용권을 축소하였다. 또한 제정 러시아 시대부터 유지되어 왔던 소련의 치외법권구역, 즉 북경의 자금성 서쪽에 있는 러시아인 지역을 폐지하기로 합의하였다. 이와 같은 중소 사이의 합의는 중국 안에 남아 있던 소련의 이권을 완전히 폐지하지는 못하였지만 중국의 주권을 침해한 소련의 이권을 축소하는 데는 성공하였다.

그러나 모택동은 스탈린과 추가 비밀조약을 통하여 중국에서 소련의 특수지위를 인정하지 않을 수 없었다. 스탈린의 요구에 따라 모택동은 만주와 신강성에서 제3국인의 무역 또는 경제활동을 금지한다는 데 동의하였다. 소련은 이 중소 접경지역에서 독점적 지위를 확보하고 두 지역을 소련 방어의 완충지대로 한다는 데 모택동의 동의를 받아냈다. 모택동은 이 조약이 중국의 주권을 침해하는 것으로 생각하고 스탈린의 요구에도 이 사실을 비밀로 하도록 하였고, 자랑스럽지 않은 이 조약들에 자신이 서명하지 않고 주은래로 하여금 서명하게 하였다. 스탈린이 사망한 다음 모택동은 소련의 외교관들에게 이는 서구 제국주의자들의 행동과 다름없다는 불만을 표시하기도 하였다.12)

모택동이 이러한 굴욕적 요구를 받아들일 수밖에 없었던 것은 신생중국의 경제를 회복하고 대만을 정복하는 데 소련의 도움이 필수적이었기 때문이다. 더구나 그가 소련 일변도의 외교정책을 선언함으로써 서구와 화해 가능성을 완전히 배제하였기 때문에 소련에 대한 의존도는 피할 수 없었다. 대만을 정복하는 것은 이전의 국공내전과는 전혀 다른 전쟁이 될 수밖에 없었고, 중국은 그들이 갖지 못한 해군과 공군력이 필요했

274

으나 이러한 도움은 소련만이 제공할 수 있었다. 이를 위해 소련은 중국에 미화 3억 달러를 차관으로 제공하였다. 명목상 이 차관은 중소 사이의 무역을 위한 것이었지만, 뒷날 차관은 모두 소련의 군사물자 구입에 사용되었다.13)

모택동의 대만 해방계획은 실행에 옮기지도 못하고 무산되었다. 그것은 한반도에서 발생한 전쟁 때문이었다. 중국이 건국하기 수개월 전인 1949년 5월 북한의 김일성과 김일은 남침 문제를 상의하기 위하여 북경의 모택동을 방문하였다. 당시 북한의 남침 계획은 공산권 안에서는 공공연한 비밀이었던 것 같다. 방문 목적을 알고 있던 모택동은 김일성을 아예 만나주지 않고 김일만 접견하여 남침 문제에 관하여 의견을 나누었다. 자신이 무력으로 중국의 통일을 이룬 바로 뒤라, 자신이 한 일과 같은 일을 하겠다는 북한의 공산동료들에게 표면상 지지를 나타냈다. 남침을 반대한다는 말은 차마 하지 못하고, 남침은 장기전이 될 수 있으며 미국이 개입할 수 있다는 등 남침을 감행할 경우 발생할 수 있는 부정적인 상황을 장황하게 설명하였다. 모택동은 북한의 동료들이 남침을 포기하도록 암시적으로 설득하였지만 성공하지 못했다. 이는 모택동이 특별히 평화주의자였기 때문이 아니라 한반도에서 전쟁이 일어나면 자신이 계획하고 있던 대만 침공계획이 무산될 수 있기 때문이었고, 동북아 정세는 사실 그렇게 전개되고 있었다. 김일성은 남침에 필요한 군대를 증강하기 위하여 중국 안에서 활동하고 있는 조선인으로 구성된 3개 사단을 북한에 보내 줄 것을 요청하였다. 모택동은 3개 사단 가운데 2개 사단은 전투할 준비가 되어 있지 않다는 이유로 1개 사단만을 보내 주겠다고 약속했다. 그러나 모택동은 결국 중국 안의 모든 조선인 병력을 북한의 남침 개시 이전에 북한으로 돌려보내야 했다. 1949년 겨울 모택동이 모스크바를 방문한 동안 소련 군부는 모택동에게 중국에 남아 있는 조선인 병사들에 관한 질문을 계속함으로써 모택동에게 압박을 가하였다.14)

결국 모택동의 묵인 아래 김일성은 남침을 감행하였다. 그리고 유엔군의 반격이 성공하여 38선 이북으로 진공하자 모택동은 한국전쟁에 중국 군대를 파견하고 북한 영토를 회복하라는 임무를 주었다. 한국전에 개입한다는 것은 모택동에게도 큰 고민이었다. 신생 중국이 세계

모택동과 김일성(1954년 9월)

최강의 미국과 겨룬다는 것은 곧 파멸을 의미할 수도 있기 때문이었다. 더구나 중공 고위 지도자들 대부분은 참전에 반대하였다. 모택동은 미국과 대결한다는 두려움을 조금이나마 피하기 위하여 파견군을 고심 끝에 인민해방군이라는 공식 명칭 대신에 인민지원군이라는 이름을 붙였다. 그는 참전하는 지휘관들에게 한국군이 없는 미군은 한반도에서 외다리의 불구와 같다는 비유를 하면서 한쪽 다리로 껑충껑충 뛰는 시범을 보이고는 참전하면 한국군만 공격하라는 비밀지시를 내렸다.

중공군이 미군과 첫 전투에서 승리한 뒤로 모택동은 미국을 종이호랑이라 경멸하며 자신감을 보였다. 공개된 중공의 비밀문서들은 참전 초기에 모택동은 북경에 앉아서 한반도의 전투를 사실상 지휘하고 있었다는 것을 보여 준다. 수많은 전보를 일선 지휘관들에게 보내 중공군 사단들의 전투배치까지 지시하였다. 모택동의 수많은 전문들은 그 어조가 단호하며, 지시 내용은 상세하다. 모택동은 고무되어 있었고, 마치 전쟁을 위해 태어난 인물 같다는 인상마저 주었다.

모택동은 초기 전투에 승리한 뒤 자신감에 찬 나머지 참전 목표를 초과하는 새로운 목표를 세우게 된다. 38선 이북의 북한 영토 회복이라는 최초의 목표는 한반도에서 미군 축출이라는 목표로 바뀌었다. 이러한

전쟁 확대에 대하여 북한에 주둔하고 있던 지원군 사령관 팽덕회(彭德懷)는 반대하였다. 결국 모택동의 지시로 38선 이남으로 공격은 강행되었으나 실패하여 많은 사상자를 내게 되었다. 그 뒤로 모택동은 한반도의 전쟁에 흥미를 잃은 듯, 더 이상 전과 같은 많은 전문들을 보내지 않았다. 1951년 여름 무렵부터 모택동은 한반도의 전쟁이 휴전으로 중단되기를 원했다. 그러나 스탈린은 휴전을 허락하지 않았다. 따라서 휴전은 1953년 3월 스탈린이 사망한 뒤에야 이루어졌다.

중국은 한국전쟁에 개입함으로써 많은 인명 피해를 보았지만 국제적 지위는 상승했다. 세계 최강 미국과 일전을 하여 무승부를 이룸으로써 더 이상 일본과 서구 제국주의의 침략을 받던 나약한 중국이 아니라는 점을 세계에 과시하였다. 한국에서 전쟁을 치르는 동안 모택동은 항미원조(抗美援朝)운동을 일으켜 중국인의 애국심을 자극하였다. 1953년 휴전이 이루어졌을 때 중국의 경제도 완전히 회복되어 있었다. 1953년 중국의 공업과 농업은 국민당 통치시기 최대 수준이었던 1937년의 생산을 능가하고 있었다. 건국 초기 수년 동안 중국은 국내외적으로 성공하고 있었다.

모택동이 국정을 안정적으로 운영하던 기조는 1956년부터 급변하여 중국은 지도자가 만든 인재(人災)의 나락으로 떨어졌다. 많은 중국인들이 지도자의 실패로 희생되었다. 이러한 변화는 중소관계의 악화로 시작되었다. 1956년 2월 소련공산당 제1서기 흐루시초프가 당 대회에서 비밀연설로 스탈린을 비판한 뒤로 폴란드와 헝가리에서 공산당 지배를 비판하고 자유를 요구하는 민중 폭동이 일어났다. 또한 흐루시초프는 서방과의 평화공존을 주창함으로써 모택동이 가지고 있던 서방과의 대결의식과도 배치되는 외교정책을 추구하였다.

동구사태를 관찰한 모택동은 그러한 사태가 중국에서 일어나는 것을 미리 방지하려고 했다. 1956년 모택동은 백화제방 백가쟁명(百花齊放百家爭鳴)을 제창하였다. 다음해 〈인민 내부의 모순을 올바르게 처리하는 문제에 관하여)라는 연설로 모순을 적과 우리 사이의 적대적 모순과 인민 내부 모순 두 가지로 설명하고, 중국에 공산혁명이 이룩되었지만 내부적 모순은 여전히 존재하여 적절히 처리되어야만 한다고 주장하였다. 모택동은 공산당 지도부의 반대를 무릅쓰고 공산당원이 아닌 지식인들이 공산당 지배에 대한 불만을 토로하도록 유도하였다. 모택동은 아마도 중공정권이 그때까지 이룬 성취를 과신한 나머지 그러한 불만의 토로를 유도하여 건국 뒤 새롭게 발생하는 공산당원들의 관료주의를 비판하게 하고자 하였던 것 같다. 그러나 지식인들의 비판이 시작되자 그 비판의 정도는 예측을 넘는 강한 것이었고, 그 자신의 분류법에 따르면, 인민 내부의 모순이 아니라 적대적 모순의 표출로 보였다. 모택동은 그들의 불만이 노골화하자 지식인들을 우파로 비난하며 그들을 탄압하기 시작하였다. 모택동은 인구의 5%를 잠재적 우파로 지목하기도 하였다. 지식인들에 대한 그의 경멸은 이를 계기로 더욱 확고해진 것 같다. 약 40만의 지식인들이 노동에 따른 사상개조를 위해 농촌으로 보내졌다.15)

1957년 11월 모택동은 불편해지기 시작한 중소관계를 무릅쓰고 모스크바에서 열린 세계 공산당 회의에 참가하였다. 이 여행은 모택동의 두 번째이자 마지막 국외여행이었다. 그는 모스크바에서 "미 제국주의는 종이호랑이에 지나지 않는다"며 "동풍(東風)은 서풍(西風)을 제압한다"고 주장했다. 그는 이 문구로 흐루시초프의 서방에 대한 화해 자세를 간접적으로 비난하였다. 미국과 대결을 촉구하는 모택동의 외교노선은 중소관계를 더욱 악화시켰다. 1959년 소련은 중소국방신기술협정을 파기하고 중국에 핵무기제조에 관한 기술자료 제공을 거부하였다.

소련과 관계는 악화일로에 있었다. 1958년 8월 대만과 관계가 악화되어 복건성과 금문도(金門島) 사이 포격전으로 긴장이 고조되었을 때나, 1959년 8월 인도와 국경에서 무력충돌이 발생했을 때나, 소련은 중국을 지지하지 않았다. 1960년 중국은 소련을 '수정주의'라고 비난하였으며, 중소 분열이 공개되자 소련은 중국에 제공해 오던 경제지원을 중단하고

1천 3백여 명의 기술자들을 철수시키는 한편 257개의 생산시설 계약을 파기하였다.

중소관계의 악화는 모택동에게 위기의식을 증대시켰다. 모택동은 국제적 위기를 혁명적 열기로 돌파하여 중국의 부국강병을 추구하였지만 그 결과는 큰 재앙으로 끝나고 말았다. 1958년 초, 모스크바에서 귀국한 바로 뒤 모택동은 각종 당 대회를 통하여 경제건설의 속도와 양에 대한 신중론을 보수주의로 비판하고 대중적 기술혁명, 지방공업 건설, 대규모 수리 건설 등에 따른 농공업의 대약진(大躍進)을 주장하였다. 모택동은 15년 이내에 철강 등 공업제품에서 중국이 영국을 따라잡는다는 목표를 세우고 모든 분야에서 현대적인 강력한 사회주의 국가를 건설한다는 비현실적 강령을 내세웠다.

모택동은 1958년의 철 생산량을 2배로 증가시키자는 제안을 하였다. 이를 위해 도시와 농촌의 모든 직장에 전통적인 방법으로 철을 생산하는 60여만 개의 용광로를 건설하고 9천만 명의 인원을 투입하였다. 그러나 전통방법에 따라 생산된 철은 그 질이 낮아 사용할 수 없었다. 거기에다 중공정권 이후 가꾸어온 수목들을 연료용으로 잘라버려 환경은 악화되고, 중공업 위주로 자원이 투자됨으로써 경공업은 막대한 타격을 입었다.

대약진운동은 농업 부문에서 더 큰 재앙이 일어났다. 1957년 중국의 농업은 수리시설의 개선과 심경밀식법(深耕密植法)이라는 기술개량으로 발전을 이루었다. 이 작은 성공을 확대하기 위해서는 농촌에서 진행되어 오던 농장의 집단화가 더욱 유리하다는 발상이 제기되었다. 건국 초부터 진행되어 오던 농촌 가구의 공동생산 방식은 더욱 대형화하였다. 공산주의라는 환상에 따라 토지개혁 때 분배받았던 토지는 모두 새로이 조직된 인민공사 소유가 되었다. 농기구, 가축 등 농민들의 모든 사유재산은 인민공사 소유가 되었던 것이다. 농민들은 기여한 재산의 많음에 상관없이 분배받았다. 주방기구까지 공출당한 중국인들은 더 이상 가족

단위의 생활이 불가능해졌고, 무료 탁아소, 경로원, 공동식당에서 일상 생활을 해결하여야 했다. 삶의 조그만 행복들을 박탈당한 농민들은 태업으로 인민공사화에 항의했다. 이 모든 변화가 1958년 후반 수개월 동안에 진행되었다. 중국 전역은 평균 4천 6백여 가구로 구성된 2만 6천 인민공사로 조직되었다.

신중론이 보수주의로 비판받는 분위기에 영합한 농촌 간부들은 증산된 생산물들을 부풀려 보고했다. 지나치게 빽빽이 심은 농작물들은 성장하지 못하고 죽어갔지만, 1958년 말 북경 지도자들은 과잉 보고된 허위 통계 숫자에 근거하여 농촌 식량을 과다 매입하여 도시로 보냈고, 농민들은 자신의 식량마저 부족하게 되었다. 또한 농촌 노동력은 도시와 공업에 투입되었다. 추수를 해야 할 시기에 농민들을 댐 공사에 투입함으로써 들판의 곡식들은 썩어 갔다.

1959년이 되자 무엇인가 잘못되었다는 점이 분명해졌다. 일반소비품과 식량은 부족하고 일부 지역에서는 굶어 죽은 사람들이 나타났다. 영양부족에 따른 간염과 부종환자들이 증가했다. 1959년 여름 당시 국방부장 팽덕회는 정치국 확대회의에서 모택동에게 사신(私信)을 보내 당시의 경제적 어려움에 대하여 조심스럽게 의견을 개진하였다. 그러나 모택동은 이를 우익 기회주의자의 비판으로 몰아세우고, 반우파 투쟁을 전개하여 팽덕회 등을 숙청하였다. 이에 따라 모택동은 스스로의 잘못을 수정할 기회를 일 년 뒤로 미루어야 했다. 1960년 11월에 가서야 인민공사에서 강행했던 공산주의정책들이 일부 포기되었다. 대약진의 실패와 중국인들의 피해는 당시의 높은 사망률 통계에 나타난다. 1960년 사망률은 4%로 대약진운동 이전 연도의 2배나 되었다. 1958년부터 3년 동안 모택동의 대약진정책 때문에 자신의 천수를 누리지 못하고 사망한 중국인은 약 2천만 명으로 학자들은 추정하고 있다.

1962년 초, 모택동은 대약진운동이 실패한 책임은 자신에게 있다고 선언하였다. 그러나 모택동은 대약진운동 동안 추구한 정책의 오류는 인정하지 않았다. 그는 농촌의 회복을 위하여 허락한 농민의 자류지(自留地) 생산성이 집단경작지보다 더 높다는 보고를 사회주의를 부정하는 정책으로 간주하고 공격하였다. 그는 대약진운동이 실패한 까닭은 정책 그 자체에 있는 것이 아니라고 하며, 자연재해, 소련의 원조 중단, 정책을 집행한 당 간부들의 관료주의 탓으로 돌렸다.

중국인들의 불행은 1966년부터 시작한 문화대혁명이라는 미증유의 자기파괴 소용돌이에 따라 다시 한번 반복되었다. 문화대혁명은 1965년 당시 북경에서 공연되던 한 연극을 비판하는 것으로 시작되었다. 1961년 1월 북경에서는 부시장이었던 오함(吳晗)이 창작한 〈해서파관(海瑞罷官)〉이 초연되었다. 약 600여 년 전 명대(明代) 말기 황제가 직언을 하는 신하 해서를 파직한 사건에 관한 이 사극이 1965년 1월부터 갑자기 비판받기 시작했다. 이 연극은 '프롤레타리아 독재와 사회주의에 반대하는 부르주아지 투쟁'이라는 해석과 해서를 숙청당한 팽덕회로, 황제를 모택동으로 비유했다는 것이 비판의 주된 내용이었다.

상해에서 시작된 이 비판이 북경으로 확대되자, 공산당 정치국 상무위원회는 이 투쟁을 정치화하지 않는다는 결의를 하였다. 그러나 그 결의는 모택동의 조작으로 무산되었다. 대약진운동의 실패 이후 정치적 권위가 손상된 모택동은 당의 공식 기구를 장악하지 못해 상해로 갔다. 모택동은 셋째 부인 강청(江青)을 앞세워 문혁 사인방을 조직하여 문화혁명소조를 구성하게 한 다음, 당 공식 기구의 권위를 흔들기 시작했다. 군부 안에서 세력 확대를 꾀하는 임표(林彪)의 지지까지 확보한 모택동은 당이 1966년 '5·16 통지'라는 것을 발표하도록 하였다. 그 통지는 학술·문화·출판·교육·신문계의 부르주아 반동사상을 철저히 비판하고 그들이 부르주아 독재를 위해 권력을 탈취하는 것을 미리 방지한다는 내용을 주로 하고 있다.

문화혁명이 공식적으로 시작되자, 문혁은 문화영역이 아니라 공산당 고위 공직자들의 숙청작업으로 전개되었다. 모택동은 사회주의 안에서도 계급은 존재한다고 생각하고 착취계급과 피착취계급 사이의 계급투쟁이 끊임없이 발생한다고 굳게 믿었다. 이것이 연속혁명론이다. 그는 공산당원 가운데 경제회복을 중시하는 자들을 부르주아 실권파라고 명명하고 이들로부터 권력을 탈취할 투쟁이 필요하다고 주장하였다. 모택동은 유소기와 등소평 등을 이러한 주자파(走資派)로 지목하고 '사령부를 폭격하라'는 선동으로 그들에 대한 공격을 주도했다. 모택동은 중국이 소련과 같은 수정주의에 빠지는 것과 자본주의로 변질하는 것을 방지한다며 문화혁명의 정당성을 주장했다. 그러나 대약진운동 이후 실추한 자신의 권위를 회복하려는 권력욕도 문화혁명의 주요한 동기로 작용했다. 모택동은 자신을 '죽은 조상 섬기듯 존경한다'는 표현으로 자신의 처지에 대한 불만을 표시해 왔었다.

모택동은 천안문광장에 모인 수백만 명의 청소년 군중들 앞에서 조반파(造反派)가 되어 모든 권위를 파괴하도록 선동하였다. 중국 전역에서 모인 젊은이들은 모택동의 연설을 듣고 각지의 홍위병들과 교류한다는 명분으로 전국을 돌아다녔다. 생활면에서 다양한 불평불만을 가지고 있던 청소년들은 중국공산당이 점차 관료화하여 가고 신분계층을 고정하려 하고 있다는 모택동의 선동에 열렬히 호응하였다. 청소년들은 자신들이 국가를 위한 위대한 혁명대열에 참여하고 있다는 자기도취에 빠져 학교, 직장 등에서 책임자 지위에 있는 인물들을 체포하고, 구타하며 공격하였다. 파괴하고 나면 새로운 것이 창조될 것이라는 맹목적 믿음으로 옛 중국의 가치를 지니고 있는 유물들을, 공자묘나 심지어는 유서 깊은 식당까지도 파괴하였다.16)

홍위병의 공격이 시작되자 지방에서는 공격의 대상이 될 인사들이 스스로 조반파로 칭하고 선제공격에 나섰다. 1967년 이 충돌은 유혈사태의 무력충돌로 악화되었다. 이러한 무정부 상태가 발생하자 모택동은 1968년 인민해방군을 동원하여 홍위병과 도시 지식청년들을 하방운동으로 대규모로 농촌으로 축출하여 혼란을 수습하였다. 그 결과 중국정치에서 군의 구실은 한층 강화되었다. 인민해방군은 학교나 공장에 주둔하고 민간행정에 개입하게 되었다. 1969년 당 대회에서는 임표를 모택동의 후계자로 한다는 이례적인 규약을 명문화하였다. 이로써 조반파가 기존 질서를 파괴하는 문화혁명은 일단락되었다.

문화혁명은 중국의 외교와 국내 산업의 왜곡도 가져왔다. 1965년 미국이 북베트남을 폭격하고 월남 전쟁이 확대되자, 모택동은 이 전쟁이 제3차 세계대전의 발발로 이어질 것을 우려하였다. 1969년 중국은 소련과 두 차례 국경분쟁이 무력충돌로 악화되는 것을 경험하였다. 모택동은 이제는 미국보다 오히려 소련의 핵 공격을 더 두려워하게 되었다. 그는 미국과 소련의 침략이 다가온다는 위기를 인식하게 되었으며, 이에 따라 1966년부터 시작한 제3차 5개년계획은 군비강화를 중심으로 편성되었다. 이러한 위기인식으로 문화혁명 동안 군수공장들은 외침의 피해가 적은 내륙에 건설한다는 취지에 따라 사천·귀주·내몽고 등 내륙 지역으로 이전하는 작업이 진행되었다. 그러나 사회 인프라가 빈약한 산간오지에 건설된 이 공장들은 무용지물이 되었다. 또한 소련의 핵 공격 가능성에 대비하여 전국의 도시 곳곳에 방공호와 지하시설들을 건설하여 막대한 인력과 자원을 낭비하였다.

문화혁명 동안 중국의 외교는 극적인 변화를 겪었다. 초기에 조반(造反)을 외치는 극좌파들은 소련과 영국 영사관을 공격했고, 중국공산당 스스로 해외의 모든 외교관들을 소환하기도 했다. 모택동의 극적인 외교정책 변화는 미국과 관계 회복으로 종결되었다. 중국공산당의 공식 발표에 따르면 임표는 쿠데타를 기획하다 실패하자 1971년 9월 소련으로 도주하다가 비행기 추락으로 사망했다. 임표의 사망은 대미투쟁을 주장한 임표에 반대하고 미국과 화해를 택한 모택동의 외교정책과 연관이 있는 것으로 알려져 있다. 임표 사망 직후 중국은 대만을 대신하여 유엔 안보리 상임이사국이 되었고, 수개월 뒤인 1972년 2월 미국 대통령 닉슨이 중국을 방문한 이후 중국과 미국은 국교를 정상화하였다.

1976년 9월 9일 모택동은 사망하였다. 곧 강청 등 문혁 사인방이 체포되었고, 문화혁명은 공식적으로 종결되었다. 이 문화혁명 기간 10년을 중국인들은 '동란의 10년', '잃어버린 10년' 등 비극적인 세월로 기억하고 있다. 이 기간 중국인들은 경제 후퇴, 문화 파괴, 교육 황폐화. 인간성 파괴 등 사회 전반에 걸쳐 커다란 피해를 입었다. 문화혁명 기간 동안 약 80만 명이 직접적인 박해를 받았다. 그보다 지속적인 피해는 2, 3천만 명의 청소년과 청년들이 학교가 폐쇄되어 정상적인 교육을 받지 못했고, 하방(下放)이라는 이름으로 농촌이나 변경으로 이주 당하여 청년기의 시간을 교육을 받지 못한 채 보낸 것이었다. 이들은 잃어버린 세대로 불려지고 있다. 군중들은 집회에서 주변의 인물들 가운데 누군가를 주자파로 지목하고 공격하도록 강요당하였고, 이러한 상호비판은 인간성의 파괴를 가져왔으며, 심지어 부모와 자식 사이에도 신뢰관계가 붕괴되었다고 한다. 또한 전문성보다는 혁명성을 강조하고, 전문가를 주자파로 공격했던 정책은 부족한 중국의 전문지식인들을 또 한번 정치 희생물로 삼아 중국의 근대화에도 역행하는 결과를 낳았다.

6. 맺는 말 — 생애에 대한 평가

모택동에 대한 평가는 그의 업적 가운데 무엇을 강조하는가에 따라 달라질 수밖에 없다. 모택동은 우선 아편전쟁 이래 시작된 중국의 혁명을 완성하여 통일중국을 건국한 인물로 기억되어야 할 것이다. 그러나 이 통일은 무에서 창조된 것이 아니라 그의 적이었던 장개석이 이룩한 미완성의 혁명을 계승한 것이기도 하다. 모택동은 중국 국민의 절대다수인 가난한 농민들에게 토지분배라는 경제적 이익을 줌으로써 자신의 혁명대열에 자발적으로 동참하게 하였다. 지주를 처형하며 피를 목격한 농민들은 다시는 국민당에 돌아갈 수 없고 의지할 곳은 공산당밖에 없

284

게 된다는 점을 모택동은 알고 있었다.17) 모택동의 천재성은 이 농민들을 강력한 군사력으로 조직한 것이었다. 이러한 천재성은 현대중국의 인물들 가운데 모택동 말고는 찾기 힘들다.

새로운 국가를 창업한 공로는 너무나 중요하여 그 뒤의 허물이 아무리 많아도 그 인물을 폄하하기 어렵게 만든다. 이것이 모택동에 대한 객관적 평가를 어렵게 만드는 점이다. 건국 이후 모택동의 정책들은 실패의 연속이었다. 특히 그가 추구한 경제정책들은 중국을 재앙으로 몰아넣었다. 그럼에도 1976년의 중국은 1949년의 중국보다 발전해 있었다. 경제는 성장해 있었고, 문맹률은 훨씬 낮아졌으며, 여성의 지위는 향상되어 있었고, 중국의 국제적 위상은 높아져 있었다. 그러나 이러한 발전들이 건국 이후 모택동의 평가를 긍정적으로 바꾸어 놓지는 못한다. 왜냐하면 모택동이 없는 1949년 이후의 중국이 어느 정도나 발전했을지 알 수 없기 때문이다. 그와 가장 비슷한 중국, 즉 등소평 이후 눈부신 경제 발전을 이룩한 중국을 보면, 모택동 통치 아래 이룩된 중국의 발전을 모택동에 의한 발전의 저해로 평가하는 것이 더 논리적일지 모른다.

건국 이후 모택동의 실책은 그의 혁명관에서 비롯된다. 1949년 중화인민공화국이 건국되자 대부분의 공산당원들은 혁명이 완성되었다고 보았다. 그러나 모택동은 혁명은 계속되어야 한다면서, 연속적인 사회혁명으로 공산주의 이상을 실현하여야 한다고 주장하였다.18) 그는 중국의 통치를 혁명의 연속으로 보면서 정책 집행은 혁명을 위한 투쟁으로 생각하였다. 이러한 모택동의 통치 방식은 정치를 전투적으로 만들었다. 모택동이 건국 이후 수많은 혁명동지들을 숙청한 것은 동료들에 대한 인간적인 배반인 동시에 혁명을 지상의 과제로 삼은 그의 가치관의 우선순위 탓이기도 하다.

칼 리스킨(Carl Riskin)은 대약진운동 이후 모택동이 추구한 경제정책을 '자력갱생'과 '평등주의'라는 두 단어로 표현했다.19) 이 단어들이 시사하는 바는 경제적 의미가 아니라 두 단어가 내포한 정치적 의미다. 모택동에게 경제는 목표가 아니라 정치를 위한 수단이었다. 예를 들면 중국공산당이 1956년 임금개혁 이후 등급제 임금을 채택하자 모택동은 개인소득의 증가보다는 소득의 증가가 가져올지 모를 정치적으로 부정적인 영향을 더 걱정했다.[20] 모택동에게 경제는 정치문제였기 때문에 폭력과 강제를 사용하는 철저한 중앙통제 방식으로 경제를 발전시키고자 노력했다. 그리하여 그는 경제전문가들을 무시했다. 이러한 오만은 아마도 그의 경험에서 온 것 같다. 연안에서 모택동은 고립된 환경 속에서 자력갱생과 배급경제에 따른 완전 평등정책으로 어려움을 성공적으로 극복한 경험이 있었다. 이러한 자그마한 성공과 자신의 경험만을 확신한 모택동은 연안에서 거둔 성공을 건국 이후 다시 한번 대약진을 통하여 실현하고자 하였지만 그 정책은 재앙으로 끝나고 말았다. 그러나 그가 제시한 평등이라는 이상은 너무나 매력적이라 아직까지도 살아 있는 것 같다. 1989년 천안문사태 이후 중국의 보수주의자들 사이에 잠시 '모택동열기'가 부활했던 것은 이러한 점을 보여준다.

많은 학자들은 모택동의 정치사상 원류를 서구의 마르크스주의와 중국 전통사상 두 곳에서 찾는다. 특히 대약진운동 때 실행한 인민공사는 마르크스의 사상이 아니라 강유위가 《대동서(大同書)》에서 기술한 이상형 사회에 근거하고 있다고 설명하고 있다. 또한 모택동은 공산주의자이기에 앞서 민족주의자였다는 점도 강조한다. 모두 정당한 설명들이다. 많은 학자들은 모택동의 실책을 그의 사상에서 찾는다. 또한 모택동의 독자성을 강조하는 학자들은 중국의 혁명이 레닌의 볼셰비키혁명과 스탈린의 통치와 어떻게 다른지 설명하는 데 열중한다. 그러나 모택동이 지배한 중국이 스탈린이 지배한 소련과 견주어 차이점보다는 유사점이 더 많다는 점을 결코 말하지 않는다. 두 사람 모두 독재자였다는 공통점이 두 독재자의 사소한 경제정책의 차이보다 더 큰 특징이기 때문이다.

1949년 이후 모택동의 실패 원인을 모택동의 개별성과 그의 독특한 철학에서 찾으려는 시도는 타당하다. 그러나 그의 잘못된 정책들이 수많은 동료들의 반대를 무릅쓰고 현실 정책으로 실행된 이유도 설명되어야 할 것이다. 모택동의 오류가 공산당 내부에서 견제되지 못하고 집행된 것은 중국공산당이 도입한 제도의 오류에 있다. 중국공산당은 레닌이 만든 볼셰비키정당을 모델로 모방한 체제였다. 그 가운데 중국공산당이 따른 민주집중제라는 제도는 결정은 민주적으로 이루어지지만 일단 이루어진 결정은 반대가 허락되지 않는 제도이다. 이 제도는 중국공산당 초기에는 강력한 힘을 발휘하였다. 그러나 세월이 지나며 중국공산당 내부에서 모택동의 독주체제가 확립되자 민주의 성격은 사라지고 집중제의 성격만 남게 되었다. 이렇게 된 이유는 1930년대부터 혁명과정에서 모택동의 정책이 중국공산당의 승리를 이끌고 왔기 때문이기도 하다. 그의 정책이 너무나 옳았기 때문이다.

1949년 건국 당시 모택동의 결정은 곧 당의 결정과 동일시되었다. 특히 모든 동료들의 반대를 무릅쓰고 모택동의 결정으로 한국전에 참전한 이후 미국과 무승부를 이루자 모택동의 권위는 더욱 절대적이 되었다. 모택동은 황제가 된 것이다. 모택동 스스로 자신의 소임을 '새로운 하늘에 새로운 태양과 새로운 달'을 만드는 것으로 표현하였다.[21]

모택동은 1949년 이전의 경험만으로 통일된 평화국가를 통치한다는 게 부적절하다는 점을 깨닫지 못했다. 혁명은 항상 전투였고, 죽이지 않으면 죽는 양자택일의 투쟁이었으며 그 중간은 없었다. 모택동과 중공은 투쟁과 죽음에 너무나 익숙해 있었다. 폭력과 처형은 혁명의 일부였다. 건국 초 반혁명 분자를 진압하면서, 전국에서 무분별한 처형이 진행되었다. 처형자 수가 인구의 0.1%를 넘지 못하도록 모택동이 특정지역에 비밀지시를 보내곤 하였다. 혁명은 만찬회가 아니라는 모택동의 발언을 중국인들은 너무나 충실히 따르고 있었다.

모택동의 주치의였던 이지수(李志綏)는 어디에서도 들을 수 없는 모주석의 사생활을 이야기해 준다. 모택동은 농촌 출신답게 취향은 단순했다. 주택은 장식이 없었고, 식사는 간단하였다. 그러나 모택동은 불면증 때문에 불규칙한 수면습관을 가지고 있었다. 그는 마작을 좋아했고, 대부분의 업무는 헐렁한 옷을 입은 채 침대 위나 수영장에서 처리했다고 한다. 모택동은 개인적으로 결코 행복한 삶을 살지 못했다. 그는 첫 부인을 비극적으로 잃은 뒤 두 명의 부인을 다시 가졌지만 관계가 원만하지 못했다. 말년의 수많은 여성 편력이 그의 불행한 가족관계를 보여주고 있다.22)

모택동이 일생 동안 추구한 것을 무엇이라고 요약할 수 있을까? 그가 평생 동안 이룩한 업적과 과오는 중국 근대화를 위한 노력의 결과라고 설명할 수 있다. 그는 19세기 중반 이래 동아시아에서 모든 국가의 지상 과제가 된 부국강병이라는 목표를 근대화의 본질로 이해하고, 이를 위하여 공산화라는 방법을 중국에 적용하였다. 모택동은 중국을 공산화하는 데는 성공하였지만, 공산화의 궁극 목적인 근대화를 달성하였는가 하는 의문에는 유보적인 답변만이 가능한 것 같다.

■ 주

1) 모택동 연구의 권위자 Schram은 이러한 모택동의 사상은 당시 중국의 지식인늘을 각성시킨 5·4신문화운동의 부산물로 보고 있다. Stuart R. Schram, *Mao Zedong a Hundred Years on : The Legacy of a Ruler*, The China Quarterly, no.137, March 1994 : 125~143.

2) 조너선 D. 스펜스, 《현대중국을 찾아서 1》, 이산, 1998, 437~438쪽.

3) 軍事科學院 軍事歷史研究部 篇, 《中國人民解放軍 六十年大事記, 1927~1987》, 北京 : 軍事科學出版社, 1988, 46쪽.

4) T. 뢰트바이트, 《중국 소비에트 운동사》, 서울 : 고려원, 1994, 211~265쪽.

5) 신승하, 《中國現代史》, 서울 : 大明出版社, 1992, 334~343쪽.

6) 小島晋治·丸山松幸, 박원호 옮김, 《中國近現代史》, 서울 : 지식산업사, 1998, 149~150쪽.

7) 신승하, 앞의 책, 414쪽.

8) 姬田光義 지음, 김순호 옮김, 《20세기 중국사》, 돌베개, 1995, 144쪽.

9) Mao Tse-Tung, "Talks at the Yenan Forum on Literature and Art," *Selected Works*

of Mao Tse-Tung, vol.Ⅲ, Peking : Foreign language Press, 1967, pp. 69~98.

10) 〈1945년 5월 15일자 슈티코프가 비신스키에게 보낸 암호 전문〉, 《6.25전쟁 관련 기본문헌 자료》(번역본)(기간 : 1949. 1~1953. 8), 미출간, 18~20쪽. 모택동은 1949년 11월 19일 중공의 건국 이후에도 홍콩에 거주하는 국민당이 임명한 전자원위원(前資源委員)들에게 전보를 보내 홍콩의 재산을 보호하여 인민정부가 접수할 수 있도록 하라는 지시를 보냈던 것으로 보아 이 시점에도 홍콩 정복의 의지를 가지고 있었던 것으로 보인다. 모택동, 〈給宣布脫離國民黨當局的前資源委員會駐港員工的電報〉, 1949년 11월 19일, 《建國以來毛澤東文稿》, vol.1 : (1949. 9~1950. 12), 中央文獻出版社, 145쪽.

11) 毛澤東, 〈中央關于斯大林送壽禮給山東分局的電報〉, 1949년 12월 1일, 앞의 책, 172쪽.

12) Goncharov, and et. al., *Uncertain Partners, Stalin, Mao, and the Korean War*, Stanford U.P., 1993, pp. 110~129

13) Goncharov, and et. al., op. cit., pp. 99~100.

14) 김진경, 〈北韓의 韓國戰 準備와 毛澤東－金日成의 北京訪問과 毛澤東의 反應을 中心으로〉, 《中國史研究》 제8집, 중국사학회, 2000년 2월, 139~168쪽.

15) Uhalley, Stephen, Jr., *A History of the Chinese Communist Party*, Hoover Institution, Stanford U.P. 1988, pp. 109~14 ; Witold Rodzinski, *People's Republic of China, A Concise Political History*, Free Press, 1988, pp. 49~54 ; 姬田光義, 앞의 책, 209쪽.

16) 장융, 《대륙의 딸들》 2, 금토, 1999, 15~169쪽.

17) Wen-Shun Chi, *Ideological Conflicts in Modern China－Democracy and Authoritarianism*, Transaction Books : New Brunswick, 1986, pp. 272~273.

18) 장옥법, 《중국현대정치사론》, 고려원, 1991, 311~312쪽.

19) Carl, Riskin, *China's Political Economy, The Quest for Development Since 1949*, Oxford Univ. Press, 1987, pp. 201~256.

20) Christopher Howe and Kenneth Walker, "The Economist," in Dick Wilson Ed., *Mao Tse-Tung in the Scales of History*, Cambridge U.P., 1977. pp. 174~222.

21) Wen-Shun Chi, Ibid, pp. 276~279.

22) 李志綏, 《모택동의 사생활》 1·2·3, 고려원, 1995.

등소평 鄧小平
개혁·개방의 '총설계사'

김 기 훈

1. 머리말

현대 중국사에서 볼 때 20세기는 혁명의 시대였다. 1911년 신해혁명으로 시작된 중국 혁명사는 국민당에 의한 국민혁명으로 전개되었다가 최종적으로는 중국 공산당에 의한 공산 혁명으로 마무리되는 듯하였다. 그러나 1949년 중공정권 수립 이후에도 중국 대륙은 신생 사회주의 국가로서의 정체성을 찾기 위한 거대한 정치 실험장이 되었고, 그 정치적 격동은 1960~70년대의 문화대혁명으로 이어졌으며, 1980년대 이후에는 개혁·개방의 기치를 내건 공산당의 '제2의 혁명'으로 전개되었다. 이러한 격동의 시대를 거치면서 중국은 '빈곤한 대국'이라는 이미지를 벗어나 두 자릿수의 높은 경제성장률을 기록하는 경제대국으로 급부상하고 있다. 이 글에서는 바로 이러한 중국의 이미지 변신에 결정적인 구실을 한 '제2의 혁명'[1]의 주역이며, 개혁·개방의 '총설계사'[2]로 추앙받는 등소평(鄧小平 : 1904~1997)의 정치적 일대기를 살펴보려 한다.

1976년 모택동이 사망한 뒤, 1978년 12월에 개최된 중국공산당 11기 3차 중앙위원회 전체회의(11기 3중전회)로 실권을 장악한 등소평은 중국 현대화의 깃발 아래 '실사구시'라는 실용주의 노선에 바탕을 두고, '중국적 특색을 지닌 사회주의 건설'을 주창하며 대내 개혁과 대외 개방 정책을 강력하게 추진하였다. 그 뒤 중국은 오늘날까지 정치·경제·사회·문화·국방·외교 등 모든 분야에 걸쳐 혁명적인 변화를 이루었다. 오늘날 등소평이 모택동에 이어 중국의 최고 지도자로서 중국 국민들로부터 존경을 받고 있는 것은 바로 이 개혁·개방 정책을 추진한 그의 안목과 열정 때문이라고 해도 지나친 말이 아니다.

그런데 등소평이 이렇게 주목을 받는 정치지도자로 등장한 것은 결코 우연이 아니었다. 그는 1920년대부터 지하활동을 시작으로 초기 공산혁명운동의 대열에 참가하였고, 1930~40년대에는 항일전과 국공내전에서 탁월한 지도력을 발휘하였던 군사지도자였고, 건국한 뒤에는 그 공로를 인정받아 중앙정치 무대에 등장하여 모택동·주은래·유소기 등 중국 최고 지도자들과 신생 중국의 방향을 결정짓는 과정에 깊이 관여하였다. 그 과정에서 숱한 정치적 좌절과 재기를 경험하는데, 이로 말미암아 3상 3하(三上三下 : 세 번의 실각과 세 번의 재기라는 의미) 부도옹(不倒翁) 이라는 별명을 얻기도 하였다. 이렇게 여러 고난과 역경을 극복하면서 쌓아 올린 등소평의 경험과 리더십이 모택동 사후 중국의 대변혁을 주도해 나갈 수 있는 힘이 되었던 것이다.

이 글에서는 등소평의 이러한 정치적 경력에 대한 이해를 돕기 위하여, 1904년 사천성에서 출생하여 1997년 93세의 나이로 사망한 등소평의 전 생애를 4기로 나누어 살펴보려 한다. 제1기(1904~1926)는 유년 시절부터 4년 남짓의 프랑스, 1년의 소련 유학 시기에 해당한다. 해외에서 공산당원에 입당하고 약간의 초기 활동을 벌인 시기이다. 제2기(1927~1949)는 유학하러 나간 외국에서 귀국한 등소평이 중앙당의 지시에 따라 지하공작을 벌이는 시기부터, 강서 소비에트 시기, 장정 참가 시기, 군 정치위원으로서 항일 무장투쟁과 국공내전에 참여한 시기를 포함한다. 등소평이 군사적, 정치적 능력을 발휘하면서 당원으로 명성을 쌓아 가던 시기에 해당한다.

제3기(1950~1977)는 중공정권 수립 이후 지방과 중앙에서 고위 정치가로 활약하던 시기다. 내전 승리 직후 서남군구를 총괄하던 등소평은

1952년 중앙 정치무대에 등장하여 당의 고위 지도자로 급성장하게 된다. 신생 국가의 건설 사업에 종사하면서 등소평의 실용주의적 노선이 이미 형성되어 나타나기 시작하였고, 이로 말미암아 모택동과 갈등, 그에 따른 정치적 부침이 거듭되던 시기다. 마지막 제4기(1978~1997)는 세 번째 복권된 등소평이 모택동 사후에 권력을 장악하고, 개혁 개방을 추진해 나가던 시기다. 그는 1989년에 군사중앙위원회 주석직을 사임함으로써 모든 공식적인 지위에서 물러났다. 그러나 자신의 정치적 권위와 인맥을 통하여 막후에서 강력한 영향력을 발휘하다가 1997년 2월 마침내 생을 마감한다. 이 부분은 그의 생애에서 가장 중요한 시기이기 때문에, 복권 과정과 개혁·개방 정책을 좀더 자세하게 다룰 것이다.

2. 유년 및 유학 시기(1904~1926)

등소평은 1904년 8월 사천성(四川省) 동부의 광안현 협흥(廣安縣 協興) 지방에서 농부의 아들로 태어났다. 등소평의 아버지 등문명은 대지주는 아니었으나 아들의 학비를 대어줄 수 있는 정도의 재력을 지닌 소지주였고, 정치적으로도 각성되어 있어 혁명운동에 참여도 하였으며, 비밀결사 가로회(哥老會)의 지방 책임자를 지낸 적도 있다. 그는 당시 정치적 현실에 불만이 있었기 때문에 사회변혁에 대해 관심이 깊었고, 열정적으로 현실문제에 참여하기도 한 비교적 개화된 인물이었다.[3]

등소평은 아들의 교육에 깊은 관심을 가졌던 아버지 덕분에 어릴 때부터 근대적인 교육을 받을 수 있었고, 특히 생애에 일대 전환점이 된 프랑스 유학도 할 수 있었다. 등소평은 다섯 살 때 사숙에서 전통 방식의 공부를 시작하였고, 2년 뒤인 일곱 살부터는 근대적인 초급학교에서 교육을 받았으며, 4~5년 뒤에는 광안현에 하나밖에 없는 중등학교에 진학했다. 등소평의 학창시절에 관해서는 거의 알려진 바가 없으나 상당히 재능이 뛰어났던 것으로 보인다. 이는 1919년 초 아버지가 중경 방문 길에 프랑스 유학 예비학교 학생을 모집한다는 광고를 보고 즉시 아들을 이 학교에 입학시킨 사실에서 미루어 짐작할 수 있다. 당시 중국에서는 일하면서 공부한다는 의미의 근공검학(勤工儉學)운동이 전개되어 프랑스 유학생을 모집하고 있었으며, 그 예비학교가 상해와 북경, 중경 등에 설치되어 있었다. 넉넉하지 않은 살림에도 아들을 학교에 보낸 것은 그 아들이 재능이 없었더라면 권할 수 없었을 것이다. 등소평은 자식의 재능을 인정한 아버지의 관심과 배려로 중경에서 예비학교를 졸업하고, 1920년 9월 프랑스로 유학을 떠나게 된다. 5년 반의 프랑스 유학생활은 등소평이 중국 공산당의 지도자로 첫걸음을 밟을 수 있는 대단히 중요한 기회가 되었다.[4]

프랑스 유학 예비학교 졸업생 80여 명과 함께 9월 11일 상해를 출발하여 한 달 남짓의 항해 끝에 등소평 일행은 10월 10일 프랑스에 도착하였다. 등소평을 비롯한 일행은 중불협회의 지원으로 몇 달 동안 불어 교육을 다시 받은 뒤 공장 노동자로 취직을 해서 낮에는 돈을 벌고 밤에는 공부를 하는 험난한 유학생활을 시작하였다. 그러나 말이 유학생활이지 사실은 공장 노동자 생활이 거의 전부였던 것 같다. 실제로 그가 프랑스에 있었던 5년 2개월 가운데 4년 동안은 노동자 생활이 전부였다. 타이어 공장 노동자, 열차 화부, 레스토랑 종업원 등 일자리를 전전하다가 귀국 직전에는 르노 자동차회사의 노동자로 일하였다. 견디기 어려운 중노동과 저임금, 실직과 기아 등 온갖 고생을 감내해야 하는 생활은 나이 어린 등소평에게 비참한 노동자의 생활을 뼈저리게 실감하게 하였다. 이러한 생활로 그도 많은 다른 중국 유학생들처럼 점차 사회에 대해 급진적인 생각을 갖게 되었고, 결국 공산주의자가 되었던 것으로 보인다.[5]

등소평은 프랑스 유학시절 공산주의운동에 참여하게 되었을 뿐만 아니라, 평생의 동지요 지원자가 되었던 주은래를 만나게 된다. 그는 1922년 주은래가 중심이던 공산주의청년단에 참가하였다가 1923년 6월에

'중국인 사회주의청년동맹'(청년
단이 이름을 바꾼 것임) 유럽지
부 집행위원으로 선출되었다. 또
한 주은래와 더불어 기관지인
《청년》(뒤에 《적광(赤光)》으로
명칭 변경)이라는 격주간 잡지를
발행하는 업무를 담당하였다. 인
쇄를 담당한 등소평은 등사를 잘
하였기 때문에 이때 '등사 박사'
라는 별명을 얻기도 하였다. 1924
년 말에는 청년동맹의 모기관인
중국 공산당 유럽지부에 가입하
여 본격적인 공산당원으로 활동
하게 되었고, 이듬해 초에는 '리

프랑스 유학시절의 등소평

옹 지역 당지부 특별대표'로 임명되기도 하였다.

그러다가 1925년 6월의 중국주불공사관 침입사건과 관련하여 수배를
빋던 때 1926년 1월에는 프랑스를 떠나 모스크바로 향하였다. 이렇게 모
스크바로 가게 된 등소평이 그곳의 중산대학에 8개월 정도 재학하고 있
을 때 북방 군벌 가운데 한 사람인 풍옥상이 방문하였다. 그는 다른 군
벌인 장작림과 적대관계에 있었기 때문에 국민당과 제휴하는 동시에 소
련의 지원을 요청하기 위하여 이곳에 온 것이었다. 소련은 그의 조건을
수락하는 대신 자신들이 훈련시킨 중산대학의 중국인 공산주의자들을
받아줄 것을 요구했다. 이렇게 하여 1926년 말 등소평도 다른 공산주의
자들과 함께 풍옥상을 따라 몽고를 거쳐 귀국하게 된다. 1920년 9월 중
국을 떠난 지 6여 년 만의 일이었고, 그 당시 나이 22세였다.[6)]

3. 혁명활동과 전쟁 참가 시기(1927~1949)

풍옥상과 함께 귀국한 등소평은 처음에는 국민혁명군 산하 제7군에서 공산당 대표로 정치공작을 맡았다. 동시에 풍옥상이 서안에 설립한 중산군사학교의 교육장(교무주임) 일도 맡았다. 그러나 1927년 4월 제1차 국공합작이 깨졌기 때문에 등소평은 더 이상 현직에서 일할 수 없게 되었다. 등소평은 풍옥상 휘하의 군을 이탈하여 중국 공산당 중앙당이 있는 호북성의 한구(漢口)로 갔다. 거기서 그는 잠시 중앙공산당 중앙위에서 근무하다가 당 지도부가 1927년 겨울 상해로 옮겨감에 따라 같이 가서 당의 중앙기관에서 비서장이란 직책으로 근무하였다. 당 중앙 군사부장이던 주은래의 힘이 크게 작용하였다고 한다. 당시 상해는 장개석의 국민당군이 공산당원에 대한 색출·숙청 작업을 한창 벌이고 있었으므로 그도 신분을 숨기고 공동 조계에 머물면서 지하활동을 할 수밖에 없었다.[7]

등소평이 공산당원으로서 활동을 시작할 당시 중국 국내 정세와 공산혁명 과정을 잠깐 살펴보면 다음과 같다. 1927년 7월 무한정부가 반공노선을 선언하고 남경정부에 합류함으로써 국공합작은 완전히 붕괴되고 말았다. 그 뒤 장개석과 국민당이 중심이 되어 북벌이 추진되고 통일정부의 수립과 민족국가의 건설이 추진되고 있는 동안 중국 공산당은 생존을 위한 길고도 험한 과정을 거쳐야만 했다. 중국 공산당은 무한정부와 결별을 선언한 직후 도시와 농촌에서 노동자와 농민을 조직하여 무장봉기를 감행함으로써 국민당과 차별화한 독자적인 중국 혁명을 발전시켜 나가려 하였다. 따라서 중국 공산당은 1927년 8월 1일 강서성 남창봉기를 비롯하여, 9월 호남성 추수폭동, 12월 광동성 광주폭동을 잇달아 시도하였다.

무장봉기와 추수폭동이 모두 실패했음에도 당 중앙은 1927년 11월 상해 근교에서 임시정치국 확대회의를 열고 구추백의 연속혁명론에 근거를 두고 더욱 급진적인 정책노선을 추구하기로 결정하였다. 즉, 노동자와 농민의 무장봉기를 심화·확대하여 즉각 노농 소비에트를 수립하기로 한 것이다. 중국 대중의 혁명 열기는 아직 높다고 주장하면서 일부 지역에서라도 먼저 노동자와 농민의 무장봉기를 감행하여, 홍군을 조직하고 소비에트 정권의 수립을 노린 것이다. 이 같은 당 중앙의 결정에 따라 1927년 11월에는 광동성의 해풍현과 육풍현에서 농민봉기를 시도하여 해륙풍 소비에트를 수립하고, 12월에는 광동성의 광주폭동으로 소비에트 정부수립을 선언하였다. 그러나 압도적인 국민당군의 반격으로 광주 소비에트는 3일 만에 붕괴하였다. 해륙풍 소비에트도 1928년 2월 말에 국민당군에게 함락됨으로써 이른바 구추백 노선에 따른 무장봉기는 모두 실패로 끝나고 말았다. 이와 같은 참담한 패배로 구추백 노선은 1928년 6월에 모스크바에서 개최된 중국공산당 6차 대회에서 좌경모험주의 노선이라고 비판을 받고 구추백은 퇴진하였다.

그런데 이 시기에 주목할 만한 사태 발전은 홍군과 농촌혁명근거지의 건설이 추진되었다는 점이다. 남창봉기 이후 대도시의 무장봉기에서 패배한 공산당의 무장병력이 곳곳의 농촌지역으로 분산·할거하면서 홍군의 건설을 본격적으로 추진하고, 이 같은 홍군의 힘을 배경으로 농촌 근거지에서 소비에트 정권을 수립, 토지혁명을 실시함으로써 점차 홍색 정권의 영향력을 확대하는 방식의 농촌혁명 전략이 싹텄다. 모택동의 혁명 근거지도 이때 수립된 것이다. 이러한 공산당의 전략 변화는 중국 공산당이 1928년 6월 모스크바에서 열린 6차 당대회에서 "농촌지역에서 당의 업무는 홍군을 건설하고 토지혁명을 실시하며 홍색 정권을 수립하고 농촌 근거지를 확대하는 것이며, 도시지역에서는 노동조합운동의 회복과 당 조직을 강화하는 것"을 결의함으로써 공식화하였다. 그러나 농촌지역에서 홍군 건설과 소비에트 정권의 중요성을 강조하고 있으면서도 이러한 농촌혁명이 프롤레타리아 계급이 영도하는 도시혁명과 결합할 때만 의미가 있다고 인식함으로써, 아직까지 중국공산당 중앙은 농

촌혁명을 '도시혁명의 보조적인 역할'로만 인정하고 있었다.[8]

이러한 상황에서 등소평은 1929년 봄 당 중앙의 지시에 따라 광서성에 중앙대표의 신분으로 파견되었다. 그는 이때부터 1931년 홍7군이 서금에서 중앙 소비에트로 합류할 때까지 최초의 군사지도자로서 생활을 시작한다. 광서지구는 베트남과 국경을 맞대고 있는 중국의 남방 변경지역으로 주민은 소수민족인 장족(莊族)이 대부분이었다. 당시 중국의 기준으로 보더라도 가장 낙후하고 황폐한 지역의 하나였던 이곳에서 등소평이 맡은 업무는 농민무장혁명 세력의 조직과 그를 바탕으로 한 홍군의 건설 및 무장봉기였다. 군사적 경험도 짧은 20대 중반의 청년 등소평은 아무런 기반도 없는 광서지구에서 소비에트와 홍군을 조직하여 성공적으로 중국공산당의 주요 기반을 닦았다.

등소평은 광서성 경위군(警衛軍) 연대장이었던 장운일(張雲逸)과 모의하여 백색(百色)과 용주(龍州)에서 무장봉기를 지휘하였고, 좌강(左江)과 우강(右江)에 소비에트를 건설하였다. 이 소비에트 건설의 주력군이었던 병력을 중심으로 홍7군과 홍8군을 건설하였는데, 홍7군의 군장은 장운일, 정치위원은 등소평이었다. 나중에 홍8군은 국민당 이종인(李宗仁) 부대의 공격을 받아 패하여 잔여 병력을 홍7군에 흡수시키고 해산하지만 소비에트를 무력으로 뒷받침해 줄 홍군 건설사업은 성공한 셈이었다.[9] 등소평이 중국공산당 세력의 불모지였던 광서성 변방지역에 홍군과 소비에트를 건설한 것은 실로 눈부신 성과였다. 중국공산당은 1930년에 15개의 크고 작은 소비에트를 보유하게 되는데,[10] 그 가운데 하나가 바로 등소평이 건설한 광서성의 좌강우강 소비에트였다는 사실은 그가 중국공산당 세력 확장의 중요한 일익을 담당하였음을 말해 주고 있다.

1930년에 들면서 중국공산당 지도부에는 다시 한번 좌경 모험주의적인 노선이 부활한다. 이른바 이립삼 노선이었다. 1930년 6월 중앙정치국은 〈한 개의 성 또는 수개 성에서 우선적 승리〉라는 테제를 통과시켰다.

장개석 정권의 안팎에 걸친 정치적, 군사적 위기, 농촌지역을 중심으로
한 중국공산당의 홍군 건설과 소비에트 정권 수립, 도시지역에서 노동
조직 재건이 어느 정도 성과를 올리고 있다고 판단한 결과이다. 이러한
노선 채택에 따라 당 중앙은 농촌지역에 분산되어 유격전을 전개하고
있던 모든 홍군을 집중시켜 장사나 무한과 같은 대도시를 공격, 점령할
것을 명령하고, 도시지역의 당 조직에게도 노동자들의 총파업과 무장봉
기 조직을 지시하였다.

이립삼 노선에 따른 대도시 공격계획에 따라 홍군이 재편성되었다.
총 4개 군단으로 재편되었는데, 홍군 제7군(사령 장운일, 정치위원 등소
평)은 제5군·제16군과 아울러 제3군단(사령 팽덕회, 정치위원 등대원)
에 소속되었다. 제3군단은 7월 말 잠시 장사를 탈취하기도 하였으나, 곧
국민당에게 격퇴되었다. 9월에 제1군단(사령 주덕, 정치위원 모택동)과
연합하여 다시 장사를 공격하였으나 역시 실패하고 강서 남부 근거지로
후퇴하고 말았다. 이 장사 공격에서 실패한 뒤 열린 제6기 3중전에서 이
립삼 노선에 대한 비판과 아울러 도시 진공계획이 취소된다. 그해 11월
말에는 이립삼이 지도부에서 퇴진하지 않을 수 없게 되었다. 다음 해인
1931년 1월에 소집된 4중전회에서 코민테른의 지원을 받는 진소우(陳紹
禹, 일명 王明), 진방헌(秦邦憲, 일명 博古), 심택민(沈澤民) 등 이른바
소련 유학생파가 당권을 장악하게 된다.[11]

홍7군은 장사 공격에 실패한 뒤 한때 광서에 되돌아갔으나, 곧 국민당
백숭희 군대에 격파됨에 따라 강서로 퇴각하도록 명령을 받았다. 국민
당의 추격을 저지하기 위하여 일부 병력을 유격대로 남긴 뒤 등소평과
장운일은 본대 잔여 병력을 이끌고 광서·광동성을 거쳐 1931년 7월 강
서성의 중앙 홍군과 합류하였다. 행군하면서 국민당 군과 여러 차례 접
전을 벌이면서 패전의 참담함도 경험하였다. 등소평은 1931년 1월 장운
일의 본대와 헤어져 소수 병력을 이끌고 강서성의 숭의에 도착한 뒤 잠
시 군을 떠나 당 중앙에 상황을 보고하기 위하여 홍콩을 거쳐 상해에

머물고 있었다. 그리고 홍7군이 서금에서 모택동의 중앙홍군과 합류할 즈음에 중앙당의 파견으로 서금에 도착하였다.[12]

그 뒤 등소평은 1931년 8월 강서성 서금현의 서기를 시작으로 회창 중심현위 서기, 강서성 선전부장 등을 역임한다. 등소평의 새로운 정치 인생이 펼쳐지는 서금시대를 살펴보기 전에, 이해를 돕기 위하여 먼저 중앙 소비에트가 창설되는 과정을 잠깐 살펴볼 필요가 있다.

1930년에 들면서 중국공산당은 농촌혁명 근거지(소비에트)가 확대되면서 이들에 대한 당의 통일된 지도와, 국민당 정부에 대항할 수 있는 중국공산당이 지배하는 중앙정부의 수립 필요성도 점차 강하게 인식하였다. 이에 1930년 5월 상해에서 열린 전국 소비에트 구역대표대회에서는 11월 초에 전국 소비에트 대회를 소집하여 중화 소비에트 정부의 수립을 선언하기로 결의하였다. 그러나 이 대회는 이립삼 노선의 도시진공계획이 집행되면서 여러 차례 연기되다가, 이립삼의 퇴진과 당의 노선 재정비가 어느 정도 수행된 1931년 11월 7일 (러시아 혁명기념일)에 비로소 개최되었다. 강서성 남부에 위치한 서금(瑞金)에서 610명의 소비에트구 대표자들이 모인 가운데 개최된 중화 공농병 소비에트 제1차 전국대표대회는 헌법·토지법·노동법 등을 심의·통과시키고, 모택동을 주석으로 하고 항영과 장국도를 부주석으로 하는 중화소비에트공화국의 수립을 공식 선포하였다. 이로써 이른바 중국공산당의 강서시대 (1931~1934)가 개막된 것이다. 상해에서 지하조직을 유지하고 있던 당 중앙도 1933년 초에 중앙 소비에트 구역으로 이전함으로써 서금은 명실공히 이 시기 중국공산당의 활동중심지가 되었다.[13]

그러나 새로운 발전을 모색한 결과였던 강서시대는 국민당군의 지속적인 토벌작전으로 중국공산당의 생존이 위협 받던 시기이기도 하였다. 중국 전역을 거의 장악하고 군사적, 정치적 안정기에 들어간 국민당 장개석 정권은 완전한 통일을 위하여 공산당이 지배하는 농촌혁명근거지에 대한 대규모 토벌작전을 수행하였다. 1930년 12월부터 1934년 10월 사이에 모두 5차례(1930년 12월~1931년 1월 : 10만 병력, 1931년 5월~6월 : 20만 병력, 1931년 7월~10월 : 30만 병력, 1932년 6월~1933년 3월 : 50만 병력, 1933년 10월~1934년 10월 : 100만 병력)에 걸친 대규모 포위공격이 감행되었고, 5차 공격을 받은 뒤에는 강서를 벗어나 대장정 길에 오르게 된다.[14]

등소평의 홍7군이 홍군 중앙과 합류한 것은 장개석의 제3차 공격이 개시되기 직전이었다. 등소평도 이때쯤인 1931년 8월 중국공산당 중앙의 파견 지시에 따라 강서 소비에트에 도착하게 된다. 등소평은 서금현 당위원회 서기로 파견되었기 때문에 정치위원으로 있었던 홍7군과의 관계는 더 이상 이어지지 않았다.[15] 등소평이 도착한 몇 달 뒤인 11월에는 서금이 중화소비에트공화국 임시정부의 수도가 되고, 모택동이 주석으로 선출된다.

등소평은 1932년 다시 강서성 당위원회의 인사이동 명령에 따라 서금에서 50km 떨어진 회창으로 옮겨 심오와 안원지역을 통합관할하는 회심안중심현(會尋安中心縣) 당위원회 서기로 활동하게 된다. 1933년 실각할 때까지 1년 동안 등소평은 대중조직을 활용하여 이 지역의 지방 토비(土匪)들을 격파함으로써 근거지를 공고히 하는 동시에 경제를 발전시켜 무장세력의 증강을 측면 지원하는 경제건설 업무에 매진하였다.[16]

등소평이 회심안중심현 서기로 활동할 당시 중국공산당 내부는 이른바 국제파와 국내파 사이의 노선투쟁이 표면화하고 있었다. 왕명 노선이라고 불리는 국제파는 소련과 코민테른의 일관된 전략인 '도시 중심' 노선을 주장하고 있었다. 이와 달리 모택동을 중심으로 한 국내파는 도시 중심론을 반대하면서 농촌 중심의 혁명근거지 발전 및 홍군 확대, 과격한 토지분배 정책 반대를 주장하였다. 이러한 중심 전략의 차이로 군사 전략 면에서도 국제파는 장개석과 전면전을 주장하였고, 국내파는 정규적인 전면전을 피하고 유격전으로 대응해야 한다고 주장하였다.[17]

이러한 중국공산당 지도자들 사이의 기본적인 노선 갈등은 국민당의 포위공격에 대한 대응 군사전략에서 현실화하여 나타났다. 1930년 12월부터 시작된 장개석군의 강서 소비에트에 대한 세 차례 포위공격에 대항하여, 중공은 모택동의 유격전을 전개하여 압도적인 적을 분쇄하는 데 효과적으로 대응할 수 있었다. 그러나 적을 깊이 유인하여 유격전을 수행하는 과정에서 상당한 소비에트 구역이 적에게 점령당하는 사태가 발생하였다. 이로 말미암은 정치적, 심리적 동요가 만만치 않았다. 특히 만주사변(1931년 9월)의 발생으로 중간에 포기되기는 하였지만 3차 공격(1931년 7월 시작)에서 국민당 군대가 서금에까지 육박한 것을 계기로 유격전에 대한 비판이 공공연하게 제기되었다. 그 결과 장개석의 4차 공격(1932년 6월)이 개시될 무렵에 주은래가 홍군의 총정치위원으로 임명되어 적극적인 진지전과 정면 대응전을 전개하여 1932년 10월 무렵 총력전 끝에 국민당군을 격퇴시킬 수 있었다.[18] 이 과정에서 중국공산당 중앙은 1932년 국민당의 4차 포위공격 이전에 모택동의 유격주의와 부농노선을 비판하며 그를 군대와 중앙소비에트 주석직에서 해임하였다. 그리고 1934년에는 '당내 감찰처분'을 받고, 모택동은 가족과 함께 서금을 떠나 운도(雲都)로 가지 않으면 안 되는 사건도 있었다. 이 사건은 국민당 정부 군내의 자체 반란인 '복건사건'(1933년 말~1934년 초)이 발생하였을 때, 주요 당간부들은 공산군을 파견하여 지원해야 한다고 주장하였으나 모택동은 국민당 중앙군의 힘을 의식하여 이를 반대한 것과 관련이 있다. 이 반란은 실제로 국민당 중앙군에 의하여 1개월 만에 진압되었음에도, 이 과정에서 보인 모택동의 태도를 못마땅하게 생각한 소련의 영향으로 모택동은 '당내 감찰처분'을 받게 되었던 것이다.[19]

모택동의 지지자로 몰려 등소평이 생애 처음으로 실각된 사건은 바로 이런 분위기 속에서 발생하였다. 등소평이 처음 실각하게 된 것은 '반라명(反羅明)' 노선투쟁과 연루되었기 때문이다. 모택동의 게릴라전 이론에 따라 이를 먼저 실천에 옮긴 당 간부는 복건성위원회 서기 나명(羅

明)이었다. 그는 국민당군이 자신의 관할 구역으로 접근하여 오자 주민들을 퇴각시키고, 소비에트구 내부에서 게릴라전을 전개하였다. 이 때문에 그는 '도망우경기회주의자'로 비판받고, 직책에서 해임된 뒤 학교기관의 교무주임으로 좌천을 당하였다. 복건성에서 일어난 이 사건이 강서성으로 파급되어 당 중앙이 서금으로 온 지 얼마 안 된 1933년 2월에 '반라명' 노선투쟁이 전개되었다. 이 노선투쟁은 모택동 중심의 국내파에 대한 국제파의 투쟁, 즉 반모(反毛)투쟁의 일환이었다. 반모투쟁이었으나 모택동을 직접 겨냥하지 않고, 비판의 화살을 모택동의 심복이거나 모택동 노선 지지자들을 향한 것이다. 대상은 강서성 현당위원회 서기였던 등소평을 비롯하여 모택동의 동생인 모택담, 모택동의 비서 고백, 사유준 등 4명이었다.[20]

등소평에게 씌워진 구체적인 죄명은 1933년 2월 심오사건(尋烏事件)에 대한 책임이었다. 1931년 여름 장개석군의 3차 포위공격이 한창 전개되고 있을 때, 등소평은 회창·심오·안원의 3개 현에서 유격전 중심의 방어 작전을 펴고 있었다. 이때 당 중앙에서는 이 3개 현의 일부 무장병력을 중앙 홍군에 편입시키고, 이 지역을 방어하고 있던 홍군 제3독립사단을 다른 곳으로 이동 배치하는 바람에 갑자기 방어 전력이 약화된 심오현이 국민당군에 점령되고 말았다. 이에 대해 당 중앙은 등소평이 적의 진공 앞에서 후퇴하고 단순히 방어에 치중하였다는 이유로 비판을 가한 것이다. 다시 말하면, 등소평이 모택동이 주장하던 이른바 '적을 깊숙이 유인하여 격파한다'는 유격전술을 사용하였기 때문에 패배하였다는 것이다. 이 점에서 등소평은 복건성위원회 서기 나명과 같은 비판을 받게 된 것이다. 그 결과 등소평은 중심현당위원회 서기직에서 해임되고, 강서성위원회 선전부장이라는 한직으로 전보되었다가 그마저도 박탈당했다.[21]

직위를 박탈당한 등소평은 그 뒤 강서 남촌구의 순시원으로 발령 받아 보름 남짓 근무하다가 다시 노동을 통한 개조학습 명목으로 영도(寧

都)로 보내졌다. 당의 비밀사항을 많이 알고 있는 등소평의 투항을 우려한 중앙당의 결정이었다. 이런 소용돌이 속에 그는 강서성 당 서기를 물려받은 후임이면서 동시에 프랑스 유학동기인 이부춘의 도움으로 1934년 강서성 정치위원회 비서실장으로 임명받았으나, 할일이 별로 없자 하급직위인 선전부 간사를 자청하여 《홍성보》의 편집·출판 업무를 맡는다.[22] 지금까지 살펴본 것처럼 1933년 강서성 현당 서기직에서 해임되었다가 1934년 하급직이지만 그래도 다시 당의 한 직책인 선전부 간사로 임명되는 과정이 등소평이 즐겨 말하는 삼상삼하 가운데 제1차 실각과 복권 과정이다. 반라명 노선투쟁과 심오 사건의 결과 등소평은 많은 희생을 강요당하였지만 또한 중요한 것도 얻었다. 등소평은 이 사건을 통하여 그동안 거의 직접적인 관계가 없던 모택동과 개인적인 인연을 맺게 되었다. 이 점이야말로 등소평이 얻은 가장 주목할 만한 전화위복이었다고 할 수 있을 것이다.

중국공산당은 장개석군의 제5차 포위공격을 견디다 못해 마침내 1934년 10월 포위망을 뚫고 대탈출을 시도하였다. 장개석군은 1933년 10월부터 백만 대군을 동원하여 강서 중앙 소비에트 지역에 대한 경제봉쇄와 독일 군사고문 폰 젝트의 제안에 따른 보루전을 동시에 전개하며 압박해 들어왔다. 1년 남짓 걸친 전투 결과 홍군은 6만 명 이상이 사망하였고, 중앙 소비에트 지구의 반을 잃었다. 이에 중국공산당 중앙은 1934년 10월 서쪽지방으로 탈출을 결정하게 되었고, 이때부터 1935년 11월 섬서성 북부에 이르기까지 1만 2천km에 달하는 기나긴 패주를 하게 된다. 장정은 국부군의 추격과 폭격을 받으며 대설산·대초원·대하·대습지를 횡단하는 동안 전투 손실만이 아니라 만성적인 기아와 질병에도 시달려야 하는 큰 고행길이었다. 출발 당시 10만여 명이던 홍군이 섬서성 북쪽에 도달하였을 때는 7~8천여 명밖에 남지 않았다고 한다. 등소평도 한때 지독한 장티푸스를 앓은 적도 있긴 했지만, 이 장정을 극복해낸 생존자가 되어 그 뒤 중국을 움직여 가는 중요한 '장정 간부'의 한

사람이 되었다.[23]

땅딸막한 몸집의 등소평은 홍군 총정치부 선전부장으로 홍군 중앙의 대열에 끼여 장정을 시작하였다. 이미 프랑스 유학시절 '등사 박사'로 명성을 날린 바 있던 등소평은 장정 동안 내내 선전 일을 맡아 슬로건을 작성하고 팸플릿과 전단을 만들어 뿌리는 데 유감없는 솜씨를 발휘하였다. 선전 말고도 등소평은 장정 동안에 총정치부에 함께 있던 프랑스 유학시절 동료 이부춘 등과 함께 소가죽을 만들어 재원을 조달하는 부서인 '우피공사'도 운영해 보았다. 등소평은 이때 자신의 일생에서 최초이자 최후의 상재(商才)를 보인 것으로 알려져 있다.[24] 또 그가 장정에서 모택동을 비롯한 홍군의 지도자들에게 칭찬을 받은 것은 개고기 요리 솜씨였다. 개고기 요리를 먹을 줄 아는 사천성 객가 출신으로서 자신이 알고 있는 요리법과 프랑스 유학시절에 익힌 요리 솜씨를 결합하여 만들어 낸 등소평의 개고기 요리는 육류가 귀했던 장정 동안 기막힌 영양식이었다. 주은래의 보좌관 한 사람은 "등은 용병술보다도 개고기 요리 솜씨 때문에 모 주석의 신뢰를 받은 사람"이라고 농담을 할 정도였다.[25]

장정 참여와 생존 자체가 중요하기도 하지만, 이 장정을 통하여 등소평이 홍군의 지도자 반열에 합류하게 되었다는 점이 주목할 만하다. 그 계기가 된 사건들은 준의(遵義)회의와 항일선에 정치위원으로 참여한 것 등이다. 1934년 10월에 강서성 서금을 탈출한 홍군 주력부대는 호남성 남부에 있는 하룡의 홍군 제2방면군과 합류할 예정으로 퇴각 행로를 서쪽으로 잡고 행군하였다. 그러나 이러한 계획을 알아챈 국민당군의 집중공격을 받고 홍군은 거의 병력의 3분의 2를 잃는 치명타를 입었다. 이에 홍군 주력부대는 하룡 부대와 합류하는 것을 단념하고 귀주성으로 방향을 틀어 1935년 1월 초 귀주성 준의를 점령하였다. 이곳에서 홍군 지도자들은 그때까지의 지도노선과 작전상의 오류를 점검하는 정치국 확대회의를 개최하였다. 이것이 바로 중국공산당사에서 모택동이 당권과 군권을 장악해 가는 중요한 계기가 된 준의회의이다. 이 회의에서 제

5차 포위공격에 대항하는 과정에서 진방헌이 이끄는 당 중앙이 군사적 전략과 전술에서 과오를 범한 것이 인정되었고, 모택동의 군사노선이 새로운 당의 방침으로 채택되었다.[26]

준의회의의 참석자는 18명이었는데, 모택동을 비롯 진방헌·주은래·주덕·장문천, 독일인 고문 오토브라운 등이었다. 등소평은 처음에는 《홍성보》 주필 신분, 회의 중간에 당 조직개편으로 당 중앙 비서실장의 신분으로 회의에 참석하였다고 한다. 등소평이 회의에는 참가하였는가, 참가했다면 정식 자격으로 참여했느냐 준자격으로 참여했느냐 하는 문제는 논란이 되고 있다. 1980년대 이후에는 대부분 등소평의 참여를 인정하고 있지만, 정식 자격으로 참여했는가 문제는 아직도 미해결된 상태이다.[27] 그의 참석 여부가 어떠했든 등소평은 준의회의를 통하여 이익을 본 사람들 가운데 대표적인 사람이다. 첫째, 이 회의에서 왕명 등 국제파의 전략전술이 비판을 받고 국내파인 모택동의 전략이 다시 채택되었다는 것은 등소평에 대한 당 중앙의 비판(1933년 봄)도 자연히 사라지고, 명실상부하게 등소평의 복권이 이루어졌다는 것을 의미했다. 둘째, 그의 복권은 직위 향상으로도 나타났다. 회의 도중에 등소평은 이전에 맡은 바 있는 '당 중앙 비서장'이라는 직위를 회복하고, 총정치부 부주임도 겸임하게 된다. 홍군이 준의를 출발할 때 등소평은 말 한 필을 제공받아 더 이상 도보행군을 하지 않아도 되었다고 한다. 당내에서 위치 변화를 말해 주는 하나의 에피소드이다.[28] 마지막으로, 등소평의 당 서기장 발탁은 좀더 중요한 의미를 지니고 있다. 자신과의 연좌로 타격을 받은 등소평을 주시하고 있던 모택동이 준의회의에서 자신의 입지가 개선되자 적극적으로 등소평을 지원하기 시작하였다는 것이다. 파리 유학시절 이래 변함없는 지원자인 주은래와 새로운 지원자인 모택동이 권력을 잡았을 때 등소평이 당 비서장으로 발탁될 수 있었던 것은 매우 자연스럽다고 볼 수 있다. 이로써 등소평은 준의회의 이후 '모택동과 주은래의 공동 비호를 받는 극소수 사람 가운데 하나'가 되었다.[29]

장정이 진행되는 동안 등소평은 한때 장티푸스에 걸려 아무 일도 할 수 없었다. 홍군 주력부대가 연안에 도착한 뒤로 장티푸스에서 회복한 등소평은 연안 부근의 농촌지역에서 잠시 '전지(轉地) 공작단'의 물자조달 활동을 한 것으로 전해진다. 그러나 전반적으로 볼 때 등소평은 장정 기간에는 지위도 그리 높지 않았고, 활동도 미미한 편이었다.[30]

그런데 등소평의 활동이 두드러지기 시작한 사건이 발생하였다. 공산군 토벌작전을 독전하기 위하여 서안에 도착한 장개석을 토벌군 부사령관이었던 장학량이 구금하고, '국공내전의 중지와 공동항일전 수행'을 주장한 사건인데, 내전 중지를 승낙한 장개석은 2주 만에 풀려났다. 이 사건으로 말미암아 1937년 초부터 공산당과 국민당 사이에는 내전 중지와 합작을 위한 교섭이 시작되었다가, 1937년 7월에 발생한 중일전쟁을 계기로 마침내 9월 제2차 국공합작이 정식으로 이루어지게 된다. 중국공산당 정권은 국민정부 아래 하나의 지방정부로 편입되고, 홍군은 국민혁명군 제8로군 (통칭 8로군)으로, 장강 이남의 홍군은 국민혁명군 신편 제4군(통칭 신4군)으로 재편성되었다. 8로군은 총사령을 주덕, 부총사령을 팽덕회로 하고, 임표의 제115사단, 하룡의 제120사단, 그리고 유백승의 제129사단 등 3개 사단으로 구성되었다. 등소평은 이 가운데 129사단의 정치위원이 되었다. 당초에는 장호(張浩)라는 인물이 성치위원이었고, 등소평은 부정치위원이었으나 얼마 안 가서 장호가 병사하자 그 후임자로 등소평이 임명된 것이었다. 공산군 안에서 정치위원이라는 직책은 당으로 군대를 통제하기 위한 목적으로 군대 안에 배속된 당대표로서 군대 운영의 최고책임자였다. 그러므로 등소평을 129사단의 정치위원으로 발탁한 것은 모택동의 특별한 신뢰 없이는 불가능한 일이었다.[31]

당시 129사단장 유백승은 '독안룡(獨眼龍)'이라는 별명을 지닌 노장이었다. 독안룡이라는 별명은 전투에서 한쪽 눈을 잃었기 때문에 붙여진 것이다. 유백승은 1911년의 신해혁명에도 가담한 인물로 중국공산당에

항일전 시기의 등소평. 유백승(오른쪽에서 두 번째). 이달. 채수번과 함께

입당한 뒤, 1927년의 남창폭동 때도 중요한 구실을 하였고, 그 뒤 소련의
군사학교에 유학했던 군사지도자였다.[32] 등소평은 이 129사단의 정치위
원이 됨으로써 뒷날 많은 인맥을 거느릴 수 있게 되었다. 우선 사단장
유백승과는 이때부터 뗄 수 없는 아주 가까운 사이가 되었으며, 그 둘을
중심으로 한 129사단 계열의 군인들은 중공군 안에서 일대 세력을 형성
하여, 뒷날 임표 계열이 9전대회에서 축출된 뒤에는 중공군의 최대 세력
으로 등장하게 된다.[33]

중일전쟁 7년 동안 등소평은 129사단의 정치위원으로서 유백승과 단
짝이 되어 탁월한 군사적 업적을 남김으로써 군사지도자로서 명성을 쌓
아 올릴 수 있었다. 그는 유백승과 함께 산서·하북·하남 일대를 무대
로 각지를 돌면서 주로 게릴라전을 펼쳐 일본군을 격파하고 자신의 세
력 아래 있던 여러 지역에 해방구를 구축하여 새로운 근거지를 마련하
는 활약을 벌이기도 하였다. 중일전쟁 초기에 129사단은 산서성 동남부
에 근거지를 구축하였다가, 1938년에는 태행산구(太行山區)에 전략기지
를 구축하였다. 이듬해인 1939년에는 태악(太岳) 근거지를 건설하고 하

남성 남부에 진출, 험준한 산악 밀림을 이용하여 진기노예(晉冀魯豫 : 산서·하북·산동·하남 지역) 해방구를 만들기도 하였다.[34]

8로군은 1940년 8월에서 3개월 남짓 걸쳐 화북지역의 일본군을 대상으로 이른바 백단대전(百團大戰)이라는 대대적인 항일작전을 전개하였다. 8로군 115개 연대 약 40만 병력이 투입된 이 작전에 유백승과 등소평의 129사단도 적극적으로 참여하였다. 이 작전은 일본군에게 큰 타격을 주기도 하였지만, 곧 대대적인 일본군의 반격을 받게 되어 8로군의 세력은 상당히 위축되었다. 129사단도 일본군의 반격을 받아 1940년 9월 태행산 지구로 퇴각하여 태행산구를 근거지로 삼았으나 세력이 크게 위축될 수밖에 없었다.

일본군의 공격으로 여러 차례 위기를 맞이하면서도 유격전으로 맞서면서 항일전을 계속하던 유백승과 등소평은, 일본군이 1944년 이후 중국 전역에서 태평양 쪽으로 병력을 동원하는 틈을 타서 세력을 차츰 확장하여 산서성으로부터 산동성에 이르는 황하 양안 지역에 일대 해방구를 건설할 수 있었다.[35] 등소평이 항일전 기간 동안 펼친, 태행산 유격 근거지에서 실시한 인센티브제나 유연한 토지개혁 정책, 공업 발전을 위한 규제 완화 등 경제정책은 뒷날 그의 실용주의적인 경제정책의 선례로 간주되기도 한다.[36]

중일전쟁의 종결이 가까워진 1945년 4월에서 6월까지 공산당은 연안에서 제7기 전국대표대회를 열었다. 모택동이 당·정·군에서 확고한 제일인자로서 자리를 굳히게 되는 이 대회에서 등소평이 처음으로 중앙위원에 뽑혔다. 44명 가운데 서열 28위였다. 항일전 시기에 군 정치위원으로 실적을 올렸고 모택동에 충성을 바친 것이 인정된 결과였다. 41세의 젊은 등소평이 유소기·주은래·주덕·임표·유백승 등 쟁쟁한 혁명지도자들의 반열에 포함된 것이다. 등소평의 지위는 그 뒤 착실하게 상승한다.[37]

항일 전쟁이 끝나자 곧 공산당과 국민당 사이의 불화관계가 표면화하었다. 초기의 평화협상이 모두 결렬되면서 1946년 여름부터 국공 양측 군대 사이의 전면적인 충돌이 시작되었다. 내전의 양상은 처음에는 국민당 측이 우세한 것 같았으나 중국 공산당군(1946년 이후 야전군 또는 해방군으로 불리기 시작함)의 계속적인 반격작전 성공으로 점차 공산당 측에 유리하게 전개되었다. 내전이 시작될 즈음 129사단은 확대 개편되어 제2야전군으로 조직되었고, 사령관으로 유백승, 정치위원으로 등소평이 그대로 유임되었다.

항일전에서와 마찬가지로 이번 내전에서도 짝을 이룬 유백승·등소평의 제2야전군은, 1947년 여름 12만 병력을 이끌고 황하를 건너 대별산구(大別山區)에 있던 악예환(鄂豫皖) 변구를 재점령하였다. 이 시기에 중공중앙 중원분국이 설립되어 등소평은 서기에 임명되었다. 이어 등소평은 국공내전의 승부를 결정지은 3대 전투의 하나인 회해(淮海)전투에서 자신의 군사적 재능을 아낌없이 발휘하였다. 서주 부근에 있던 진의(陳毅)의 제3야전군과 합류한 등소평 부대는 1948년 11월 6일부터 1월 10일까지 65일 동안 지속적인 공격을 전개하여 서주를 방어하던 국민당군(55만)을 완전히 격파하는 대승리를 거두었다. 이 회해전투는 만주 지방의 요심(遼瀋)전투(1948년 9~11월), 화북지방의 평진(平津)전투(1948년 12월~1949년 1월)와 아울러 국공내전의 승패를 판가름 지었던 중국 공산군의 3대 전투 가운데 하나로 손꼽힌다.

승리의 여세를 몰아 등소평·유백승의 제2야전군과 진의의 제3야전군은 1949년 4월 국민당 정부의 수도인 남경과 중국 최대 도시인 상해를 목표로 양자강을 건넜다. 전의를 상실한 국민당군이 투항하거나 도주에 바빴기 때문에 전투다운 전투 없이 남경과 상해가 차례로 점령되었다. 국공내전의 대세는 이미 기울어졌고, 마침내 1949년 말 국민당 정부는 대륙에서 완전히 축출되었다. 내전 과정에서 등소평이 보여준 이와 같은 눈부신 군사적 성과는 그를 인민해방군 안에서 가장 존경받는 지도자의 한 사람으로 부각시켰다.38)

4. 건국 뒤 정치활동 시기(1950~1977)

1949년 10월 1일 북경 천안문광장에서 중화인민공화국 수립이 선포되었다. 건국선언 식전에 유백승과 함께 참석했던 등소평은 화중의 제2야전군 본부로 돌아와 계속 작전을 지휘하여, 사천성 중경까지 점령하였다. 이어 1949년 12월 국민당 최후 거점인 성도를 점령하기 직전 모택동의 지시에 따라 진격을 다른 부대에 양보하게 된다. 다음해인 1950년 등소평은 제2야전군 점령지역에 중공중앙 서남국을 발족시키고 제1서기로 취임하였다. 당시 전국은 중국공산당 야전군의 배치에 따라 6대 군구로 나뉘어 있었는데, 정권 수립 초기에는 이들 야전군이 그대로 점령지에서 군정위원회를 구성하여 통치하였다. 등소평은 서남군정위원회 부주석 겸 당 서남국 제1서기(제2서기는 유백승)가 되었다. 군정위원회의 주석은 유백승이었으나 당 조직에서 등소평이 유백승보다 상위였기 때문에 등소평은 사실상 중국 서남부에 군림하는 제1인자가 되었다. 1950년부터 1952년 8월까지 2년 반 동안 그는 사천·귀주·운남·서장 4개 성의 당·정·군 모든 기구를 장악하는 위치에 올라 있었는데, 모택동은 그를 가리켜 토패왕(土覇王)이라고 불렀다고 한다. '지방의 패자'라는 의미의 이 말은 한편으로는 등을 치켜세우는 말이지만, 또 한편으로는 은근히 왕과 같은 권위를 발휘한다는 비난의 뜻도 숨겨져 있었다. 어쨌든 이 2년 반 동안 등소평은 서남국의 당과 행정 및 군을 통솔하는 데 매우 뛰어난 솜씨를 발휘하여 당 중앙지도자들로부터 "칼날 끝에 맺힌 이슬이 반짝이는 것 같다"는 극찬을 받기도 했다.39)

등소평은 2년 반 동안의 서남지구 생활을 청산하고 48세가 되던 1952년 7월 사천성을 떠나 정무원 부총리(부수상) 겸 재정부장에 발탁되어 중앙으로 활동무대를 옮기게 되었다. 등소평의 발탁은 그의 능력을 인정한 모택동과, 등소평의 프랑스 유학 선배이자 후원자인 주은래의 합의 아래 이루어진 것이었다. 당시 주은래는 정무원 총리, 즉 수상이었다.

정무원 부총리가 된 등소평이 제일 먼저 일솜씨를 보인 것은 1차 5개년 계획을 짜는 일에 참여한 데서였다. 이 계획을 입안하는 데 가장 큰 구실을 한 사람은 재정경제 분야에 두각을 나타내고 있던 진운(陳雲)이었다. 등소평보다 네 살 위인 진운은 그 뒤 중공의 경제 방향을 결정하는 데 등소평과 함께 협조하면서 동시에 견제하는 관계를 맺게 된다.40)

이어 2년 뒤인 1954년 5월 등소평은 당 중앙위원회 비서장이 되고, 8월에는 당 중앙 조직부장을 겸하게 되었다. 이에 따라 정무원 재정부장직은 그만두게 된다. 당시 중국은 모택동을 정점으로 하여 정무원은 주은래, 당의 업무는 유소기가 관장하고 있는 상황이어서 이제 등소평은 중국의 최고 지도자들 모두와 깊은 인연을 맺게 된 것이다. 등소평이 당 중앙위의 서기장직을 맡게 된 것은 '고강(高崗)·요수석(饒漱石) 반당동맹사건' 처리와 관련이 있다. '고·요 사건'은 고강과 요수석이 모택동이 이끄는 당과 국가의 주도권을 빼앗으려고 했다는 반당사건으로, 중공 정권이 수립된 뒤 벌어진 최대의 권력투쟁이었다. 모택동은 이들에 대한 숙청작업을 주은래와 유소기에게 모두 다 맡겼고, 이들은 다시 그 일을 등소평에게 맡겼다. 등소평은 이 사건을 신속하게 처리하고, 그 경과를 1954년 제7기 4차 당 중앙위원회에 보고하고, 이어 1955년 3월에 개최된 중국공산당 전국대표대회 때에도 당 중앙위원회를 대표하여 〈고강·요수석 반당연맹에 관한 보고〉를 발표하였다. 등소평이 보고를 한 것은 그의 지위가 그만큼 높아졌다는 것을 단적으로 증명하는 일이기도 하였다. 성공적인 숙청작업이 평가를 받아 등소평은 1955년 당 제7기 5중전회에서 당 서열 13위 정치국원 자리에 오르게 되었다. 이와 같이 고·요 사건을 계기로 등소평은 주은래·유소기와 더불어 모택동의 핵심 측근 세력으로 부상하게 된다.41)

등소평의 이름이 공식적으로 안팎에 크게 알려지기 시작한 것은 1956년 9월 중국공산당 제8기 전국대표대회(8전대회)부터였다. 〈당장(黨章) 개정보고〉와 폐회 보고를 맡은 등소평은 이 대회에서 중앙위원, 정치국

원, 정치국 상무위원, 중앙 총서기가 되었는데, 총서기라는 직함은 그가 처음이었다. 등소평은 그 뒤 13년 동안 총서기직을 계속 맡았다. 주석과 부주석 다음가는 자리로서 등소평은 당내 서열 제6위로 올랐다.[42]

중국 지도부는 고강·요수석 반당 사건을 처리한 뒤 급진적인 사회주의로 방향을 선회하고, 급격한 개혁정치를 시도하게 된다. 당시 급진적인 사회주의정책을 삼면홍기(三面紅旗) ― 대약진운동, 인민공사, 과도기 총노선 ― 라고 부르며 1958년부터 1960년까지 추진하였다. 당시 부총리였던 등소평 역시 당시의 과격한 정책 추진에 관여하고 있었다. 1958년 8월 정치국 확대회의에서 모택동은 주요 공업제품 생산에서 15년 안에 영국을 추월한다는 목표 아래 증산을 촉구하면서 대약진운동을 시작하였다. 동시에 농업생산의 증대를 위하여 더욱 급속한 농업집단화를 추진할 것을 요구하였고, 그 수단으로 인민공사를 전국에 걸쳐 설립할 것을 지시하였다. 1개 현에 해당하는 단위를 인민공사로 조직하고, 그 밑에 생산대대와 생산대를 두었으며, 인민공사가 모든 생산을 통일적, 집중적으로 관리하는 제도였다. 그러나 급격하게 추진된 모택동의 정책은 현실을 무시한 것으로서 실패하고 말았다. 농업생산량은 오히려 감소하였고, 강압적인 처사에 대한 불만만 높아졌다. 공업제품의 경우 목표량을 맞추느라 품질이 형편없이 떨어졌고, 생산 목표량을 맞추기 위한 허위보고가 다반사였다.

중국 경제의 큰 후퇴를 초래한 대약진운동의 실패에 책임을 지고 1959년 4월 모택동이 국가 주석직에서 물러나고 새 국가주석으로 유소기가 취임하게 된다. 이러한 분위기 속에서 1959년 8월에 공산당 여산회의(廬山會議)가 개최되었다. 이 회의에서 팽덕회를 비롯한 몇몇 지도자들이 모택동의 정책에 대해 이의를 제기함으로써 건국 이후 최고 지도자들 사이의 분열이 최초로 표면화하였다. 공격을 받게 된 모택동은 팽덕회와 팽을 지지하던 지도자들을 모두 숙청하고, 그 뒤에도 이 사건을 우파적 성향의 지도자를 견제하는 사례로 삼게 된다. 등소평은 이 회의

에 참석하지 않음으로써 숙청의 화를 면할 수 있었다.[43)

대약진운동과 인민공사의 실패로 사상 유래 없는 식량 부족이 초래되고 굶어 죽는 사람들이 생겨났다. 이에 따라 중공 정부는 피폐한 경제와 특히 농업의 정체를 활성화하기 위하여 전면적인 궤도 수정을 모색하게 된다. 모택동은 이미 유소기에게 국가주석의 자리를 물려주었으므로 새로운 정책은 유소기와 등소평에 의해 추진되었다. 등소평은 유소기와 함께 레닌의 신경제정책과 비슷한 조정정책을 전개하여 중공업 중심의 발전 모델로부터 경공업과 농업에 역점을 두는 정책과 대약진운동 당시의 잘못된 제도를 혁신해 나갔다. 인민공사와 같은 대규모 농업 집단화를 피하고, 약 30호 정도를 핵심적인 생산단위로 한 다음 이들에게 토지소유권을 부여하여 관리책임과 함께 경제적인 보상을 주게 하였다. 또한 가족단위로 소규모 토지소유를 허락함으로써 생산증대를 위한 물질적인 자극을 주었다. 이러한 정책으로 농촌의 기근이 상당히 완화되는 좋은 효과를 보았다.

등소평의 유명한 흑묘백묘론(黑猫白猫論)이 이 무렵 등장하였다. 등소평은 1962년 7월 중국 공산주의 청년단원들에게 행한 연설에서 "현재 가장 중요한 것은 식량 문제이다. 증산만 가능하다면 어떤 제도이든 상관없다. 검은 고양이든 흰 고양이든 쥐를 잘 잡는 고양이가 좋은 고양이다"라는 흑묘백묘론을 처음 언급하였던 것이다.[44) 피폐한 중국 경제를 살리기 위하여 사유재산 허용 등의 처방을 마다하지 않은 실용주의자 등소평을 가장 잘 나타내는 말로 그 뒤 이 흑묘백묘론은 줄곧 등소평의 정치적 트레이드마크가 되었다.

그러나 그와 유소기가 취하고 있던 개인소유제 허용 등 농업정책은 사회주의적인 집단소유제의 우월성을 주장하던 모택동의 권위마저 침해한 셈이 되었다. 이 새로운 정책들은 대약진운동 당시 모택동이 취하였던 정책들을 거의 전면적으로 거부하는 것이므로 모택동의 심기를 매우 불편하게 만들었다. 더구나 모택동은 그 당시 소련의 흐루시초프 식

수정주의를 비판한 데 이어 국내 수정주의 세력들에 대한 투쟁을 강조하고 있던 차였다. 유소기와 등소평의 행동은 자신에 대한 도전으로 여겨졌고, 1965년에 들면서 모택동은 자신과 노선을 달리하는 실권파에 대한 타도를 결심하고 몰래 그 준비에 착수하였다. 문화대혁명의 기운이 서서히 형성되기 시작한 것이다.[45]

모택동은 이미 신격화한 위치에 있었으나 국가주석인 유소기를 정점으로 한 관료조직을 장악하고 있는 실권파에 견주어 국가기관을 동원할 수 있는 힘은 미약하였다. 그래서 1965년 초 자신의 심복이며 팽덕회의 후임 국방부장관이었던 임표에게 모택동사상 학습운동을 전 군적으로 전개하도록 하여 스스로 권위를 강화함과 동시에 홍위병을 조직하여 대중을 자신의 편으로 끌어들였다. 실질적인 권력을 박탈당한 실권파는 모택동에게서 권위를 넘겨받은 홍위병들에게 자기비판을 강요당하는 등 온갖 수모를 겪게 된다.

1966년 말부터 유소기와 등소평을 비판하는 대자보가 북경 시내 거리마다 나붙기 시작하더니, 12월에 등소평은 유소기와 함께 반동분자라는 죄목으로 자택에 연금되고 말았다. 1969년 10월 20일, 자택연금 상태에 있던 등소평은 아내, 어머니와 함께 강서성의 남창으로 유배되었다. 이곳에서 등소평은 오전에는 트랙터 수리공장에 나가서 일을 하고, 오후에는 책을 읽는 등으로 소일하며 엄중한 감시 속에 외부와 차단된 생활을 한다. 그러던 때 1971년 11월 초 임표가 모택동 암살에 실패하여 도주하다가 외몽골 상공에서 비행기 추락으로 사망했다는 소식을 알게 되었다. 등소평은 곧 모택동과 중앙위원회에 서신을 보내어 북경에 돌아가 일하고 싶다는 뜻을 밝혔다. 서신에 대한 응답은 없었으나 그에 대한 처우는 개선되고 감시는 완화되었다. 무장경비대가 비무장 감시원으로 대체되었고, 여러 곳에 흩어져 있던 자식들의 방문도 허용되었다. 등소평은 그 뒤 모택동에게 두 번째 편지를 보내 다시 일을 할 수 있는 기회를 요청하였고, 동시에 주은래도 등소평의 재기용을 간곡히 권고하였다.

이것이 모택동의 마음을 움직였다. 그 결과 1973년 2월 등소평은 북경에 돌아왔다. 실각하기 전과 같은 직위인 부총리로 임명되었고, 주은래 밑에서 일하게 되었다.[46]

모택동은 이 무렵 건강이 매우 악화되어 있었다. 그래도 여전히 절대적인 권력을 행사하고 있었다. 모든 정책은 그의 승인이 필요하였고, 그의 지지와 신임을 얻어야 당내 경쟁에서 승리할 수 있었다. 모택동 사후를 겨냥한 당내 권력투쟁의 움직임이 서서히 나타났다. 주은래와 등소평을 중심으로 하는 관료파와, 강청·장춘교·요문원 등 문혁파의 갈등이 표면화하기 시작한 것이다. 모택동은 문화혁명과 그것의 소산인 사회주의적 요소들에 대해 대단한 긍지와 애착을 가지고 있었다. 그래서 문혁파 측으로 편향되어 있었다. 주은래와 등소평 등 관료파의 정책은 모택동의 신뢰를 얻어 수행되고 있었으나 변덕스런 그의 지지가 언제 바뀔지 모르는 상황이었다. 그 가운데서도 등소평은 고령의 주은래보다도 훨씬 더 많이 문혁파에게 견제를 받고 있었다. 그러나 등소평은 1975년 1월 5일 중앙군사위원회 부주석 겸 인민해방군 총참모장으로 임명되었다. 등소평을 비범한 능력의 소유자라고 인정한 모택동의 절대적인 지지가 있었기 때문이었다.[47]

이렇게 모택동의 지원을 받기도 하였으나, 그 지원은 오래가지 못하였다. 1975년 초부터 주은래의 병세가 급격히 악화되었고, 그 틈을 이용하여 10월 말부터는 대세가 급격하게 4인방 쪽으로 기울어졌다. 4인방은 〈4개 현대화계획〉이 근대화라는 미명 아래서 계급투쟁을 외면한 것이라고 비판하였고, 그 계획의 주창자인 주은래와 등소평을 공격하였다. 모택동 역시 그들의 계획이 문화혁명 유산을 위협하는 것으로 생각하게 되었다. 그는 '몇몇 지도자들'이 당을 분열시키고 문화혁명의 결실을 침해하려 한다고 말하면서 등소평이 자신의 신임을 저버리고 결과적으로 당을 배신했다고 비판하였다. 이때를 놓치지 않고 4인방은 등소평에 대한 총공격에 나섰다. 등소평은 문화혁명 당시와 비슷한 궁지에 몰리게 된 셈이다. 설상가상으로 1976년 1월 8일 주은래의 사망으로 등소평은 든든한 후원자마저 잃어버리고 말았다.[48]

　주은래가 사망한 뒤 그 빈자리에는 뜻밖의 인물인 공안부장 화국봉이 총리로 임명되었다. 문혁파도 관료파도 아닌 제3의 인물이었다. 아무런 세력기반이 없었으나 모택동의 신임만으로 강력히 추천되어 총리가 된 것이다. 제1부총리로서 주은래의 장례식에서 추도사를 하였던 등소평은 후임 총리가 되기는커녕 오히려 1976년 천안문사건의 배후 인물로 지목되어 실각되고 말았다. 1976년 봄이 되면서 천안문광장에는 인민영웅기념비를 주은래의 묘비로 삼아 추도하고 꽃다발을 바치는 시민들이 늘어갔다. 추도하는 시민들이 엄청나게 많아지자 이를 불길하게 여긴 4인방과 화국봉은 공안원들을 시켜 꽃다발을 철거하게 하였고, 철거에 격분한 시민들과 공안원들 사이에 무력충돌이 발생하였다. 4월 초순의 이른바 1976년 천안문사건이다. 모택동은 병을 앓고 있는데도 긴급 정치국 회의를 소집하였고, 등소평을 배후 인물로 지목하여 그의 모든 직위를 박탈하는 결의를 채택하였다. 등소평은 다시 자택에 연금되는 신세가 된 것이다. 72세 때 일이며 그의 생애 세 번째 실각이었다.[49]

5. 개혁·개방 주도 시기(1978~1992)

　1976년은 중국의 최고지도자들이 잇달아 세상을 하직한 한해가 되었다. 주은래에 뒤이어 모택동도 1976년 9월 9월 사망하였다. 모택동의 사망은 등소평에게 세 번째 복권의 기회를 마련해 주게 된다. 등소평의 후반부 생애는 복권 이후 최고 권력을 장악하고, 개혁·개방의 '총설계사'로 활약하면서 오늘날 중국의 기반을 만들어 나가는 과정이었다. 1978년 12월 18일부터 개최된 중국공산당 11기 3차 중앙위원회 전체회의(11기 3중전)를 통해 등소평이 실권을 장악하고, 중국 현대화의 깃발 아래

'실사구시'라는 실용주의 노선에 바탕을 둔, 개혁·개방 정책을 강력하게 추구함으로써, 중국은 정치·경제·사회·문화·국방·외교 등 모든 분야에 걸친 혁명적인 변화를 가져왔다.

모택동의 사회주의 혁명을 제1혁명이라 한다면, 1970년대 말 이후 현재까지 중국대륙을 휩쓴 거대한 변화는 흔히 제2혁명이라고 불린다. 이 시기야말로 모택동의 권력 아래에서 은인자중하며 자신을 지켜오고 성장하였던 등소평이 실용주의자로서 자신의 이상을 유감없이 펼쳐 보였던 시기로서, 등소평의 역사적 업적이 집중되어 있는 시기이기도 하다. 만약 등소평의 생애에서 이 시기가 없었다면, 우리는 등소평도 단지 혁명원로의 한 사람으로 기억할 따름이었을 것이다. 이와 같이 중요한 시기이므로, 그의 후반부 생애에 대한 평가는 지금까지 연대기적으로 서술해 오던 것과 방식을 약간 달리하였다. 우선 그의 복권과 권력 장악 과정을 간단히 살펴보고, 그 다음에는 그가 취한 개혁·개방 정책의 일단을 살펴보기 위하여 그 중심이 되었던 경제개혁과 정치개혁의 내용에 초점을 맞추어 설명하였다.

1) 복권과 권력 장악

등소평은 생애 세 번의 실각과 세 번의 재기를 거치면서 중국 권력 구조의 최고 정점에 이르렀다. 앞서 살펴본 바와 같이 문화혁명의 급진 노선을 비판하는 태도를 취하던 등소평은 4인방으로 불리는 문혁파들에 의하여 1976년 청명절인 4월 4일 주은래 추모시위사건(이른바 1976년 천안문사건)의 배후 책임자로 지목되어 또 다시 실각하였다. 그 뒤 등소평의 복권과 권력을 장악하는 과정은 대략 3단계로 나누어 살펴볼 수 있다. 첫번째 단계는 4인방의 몰락과 등소평의 복권(1976~77), 두 번째 단계는 화국봉과의 사상 및 권력투쟁(1977~78), 세 번째 단계는 중국공산당 3중전회를 계기로 권력을 장악하는 과정(1978~82)이다.[50)]

1976년 9월 9일 모택동이 사망함으로써 권력 계승을 위한 정치투쟁은 고조되었고, 1976년 10월 7일 당 중앙위원회에서는 화국봉의 당 주석 계승을 결정하였다. 뒤이어 10월 18일 중공 중앙이 왕홍문·장춘교·강청·요문원의 반당사건을 전 당원들에게 통지하면서 문화혁명의 주역이었던 4인방의 권력 계승에 대한 꿈은 당 중앙에서 조직적으로 붕괴되었고, 1977년 8월 11차 당대회에서 화국봉이 4인방의 분쇄를 공식 선언함으로써 이 사건은 종료되었다. 이에 앞서 1977년 7월에 열린 중국공산당 10기 3중전회에서 등소평을 중앙위원, 정치국 위원, 중앙위 부주석, 중앙 군사위 부주석, 국무원 총리, 인민해방군 총참모장에 복귀시킨다는 결의를 채택하였다.[51]

모택동이 죽은 뒤 중국공산당의 정치세력은 크게 세 집단으로 나누어졌다. 첫째 그룹은 모택동의 지시 아래 문화대혁명을 추진한 핵심세력들로 흔히 4인방으로 불리는 세력들이었고, 두 번째 그룹은 문화대혁명으로 이익을 본 당 간부로 구성된 신모파(新毛派 : 華國鋒·汪東興 등)였으며, 마지막으로 문화혁명이 있었지만 계속 자신들의 지위와 영향력을 갖고 있는 원로간부(葉劍英·李先念 등)가 존재하였다. 4인방을 제거한 뒤에 이들을 대신하여 정치 일선에 복귀한 것은 문화혁명 기간에 숙청되었던 행정·기술 관료들로 구성된 개혁파(등소평·胡耀邦 등)로 그들은 중요한 정치집단으로 등장한다.[52]

모택동 이후의 4인방 제거와 화국봉의 권력 계승 결정은 신모파와 원로간부 그룹이 제휴한 결과였다. 신모파의 대표적인 인물인 화국봉은 모택동에 의하여 후계자로 지명됨으로써 모택동의 정통성을 인정받았고, 문화혁명의 수혜자들로서 모택동이나 문화혁명을 부정할 수 없는 처지였다. 그러면서도 4인방과는 이데올로기적, 정책적 차별성을 부여하여 그들과의 관계를 끊으려고 하였다. 원로간부들은 신모파와 처지를 약간 달리하였다. 모택동과 함께 혁명과 건국 과정을 주도하였던 원로들은 자신들의 명성과 위신을 가능케 한 모택동의 정치적 정당성을 부정할 수 없었다. 그러나 그들은 문화혁명 기간에 이루어진 정책에 대해서는 비판적이었다. 그럼에도 원로들은 문화혁명 동안에 4인방이 보여준 군부와 마찰 그리고 급진적인 정책 추진으로 말미암아 반감을 갖고 있었다. 특히 원로들은 등소평과 오랜 친분관계에 있었고, 강한 동료 의식을 갖고 있어서, 등소평을 줄곧 견제해 왔던 4인방 제거에 적극적이었다. 이렇게 4인방 제거에 공통적인 이해관계를 갖고 있었기 때문에, 신모파와 원로간부들이 제휴하여 4인방을 축출하였던 것이다. 4인방을 제거한 뒤 그들이 직면한 문제는 4인방에 대한 비상조치를 정당화하는 문제, 권력 승계자로서 화국봉의 권위를 확보하는 문제, 그리고 4인방에게 희생된 간부들을 평반(平反 : 원한을 씻어 줌)시켜 주는 문제 등이었다.

4인방의 등소평 숙청으로 말미암아 정치적인 이득을 얻었던 화국봉에게는 등소평의 복귀가 자신의 정치생명에 심각한 위협이 될 수 있었다. 등소평의 복권 문제로 당 지도부 안에 대립이 첨예화하자 국방부장 섭검영을 중심으로 한 원로간부 그룹의 조정으로 타협점을 찾았다. 즉, 당의 주인 화국봉에 대해서는 그의 지위에 대한 지지를 약속하며 등소평의 복권을 허락할 것을 종용하고, 등소평에게는 화국봉을 지지할 것을 요구하였다. 그 결과 등소평은 1977년 7월에 열린 당 제10기 3중전회에서 정식으로 복권되었다. 이어 8월에는 당 제11기 전대회에서 일시적이나마 화국봉-등소평 체제의 성립을 보게 된다. 화국봉은 당 주석, 중앙군사위 주석, 총리직을 겸하였고, 등소평은 당 부주석과 부총리직을 겸하였다.[53)

중국의 정치 무대에 개혁파들이 재등장함에 따라 당시 당 지도부는 화국봉이 이끄는 신모파와 섭검영·이선념 등 당 원로간부 출신의 보수파, 그리고 등소평·진운·호요방 중심의 개혁파라는 세 집단으로 형성되어 나갔다. 그 가운데 개혁파들은 숙청과 평반이라는 공통의 경험을 겪은 응집력이 강한 집단을 형성하였다. 등소평을 비롯하여 거의 대다수가 문화혁명 당시 모택동과 4인방에게서 우익 수정주의자, 주자파로 몰려 정치적 박해를 받았던 경험을 공유하고 있었다. 또 일부는 대약진 운동(1957~1958) 이후 유소기와 함께 '수정주의적 개혁정책'을 수행하여 경제를 부흥시켰던 경험을 공유하고 있었다. 이들은 정치적인 희생자들이었기에 모택동의 이데올로기와 문화혁명 기간의 정책에 대하여 거부감을 느끼고 있었다. 또한 숙청과 하방으로 인민들의 참상을 직접 목도함으로써 이들은 경제적 발전의 필요성을 누구보다도 절실하게 느끼고 있었다.

1977년 7월, 등소평이 세 번째 복권으로 재기에 성공한 이래 불과 2년 남짓 동안에, 모택동 사상의 신적인 권위는 현대화노선 앞에 힘없이 무너져 갔다. 아울러 모택동의 권위에 의존하고 있던 화국봉 체제도 필연적으로 쇠퇴하지 않을 수 없었다. 화국봉에 대한 탈권투쟁은 처음에는 사상투쟁의 형식으로 전개되어 나갔다. 화국봉의 정치적 권위의 근원은 모택동이었다. 그러므로 당시의 반문화혁명 분위기 속에서 문화혁명의 종식을 선언할 수밖에 없었지만, 모택동의 혁명론을 계속 지지하고 문화혁명의 성과를 옹호하면서 권력의 유지를 추구하려 하였다. 화국봉이 모택동의 정책과 지시를 교조적으로 준수할 것을 주장한 이른바 '양개범시론(兩個凡是論 : 무릇 모주석이 결정한 정책과 무릇 모주석이 지시한 사항은 모두 준수되어야 한다는 주상)'은 모택동의 권위에 의존히고 있던 화국봉으로서는 당연한 처사였을 것이다.

이에 대해 문화혁명의 직접적인 피해자였던 등소평은 현실에 비추어 진리의 타당성을 파악해야 한다는 이른바 실사구시론(實事求是論)을 들고 나와 화국봉의 주장을 정면으로 반대하였다. 화국봉과 등소평 사이의 이데올로기적인 논쟁은 1978년 5월 이후 진리의 표준 문제에 관한 논쟁으로 이어졌다. 〈실천이 진리를 검증하는 유일한 기준이다〉라는 진리 표준 논쟁은 범시파를 공격대상으로 겨냥한 것이었다. 모택동 사상도 진리인지 여부는 객관적인 실천으로 검증을 받아야 한다고 주장함으로써 모택동 사상을 교조적으로 추종해야 한다는 양개범시론을 비판하

중공 11기 3중전회에서 담화하는 등소평

고, 실사구시적 이념이 진리에 가까움을 간접적으로 암시한 것이었다. 진리 표준 논쟁에서 범시파를 제외한 대부분 원로들도 등소평을 지지하였다. 그들 대부분은 문화혁명 때 정도의 차이는 있었지만 모두 박해를 받은 공통적인 경험을 가지고 있었다. 이 논쟁의 결과 등소평과 개혁파들은 유리한 기반을 조성하였고, 1978년 당 11기 3중전회가 새로운 노선을 설정하는 데도 결정적인 기초를 마련하였다.54)

11기 3중전은, 뒤에서 밝히는 바와 같이, 개혁파들이 주장하는 실용주의 노선으로 대전환을 알리는 신호탄 구실을 하기도 하였지만, 개혁파들의 정치적 반격에도 중요한 계기를 마련해 주었다. 화국봉이 스스로 자아비판을 하였고, 대중적 성격의 계급투쟁이 끝났음을 선언하였으며, 과거 4인방에 의하여 수정주의자로 몰렸던 많은 당원 관료들이 복권되기 시작하였다. 3중전 이후의 상황은 개혁파들에게 더욱 유리하게 전개되었다. 1979년 10월 섭검영의 문화혁명에 대한 공공연한 부인, 1980년 2월 유소기의 복권 결정, 1980년 말 4인방의 공개재판 회부 등 3중전 이후의 상황은 한마디로 말하자면, 등소평을 중심으로 한 개혁파들이 주류파로 떠오르는 과정이었다. 특히 11기 3중전 이래 명목상 지위만을 유지하고 있던 화국봉이 1982년 드디어 모든 권좌에서 축출됨으로써 등소평이 중국의 실질적인 지도자로 등장하게 된다. 1980년 9월에 소집된 전국인민대표대회 제5기 3차 회의에서 중국공산당 중앙의 건의에 따라 화국봉의 국무원 총리 겸직을 해제하고 등소평 계열의 조자양(趙紫陽)을 총리로 임명하였다. 이어 1981년 6월에 개최된 11기 6중전에서 화국봉은 중국공산당 중앙 주석, 중앙 군사위원회 주석직에서도 물러나게 된다. 대신 등소평이 중앙 군사위원회 주석으로, 등소평의 심복인 호요방(胡耀邦)이 중국공산당 중앙 주석이 됨으로써 등소평파는 당·정·군의 실권을 차지하게 되었다. 최종적으로 1982년 9월 중국공산당 12차 당 대표대회(12전대회)에서 당 주석제가 폐지되고, 당 총서기제를 채택하여 호요방이 총서기에 취임한다. 이때 화국봉은 정치국에서도 축출됨으로써 1977년 복권 이래 전개된 등소평의 화국봉에 대한 전면 탈권투쟁은 마무리되었다. 동시에 등소평-호요방-조자양의 삼두체제를 탄생시킴으로써, 등소평 식의 개혁정책이 추진될 수 있는 확고한 권력기반이 마련된 것이다.[55]

2) 개혁·개방 정책의 전개

(1) 경제개혁

등소평은 이와 같이 화국봉을 비롯한 당내의 좌파적 성향을 띤 세력을 제거하거나 무력화하는 데 성공하면서, 당의 주도권을 장악하고 역사적인 노선 전환을 실현할 수 있었다. 그 최초의 공식적인 세기가 된 것은 등소평 중심의 반좌파 세력 연합이 당의 주도권을 장악한 가운데 개최된 1978년 중국공산당 제11기 제3차 중앙위원회 전체회의(11기 3중전회)였다. 이 대회에서 등소평은 철저히 실용주의적 관점에서 현실을 진단하고 개혁·개방 정책으로 요약되는 혁명적인 처방을 제시하였다. 이 대회는 그야말로 중국공산당의 '제2의 혁명'이 시작됨을 알리는 역사적인 대회였다.[56]

3중전회에서는 중국 사회주의의 가장 시급하고 중요한 당면 과제로 '4개 현대화(농업, 공업, 국방, 과학기술)'를 통한 경제 발전을 제시하고, '대중적 계급투쟁'의 종결을 선언하면서 '현대화한 사회주의 강국' 건설을 요구하였다. 또한 대외적으로 중국의 문호개방을 선언하고 자본주의 국가와 교류와 협력을 확대하여 중국의 현대화와 경제 발전을 이룩해야 한다고 결의하였다. 대내적인 개혁과 대외적인 개방, 즉 개혁·개방 정책이 공식적으로 선언된 것이다.57)

이 대회에서 등소평은 〈사상해방과 실사구시로 일치단결하여 앞으로 나가자〉는 제목의 연설을 하였다. 구시대의 잘못된 방침과 경향에서 사상적으로 해방('사상해방')되어야 하고, 동시에 현실에 바탕을 두고 유연하게 적절한 정책을 모색하는 '실사구시' 정신으로 4개 현대화를 달성해야 한다는 내용이었다. 등소평은 시대적 변화에 부응하고 새로운 중국 사회주의의 진로를 모색하기 위해서는 생산력을 중시하는 경제 건설정책이 필요한데, 이는 생산관계를 중시하는 모택동 식의 좌파적인 방법으로 해결할 수 없다고 판단하였다. 따라서 등소평은 상황의 변화를 무시한 채 모택동의 사상에 절대적인 권위를 부여하고 맹목적으로 추종하는 태도에서 벗어나야 한다는 점을 강조한 것이다.58)

3중전 이후 중국은 등소평의 실용주의적 노선에 따라 급격하게 변화하여 나갔다. 그러나 이러한 변화 과정이 순조롭게 진행된 것만은 아니었다. 사상해방을 표방하고 지식인들에게 어느 정도 비판의 자유를 허용하자 그동안 억제되었던 지식인들의 체제에 대한 불만들이 한순간에 폭발하여 보수적인 성향을 띤 개혁파 지도자들의 반발을 불러일으켰다. 1978년에서 1979년에 걸쳐 '북경의 봄'이라고 알려진 민주화운동에서 드러난 것처럼 일부 급진적인 지식인들은 사회주의체제를 부정하고 서구적인 자유민주주의와 자유경제체제의 도입을 주장하기에 이르렀다.59)

이 같은 상황에서 보수적인 지도자들은 급진적인 개혁·개방 정책으로 말미암아 사회주의체제 유지가 불안해질 우려가 있다고 지적하면서, 3중전의 정책노선을 실천하는 데 일정한 원칙이 있어야 한다는 점을 주장하였다. 등소평이 1979년 3월 30일에 한 이른바 〈견지 4개항 기본원칙〉이라는 연설은 보수파의 이러한 우려에 대한 답변이었다. 등소평은 정책 전환의 대전제로서 '사회주의 노선 견지, 공산당 영도 견지, 인민민주독재 견지, 마르크스-레닌주의와 모택동 사상 견지'라는 4개 원칙이 철저히 지켜져야 한다는 점을 강조하였다.60) 그 뒤로 이 4항 기본원칙론은 중국 당국이 개혁·개방 정책 추진의 출발점이자 귀결점으로 다루고 있는 원칙으로서, 1989년 '천안문사건' 뒤로 더욱 강조되었다.

등소평이 주장하는 경제 건설의 핵심적인 방안은 생산력을 향상시키기 위해서 필요하다면 자본주의적 요소, 즉 개인 소유권 인정, 시장경제·상품경제 및 자유경쟁체제 도입 등 종래 사회주의 국가에서 배척하여 오던 요소들을 적극적으로 채용한다는 것이었다. 전통적인 사회주의 이론에서 벗어나 중국의 경제 발전을 위해서는 어떤 방법도 동원한다는 매우 실용주의적인 정책이었다.

등소평의 이러한 전략은 경제적인 면에서는 반좌(反左)적인 성격을 지니고 있지만, '견지 4항 기본원칙'에서 보듯이 정치적인 면에서는 반우(反右)적인 성격을 띠고 있다. '경제반좌', '정치반우'의 일견 모순되는 정책을 추진해 나가기 위해서 등소평은 자신의 정책을 합리화하는 어떤 이론적인 체계가 필요하였다. 등소평은 정통 사회주의에 대한 자신의 실용주의적이며 탄력적인 접근을 '중국적 특색을 지닌 사회주의 건설'이라고 주장하였다.61) 이러한 그의 생각은 개혁파들의 이론적인 성비를 거쳐 '사회주의 초급 단계론', '사회주의 시장경제체제론' 등으로 형성되었는데, 사회주의적 정치체제와 자본주의적 경제체제의 결합을 합리화하는 이론들로서 나중에 '등소평 이론'이라는 이름으로 알려지게 된다. 사회주의 초급단계론의 기본 노선으로 제시된 '1개 중심 2개 기본점(경제 건설 1개에 모든 초점을 맞추되, 이를 실현하기 위해서는 경제적으로는 개혁·개방 정책을 유지하면서 정치적으로는 4항 기본원칙을 견지해야 한다)'은 등소평의 '경제반좌', '정치반우'라는 특징을 적절하게 압축하여 표현하고 있다.62)

등소평의 강력한 리더십을 배경으로 그의 생전은 물론 1997년 그가 죽은 뒤에도 지속되고 있는 중국의 경제개혁은 크게 네 시기로 구분하여 살펴볼 수 있다. 제1기는 농업개혁 시기(1978~1984)로서 농업가격 개혁, 인민공사 해체, 생산책임제 실시, 향진(鄕鎭)기업 진흥정책 실시, 경제특구 지정과 대외개방정책이 실시되었다. 제2기는 도시 및 공업 개혁 시기(1984~1988)로서 도시기업 경영 개혁, 가격제도 개혁, 임금제도 개혁 등이 실시되었는데, 경기 과열로 말미암아 인플레이션이 발생하는 문제점이 드러난 시기다. 제3기는 긴축 조정기(1988~1991)로서 물가 상승과 경기 과열, 중복 투자 등의 문제를 해결하기 위하여 긴축 조정정책이 실시된 시기다. 개혁·개방의 후유증으로 말미암은 정치·경제·사회적인 문제가 응집되어 1989년 6월 천안문사건이 발생하였다. 제4기는 본격적 시장경제 도입기(1992년 이후)라고 할 수 있다. 천안문사건 등으로 위축되었던 개혁 드라이브가 등소평의 1992년 초 '남순강화'로 재가동되었다. 긴축 조정기를 거쳐 어느 정도 이룩된 경제 안정화를 토대로 하여 본격적인 시장경제체제의 도입이 시도되었다.63)

중국의 경제개혁은 농업 부문에서 시작되었다. 1970년대 후반, 중국 경제개혁 초기에는 농민이 전체 인구의 80% 이상을 차지하고 있었던 점과 전통적으로 농업이 지니는 중요성을 감안하여 농촌경제개혁에 일차적인 중요성을 두었던 것이다. 1979년 중국은 극도로 침체된 농업 부문의 생산성 향상을 위해 정부의 농산물 수매가격을 대폭 인상하고, 각종 생산청부책임제를 시험적으로 도입하기 시작하였다. 처음에는 인민공사의 집단생산체제가 지닌 결함을 보완하기 위하여 시작되었으나, 그 성과가 획기적이었기 때문에 결국 인민공사의 해체로 연결된다. 각종 생산책임제 가운데 핵심이 된다고 볼 수 있는 '농가 생산량 청부책임제 [家庭聯産承包責任制]'의 내용을 보면, 토지 소유권 자체는 국가 혹은 협동조합 소유로 남겨 놓은 채 그 토지의 경작권을 일정 기간(초기에는 3~5년, 1984년부터는 15년 이상으로 연장) 개별 농가에 분할 임대하여 주고, 개별 농민이 작물의 선택과 생산 및 경영을 책임지고 경작한 뒤,

생산물 가운데서 정부와 계약한 양만 납부하고 나머지는 농민이 자유로이 처분할 수 있도록 한 획기적인 조치였다. 이 제도는 개별 농민의 성과가 자신의 수입과 직결되도록 한 것이었기 때문에 농민들의 생산 의욕을 크게 고취시켜 비약적인 식량 증산을 가져왔다. 중국의 식량 생산은 1978년 3억 톤 정도이던 것이 1984년에는 역사에서 처음 4억 톤을 돌파하기에 이른다. 이러한 성과에 고무된 중국 정부는 마침내 1982년 말 제5기 전인대 제5회 회의에서 인민공사 해체를 공식 선언하기에 이르렀다. 인민공사의 해체와 향 인민대표대회, 향 인민정부의 수립과 농가 생산청부제의 보급이 빠르게 진행되었고, 1984년 말까지는 그 이행이 완료된다.64)

초기 농업 부문에서의 개혁성과를 바탕으로 등소평과 개혁파 지도자들은 경제개혁의 중심을 농촌에서 도시의 상공업 분야로 옮기게 된다. 1984년 10월 도시지역의 경제개혁에 관한 조치들이 결정되었다. 국유 대형 · 중형 기업들에 대한 소유권과 경영권의 분리가 폭넓게 이루어진 기업의 경영청부제가 그 대표적인 예이다. 농업의 생산청부책임제와 비슷하게 기업의 소유권은 국유로 계속 유지한 채 그 생산 및 경영 활동은 공개경쟁에 따라 선정한 청부기업 경영자에게 위임하여, 계약 때 책정한 이윤을 국가에 상납하고, 나머지는 기업에 유보시켜 사용할 수 있노록 한 제도였다. 모택동 시대에는 집단기업과 국영기업들이 국가가 책정해 준 할당량을 달성하고 수익금 모두를 국가에 바치는 대가로 일정액을 분배 받았지만, 이제는 어느 정도 세금만 납부하면 나머지 이윤은 임의로 처분할 수 있게 된 것이다. 그 결과 기업의 생산성은 크게 향상되고, 무엇보다 민간 경제가 활성화하였으며, 소비재 부문에서 상품 공급의 양과 종류가 대폭 확대되었다. 그러나 이러한 도시의 상공업 개혁정책에 따른 부작용도 적지 않게 발생하기 시작하였다. 우선 물가가 급하게 올라 인플레이션이 발생하였다. 많은 일자리가 창출되었음에도 실업 문제는 여전히 커다란 골칫거리로 남아 있었다. 그밖에도 빈부 격차

의 급속한 확산, 각종 경제 관련 범죄가 새로운 사회 문제로 등장하고 있었다.[65]

농촌에서 도시로 대내적인 경제개혁을 추진해 나가면서 등소평은 동시에 세계 시장에 중국의 문호를 개방하여 외국의 자본과 기술을 도입하는 정책을 적극적으로 추진하였다. 모택동 시대의 폐쇄정책은 등소평 시대에 들어오면서 완전히 허물어져 나간 것이다. 1978년 제11기 3중전에서는 선진기술과 자본을 이용하기 위하여 대외개방정책을 추진한다는 방침이 결정되었다.

이 방침에 따라 1979년 이후 중국은 서방세계에 대한 적극적인 문호개방을 단행하여 외자·기술·설비 도입 및 수출입 무역의 확대를 통하여 자본주의 국가와 경제 교류를 확대해 나가기 시작하였다. 외국 자본의 적극적인 유치를 위하여 중외합자(中外合資), 합작 경영기업법, 외자기업법 등을 제정하여 투자에 편리한 환경을 조성하였다. 또 광동성과 복건성 연해지역인 심천(深圳), 주해(珠海), 산두(汕頭), 하문(厦門) 등에 일종의 수출자유지역과 같은 경제특별구를 설치하여 각종 우대조치로 외국 자본의 투자와 기술 도입을 적극 추진해 나갔다. 이러한 대외 경제 개방정책의 효율적인 추진을 위해서 중앙정부는 개방지역 지방정부에 대외 경제 권한을 크게 넘겨주고, 기업의 자주권을 확보해 주는 등 권한의 분권화와 자율화를 적극적으로 실천하였다. 이러한 개방정책은 점차 확대되어 갔다. 1984년 이후 대련, 천진, 상해 등 14개 연해지역을 대외 경제개방 도시로 인정하였고, 각종 우대조치를 부여하면서 외국 자본의 투자와 기술 도입에 더욱 적극성을 보였다.[66]

그러나 대외개방정책이 처음부터 크게 효과를 본 것은 아니었다. 관료적 사회주의체제가 경직된 데다 필요한 법령도 없어 외국 투자가들이 적극적이지 않았다. 외국인 투자가들은 짧은 기간 안에 많은 이윤을 볼 생각으로 모두 경공업 분야만을 선호함으로써 중국 측이 원하던 기술 이전은 기대에 미치지 못하였다. 또 이들 구역에서는 원래 수출상품을 제조하기로 되어 있었으나 세계시장 수출길이 막히자 국내로 들어와 판매함으로써 당초의 목적과는 정반대의 방향으로 진행되었다. 그래서 이러한 폐단이 발생하자 보수파들은 "만약 이러한 추세로 나간다면 외국 자본가들과 국내 투자가들이 더욱 날뛰게 되고 부패는 더욱 심각한 상태로 될 것"이라고 비판하거나, '외국의 식민지 구역화'가 될 우려가 있다고 비판하면서 경제특구정책의 축소 내지는 폐지를 주장하기도 하였다.[67]

중국의 경제개혁은 보수파의 끊임없는 비판을 받아 가며 우여곡절을 겪으면서 진행되어 갔다. 보수파들은 엄청난 속도로 진행되는 개혁의 속도를 늦추고 그 폭을 제한하기를 원했다. 그들은 급속한 개혁이 오히려 폐해만을 불러올 것이라고 경고하면서 '계획경제가 우선이고 시장경제는 다음'이라는 관점에서 개혁파들을 비판하였다. 보수파 지도자들의 이러한 비판이 있었지만, 개혁파 지도자들은 초기에는 등소평의 확고한 지지를 받으며 경제개혁을 추진해 나갈 수 있었다. 그러나 개혁 10년이 되는 1980년대 말에 들어서는 개발에 따른 부작용이 여기저기서 동시다발로 드러나기 시작하였다. 인플레이션, 범죄의 증가, 도시-농촌 사이의 소득 격차, 가격체계 혼란, 사회 불안 등과 경제특구정책으로 말미암은 '정신오염', '자산계급 자유화' 문제 등 경제개혁·개방 정책의 부작용과 문제점들이 속출하였다. 그러한 부작용과 문제점은 1989년 6월 4일 북경 '천안문사태'에서 그 절정을 이루었다. 1989년 초부터 경제적인 문제와 아울러 관료형 부정부패에 대한 불만을 품은 노동자들과, 언론의 자유화와 민주화를 요구하는 지식인과 학생들이 주동이 되어 일어난 북경의 시위가 마침내 전국 각지의 주요한 도시로까지 파급되었다. 등소평은 이러한 민주화운동이 중국사회 전반에 불안을 조성할 뿐만 아니라, 8억에 달하는 농민에게까지 파급될 경우 엄청난 정치적 위기 상황을 초래할 것이라는 인식 아래 5월 20일 계엄령을 선포하고 무력진압 명령을 내리게 된다. 6월 4일 단행된 천안문사태에 대한 무력진압은 보수 강경파의 주장에 등소평이 손을 들어 준 것이었다. 그 결과 학생들의 요구를 대화와 타협으로 해결할 것을 주장하였던 조자양은 즉각 그 권력을 박탈당하고 말았다.68)

'천안문사태' 이후 중국의 개혁파와 보수파 지도자들은 일시적으로나마 경제개혁 속도의 조정, 즉 '치리정돈(治理整頓, 1988~1991)'과 아울러 '자산계급의 자유화운동'에 대한 반대 강화 등의 측면에서 암묵적인 합의를 보았다고 할 수 있다. 그러나 사회주의 노선의 견지와 공산당의 영도 등 체제 유지의 핵심적인 부분에 대한 기본적인 합의에도 경제정책에 관해서는 내면적인 갈등과 대립을 계속하였다. 보수파는 1988년 9월 중국공산당 제13기 3중전회의에서 과열된 경제를 진정시키기 위하여 마련된 '치리정돈' 결정을 계기로 개혁·개방 정책의 축소조정과 농업 부문의 강화, 경제 부문의 중앙통제, 중앙집권화를 강화한 계획경제체제 확대를 주장하였다. 이에 대하여 개혁파들은 개혁개방의 부정적인 문제점들을 해결하기 위하여 경제 부문에 대한 일련의 조치를 취해야 한다는 점에서는 동의하지만, 그것이 기존 개혁·개방 정책의 기본방향과 분위기를 해쳐서는 안 되며, 오히려 더욱 심화해 나가야 한다는 태도를 취하였다. 보수파와 개혁파 사이의 이러한 공방은 '천안문사태'의 여진이 가라앉으면서 차츰 개혁파의 주장이 강화되는 방향으로 전개되어 갔으나 진운을 필두로 하는 보수파의 주장이 완전히 약해진 것은 아니었다.69)

보·혁 사이의 경제개혁 논쟁에 종지부를 찍을 필요를 느낀 등소평이 88세 노구를 이끌고 감행한 것이 이른바 '남순강화'이다. 개혁의 '총설계사'인 등소평은 1992년 1월 18일부터 2월 21일까지 광동, 심천, 상해 등 남쪽 지방을 순회하면서 주요 경제특구와 연안 경제개방지역을 방문하고, 개혁·개방의 성과에 만족하며 이를 더욱 독려하는 내용을 담은 '남순강화'를 내놓았다. 이 담화는 경제개혁·개방 정책을 한층 심화 확대하는 내용을 담은 것이다. 이 '남순강화' 발표를 통하여 등소평은 자신의 경제개혁 의지가 확고함을 분명하게 보여 주었고, 이것은 개혁파들에게 강력한 지원사격을 가해 준 셈이었다.[70]

1992년 10월에 개최된 중국공산당 제14기 전국대표대회는 1978년 11기 3중전 이래 등소평체제가 추진하여 온 경제개혁·개방 정책의 업적을 높이 평가하고, 시장경제 요소가 대폭 확대된 '사회주의 시장경제체제' 도입을 결의함으로써 '천안문사태' 이후 재연되었던 보·혁 사이의 정책 논쟁과 권력투쟁을 사실상 끝냈다. 개혁파의 보수파 제압이 확인되었고, 대대적인 인사 개편을 통하여 개혁세력이 중심이 된 등소평 이후의 후계체제가 구축되었다. 이 대회에서 강택민 당 총서기 체제가 확립됨으로써 모택동 시대, 등소평 시대에 이어 강택민을 정점으로 하는 제3의 새로운 시대를 향해 출발하게 되었다.[71]

(2) 정치개혁

중국과 같이 공산당과 정부가 국가의 운영을 좌지우지하는 국가체제에서는 전면적인 개혁·개방과 같은 거대한 변화가 지속성을 가지려면, 당과 정부에 대한 정치개혁이 따르지 않으면 불가능하다. 1978년 11기 3중전 이후 등소평과 중국 지도자들은 문화대혁명을 거치면서 변질되었던 공산당과 정부의 기능을 새롭게 정립하는 것을 필두로, 국정의 최고 목표인 경제 발전을 효율적으로 달성하기 위하여 강력하게 정치개혁을 추진하여 나갔다.

정치개혁 역시 등소평의 문제 제기에서 시동이 걸렸다. 11기 3중전회가 끝나고 얼마 뒤인 1980년 8월 등소평은 〈당과 국가 영도 제도의 개혁 [黨和國家領導制度的改革]〉이라는 글로 중국 정치체제의 문제점과 개혁되어야 할 내용에 대한 지침을 제시하였다. 등소평은 이 글에서 당과 국가의 영도제도·간부제도 등에서 관료주의, 권력 집중, 가부장적인 사업 관행, 간부직의 종신제도, 각종 특권 등의 심각한 문제가 존재한다고 주장한다. 그리고 이를 해결하기 위한 방안으로 권력 집중 방지, 겸직 금지, 당과 정부 분리, 후계자 양성을 위한 조치 등이 필요하다고 제시하였다.[72] 이때부터 중국에서는 정치개혁에 대한 논의가 폭넓게 전개되었고, 등소평의 주장이 개혁에 대한 지침서 구실을 하였다.

개혁파는 우선 문화대혁명의 흔적이 강하게 남아 있어 개혁·개방 정책을 추진하기에 부적합한 헌법을 개정하고 각종 법률을 정비하였다. 또한 문화혁명 동안에 파괴되거나 훼손된 당과 정부의 각종 기구와 조직의 복구 작업을 진행하였다. 대표적인 예로 공산당 개혁 작업 — 중앙위원회 총서기 부활, 중앙기율위원회 설치, 중앙당의 집단지도체제 강화 (총서기, 중앙정치국, 중앙정치국 상무위원회 등을 통해) 등 — 이 추진되었다. 중앙과 지방의 인민대표대회(인대)와 인대 상무위원회를 강화하고, 지방정부를 정비하였다. 또한 선거제도를 개혁하여, 현급 단위의 인대 대표를 주민들이 직접선거로 선출할 수 있도록 하였다. 문혁 동안에 '우익 수정주의자'로 몰려 박해를 받았던 각종 민주당파가 다시 활동할 수 있도록 하였고, 거의 파괴되었던 인민정치협상회의(정협)도 다시 복구하였다. 이러한 정치개혁의 조치들은 1982년 12월 전국인민대표대회 제5기 회의에서 통과된 헌법을 통하여 종합 정리되었다. 그러나 개혁 초기의 이러한 조치들은 아직 미진한 것이었다. 정치개혁에 대한 종합적인 프로그램이 아직 마련되지 못하였고, 개혁 조치들도 부분적이고 미진한 상태였다. 무엇보다도 공산당이 경제개혁과 발전을 위한 프로그램 개발과 추진에 총력을 기울이고 있었기 때문에 정치개혁은 아직까지 본격적인 개혁 일정에 오르지 못한 것이다.[73]

정치개혁이 본격적으로 논의되고 추진되기 시작한 것은 1980년대 중반 이후의 일이다. 1984년 이후 도시경제 개혁이 본격적으로 시도되면서, 기존의 정치체제는 경제개혁 추진의 걸림돌이라는 인식이 더욱 커졌다. 당과 정부는 여전히 경제에 대한 통제권 — 투자 계획, 이익 분배, 가격 결정 등 — 을 보유하고 있었으며, 이 때문에 경제 주체들의 자유로운 경제 활동이 충분히 보장되지 못하였다. 또한 복잡하고 중복된 정부

조직, 정책 결정과 집행에서 비효율적인 관료제도 등이 원활한 경제개혁 추진을 저해하고 있었다.[74] 그 결과 정치개혁파와 지식인들은 정치개혁의 필요성을 전면적으로 제기하고, 등소평도 이에 호응하여 그 필요성을 강력하게 주장하였다.[75]

정치개혁이 폭넓게 논의되면서 부분적으로 추진되던 정치개혁에 대한 종합적인 프로그램이 만들어지고 주된 사업과제로 상정된 것은 1987년 중국공산당 제13기 전국대표대회에서였다. 이 대회에서 조자양은 〈중국 특색의 사회주의 길을 따라 전진하자[沿着有中國特色的社會主義道路前進]〉(1987. 10)라는 보고문을 통하여 그동안 등소평과 개혁파들이 주장하던 정치개혁의 내용을 체계적으로 정리하고 있다. 그가 제시한 정치개혁의 분야와 방향은 다음과 같다.

첫째, 공산당과 정부의 분리[黨政分離] : 공산당과 정부의 분리라는 과제는 그동안 공산당이 정부의 기능을 대체하던 관행을 시정하고, 당과 정부의 구실과 기능을 분명히 구별해야 한다는 것이다. 정부 각 조직에 편성되어 있던 당 위원회나 당 소조를 없애고, 정부 각 단위의 자율성과 책임성을 보장해 주어야 한다.

둘째, 권력 하방(下放) : 중앙이나 상급 단위에 집중되었던 각종 권한을 하급단위에 부여하고, 당과 정부가 장악하고 있던 권한을 각종 사회단체 등에게 돌려주어야 한다. 중앙과 당정의 권력집중 현상을 해소하고, 동시에 다른 사업단위나 하부단위의 자율성과 책임성, 적극성을 고취시킬 수 있다.

셋째, 정부기구 개혁 : 관료주의 현상을 막고 정부 기능의 효율성을 높이고자 하는 것이다. 중복되는 기구의 통폐합, 인원 감축, 정부 기능의 재조정 등을 통하여 이루어진다. 정부 기능 조정에서 특히 경제 부문에 관한 것은 그동안 해 오던 직접관리 방식에서 간접관리 방식으로 바꾸어야 한다.

넷째, 간부·인사제도 개혁 : 애매한 간부의 개념을 재정립하고, 비합리적인 인사관리 방식을 개선하는 것이다. 정무직 공무원과 업무직 공무원으로 구성되는 공무원제도를 도입함으로써 이러한 폐단을 개선해야 한다.

다섯째, 사회협상제도 도입 : 민중의 의견을 적극적으로 정치와 행정에 도입하기 위한 개혁이다. 각종 경로와 방식을 통하여 대중의 의견을 수렴하고, 이를 통하여 관료주의와 부정부패의 관행을 없애도록 한다.

여섯째, 사회주의 민주정치제도 개선 : 문화혁명 기간에 축소되었던 인민대표대회와 인민정치 협상제도를 더욱 발전시켜 사회주의 민주제도를 강화하는 것이다. 그밖에도 각종 대중 단체의 구실과 기능 강화, 각종 선거제도의 개선을 통하여 기층 민주생활의 제도화를 도모해야 한다.

일곱째, 사회주의 법제 강화 : 사회주의 민주와 사회주의 법제를 제도화해야 한다. 필요한 입법조치를 취하고, 합리적인 법 집행 활동을 추구해야 한다. 사법기관의 법에 따른 권한 행사와 국민들의 법률 의식 제고 등 사회주의적 법치주의를 확립해야 한다.76)

이상에서 조자양이 제시한 정치개혁의 과제는 보수파와 개혁파의 타협으로 만들어진 것이며, 정치개혁에 대한 종합설계도로 평가받고 있다. 그 뒤 정치개혁이 본격적인 개혁 일정에 올라 추진되었으나, 1989년 천안문사건으로 정치개혁은 사실상 일시 중단되었다. 어느 정도 사건이 수습되었다고 판단한 공산당이 정치개혁의 필요성과 과제를 다시 제기하고 추진하게 되는 것은 1992년 10월 중국공산당 제14기 전국대표대회 이후의 일이다.77)

등소평의 지도 아래 이루어진 이러한 정치개혁의 전개 과정에서 드러나는 특색은, 우선 정치개혁이 경제 발전을 위한 보조적인 전략으로 발의되고 추진되어 왔다는 점이다. 경제개혁과 정치개혁의 관계와 현실적인 문제점에 대한 등소평의 인식은 그의 다음과 같은 주장에서 확연하게 드러난다.

현재 우리의 경제체제 개혁은 기본적으로 순조롭게 진행되고 있다. 단지 경제체제 개혁이 발전함에 따라 불가피하게 장애에 부닥치고 있다. 개혁에 대해 당과 국가 안에서 일부 사람들이 반대를 하지만, 정말로 반대를 하는 사람은 많지 않다. 중요한 것은 정치체제가 경제체제 개혁의 요구에 부응하지 못한다는 것이다. 따라서 정치체제 개혁을 하지 않으면 경제체제 개혁의 성과를 보장하는 것이 불가능하고, 경제체제 개혁의 지속적인 전진도 불가능해진다.[78]

경제 발전을 위한 보조수단으로 인식하고 추진한 정치개혁이었으므로 개혁의 많은 내용이 경제개혁과 발전에 필요한 것 — 예를 들면, 정경 분리와 경제주체에 대한 자율성 부여, 정부기구의 간소화, 젊고 유능한 간부의 충원, 경제기구의 확대 등 — 으로 채워졌다. 권력 하방, 직접선거제도의 확대 등 사회주의 민주제도의 강화 등도 그 자체가 목표라기보다는 경제개혁과 발전에 대중의 적극성을 동원하기 위한 방편이었다.

두 번째 특징으로 볼 수 있는 것은, 등소평시대의 정치개혁은 경제 상황, 대중운동(민주화운동)과 밀접히 관련되어 전진과 후퇴를 반복하면서 추진되었다는 점이다. 이는 보수파와 개혁파의 투쟁이 경제 상황의 좋고 나쁨, 대중운동의 부침에 따라 격화되기도 하고 완화되기도 하였으며, 그 투쟁의 결과가 정치개혁 추진 과정에 영향을 주었기 때문이다. 경기가 침체될 때나 대중운동이 일어날 경우에는 정치개혁이 후퇴하거나 심지어는 정지하기도 하였다.[79] 예를 들면, 대중운동의 경우만을 본다면, 개방정책과 경제성장은 시민과 지식인들의 정치 참여 욕구와 민주의식을 고양시켜 진보적인 개혁에 대한 요구를 낳았다. 1985년 학생운동, 1986년 말에서 1987년 초 민주화운동, 1989년 6월 천안문사건 등이 대표적인 민주화운동이었다. 그런데, 이러한 민주화운동은 반대급부로 공산당 보수파들로 하여금 중국식 사회주의가 기능적으로 차용하려던 자본주의적 생산과 관리 방식이 도리어 사회주의를 위협하고 있다며 반격할 빌미를 제공하였다. 자산계급의 자유화도 요구하는 민주화운동과, 보수파의 반격에 대해 등소평은 경제적으로는 경제 발전을 위한 개혁·개방을, 정치적으로는 '4항 원칙 견지'라는 원론을 재강조하면서 정치개혁의 범위와 속도를 조절하였다. 특히, 천안문사건 이후에는 정치개혁이 전면적으로 후퇴하였고, 이 과정에서 등소평은 무력진압 결정을 내리는 데 중요한 구실을 한 것으로 알려지고 있다.[80]

정치개혁의 마지막 특징은 정치개혁이 사회주의 정치체제를 강화, 발전시키기 위한 수단이지 그것을 대체하여 서구식 정치제도를 도입하거나 공산당의 지도를 완화하려는 것이 아니었다는 점이다. 그것은 등소평이 일찍이 1979년에 개혁·개방 추진의 원칙으로 밝힌 '4항 기본원칙' ― 사회주의체제 고수, 인민민주주의 독재 견지, 당의 영도 견지, 마르크스-레닌주의와 모택동사상 견지 ― 에서 분명하게 제시한 바 있다. 등소평의 이러한 정책은 그 뒤 줄곧 변하지 않는 공산당의 기본 정책이 되었다. 중국학자들이 '정치제도'와 '정치체제'를 구분하여, 정치개혁은 어디까지나 사회주의 정치제도 아래서 개혁·개방 정책을 추진하기 위하여 문제점을 시정하고, 효율성을 높이기 위한 정치체제에 대한 개혁이지 정치제도에 대한 근본적인 개혁이 아님을 주장하는 이유도 바로 여기에 있다.[81]

6. 맺는 말

등소평은 격랑이 소용돌이치던 20세기 중국역사에 커다란 흔적을 남긴 지도자였다. 무엇보다도 그는 개혁·개방 시대의 '총설계사'로서 사회주의 중국의 '제2의 혁명'을 수행할 수 있는 기반을 닦은 지도자로 기억되고 있다.

모택동이 사망한 뒤 그가 최고의 권력을 장악하고 이러한 대변혁을 주도해 나갈 수 있었던 힘은 일차적으로 고난과 역경 속에서 단련된 다양한 리더십을 꼽지 않을 수 없다. 항일전과 내전을 겪으면서 군인으로서의 리더십을 단련하였다. 내전에서 보여 준 역량은 그를 인민해방군의 10대 원수 가운데 한 사람으로 꼽게 하였다. 건국 뒤 공산당과 중앙정부의 최고지도자로 지낸 40여 년 동안의 세월은 그를 유능한 행정가요, 정치가가 될 수 있게 만들어 주었다. 이러한 당·정·군에서의 경력은 그에게 조정가로서 권위와 능력을 담보해 주었다. 그는 일찍이 모택동과 주은래, 유소기 등 최고지도자들 사이에서 적절한 완충적 노릇을 한 바도 있었지만, 특히 당의 최고지도자가 된 뒤에는 보수세력과 개혁세력 사이의 균형자요, 조정자로서 큰 구실을 하면서 개혁·개방 정책이 지속될 수 있는 보루 노릇을 담당하였다.

그런데 아무리 군인으로서, 정치가로서, 행정가로서 다양한 능력을 겸비한 유능한 지도자라 하더라도, 실용주의적이고 유연한 리더십이 아니었더라면 20세기 말 중국의 개혁·개방 정책은 불가능하였을 것이다. 일찍이 '흑묘백묘론'으로 실용주의적 태도를 보였던 등소평은 최고 권력을 장악한 뒤에는 모택동의 '실사구시' 주장을 거꾸로 이용하면서 극좌적인 정치·경제정책을 극복하고, 마침내 등소평 식의 사회주의, 즉 '중국적 특색을 지닌 사회주의'를 건설해 나갔던 것이다. 이것은 그가 부유한 사회주의 중국 건설을 위하여 지극히 유연하고 탄력적으로 사회주의 본질을 다시 정의해 나갔기 때문에 가능하였다. 등소평에게는 사회주의의 본질은 '생산력 발전을 통하여 함께 부유해지는 것'이었고, 계획경제인가 시장경제인가 하는 문제는 본질이 아닌 경제적 수단일 뿐이었다. 그는 '사회주의가 자본주의와 견줄 수 있는 우위를 얻어내려면' 자본주의 국가의 '선진적인 경영방식과 관리 방법'을 포함하여 '인류 사회가 창조한 모든 문명적인 성과'를 받아들이고 교훈으로 받아들이는 데 인색하지 말아야 한다고 보았다.[82] 시장경제적 요소를 과감하게 받아들인 중국이 지금은 경제대국으로 성장하고, 새로운 사회주의 모델이 되고 있음은 바로 이러한 등소평의 실용적이고 유연한 리더십의 결과라고 해도 지나친 말이 아닐 것이다.

그러나 유연한 리더십과 그 경제적 성과만으로 리더로서 등소평의 공과를 모두 논했다고는 할 수 없다. 정치적으로 볼 때 등소평은 어디까지나 공산당 독재의 사회주의체제를 확고하게 유지하려는 보수주의자였다. 1989년 천안문사태로 대표되는 중국의 정치적 민주화운동은 그에 의하여 철저히 탄압되었다. 등소평은 자본주의적 요소를 적극적으로 수용하는 면에서 '경제 반좌'적 처지이나, 정치적으로는 철저히 자유민주주의적 정치체제를 배격하는 '정치 반우'적인 처지였다. 사회주의 초급단계론의 기본 노선으로 제시된 '1개 중심 2개 기본점'(경제 건설 1개에 모든 초점을 맞추되, 이를 실현하기 위해서는 경제적으로는 개혁·개방정책을 유지하면서 정치적으로는 4항 기본원칙을 지켜야 한다)은 등소평의 이러한 특징을 잘 드러내는 강령이다. 정치적 지도자 등소평의 공과에 대한 종합적인 평가는 경제적 발전에 비교적 만족하고 있는 중국 국민들이 앞으로 정치적 민주화에 대한 욕구를 얼마나 오랫동안 견딜 것인가 하는 문제와 긴밀하게 연결되어 있다.

등소평이 주장한 '중국적 특색을 지닌 사회주의'가 얼마나 그 형태를 오래 유지해 나갈 수 있는가 하는 것도 지켜볼 문제이다. 자본주의적 요소를 경제적 수단으로 간주하면서도 정치적으로는 사회주의체제를 유지하여 나가겠다는 태도는 19세기 말 중국의 양무운동을 연상하게 한다. 서양 기술을 도입하되 중국 문화와 전통체제의 근본은 바꾸지 않으려던 양무운동은 실패한 역사로 기억되고 있다. 이런 역사적인 경험을 놓고 볼 때, 사회주의체제를 유지하되 자본주의적 요소는 거리낌 없이 도입하려는 이 20세기판 양무운동이 어떻게 진행되어 갈 것인가 하는 문제는, 진지한 탐구대상일 뿐만 아니라 등소평에 대한 끊임없는 재평가의 한 기준이 될 것이다.

■주 ────────

1) 등소평은 1985년 3월 28일 일본 자민당 부총재를 접견한 자리에서 "개혁은 중국의 제2차 혁명이다"라는 말을 스스로 한 바 있다. 김승일 역, 《등소평문선》 상권, 범우사, 1994, 163~164.

2) 개혁·개방의 프로그램을 발의하고 추진하는 주역이었음을 나타내는 이 용어는 등소평에게 항상 따라붙는 애칭처럼 쓰이고 있다. 宗峻, 《總設計師》, 北京 : 中共中央黨校出版社, 1993라는 제목은 그런 분위기를 잘 반영하는 한 예가 될 것이다.

3) 劉金田·張愛茹 編著, 《鄧小平》, 香港 : 삼련서점, 2003, 8~17쪽 ; Uli Franz, 한영택 역, 《개방 중국의 작은 거인 등소평 전기》, 서울 : 시사영어사, 1989, 19~32쪽.

4) Uli Franz, 위의 책, 33~42쪽.

5) 安毅軍 編, 《鄧小平》, 北京 : 中央文獻出版社, 1999, 2~4쪽 ; Uli Franz, 위의 책, 43~57쪽.

6) 安毅軍, 위의 책, 4~6쪽 ; 劉金田·張愛茹 編著, 앞의 책, 20~25쪽 ; Uli Franz, 위의 책, 59~88쪽.

7) 周迅 외, 《鄧小平》, 香港 : 廣角鏡출판사, 1983, 24~26쪽 ; 劉金田·張愛茹 編著, 위의 책, 28~35쪽.

8) 서진영, 《중국혁명사》, 서울 : 한울, 1992, 148~160쪽.

9) 周迅 외, 앞의 책, 27~33쪽 ; 劉金田·張愛茹 編著, 《鄧小平》, 36~37쪽 ; 김영화, 《등소평의 리더십과 중국의 미래》, 서울 : 문원, 1995, 56~57쪽.

10) 서진영, 앞의 책, 167쪽.

11) 서진영, 위의 책, 163~166쪽.

12) 뒷날 홍위병들은 등소평이 한때 군을 떠나 홍콩으로 간 사실을 두고 국민당군의 공격 때문에 자신의 부대를 돌보지 않고 홍콩으로 도망갔다고 하여 등소평을 비난하는 자료로 이용하였다. Uli Franz, 앞의 책, 95-108쪽.

13) 서진영, 앞의 책, 167~168쪽.

14) 박찬식, 《등소평》, 서울 : 두레, 1981, 147~148쪽.

15) 寒山碧 지음, 열림기획 옮김, 《작은 거인 등소평》, 서울 : 인문출판사, 1996, 139쪽.

16) 김영화, 앞의 책, 66쪽.

17) 김영화, 위의 책, 67~68쪽.

18) 서진영, 앞의 책, 184~187쪽.

19) 寒山碧, 앞의 책, 140쪽 ; 박찬식, 앞의 책, 145~146쪽.

20) 박찬식, 위의 책, 143~144쪽.

21) 劉金田·張愛茹 編著, 앞의 책, 40~41쪽 ; 김영화. 앞의 책, 69쪽.

22) 김영화, 위의 책, 75쪽.

23) 박찬식, 앞의 책, 148~155쪽.

24) 박찬식, 앞의 책, 149쪽.

25) 박승준, 《평전 등소평》, 서울 : 조선일보사, 1988, 64쪽.

26) 서진영, 앞의 책, 201~203쪽.

27) 寒山碧, 앞의 책, 151~158.

28) 박승준, 앞의 책, 65~66쪽.

29) 寒山碧, 앞의 책, 167~168쪽 ; Uli Franz, 앞의 책, 118~123쪽.

30) 박찬식, 앞의 책, 155쪽 ; 박승준, 앞의 책, 67~69쪽.

31) 安毅軍, 앞의 책, 13~17쪽 ; 박승준, 위의 책, 159~161쪽.

32) 박승준, 위의 책, 70~71쪽.

33) 박찬식, 앞의 책, 160쪽.

34) 劉金田·張愛茹 編著, 앞의 책, 48~49쪽 ; Uli Franz, 앞의 책, 127~136쪽.

35) 安毅軍, 앞의 책, 20~22쪽 ; Uli Franz, 위의 책, 142~143쪽 ; 박찬식, 앞의 책, 167~168쪽.

36) 김영화, 앞의 책, 89~92쪽.

37) Uli Franz, 《등소평 전기》, 146~147쪽 ; 박찬식, 《등소평》, 172~174쪽.

38) 安毅軍, 앞의 책, 24~44쪽 ; 劉金田·張愛茹 編著, 앞의 책, 52~65쪽 ; 박승준, 앞의 책, 81~82쪽.

39) 安毅軍, 위의 책, 44~47쪽 ; 劉金田·張愛茹 編著, 위의 책, 70~79쪽 ; 박찬식, 위의 책, 180~185쪽 ; 박승준, 앞의 책, 101~102쪽.

40) 劉金田·張愛茹 編著, 위의 책, 82~83쪽 ; 박승준, 위의 책, 109~117쪽.

41) 安毅軍, 앞의 책, 49~50쪽 ; 박찬식, 위의 책, 197~200쪽.

42) 김영화, 앞의 책, 141~145쪽 ; 박찬식, 위의 책, 206~207쪽.

43) Uli Franz, 앞의 책, 187~189쪽 ; 김영화, 위의 책, 161~164쪽.

44) 김영화, 위의 책, 170~181쪽.

45) Uli Franz, 앞의 책, 191~200쪽 ; 김영화, 위의 책, 181~188쪽.

46) 劉金田·張愛茹 編著, 앞의 책, 102~107쪽. 등소평의 문혁 기간 동안의 생활과 복권되는 과정은 그의 딸 등용(필명 毛毛)이 더욱 자세하게 기술해 놓았다. 毛毛, 《我的父親 鄧小平》, 北京 : 中央文獻出版社, 2000, 31~268쪽.

47) 毛毛, 위의 책, 328~337쪽.

48) 김영화, 앞의 책, 213~218쪽.

49) 安毅軍, 앞의 책, 67~70쪽 ; 劉金田·張愛茹 編著, 앞의 책, 114~115쪽.

50) Harry Harding, *China's Second Revolution*, The Brookings Institution, 1987, pp. 48~56.

51) 安毅軍, 앞의 책, 70~72쪽 ; 劉金田·張愛茹 編著, 앞의 책, 120~121쪽.

52) 원로간부들을 화국봉 등과 같은 집단으로 분류하여 혁명적 모택동주의자(4인방), 복귀파(화국봉 등), 개혁파(등소평 등)의 세 집단으로 분류하기도 한다. 중국 정치의 개혁 주체를 파벌 사이의 대립구도 속에서 살피는 접근법은 노선과 정책을 놓고 분열과 대립의 과정 속에서 정치개혁 주체가 형성되었다는 점에서 그 의미가 있다고 본다. 파벌적인 접근법을 취하고 있는 대표적인 연구는 Harry Harding, *China's Second Revolution*, Brooking Institution, 1987 ; Carol Harmin, *China and the Challange of the Future*, West Press, 1990 등이 있다. 여기서는 개혁파 등장 이전 정치적 그룹의 이합집산을 살피기 위하여 원로간부를 따로 분류하였다.

53) Parris H. Chang, 〈개혁세력의 등장과 그 정책〉, 이상우 편, 《중공의 새 진로》, 서울 : 법문사, 1986, 28~29쪽.

54) 安毅軍, 앞의 책, 72~77쪽 ; 劉金田·張愛茹 編著, 앞의 책, 124~125쪽 ; 김영문·서보근, 〈등소평정치사상〉, 서울 : 법문사, 1994, 93~95쪽 ; 김영화, 앞의 책, 253~258쪽.

55) 자세한 권력 구조의 변동 과정은 柴田穗 지음, 이경희 역, 〈등소평과 권력구조〉, 부산 : 진영문화사, 1986 참조.

56) 劉金田·張愛茹 編著, 위의 책, 132~133쪽.

57) 安毅軍, 앞의 책, 77~80쪽.

58) 김영화, 앞의 책, 251~260쪽.

59) 조영남, 〈중국 등소평 시기의 정치개혁 연구〉, 서울대 석사논문, 1996, 44~47쪽.

60) 《鄧小平文選》 2권, 北京 : 人民出版社, 1987, 164~165쪽.

61) 鄧小平, 〈建設中國特色的社會主義〉(1984. 6. 30), 《建設中國特色的社會主義》, 三聯書店香港分店, 1985, 31~35쪽.

62) 중국의 실정에 맞는 '중국적 특색을 지닌 사회주의'를 건설하자는 등소평의 주장은 1987년 제13기 전국대표대회에서 '사회주의 초급단계론'으로 공식화하였다. 한편 1992년 제14기 전국대표대회에서 그동안의 경제개혁 성과에 고무된 중국 지도자들은 시장경제적 요소가 대폭 확대된 '사회주의 시장경제체제 확립'을 선언하기에 이른다. 金釗, 《鄧小平理論總論》, 서안출판사, 1998, 184~287쪽 ; 김호길, 〈중국의 개혁·개방 정책에 관한 연구〉, 경남대 박사논문, 1991, 52~66, 192~193쪽 ; 진경진, 〈중국의 경제 개혁·개방에 관한 연구〉, 서울대 석사논문, 1993, 9~17, 67~71쪽.

63) 안병준, 《중국현대화의 정치경제학》, 서울 : 박영사, 1992, 165~176쪽.

64) 안병준, 위의 책, 166~168쪽.

65) 안병준, 위의 책, 168~172쪽.

66) 안병준, 위의 책, 198~209쪽 ; 김호길, 앞의 글, 90~92쪽 : 김영화, 앞의 책, 296~298쪽.

67) 김호길, 위의 글, 141~147쪽.

68) 서석흥 편역, 《중국 사회주의 개혁의 진로》, 풀빛, 1990, 331~346쪽.

69) 진경진, 앞의 글, 53~57쪽.

70) 安毅軍, 《鄧小平》, 157~161쪽 ; 劉金田·張愛茹 編著, 《鄧小平》, 184~185쪽 ; 남순강화의 주요 내용은 《中蘇硏究》 통권 53호(1992 봄)의 별첨자료, 259~260쪽 참조.

71) 진경진, 앞의 글, 64~66쪽.

72) 《鄧小平文選》 2권, 320~343쪽.

73) 조영남, 앞의 글, 50~52쪽.

74) Benedict Stavis, China's Political Reform (Praeger press, 1988), p. 17.

75) 鄧小平, 〈關于政治體制改革問題〉(1986. 9~11) 《鄧小平文選》 3권, 人民出版社, 1993.

76) 중공중앙연구실, 《十三代以來重要文獻選編》상, 人民出版社, 1991, 34~35쪽에 있는 조자양의 〈沿着有中國特色的社會主義道路前進〉.

77) 정치개혁에 대한 재논의는 중공 14대 전국대표대회에서 강택민이 행한 보고서에 반영되어 있는데, 13전대에서 조자양이 제시한 것과 큰 차이 없이 거의 같다. 자세한 내용은 김소중 편역, 《중국 특색의 사회주의》, 대륙연구소, 1994에 있는 강택민, 〈중국 공산당 제14기 전국대표대회 보고〉 참조.

78) 鄧小平, 〈不改革政治體制會沮礙生産力發展〉(1986년 9월), 중공중앙문헌연구실, 《鄧小平同志論改革開放》, 인민출판사, 1989, 196쪽.

79) 조영남, 앞의 글, 57쪽.

80) 김영화, 앞의 책, 308쪽.

81) 陳瑞生 외 主編, 《中國改革全書(1978~1991) : 政治體制改革卷》, 대련출판사, 1992, 266~283쪽.

82) 김승일 역, 《등소평 문선》 하권, 범우사, 1994, 249쪽.

노 신魯迅
중국 근대문학의 선구자

윤 혜 영

1. 머리말

1918년 신문화운동이 한창이던 북경에서 《광인일기(狂人日記)》라는 단편소설을 발표한 이래 일약 근대 이후 중국에서 최고의 문필가로 떠오른 노신(魯迅 : 1881~1936)은 일본과 전면전이 발발하기 1년 전인 1936년 상해에서 타계하기까지, 상대적으로 짧은 기간이긴 하지만 중국 문단과 지식인층에게 영향력이 강한 인물이었다. 그에 대한 평은 그의 생전이나 사후를 가릴 것 없이 극단적인 호오(好惡)가 공존한다. 생전에 그가 수많은 사람들과 논전을 벌이면서 거리낌 없는 필봉을 휘두른 것이 그의 사후 그에 대한 비판이 활발해진 하나의 원인이었다면, 모택동이 노신을 일컬어 '현대 중국의 성자(聖者)'라 하고 그의 무덤에 친필휘호를 내리는 등 중화인민공화국 수립 이후 노신이 집권당국에 따라 위인으로 신격화하는 과정에 대한 반발 역시 다른 하나의 원인이었다.

모택동 시기의 중국 대륙에서는 드러내 놓고 노신을 비방할 수 없었지만, 다른 지역이나 개혁개방 이후의 중국에서는 다시 노신에 대한 폄하가 자유로워지고 있다. 또 노신의 폄하에 대한 반발도 만만찮게 중국에서 나타나고 있다.[1] 이렇게 위대한 문필가이자 사상가요, 불굴의 '혁명전사'라는 신화적 인물이 된 노신의 이미지나, 그를 비판하는 측면에서 그려내는 그의 모습이나 모두 그의 삶의 어느 일면을 극대화한 점이

노 신

없지 않을 것이다.

필자는 신화화한 노신이나 신화를 파괴하려는 측면에서 그려낸 그의 모습으로부터 어느 정도 거리를 두고 자유롭게 그의 삶을 조망해보려 한다. 그가 주로 활동했던 20세기 전반기의 중국은 제국주의 시대에 열강의 외압에 시달리는 한편, 새롭고 부강한 중국을 추구하는 지식인·정당을 포함한 각계가 치열한 경쟁을 하던 시기였다. 새로운 중국을 이룩하기 위해 우선 구식 전통을 철저히 부수어야 한다는 소명의식이 5·4신문화운동기 이래 지식인들을 옥죄고 있던 주술(呪術)과도 같은 것이었다면, 노신의 삶은 평생을 이 주술을 어떻게 풀어 나갈 것인가 하는 답안 모색의 과정이었다고 하겠다. 그러므로 실체로서 노신의 모습을 어느 정도 객관적으로 그리기 위해서는 중국이 처한 상황과 이에 대한 노신의 대응방식에 천착할 필요가 있다. 이하에서는 바로 이와 같은 관점에서 그의 삶, 그의 작업 그리고 그것이 노신 당대의 중국에서 가지고 있던 위상을 살펴보려 한다.

우선 5·4신문화운동기 이전 그의 삶에서 드러난 '신구갈등'의 측면을 살펴볼 필요가 있다. 그가 신문화운동기에 소설 창작으로 전통에 대한 철저한 타파를 부르짖게 된 것은 그 이전까지의 삶에서 전통의 속박이 그만큼 강했다고 보이기 때문이다.

다음으로 5·4신문화운동기부터 국민혁명기를 거쳐 남경 국민정부 시기에 이르는 구국의 격동기라 할 수 있는 시기에, 노신은 어떻게 대처했는가 하는 점을 살펴보려고 한다. 이 시기는 그의 중년에서 만년까지 해당한다. 당시 중국의 많은 지식인들이 구국의 실천 활동으로 혁명에 휩쓸리고 있었던 것과는 달리 노신은 시종일관 계몽의 '전사'로 자임하였다. 예술을 위한 예술이 아니라 구국을 위한 계몽의 수단으로 문필활동을 계속한 그의 행적이 가지는 의미를 살펴볼 필요가 있다.

끝으로 이와 같이 노신의 삶과 활동을 그가 처해 있던 중국의 상황 속에서 조망함으로써 신화화나 탈신화화의 경향에서 벗어나 인간 노신의 실체에 가까운 모습을 그려보고자 한다. 그렇게 함으로써 그가 근대 중국의 형성 과정에서 떠맡았던 일정한 몫이 어떤 것이었는가를 생각해 보기 위해서이다.

2. 5·4신문화운동기 이전 노신의 삶과 '신구갈등'

노신은 1881년 절강성 소흥현(紹興縣)에서 주복청(周福淸)의 맏손자로 태어났다.[2] 그가 태어날 때만 해도 조부가 북경의 현직 관리로 있었기 때문에, 비록 부친이 과거에 누차 낙방하여 현직을 갖지 못했지만, 유복한 집안이었다. 어린 시절 노신은 집 뒤뜰에서 풀벌레들과 벗하며 보육담당 하녀, 할머니에게 괴기한 옛날이야기를 즐겨 들으며 근심걱정 없는 날들을 보냈다. 일곱 살 때부터 사숙(私塾)을 다니다가 열두 살이 되면서 성내에서 제일 엄격하다는 삼미서옥(三味書屋)이란 서당에 다니면서 과거시험을 준비하기 시작하였지만, 여전히 수업시간 틈틈이 학동들과 몰래 뒤뜰로 빠져나가 논다든지 그림을 베끼는 일을 즐겨한 아이였다.

그러나 열세 살이 되던 해, 조부가 과거시험에서 뇌물을 받은 사건으로 투옥되면서 그의 행복한 유년기에 구름이 드리워지기 시작한다. 조부의 사형을 막고 가산을 팔아 뇌물을 마련하느라 집안이 기울기 시작하였고, 부친은 중병이 들어 다시는 일어나지 못했다. 집안이 몰락하면서 그에 대한 주위의 시선은 싸늘해졌고 부친은 장남인 그가 입신양명하여 집안을 다시 일으켜야 한다는 부담을 은연중에 지워주었다. 게다가 그는 아버지의 약값을 대기 위해 집안에서 값이 나갈 만한 물건들을 들고 전당포에 드나들며 모멸감을 견뎌야 했고 한의가 처방해준 어려운 약재를 구하러 동분서주하면서 유교에서 말하는 무조건적인 효도라는 데 대해서도 회의를 느끼기 시작하였다.

그 고장에선 명의라는 한의의 까다로운 처방약을 썼는데도 병세가 전혀 호전되지 않은 채 부친은 그가 열여섯이 되던 해 세상을 떴다. 조부의 투옥과 부친의 별세, 가문의 몰락과 어떻게든 가문을 일으켜야 한다는 장남으로서의 부담은 이후 노신의 삶에 커다란 영향을 미치게 된다. 과거제를 통한 입신양명의 길은 언제 빛을 볼지 기약하기도 어렵거니와 급제까지 한없이 들어갈 교육비를 부담하기엔 가세가 너무 기울어 있었다. 그런 상황에서 노신을 구한 것은 교육비를 면제 받고 실용적인 서양 학문을 배울 수 있는 신식 학당이었다.

열여덟이 되던 1898년 노신은 남경으로 가서 강남수사학당(江南水師學堂)에 시험을 쳐서 붙었다. 그러나 영어, 한문 강독과 작문을 주로 하는 이 학교에 불만을 느낀 그는 몇 달 뒤 광무철로학당(鑛務鐵路學堂)에 시험을 쳐서 옮겨갔다. 이 학교에서는 영어, 한문 말고도 지학, 금석학 같은 새로운 내용을 배운데다 교장이 개혁 지향적인 사람이어서 신식 개혁을 주장하던 잡지인 《시무보(時務報)》도 열람할 수 있었다. 노신은 이때 헉슬리의 《진화와 윤리》의 중국어 번역본인 《천연론(天演論)》을 읽고 그 신선함에 충격을 받기도 하였다. 그러나 졸업을 해도 마땅한 기술을 익힌 것도 아니었으므로 직업을 구하기 어렵던 터에 관비로 일본에 유학을 하게 되었다. 아마 취업난이란 요인도 있었지만 그의 일본행에는 신식 문물을 폭넓게 받아들이고자 한 그의 지적인 욕구가 강하게 작용하였을 것이다.

스물두 살이 되던 1902년 일본으로 간 노신은 일본어를 배우면서 체류하고 있던 동경에서 중국 유학생들이 댄스 연습에 몰두하며 노닥거리는 모습에 질려 센다이(仙台)로 가서 의학전문학교에 입학하였다. 스물넷이 되던 1904년의 일이었다. 부친의 병구완 과정에서 한의의 비과학적인 처방에 질렸던 그가, 남경 유학 생활 동안 새로 접하게 된 책들을 통해, 한의가 속임수에 불과하며 일본의 유신이 서양의학에서 발단하였다고 알게 되었으므로 의학교에 입학한 것이다.3) 그러나 의학교를 졸업한 뒤 귀국하여 잘못된 치료를 받고 있는 환자의 괴로움을 구하고, 국민의 유신에 대한 믿음을 촉진시키며, 전시에는 군의관이 되어 조국에 보탬이 되어보려던 그의 꿈은 한 편의 슬라이드 필름으로 산산이 부서졌다. 강의가 끝나고 남은 시간을 메우기 위해 환등기로 비쳐준 뉴스를 보다가 러일전쟁에서 러시아 스파이로 지목되어 참수당하게 된 중국인과 그를 구경하기 위해 둘러싸고 서 있는 무표정한 중국인들을 보게 된 것이다. 충격을 받은 노신은 어리석은 국민의 육체적인 건강을 지켜주는 것보다는 정신의 개조가 급선무이며, 그를 위해선 문예운동이 필요하다고 느끼고 학교를 포기한 뒤 동경으로 돌아왔다.

그러나 문예운동에 뜻을 두고 돌아온 노신을 맞이한 것은 고향의 어머니가 위독하니 빨리 돌아오라는 독촉 편지들이었다. 본래 노신이 남경에서 졸업하던 해 어머니는 그를 결혼시키려는 준비를 하고 있다가 그가 일본 유학을 떠나는 바람에 뜻을 이루지 못하고 있었다. 정혼한 처녀나 노신이나 나이가 점점 많아지자, 상대 가문은 물론이고 노신의 어머니도 걱정이 되어, 결혼을 서두르기 위해 자신이 중병이 들었으니 빨리 돌아오라는 편지를 보낸 것이었다.

노신은 어머니가 문맹이며 전족을 한 주안(朱安)이라는 처녀와 정혼하였다는 사실을 일본 유학 초기에 듣고 반대 의사를 표명한 적이 있었지만, 결혼은 부모가 정해주는 대로 해야 하는 당시 관행을 깨뜨릴 엄두가 나지 않았다. 더욱이 그는 장남으로서 조부의 투옥, 부친의 병사와 막내 동생의 죽음을 몇 년 사이에 겪으면서 심리적 고통을 느낀 어머니에 대하여 각별한 연민과 존경심을 품고 있었기 때문에, 어머니의 뜻을 거스른다는 것은 생각도 하지 못하였다. 그리하여 어머니의 칭병이 자신의 혼사 때문일 것이라는 짐작을 하면서도, 순순히 귀향하여 어머니 뜻대로 주안과 전통적인 혼례를 치렀다. 스물여섯이던 1906년의 일이었다.

그러나 전족에 문맹으로 전통적인 부덕만 고수하는 아내와 일본 유학까지 다녀와서 신식 사고방식에 익숙한 노신과의 사이에는 공유할 만한 것이 하나도 없었다. 결혼 후 나흘째 되던 날 다시 동경으로 돌아간 노신은 몇 친구들과 함께 잡지를 만들어 문예운동을 본격화하는 작업에 몰두하였다. 그러나 《신생(新生)》이라는 잡지 이름까지 정해두었지만 자본주를 포함한 동인들이 종적을 감추면서 무산되어 버렸다.4) 문예운동으로 중국 국민의 정신을 개혁해 보려던 거창한 꿈이 덧없이 사라진 뒤 노신은 스스로 적막이라 이름 지은 좌절감을 느꼈다.

당시 중국에서는 노신의 동향인 소흥 사람으로 일본 유학을 한 적이 있던 광복회원 서석린(徐錫麟)과 추근(秋瑾)이 청조 관리를 암살하고 혁명을 일으키려다 실패하고 붙잡혀 죽은 사건이 일어났다. 소흥 사람인 노신에게는 특히 더 충격적인 일이었으므로 그는 혁명당 사람들에 대한 추도식과 청조를 규탄하는 동향 사람들의 모임에 적극 참석하였다.5) 그러나 노신은 그 이상으로 혁명운동에 깊숙이 간여하지는 않았다. 문예운동을 통한 구국에 실패하여 좌절감에 빠져 있었음에도 노신이 당시 일부 동경의 급진적 유학생들처럼 구국의 길이라고 믿은 광복회나 동맹회 같은 혁명당에 가입하지 않았다는 사실은 그의 앞으로의 행로와 관련하여 시사하는 바가 크다.

일찍이 그는 자신이 "팔을 들고 한번 외치면 호응하는 자가 구름같이 모여든다는 식의 영웅은 아니라는 사실"6)을 깨달은 바가 있었고, 이런 깨달음이야말로 그가 초지일관 문필 이외에 다른 혁명 활동에 종사하지 않게 하였다고 해석된다. 게다가 장남인 노신은 밑의 동생 주작인(周作人)의 결혼에 즈음하여 가정의 경제를 책임져야 하는 처지에 있었다. 그리하여 7년 동안의 일본 생활을 마치고 고향에 돌아간 뒤 처음에는 항주(杭州), 다음에는 고향인 소흥에서 교편 생활로 가족을 부양하는 생활인이 되었다. 그러나 소흥의 부인이 있는 집에서 출퇴근하는 대신 그리 멀지도 않은 학교에서 기숙 생활을 한 것을 보면 구식 부인과의 결혼이 그의 내심에 미친 상처가 상당히 컸음을 짐작케 한다.

교편 생활 3년째인 1911년 공화혁명이 일어나고 소흥에도 혁명정부가 들어섰다. 노신은 사범학교 교장에 임명되었지만 광복회원이 세운 혁명정부 요인들의 행태는 혁명과는 거리가 먼 것이었다. 노신은 혁명정부를 공격하는 제자들의 언론활동을 지원하면서 '혁명'의 실태에 환멸감을 느끼던 터에 채원배(蔡元培)의 요청을 받아들여 남경으로 가서 임시정부의 교육부 관리가 되었다. 중화민국 정식 정부가 북경에서 수립되고 교육부가 북경으로 올라가자 노신에게도 북경의 생활이 시작되었다.

그러나 원세개가 집권한 중화민국 초기의 실상은 소흥에서 겪었던 실망감보다 더욱 큰 환멸감을 노신에게 심어주었다. 그의 단편소설《두발(頭髮) 이야기》,《엉터리소동》에는 공화혁명이 중국인들에게 한바탕의 소극(笑劇)처럼 비쳐지고 있었다는 그의 느낌을 잘 전하고 있다. 전자의 주인공 N은 쌍십절이 오면 그동안 혁명을 위해 죽어간 사람들은 망각된 채 그저 순경이 시키는 대로 국기나 다는 날로 전락한 데 대해 비애감과 분노를 토로한다. 그에게 민국이 수립되어 다행한 일이 있다면 동경 유학시절 변발을 자른 그가 귀향한 뒤 머리 문제로 조롱을 당하다가 이제는 더 이상 변발이 없어도 모욕을 당하지 않는다는 사실 하나뿐이다. 후자는 혁명 이후에도 변발을 자르지 않고 있던 궁벽한 산골의 노인이 복벽 소문을 듣고 와서는, 변발을 자른 칠근을 대역죄인으로 몰아붙이자 전전긍긍하던 그와 가족, 마을 사람들이 결국 복벽이 이루어지지 않아 목숨을 부지할 수 있게 된 것에 안도하게 되는 과정을 그린 것이다.

이와 같이 혁명은 이루어졌지만 소흥이라는 현 단위에서건 수도 북경이건 간에 노신이 몸으로 느낀 것은 기회주의적으로 혁명의 과실(果實)

을 찬탈하려는 권력지향적인 인물들과 혁명이 진정으로 자신들에게 어떤 의미를 가지는 것인지 자각하지 못하고 있는 인민대중들의 몽매함이었다. 북경으로 올라온 그가 원세개에 대한 손문 일파의 토벌전이나 원세개의 제제(帝制) 운동과 그에 뒤이은 복벽(復辟)을 거치면서 느낀 것은 바로 이와 같이 소수의 기회주의적 권력자와 다수의 무지몽매한 중국인들이 공존하는 중국의 현실에 대한 좌절감이었다. 가족의 생계를 책임지고 있었던 만큼 교육부의 관리직을 포기할 수도 없는 상황에서 낮에는 출근하고 밤늦게까지 홀로 고적(古籍)의 정리, 연구에 몰두하고 있던 그의 생활은 적막함 그 자체였다.[7]

노신의 유년기로부터 청년기에 이르는 시기의 중국은 신식 사조와 문물이 들어와서 구식 전통과 갈등을 일으키면서 병존하고 있었다. 노신 자신의 삶도 이와 같은 상황을 그대로 반영하였다. 유년기에는 과거시험을 거치는 길이 그에게 유일한 것으로 보였지만, 가세가 기울면서 마침 도입되기 시작한 신식 학당에 진학, 일본 유학까지 마친 신식 지식인으로 성장하였다. 아버지의 간병과정에서 그는 이미 한의학에 대한 불신은 물론이고 효도라는 전통 윤리에 대해서도 일말의 의구심을 품고 있었던 데다가, 신식 교육을 받는 과정에서 전통사상에 대한 불신은 더욱 심화되었다. 그리하여 그는 중국이 처한 위기 상황에 아무런 도움이 되지 못하는 전통을 고수하는 중국인을 계몽할 책임감을 뼈저리게 느끼고 문예활동을 꿈꾸었던 것이다.

그러나 막상 그의 신변에는 어머니의 주선으로 혼례를 올린 전족을 한 구식 신부가 있었다. 아내는 노신을 옥죄는 구식 전통을 고스란히 대변하는 존재였다. 이렇게 신식 교육을 받아 구국의 필요성을 각성한 지식인으로서 누구보다도 강렬하게 중국인을 계몽할 꿈을 품고 있던 그가, 막상 생활면에서는 구식 전통의 산물인 아내와의 결혼을 감수해야만 하였다. 그의 이러한 생활이야말로 '신구갈등'을 고스란히 몸으로 절감하는 과정이었다. 이러한 노신에게 한 가닥 탈출구를 마련하여 새로운 희망과 소명감을 일깨워주게 된 것이 바로 북경을 휩쓴 5·4신문화운동이었거니와, 다음 장에서는 5·4신문화운동기 이후 그의 활동을 살펴보기로 하자.

3. 구국의 격동기와 계몽의 '전사' 노신

흔히 신문화운동의 기점으로 이야기되는 진독수(陳獨秀)의 《청년잡지(靑年雜誌)》(《신청년(新靑年)》의 전신) 발간은, 원세개의 제제(帝制)운동 추진으로 복고화하던 상황을 타개하고자 우선 청년부터 전통의 족쇄에서 해방시키고 각성시키기 위해 시작된 것이었다. 민국 이후 공교국교화(孔敎國敎化)운동이라든가, 제제, 복벽 등 공화정을 파괴하려는 시도에 대한 지식인·학생들의 반발이 신문화운동으로 결집된 것이었는데, '신구갈등'의 상황에서 괴로운 생활을 보내던 노신이 신문화운동에 적극 동참하여 전통 반대의 필봉을 휘두른 것은 당연한 일이었다. 《신청년》의 편집자인 고향친구 전현동(錢玄同)의 권유로 이 잡지에 백화문 소설 《광인일기》를 발표한 것을 비롯하여 그는 여러 편의 소설을 써냈고, 일약 5·4신문화운동을 문학적으로 실천하는 유명인사가 되었다. 그의 대표작으로 일컬어지는 《광인일기》, 《아큐정전(阿Q正傳)》을 비롯한 작품들이 기왕의 소설형식에 대한 고정관념을 깨고 새로운 형식을 취했을 뿐만 아니라 내용에서도 전통을 통렬히 비판하여 신문화운동의 정신을 구현하고 있었기 때문이었다.[8]

광인의 입을 빌어 전통적인 예교(禮敎)에 속박된 중국의 문화를 '사람 잡아먹는' 문화로 매도한 《광인일기》는, 예교의 속박에 대한 통렬한 비난으로 지식인 사회에 커다란 충격을 주었다. 그리고 공화혁명이라는 변혁기를 살아간 하층민 아큐(阿Q)를 통해 정신승리법이라는 자아도취에 빠진 우매한 중국인을 그린 《아Q정전》 역시 충격적이었다. 우선 공

350

화혁명의 실상에 대한 환멸감이 생생하게 그려져 있다는 점에서도 그렇지만, 전체적으로 중국인들이 자기들이 처한 대내외적 위기상황을 직시하지 않고 마비된 채 그저 하루하루 연명하기만 하려는 속성에 대한 통렬한 비판이라는 점에서 그러하였다. 일본 유학시절에 본 슬라이드 필름 속 군중에게서 느낀 자기모멸에 가까운 감정이 공화혁명의 과정에서 더욱 증폭되어 나타난 것으로 주목된다. 《눌함(吶喊)》(1923), 《방황》(1926)에 수록된 노신의 소설은 대체로 민국에 들어와서도 전통을 고수하는 우매하고 마비된 중국인을 형상화하거나 이상을 현실에서 펼칠 수 없이 수구적인 분위기에 압살당하는 신식 지식인들의 방황과 고뇌를 묘사한 것이 많다.

노신은 작품 활동뿐만 아니라 20년대에 들어 교육부 관리라는 본업보다도 《어사(語絲)》, 《망원(莽原)》 같은 문예지의 편집과 대학 출강에 더 큰 열정을 쏟아 부었다.9) 이러한 작업을 통해 청년학생들과 잦은 접촉을 하면서 《광인일기》의 마지막 구절인 "아이들을 구하라"에 드러낸 자신의 염원을 실현하고자 하였기 때문이었다. 전통을 고수하는 기성세대에 대한 기대는 접었지만 청년학생에 대한 계몽을 통해 그래도 조금씩은 나아질 수 있으리라는 새로운 희망을 품게 된 것이다.

그가 이렇게 강의와 창작, 문예지 편집에 열의를 불태우고 있던 시기에, 북경에서는 신문화운동의 영향을 받아 구식 예교의 질서에서 벗어나 새로운 지식과 새로운 중국을 추구하려는 학생들의 움직임이 활발하게 전개되고 있었다. 그 가운데서도 노신이 출강하고 있던 북경여자사범대학의 학생운동은 노신의 삶에 새로운 전기를 마련해 주었다.10) 여자사범대학 학생운동은 구식 예교를 옹호하면서 학생들을 억압하던 교장을 쫓아내기 위해 시작된 것이었는데, 노신은 예교 타파라는 명분에 공감하여 적극 학생들 편을 들었다. 학생들은 이 과정에서 폭력적인 탄압을 받고 학교에서 쫓겨나왔지만 새로운 교사(校舍)를 물색하여 학업을 계속하였는데, 노신은 교무유지회의 일원으로 새 학교에서 강의와 학교 운영까지 맡았다. 일개 교육부 관리가 교육부의 지침에 정면으로 저항하는 행동을 하였으므로, 그는 면직 처분까지 받았지만 행정소송을 제기, 승리를 거두었다.[11] 학생들도 북경의 정세 변화와 더불어 최종적인 승리를 거두게 되었다. 노신이 면직 처분까지 받으면서도 굴하지 않고 시종일관 학생들 편에서 싸운 것은 예교 타파라는 측면도 있었지만 여학생들에 대한 공권력의 폭력적인 진압에 대한 분개, 그리고 운동의 주도자인 허광평(許廣平)에 대한 애정이 크게 작용하였다.[12]

여자사범대학의 학생운동이 한창이던 당시 북경에서는 또한 상해의 5·30사건에 자극을 받은 학생들의 반제애국운동이 활발하게 전개되었고, 이어 벌어진 관세자주화운동과 '수도혁명'에서는 북경정부에 대한 전면 부인과 국민혁명에 대한 옹호까지 공공연히 나왔다. 여자사범대학 학생들은 물론 이러한 운동에 적극 동참하였고 그들이 승리를 거둘 수 있었던 것도 바로 북경의 이러한 혁명적 분위기에 힘입은 바가 컸다. 그러므로 1926년 3월 18일에 전년도부터 불붙어 오르기 시작한 반제애국운동의 연장선 위에서 학생들이 집정부에 강력한 반제(反帝)의 조처를 취하도록 청원시위를 하다가 호위대의 발포로 다수가 살상되었을 때, 사망자 가운데는 여자사범대학 학생들도 둘이나 끼여 있었다.[13] 그 가운데 하나는 허광평, 노신과 함께 교장배척운동에서 활약하던 학생이었다.

이 사건 이후 노신은 교육총장은 물론이고 최고통치자인 집정(執政 : 段祺瑞)까지 실명으로 거론하면서 비판하는 맹렬한 문필활동을 하기 시작하였다. 당시 집권당국은 3·18사건이 적화세력의 선동에 따른 폭동이었기 때문에 폭력으로 진압할 수밖에 없었다고 하면서 국민·공산당원을 비롯한 인물들을 폭동 주모자라고 하여 체포령을 내렸다. 노신도 주모자까지는 아니지만 체포 대상이 되는 50명의 이름에 포함되었다. 그러나 노신은 이날 시위의 주도자들 가운데 국민·공산당원이 있었던 것이 사실이었음에도 불구하고 3·18사건이 불온한 세력에 따라 지도된 폭동이 아니라 애국적인 청년학생들의 구국을 위한 시위였는데, 매국적인 정부가 이를 야만적인 방법으로 살상하였다고 주장하였다.

노신은 당시 국민·공산당과 관련이 없었던 것은 물론이고 국민혁명운동 쪽으로 기울기 시작한 북경의 반제애국시위에 대해서도 부정적인 태도를 보여 왔다. 노신과 비슷한 문제의식에서 신문화운동에 불을 지핀 진독수가 운동 과정에서 구국을 위해서는 혁명적인 조직과 정치활동이 필요하다는 생각에서 공산당 조직에 간여하여 적극 움직이고 있던 것과는 대조적인 모습을 보인 것이다. 이를테면 노신은 구국을 위해서는 조급한 '백병전(白兵戰)'보다는 장기적 전망을 가진 '참호전(塹壕戰)'이 필요하다는 생각이었고, 그 구체적인 방법은 역시 문학을 통한 국민정신의 계몽이었다.14) 이는 신문화운동의 초지에 부합된 태도였는데 그런 점에서 비록 두 사람의 행로가 다르기는 했지만 역시 신문화운동의 주역 가운데 하나였던 호적(胡適)의 점진적인 개량 주장과도 비슷하였다.15) 그 의도야 어떠했든 청년학생들에게 큰 영향력이 있던 노신 같은 인물이 체포 위험 속에서 도피를 거듭하면서 집권당국을 공격한 것은 북경의 국민혁명을 지지하는 정서를 확산시키는 데 큰 영향을 미쳤다. 정부의 매국적 속성을 강조함으로써 정부가 3·18사건을 계기로 공산당과 합작한 상태의 국민당을 탄압하고자 한 시도를 희석시키는 효과를 낳았기 때문이다.

그러나 1926년 4월 봉천군과의 싸움에서 패한 국민군이 북경에서 물러나고, 봉천군이 북경을 장악하면서 북경의 진보적인 지식인들은 공포시대로 들어갔다. 반일(反日)의 입장에서 반제애국운동에 동정적이던 《경보(京報)》 발행인 소표평(邵飄萍) 등의 처형16) 이래로, 노신은 더욱 신변의 위협을 느끼게 되었다. 마침 내심의 연인 허광평은 대학을 졸업하고 고향인 광동성 쪽으로 가서 교사로 취직하게 되었다. 어차피 노신의 부인이 있는 북경에서 두 사람이 함께 살 수는 없기도 하였으므로 노신은 8월에 허광평과 함께 북경을 떠났다.17) 그의 나이 46세, 허광평의 나이 29세 때의 일이었다. 하문(廈門)대학에서 세 학기 동안 교수로 지내던 노신은 이 학교의 수구적 분위기에 불만을 품고 다음해인 1927년 1월 광주 중산(中山)대학으로 옮겨가서 광주에서 교편 생활을 하고 있던 허광평과 해후하였다. 2월에 문학계 주임 겸 교무주임에 임명되고 허광평은 교사직을 그만두고 그의 조교가 되었다.

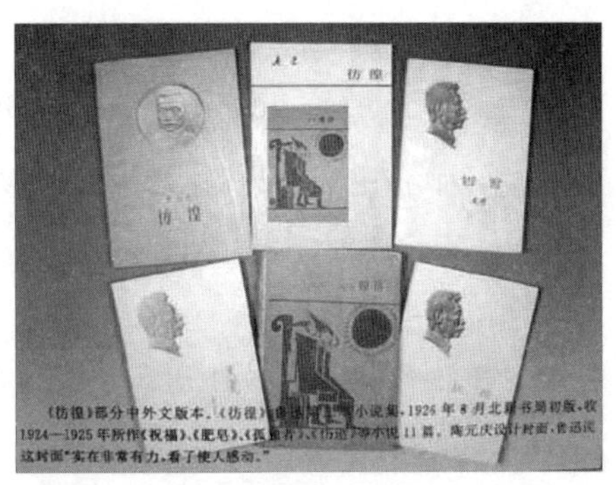

북경 노신박물관에 전시된 노신의 저서들.《방황》이라는 제목의 한글본도 보인다.

　노신이 북경을 떠나 하문에 온 때는 이미 광주의 국민정부가 북벌을 개시한 이후였다. 그리고 광주에 와서 문학단체 창조사(創造社) 동인들과 함께 문예운동을 하려던 노신의 바램은 창조사의 구성원들이 북벌군을 따라 떠남으로써 이루어질 수 없게 되었다. 특히 상해의 4·12정변 이후 광주에서도 반공 정변이 일어나 공산당원과 진보적인 청년학생이 체포되는 상황을 보게 되자, 노신은 중산대학에 사표를 제출하고 모든 것을 정리하였다. 10월에 허광평과 함께 광주를 떠나 상해로 이주하여 죽을 때까지 약 10년 동안 상해에 칩거한 채 저술과 번역 활동을 계속하였다. 노신 만년의 10년 동안은 국민당이 공산당 숙청을 끝내고 북벌을 완수한 뒤 남경에 정부를 수립한 시기였다. 그리고 공산당은 국민당을 떠나 소비에트 정권을 수립한 시기이기도 하였다.

　상해에 와서 더 이상 강의는 하지 않고 문필활동에만 전념한 것을 보면, 북경에서와는 달리 하문대학이나 중산대학에서의 짧았던 교수생활이 그에게 별다른 흥미를 끌지 못했던 것 같다. 하문의 경우 북경과 달리 문학단체 조직, 문예지 발간과 같은 문예 활동의 활성화가 미진하여 그가 목표로 한 계몽운동을 장기적으로 추진하기에 미흡하다는 생각이 들어서 광주로 떠났다고 짐작이 된다. 그런데 막상 광주에 와 보니, 함께 문예활동을 통해 계몽운동을 하리라고 기대한 창조사 동인들이 직접적인 혁명 활동을 선호하여 북벌군을 따라 가버렸기 때문에 실망이 컸던 것 같다. 게다가 국공합작이 결렬되면서 그의 가장 큰 희망의 대상인 청년학생들도 공산파, 비공산파로 갈라져 있었고, 공산파는 체포, 숙청되는 사태가 벌어졌다.

노신은 일찍부터 구국의 필요성은 절감하고 있었지만 그 수단으로 혁명 활동에 참여하지는 않았다. 일본 유학시절에 혁명운동을 하다 희생된 추근 등의 추도회에는 열심히 참석했지만 혁명당에 가담하지 않은 데서도 이를 알 수 있다. 이는 스스로 토로하였듯이, 자기가 혁명당원과 같은 영웅적인 활동에 걸맞지 않은 성향이라서 그랬던 점도 있었을 것이다. 그러나 더 중요한 이유는 구국을 위해서는 일체의 구제도, 구습관, 구사상에 젖어 있는 다수의 중국인을 그로부터 일깨우는 계몽의 단계가 필요하다는 생각 때문이었다고 보인다. 공화혁명의 실제를 겪으면서 단기간에 걸친 정치적인 변혁도 중요하지만 더욱 필요한 것은 수천 년 내려온 전통의 무게에 눌려 공화정의 내실을 채울 준비가 되어 있지 않은 중국인의 정신 계몽이라고 본 그의 생각은 더욱 굳어졌다. 문예 활동을 통해 신문화운동에 적극 참여한 것이나 '참호전'의 필요성을 강조하고 5·30운동 이래 북경을 달군 반제애국운동에 대해서 회의적이었던[18) 까닭도 바로 장기적 전망을 가진 지구적인 계몽운동의 필요성을 더 중시했기 때문이었다.

바로 그런 노신이었기 때문에 무지막지한 봉천군 치하의 북경에서 벗어나 국민혁명의 본거지인 광주에 와서도 국민당이나 공산당에 가담하지 않은 것은 당연하였다. 그가 기대한 것은 국민정부 소재지이므로 군벌군 치하보다는 좀더 자유로우리라 기대되는 공간에서 문학단체 조직과 잡지 발행, 창작 활동 등으로 구전통 타파의 계몽활동을 하려던 것이었다. 그런데 계몽활동을 함께 벌여갈 '전사(戰士)'이자 계몽의 일차적 대상이라고 생각되는 학생들이 혁명운동의 소용돌이 속에서 파벌이 갈리고, 집권당국은 혁명이라는 이름으로 다른 파벌을 유혈 숙청하는 광주의 분위기는 종래 혁명 우선주의자에 대해 품고 있던 노신의 회의를 확인시켜 주었다.

그러므로 만년의 노신이 상해에서 더 이상 강의 활동을 하지 않고 문학 활동을 구국을 위한 필생의 사업이라고 확신한 계몽에 전념한 것은 당연한 일이었다. 계몽을 위한 작업은 역시 글쓰기였다. 신화, 전설, 고대사에서 소재를 취한 단편소설들을 묶어낸 《고사신편(故事新編)》 (1936) 외에 소설 창작은 적었던 반면, 소련의 문예이론을 비롯하여 수많은 저술을 번역하고 잡문을 지었다. 잡문의 형식을 취한 그의 글에는 극좌적 성향을 가진 청년작가들과 벌인 혁명문학 논쟁, 자유주의적 경향의 《신월(新月)》파를 비롯한 '민족주의문학가', '자유인', '제3종인(第三種人)', '논어'파와의 논쟁, 정부에 대한 비판 등 다양한 내용이 포함되었다.

좌익작가연맹(좌련) 성립 전에 급진적 성향의 청년작가들이 노신 등의 작품이 혁명성을 결여하고 있다고 비판한 데[19] 대한 반론으로 비롯된 혁명문학 논쟁에서는 물론이고, 좌련(左聯)의 활동을 해나가면서도 노신은 시종 문학이 단순히 혁명을 위한 구호로 전락해서는 안 된다는 주장을 견지하고 청년작가들의 조급성에서 비롯된 좌 편향을 경계하였다. 좌 편향에 대한 우려는 북경에 있을 당시 구국에 대한 조급성 때문에 청년학생들이 '백병전'을 벌이다 희생되는 것이 바람직하지 않다고 지적한 것과도 일맥상통한 태도라고 하겠다. 이와 동시에 노신이 경계한 것은 암울한 현실을 문학이 외면하게 되는 것이었다. 《신월》파 등 좌익문학에 대한 비판자들과의 논전에서, 문학을 통한 현실 변혁과 계몽이라는 그의 일관된 염원이 드러났다. 또한 점점 가속화하고 있는 일본의 침략이라는 위기상황에서 '안내양외(安內揚外)'를 내세워 부(不)저항주의로 일관하면서 공산당 토벌과 진보세력에 대한 가혹한 탄압을 진행하던 국민정부의 정책이라든가, 신생활운동에서 드러난 정부의 유교 덕목 숭상도 그의 비판 대상이었다. 그의 비판적인 글들은 검열에 걸려 삭제되는 일이 잦아지자 자주 필명을 바꾸어가면서 글을 발표해야 할 정도로 그는 정부의 요주의 인물이 되었다.[20]

개인적인 글쓰기 작업 말고도 그가 심혈을 기울인 것은 계몽활동의 중요한 수단이라고 생각한 동인지의 발간이었다. 동인단체를 만들어 《어사(語絲)》, 《분류(奔流)》, 《조화(朝花)》 등을 편집하였다. 기타 총서류의 편찬에도 간여하여 출판사업에도 활발한 활동을 하였다. 동인지의 발간은 북경에서도 그가 중요시했던 작업인데, 이를 통해 많은 청년문인들과 교류를 가지면서 그들을 지원하였다. 청년들에 대한 지원은 비단 문인에 국한되지 않고 새로운 대중미술의 양식으로 떠오르기 시작한 목각미술[版畵]을 시작한 청년작가들에 대해서도 지원을 아끼지 않았다.

그러나 이 시기 노신의 활동에서 가장 주목되는 것은 좌련(左聯)과 관련된 활동이다.[21] 1930년 3월 구추백(瞿秋白)을 비롯한 공산당원과 진보적 문인들을 망라한 좌련이 출범할 때 그는 발기인의 하나로 참가한 이래 좌련에서 적극적인 활동을 하였다. 문학단체의 조직과 그를 통한 계몽을 필생의 사업으로 여긴 그에게는 좌련이 청년문인들과 교류하면서 그들과 더불어 중국을 계몽할 중요한 문학 활동의 마당이었다. 좌련 성립대회 석상에서 한 연설에서 노신이 구사회, 구세력과의 부단한 전투와 새로운 전사의 배양, 그리고 구성원의 단결을 강조한 것은 그의 이러한 일관된 정신을 잘 보여준다.

만년의 노신은 이전과는 달리 정치 활동에도 참가하였다. 단명했던 자유운동대동맹의 발기인이 되었고 송경령(宋慶齡)·채원배 등과 민권보장동맹에서 활동하였다.[22] 문학단체 외에 정치조직에 대한 참가를 꺼려 오던 그가 이런 활동을 한 것은 그만큼 국민정부의 진보적 지식인에 대한 탄압이 혹독한 데 대한 반발이었다고 보인다. 평생 문학 활동을 통한 계몽을 구국을 위한 자신의 책무로 여겼던 노신이 상해에 와서 만난 '동지'와도 같은 일군의 작가들이 국민정부에 따라 체포, 처형당하는 상황에서 '전사'를 하나라도 더 구제하려는 그의 노력이 민권보장동맹의 활동으로 나아갔다고 보이기 때문이다.

이상에서 살펴본 바와 같이 노신은 신문화운동기 이래로 전통을 타파하고 국민을 계몽하려는 창작·강의·문학동인 활동을 통하여 구국의 책무를 다하고자 하였다. 본격적인 활동 개시에서 만년에 이르기까지 조급한 정치적 혁명 활동보다는 장기적인 전망을 염두에 둔 계몽 수단으로서 문학 활동이 본령을 이루었다. 그가 광주에서 목격한 국민혁명 과정의 반공 숙청과, 상해에서 겪은 국민정부의 진보적 인사에 대한 탄압은, 급격한 정치혁명보다 장기적인 계몽의 준비가 앞서야 한다는 그의 믿음을 더욱 강화시켰고, 장기적인 계몽을 위해 싸워야 할 '전사'들을 구하기 위해 평소 꺼려하던 정치 활동도 마다하지 않게 되었다.

4. 맺는 말 – 신화화와 탈(脫)신화화 사이의 노신

평생의 소임으로 여긴 계몽을 통한 구국의 책무를 다하지 못한 채 노신은 1936년 10월에 병으로 세상을 떠났다. 그의 나이 56세였다. 혁명문학 논쟁에서 노신을 공격한 급진적 청년작가들은 공산당원이었다. 좌련 활동을 하면서도 삶의 마지막까지 노신은 공산당에 입당하지 않았다. 심지어 공산당원 작가와 충돌하기도 하면서 항상 좌 편향을 경계하였다. 구국에 대한 조급함을 경계하고 장기적 전망에서 계몽을 강조한 노신으로서는 공산당의 강령에 묶이지 않는 것이 자연스러운 일이었다. 그럼에도 그가 죽자 중국 공산당은 그를 영원한 '혁명전사'로 지칭하면서 문단의 큰 별이 졌다고 애도하였다. 모택동이 〈신민주주의론〉에서 노신의 위대성을 강조한 이래로 문화대혁명 이전까지 중국에서 그는 신화적인 인물이 되었다.[23)]

노신이 상해에서 공산당 지도자 구추백과 친분을 유지하면서 그의 글을 자기 필명으로 발표하게 한다든지 심지어 몇 차례 도피처를 제공해 준 것은 사실이었다. 구추백뿐만 아니라 공산당원 작가들을 도와준 적도 여러 차례 있었다. 북경에서 군벌정권에 비판을 한 것이 결과적으로 국민당과 공산당에게 도움이 되었듯이, 마찬가지로 상해시절 국민정부에 대한 그의 강도 높은 비판이 공산당에게 도움이 된 것도 사실이다. 그렇다고 해서 노신이 광주 시절부터 세계관과 정치적 입장이 바뀌어 종래의 진화론적 세계관을 떠나 공산주의적 세계관을 가지게끔 되었다고 볼 수 있을까? 그가 정말로 상해시절에 공산당 측에서 주장하는 대로 공산당의 전우가 되었는지는 논란의 여지가 있다.

필자가 지금까지 그의 행적을 살펴본 바에 따르면 그는 신문화운동 이래 시종일관 정치적인 변혁운동에 투신하는 데는 회의적인 시각을 갖고 있었다. 광대한 문맹의 농촌인구를 가지고 있는 중국에서 공화혁명에 대한 준비과정 없이 위로부터 급작스럽게 주어진 신해혁명의 결과가 빚어낸 아이러니를 체험한 그는, 장기에 걸친 사회문화적 변혁의 기초를 다지기 위한 계몽에 평생을 바쳤다. 스스로 무산계급에 속하지 않고 지식인 진영에 속한다는 점을 명백히 알고 있던 그였기에 행동이 아닌 글을 구국의 도구로 선택하였다.24) 그리고 그의 글에 나오는 '전사'와 공산당이 그에게 붙여준 '혁명전사'는 지향점의 문제는 일단 유보한다고 해도 방법론에서 서로 달랐다. 공산당의 지도에 따라 무장투쟁을 동반하는 급격한 변혁운동에 헌신하는 '혁명전사'보다 노신에게 더욱 시급히 필요했던 '전사'는 장기적인 전망에서 문필 활동으로 계몽 운동에 전념할 사람들이었기 때문이다.

노신이 공산당에서 말하는 '혁명전사'와 다른 인물이었다고 해서 그가 근대 이후 중국사에 미친 영향이 경감되는 것은 물론 아니다. 전통문화에 대한 해박한 지식을 갖춘 위에25) 근대적인 소설의 창시자가 된 그의 문학사에서 업적은 말할 것도 없고, 구국과 근대화를 위한 그의 계몽작업은 오늘날까지도 미완의 숙제로 남아 있는 근대화의 과정에서 첫 발을 디딘 선구자의 하나로 자리매김되기에 부족함이 없기 때문이다. 무장투쟁 형식의 구망(救亡)에 계몽이 압도됨으로써 민주주의와 개성 추구 등 미완의 영역이 남았다고 지적한 이택후(李澤厚) 같은 지식인이 노신을 경배하는 것도26) 이런 맥락에서 이해할 수 있다.

물론 노신에게도 인간적 약점이나 시대가 주는 제약으로 말미암은 한계점이 없었던 것은 아니다. 그의 인간적 면모는 특히 여성 문제에서 잘 드러난다. 어머니에 대한 효심에서 구식 여성과 결혼을 한 것까지는 어쩔 수 없었던 선택이라 하더라도 그는 필생의 계몽사업 대상인 민중의 화신(化身)이라 할 수 있는, 신변 가까이 있었던 구식 부인을 계몽하려는 시도조차 하지 않았다. 설사 그에게 구식 부인을 교육하여 동반자로 삼는 계몽의 실천적 '전사'다운 모습을 기대하는 것은 시대 환경을 고려할 때 지나친 요구라 치더라도 동거인인 신여성 허광평에게 보인 남편으로서의 모습은 남성의 이기적 측면을 그대로 보여 주고 있어 주목된다. 여성의 경제적 자립을 누구보다도 강조하던 그는 막상 허광평이 자아실현을 위해 직업을 가지고 싶어하자 자기를 내조하는 전업주부로 남아 있기를 요구하였다. 이렇게 가부장적인 그의 모습은 신문화운동기에 유교적 관행의 최대 피해자인 여성의 해방을 부르짖던 그의 글과는 상당한 괴리를 보인다. 이러한 글과 행동 사이의 괴리는 아마도 그 시대 중국의 진보적 남성 지식인이 일반적으로 가지고 있던 한계라고도 하겠다.

끝으로 짚고 넘어갈 문제는 노신의 신화화가 초래하는 부정적인 측면이다. 노신과 불화한 동생 주작인이나 논적이었던 임어당(林語堂) 같은 인물들이 요즈음 들어서야 연구되기 시작한 것도27) 상당한 정도로 노신의 신화화와 관련된다고 보이기 때문이다. 그나마 근래 들어 연구가 시작된 인물들의 경우는 다행이라 하겠지만, 노신과 적대적인 위치에 있던 인물들 가운데 아직까지도 역사적인 연구대상에서 비켜나 있는 경우가 많을 것임을 생각할 때, 이제 노신을 신화화하는 데서 벗어날 필요가 더욱 요구된다. 신화가 벗겨진다고 해서 그의 업적이나 비중이 감소되

지 않는다는 점이 이 글을 통해 확인되었거니와 어느 한 인물의 신화화
는 그에 배치된다고 생각되는 역사적 사실을 지워버리는 부작용을 낳기
마련이기 때문이다.

■주 ────────────

1) 房向東,《魯迅 : 最受誣蔑的人》, 上海書店出版社, 2000을 보면 이런 최근의 경향이 잘
   드러나 있다.
2) 이하 이 장에서 다루는 노신의 생활에 대해서는 별도의 주가 없는 경우 그의 자전적인
   글 모음집이라 할 수 있는 《朝花夕拾》(竹內好 역주, 한무희 옮김, 《노신문집》II, 일월
   서각, 1992, 2쇄, 61~138쪽)와 李允經, 《魯迅的情感世界》, 北京工業大學出版社, 1996,
   3~30쪽에 따름.
3) 의학교 진학과 포기에 대한 이야기는 첫 번째 소설집 《吶喊》의 自序(竹內好 역주, 김
   정화 옮김, 《노신문집》I, 일월서각, 1992, 2쇄, 8~9쪽)에 따름.
4) 《吶喊》, 自序, 9쪽
5) 竹內好 역주, 김정화 옮김, 〈范愛農〉, 《노신문집》II, 서울 : 일월서각, 1992, 117쪽.
6) 《吶喊》, 自序, 9쪽
7) 劉麗華·鄭智, 《魯迅在北京》, 北京工業大學出版社, 1996, 3~6쪽.
8) 이 글에서 참고한 노신의 소설 내용은 김시준 역, 《루쉰소설전집》, 서울대출판부, 1996
   과 竹內好 역주, 김정화 옮김, 《노신문집》I, 서울 : 일월서각, 1992에 수록된 번역본에
   따름.
9) 이하 북경에서의 노신 활동에 대해서는 윤혜영, 〈국민혁명기 북경에서의 노신 : '방황'
   에서 '전사'로〉, 《중국현대사연구》 10, 중국현대사연구회, 2000에 따름.
10) 북경여자사범대학의 학생운동과 그 의미에 대해서는 윤혜영, 〈국민혁명기 북경여자사
    범대학의 교장배척운동-'신구갈등'에서 혁명으로〉, 서울대학교 동양사학연구실 편,
    《중국근현대사의 재조명》 1, 지식산업사, 1999, 209~240쪽 참조.
11) 그 과정은 陳漱渝 主編, 《魯迅和他的論敵 : 一個都不寬恕》, 北京 : 中國文藝出版公
    司, 1996, 51~59쪽 참조.
12) 노신과 허광평의 애정에 대해서는 윤혜영, 〈허광평(1898~1968) 소고-민국시기 '신여
    성' 상에 대한 한 접근〉, 《중국현대사연구》 9, 중국현대사연구회, 2000. 6, 11~17쪽 참조.
13) 3·18사건과 여학생의 참여에 대해서는 윤혜영, 〈국민혁명기 북경의 여성운동-3·
    18사건을 중심으로〉, 《중국현대사연구》 6, 중국현대사연구회, 1998, 12, 1~19쪽 참조.
14) 〈兩地書〉, 張昌華, 孫金榮 책임편집, 《許廣平文集》 제3권, 江蘇文藝出版社, 1998, 14~
    15쪽.
15) 호적의 점진적 개혁사상에 대해서는 민두기, 《중국에서의 자유주의의 실험-胡適
    (1891~1962)의 사상과 활동》, 지식산업사, 1997, 제2판, 62~71쪽 참조.
16) 4월 하순 소표평의 처형 말고도 林白水라는 신문사 사장도 처형되었다. 方漢奇 주편,

《中國新聞事業通史》 제2권, 北京 : 中國人民大學出版社, 1996, 212~213쪽.

17) 이후 노신의 행적은 鮑昌, 邱文治, 《魯迅年譜》, 天津 : 天津人民出版社, 1979에 따름.

18) 魯迅, 〈忽然想到〉(10), 《華蓋集》, 北京 : 人民文學出版社, 1973, 71쪽.

19) 예컨대 郭末若은 노신을 봉건적인 잔재로 사회주의에 대한 이중의 반혁명적 인물이자 파시스트라고까지 비판하였다. 〈文藝戰上的封建餘孽－批評魯迅的《我的態度氣量和年紀》〉, 魯迅與中國現代文化名人課題組 편, 《恩怨錄－魯迅和他的論敵文選》, 北京 : 今日中國出版社, 1996, 521쪽. (원래는 《創造月刊》 2-1, 1928. 8. 10에 발표됨)

20) Terry Narramore, *The Nationalists and the Daily Press, The Case of Shen Bao, 1927~1934,* John Fitzgerald ed., The Nationalists and the Chinese Soceity 1923~1937 : A Symposium, History Department, The University of Melbourne, 1989, pp. 123~124.

21) 좌련에서 한 활동을 비롯한 상해에서 한 활동에 대해서는 正一, 〈魯迅〉, 상해사회과학원문학연구소 편, 《三十年代在上海的'左聯'作家》 상권, 上海社會科學院出版社, 1~31쪽에 따름.

22) 민권보장동맹에서 노신이 벌인 활동에 대해서는 李陽子, 〈宋慶齡과 魯迅 : 1930년대 민권보장운동과 반제·반파시즘운동을 중심으로〉, 《東義史學》 9·10합집호, 동의대학교, 1996 참조.

23) H. L. Boorman eds., *Biographical Dictionary of Republican China,* Columbia Univ. Press, 1968, Chou Shu-jen 항목.

24) 李歐梵 著, 尹慧珉 譯, 《鐵屋中的吶喊－魯迅研究》, 香港 : 三聯書店有限公司, 1991, 213쪽.

25) 吳俊, 《魯迅評傳》, 南昌 : 百花洲文藝出版社, 1997은 전통문화에 대한 그의 학문적 연구 업적을 기린 것으로 國學大師叢書의 하나로 나온 것이다.

26) 이택후 지음, 김형종 옮김, 《중국현대사상사의 굴절》, 지식산업사, 1992, 301~325쪽.

27) 馬勇, 〈近代歷史人物研究〉, 《五十年來的中國近代史研究》, 上海書店出版社, 2000. 4, 674~675, 682쪽.

추도분鄒韜奮
항일구국운동가·민주투사 언론인

이승우

1. 머리말

1931년 9·18사변을 일으켜 손쉽게 중국의 동북지역을 점령한 일본은 지속적이면서도 노골적인 침략정책을 추진하여 1935년에는 화북지역을 중국에서 분리하려는 이른바 '화북자치운동'을 추진하기에 이르렀다. 그러나 당시 중국의 양대(兩大) 정치세력이던 중국국민당(이하 국민당)과 중국공산당(이하 중공)은 1927년 제1차 국공합작(國共合作)이 결렬된 이래 정치적 주도권 장악을 위한 내전 상태에 있었으므로 일본의 침략에 효과적으로 대응하지 못하였다. 사실상 중앙 정부였던 국민정부는 9·18사변 직후 '부저항(不抵抗)'으로 일관하였고, 이후 '선안내 후양외(先安內後攘外)'의 정책을 시행하여 국내의 반대세력 제거에 몰두하고 있었다. 한편 '소비에트 혁명노선'을 추진하던 중공도 1935년 제5차 반초공전(反剿共戰)에 실패한 뒤, '장정(長征)'을 거쳐 겨우 서북지역으로 이동하였지만 일본의 침략에 대항하기 위한 정책적·현실적인 준비를 갖추고 있지 못한 상태였다.

이러한 양대 정당과는 달리 중국의 지식인들은 일본의 침략을 중국이 해결해야 할 가장 시급한 문제라고 인식하고, 적극적인 항일구국운동에 나섰다. 이들은 역시 일본의 침략에 대응하여 각지에서 자발적이고 분산적으로 진행되던 대중의 항일구국운동을 흡수하여 주도해 나가면서 이를 조직적이고 통일적인 정치운동으로 발전시켜 나갔다. 지식인들은 항일구국운동을 전개하는 과정에서 '무당파'·'무계급'의 태도를 견지하고, '민중 중심의 통일전선론'을 제시함으로써 국공(國共) 양당을 제2차 국공합작의 방향으로 나아가게 하여, 중국 현대사에서 최초로 제국주의 열강과의 전면 전쟁인 항일전쟁을 이끌어 내었다.

항일구국운동을 주도한 지식인 가운데 당시 유력한 잡지였던 《생활》 주간의 편집자였던 추도분(鄒韜奮, 1895~1944)을 주목할 수 있다.[1] 추도분은 민국사(民國史)에서 가장 성공한 저널리스트의 한 사람이었고, 9·18사변 이전까지 확고한 국민당의 지지자였다. 그러나 추도분은 1931년 9·18사변이 발발한 뒤 '부저항정책'에 반대하여 대일항전(對日抗戰)을 적극 주장하다가 국민당 정권과 충돌하였고, 1933년 7월에는 결국 탄압을 피해 해외로 피신하게 되었다. 1935년 8월, 2년여에 걸친 해외 유랑 끝에 귀국한 그는 곧바로 항일구국운동 단체인 구국회(救國會)를 조직하고 영도함으로써 항일민족통일전선 성립에 크게 이바지하였다. 1937년 7월 항일전쟁이 시작된 이후 그는 국민당과 정부에 대해 끈질기게 전민(全民)항전과 민주정치의 실시를 요구하다가, 1941년 다시 홍콩으로 피신하여 언론활동에 종사하였다. 1941년 12월 홍콩이 일군(日軍)에 함락된 뒤 그는 중공 점령 지역인 동강(東江) 유격구로 피신하였으나 귀에 암이 발병하여, 1944년 7월 24일 상해에서 사망하였다. 추도분은 사상적으로 초기에는 계급투쟁에 반대하고 민생주의의 실시를 요구하다가 후일 마르크스주의를 수용하였을 뿐만 아니라 중공에 입당 신청까지 하였던 바, 이러한 그의 경력은 1930~1940년대 항일구국운동에 참가한 중국 지식인들 대부분이 겪었던 변화를 대표하는 것이었다.

따라서 이 글에서는 일본의 침략으로 일어난 민족적 위기에 대한 지식인들의 반응과 이의 극복을 위한 그들의 구체적인 노력을 살펴보는 한 사례로, 저널리스트에서 항일구국운동가로 변신해 가는 과정에서 보여주는 추도분의 사상적 전변(轉變)과 정치활동의 특징을 구명해 보려고

한다. 이를 위해서 우선 9 · 18사변 이전
에 저널리스트로서 추도분이 추구했던
정치적 지향이 9 · 18사변의 충격으로 말
미암아 어떻게 바뀌어 갔는가를 살펴보
려고 한다. 이어서 그가 민족해방의 구
체적 방안으로 제시한 '민족연합진선(民
族聯合陣線)'의 이론과 구국회(求國會)
활동의 특징을 구명하고, 마지막으로 항
전 기간의 활동과 항전 승리를 위한 전
제로 제시하였던 민주정치의 요구를 분
석하여 중공으로 기울어진 그의 사상과
정치활동의 특징을 살펴보려고 한다.

추도분

2. 9 · 18사변 이전의 추도분과 《생활》주간

추도분은 1895년 11월 5일 복건성 영안현(永安縣)의 몰락해 가는 봉건
관료 집안에서 출생하였다.[2] 본명은 은윤(恩潤)이었고, 도분이란 이름은
뒷날 그가 《생활》주간 편집 때 사용한 필명 가운데 하나였다.[3] 어릴 때
전통 교육을 받았던 그는 15세 때 복주(福州)공업학교에 입학하면서 신
식 교육을 받기 시작하였다. 처음에는 부친의 권유에 따라 엔지니어가
되려고 남양공학(南洋公學)을 다녔으나 1919년 기독교 재단인 세인트존
스대학에 입학한 뒤 신문기자로 장래 희망을 바꾸었다. 이미 부친이 '실
업구국'의 의지를 가지고 북경에서 벌였던 사업에 실패한 뒤였으므로, 그
는 경제적으로 극도로 곤궁한 상황에서 잡지에 투고하고 가정교사 등의
아르바이트와 친구들의 도움으로 어렵게 학업을 마칠 수 있었다.

대학 졸업 후 경제적인 이유로 상해 후생사창(厚生紗廠)의 영문 번역,

《신보(申報)》의 임시 영문 번역, 상해청년회 중학의 영어교사 등 여러 직업에 종사하였던 추도분은 1922년 황염배(黃炎培)가 이끌던 중화직업 교육사(職敎社)가 발간하던 《교육과 잡지(敎育與雜誌)》의 주편(主編) 으로 취업하였다. 직교사는 1917년 5월 6일 상해에서 황염배가 중심이 되고 채원배(蔡元培), 양계초(梁啓超) 등이 참여하여 직업교육의 보급과 개선을 목적으로 설립된 민간 교육단체였다. 직교사는 당시 중국이 직 면한 가장 중요하고 어려운 문제는 다름 아닌 대중의 생계문제이며, 이 의 유일한 해결책은 교육과 직업의 연계라는 인식에서 주로 직업교육의 연구와 선전을 위해 활동하고 있었다. 이러한 직교사의 취지와 활동은 기본적으로는 당시 유행하던 듀이의 '평민주의적 교육'에 영향을 받은 것이었다. 이는 1920년에 듀이에게 심취하여 그의 저서를 번역하려고 했던 추도분의 정서에도 부합되는 것이다.

추도분이 진정한 저널리스트로서 생애를 시작한 것은 1926년 1월《생 활》주간의 편집을 맡게 되면서부터였다. 1925년 10월에 직교사의 내부 교류용 소식지로 창간된 《생활》주간은 초기에는 다른 신문의 기사 가 운데서 발췌한 직업교육 소식을 주로 실었다. 당초 편집을 맡았던 왕지 신(王志莘)이 사퇴한 뒤 주편을 맡게 된 그는 이전의 《생활》주간이 지 나치게 독자와 유리되어 있었다고 판단하고 변화를 시도하였다.《생활》 주간의 개편을 시도할 당시 그의 목표는 '흥미있고, 가치 있는' 잡지를 만든다는 것이었다.4) 이후《생활》주간은 직업교육 소식의 보도에서 벗 어나 사회문제를 다루기 시작했고, 시평·사론·수필·여행기·전기· 통신 등 다양하면서도 독자들의 흥미를 끌 수 있는 기사들을 실었다. 또 한 독자들의 생활이나 의견을 더 직접적으로 반영하기 위해서 '독자신 상(信箱)'을 개설하였다. '독자신상'은 독자들이 보내온 편지 가운데 일 부와 이에 대한 추도분의 의견을 싣는 형식으로 이루어졌다. 그 분량은 수백 자에서 천여 자 정도로 간결하였지만, 정곡을 찌르는 표현으로 독 자들에게 적지 않은 인기를 얻게 되었으며, 그 뒤 추도분과 독자를 연결하는 중요한 형식으로 자리 잡게 되었다. 또한 그는 대중들이 이해하기 쉽도록 생동감 있고 더 서민적인 문장을 사용하였다. 결국 《생활》주간의 개혁은 대중적이고 통속적인 잡지로 전환하는 것이었다. 이것은 잡지의 내용이 직업·연애·학업·가정생활 등에 집중되어 있고, 정치적인 내용은 거의 다루고 있지 않다는 점에서도 나타난다. 어쨌든 그의 노력은 성공을 거두어 《생활》주간의 발행 부수는 1926년 말의 2천 8백 부에서 1928년 말에는 4만 부까지 증가하였다.

그러나 1920년대 후반의 중국이 국민혁명을 통해 드러난 중국사회의 갖가지 모순을 해결하기 위해 노력하던 시기라는 점을 감안한다면, 정치와 거리를 두려고 한 추도분의 의도가 의식적이건 무의식적이건 간에 오래 지속될 수는 없었다. 특히 1926년 말부터 광범위하게 전개된 노농운동의 급진화가 사회문제로 대두되었던 시기였으므로, 대중의 생활문제 개선을 잡지의 목표로 삼았던 추도분이 이러한 문제를 다루게 된 것은 자연스러운 일이었다.

1927년 3월 추도분은 〈본간(本刊)과 민중〉이란 사설에서 처음으로 당시 정치와 사회문제에 대한 자신의 시각을 비교적 상세하게 제시하였다. 이 글에서 그는 "농민의 생활고, 공인(工人)의 생활고, 도제의 생활고, 잡부(工役)의 생활고, 여복(女僕)의 생활고는 모두 이제까지 본간(本刊)의 소재였으며, 《생활》주간이 민중 가운데 가장 어려운 부분을 대신하여 사회에 호소하려 했던 것"이고, 《생활》주간의 발간 동기는 "철저하게 민중의 복리가 전제이며 앞으로도 이를 위해 노력할 것"이라고 명시함으로써 철저하게 민중의 처지에 서겠다는 것을 분명하게 밝혔다. 이러한 민중 중심의 사고는 이후 추도분의 사상과 활동의 가장 일관된 특징으로 자리 잡게 된다. 또한 여기서 그는 민중의 구체적인 기준으로 "군벌과 탐관오리, 사욕만 채우려는 정객, 직공을 학대하고 인도주의를 외면하는 자본가, 유산에 의지하여 무위도식하는 자들을 제외한 정당한 직업을 가졌거나 혹은 가질 준비를 하는 평민, 특히 그 가운데서도 잘못된 제도의 압박을 받는 부분”이라고 정의하고 있다. 이러한 기준은 계급적 요소보다는 도덕성, 직업의 유무 등의 요소를 더욱 중시하고 있다. 또한 민중 복리의 근본적인 해결책은 ‘정치적 청명(淸明)의 추구’와 ‘실업의 진흥’으로 다소 모호하게 제시되어 있다.[5]

그러나 추도분이 중국의 사회 현상에 대해 무지하였거나 무관심한 것은 아니었다. 오히려 그는 사회 불평등을 없애는 사회혁명은 절대로 피할 수 없는 일이라고 인식하고 있었다. 단지 사회혁명은 두 가지 상반된 경로를 통해 진행될 수 있다고 생각하고 있었다. 그 가운데 첫째는 계급투쟁이라는 급진적인 경로로 그 끝은 살인·방화와 비윤리적인 잔혹함이고, 둘째는 손문이 주장한 민생주의의 경로였다. 그렇다면 이 둘 가운데 어떤 경로를 선택할 것인지에 대해 그는 만약 민생주의를 실현하기 위해 노력하지 않고 전쟁만을 거듭하여 혼란을 일으킨다면 실제로는 곧 계급투쟁의 경로를 장려하게 될 것이라고 주장하였다.[6] 요컨대 그는 민생주의와 계급투쟁을 대립되는 것으로 파악하고 중국의 전도에 대해 민생주의에 희망을 걸고 있었다.

이러한 추도분의 관점은 당시 급속도로 확산되던 농민운동에 대한 태도에서도 확인할 수 있다. 1927년 1월에 《생활》주간에 실린 〈농민운동과 폭동(農民運動與暴動)〉이란 글에서 호남과 호북 지역의 농민운동에 대해 그는 농민들이 자각하여 피압박의 처지에서 벗어난 데 대하여 환영하였다. 또한 농민이 농민협회를 통해 조직화하면서 토호열신(土豪劣紳)의 횡포를 막을 수 있는 강력한 ‘사회적 제재력’을 가지게 된 것도 긍정적으로 평가하였다. 그러나 그는 농민운동이 올바른 길로 들어서서 전국으로 확산된다면, 그것은 복음이 될 것이므로 농민운동이 올바른 길로 들어서길 기대한다는 여운을 남기고 있다. 농민운동 과정에서 일어나고 있는 토호열신의 처형에 대해서도 민중이 조직을 결성하여 정당한 재판을 통해 증거에 의거하여 판결을 내려야 할 것이며, 그렇지 않으면 점차 ‘폭동’으로 변화되어 ‘운동’이 가진 본래의 좋은 뜻을 잃게 될 것이라고 경고하고 있다. 뿐만 아니라 그는 농촌문제의 근본적인 해결은 '운동'을 통해서가 아닌 민생주의의 실현을 통해서만이 이루어질 수 있다고 주장하였다. 즉 '평균지권(平均地權)'과 '경자유기전(耕者有其田)'의 원칙에 따라 민생주의를 실시한다면, 지주들도 더 쉽게 수용할 수 있어 평화적으로 농촌문제를 해결할 수 있다고 주장하였다.[7]

1927년 4월 17일부터 7월 17일까지 추도분은 《생활》주간에 영각(靈覺)이란 필명으로 삼민주의에 관한 14편의 글을 실었다. 이 글에서 그는 삼민주의를 중국의 사회개조를 위한 이론적 근거로 삼고 있으며, 그 가운데서도 민생주의를 가장 중요한 것으로 파악하고 있었다. 우선 손문이 제시한 삼민주의는 '민족, 민권, 민생'의 순서로 되어 있었으나 추도분은 이를 '민생, 민족, 민권'의 순서로 재배열하였고, '민족'과 '민권'의 항목은 모두 '민생과 밀접한 관련이 있는 민족(민권)주의'라는 부제를 붙인 것을 보아도 알 수 있다. 그는 민생주의를 글자 그대로 '인민의 생활'이라고 규정하고, 더 구체적으로는 하층 민중의 생활난과 실업문제의 해결이 곧 민생주의 실현이라고 제시하고 있다. 이렇게 민생주의의 실현을 통해 중국 민중의 실생활 문제가 해결이 되면 사회혁명은 문제가 되지 않고 계급투쟁도 발생할 여지가 없다는 것이다.[8]

그렇다면 중국에서 어떻게 민생주의를 실현할 것인가에 대해서 그는 개인의 힘으로는 불가능하므로 정부가 과감한 태도로 전면적인 방안을 세워서 전국적으로 적극적인 건설 계획뿐만 아니라 반드시 실현시키겠다는 의지를 가지고 실시해야 가능하다고 주장하였다. 그리고 이러한 정책을 실현할 수 있는 강력한 정부의 실체로서 그는 남경 국민정부를 지지하였다. 그는 1927년 4월 남경 국민정부의 성립을 '한 폭의 서광'이라고 칭송하면서 큰 기대를 걸었고, 장개석에 관해서도 많은 지면을 할애하여 보도하였다. 그 뒤 남경 국민정부의 정책 가운데 교육개혁 등에 대해서는 부분적인 비판을 하기도 하였지만, 그 밖의 일련의 중요한 대내외 정책, 예컨대 '재병(裁兵)과 재정통일', '훈정(訓政)의 실시', '초공전

(剿共戰)의 전개', 심지어는 제남(濟南)사변 발생 때의 대일 유화정책 등에 대해서는 찬성과 지지를 밝혔다. 이것은 그가 당시 남경 국민정부가 현실적으로 민생주의를 실현할 수 있는 역량을 가졌고, 손문의 유지(遺志)를 계승하였다고 판단한 까닭이었다.[9]

이렇듯 국민당과 국민정부에 대한 긍정적인 평가와는 달리, 중공에 대해서는 추도분은 직접적인 평가는 하지 않았지만 상당히 부정적인 태도를 취하였다. 우선 《생활》주간에서 그는 홍군을 모두 '공비'로 지칭하였고, 이 시기 중공이 일으킨 일련의 군사적 행동에 대해서도 모두 '폭동'으로 규정하였다. 1930년 7월 홍군이 장사를 점령하자 "살인·방화·약탈로 커다란 고통을 자아내고 있다"고 보도하기도 하였다.[10] 또한 초공전이 시작되자 여러 차례 '초비(剿匪)'의 상황을 보도하면서 이를 선전하였다.

이렇듯 추도분 개인의 사상이나 《생활》주간의 논조가 친정부 쪽으로 기울자, 국민당은 《생활》주간에 대해 상당히 긍정적인 평가를 내리고 있었다. 반면에 당시 좌익 쪽에서는 《생활》주간이 자본가가 먹다 남긴 찌꺼기 위에 이루어졌다고 혹독한 비난을 가하였다.[11] 이에 대한 회답에서 그는 《생활》주간이 경제적으로 자주적이며 어떠한 당파 관계도 없지만 또한 어떤 당파도 경시하지 않고 있고, 어떤 당파이건 중국민족을 애호하고 중국민족의 행복을 도모하기 위해 충성한다면 적극적으로 지지하겠다는 태도를 밝혔다.

요컨대 9·18사변 이전까지 추도분의 관심은 중국사회의 개조를 통한 민중의 생활개선으로 요약될 수 있을 것이다. 이러한 민중 중심의 사고는 이후 그의 사상에서 일관된 특징으로 남아 있다. 이의 달성을 위한 방법으로 추는 계급투쟁에 반대하고 손문의 삼민주의, 특히 민생주의의 실현을 주장하였다. 또한 민생주의 실현의 주체로서 현실적인 실현 역량을 가졌으며 손문의 유지를 계승하였다고 인식한 국민당과 국민정부를 지지하였던 것으로 보인다.

3. 9·18사변과 추도분의 전변

중국에 대한 일본 제국주의의 직접 침략의 시발점이 된 1931년 9·18 사변과 1·28사변이 발발하자 추도분은 격렬한 민족주의적 열정에 사로 잡혔다. 9·18사변 발생 직후에 발행된 《생활》주간 40호에서 그는 "이 번 주의 요문(要聞)은 전국이 모두 상심하고 비통해 하는 국난이다. 기 자가 고통을 참으며 기사를 쓰지만 흐르는 것이 '피인지 눈물인지 모르 겠다'며 비통해 하였다.

추도분은 우선 일본 침략에 대하여 "전국의 인민이 철저하게 국난의 진상을 알아야 한다"고 주장하였다. 그는 일본 침략의 배경으로 "일본이 이전부터 중국에 대하여 침략정책을 실시해 왔지만 중국은 정치적으로 정부의 철저하고도 전반적인 계획의 미비로 삼민주의와 실업 계획을 실 시하지 못함으로써 침략에 대한 준비가 없었다"는 점을 들었다. 그리고 "일본의 침략 의도가 단순히 동북지역에 한정된 것이 아니고 중국 전체 를 목표한 것이므로, 동포 개개인이 자신의 고통으로 여기고 결사의 정 신으로 단결하여 적극적인 항쟁과 고된 투쟁을 벌여야 한다"고 주장하 고, "그렇지 않으면 망국노(亡國奴)의 처지로 전락하게 될 것"이라고 경 고하였다.12)

그렇다면 어떻게 일본의 침략에 대항할 것인가에 대하여 추도분은 당 시 국민당과 국민정부가 취하였던 '부저항정책'에 반대하여 '응전'할 것 을 주장하였다. 그는 국민혁명군 총부사령이자 동북지역의 실질적인 통 치자였던 장학량(張學良)이 '부저항정책'을 명령하여 동북지역을 손쉽 게 내준 것에 대하여 '극단무치(極端無恥)'라고 혹독하게 비난하였다. 그 는 인도의 간디가 영국에 대항하기 위해 취했던 '비폭력 저항운동'을 예 로 들어, '비폭력 저항운동'은 이미 나라가 망하여 정부도 없고 군대도 없는 상황에서 부득이하여 취한 저항의 방법이며, 더욱이 '비폭력'이라 해도 '저항'이지 결코 '부저항'은 아니라고 지적하였다. 그런데 "정부와 군대가 존재하는 중국에서 '비폭력 저항운동' 자체가 이미 수치스러운 일인데, 하물며 정권과 군권을 장악한 당국이 '부저항'을 제창하니 어떻게 수치가 극에 달하지 않겠는가"라고 장학량을 비난하였다.13) 또한 응전을 해야 하는 이유로 그는 첫째는 싸우지 않아도 망하게 되니 싸우는 것만 못하고, 둘째로는 일본과의 교섭에서 만약 망국적인 조약을 단호하게 거부한다면 결국 응전할 수밖에 없으며, 셋째로는 응전한 뒤 패배하더라도 국가의 체면은 보전할 수 있다는 것이었다. 그러나 그는 중국이 국력이 불충분하고 군비가 강하지 못하므로 일본과 전쟁에서 반드시 승리할 수 있다는 확신을 가지지는 못했다. 따라서 그는 응전을 위한 단계로서 '자구(自救)의 준비'를 주장하였다. '자구의 준비'의 핵심은 정부가 통일적으로 전국의 군사·경제·교육계획을 수립하여 그것을 최단시일 안에 실현한다는 것이다.14) 그밖에 민중 차원의 운동으로 대외적으로는 철저한 대일경제 절교, 대내적으로는 각 당파의 일치단결 여부에 대한 엄격한 감독 활동 등을 들고 있다.

한편 추도분의 공격은 중앙정부에까지도 이어졌다. 그는 사변 발발 직후의 국경절에 발표한 논설에서, "지금은 국경(國慶)이 아닌 국애(國哀)"라고 지적하고, "국애를 국경으로 바꾸려면 정부가 철저한 각오를 가지고 노력한다는 결심을 회복하여 통일된 계획을 세워 굳건히 집행해 나가야 한다. 만약 그렇지 못하면, 나라를 망치는 당국을 민중이 용납하지 않아, 집단적으로 자구를 도모하여 궐기할 것이며, 그렇게라도 하지 않으면 국애가 국경으로 바뀔 가능성은 없다"고 주장하고 있다. 즉 정부가 제대로 응전 준비를 갖추지 못하면, 민중의 지지를 상실한다는 것이며, 그 자신도 국가를 구할 수만 있다면 민중의 집단적 궐기를 지지할 것이라는 태도의 표명이었다. 나아가 그는 "구국을 책임질 수 있는 정당과 정치가들만이 국민들의 신임과 지지를 받을 가치가 있고 그렇지 않으면 국민들에게 버림을 받아 결코 생존할 수 없다"고 경고하고 있다. 이것은 추도분이 사변 이전에 보여주었던 국민당 정권에 대한 확고한 지지와 신뢰가 크게 동요하고 있음을 드러내는 것이다. 또한 그가 민중 중심의 자발적인 항일운동으로 정부 중심의 항일을 대체할 수도 있는 것을 인식할 정도로 민중의 자발적인 항일운동에 거는 기대가 커졌음을 나타내는 것이었다.

1932년 1·28사변이 발발하자 추도분은 《생활》주간 '긴급호외'와 '긴급임시증간'을 발행하여 사변의 경과를 신속하고 현장감 있게 보도하였다. 또한 그는 당시 상해 방어 임무를 맡은 19로군(路軍)을 지원하기

추도분이 주편을 맡은 신문과 잡지

위한 모금활동을 벌였으며, 이 기금으로 부상병을 위한 병원을 후원하기도 하였다. 한편 그는 국민당과 국민정부에 대해서 "구국과 민족의 보존을 위해서는 반드시 일치하여 폭일(暴日)에 대항하는 진선(陣線)을 지켜야 하며, 만약 정부가 타협하려 한다면 이것은 일치된 진선을 파괴하는 것으로 …… 민족의 죄인이며, 국가를 보위하려는 군대와 민중은 연합하여 이에 대해 엄밀히 감시하고 필요한 제재를 가해야 한다"고 주장하였다.15) 동시에 그는 국민정부의 '부저항정책'과 '대일타협 노선'을 비난하는 많은 독자의 서신을 게재하여 국민당에 압력을 가하였다. 그 무렵 호종남(胡宗南)이 추도분과 면담한 자리에서 '부저항정책'을 지지해 달라는 부탁을 하였으나, 그는 이를 단호하게 거절하였다. 이 시기 《생활》주간의 판매 부수가 12만 부에서 15만 부로 3만 부나 증가하는 것으로 보아 이러한 그의 주장은 독자들로부터 상당히 긍정적인 반응을 얻었던 것으로 보인다. 그러나 국민정부는 19로군에 대한 지원을 거부하고, 결국 대일 타협노선을 관철시켜 5월 5일 정전협정을 체결하였던

바, 이 과정에서 그는 장개석과 하응흠(何應欽)에 대하여 '전국 전 민족의 커다란 죄인'이라고 강력하게 비난하였다.16)

국민당과 국민정부에 대한 실망은 추도분에게 구국을 위한 새로운 이론의 모색으로 이어졌다. 때마침 항일 선전을 위해《생활》주간의 필진으로 초빙하였던 좌익계 지식인인 호유지(胡愈之)와의 접촉은 그의 관심을 마르크스주의로 돌아서게 하였다. 1932년 중반에 이르면 그는 이미 중화민족의 살 길은 국내정치, 사회문제의 근본 해결과 제국주의ー특히 일본제국주의ー에 대한 반대를 통한 사회주의의 실현에 있다고 확신하게 되었다. 또한 사회주의에 도달하는 방법으로 이전까지 주장하던 민생주의를 통한 평화적이고 점진적인 이행을 포기하고 계급투쟁을 수용하여 이행 과정에서 착취계급의 완고한 저항을 분쇄하기 위해서는 폭력혁명도 가능하다는 주장으로 바뀌었다.17) 요컨대 이 시기에 이르러 추도분은 반제반봉건(反帝反封建)의 혁명노선과 계급투쟁 이론을 초보적이나마 수용한 것으로 볼 수 있겠다. 그러나 그의 이념적 변화가 곧바로 중공에 대한 지지로 이어진 것은 아니었다. 이에 대해 중공에 대한 인식이 부족하다는 측면의 설명18)도 가능하겠지만, 더 근본적인 이유는 당시 중공이 좌경 급진주의의 영향 아래 추진하고 있던 소비에트 혁명노선 때문이라고 보는 것이 더욱 설득력이 있을 것이다.

이러한 추도분의 사상적 변화를 국민당 측에서 파악하고 있었는지는 확인할 수 없다. 그러나 '부저항정책'의 반대와 정부에 대한 공개적이고 직설적인 비판은, 이미 국민당 정권이《생활》주간에 대해 탄압을 가하기에는 충분한 것이었다. 1932년 7월 국민당 상해지부에서는 '언론반동, 훼방당국'이란 이유로《생활》주간의 우편 발송을 금지했다. 또한《생활》주간의 독자들을 중심으로 전개된 직접 운반을 막기 위해 각 부두에 대한 검사를 강화하고, 신문 판매대를 통한 판매도 금지했으며, 심지어《생활》주간을 휴대한 학생을 체포하기도 하였다.

이에 대해 추도분을 중심으로 한 생활주간사는《생활》주간의 배부를 위해 노력하는 한편, 폐간에 대비한 대책도 함께 세워 추진하였다. 우선 그는 《생활》주간 때문에 중화직업교육사가 피해 받을 것을 우려하여 양자를 분리해서 《생활》주간을 독립된 잡지로 만들었다. 또한 그는 호유지의 건의를 받아들여 1932년 7월 생활서점을 설립하였다. 이것은 하나의 잡지가 폐간되더라도 미리 서점을 설립해 두면 잡지 이름을 바꾸어 계속 발간할 수 있다는 판단에서 비롯된 것이었다. 뒷날 추도분과 동료들은 생활서점을 통해 항일구국운동에 관한 많은 서적을 발행함으로써 기대했던 것 이상의 효과를 거둘 수 있었다.

추도분과 국민당 정권 사이의 갈등은 1932년 12월 그가 민권보장동맹에 참여하면서 더욱 악화되었다. 민권보장동맹은 송경령(宋慶齡) · 채원배 · 양행불(楊杏佛) 등 국민당 안의 반(反)장개석 인사와 노신 등의 좌익계 지식인들이 연합하여 만든 단체였다. '동맹'은 국민당 당국에 따라 이루어지고 있던 정치범들에 대한 불법 행위에 반대하여 이들의 석방, 처우 개선, 후원 등과 공민들의 민주적 권리 획득을 합법적인 공간에서 획득하는 것을 목표로 삼고 있었다. 그는 노신의 소개로 1932년 12월 17일 민권보장동맹 창립 대회에 참여하였고, 1933년 1월 17일에 창립된 민권보장동맹의 상해분회 중앙집행위원으로 선임되었다. 민권보장동맹에 참가한 뒤 그는 국민당에 대해 '선안내 후양외(先安內後攘外)' 정책 외에도 언론 탄압과 1933년 5월 정령(丁玲)의 불법 구금 등 비민주적 행위 등에 대해서까지도 공격을 확대하였다. 그가 민권보장동맹에 참여한 것은 국민당의 《생활》주간 탄압에 대한 반발로 볼 수도 있을 것이다.[19] 그러나 당시 추도분이 "현재 우리가 조급해 하는 것은 민중의 역량을 단결시켜서 민족 전체가 저항해 나가는 데 어떤 집단이 이렇게 중대한 영도의 사명을 짊어질 것인가 하는 문제이다"[20]라고 고심하고 있는 것으로 보아 민권보장동맹 참가는 새로운 정치적 집단을 모색하고, 스스로 참여하려는 노력이었다고 생각할 수도 있을 것이다. 하지만 1933년 6월 18일 양행불이 암살되면서 민권보장동맹이 사실상 활동을 중지하고, 그 자신도 신변의 위협을 느껴 7월 14일 해외 유랑에 나서게 되어 이러한 시도는 사실상 실패하였다.

이제까지 살펴보았듯이 9·18사변과 1·28사변의 발발로 격렬한 민족주의적 열정에 사로잡힌 추도분은, 일본의 침략을 물리치는 것을 중국의 시급한 과제로 인식하고, 대일항전을 주장하였다. 그러나 대일항전을 수행해 주기를 기대하였던 국민당이 이를 거부하자, 그는 국민당과 정부에 대한 지지를 철회하였다. 그 뒤 그는 민중의 자발적인 궐기를 통한 구국의 길에 주목하였고, 이것은 민중운동을 영도할 새로운 정치집단의 모색으로까지 이어졌다. 그는 비록 이 과정에서 좌익 지식인들의 영향을 받아 마르크스주의와 접촉하게 되고, 또한 초보적으로나마 이를 수용하게 되었지만, 이러한 이념적인 변화가 그에게 곧바로 중공을 자신이 기대하던 새로운 정치집단으로 인식하게 한 것은 아니었다. 또한 추도분은 당시 국민당 반장파(反蔣派)의 일부와 좌익 지식인이 연합하여 결성한 민권보장동맹에 기대를 걸기도 했지만, 국민당의 탄압으로 동맹이 활동을 중지함에 따라, 이러한 시도는 무산되었다. 따라서 이 시기 그는 국공(國共) 양당 어느 쪽에 대해서도 지지를 유보한 상태였으며 오직 민중운동에만 기대를 걸 수밖에 없는 상황이었다고 볼 수 있을 것이다. 이것이 뒤에 그가 구국회(求國會)에 적극 참여하고 활동하게 된 요인 가운데 하나가 되었다고 볼 수도 있을 것이다.

4. 민족연합진선(民族聯合陣線)의 제시와 구국회운동 참여

추도분이 해외를 유랑하는 동안 중국에서는 일본에 대한 대응을 둘러싸고 내부적 갈등이 심화되고 있었다. 국민당과 국민정부는 이미 국민들에게 심한 반발을 사고 있었던 '선안내 후양외' 정책을 포기하지 않았을 뿐만 아니라 이에 대한 비판을 중공의 사주 또는 통치권에 대한 도전으로 여겨 탄압을 강화하고 있었다. 1935년 6월에 발생한 《신생(新生)》사건이 바로 그 대표적인 예였다. 《신생》은 추도분이 해외 유랑을 떠난 뒤인 1933년 7월에 《생활》주간이 폐간됨에 따라 그의 동료였던 두중원(杜重遠)이 중심이 되어 1934년 2월에 창립한 주간지였다. 《신생》은 《생활》주간의 속편이라고 할 수 있지만, 창간사에서부터 항일의 노선을 뚜렷하게 내세웠고, 내용 면에서도 《생활》주간보다 더 강경한 논조로 항일을 주장하였다. 당시 중국 안의 항일운동을 감시하고 있던 일본의 상해 영사관에서는, 1935년 5월 4일 《신생》 제2권 제15기에 애한송(艾寒松)이 기재한 〈한화황제(閑話皇帝)〉가, 일본의 천황을 모욕하였다고 항의를 제기하였다. 당시 일본과의 타협을 위해 6월 '돈목방교령(敦睦邦交令)'을 선포하였던 국민정부는 7월 7일 《신생》을 폐간시키고, 두중원을 체포하여 14개월의 징역을 선고하였다.

당시 미국에 체류하고 있던 추도분은 '《신생》사건'의 발생을 듣고 즉시 귀국을 서둘러 1935년 8월 27일 상해에 도착하였다. 그는 귀국 직후 병 보석으로 입원 중인 두중원을 방문한 뒤 곧바로 《생활》과 《신생》의 뒤를 이을 새로운 잡지를 준비하였다. 11월 16일 추도분은 《대중생활》을 창간하고 주편과 발행인을 동시에 맡았다. 또한 《대중생활》의 필진으로 김중화(金仲華)·유식(柳湜)·평심(平心) 등을 초빙하였고, 장내기(章乃器)·도행지(陶行知) 등도 항일운동에 관한 논설을 썼다. 이들 가운데 대다수는 《생활》주간에서부터 추도분과 일했던 필운정(畢雲程)·호유지·애한송 등과 함께 인간적·동지적 관계를 형성하였고, 그 뒤 그를 중심으로 항일구국운동에 적극적으로 참여하여 활동하게 된다.

《대중생활》의 발간사인 〈우리의 등대(我們的燈塔)〉에서 추도분은 "민족해방의 실현을 힘써 노력하고, 봉건세력을 제거하며, 개인주의를 극복한다"는 세 가지를 중국이 당면한 중대한 사명으로 설정하고 《대중생활》은 문화 방면에서 이러한 목표의 실현을 추진할 것이라고 밝혔다. 그는 이 글에서 중국의 상황을 반식민지로 규정하고, 중국 대중의 최대

378

의 적을 제국주의와 봉건 잔여세력으로 설정하였다. 따라서 중국 대중의 유일한 살 길은, 전선을 통일하여 민족해방투쟁에 나설 수밖에 없다고 주장하였다. 또한 중국의 민족 자산계급은, 프랑스 혁명의 전례처럼 순수한 자본주의의 길을 갈 수 없기 때문에, 대중과 협력하여 민족해방투쟁에 참여할 것을 촉구하였다.21) 이 글은 중국의 기본 정세, 사회 각 계급의 상황 분석과 중국 혁명의 성격에 대한 추도분의 인식이 이미 마르크스주의의 분석 틀에 입각하고 있다는 점에서 주목된다.

《대중생활》은 국민당과 국민정부의 정치·경제·사회 등 거의 모든 분야에 대한 정책을 맹렬하게 비난하고, 이에 대한 전반적인 수정을 요구하였다. 당시 《대중생활》의 정부 비판이 너무 심해서 많은 독자들이 폐간을 걱정할 정도였다.22) 특히 외교 분야에서 추도분은 일본이 국민정부에 제시하였던 '광전(廣田) 삼원칙'에 대해 '우리의 삼원칙'을 제시하고, 정부가 만약 민중의 지지를 받기를 원한다면 자신이 제시한 중국 민중의 삼원칙을 수용할 것을 요구함으로써 남경정부의 대일 타협노선을 경계하였다. 그는 중국과 일본 사이의 전면 전쟁에서 중국이 불리하다는 종전의 인식에서 벗어나 "대중의 역량이 일본에 대한 기술적인 열세를 극복할 수 있다"고 주장하면서 일본에 대한 저항을 요구하였던 바, 이것은 대일 항전론의 논리적 근거를 만들어 내려는 노력이라고 볼 수 있을 것이다.

1935년 12월 9일 북경 지역 학생들은, 일본이 화북지역을 중국의 통치권 안에서 떼어내기 위해 조직하려 한, '기찰정무위원회(冀察政務委員會)'의 성립에 반대하는 대규모 시위를 벌임으로써 12·9운동이 일어났다. 12·9운동 발생 직후 당시 주요 일간지인 《대공보(大公報)》와 호적이 발간하던 《독립평론》에서는 이것을 학조(學潮)의 일환으로 규정하고, 학생들의 수업 복귀를 종용하는 기사를 실었다. 그러나 추도분은 《대중생활》 제6기에서 제9기까지 연속하여 3편의 논설을 발표, 12·9운동이 민족해방운동의 일환임을 지적하면서 이를 적극 지지하였다. 그는 학생운동을 민족해방운동의 서막, 중국 대중운동의 선봉으로 높이 평가하고, 학생운동을 통해 당시 저조하던 민중운동이 고양되기를 기대하였다.

여기에서 주목되는 것은 12 · 9운동에 관한 지지 사설에서 추도분이 최초로 통일전선의 결성을 제안하였다는 점이다. 그는 《대중생활》 제7기에 실린 〈더욱더 분발하는 학생구망운동(再接再勵的學生救亡運動)〉이란 제목의 논설에서, 학생운동을 확대하여 민족통일전선에 입각한 민족적 항일구국운동으로 발전시켜 나갈 것을 요구하고 있었다. 그는 먼저 민족해방전쟁이 근본적으로 다방면의 공작임을 지적하고, 각 방면이 "구망(救亡)의 급박함과 중요함을 철저하게 함께 인식하고, 민족해방전쟁의 연합전선을 결성함으로써 구망운동을 확대하고 민족해방전쟁의 실현을 독촉해야 한다"23)고 주장하였다.

추도분 자신은 이러한 연합전선을 실천하기 위해, 1935년 12월 12일 상해지역 지식인 200여 명이 연명으로 발표한 〈상해문화계구국운동선언〉에 참여하였다. 이 선언은 국민당과 정부에 대해 완전한 영토와 주권의 견지, 동북문제와 화북문제에 대한 지방적 차원에서의 해결 반대, 기동(冀東)과 동북의 괴뢰조직에 대한 토벌, 적의 침략에 대항하기 위해 전국의 병력과 재력을 동원할 것, 인민의 결사 · 집회 · 언론 · 출판의 자유 인정, 민중의 자발적 조직 등을 요구하였으며, 그 전문을 《대중생활》에 실었다. 이들은 12월 27일에 상해문화계구국회를 설립하고 다시 선언을 발표하여 문화계가 구국운동을 영도할 책임이 있다고 강조하고, 정부에 대해 민중운동의 개방, 일체의 내전 정지, 언론 출판의 자유 보장, 정치범 석방 등을 주장하면서 더 조직적인 항일구국운동을 시작하였다.24) 상해문화계구국회의 중요 지도자들은 추도분 자신을 포함해 심균유(沈鈞儒) · 장내기(章乃器) · 도행지 · 왕조시(王造時) · 사천리(沙千里) · 사량(史良) 등의 민족주의적 지식인들이었으며, 구국회의 중간층과 기층에는 애사기(艾思奇), 전준서(錢俊瑞), 호유지 등 상당수의 좌파 지식인들이 포함되어 있었다. 따라서 상해문화계구국회는 민족주의적 지식인과 좌파 지식인들이 항일운동을 위해 설립한 최초의 대규모 연합 조직으로, 그 형식이나 정치 주장은 그 뒤 항일구국운동의 기본적인 틀을 제공하는 것이었다. 상해문화계구국회의 설립 대회에 참석하여 집행위원에 선임된 추도분은 선전 공작을 담당함으로써 조직적인 항일구국운동에 참여하게 되었다.

위에서 살펴본 바와 같이 구국회의 1,2차 선언은 문화계가 정당에 의존하지 않고, 민중 중심의 구국운동을 고양시킬 뿐만 아니라 그에 대한 영도적 구실을 자임하고 있다는 점에서 주목된다. 따라서 그의 구국회운동 참여는 9·18사변 이래 모색해 왔던 민중의 자발적인 구국운동을 영도할 새로운 정치집단을 만들어 내려는 노력의 일환으로 볼 수 있을 것이다.

이와 같은 항일구국운동의 고양에 대해 국민당 측은 비난과 탄압으로 대응하였다. 국민당은 먼저 1936년 2월 11일 〈국민에게 고하는 글(告國人書)〉를 발표하여 구국회가 중화민국에 위해를 가하고 민족의 원기를 손상하고 있다고 비난하였다.[25] 또한 국민당과 정부는 추도분에게도 압력을 가하기 시작하였다. 1936년 초 국민당 중앙 선전부장이었던 장도번(張道藩)과 부흥사(復興社)의 총서기였던 유건군(劉健群)은 그를 방문하여 국민당과 장개석에 대한 비난의 중지와 항일구국운동에서 탈퇴할 것을 요구하였다. 그가 이에 불응하자 장개석은 여행의 안전을 보장한다는 약속을 해 주고 자신과 직접 면담을 요구하였다. 비록 장개석과 직접 면담 제안이 매력적이기는 하였지만, 면담 결과에 따라서는 추도분이 상해로 돌아오지 못할 수도 있다는 구국회 동료들의 지적에 따라, 그는 면담을 거절하였다. 국민정부는 그가 면담을 거절하자 다시 강경한 태도를 취하여 2월 19일 《대중생활》의 우편 발송을 금지하고, 2월 26일에는 폐간을 명령하였다.

당시 장개석과의 직접 면담은 일종의 최후의 기회를 주는 것으로 받아들여졌기 때문에 추도분의 동료들은 그의 안전을 걱정하여 해외 도피를 권유하였다. 1936년 3월 그는《생활일보》의 발행과 생활서점의 분점을 개설한다는 이유로 오랜 친구였던 필운정(畢雲程)과 함께 홍콩으로 떠났다. 그러나 홍콩으로의 도피가 그의 항일구국운동의 의지나 실천이 위축되는 것은 아니었다. 그는 이미《대중생활》의 폐간사에서 항일구국운동을 계속할 것이라고 밝혔고, 그 성과는 6월 17일《생활일보》의 창간으로 나타났다.《생활일보》창간사에서 그는 '민족해방의 촉진과 대중문화의 확산'을 목표로 제시하고 "대중문화를 확산하여 내외의 적을 가차없이 견결(堅決)한 맹공으로 소탕한다"는 다분히 전투적인 발간사를 발표하였다.[26] 따라서《생활일보》의 주요한 기사는 자연히 항일운동의 선전이 주를 이루었고, 추도분 자신이 쓴 55편의 사설 가운데 대부분은 항일구국문제에 관한 것이었다.

　이 시기 추도분은 통일전선 결성 과정에서 나타난 이론적 · 실천적 문제들에 대한 정리를 시도하면서, 특히 좌익 내부에서 일어나고 있던 편협한 관문주의(關門主義)에 대하여 비판을 집중하고 있다. 우선 그는 연합진선을 "어떤 당파, 어떤 계층, 어떤 직업이건 간에 망국노가 되기를 원하지 않는 이들이 모두 연합하여 민족의 모든 역량을 집중하여 우리 민족의 최대의 적에 대항하는 것"이라고 규정하였다.[27] 연합진선의 구축 과정에 대해 연합진선 건설을 위한 출발점은 미연합(未聯合)이며, 그 실제 공작의 첫걸음은 아직까지 연합하지 않은 부분을 연합하는 것임을 명심해야 하고, 또한 통일전선(統一戰線)의 대상이 가지고 있는 사상적 한계에 주의하여 지나치게 앞선 사상을 표준으로 삼아 이들이 통일전선에 참여하기를 꺼리도록 만들어서는 안 될 것이라고 경고하고 있다. 심지어 추도분은 한간(漢奸)을 주관적인 한간과 객관적인 한간으로 구분하였고, 자의가 아닌 상황 때문에 어쩔 수 없이 적을 이롭게 한 객관적 한간일 경우라도 항일의 의지만 있다면 연합진선에 참여할 수 있다고 주장하기도 하였다.[28] 요컨대 그의 연합진선 참여 기준은 오직 항일의 의지 여부였던 것이며, 이것은 가장 광범위한 통일전선의 결성을 위한 것이었다고 볼 수 있겠다.

　실제로 통일전선이 처음 제기되었을 때는 국민당 측뿐만 아니라 당시 좌익 내부에서도 상당한 반대가 있었다. 《생활일보성기(星期)증간》 1호에는 당시 중공 중앙 북방국(北方局)의 통일전선 운동을 영도하던 유소기(劉少奇)가 막문화(莫文華)란 가명으로 보낸 편협한 관문주의에 반대하고 광범위한 '인민전선'의 구축을 제안한다는 내용의 서신이 실렸다. 이 서신이 발표된 뒤 좌익 지식인으로 추정되는 왕보신(王保新)은 서신을 보내 지주·군인·관료·자본가들의 '인민전선'에 대한 성의를 확인할 수 없으므로 이들을 '인민전선'에 포함하는 것은 위험하다고 반대하였다.29) 이에 대해 유소기는 다시 장문의 서신을 보내어 반박하는 등 논쟁이 일어났다.

　이러한 논쟁 가운데서 추도분은 더 광범위한 통일전선을 구축해야 한다는 견해를 보였다. 그는 유소기의 첫 번째 서신에 대한 논평에서 관문주의 극복이란 점에 적극 찬성하였지만, 당시 유소기가 사용한 '인민전선'이란 용어 대신 더 넓은 의미의 '연합진선'이란 용어의 사용을 주장하였다. 그는 '인민전선'이 좌파의 영도권을 원칙으로 정부와 군대를 전선에서 배제하고 있다고 지적하고, 현재 구국이 가장 급박한 과제인 중국에서는 정권을 장악한 국민당 역시 일본의 침략으로 위협을 받고 있는 상황인 만큼 어떤 당파도 민족해방투쟁에 참여해야 한다고 인식하였다. 어떤 당파가 영도권을 장악하는지의 문제는 논쟁을 통해 결정될 것이 아니라 실제 행동에서 얼마나 굳건하게 구국운동을 영도해 내는지에 달려 있다고 주장하였다.30) 따라서 '인민전선'이란 용어를 사용한다면 좌파의 영도권을 미리 주장하는 것이 되므로 광범위한 구국운동에 장애가 된다는 것이었다. 그가 '인민전선' 대신 '연합진선'이란 용어의 사용을 제안한 것은 국민당 측을 염두에 둔 것이었지만 그것은 좌익 내부의 이견 정리에도 도움이 되는 것이었다. 기왕에 '인민전선'이란 용어를 포기한다면 좌익 내부에서 영도권 문제에 크게 얽매일 필요가 없기 때문에 불

필요한 이론적 논쟁을 피할 수 있었기 때문이었다.

이렇듯 가장 광범위한 통일전선의 이론을 제시한 뒤, 추도분과 다른 구국회 지도자들은 장개석과 국민당 정권에 대한 공격을 완화하기 시작하였다. 그는 1936년 7월 31일 구국회의 지도자들인 심균유 · 장내기 · 도행지와 함께 〈단결해서 외부의 침략을 막는 기본 조건과 최소한의 요구(團結禦侮的基本條件與最低要求)〉를 발표하였다. 구국회가 무당파적이고 연합적인 구망이라는 견해에서 각 당파와 계층에 대하여 일치단결과 항일구국을 촉구한 이 공개서한은 이미 중공에 입당하여 구국회의 일원으로 활동하던 호유지가 기초한 뒤, 서명자들이 다시 수정한 것이다.

이 서한에서는 장개석과 국민당에 대해 '선안내 후양외' 정책이 비록 국가의 통일을 이룩하여 항전의 준비를 지향한 것이기는 하지만, 이미 실패하였다고 평가한 뒤 내전의 중지, 공산당과의 제휴, 민중운동의 개방 등을 통해 구망연합진선을 구축하여 민족해방전쟁을 발동할 것을 요구하였다. 특히 장개석에 대해서는 민족해방전쟁에서 승리한 뒤에는 중화민국의 최고 영수이자 민족의 영웅이 될 것이라고 주장하였다. 중공과 홍군에 대한 요구에서 우선 '8 · 1선언'에 찬성하지만 구체적인 행동에서 성의를 보이기 위해 중앙군에 대한 공격 중지, 근거지에서 부농 · 지주 그리고 상인에 대한 태도 전환, 도시지역에서 노자 충돌 완화 등을 주장하고 있다. 또한 일반 대중에 대해서는 목전의 이익보다는 공동의 큰 적에 대항하는 것이 중요하며, 정부가 무력으로 항일하도록 독촉해야 하지만 한편으로 정부와 합작하려는 자세도 중요하다고 지적하였다.

이 선언은 그때까지 구국회의 정치 주장 가운데 가장 온건한 것이었는데, 여기에서는 상해문화계구국회 창립 선언에서 보이던 문화계의 항일구국운동에 대한 영도적 위치가 사실상 취소되었다. 이 서신에 대해 모택동은 8월 10일 회신을 통해 이들의 주장을 전적으로 지지하고, 중공과 홍군에 대한 건의를 수용하겠다고 밝혔다. 그러나 이것은 오히려 구국회에 대한 국민당 측의 의혹을 증대하는 것이었다.[31]

추도분은 1936년 8월 구국운동이 전국적으로 확산되어 가자, 중국 안에서 벌어지고 있는 구국운동에 참여할 필요를 느끼게 되어 상해로 돌아왔다. 상해에는 1935년 5월 31일 이미 구국회의 전국적인 연합조직인 전국각계구국연합회(全救聯)가 성립되어 있었으므로 그는 전구련(全救聯)의 활동에 참여하는 한편 《생활성기간(生活星期刊)》을 발간하였다. 여기에서 그는 국내의 통일전선 문제뿐만 아닌 국제적인 반일통일전선의 구축에도 주의를 돌리기 시작하였다. 그는 일체의 제국주의를 타도하자는 주장에 반대하고 중국이 영국·미국·프랑스·소련 등의 국가들과 제휴하는 것은 민족해방투쟁의 과정에서 우군을 얻는 일종의 책략이라고 주장하기도 하였다.[32]

1936년 11월 9일 상해의 일본인 방직공장에서 파업이 일어남으로써 구국회와 국민당 사이의 갈등은 폭발하였다. 이 파업은 원래 급료 인상을 위한 것이었지만 구국회에서 이를 후원하면서 반일운동의 성격을 띠기 시작하였다. 이에 대해 상해 주재 일본영사는 상해시장 오철성(吳鐵成)에게 구국회 인사들을 체포할 것을 강력하게 요구하였다.

11월 22일 국민정부는 추도분을 비롯한 심균유·장내기·이공복(李公樸)·왕조시·사천리·사량 등 7명의 구국회 지도자들을 체포함으로써 이른바 '칠군자(七君子) 사건'이 일어났다. 사건 직후 국민정부는 이를 은폐하려 했으나, 장내기의 부인으로 부녀구국회 간사였던 호자영(胡子嬰)이 구국회 회원이자 《입보(立報)》의 편집인이었던 살공료(薩空了)에게 체포 소식을 전함으로써 대중에게 보도되었다.

'칠군자 사건'의 발생은 중국 안에서 커다란 정치적 반향을 불러 일으켰다. 우선 전국 각지에서 칠군자를 지지하는 성명과 전보가 쇄도하였고, 면회자들이 끊이지 않았다. 송경령·하향응(何香凝)은 기자회견을 통해 국민당이 애국운동을 소멸시키고 있고, 7명의 애국인사를 불법 체포하였다며 비난하였다. 북경의 문화·교육계의 이달(李達), 허덕형(許德珩) 등 107명은 연명으로 국민정부에 전보를 보내 칠군자의 석방을 요구하였다. 풍옥상(馮玉祥)·우우임(于右任) 등 국민당 인사들도 남경에서 이들의 석방을 위한 10만 인 서명운동을 벌이기도 하였다. 이종인(李宗仁)도 장개석에게 직접 전보를 보내 칠군자들을 신중하게 처리하도록 권유하였다. 심지어 서안사변 발생 후 장학량과 양호성(楊虎城)은 칠군자의 석방과 구국회의 항일 방안을 받아들이도록 장개석에게 요구하였다. 이처럼 '칠군자 사건'은 정국의 초점으로 부각되었고, 이는 국민당 측의 정치적 부담으로 작용하였다.

이 사건은 칠군자 개인들을 영웅적 항일애국인사로 만들었을 뿐만 아니라 구국회의 정치적 주장을 대대적으로 선전할 수 있는 계기가 되었다. 사건 직후《대공보》에서는 검찰의 칠군자에 대한 기소장을 게재한 뒤, 구국회 측의 주장을 받아들여 칠군자의 항소이유서를 게재하였다. 이 항소이유서에는 국민정부의 불법적인 체포 사실에 대한 항의 외에도 칠군자의 기소장에 대한 상세한 반박을 담고 있다. 여기에서 칠군자들은 자신들이 항일파업을 조직하거나 조종하지 않았고 단지 노동자들의 생계를 도왔으며, 중공을 도와 국민정부를 전복하려고 기도하지도 않았다며 기소사실을 부인하였다. 그들의 선전 가운데 가장 성공한 것은 국민들에게 칠군자들이 사실상 '구국유죄(救國有罪)'라는 인상을 강하게 심어준 것이었다. 한편 송경령·하향응·호유지 등 구국회의 회원들은 '구국유죄'라면 자신들도 구국을 주장하여 죄가 있으니 체포하라고 국민당에 요구하고 나섬으로써 '구국입옥(入獄)' 운동을 전개하기도 하였다. 이러한 과정을 통해 구국회는 자신들의 정치 주장에 대한 광범위한 지지를 이끌어냄으로써 사실상 국민당과 중공에 이은 또 하나의 정치세력으로 자리 잡게 되었다.

1935년 8월 해외 유랑을 끝내고 귀국했을 당시 추도분은 이념적으로 이미 마르크스주의를 수용하였던 것으로 보인다. 그러나 귀국 직후에서 투옥될 때까지 그의 정치적 주장이나 활동은 마르크스주의보다는 민족주의적 견해에 바탕을 둔 것이었다. 그는 항일구국을 위해 일체의 당파와 계급을 초월한 '연합진선'을 제시하였고, 이의 실천을 위하여 '내전정지, 일치항일'의 실현을 목표로 한 구국회를 조직하고 영도하였다. 심지어 그는 이전에 민족의 죄인이라고 비난했던 장개석과 국민당에 대해서도 공격을 완화하고 '연합진선'에 참여하기를 권유하였다. 그러나 여전히 '선안내 후양외' 정책을 고수하던 국민당 정권은 칠군자들을 체포함으로써 그들의 제안에 응답하였다. 그러나 이미 항일구국은 당시 국민들 사이에서, 심지어는 국민당 일부 인사들에게까지도 시급한 요구로 부각되어 있었으므로 추도분과 칠군자(七君子)들은 오히려 민족적 영웅으로 추대되었고, 구국회 역시 하나의 정치세력으로 자리 잡게 되었다.

5. 항일전쟁 참여와 민주정치 요구

추도분은 항일전쟁이 발발한 뒤인 7월 31일 다른 구국회 지도자들과 함께 석방되었다. 국민당은 칠군자를 석방한 뒤, 항일구국을 상의하자는 명목으로 남경으로 초청하였다. 칠군자가 남경에 도착한 뒤 국민당 측은 사실상 항전이 이미 시작되었다는 이유로 구국회의 해산을 종용하였으나, 이들은 정부의 영도에 따라 항전에 전력을 다할 것이라고 거절하였다.

8월 13일 일본군이 상해를 공격하여 송호항전(淞滬抗戰)이 일어나자, 추도분은 곧바로 상해로 귀환하여 8월 19일 《항전》3일간(三日刊)을 창간하였다. 《항전》3일간은 그가 주필을 맡았고, 호유지·김중화·장중실·유식(柳湜)·전준서(錢俊瑞)·심지원(沈志遠)·호승(胡繩)·애사기(艾思奇) 등이 집필진으로 참여하였다. 그는 《항전》3일간의 임무로 "항전과 직·간접으로 관련된 국내외 정세에 대해 체계적인 분석과 보도를 통해 중요한 의의와 상호 관련을 밝혀내고, 다른 한편으로 항전 기간 동안 대중의 절박한 요구를 반영한다"를 설정하였다. 그는 또한 항전

1937년 7월 31일 추도분(뒷줄 왼쪽에서 세 번째) 등 7인이 출옥하여서 전우 두중원(杜重遠. 뒷줄 왼쪽 첫 번째)과 함께 마상백(馬相栢)의 거처에서 만났을 때 찍은 사진

의 승리를 위해서는 정치적 준비와 군사적 준비가 하나가 되어야 하는 데, 중국은 정치적 준비가 군사적 준비보다 상대적으로 낙후되어 있다고 지적하고 이를 신속하게 보완해야 한다고 주장하였다.[33] 항전 기간 동안 그의 활동은 중국이 이러한 정치적 준비를 갖추도록 하는 데 집중되어 있었다고 볼 수 있다.

추도분은 중국의 항전이 지구전이 될 것으로 예견하고 이를 위한 심리적·물질적 기초를 갖출 것도 주장하였다. 더 구체적으로는 군사·정치·생산·조직·민중의 조직과 훈련 등 5가지를 중국의 장기 항전을 위한 준비로 제시하였다.[34] 9·18사변 발발 6주년을 기념하는 논설에서 그는 중국은 전 민족의 역량을 발휘하여 지구전을 수행해야 하고, 단순히 내부 마찰을 피하는 것에 만족해서는 안 되며, 광대한 민중을 철저하게 조직하여 전국의 인력과 물력을 진정으로 운용한 뒤에야 비로소 항전 최후의 승리를 보장할 수 있다고 주장하였다.[35] 이처럼 항전 초기부

388

터 그는 민중의 조직과 동원을 강조하고 있는 바, 이것은 당시 객관적 전쟁 수행 능력이 일본에 견주어 떨어져 있던 중국이 항전에서 승리할 수 있는 유일한 방법이라는 판단에서 비롯된 것이었다.

1937년 9월 22일 국민당이 〈장 위원장이 발표한 공산당선언에 대한 중요한 담화(蔣委員長對共産黨宣言發表重要談話)〉를 냄으로써 제2차 국공합작은 성립되었지만 전세는 계속 중국 측에 불리한 쪽으로 전개되고 있었다. 3개월에 걸친 전투 끝에 11월 12일 상해가 함락되었는데, 그 이전에 이미 화북지역의 요지였던 태원(太原)이 함락되었다. 그러나 전장에서의 열세는 중국 내 각 정치세력들의 단결을 촉진하였다. 이는 1938년 3월 29일에서 4월 1일까지 열린 국민당 임시전국대표대회에서 항전시기 대내외 정책 방침으로 통과된 〈항전건국강령〉에서 나타났다. 항전건국강령의 내용은 대외적으로는 일체 연합하여 일본 제국주의 침략세력에 반대하여 일본의 침략을 저지하고, 모든 괴뢰조직을 부정하고 취소한다. 대내적으로는 군사면에서 군대의 훈련을 강화하고 각지 무장인민을 지도·원조하며, 각 전구(戰區) 사령장관의 지휘 아래 정규군과 협력하여 작전을 펴고, 적 후방에서 보편적으로 유격전을 전개하며, 정치면에서는 국민참정회를 조직하고, 각급 정부기구를 개편하며, 경제적으로는 군사를 중심으로 한 경제건설을 진행하고, 민중운동 방면에서는 삼민주의의 최고 원칙과 법령의 범위 안에서 언론·출판·집회·결사에 대해 합법적으로 보장한다는 것이었다.36) 강령의 내용은 당시 항전 수행에 대한 각 계층의 주장을 기본적으로 만족시키는 것이었기에 전국적으로 환영을 받았다. 추도분 역시 이것을 항전 이래 중국의 정국에서 이룩한 커다란 진보라면서 지지하였다.37)

그는 상해가 함락된 뒤 홍콩, 광서를 거쳐 12월 16일 무한에 도착하였다. 그는 무한에서 계속하여 《항전》3일간(三日刊)을 발간하는 외에도 당시 지식인들 사이에 유행했던 취찬회(聚餐會) 형식의 각종 모임에 참가하여 애국인사들과 교류를 넓혔다. 또한 무한에서 그는 처음으로 주은래를 만났고 그 뒤 잦은 접촉을 가지게 되었다. 주은래는 그의 지지를 얻기 위해 가끔 생활서점을 방문해 한담을 나누면서 중공의 정책을 설명하기도 하였다. 이러한 영향 때문인지 이 시기 그는 주은래와 전준서를 통해 두 차례에 걸쳐 중국공산당에 입당 신청을 하였다. 그러나 주은래는 추도분이 당 밖의 민주인사의 신분으로 국민당 통치지역에서 국민당과 정치투쟁을 하는 것이 중국공산당에게 필요하다는 이유로 거절하였다.

비록 중국공산당에 입당 신청을 하였으나 그는 여전히 국민당의 항일을 지지하였다. 1937년 12월 13일 남경이 함락된 뒤, 장개석은 항전 견지를 내용으로 하는 방송 성명을 발표하였다. 이에 대해 추도분은 "영도자 장 위원장에게 무한한 경의를 표하며, 항적(抗敵)을 계속하자는 장 위원장의 주장을 진심으로 옹호한다"고 지지하였다. 그러나 한편으로 국민당에 대해 구망운동에 종사하는 애국인사들이 정부 전복의 목적을 가지고 있다는 의심을 버림으로써 불필요한 내부적 마찰을 줄이고 항전 역량의 감소를 막아야 한다고 촉구하였다.38) 이와 동시에 그는 항전의 필요에 따라 제기된 '정부의 충실'이라는 문제를 둘러싸고 국민당과 기타 당파 사이에 벌어지고 있던 신경전에 대해서도 비판하였다. 그는 우선 "전국의 민중이 반드시 정부에 참여하여 항일을 한다는 생각을 버려야 함은 물론이고 정권을 장악하겠다는 생각은 더욱 가질 필요가 없으며, 현재의 개인 위치와 구망을 결합해야 하며, 이것이 사실상 정부의 충실"이라고 주장하였다. 또한 국민당에 대해서도 "기타 당파에서 정부의 충실을 주장하는 것은 정부가 영도하는 항전에서 승리하기를 바라기 때문에 정부의 역량이 충실해지기를 희망하는 것이지 정권의 장악이나 관직을 바라는 것은 아니다"고 해명하고 있다.39)

또한 추도분은 국민당을 중심으로 제기되고 있던 민주주의의 실시가 항전에 불리하다는 주장에 대해 민주주의의 실시가 오히려 항전의 역량을 강화한다고 반박하였다. 그는 중국이 항전 시작 이래 군사적 역량을 동원했지 전 민족의 역량은 발휘해 내지 못하고 있다고 지적하고, 현재 비상시기의 중국이 필요로 하는 민주주의는 영미 등의 국가에서 실시하는 의회정치나 선거 등이 아니라 민중의 역량을 최대한 발휘해서 항전을 옹호하고 참가하여 최후의 승리를 보장하려는 정도의 것에 불과하다고 주장했다. 그 구체적인 내용으로 그는 다음과 같은 세 가지를 들고 있다. 첫째, 정치기구 가운데 반드시 민의를 반영하는 기관이 있어야 한다. 민의기구의 설립은 정부가 가능한 방법을 채택하여 신속하게 이루어져야 한다. 그러나 그 구성원들은 반드시 전국 각 방면의 국사에 대한 의견을 대표할 수 있고, 대다수 민중의 의지를 반영하여 정부가 참고하도록 할 수 있는 이들로 이루어져야 한다. 둘째, 항일과 정치에 대해 선의의 비평을 할 수 있는 언론의 자유이다. 셋째, 항일단체를 조직할 수 있는 자유이다. 민중이 항일정부를 돕거나 항일 공작에 참여하는 것은 모두 조직적인 단체가 필요하다. 그러나 이러한 조직은 반드시 정부의 영도 아래 이루어져야 한다[40]는 것 등이다.

요컨대, 추도분은 항전 승리에 반드시 필요하다고 여긴 정치적 준비, 예컨대 민주제도의 실시 등을 요구하였지만 동시에 기타 당파에서도 당파의 이익을 위해 불필요하게 국민당을 자극하여 단결을 저해하고 항전역량을 감소해서는 안 된다고 촉구하고 있다. 이렇게 볼 때, 그의 국민당에 대한 태도는 항전의 수행이라는 측면에서의 지지와 민주의 실시라는 측면에서의 독촉과 비판을 동시에 견지하고 있었던 것으로 보인다.

국민당에 대한 추도분의 지지는 1938년 6월 19일 국민참정회가 설립되면서 절정에 다다랐다. 그 자신이 뒷날 회고하였듯이 당시 그는 열정과 희망을 가지고 국민참정회에 참가하였다.[41] 그는 국민참정회를 비상민의기관이라고 규정하고, 참정원들은 비록 민선이 아닌 정부가 임명한 것이었지만, 민의를 대표한다는 생각을 가지고 직권을 행사할 때 가능한 한 대다수 민중의 절박한 요구를 반영해야 한다고 주장하였다. 1938년 7월 6일에서 15일까지 열린 국민참정회 제1차 대회에 참가한 뒤 추도분은 국민참정회가 단결의 상징이고 정부의 정책 실시와 민중의 요구를 연결하는 데 성공하여 중국 정치의 발전에 상당한 진보를 가져온 것이라고 높이 평가하였다.[42] 당시 그는 자신이 요구한 민주의 세 가지 요구 가운데 첫 번째의 것이 실현되었다고 여긴 듯하다. 그 자신은 이 대회에서 〈민중단체를 조정하여 민력을 발휘하는 방안(調整民衆團體以發揮民力案)〉 등 세 가지 안건을 상정하여 언론과 출판의 자유 확대와 민중운동의 개방 등을 위해 노력하였다.

1938년 7월 7일 추도분은 노구교(盧溝橋)사변 1주년을 맞이하면서 《항전》3일간과 유식(柳湜)이 발간하던 《전민》주간을 합병하여 《전민항전》3일간을 발간하였다. 그는 《전민항전》의 임무는 "첫째, 전국의 단결을 공고히 하여 민족의식을 높이고, 항전 지식을 전파하며 정부 국책을 전달하고 해석하며 국내의 정치·군사·경제·문화, 국제 정세 등을 분석하는 교육과 선전하는 것이고, 둘째, 정부가 민간의 질고와 동원 상황, 행정의 우열 등에 관한 민중의 목소리를 듣게 하여 항전을 영도하고 민정을 실시하는 데 하나의 참고가 되도록 하는 정치적 임무"[43]라는 두 가지로 설정하였다.

《전민항전》이 창간된 직후인 1938년 7월 말 국민정부는 도서잡지심사위원회를 중앙과 지방에 설치하고, 〈전시도서잡지 원고심사판법(辦法)〉과 〈수정(修正)항전시기 도서잡지 심사표준〉을 공포하여, 국민당과 정부기관에서 발행하는 출판물 외에는 사전 원고 검열을 의무화하였다. 이것은 국민당이 항전건국강령을 해석하고 실시하는 과정에서 다시 강경한 자세로 돌아서고 있음을 나타내는 것이었다. 이에 대해 추도분은 8월 3일과 9일 두 차례에 걸쳐 온건한 논조로 언론의 자유를 촉구하였다. 8월 하순 생활서점은 중화서국, 상무인서관 등 10여 개의 출판기구와 연합하여 국민당의 사전 검열제도를 반대하는 성명을 발표하였다.

1938년 10월 일본이 무한과 광주를 점령한 뒤 중국에 대해 대규모의 전략적 공격을 중지하고, 이미 점령한 지역에 대한 통치를 확립하는 이른바 '소탕(掃蕩)'에 치중함으로써 중일 양군은 대치상태에 들어갔다. 일본으로부터 군사적 위협이 줄어들자 국민당과 정부는 관심을 국내문제로 돌려 항전 개시 이래 자신들의 통치권이 약화되었다는 판단을 하고, 이를 다시 강화하려는 일련의 조치를 취하기 시작했다. 1939년 1월 국민당 제5기 5중 전회에서는 전시 당·정·군의 최고 정책결정기구이자 집행기구로서 국방최고위원회를 설립하고, 장개석을 위원장으로 선임하였다. 회의에서는 또한 '방공(防共)위원회'를 설립하여 방공반공의 방침을 확정하였다. 1939년 2월 21일에 열린 국민참정회 제1기 제3차 회의 폐막식에서 장개석은 군정을 실행할 것임을 선포하였다.[44] 이것은 곧 국민당과 정부가 이제까지 실시해 오던 민주제도마저도 취소하겠다는 것이었으며 그 뒤 국민당과 다른 정치세력 사이의 관계는 급속도로 악화되어 갔다.

이러한 국민당과 정부의 태도 변화로 추도분과 생활서점은 심각한 타격을 받게 되었다. 우선 국민당과 정부는 〈전시도서잡지 원고심사판법〉을 엄격하게 적용하여 검열을 강화하였다. 이에 대해 그는 논설마다 우선 장개석의 담화를 인용하고, 이것을 보충한다는 취지의 내용을 삽입하거나, 당시 민감한 정치용어를 사용하지 않음으로써 검열을 피하곤 하였다. 그러자 검열을 맡았던 국민당 중앙당부의 심사회는 주말에는 업무를 보지 않고, 공습을 핑계로 담당자들이 자리를 비운다거나 검열을 통과하지 않은 원고를 돌려주지 않아 교정 작업을 어렵게 만드는 등의 방법으로 시간을 끌어 《전민항전》의 발간을 어렵게 만들었다.

1932년 추도분이 《생활》주간의 폐간을 우려하여 설립한 생활서점은 1939년에 이르러서는 전국에 56개소의 분점을 가질 정도로 확장되어 있었다. 생활서점은 항일잡지와 도서를 출판하고 이를 분점을 통해 직접 판매하였다. 또한 분점에서는 생활서점에서 출판한 도서가 아니더라도 항일과 마르크스주의 관련 서적 등을 판매하는 등 당시 항일문화의 기지 구실을 담당하고 있었다. 국민당과 정부는 이러한 생활서점의 발전이 중공의 자금 지원을 받아 이루어진 것이라고 의심하였다.[45] 1939년

3월부터 국민당과 정부는 판금도서의 판매 혹은 정치활동 등의 이유로 전국에 설립되어 있던 생활서점의 분점을 차례로 폐쇄하였다. 추도분은 이에 대해 여러 경로를 통해 항의하였으나 효과를 보지 못하였고, 1940년 6월 국민참정회 참정원의 신분으로 장개석에게 직접 서한을 보낸 뒤에야 생활서점에 대한 폐쇄를 중지시킬 수 있었다. 그러나 이때는 56개에 달하던 생활서점의 분점이 중국 안에서는 이미 5곳 밖에 남아 있지 않았다.

1939년 9월 9일에서 18일까지 열린 국민참정회 제4차 대회에 참가한 참정원들은 당시 국민당의 일당체제 강화에 반발하여 헌정의 실시를 강력하게 주장하고 나섰다. 10월에는 추도분을 포함한 25명의 참정원들이 헌정좌담회를 개최하여 국민당과 정부에 대해 헌정의 실시를 촉구하고 헌정촉진회를 결성하였다. 이에 부응하여 각지에서도 헌정좌담회와 헌정촉진회 등을 결성함으로써 헌정의 실시가 정국의 초점으로 부각되었다.

이 시기 추도분은 일련의 논설을 발표하여 헌정운동을 지지하는 여론을 조성하였다. 그는 중국이 절박하게 헌정을 필요로 하는 이유로 첫째, 항전 승리와 건국의 중요한 절차로써 헌정을 실시하여 국민의 정치에 대한 참여와 자각 그리고 책임의식을 높여서 민중 동원을 확대할 수 있고, 둘째로 헌정을 통해 국민이 정부와 대립하는 것이 아니라 돕도록 할 수 있으며, 셋째로 헌정 실시는 대중의 생활과 항전이라는 특수한 시기에 대중들이 제기하는 새로운 요구를 반영할 수 있는 것이라고 주장하였다.[46] 또한 당시 헌정에 대한 구체적인 논의는 1936년 국민당 5전 대회에서 통과된 '오오헌초(五五憲草)'의 수정을 둘러싸고 진행되었으므로 그는 장우어(張友漁) · 한유동(韓幽桐) · 사천리 · 전준서 등과 함께 《오오헌초에 대한 우리의 의견(我們對于五五憲草的意見)》을 출판하고, 각종 강연회에 참가하여 헌정 실시의 필요성을 역설하였다.

그러나 1940년에 열린 국민참정회는 국민당 측 참정원들의 반대로

'오오헌초' 수정안을 통과시키는 데 실패하였다. 그 뒤 국민당의 태도는 더욱 강경해져서, 1941년 1월에는 국공 양당 사이의 군사 마찰인 환남(晥南)사변이 발생하였다. 또한 이 시기에 이르러 국민당 측은 추도분과 사천리가 중경에서 폭동을 꾸미고 있다는 소문을 내고, 이를 핑계로 그에 대한 감시를 강화하고, 생활서점을 폐쇄할 것을 결정하였다. 이러한 국민당의 탄압조치로 그는 국민당 통치 구역에서 언론활동을 계속할 수단과 공간을 사실상 상실하게 되었다. 때마침 중공은 국민당의 반공 공세가 강화되자 항일민주인사들과 좌익계열 지식인들을 홍콩으로 보내 항일과 민주를 선전할 문화기지를 건설할 계획을 세우고 있었다. 이 계획을 직접 지도하던 주은래는 추도분에게 홍콩으로 떠날 것을 권유하였고, 그는 이를 받아들여 1941년 2월 비밀리에 중경을 떠남으로써 국민당 통치지역에서의 언론활동을 마감하였다.

3월 5일 홍콩에 도착한 추도분은 곧바로 구국회의 동료였던 범장강(範長江)이 중공의 지시로 준비하던 《화상보(華商報)》 발간에 참여하였고, 또한 《화상보》에 항전이 시작된 뒤부터 자신의 경력을 정리하여 저술한 <항전이래(抗戰以來)>를 연재하였다. 1941년 4월 8일 《화상보》창간호부터 게재하기 시작한 <항전이래>는 6월 30일까지 총 77편이 실렸다. 여기에서 추는 주로 국민당의 반민주·반헌정 등을 맹렬하게 비난하였다. 그러나 한편으로 국민당과 장개석에 대해서는 여전히 항전을 영도하는 정부와 영수에 반대하지 않는다고 석명하고, 국민당이 항전의 진영에 머물러 있고, 장개석이 제2의 왕정위(汪精衛)만 되지 않는다면 국민당과 장개석의 항일 견해를 지지한다고 밝혔다. 또한 현 정부를 전복하여 새로운 정부의 구성을 반대한다는 견해를 밝힘으로써 국민당에 대해서 여전히 지지와 비판을 동시에 가하고 있었다.

1941년 5월 17일 추도분은 중경을 떠나면서 발간을 중지한 《대중생활》을 복간하였다. 《대중생활》 복간사에서 그는 1935년 처음 《대중생활》의 발간 때와 복간 때의 정세에 대해 "5년 전에는 전국 인민이 직면한 시급한 문제가 어떻게 내전정지와 단결통일의 국면을 촉진시켜 전면항전에 도달하는가였다면 지금은 어떻게 분열의 위기를 잘 넘기고, 단결과 통일을 굳건히 하며, 민주정치를 확립하여 항전을 끝까지 견지하여 최후의 승리를 거두는가에 있다"[47]고 비교하였다. 이러한 생각은 5월 31일 그가 모순(茅盾)·김중화(金仲華)·운일군(惲逸群)·범장강(範長江)·우의부(于毅夫)·심지원·심자구(沈玆九)·한유동과 함께 발표한 〈국사에 대한 우리의 태도와 주장(我們對于國事的態度和主張)〉에서도 확인할 수 있다.

또한 추도분은 중국의 민주정치 실현에 관하여 그 일반성과 특수성을 논함으로써 더 자세한 설명을 시도하고 있다. 민주의 일반성에 대해 그는 각 민주국가들이 차이가 있음에도 공통된 점이 있고, 이것이 바로 민주정치의 구성 요건이자 조건이기도 하다고 인식하였다. 각국 민주정치의 일반적 특징으로 그는 우선 인민이 선거로 대표를 선출하고 민의기관을 설립하여 정부를 감독하고 정부의 책임을 촉진하는 것이고, 둘째로는 인민 선거나 민의기관을 통해 이에 직접 책임질 수 있는 정부를 구성하며, 셋째로는 인민의 민주 권력은 반드시 확실하게 보장되어야 한다고 인식하였다.[48]

중국 민주정치의 특수성에 대해서 그는 우선 중국 민주정치는 반제와 반봉건의 역사적 임무를 띠고 있다고 주장하였다. 구체적으로는 항전의 최후 승리를 쟁취하여 중국을 독립된 자유 국가로 만들면서 동시에 청명(淸明)정치를 확립하여 진정한 삼민주의 공화국으로 만들어야 하고, 둘째로는 중국 민주의 내용은 삼민주의를 철저히 집행하는 것으로, 이것은 삼민주의가 위의 두 가지 역사적 임무의 구체적인 표현이기 때문이며, 셋째로는 일반 자본주의의 병폐를 없애는 진보성으로서, 이것은 당시 각국에서 사회주의 국가가 성립되어 민주가 확대되고 있는 시대이니 만큼 중국이 새롭고 진보된 세계의 한 부분이 될 수 있게 할 것이고, 넷째로는 중국 민주정치는 반드시 전국 각 계층의 선진된 부분 — 예컨대 각 항일

당파—이 공동으로 노력해야만 성공할 수 있다고 인식하였다.

그렇다면 중국에서는 구체적으로 어떤 형태의 민주국가를 수립할 것인가? 이에 대해 중국은 독일과 이탈리아와 같은 자본주의 전정(專政)국가도 아니고, 소련과 같은 무산계급 전정국가도 아니므로, 어떠한 계급에 의해서라도 일당 전정은 불가능하다고 추도분은 인식하였다. 그는 중국의 항전 건국은 한 계급이 수행할 수 있는 것이 아니라 전국 각 계층이 공동으로 노력해야만 달성할 수 있고, 각 정당은 각 계층의 다른 이해관계를 반영하기는 하지만 민족의 자유를 쟁취하고 진정한 공화국을 수립하는 것은 각 계층의 공통된 이해이므로 중국의 민주정치는 영국이나 미국의 민주제도에 가까운 다당제가 되어야 한다고 주장하였다. 그러나 추도분은 영·미의 다당제가 자본가들에게 유리하게 되어 있고, 중국은 경제 발전과 항전 건국이라는 특수한 요구가 있으므로 각 계층이 공동의 목표를 위해 평행으로 발전해야 한다고 지적하였다.[49]

이러한 민주에 대한 추도분의 인식이나 주장이 용어의 사용이나 내용 면에서 중공의 영향을 받고 있다고 볼 수도 있을 것이다. 예컨대 모택동이 이미 1938년에 '삼민주의 공화국'의 개념을 제시하였다는 점이라든지 삼민주의를 반제반봉건의 혁명노선으로 이해하였다는 점, 그리고 중국의 미래에 대해 사회주의 국가 건설을 지향하고 있다는 점 등이 그것이다. 그러나 모택동이 주장한 삼민주의 공화국의 개념은 〈신민주주의론〉에서 나타나듯이 무산계급, 농민, 지식인, 소자산계급 등이 주가 되어 반제반봉건 투쟁에 참여한 각 혁명계급 연합의 전정이며, 이 전정의 건설은 무산계급이 영도해야 한다는 것으로 계급 관계와 민족해방을 결합시킨 것이었다.[50] 이와 비교해 볼 때, 추도분의 주장은 용어 면에서 '계급' 대신 '계층'을 사용하고 있고, 통치 형식에서 전정이 아닌 영·미에 가까운 다당제를 주장하였으며, 민주정치를 달성하는 과정에서 무산계급의 영도가 아닌 각 계층의 공동 노력을 강조했다는 점 등에서 훨씬 온건하고, 여전히 민족주의의 영향이 강하게 작용하고 있다고 하겠다.

6. 맺는 말

9 · 18사변 이전까지 추도분의 관심은 중국사회의 개조로 민중의 생활을 개선하는 데 있었다. 그는 사회개조의 방법으로 자칫 폭력을 수반하여 비윤리적으로 흐르기 쉬운 계급투쟁보다는 '평균지권'과 '절제자본'의 평화적인 수단을 통해 사회개조를 달성할 수 있다고 여긴 민생주의의 실현을 주장하였다. 그러나 당시 중국의 현실에서 개인적인 노력으로 민생주의의 실현을 기대할 수 없었기 때문에 그로서는 강력한 추진력을 가진 정부를 사회개조의 전제로 인식하게 되었고, 때마침 삼민주의의 계승을 주장하며 집권한 국민당과 국민정부를 지지하게 되었다.

그러나 1931년 9 · 18사변이 일어난 뒤에 추도분은 일본의 침략으로 나라가 망하게 될지도 모른다는 위협을 느끼게 되었고, 국난 극복을 중국이 해결해야 할 가장 시급한 과제로 여기게 되었다. 그는 국민당과 국민정부가 대일항전을 수행할 것을 요구하였으나, 국민당과 국민정부는 일본과의 객관적인 전력 차이를 이유로 이를 거부하고 '선안내 후양외' 정책을 시행하였다. 이에 실망한 추도분은 국민당과 국민정부에 대한 지지를 철회하였고, 민중의 자발적인 항전을 통한 구국의 길과 민중과 항일을 영도할 수 있는 새로운 정치집단을 모색하기 시작했다. 이 과정에서 그는 마르크스주의와 접촉하면서 이를 부분적으로 수용하게 되었으나 이념적 변화가 곧바로 중공에 대한 지지 변화로 이어진 것은 아니었다. 한때 그는 민권보장동맹에도 기대를 걸었으나 국민당의 탄압으로 동맹이 활동을 중지하여 무산되었으므로, 그에게 새로운 정치세력의 모색은 여전히 과제로 남게 되었다.

1935년 8월 해외 유랑을 끝내고 귀국한 추도분은 이념적으로는 이미 마르크스주의를 수용하였지만 정치적 주장이나 활동은 여전히 민족주의의 영향을 강하게 받고 있었다. 대일항전에 관해 그는 전 민족의 역량을 동원한다면 일본과의 군사력 차이를 극복하고 승리할 수 있다고 주장하고, 일체의 당파나 계층을 초월한 민중 중심의 연합진선을 제시하였다. 이의 실현을 위해 그는 처음에는 '내전정지, 일치항일'을 목표로 한 구국회를 조직하고 영도하였고, 국민당과 장개석에 대한 비판의 태도를 전환하여 연합진선에 참가시키려고 노력하였다. 그러나 국민당과 국민정부는 여전히 '선안내 후양외' 정책을 고수하여 추도분과 구국회 지도자들을 투옥하였다. 그러나 이미 항일구국은 중국의 시대적 요구로 자리 잡고 있었기에 그는 오히려 민족적 영웅으로 부각되었고, 구국회는 국·공 양당에 이어 공인된 정치세력으로 자리 잡았다.

항전 개시 이래 추도분의 관심은 항전의 승리에 집중되어 있었다. 그는 항전의 실질적인 수행자로서 역량을 가진 국민당을 지지하면서도 다른 한편으로는 항전의 승리를 위해서 반드시 필요하다고 여긴 민족 역량의 집중과 민중 동원의 전제로서 민주정치의 실시를 요구하였다. 그러나 이러한 그의 주장은 1938년 이후 항전을 통해 일당지배 체제의 강화를 시도하던 국민당과의 충돌을 가져왔다. 국민당의 검열과 생활서점의 폐쇄 조치로 그는 국통구(國統區)에서 사실상 활동 수단과 공간을 상실하였으나 중공의 도움으로 홍콩으로 옮겨가 다시 언론활동을 재개하였다. 그는 홍콩에서 더 강력하게 민주정치의 실시를 요구했지만 항전 영도자로서의 국민당은 지지하였다. 또한 이 시기 그는 중국 민주정치의 미래를 전망하였다. 여기에서 그는 중국의 미래로 사회주의 국가의 건설을 지향하였다. 그러나 통치 형식에서는 모택동이 주장하던 무산계급 영도 아래 각 혁명계급연합전정 이론 가운데서 '무산계급의 영도'와 '전정'의 부분은 언급하고 있지 않다. 이것은 중국의 항전 건국이 각 계층의 공동 노력으로 이루어질 수밖에 없다는 인식에서 비롯된 것이 아닌가 추측된다.

요컨대 추도분이 이미 사회주의와 중국공산당으로 기울어졌다고 여겨졌던 항전 시기에도 그의 정치 주장과 활동은 민족주의적 목표 달성을 위해 국민당을 비판하면서도 완전히 부정하지 못하는 이중적 태도를 보였으며, 또한 무산계급의 전정이라는 계급성도 인장하지 않고 있었다. 이것이 당시 지식인과 중국공산당 사이에 존재하였던 미묘한 차이점이라고 할 수 있을 것이다.

■ 주 ─────

1) 추도분에 대한 주요 연구는 다음과 같은 것들이 있다. 兪月亭, 《韜奮論》, 石家莊 : 河北敎育出版社, 1991 ; 中國韜奮基金會韜奮著作編輯部 編, 《韜奮硏究》 第1集, 上海 : 上海人民出版社, 1996 ; 石島紀之, 〈抗日民族統一戰線と知識人 : '滿洲事變'時期の鄒韜奮と《生活》週刊おめぐって〉, 《歷史評論》 256, 259, 1971. 11, 1972. 2 ; Parks M. Coble, Jr., "Chiang Kai-Shek and the Anti-Japanese Movement in China : Zou Tao-fen and the National Salavation Association, 1931~1937," *Journal of Asian Studies* Vol. XLIV No. 2, 1985. 2 ; Wen-hsin Yeh, "Progressive Journalism and Shanghai's Petty Urbanites : Zou Tao fen and the Shenghuo Weekly, 1926~1945," Frederic Wakeman and Wen-hsin Yeh, eds., *Shanghai Sojourner*, Berkeley : Institude of East Asian Studies, Univ. of Califonia, Berkeley, 1992.

2) 추도분에 대한 전기는 다음과 같은 것들이 있다. 馬仲揚, 蘇克塵, 《鄒韜奮傳記》, 重慶 : 重慶出版社, 1997 ; 沈謙芳, 《鄒韜奮傳》, 濟南 : 山東人民出版社, 1998 ; 兪潤生, 《鄒韜奮傳》, 天津 : 天津人民出版社, 1994 ; 宗志文, 〈鄒韜奮傳〉, 周天度 主編, 《七君子傳》, 北京 : 中國社會科學出版社, 1989.

3) 畢雲程, 〈鄒韜奮先生五週年祭〉, 鄒嘉驪 編, 《憶韜奮》, 上海 : 學林出版社, 1985, 194쪽.

4) 〈《生活》第一卷滙刊弁言一〉, 中國韜奮基金會韜奮著作編輯部 編, 《韜奮全集》 第1卷, 上海 : 上海人民出版社, 1995, 839쪽.

5) 〈本刊與民衆〉, 《韜奮全集》 第1卷, 647~648쪽.

6) 〈社會革命的兩條路〉, 《生活》週刊 第5卷 第38期, 1930. 8. 31.

7) 〈"話不出的苦呀"編者附言〉, 《韜奮全集》 第1卷, 610쪽.

8) 〈病根〉, 《生活》週刊 第5卷 第37期, 1930. 8. 24.

9) 〈蔣總司令哭靈〉, 《生活》週刊, 1928. 7. 15.

10) 《生活》週刊 第5卷 第36期, 1930. 8. 17.

11) 〈答復一封嚴厲責備的信〉, 《韜奮全集》 第2卷, 389쪽.

12) 〈應徹底明瞭國難的眞相〉, 《生活》週刊 第6卷 第40期, 1931. 9. 26 ; 《韜奮全集》 第5卷, 50쪽.

13) 〈無可掩飾的極端無恥〉, 《生活》週刊 第6卷 第41期 ; 《韜奮全集》 第3卷, 446~447쪽.

14) 〈戰與不戰的問題〉, 《生活》週刊 第6卷 第44期, 1931. 10. 24 ; 《韜奮全集》 第5卷, 68~69쪽.

15) 〈外報對我之新論調〉, 《生活》週刊 第7卷 第9期 ; 《韜奮全集》 第5卷, 118~119쪽.

16) 〈憤懣哀痛中的民意〉, 《生活》週刊 第7卷 第10期 ; 《韜奮全集》 第4卷, 44쪽.

17) 〈我們最近的趣向〉, 《生活》週刊 第7卷 第26期, 1932. 7. 2 ; 《韜奮全集》 第4卷, 412쪽.

400

18) 沈謙芳, 1998, 178쪽.

19) Parks M. Coble, Jr., 1985, p. 297.

20) 〈整個民族的抵抗問題〉, 《生活》週刊 第8卷 第6期, 1933. 2. 11 ; 《韜奮全集》第5卷, 417쪽.

21) 《大衆生活》創刊號, 1935. 11. 16, 1쪽.

22) 《大衆生活》第1卷 第4期, 1935. 12. 7, 112쪽.

23) 鄒韜奮, 《大衆生活》第7期, 1935. 12. 28, 161쪽.

24) 中共上海市委黨史資料征集委員會 編, 《'一二・九'以後上海救國會史料選集》, 上海社會科學出版社, 1987, 67~68쪽.

25) 周天度 編, 《救國會》, 中國社會科學出版社, 1981, 196~197쪽.

26) 《生活日報》, 1936. 6. 7.

27) 〈偏狹態度和動的現實〉, 《生活日報星期增刊》第1卷 第6號, 1936. 7. 12.

28) 〈聯合陣線與漢奸問題〉, 《生活日報星期增刊》第1卷 第8號, 1936. 7. 26.

29) 〈'人民戰線'的危機〉, 《生活日報星期增刊》第1卷 第2號, 1936. 6. 14.

30) 《生活日報星期增刊》第1卷 第1號, 1936. 6. 7.

31) 1936년 11월 12일 국민당은 추도분을 비롯한 7명의 구국회 지도자들을 체포하여 기소하면서, 이 서신이 구국회가 중공과 연락하여 국민당과 정부에 대한 민중의 신뢰를 약화했다고 주장하였다. 〈起訴書〉, 沙千里, 《七人之獄》附錄, 武漢 : 生活書店, 1937, 136~137쪽.

32) 〈中國的立場〉, 《生活星期刊》第1卷 第16號, 1936. 9. 2.

33) 《抗戰》3日刊 第1號, 1937. 8. 19, 1쪽.

34) 〈後方的防禦工事〉, 《抗戰》3日刊 第6號, 1937. 9. 6, 2쪽.

35) 〈慘痛的教訓〉, 《抵抗》3日刊 第10號, 1937. 9. 19, 2쪽.

36) 榮孟源 主編, 《國民黨歷次代表大會及中央全會資料》(下), 北京 : 光明日報出版社, 1985, 486~487쪽, 512쪽.

37) 〈國民黨代表大會的收穫〉, 《抗戰》3日刊 第60號, 1938. 4. 6, 1쪽.

38) 〈怎樣擁護蔣委員長抗戰到底〉, 《抗戰》三日刊 第30號, 1937. 12. 23, 2쪽.

39) 〈充實政府力量的眞義〉, 《抗戰》3日刊 第31號, 1937. 12. 26, 2쪽.

40) 〈反映民意與抗戰前途〉, 《抗戰》3日刊 第37號, 1938. 1. 16, 2쪽.

41) 〈抗戰以來〉, 《華商報》, 香港, 1941. 4. 18.

42) 〈參政會有了甚麼收穫〉, 《全民抗戰》3日刊 第4號, 1938. 7. 16, 2쪽.

43) 〈全民抗戰的使命〉, 《全民抗戰》3日刊 第1號, 1938. 7. 7, 1쪽.

44) 張其昀 主編, 《先總統蔣公全集》第1冊, 臺北 : 中國文化大學出版部, 1984, 1228쪽.

45) 실제로 1938년에 이루어진 생활서점 개조에는 주은래의 지시를 받은 호유지, 장중실 등 중공당원들이 직접 참여하기도 하였다. 生活書店史稿編輯委員會 編, 《生活書店史稿》, 北京 : 三聯書店, 1995, 228~231쪽.

46) 〈今年國慶與推動實施憲政的努力〉, 《全民抗戰》週刊 第91號, 1939. 10. 7, 3쪽.

47) 《大衆生活》新1號, 1941. 5. 17, 1쪽.

48) 〈中國民主的一般性〉, 《華商報》, 1941. 10. 13.

49) 〈中國民主的特殊性〉, 《華商報》, 1941. 10. 25.

50) 毛澤東, 〈新民主主義論〉, 《毛澤東選集》第2卷, 北京 : 人民出版社, 1991, 671~672쪽.

진독수陳獨秀
5·4신문화운동의 기수, 중공 창당의 주역
－그의 대중민주주의론과 역사인식－

허 증

1. 머리말

장개석정부는 진독수(陳獨秀 : 1879～1942)를 '위해민국(危害民國)' 혐의로 기소하여 1932년 투옥하였다가 1937년에 석방하였다. 그 뒤, 1937년 8월부터 1942년 5월 사망하기까지 약 5년 동안은 진독수가 자신의 정치적 견해를 마지막으로 정리한 시기였다.[1] 그가 석방되고 사망하기 바로 직전까지 이 5년 동안(1937～1942) 발표했던 논문과 친구와 교환했던 서신내용 등의 일부가 뒤에《진독수최후논문화서신(陳獨秀最後論文和書信)》이라는 소책자로 편집되어 출판되었다.[2] 그는 거기서 "소련 20년 동안의 경험을 토대로 6～7년 동안을 심사숙고한 끝에 마침내 민주정치에 대한 나의 '최후 견해'를 정리했다"고 말했다.[3] 이 동안 진독수의 정치사상은 소련경험에 대한 자신의 비판적 연구와 깊은 사색을 반영하고 있다.

이 기간은 파시즘이 전 세계를 휩쓸고 있는 가운데 중국은 거의 망해 가고 있었으며, 국공(國共)관계는 날이 갈수록 긴장을 더해 가고 있었다. 이 시기 진독수는 고가과인(孤家寡人)으로서 고독하게 생활하면서 정치적으로는 마르크스주의의 길을 더욱더 멀리 이탈해 가는 가운데, 그의 옛 친구인 호적(胡適)이 지적했듯이, 생애의 마지막 부분을 민주주의로 다시 되돌리고 있었다.[4] 석방 후 진독수는 트로츠키주의 운동에

진독수

다시 참가하지는 않았다. 다만, 항일민족통일전선(抗日民族統一戰線)이라는 중국이 당면한 현실적 문제에 적극적으로 뛰어들어 생애의 마지막 5년 동안을 국민의 기본권과 자유에 바탕을 둔 민주주의의 보편성 문제에 대한 연구에 몰두하면서, 자신의 '최후견해'를 정리하게 된다. 즉, 그는 반봉건 반제국주의 투쟁을 시작한 이래 한결같이 견지해오고 있는 '개인의 기본권과 자유의 보장'이라는 민주주의의 기본원리를, 계급적 대립의 갈등구조에 바탕을 둔 무산계급혁명을 과신(過信)한 데 대한 자신의 반성과 함께, 이것을 계급협동과 연계함으로써 더 확대된 '대중민주주의' 개념을 그의 '최후견해'로 확립하기에 이른다.

그러면, 6~7년 동안 심사숙고 끝에 내린 그의 '최후견해'란 과연 무엇이었을까? 이 글에서는 그가 지난 20년 동안 겪은 소련에 대한 정치경험과 투옥 후 6~7년 동안의 숙고를 거쳐 도달한 그의 마지막 정치사상적 전변의 결정인 '대중민주주의론'을 '최후견해'를 중심으로 살펴보고, 나아가 격변하는 세계정세에 대한 그의 역사인식과 전망을 검토하고자 한다.

2. 반전체주의와 좌익자유주의

진독수는 정치에 대한 '최후견해'에서 반소(反蘇)·반공(反共)의 자산계급적 민주관을 견지하는 가운데, 무산계급 전정(專政)과 사회주의 제도가 지닌 결함을 과감히 비판하면서, 스탈린체제를 파시즘체제와 똑같은 독재체제로 간주하며 맹렬한 공격을 퍼부었다. 중공은 1939년 9월,

제2차 세계대전이 일어나자, 중경에서 발행되는 《신화일보(新華日報)》
를 통해 특별히 1914년의 제1차 세계대전에 반대하는 레닌의 논문을 번
역 게재하고, "이번 대전도 지난번 대전의 재연으로, 제국주의자들 사이
의 전쟁에 불과하다"5)고 매일같이 선전했다. 중국의 트로츠키파 기관지
인 《동향월간(動向月刊)》도 이런 견해에 동조했다. 그러나 진독수는 이
런 유의 구태의연한 논조에 단호히 반대하며 다음과 같이 주장했다.

> 히틀러를 찬성하거나 혹은 반대하는 데 사실상, 이론상, 결코 그 태도가
> 모호하거나 우유부단해서는 안 된다. 히틀러를 반대하는 것은 곧 동시에 히
> 틀러의 적을 타도하는 데 동조하지 않는 것이다. 만약 그렇지 않고, 이른바
> 히틀러를 반대하면서 프랑스의 승리를 저지하려 한다면, 이는 곧 모두 헛된
> 말이 되는 것이다.6)

그는 이번 전쟁의 참전국을 두개의 축으로 구분했다 : 그것은 ① 영
국, 프랑스, 미국 등 민주국가 측과 ② 독일, 일본, 이탈리아라는 파시즘
체제 측이다. 그리고 소련을 독일, 이탈리아와 같은 파시즘국가와 동일
시하여 "소련, 독일, 이탈리아 등을 파시즘체제"7)로 규정짓고, 모스크바,
베를린, 로마의 "3개 반동보루가 현대를 중세로 되돌리고 있으며",8) "이
때 만약 인류가 전진하려면, 먼저 중세 종교법정에 비견될 수 있는 이러
한 암흑적 국사주의(國社主義, Nazism)와 게페우(G.P.U., 비밀경찰) 정
치를 타도해야 한다"9)고 역설했다.

그는 스탈린식의 극소수인에 의한 게페우(G.P.U., 비밀경찰) 정치체
제는 결코 스탈린 개인의 마음이 나빴기 때문이 아니라고 보고,10) "스탈
린의 모든 죄악은 곧 무산계급 독재의 논리적 발달로 말미암아, 10월혁
명 이후 소련에서는 분명히 독재체제가 스탈린을 낳았지, 스탈린이 독
재체제를 낳은 것은 아니다. 따라서 소련의 무산계급 전정과 사회주의
제도는 반드시 독재자를 낳는다"11)고 주장했다. 그리고 그는 스탈린을

404

히틀러와 동일시했고, 소련의 사회주의제도를 독일의 국가사회주의제도
와 동일시했으며, 소련의 무산계급 전정을 독일의 파시즘통치와 동일시
했다.12) 아울러, 그는 "소련의 정치체제는 독일 이탈리아의 스승"13)이
라고까지 말했다.

그러면 그가 소련을 파시즘국가와 동일시한 이유는 무엇인가 ? 그는
제2차 세계대전 중 소련이 취한 대외정책이 보편적 국제주의 (민주주의
－필자)를 완전히 위배했다고 보았다. 그는 "소련이 세계혁명을 중심정
책으로 삼지 말고, 대신에 '소련의 국민이익'을 중심정책으로 삼을 것"14)
을 호소했다. 그는 자신이 소련에 대해 반감을 가지게 된 이유로 4가지
사건을 들었다.

(1) 중일전쟁이 일어났을 때 소련은 국제주의적 관점에서 마땅히 중
국의 대일항전에 대한 영도를 그 자신의 책임으로 삼아 출병하여 참전
했어야 했는데, 그리하지 않아 일본이 너무나 쉽게 상해·남경·무한
등지를 점령하고 말았다는 것이다.15)

(2) 1939년 8월 소련이 책략적으로 독일과 상호불가침조약을 맺은 것
은 구태의연한 국제사회주의적 견지에서 히틀러와 타협하여 침략 받는
민족을 배반한 것이며, '코민테른'이 실제적으로 히틀러 편에 선 것이라
고 비난했다.16)

(3) 1939년 9월 독일군이 폴란드를 공격하자, 소련은 본국 서부에 일
련의 '동방전선'을 구축하기 위해 폴란드 동부지구를 공격하여 점령했는
데, 그것은 소련이 파시스트와 한패가 되어 폴란드를 과분(瓜分)한 것이
라고 보았다.17)

(4) 1939년 말, 소련은 독일이 핀란드 국경선을 이용하여 레닌그라드
로 진격하는 것을 막기 위해, 전쟁을 이용하여 핀란드를 압박해 핀란드
만의 도서와 영토의 할양이나 조차를 요구했다. 이때 진독수는 그것을
제국주의 열강의 행위로 간주하며, 중경 《신화일보》에 실린 "소련의 핀
란드 정복을 옹호한다"는 기사를 비판했다.18)

또한 제2차 세계대전 중 진독수는 스탈린의 트로츠키 탄압에 대한 구구(舊仇)를 대국 쇼비니즘(배타적 국수주의)의 신한(新恨)과 연계하여, 스탈린을 히틀러와 똑같은 독재자로 간주했다. 그리고 근본적으로는 소련의 무산계급 전정과 사회주의 제도가 스탈린의 독재를 낳았다고 보았다. 진독수는 사람들에게, "20여 년 동안 겪은 소련으로부터의 교훈을 아무런 편견 없이 잘 이해해야 하며, 볼세비키 지도자들과 그들의 '주의'를 종교적으로보다는 과학적으로 재평가해야 할 것이다. 예를 들어, 프롤레타리아의 통치권 아래 제기되는 민주주의 문제와 같은 쟁점과 관련하여, 소련 정책의 모든 책임이 오직 전적으로 스탈린에게만 있다고 보아서는 안 될 것"[19]이라고 충고했다. 그는 소련 독재체제의 발생 배경을 스탈린과 같은 한 '개인의 심성'에서보다는 그 '체제'가 갖고 있는 '구조적 모순성'에 있다고 보고 다음과 같이 지적했다.

스탈린의 모든 죄악은 무산계급 독재체재의 논리적 발달이 낳은 결과이다. 그러나 스탈린의 모든 죄악에 대해 물을 때, 소련의 1917년 10월혁명 이후 비밀정치경찰의 대권(大權), 당외무당(黨外無黨), 당내무파(黨內無派), 사상·출판·파업·선거 자유의 불허 등에서 이 하나의 커다란 모순적인 반민주적 독재체재가 비롯되었다는 점을 왜 아무도 지적하지 않는가? 민주를 위반하는 이 제도들은, 모두 스탈린이 독창적으로 고안한 것이 아니다. 만약 이 제도들을 회복하지 못하고, 계속해서 스탈린과 같은 자들로 이어진다면, 누구나 일개 전제마왕(專制魔王)이 되고 말 것이다. 따라서 소련의 모든 파괴적인 행동으로 말미암은 죄를 스탈린에게 덮어씌우며 소련 독재체재의 잘못된 근원을 추적하지 않는다면, 이것은 오직 스탈린의 제거만을 바라며, 소련을 하나같이 모두 좋은 것으로 간주하는 것과 같다. 이것은 개인을 지나치게 맹신하고, 제도를 경시하는 편견적 태도로서, 정의로운 정치가라면, 결코 이에 응하지 않을 것이다. 소련역사 20년의 경험, 그 가운데서도 특히 최근 10년 동안의 고통스런 경험을 우리들은 마땅히 반성의 거울로 삼아야 할 것이며, 만약 우리들이 만약 제도상의 결점들을 찾아내어 이를 교훈으로 삼지 않고, 오직 스탈린 반대에만 힘을 기울인다면, 앞으로 영원히 이를 깨달을 수 없을 것이다. 하나의 스탈린이 없어진다고 해도, 또다시 무수히 많은 제2, 제3의 스탈린들이 계속해서 소련과 다른 나라에서도 나타날 것이다. 10월혁명 뒤의 소련에서는, 명백히 독재(라는 제도)가 스탈린을 낳았던 것이지, 스탈린이 (단독으로) 독재체재를 만든 것은 아니었다.[20]

또한 진독수는 1941년 1월 H와 S에게 보낸 편지와 이 해 12월 정학가(鄭學稼)에게 보낸 편지에서, 모두 볼셰비키의 이론과 인물들(레닌과 트로츠키를 포함하여)에 대해 다시 새로운 평가를 내려야 한다면서 다음과 같이 주장했다.

> 레닌과 트로츠키의 견해가 중국에는 물론 적합하지 않았지만, 또한 언제 소련와 서구에서도 들어맞은 적이 있었는가? 나는 볼셰비키의 이론과 그 인물들(레닌과 트로츠키[老托]를 포함해)의 가치에 대해 재평가할 것을 주장한다. 즉, 일반적으로 '아미(俄迷)'라고 하는 것은 특히 모스크바의 빵을 먹었던 친구를 가리키는 것으로, 내 자신은 이미 그들에 대한 평가를 내렸었다. 나는 '나치'가 프러시아와 볼셰비키의 혼합물이라고 생각하며, 그들의 과학적 태도의 결여를 비판함과 더불어, 앞으로는 어떠한 주의와 교과적 관점도 배제할 것이고, 다시는 볼셰비키를 정통으로 간주할 만한 가치가 있다고 역설하지 않을 것이다.[21]

진독수는 소련이 10월혁명 뒤 공허하고 추상적인 용어인 프롤레타리아 독재를 부르주아의 구체적인 민주주의 건설을 위한 무기로 사용했다고 주장했다. 즉, 스탈린의 소비에트 정부는 바로 이러한 실천의 결과였으며, 스탈린의 모든 범죄 또한 이러한 독재체제의 당연한 귀결이라고 보았던 것이다.[22] 왜냐하면, 스탈린의 어떤 범죄도 비밀경찰, 일당독재,

사상 · 출판 · 파업 · 선거의 자유에 대한 억압 등과 같은 독재적이고 비민주적인 수단에 의지하지 않고는 자행될 수 없다고 보았다. 분명히 소련정책의 모든 실책에 대한 책임은 독재체제를 생산한 스탈린에게 있는 것이 아니라, 바로 스탈린과 같은 지도자를 낳은 그런 독재체제에 있다는 것이었다.23) 스탈린이 좌파와 자유주의자들의 존경을 받고, 소련이 노동자의 천국으로 보였던 당시에 이미 진독수가 이런 말을 했다는 사실은 주목되어야 할 것이다.24)

결국 소련 공산주의는 마르크스에서 레닌주의로, 레닌주의에서 다시 스탈린주의로 강렬한 전변(轉變)을 계속했다. 마찬가지로 중국공산당의 노선도 진독수에서 이립삼(李立三)으로, 이립삼에서 왕명(王明) · 박고(博古) · 낙포(洛浦) 등을 거쳐 모택동으로 격렬한 변화를 계속했다. 이처럼 공산주의는 세대와 환경에 따라 변화를 계속했다. 러시아 마르크스주의 아버지인 플레하노프(G. V. Plekhanov : 1856~1918)의 사상이 초기 사회민주노동당을 영도했다. 물론 플레하노프는 정통적인 마르크스주의자였다. 물론 초기 사회민주노동당도 정통적인 마르크스주의 조직이었다. 그러나 그 뒤에 일어난 볼셰비키가 볼 때, 이것은 '좌익자유주의'에 지나지 않았다.25) 마찬가지로 진독수의 '향도시기(嚮導時期)' 중국공산당을 만약 스탈린식 교조주의나 유구적(流寇的) 모택동사상과 일단 비교한다면, '좌익자유주의'라고도 할 수 있을 것이다.

진독수는 매우 의지가 강한 위인이었다. 북경대학의 사우(師友)들이 그에게 마르크스주의를 포기하도록 권유했을 때, 그는 이 제의를 단호히 거부했다. 그는 비록 당으로부터 추방을 당했지만, 여전히 자신을 '참된 마르크스주의자'로 자위하며 매우 굳센 기개를 간직하고 있었다. 또한 그는 동시에 굳센 민족적 자존심과 명확한 민주사상을 갖고 있었다. 이러한 두 종류의 성분이 그러한 마르크스주의적 사상체계 안에 존재해오다가 '6~7년 동안의 심사숙고'를 거쳤던 것이고, 마침내 그의 애국적 민족사상과 민주주의사상이 마르크스주의의 장벽을 뛰어넘어, 그의 이

른바 대중민주주의에 바탕을 둔 '최후견해'를 이룩해 냈던 것이다.[26]

3. 대중민주주의론

위에서 말한 바와 같이, 진독수는 독재체제의 발생근원인 체제의 구조적 모순성을 검토했다. 그리고 그러한 문제를 해결할 수 있는 대안으로 민주주의의 보편성을 제시했다. 스탈린과 같은 지도자를 생산한 그 같은 독재체재가 어떻게 발생하였는가 하는 문제를 푸는 방법으로, 그는 부르주아 타도를 추구하는 프롤레타리아 독재에 대한 마르크스의 옹호론에서 그 이론적 바탕을 추적했다. 그러나 그러한 책임은 독재체제를 처음으로 실천에 옮긴 레닌에게 있다고 보았으며, 레닌의 오류는 민주주의적 방법을 방기한 데 있다고 다음과 같이 지적했다.

> 레닌은 당시 '민주주의가 관료 부패를 막을 수 있는 방부제'라는 사실을 누구보다도 통렬히 깨닫고 있었으나, 비밀경찰 제도의 폐지, 반대당의 합법적인 존재의 허락, 사상·출판·파업·선거의 자유 실현 등과 같은 민주주의적 방법의 채용에 대해 진지하게 고려하지 않았다.[27]

자신의 친구에게 보낸 편지 가운데서도 독재의 이념적 배경에 대하여, 진독수는 "당신의 실수는, 레닌과 트로츠키 그리고 그들의 추종자들이 민주주의를 부르주아의 통치, 위선, 기만과 같은 형태로 보았던 것과 같이, 무엇보다 민주주의의 참된 가치를 올바로 이해하지 못한 데 근본적인 이유가 있다"[28]고 지적했다. 그러면, 진독수가 말하는 참된 민주주의의 가치란 무엇이었던가? 그는 참된 민주주의 가치의 여러 요소를 독재체제와 비교를 통해 다음과 같이 설명하고 있다.[29]

(1) 민주주의는 시간을 초월한다. 인류 가운데 정치조직이 출현한 뒤로 정치가 쇠퇴한 시기에 이르기까지 수십 세기에 걸친 그리스, 로마, 근대, 혹은 미래에도 민주주의는 여전히 소수 특권계급에 저항하는 다수계급의 상징(기치)으로 남아 있다.[30]

(2) 민주주의는 계급을 초월한다. 그리스나 로마 시기보다 범위가 훨씬 더 넓고 내용도 더욱 풍부한 근대 민주주의는 부르주아가 힘을 가졌을 때인 '근대'에 실천되었기 때문에 부르주아 민주주의라고 불린다. 그러나 실제로 부르주아 민주주의는 어떤 한계를 가지거나 단지 부르주아에게만 환영을 받았던 것은 아니다. 그것은 5~6백여 년 동안의 투쟁에서 수많은 사람들이 흘린 피에 의해서 발전되어 왔던 것이다. 과학, 민주, 사회주의 등은 근대 인류의 경이로운 3가지 발명품으로서 매우 귀중한 것이다. 불행히도 '10월혁명' 뒤로 민주제도는 부르주아 통치와 함께 부적절하게 타도되었으며, 결국 독재가 민주주의를 대신하게 되었다. 더욱이 '프롤레타리아 독재'가 그 내용과 관련하여 '부르주아 민주주의'와 대립적인 것으로 간주되었지만, 실제로 '프롤레타리아'를 위한 또 다른 민주주의란 있을 수 없는 것이다.[31]

(3) 민주주의는 사회제도를 초월한다. 정치적 민주주의와 경제적 사회주의는 서로 '대립적'이라기보다는 상호 '보완적'인 관계이다. 민주주의는 자본주의와 그리고 부르주아와 불가분의 관계에 있다. 부르주아와 민주주의를 동시에 반대한다면, '프롤레타리아 혁명'이 일어나게 될 것이다. '관료제의 부패'를 방지할 수 있는 민주주의가 없다면, 그것은 단지 잔학·부패·위선·기만·약탈로 가득 찬 스탈린식 정부가 되고 말 것이며, 그것은 결코 참된 사회주의가 될 수 없을 것이다. 프롤레타리아 독재와 같은 독재는 어디에도 존재하지 않는다. 발전할 수 있는 것이라면 당의 독재일 뿐이며, 그것은 곧 '1인(一人) 지도자'의 독재이다.[32]

(4) 민주주의의 내용은 이념이라기보다는 다음과 같은 구체적인 내용을 담고 있다.

410

① 법원 이외의 기관은 인신을 구속할 수 없다.

② 참정권 없이는 납세도 없다.

③ 의회 통과 없이는 정부가 징세권을 가질 수 없다.

④ 정부 반대당(야당)도 조직, 언론, 출판 등의 자유를 가진다

⑤ 노동자는 파업권을 가진다.

⑥ 농민은 토지경작권을 가진다.

⑦ 사상, 종교의 자유를 보장한다 등등.33)

이 자유들 가운데, 진독수는 특히 반대당의 존재권을 가장 중요한 것으로 생각했다. 왜냐하면, '의회'나 '소비에트 제도'가 이 자유를 결여했을 때는, 전혀 아무런 쓸모가 없다고 보았기 때문이다.34) 그가 주장하는 바는 말할 것도 없이 민주제도의 회복으로, 1940년 11월에 발표된 논설에서 그 기본내용을 다시 개괄적으로 설명했다.

> 민주주의는 인류가 정치조직을 만든 뒤로 정치소멸의 시기에 이르기까지, 각 시대(그리스, 로마, 근대로부터 미래에 이르기까지)에 다수계급의 인민이 소수계급의 특권에 반항하는 기치였다. '무산계급민주'는 하나의 공허한 명사가 아니라, 그 구체적인 내용으로 자산계급민주와 함께 일체의 공민(公民)이 모두 집회, 결사, 언론, 출판, 파업의 자유를 가질 것을 요구하는 것이다. 특별히 중요한 것은 반대당의 자유이다. 이러한 요소를 갖추지 못한다면, 의회나 소비에트도 아무런 소용이 없는 것이다.35)

그 뒤에도 진독수는 1년(1940년) 동안 4차례에 걸쳐 친구에게 편지를 보내 민주정치의 참된 내용을 발표했는데, 맨 마지막 것에 그의 관점이 가장 투철하게 드러나 있다. 그 내용을 한마디로 요약한다면, 민주정치는 오직 일체의 공민(유산과 무산, 정부여당과 반대당) 모두가 집회·결사·언론·출판·파업의 자유를 가지는 것이다.36) 그리고 특별히 중요

한 것은 반대당파(야당)의 자유라고 강조했다.37) 이 13개 글자로 이루어진 짧은 말에서, 진독수는 근대 민주정치제도의 생사 관건을 파악했다. 근대민주정치와 독재정치체재 사이의 기본적인 구별로서, 그는 반대당파의 자유를 인정하는지 여부를 그 핵심 기준으로 삼았던 것이다. 독재제도는 반대당파의 자유를 허용하지 않기 때문이다. 이에 대한 그의 강한 신념은 트로츠키 당의 지위뿐만 아니라 트로츠키 반대당 당원들의 자유 회복에 대한 그의 호소에서도 잘 드러나고 있다. 물론 진독수가 그같이 소련에서 '트로츠키 지도권의 회복'을 호소했던 것은 트로츠키주의라는 이념에 대한 동조라기보다는, 그것이 비록 자신과는 견해가 다르지만 '반대당의 자유'를 인정해야 한다는 민주주의의 원리를 그가 신봉하고 있었기 때문이라고 할 수 있다.

여기서 참고로, 진독수가 작성한 (갑) '민주주의'와 (을) '독재체제' 사이의 차이점을 설명한 도표를 보면 다음과 같다.38)

(갑) 영국 · 미국과 패전 전 프랑스의 민주제	(을) 소련 · 독일 · 이탈리아의 파시즘
① 의회는 각 당(정부 반대당도 포함)이 선출하며, 경선을 알리는 정강과 연설을 선거구민의 요구에 부합시킴으로써, 선거구민이 결국은 최후의 투표권을 가진다. ② 법원의 명령 없이는 체포, 처형할 수 없다. ③ 정부의 반대당, 심지어 공산당까지도 공식적으로 그 존재를 인정한다. ④ 사상, 출판, 언론의 자유를 인정한다. ⑤ 파업 그 자체는 범죄행위가 아니다.	① 소비에트나 국민회의는 모두 정부와 당의 지정으로 선출된다. 개회 때 단지 거수만 할 뿐, 쟁변(爭辨)은 전혀 없다. ② 비밀정치경찰이 임의로 체포, 살인할 수 있다. ③ 일국일당제로서 다른 당의 존재를 인정하지 않는다. ④ 사상 · 언론 · 출판의 자유를 인정하지 않는다. ⑤ 파업은 절대 허용되지 않으며 범죄행위에 속한다.

위의 2가지 정치제도의 비교에서, 진독수는 민주제도의 우월성을 강조했다. 이 시기 진독수의 정치사상은 분명히 그의 기존 정치이론의 틀을 훨씬 뛰어넘는 것이었다. 이제 그에게 민주주의의 이념은 인간의 기본적 권리와 자유의 보장이라는 보편적 가치를 전제로 하는 한, 그 제도

는 자본주의 경제체제이든 사회주의 경제체제이든 어느 쪽에도 적용될 수 있다는 것이었다.[39) 이와 같이 인간의 자유와 존엄성을 모든 정치제도의 유일한 목적으로 삼아야 한다는 그의 정치적 신념은, 토마스 쿠오의 말처럼 20여 년 동안 마르크스-레닌주의운동을 주장해 왔던 사람으로서는 더욱더 갖기 힘든 일이라고 할 수 있을 것이다.[40)

공산당에서 이탈한 채 20년 동안의 소련 경험을 토대로 하여 6~7년 동안을 심사숙고한 끝에 마침내 도달한 그의 독자적 정치사상은 민주주의에 대한 과거 자신의 신념을 더욱 강화했을 뿐만 아니라, 근대민주주의의 정수, 즉 반대당의 자유까지도 인식하기에 이르렀던 것이다. 진독수는 민주주의에 대한 깊은 통찰력을 가지고 정치적 민주주의와 경제적 사회주의를 상호 보완적인 관계로 파악했다. 그는 민주주의가 자산계급의 이익만을 추구하는 독점자본주의에 기초를 두어서는 안 되고, 또한 민주주의가 배제된 대중정치세력을 바탕으로 하는 무산계급 독재도 역시 진정한 사회주의를 이룩할 수는 없다고 지적했다.

진독수의 위와 같은 민주주의관의 핵심은 시간과 계급, 그리고 제도를 초월하는 민주주의의 보편성에 있다. 따라서 이러한 민주주의의 보편성을 중국의 당면한 현실과 결부해서는 어떻게 확보할 것인가 하는 문제가 중요하다. 이와 관련하여 진독수는 부르주아 민주주의의 폭을 자신이 말하는 이른바 대중민주주의의 수준으로까지 확대할 것을 제안했다.[41) 그는 친구에게 보낸 편지에서 다음과 같이 예견했다.

이번에 만약 독일과 소련이 승리한다면, 인류에게는 적어도 반세기 동안 암흑의 시기가 더 길어질 것이다. 그러나 만약 영국, 프랑스, 미국이 승리한다면, 자산계급민주를 확보한 뒤 결국 대중적 민주의 길로 나아가게 될 것이다.[42)

그가 여기서 제시한 "자산계급민주를 확보한 뒤 결국 대중적 민주의 길로 나아가게 될 것"이라는 이 말은, 중공의 처지에서 보면 결코 용납할 수 없는 대역부도(大逆不道)의 오류였다. 1917년 러시아 10월혁명 이후, 중공은 무산계급 독재의 옹호라는 사실을 하나의 핵심 이론으로서 형성해 왔기 때문에 영국과 미국의 서구민주정치는 자산계급 민주정치로서 자본주의의 부산물에 지나지 않으며 대중무산계급민주가 아니라는 점을 주장했던 것이다.

그것은 모든 공산당이 20여 년 동안에 늘 외치고 있는 외교사령(外交辭令)이었다. 트로츠키는 정치에서 실패한 뒤, 당과 노동자, 각급 소비에트의 민주를 소리 높여 외치긴 했지만, 실재로 정치의 자유와 민주의 문제에 대해 철저한 생각을 갖고 있지는 못했다. 그래서 트로츠키파 공산주의자들도 20여 년 동안 자산계급민주를 공격해 왔던 난조(亂調)를 답습하고 있었다. 그렇게 볼 때, 레닌·트로츠키·스탈린은 서구민주주의를 공격했다는 점에서 히틀러나 무솔리니와 완전히 일치하며, 파시스트당과 나치당의 무리들도 또한 자산계급민주에 대한 공격을 그대로 반복했던 것이다. 그러한 이유로 진독수의 '자산계급민주를 따라 대중적 민주로 나아가야 한다'는 주장은 당시 그외 구우(舊友)들에게서 똑같은 회의와 항의를 불러일으키기도 했다. 그러나 그는 근대민주정치의 기본적 내용을 바탕으로, 20여 년 동안 공산당이 민주정치를 비방해 왔던 진부한 말을 거부하며 다음과 같이 역설했다.

정치적 민주주의와 경제적 사회주의는 공존할 수 있는 것으로, 상반되는 것이 아니다. 민주주의가 결코 자본주의나 자산계급과만 불가분의 관계에 있는 것은 아니다. 무산계급 정당은 자산계급과 자본주의를 반대하고, 결국은 민주주의마저도 반대함으로써 각국에 이른바 무산계급혁명을 출현시켰으며, 민주제를 관료제의 해독제로 간주하지 않았다. 단지 세계에 일련의 스탈린식 관료정권을 출현시켰을 뿐이며, 바로 그러한 정권의 잔포, 탐오, 허위, 기만, 부패, 타락으로 말미암아 결코 어떠한 사회주의도 건설될 수가

414

없었다. 이른바 무산계급 독재가 근본적으로는 이와 같은 것이 아니지만, 당의 독재가 결과적으로 영수(領袖) 독재로 될 수 있는 것이다. 모든 독재 정치는 잔포, 탐오, 허위, 기만, 부패의 관료정치와 불가분의 관계에 있다.[43]

결론적으로, 진독수는 민주적 권리들이 하나의 계급이나 소수에게 한정되기보다는 대중에게서 향유되어야 한다는 민주주의 보편성을 강조했다.[44] 그리고 민주주의를 다른 모든 정부의 유형들보다 월등히 우선하는 정치제도로 평가했다. 그리고 그는 이러한 민주주의의 보편성을 대중민주주의로 정의하면서, 그것을 결여한다면, '프롤레타리아 독재'는 불가피하게 스탈린식 '게페우(GPU : 국가정치보안부) 정부'로 전락하고 말 것이라고 경고했다. 그리고 그러한 필연적 결과는 스탈린의 마음이 특별히 사악하기 때문이 아니라, 바로 그 제도 자체가 안고 있는 '구조적 모순성(반대당 존재권의 결여)'의 본질 때문이라고 보았던 것이다.[45] 요컨대, 반전체주의(反全體主義)라는 독재체제의 발본색원은 인류의 보편적 가치체계인 대중민주주의의 확보를 통해서만 가능하다고 진독수는 보았던 것이다.

4. 전후 세계에 대한 전망과 역사 인식

1939년 9월 독일이 폴란드를 기습하고, 이에 영국이 대독선전(對獨宣戰)을 포고함으로써 제2차 세계대전이 폭발했다. 독일의 파시즘 세력은 매우 빠른 속도로 유럽의 거의 절반을 석권해 갔다. 일본은 중국을 태평양전쟁의 후방기지로 삼기 위해, 국민당 정부에게 긴급히 정치적 투항을 요구하는 동시에, 서북과 사천을 향해 군사적 공격을 감행했다. 1940년 5월, 의창이 함락되고 중경도 위협을 받았다. 유럽에서도 연합국 측의 전세는 불리하게 돌아가고 있었다. 영국과 미국은 유럽의 긴장국면을 해소하기 위한 방편으로 국민당에 대해 투항을 요구하며, 중국의 희생을 통해 일본과 타협하려 했다. 그리하여 국민당의 대후방(大後方)에서는 파시즘세력과 대일(對日)타협에 두려움을 느끼는 분위기가 더욱더 가중되어 갔다.

이와 같이 국민당 정부가 열세에 몰리자, 1942년 봄 강진(江津)에 칩거하고 있던 진독수는 사망하기 직전까지 제2차 세계대전 뒤 전개될 국제정세를 전망하는 3편의 논설을 썼다. 그는 특히 이 논설들에서 식민지 세계의 미래에 대한 문제를 중점적으로 검토했다. 그는 1942년 3월《전후세계대세지윤곽(戰後世界大勢之輪廓)》이라는 글에서 "역사는 결코 재연될 수 없는 것"이라고 전제하고, "과거이론의 공식적인 양식을 '장래의 사태발전'에 그대로 적용해서는 안 된다"46)고 경고하며, 세계대전의 결과를 다음과 같이 3가지 경우로 예측했다.

① 영국 · 미국과 독일 · 일본의 상호 진영이 승부를 포기하고 강화를 맺는 경우
② 영국 · 미국이 승리하는 경우
③ 독일 · 일본이 승리를 거두는 경우47)

그는 ①의 경우는 그 가능성이 가장 희박해 걱정할 필요가 없을 것이며, ②와 ③의 경우 가운데 어느 쪽이 더 가능성이 클 것인지48) 의문을 제기하며, 다음의 두 가지 경우를 추단했다.

ⓐ 만약 영국 · 미국에게 승리가 돌아간다면 독일 · 이탈리아 · 일본은 모두 끝장이며, 영국 · 미국은 강화회의 중[和會中], 또는 국제선후회의 중(國際善後會議中), 곧 서로 대립적 국면을 형성하기 시작할 것이다. 그리고 전후 영국이 유럽, 북아프리카, 근동에서 중동까지 모든 영역을 통제한다는 것은 이미 쉬운 일이 아니기 때문에, 그 역량이 원동(遠東)에까지 미치지 못하게 되면, 원동에서 남양 호주에 이르는 영역은 자연히 미국의 세력범위

에 속하게 될 것이고, 이때 소련은 장차 양측이 눈독을 들이는 기화(奇貨)가 될 것이다. 따라서 영국·미국의 운명은 다음 대전에서 판가름이 날 것이다.[49]

ⓑ 만약 히틀러가 승리를 거둔다면, 영국은 모든 것이 끝이며, 미국도 단지 바다 양쪽을 잠시 획분하여 겨우 자신만을 보호할 수 있을 뿐이다. 히틀러가 승리를 거둔다 해도 그의 총부리는 여전히 서방만을 겨눌 뿐, 우랄·이란·인도로부터 동쪽에 이르기까지 그의 군사역량이 직접 미칠 수는 없다. 이때 물론 미국과 일본 사이의 화의는 성립될 수 없으며, 일본은 장차 미국과 독일 양측이 눈독을 들이는 기화의 대상이 될 수 있을 것이다. 미국은 원래 대일전(對日戰)을 반드시 계속할 필요가 없었지만, 히틀러는 미국을 정복하기에 앞서 아직도 원동문제를 해결할 수가 없어 일본에게 짐을 지워, 자신이 신임하고 있는 동맹자가 미국으로 향하도록 압박을 가함으로써, 바다 양쪽으로부터 협공을 가하면서 미국을 위협하게 된다. 히틀러가 영국이 원동에서 세력이 다했다는 사실을 알고, 만약 일본을 위협한다면, 일본은 미국이 원동에서 물러난다는 조건으로 미국과 협조할 가능성이 있다. 그리하여 미국과 독일의 운명은 곧 다음 대전에서 결판날 것이다.[50]

즉, 그는 영국과 미국이라는 두 세력 가운데 어느 쪽이 절대 권력을 장악할 수 있을지는 대전 뒤에 또 다른 무력투쟁으로 결정될 것이라고 보았다. 이때 일본과 소련은 '힘의 균형'을 잡는 세력으로 기능할 것이지만, 경제력과 공업력의 열세로 말미암아 자체만의 세력을 구축하기는 어렵고, 어느 쪽이 승리하든 자본주의 체제는 약소국가에 대한 정치적 지배와 경제적 독점을 포기하지 않을 것이라고 그는 내다보았다. 그리고 그는 제국주의 세력의 구조는 결정적으로 수정되어 하나의 제국주의 세력이 개별적 이익을 추구하기보다는, 두 개의 적대적인 제국주의 진영이 집단적인 이익을 추구하는 세계가 될 것이며, 따라서 약소국가들

은 어느 쪽이든 한쪽 진영의 지배를 받아야 할 것으로 전망했다.[51]

그렇게 볼 때, 그는 약소국의 "참된 민족해방은 오직 제국주의 국가의 사회주의혁명과 동시에 실현될 수 있다"고 전제하고,[52] "자본제국주의 세계(라는 구조) 속에서 낙후국가와 약소민족의 (단독적인) '민족자결', '민족해방'을 주장하는 것은 일종의 환상이며, 더군다나 제국주의의 양 파 수뇌가 전쟁으로 쟁탈을 일삼는 상황이 내적으로 전 세계 낙후국가 와 약소민족에게 위협을 가하는 적강아약(敵强我弱)의 정세에서 '민족 투쟁은 저지'를 당할 수밖에 없을 것"[53]이라고 경고했다.

그러나 여기서 '민족투쟁이 저지될 수 있다'는 이 말은 아무것도 할 수 없도록 영도적 민족에게 길들여짐을 의미하는 것은 결코 아니다. 그 것은 단지 앞으로 민족투쟁이 일정한 저지를 받을 수밖에 없지만, 아울 러 약소민족의 진정한 자각 아래 비로소 '효율적인 방법'을 실행한다면, 그것은 극복될 수도 있다는 것을 의미한다고 덧붙였다. 그는 그 '효율적 인 방법'으로 다음과 같은 4가지를 제시했다.[54]

(1) 자신의 정치민주화와 민족공업의 진전에 노력함으로써 집단권(자 본제국주의 세계) 안의 지위를 높여야 한다. 현대는 이미 이홍장(李鴻 章) 시대가 아니기 때문에, 부국강병을 하루아침에 이루려고 하거나 1 8~19세기 식 민족독립국가나 20세기식 세계 일등 국가를 만들려는 헛 된 꿈을 가져서는 안 된다(다른 나라는 젖혀 두고 자기나라만 잘 되면 그만이라는 생각은 금물이다).

(2) 자신의 실력(공업과 민족의 조직)을 배양하여 영도국 국내의 혁명 과 서로 대응할 수 있는 투쟁을 준비함으로써, 민족의 진정한 해방과 진 보를 달성할 수 있다. 그밖에 결코 어떤 환상도 가져서는 안 된다. 한 국가 안에서는 한 민족의 역량을 통해 제국주의 세력을 제거함으로써 민족자본주의의 국가독립을 실현할 수 있다.

(3) 국외투쟁과 관련해서는, 말할 것도 없이 추축국(樞軸國) 또는 비 (非)추축국에 대한 투쟁은 민족주의가 아니라, 민주주의에서 출발해야

418

한다. 왜냐하면, 그것은 전제(專制)인 독일·이탈리아·일본 3국의 제휴 횡포가 이미 각국 민족의 최후 철조망을 파괴함으로써, 단순히 한 민족의 문제가 아니라 '전 인류 민주자유의 존망'의 문제가 되었기 때문에, 만약 구태의연하게 한 민족의 처지에서 투쟁을 전개한다면, 인도는 눈앞의 적이 곧 영국이며, 중국은 가까운 장래에 다시 한번 항미전(抗美戰)을 치러야 한다.

(4) 중국민족의 생존에 위해를 가하는 제국주의의 침략행위에 대해 힘껏 저항해야 하지만, 그들의 문화를 거부해서는 안 된다. 외래문화를 거부하는 보수적 경향은 날마다 자신의 민족문화를 정체에서 쇄락으로 떨어지게 한다. 중국문화는 정말로 자신의 우수성을 갖고 있다. 그러나 그 우수성을 형식상의 지위에 올려 놓고 일체를 굽어보게 하여 기형적으로 발전하게 하고, 결국은 민생을 국방에 의지하게 하여, 특별히 물질문명을 중요하다고 여기게 함으로써, 진정한 문화를 배제시켜 왔다. 또한 누군가에 의해 결국 중국역사에서 민족문화의 영광인 인쇄와 화약의 발명이 문화(의 영역)에서 제외되어, 문화가 단지 문예권역으로 축소되어 왔는데, 이것은 문화를 오해한 결과였다.55)

또한 그는 그 효과적인 방안을 실현하기 위해서 항일전에서 경계해야 할 두 가지 점을 강조했다. 먼저 그는 입으로 시사(詩詞)나 달달 외우고 손에 붓대나 잡고 있는 '문인(文人)'을 아무런 근거도 없이 '문화인'이라 부르는 것은, 일본이 중국을 '문자국'으로 매도하는 것과 마찬가지로 일종의 중국문화에 대한 오류를 범하는 것이라고 경고했다.56) 그는 주술적인 표어나 구호, 가영(歌詠)을 이용해 비행기나 대포, 전차 등을 막아내려고 하는 비과학적인 사상이 곧 중국문화의 기형적 발전을 초래했다고 지적했다.57) 특히 그는 장지동(張之洞)의 '중학위체 서학위용지설(中學爲體西學爲用之說)'이 이미 반세기 동안이나 중국의 진정한 발전을 저해하는 요소가 되었다고 비판했다. 따라서 그는 '본위문화(本位文化)', '동방문화'를 내세워 후인들에게 결코 폐해를 주어서는 안 될 것이라고

엄중히 경고했다.58)

그리고 그는 혹자가 "이번 대전을 추축국과 비추축국 사이의 양파 제국주의가 각자 자신의 세력권역을 확대하려는 투쟁이기 때문에, 약소민족이 이 비민족해방투쟁에 참가할 의무는 추호도 없다"고 한 것을 단호히 거부하며,59) 이러한 견해는, "민족해방은 자연히 제국의 도움을 받아서는 성공할 수 없다는 것과 약소민족이 자신의 역량으로써 문제를 해결할 수 없다는 것을 그들이 이해하지 못하기 때문"에 말미암은 것이라고 충고했다.60) 다시 말해서 진독수는 민족해방운동이 세계혁명과 갖는 긴밀한 연관성을 강조하며, 다음과 같이 자신의 견해를 명확히 밝히고 있다.

> 앞으로 전쟁사에서 '중립'이란 말은 더 이상 볼 수 없을 것이다. 미얀마 사람들의 말에 따르면, 비록 '인식적 악마'와는 교류할 수 있을지라도 '비(非)인식적 천사'와는 왕래할 수 없다고 한다. 우리들은 그들을 마땅히 고소해야 한다. 우리들은 오늘날 세계에 무슨 천사가 있는지 결코 알 수 없지만, 우리들이 이른바 '인식하는 악마'가 '인식하지 못하는 악마'보다 10배나 더 흉포하다는 사실을 알아야 한다! 중국의 누군가가 '미국을 도와 일본을 물리치는 것은, 마치 앞문으로 호랑이를 물리치고 뒷문으로 여우를 들여보내는 것과 같다'고 했다. 우리는 그를 고발해야 한다. 미국이 승리하게 되고 우리들이 만약 새롭게 노력하여 다시는 탐오를 비호하지 않는다면, 식민지 이전의 지위를 다시 회복할 수 있을 것이다. 만약 독일·일본·이탈리아가 승리를 거둔다면, 우리들은 반드시 식민지의 나락으로 빠지게 되고, 남경의 괴뢰정부조차도 머지않아 모두 구워 삼키게 될 것이다! 혹자한테 위와 같은 말이 귀에 거슬린다면, 앞으로 일어날 사실들이 그에게 교훈을 주게 될 것이다.61)

그리고 그는 계속해서 1942년 4월 19일, 미래의 국제정세에 대한 자신의 전망을 담은 또 하나의 논설인 〈재론세계대세(再論世界大勢)〉라는

글을 발표했다. 그는 이 논설에서, 자신이 앞서 발표했던 〈전후세계대세
지윤곽〉의 국제정세는 장차 제국주의 정세의 천하가 될 것이라고 한 예
견에 대해 그것은 너무 비관적인 이야기라고 사람들이 힐난한 것과 관
련, 그 예견의 '비관성 여부'보다 '현실성 여부'를 문제 삼아야 한다고 주
장했다.62) 그는 세기 말 이전부터 금융자본이 이미 민족적 경계를 뛰어
넘어 '제국주의적 천하'가 실제로 성립되어, 이제 이를 결코 거부할 수
없게 되었다고 전제하고,63) "그것은 결코 먼 장래의 문제가 아니라, 이
제 가까운 장래에 7~8개의 제국주의 국가들이 다시 대립 충돌하여 2개
의 제국주의 집단으로 양분될 것"64)이라고 장차 세계정세를 진단했다.
또한, 그러한 세계제국주의 두 진영 사이의 민주와 독재(파시즘) 대결
구도에서 세계국가들이 각기 자신의 처지를 분명히 하여 함께 민족해방
과 민주주의를 성취하지 못한다면 결국, 루스벨트의 실각을 대신하는
'미주의 히틀러 등장'65)을 초래하게 될 것이라고 경고하며, 이렇게 된다
면 자유민주는 수백 년 동안 회복될 수 없을 것이라고 주장했다.

그리고 그는 전후 세계에 대한 그 같은 전망을 통해 자신의 역사인식
을 밝히고 있다. 그는 장차 인류 진화사의 보편적 역사발전 과정을 아래
표와 같이 전망했다.66)

시대	민주제	전제
상고사회	씨족사회민주제	지주·대무(大巫)·군사수령의 전제
고대세계 그리스·로마	도시민의 민주제	봉건제후 및 그 말기의 군주전제
근대세계	자산계급 민주제	파시스트전제
미래세계	무산계급민주제로부터 전민민주제	

앞의 표에서 주목되는 것은 그의 '파시스트 전제'에 대한 우려이다. 그는 장차 파시스트는 이전의 '전제'와 마찬가지로 보편적으로 발전할 수 있으며, 또한 역사상 모든 시기는 각 시기마다 '민주제'로 향해 발전하기에 앞서 모두 반드시 하나의 전제 암흑시기를 거치게 된다고 지적했다. 그러나 여기서 그는 '무산계급민주제'에서 '전민(全民)민주제'로 발전하는 과정에 대해서는 구체적인 설명을 피하고 있다. 단지 그는 '파시스트 전제'를 거치지 않고 장차 바로 '전민민주제'로 나아가도록 노력할 것을 촉구했다.67) 그리고 "만약 사람들이 환상과 낙관의 안락의자에 누워서 '나치'의 존재가 발전하는 대로 그대로 내버려 둔다면, 우리들에게 틀림없이 암흑의 시기가 도래하게 될 것"68)이라고 경고했다. 그리하여 그는 이 "우려할 만한 추세를 똑똑히 인식하고 객관적 정세에 입각한 해결방안을 강구하여 각기 성실한 노력을 기울임으로써, 이번 대전 중에 히틀러와 그 아류(亞流) 세력들을 철저히 격퇴하도록 해야 할 것"69)이라고 촉구하며, 다음과 같이 결론을 맺고 있다.

> 따라서 가기 노력을 기울이며 이번 대전 가운데서 히틀러와 그 아류 세력들을 철저히 격퇴하고 엄격히 징계함으로써, '민주'라는 거대한 조류가 '파시스트 사상'을 제거하여 그것이 전쟁이 끝난 뒤에 전승국 안에 발붙이지 못하도록 해야 한다. 또 다른 역사의 패턴을 소생시켜 널리 전파함으로써, 근대인류 진화사에서 지금까지와는 또 다른 길로 나아가도록 해야 한다. 즉, 지금까지 모든 역사 시기가 반드시 거쳐야 했던 암흑의 '파시스트 전제'를 거치지 않고도 자산계급 민주제에서 민주제가 더욱 확대된 미래 세계로 직접 나아가도록 해야 한다.70)

요컨대, 그는 다음 세대의 청년들이 장래의 파시스트 암흑시기를 최대한 단축하기 위해 끊임없이 노력하도록 자극을 주어야 한다고 강조했다. 만약 이번 대전에서 제국주의 전쟁이 일체의 제국주의 전쟁으로 제거될 것으로 낙관한다면, 이것은 사실과는 전혀 거리가 먼 일종의 환상에 지나지 않는다고 경고했다. 그는 그런 역사인식에서 옛 동지들의 악평에도 불구하고, 시종 "중국인들은 영국·미국과 연합하여 나치를 공격해야 한다"고 주장했다.71)

다시 말해서 진독수는 제2차 세계대전이라는 세계적 역경에 당면하여 모든 애국자들은 세계민주혁명의 성취와 반(反)민주세력의 퇴치를 위해 세계민주혁명세력들과 연대하여 분투할 것과, 중국의 현실 상황에 대한 객관적 조건을 검토하는 데 성실하게 스스로의 노력을 기울일 것을 매우 중요한 당면 과제로서 역설했던 것이다.

5. 맺는 말

진독수가 한때 강양파(康梁派)에 기울었던 뒤로 각 시기에 따라 신문화운동의 기수, 중국공산당의 영도자, 당 중앙 반대당 시기의 적극적인 활동 등을 거치며 굳게 지켜 온 사상적 지향은 국가와 국민 사이의 바람직한 관계에 있었다. 특히 그가 20여 년 동안의 대소(對蘇) 정치경험을 바탕으로 6~7년 동안 숙고를 통해 얻은 바람직한 국가관은 그의 '최후견해'에 잘 나타나 있다. 그는 '최후견해'에서 '반대당의 자유'로 상징되는 '개인의 기본권과 자유의 보장'을 국가의 그 어떤 강제력보다도 우위에 놓았다.

진독수는 '반국(叛國)'과 '위해국가(危害國家)' 혐의로 자신을 기소한 국민당 정부에 대해 '변소장(辯訴狀)'과 '상소장'을 통해 강한 반론을 제기하며, 국가의 존립문제와 관련해 국가와 정부 그리고 국민 사이에 바람직한 관계가 무엇인지를 묻고 있다. 국가와 정부는 결코 동일시될 수 없으며, 정부가 국민의 집회·결사·언론·출판·신앙 등의 자유를 보장할 때만 비로소 국가의 대표로서 정당성을 인정받을 수 있다고 주장했다.

그러한 민주국가론의 주장은 그가 신문화운동 시기부터 한결같이 지켜 온 주권재민론과 입헌공화론에 입각한 민주주의 정치사상의 한 반영이라고 볼 수 있다. 그리고 투옥되었다가 석방된 뒤, 진독수가 복당(復黨)을 거부하고 새로운 독자노선을 견지하며 항일전론(抗日戰論)을 주장했던 항일민족통일전선기에는 항일전쟁의 목적을 민족국가의 독립과 통일, 입헌정치의 확립, 민족 산업의 발전, 농민해방 등의 '민주적 임무' 수행을 통해 낡은 봉건적 경제와 정치를 일소하고 새로운 생산력과 정치제도를 수립함으로써 근대국가, 즉 '민주제국가'를 이룩하는 데 두었던 것이다. 진독수가 '최후견해'에서 피력한 '대중민주주의론'은 그의 사상적 전변(轉變)을 총괄적으로 정리하는 진독수 정치사상의 결정이었다.

그는 민주주의를 인류역사 발전단계에서 시간과 공간, 이념과 체제를 초월하는 보편

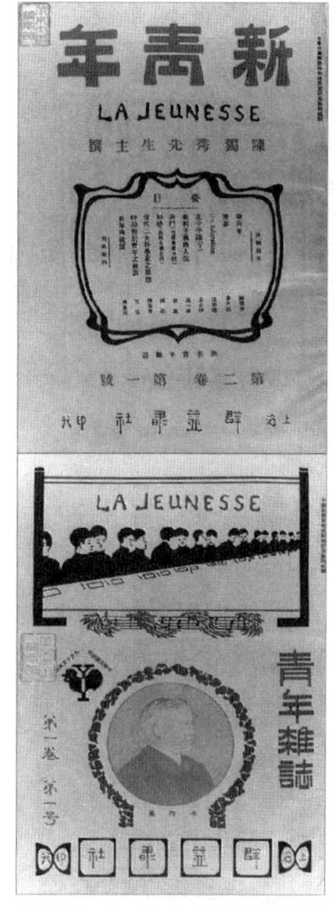

진독수가 펴낸 《신청년》과 그 전신인 《청년잡지》

적 가치로 보면서, 정치적 민주주의와 경제적 사회주의의 상호 보완적인 체제 속에서 장차 중국이 걸어가야 할 길을 제시했다. 결국 진독수는 이 양자의 통합적 개념을 자신의 신중국 건설을 위한 독자적인 대안인 '대중민주주의론'으로 정리했다. 즉 그는 민주주의가 자산계급의 이익만을 추구하는 독점자본주의에 바탕을 두어서도 안 되고, 또한 민주주의가 배제된 민중정치 세력을 바탕으로 한 무산계급 독재도 진정한 사회주의를 이룩할 수는 없다고 보았던 것이다. 그리고 독재가 배제된 사회주의나 민주주의가 첨가된 사회주의 사회에 대한 그의 동경이 반(反)전체주의론에 대한 옹호로 나타났다. 그는 소련의 스탈린주의나 독일의

나치즘 체제를 똑같이 인간의 기본권과 자유를 유린하는 독재체제로 규정하였다. 아울러 그러한 전체주의의 생성 원인을 개인이 아니라 제도의 구조적인 모순에서 찾았다.

진독수는 원칙적으로 올바른 정치제도의 성립을 인간의 기본권과 자유의 보장, 그리고 반대당의 자유 확보를 추구한다는 전제 아래 부르주아 민주주의와 프롤레타리아 민주주의를 동일한 정치체제로 보았다. 만약 이 양자 사이를 대립적 개념으로 파악한다면, 이 두 체제의 진정한 가치를 올바로 인식하지 못한 데 있다고 보았다. 따라서 그는 독일과 소련의 전체주의, 그리고 그 위성국인 일본과 이탈리아의 현대적 교회국가체제를 모두 거부했다. 개인의 권리와 의무를 부정하는 그 어떤 국가의 전체주의나 제국주의도 그는 인정할 수가 없었다. 설사 그러한 체제가 자신의 조국이었다고 해도 그는 마찬가지였다.

나아가 그는 미래 전후 세계에 대한 전망과 관련해서도 인류진화사의 보편적 역사발전이 근대세계의 자산계급 민주제로부터 파시스트전제의 무산계급 민주제를 거쳐 전민민주주의로 나아갈 것이라고 예견했다. 그리고 이를 위한 당면 과제로, 그는 중국적 현실 상황을 고려하면서 뜻있는 중국인들이 세계민주혁명의 성취와 반민주세력의 퇴치를 위해 세계민주혁명세력들과 연대해 분투할 것을 역설했다.

■ 주

1) 진독수는 석방된 뒤 잠시 남경의 陰陽榮에 머물다가 武昌으로 가 얼마 동안 그곳 糧道街 一條 小巷子裡에 기거했다. 그 뒤 1938년 5월 重慶의 江津縣 城內로 옮긴지 채 1년도 못되어, 1939년 7월 江津縣에서 30여 리 떨어진 鶴山坪으로 거처를 옮겨 황량한 山村에서 생애의 마지막 3년을 보냈다. 그곳에서 그는 자신의 사상적 轉變의 방향에 대한 마지막 정치적 입장을 정리했다. 唐寶林・林茂生,《陳獨秀年譜 (1879~1942)》, 上海 : 上海人民出版社, 1988, 478~540쪽.

2) 이 책은 진독수가 죽은 뒤 '민주정치에 관한 논설과 서신'들로 더욱 보강되어 1949년 《陳獨秀最後對於民主政治的見解》(臺北 : 自由中國出版社)라는 책으로 출판되었으며,

그 내용은 뒤에 《實庵自傳》(臺北 : 傳記文學社, 1967) 속에 포함되어 재편집된 뒤 중판되었다. 이하 《最後見解》로 지칭.

3) 陳獨秀, 《實庵自傳》, 臺北 : 傳記文學社, 1967, 73~74쪽. 그가 가리키는 바, '6~7년 동안'은 곧 그가 당 조직을 이탈하여 상해에 칩거한 뒤부터 사면 석방될 때까지를 말한다.

4) 胡適, 〈陳獨秀最後論文和書信序〉 1949. 4. 14.(陳獨秀, 위의 책, 1967, 47쪽에 재수록).

5) 陳獨秀, 〈給西流等的信〉 1940. 3. 2.(陳獨秀, 앞의 책, 1967, 63쪽에 재수록).

6) 陳獨秀, 〈給西流等的信〉 1940. 3. 2.(陳獨秀, 앞의 책, 1967, 65쪽에 재수록).

7) 陳獨秀, 〈給西流等的信〉 1940. 4. 24.(陳獨秀, 앞의 책, 1967, 66쪽에 재수록).

8) 주 7과 같음.

9) 주 7과 같음.

10) 陳獨秀, 〈給西流等的信〉 1940. 9.(陳獨秀, 앞의 책, 1967, 74쪽에 재수록).

11) 陳獨秀, 〈給西流等的信〉 1940. 9.(陳獨秀, 앞의 책, 1967, 76~77쪽에 재수록).

12) 陳獨秀, 〈給西流等的信〉 1940. 9.(陳獨秀, 앞의 책, 1967, 78~79쪽에 재수록).

13) 陳獨秀, 〈給西流等的信〉 1940. 9.(陳獨秀, 앞의 책, 1967, 80쪽에 재수록).

14) 陳獨秀, 〈被壓迫民族之前途〉 1942. 4. 19.(張永通 編, 《後期陳獨秀及其文章選編》, 成都 : 四川人民出版社, 1980, 231쪽에 재수록).

15) 張永通 編, 앞의 책, 1980, 232쪽.

16) 주 15와 같음.

17) 陳獨秀, 〈給連根的信〉 1940. 7. 30.(陳獨秀, 앞의 책, 1967, 70쪽에 재수록).

18) 陳獨秀, 〈給西流等的三封信〉 1940. 3. 2.(陳獨秀, 앞의 책, 1967, 64쪽에 재수록).

19) 陳獨秀, 〈我的根本意見〉, 《最後見解》, 臺北 : 自由中國出版社, 1949, 26쪽.

20) 陳獨秀, 〈給西流的信〉 1940. 9.(陳獨秀, 앞의 책, 1967, 76~77쪽에 재수록).

21) 陳獨秀, 〈給H和S的信〉(陳獨秀, 앞의 책, 1967, 89~90쪽에 재수록).

22) 陳獨秀, 〈給連根的信〉, 《陳獨秀最後對於民主政治的見解》, 臺北 : 自由中國出版社, 1949, 15쪽.

23) 陳獨秀, 〈給西流的信〉, 위의 책, 1949, 20~21쪽.

24) When-Shun Chi, "Ch'en Tu-hsiu," *Ideological Conflicts in Modern China : Democracy and Authoritharianism*, Berkely : University of Califonia Press, 1986, p. 217. 〈20세기 소련 의회〉보다 앞서, 30년 전인 1950년대 중반에 흐루시초프도 이미 '스탈린의 이러한 대실책'을 지적한 바 있다.

25) 陳獨秀, 앞의 책, 1967, 10쪽.

26) 陳獨秀, 앞의 책, 1967, 11쪽.

27) 陳獨秀, 〈給西流的信〉, 앞의 책, 1949, 22쪽.

28) 陳獨秀, 〈給連根的信〉, 앞의 책, 1949, 15쪽.

29) When-Shun Chi, op. cit., 1986, pp. 218~219.

30) 陳獨秀, 〈我的根本意見〉, 앞의 책, 1949, 26쪽.

31) 주 28과 같음.

32) 陳獨秀, 〈我的根本意見〉, 앞의 책, 1949, 26~27쪽.

33) 陳獨秀, 〈給連根的信〉, 위의 책, 1949, 15쪽.

34) 陳獨秀, 〈我的根本之見〉, 위의 책, 1949, 26쪽.

35) 陳獨秀, 〈根本意見〉 제8조, 《實庵自傳》, 臺北 : 傳記文學社, 1967, 84쪽.

36) 陳獨秀, 〈給連根的信〉, 위의 책, 1967, 68쪽.

37) 주 36과 같음.

38) 陳獨秀, 〈給西流的信〉 (陳獨秀, 앞의 책, 1967, 79~80쪽에 재수록).

39) 陳獨秀, 〈給西流的信〉 (陳獨秀, 앞의 책, 1967, 74~75쪽에 재수록). 진독수는 '자산계급민주'와 '무산계급민주'가 그 내용은 대동소이하며, 단지 그 실시 범위에만 차이가 있을 뿐이라고 주장했다.

40) Thomas Kuo, *Chen Tu-hsiu and the Chinese Communist Movement*, South Orange : Seton Hall University Press, 1975, p. 284.

41) 陳獨秀, 〈給西流的信〉 1940. 9. (陳獨秀, 앞의 책, 1967, 74~75쪽에 재수록) ; 陳獨秀, 〈給西流等的信〉 1940. 5. (陳獨秀, 앞의 책, 77쪽). 여기서 진독수가 사용하고 있는 '대중민주'란 용어는 현재 일반적으로 쓰이는, 서구의 산업혁명 뒤에 대두한 대중민주주의(Mass Democracy)와는 그 의미를 달리 한다. 그가 주장하는 '대중민주'란, 무산계급과 자산계급을 포괄하는 계급의 초월성에 입각한 '민주주의의 보편성'의 가치를 강조하는 의미로 쓰이고 있다. 그가 사용하고 있는 다른 용어로 바꾼다면, '全民民主主義' (陳獨秀, 〈再論世界大勢〉 1942. 4. 19. (陳獨秀, 앞의 책, 1967, 105쪽)) 또는 '全民統治' (陳獨秀, 〈上訴狀〉, 《法治週報》 제1권 제33기, 1933. 8. 13. (陳獨秀, 《陳獨秀著作選》 제3권, 上海 : 上海人民出版社, 1993, 326쪽에 재수록))라고도 할 수 있다.

42) 陳獨秀, 〈給西流等的信〉 1940. 5. (陳獨秀, 앞의 책, 1967, 74쪽에 재수록).

43) 陳獨秀, 〈根本意見〉 제9조 1940. 11. 28. (陳獨秀, 앞의 책, 1967, 84~85쪽).

44) 陳獨秀, 〈給連根的信〉 (陳獨秀, 앞의 책, 1967, 68쪽에 재수록).

45) 陳獨秀, 〈給西流的信〉, 앞의 책, 1949, 19쪽.

46) 陳獨秀, 〈戰後世界大勢之輪廓〉, 《大公報》 1942. 3. 21. (陳獨秀, 앞의 책, 1967, 91쪽에 재수록).

47) 陳獨秀, 위의 책, 1967, 91쪽.

48) 주 47과 같음.

49) 陳獨秀, 앞의 책, 1967, 92~93쪽.

50) 陳獨秀, 앞의 책, 1967, 93쪽.

51) 陳獨秀, 앞의 책, 1967, 94쪽.

52) 陳獨秀, 앞의 책, 1967, 100쪽.

53) 주 52와 같음.

54) 陳獨秀, 〈戰後世界大勢之輪廓〉 《大公報》 1942. 3. 21. (陳獨秀, 앞의 책, 1967, 100쪽에서 재수록).

55) 陳獨秀, 〈戰後世界大勢之輪廓〉, 《大公報》, 1942. 3. 21. (陳獨秀, 앞의 책, 1967, 100~101쪽에서 재수록).

56) 陳獨秀, 앞의 책, 1967, 101쪽.

57) 陳獨秀, 앞의 책, 1967, 101쪽. 예를 들면, "義和拳의 呪文이 槍砲를 능히 이길 수 있다"는 초능력에 의지하는 비과학적인 주술적 신앙을 말한다.

58) 陳獨秀, 앞의 책, 1967, 102쪽.

59) 주 58과 같음.

60) 주 58과 같음.

61) 陳獨秀, 앞의 책, 1967, 102~103쪽.

62) 陳獨秀, 〈再論世界大勢〉, 앞의 책, 1967, 104쪽.

63) 주 62와 같음.

64) 주 62와 같음.

65) 주 62와 같음.

66) 陳獨秀, 앞의 책, 1967, 105쪽.

67) 陳獨秀, 〈再論世界大勢〉, 앞의 책, 1967, 107쪽. 여기서 그가 말하는 '전민민주제'는 곧
'대중민주주의'를 뜻한다. 그는 '민주주의'를 계급과 시간, 제도를 초월하는 보편적 가치
로 인식했다.

68) 陳獨秀, 〈再論世界大勢〉, 앞의 책, 1967, 104~105쪽.

69) 주 68과 같음.

70) 陳獨秀, 앞의 책, 1967, 106~107쪽.

71) 주 70과 같음.

이대교 李大釗
중국적 마르크스주의 창도자

이 병 주

1. 머리말

이대교(李大釗 : 1889~1927)는 38년 동안의 짧은 생애에도 불구하고 현대 중국 형성기(1910~20년대)에 사상과 정치 면에서 가장 뛰어난 지도자 가운데 한 사람이었다. 당시 중국사회는 신해혁명의 실패, 원세개(袁世凱)의 탈권적 전제통치, 군웅할거의 군벌시대를 거치면서 정치·사회·경제·문화 등 모든 면이 극심한 혼란과 피폐에 처해 있었다. 그러나 다른 한편 그러한 암울한 상황 속에서 중국사회에는 새 시대를 준비하는 새로운 사상의 모색과 정치세력의 태동이 동시적으로 활발히 진행되고 있었다. 이대교는 이러한 때 독창적인 사상과 과감한 실천으로 여러 번의 중요한 역사적 국면에서 정치와 사상을 주도한 인물이었다.

이대교는 문화·사상 면에서 신문화운동 기간(1915~1921)에 《갑인(甲寅)》, 《신청년(新青年)》, 《매주평론(每週評論)》 등 당시의 대표적 문화·사상 잡지를 통해 진독수(陳獨秀), 호적(胡適), 노신(魯迅), 전현동(錢玄同) 등과 더불어 옛 중국의 전통 타파와 서구의 근대 민주사상 전파에 앞장섰다. 그러면서도 그는 남달리 민족주의에 바탕을 둔 중국 사상과 서양 근대 사상을 융합한 독특한 사상을 제시하였으며, 제1차 세계대전 뒤 중국 최초로 마르크스주의를 체계적으로 소개하였다. 정치적 실천 면에서도 그는 5·4운동의 전개, 중국공산당(중공)의 창건, 초기

430

노동운동의 조직과 확대, 그리고 국공합작(國共合作) 등 여러 과정에서
모두 중심 구실을 하였다. 그러한 역사적 구실 때문에 이대교는 오늘날
학계에서 중국 현대사와 관련하여 중요한 연구대상이 되고 있다. 특히
중국대륙에서는 그를 중공의 '진정한 창건자', '마르크스주의의 중국적
노선의 예시자(豫示者) 그리고 '가장 영웅적인 혁명의 순교자'로 추앙되
고 있다. 그러나 중국 학계의 그에 대한 평가는 중공의 정치적 필요성과
종래 중공 사가들의 이념적 편향에 따른 누락과 실제 이상으로 과장된
면이 없지 않다.

필자는 위에서 말한 이대교와 관련한 몇 가지 점에 유의하면서 그의
생애의 주요 활동과 사상의 대강을 간략히 소개하는 가운데, 특히 중국
현대사 초기의 정치·사회적 정세와 사상적 추이 속에서 이대교가 차지
하는 위치를 되도록 사실에 가깝게 밝히고자 한다.

2. 초년의 교육과 청소년기의 사상적 발전

이대교는 1889년 10월 29일 하북성 낙정현(樂亭縣) 대흑이촌(大黑坨
村)에서 중농가인 이임영(李任榮)의 외아들로 태어났다.[1] 그의 갓난아
기 때 이름은 감두(憨頭), 소년기의 이름은 기년(耆年), 자는 수창(壽昌)
이었고, 뒤에 장성하여 이름을 대교(大釗), 자를 수상(守常)으로 바꾸었
다.[2]

그의 어린 시절은 매우 불행하였다. 그는 어머니의 뱃속에 있을 때 아
버지를, 생후 겨우 16개월 때 어머니를 잃고 조부모에 의해 양육되었다.
그의 조부 이여진(李如珍)은 젊었을 때 동북성 장춘 근방 만보산(萬寶
山) 일대에서 상업에 종사하여 번 돈으로 시골에 정착했는데, 약 90여
무(畝)의 토지를 소유한 소지주로서 이대교를 극진히 사랑하며 길렀
다.[3] 이대교는 3세 때 글자를 알았으며, 7세 때 촌의 사숙(私塾)에 보내

져 사서(四書)와 오경(五經) 및 사서(史書)를 공부하였다.

16세가 되던 해인 1905년 이대교는 영평부(永平府)에 가서 부시(府試)를 보아 수재(秀才)가 되었다. 그러나 그해 정부가 과거제도를 폐지하는 바람에 영평부중학에 입학하여 처음으로 그때 '신학(新學)'이라 불린 근대 서양 학문을 배우게 되었다. 또한 거기서 그는 강유위(康有爲)와 양계초(梁啓超)의 저술을 탐독하고 새로운 정치·사회 사상에 눈을 뜨

이대교(1920년대)

게 되었다. 한편 이때 이대교는 이미 결혼한 지 5년이었다. 11살 때 그는 전통적 관습에 따라 조부가 고른 조급란(趙級蘭)이라는 이웃 소녀와 혼례를 치렀던 것이다. 그런데 그는 당시 적지 않은 신지식인들과는 달리 조 부인에게 평생 충실하였으며 그녀와의 사이에 4녀 2남을 두었다. 이러한 사실은 뒤에 그가 보여준 원만하고 후덕한 대인관계와 더불어 도덕의식에 투철한 인품을 뒷받침하는 것으로 말해지고 있다.

그는 영평부중학교에서 2년 동안 공부를 한 뒤 천진으로 가서 1907년 일본의 근대교육을 본떠서 북양군벌이 설립한 북양법정전문학교에 입학하였다. 1913년 졸업 때까지 이 학교에서 이대교는 정치·경제·법률 등의 학문과 함께 일본어와 영어 학습에 힘썼다. 그는 당시 자신의 학업과 청년으로서의 포부를 "정치에 관한 지식이 점점 쌓이면서 중국을 재건해야겠다는 뜻도 날로 높아져 갔다"고 회고하였다.4) 천진 북양법정전문학교에서 공부하는 6년 동안에 그는 중요한 역사적 정치변동을 체험하게 되었다. 청 말 입헌운동(1906~1911)의 격랑에 이은 신해혁명(1911~1912)의 성공과 실패가 그것이다. 이 두 정치적 사건을 경험한 그는 당시

중국이 처한 정치적 사회적 곤경에 강한 관심을 갖게 되었으며, 현실 정치에 대한 의견을 미숙하나마 언론활동을 통하여 피력하였다.

그는 1913년 북양법정전문학교를 졸업한 직후 동학 욱억(郁嶷)과 함께 졸업생들의 정치·사회 문제 연구단체인 북양법정학회를 조직하고 그 기관지 《언치(言治)》의 편집장이 되어 당시 정치·사회상에 대한 의견을 개진하기 시작하였다. 그는 또한 같은 해 여름 북경에 가서 일간지 형태의 《법언(法言)》을 편집하였고 국제법과 톨스토이의 저술을 포함한 일본어 서적과 논문들을 중국어로 번역하기도 하였다. 이때 톨스토이는 이대교의 초기 사상에 적지 않은 영향을 끼쳤다고 한다.[5]

천진과 북경 시절 이대교의 사상은 공화(共和)와 민권 그리고 부강(富强) 등의 문제를 다룬 그의 글들에 잘 나타나 있다. 예컨대, 그는 혁명 뒤 큰 기대를 걸었던 공화정이 혼란에 빠지자 크게 한탄하면서 1913년 6월 월간지 《언치(言治)》에 실린 〈민권이 남의 손에 떨어짐을 논함(論民權之旁落)〉이라는 글에서 다음과 같이 말하고 있다.

> 일시에 어지럽게 서로 물리치면서 경쟁하여 나아감으로써 정치를 시끄럽게 하는 나쁜 풍조는 무단(武斷) 야만의 군인 짓 아니면, 으스대고 교만한 포악한 당[暴黨]의 짓이다. ……
>
> 오늘날 이후 정권은 군인에게 돌아가지 않으면 포악한 당에 돌아갈 것이다. 그 소수가 정권을 장악함은 군인이나 포악한 당이나 마찬가지다. 사나움으로써 사나움을 갈 뿐인 것이다. 오호라 민생이 폐하고 나라의 환란이 극에 달했구나![6]

위의 글에서 '군인'은 그의 다른 글에서도 마찬가지지만 당시의 도독(都督)을 말하며, '포악한 당'은 중국국민당(이하 국민당)을 가리키는 것이다. 다시 말해서 이대교는, 정권을 찬탈하고 전제(專制)를 기도한 원세개에게 정치적 혼란과 민권상실의 책임을 돌리는 대신, 중앙정부와 격렬하게 대립하고 있었던 국민당과 각 성에서 독립적으로 군정(軍政)과 재정(財政)을 마음대로 하던 도독에게 지웠던 것이다. 실제로 이대교는 민국 초 원세개의 중앙정부를 지지하기도 했는데, 그것은 공화국에서 혼란을 막고 질서를 유지하기 위해서는 강력한 정부가 필요하다고 생각했기 때문이었다. 그러나 그는 1912년과 1913년의 글들에서 손문(孫文)과 송교인(宋教仁)을 찬양하였으며, 1913년 3월 송교인이 원세개의 음모로 무사영(武士英)에게 암살당했을 때는 송의 죽음을 비통해 하는 글을 썼고 원세개 정권에게 가졌던 기대를 버렸다.7)

이대교는 또한 국민주권과 의회제도에 대해서도 논했다. 그러나 그는 명확한 개념을 제시하지 못하고, 국가의 부강을 말하면서 그 기초를 훌륭한 통치자의 농업 진흥, 통상의 원활화, 노동자에 대한 시혜정책에 두었으며, 중국사회를 계급이 없는 사회로 보았다. 이러한 사실은 이대교가 그때까지 서양의 공화나 민권에 대해 명확한 개념을 갖지 못한 데다 어진 군주[善君]나 중농정책과 같은 전통적 사상에서 사고가 완전히 벗어나지 못했기 때문이라고 비판되고 있다.8)

위와 같은 언론활동과 연관되어 이대교는 1913년 여름까지 당시 새로 조직된 입헌파인 진보당과 정치적 유대를 맺게 되었다. 그는 특히 진보당 창건의 유력한 주역 가운데 한 사람인 탕화룡(湯化龍)과 가까워져 학업 중 그에게서 재정적 도움을 받았을 뿐만 아니라, 1913년 가을에는 역시 탕의 찬조로 일본유학의 길에 올랐다.

일본에 도착한 뒤 이대교는 1914년 9월 와세다(早稻田)대학 정치경제과에 입학하였다. 2년이 조금 넘는 일본유학 기간에 그는 여러 서양 사상을 마음껏 접할 수 있었다. 그러나 그는 학업보다는 정치활동에 더 힘을 기울였다. 그는 재일유학생들과 신주학회(神州學會)를 조직하고 손문의 중화혁명당과 밀접하게 협력하면서 원세개의 전제통치에 반대하는 운동을 펼쳐 나갔다. 1914년 8월 원세개의 미국인 정치고문 굿노우(Frank Goodnow) 박사가 〈신약법론(新約法論)〉을 북경 각 신문에 발표

434

하여 종전의 임시약법(臨時約法)을 폐지하고 원세개의 총통 권한을 대폭 강화한 '신약법' 제정을 옹호하는 주장을 하자, 이대교는 즉시《갑인》지에 기고하여 그러한 법률 개정의 부당성을 통박하였다.9)

1914년 8월에 유럽에서 제1차 세계대전이 일어나자 일제(日帝)는 영국과의 동맹을 내세워 8월 23일 대독(對獨) 선전포고를 하고, 9월에는 중국 정부의 동의도 없이 육전대를 산동반도의 용구(龍口)에 상륙시켜 서남으로 전쟁을 확대했으며, 11월 초에는 독일의 조차항(租借港) 청도(靑島)를 공격, 점령하였다. 게다가 다음해 1월 일본 정부는 이미 군사적으로 점령한 산동반도에서 독일의 모든 권한의 계승, 남만주와 동부 몽고에서 일본의 우월적 지위 인정, 그리고 중국 정부의 정치·군사·재정부에 일인(日人) 고문 초빙 등 사실상 중국의 일본 '보호국화'를 연상케 하는 조문들을 포함한 이른바 '대화(對華) 21개조 요구'를 주화(駐華) 일본공사를 통해 비밀리에 원세개에게 제출하였다.

그러한 내용이 중국 신문에 의해 누설되자 전 중국 각계에서는 강력한 반대와 항의운동이 일어났다. 당시 일본에 유학 중이던 이대교는 재일유학생총회 선전부장으로서〈전국 어른에게 경고하는 글(警告全國父老書)〉이라는 격문을 작성, 중국 정부와 전국에 발송하였다. 이 격문에서 그는 21개조 요구를 중국을 멸망시키려는 일본의 야욕으로 규정하고 중국 정부와 전 국민이 거국일치하여 끝까지 죽기로 저항할 것을 호소하였다.10) 이대교의 이러한 호소는 2월에 재일유학생들이 귀국하여 벌인 반일운동과 함께 전국적 반일운동을 일으키는 데 큰 구실을 하였다. 그는 또한 5월 9일 일본의 강압에 못 이겨 중국 정부가 21개조 요구를 받아들인 것이 알려지자 6월에〈국치기념록(國恥紀念錄)〉과〈국민의 와신상담(國民之薪膽)〉이라는 글을 써서 전 국민의 계속적 투쟁을 격려하였다.11) 이들 글에서 이대교는 중국에 대한 일제의 침략 야욕과 원세개의 죄상을 폭로하고 전 국민에게 중국 고사(古事)에 나오는 와신상담(臥薪嘗膽) 정신으로 분발, 구국운동에 매진할 것을 호소하였다.

그러나 일본 유학 당시의 이대교가 더욱 깊은 사상적 발전을 보여 준 것은 그의 두 글 〈염세심과 자각심(厭世心與自覺心)〉, 〈청춘〉에서라고 할 수 있다. 앞의 것은 제2혁명(1913. 7.)이 실패하고 중국 정부가 21개조 요구에 굴복한 뒤 혁신적 지식인들 사이에 팽배했던 절망적 분위기를 배경으로 진독수가 1915년 4월 《갑인》지에 〈애국심과 자각심(愛國心與自覺心)〉이라는 글을 기고하여 국가의 목적이나 의의에 대한 자각 의식이 결여된 맹목적 애국심은 해롭다고 경계한 데 대해 이견을 제시한 글이다.

그해 8월 같은 잡지에 실린 이 글에서 이대교는 진독수의 자각심 강조가 자칫 염세심을 고무하는 것으로 오해될까 우려하였다. 그리고 자각심의 뜻을 '국가를 변화시켜 사랑할 만한 것으로 만드는 것'이라 해석하고 그러한 노력을 약화시키는 염세심과 소극적 숙명론은 금물이라고 주장하였다. 또 이어서 그는 근대국가의 건설을 위하여 "한 번의 숨이라도 남아 있는 한 우리는 결코 절망 자실(自失)할 수 없으며 분투 매진하여 뜻을 이루는 길밖에는 없다"고 결연한 애국심과 쉼 없는 노력의 필요성을 강조하였다.12)

뒤의 글 〈청춘〉은 이대교가 일본에 있을 때 완성하고 귀국 뒤인 1916년 9월 진독수가 창간한 《신청년》지에 발표한 것으로, 1918년 4월 같은 잡지에 기고한 〈지금(今)〉과 함께 '회춘재조(回春再造)'와 '영원한 현재'라는 철학적 개념을 중심으로 그의 행동적 민족주의와 낙관적 정치 성향을 나타낸 것으로 유명하다. 그는 이 글에서 우주[大實在]의 본성을 청춘으로 파악하고 우주의 무한성(無限性)·유전성(流轉性)과 함께 청춘에서 유래하는 재생성을 강조함으로써 중국 청년들에게 '청년중국'을 재건할 것을 다음과 같이 촉구하였다.13)

중국은 황제(黃帝) 이래 동아시아대륙에서 …… 그 장구한 역사는 고금 동서에 그 유례를 볼 수 없는 나라다. 그 민족의 청춘기는 주(周)의 시대였

으며, 당시의 문물제도는 찬란하고 완벽한 것이었다. 그러나 그 이후 중국
은 점차 쇠퇴의 길을 걷기 시작했고 오늘에 이르기까지 쇠퇴를 거듭하여
오늘날 우리가 볼 수 있는 것은 과거의 영광 대신 남은 해골뿐이다. ……
그러나 우리 중국이 망하지 않기를 바란다면 어떻게 하여야 하는가? 우리
의 젊은이들이 맹세코 세상에 보일 것은 옛 중국의 불사(不死)를 변증하는
것이 아니라, 청년중국의 재생을 위한 길을 힘을 다하여 준비하는 것이다.
…… 왜냐하면 생명은 생과 사의 순환이며, 우리의 문제는 국가의 생존이
아니라 새로 태어난 우리나라의 봄을 회복하는 것이기 때문이다.

이대교의 위의 글에 나타난, 우주 유전법칙을 통한 자기진화와 자기
갱신의 사상을 '유물변증법적 우주관'으로 파악하여 성급히 그의 마르크
스주의 수용과 연결시키는 견해가 있다. 그러나 그보다는 장자(莊子)의
'만물제동(萬物齊同)' 사상이나 추연(鄒衍)의 음양오행설, 불교의 윤회
설과 같은 중국 고대사상에다 에머슨(R. W. Emerson)의 초월주의, 베르
그송(H. Bergson)의 창조적 진화론, 그리고 헤겔(G. W. F. Hegel)의 절
대정신의 영향을 받아 이루어진 것으로 보는 것이 유력하다.[14]

1916년 1월 16일 일본에 유학 중인 중국 학생들은 '중화유일(中華留
日)학생총회'를 발족시켰으며, 2월 2일 이대교는 동경중화유일학생총회
문사(文事)위원회의 편집주임으로 선출되어, 유학생회의 출판물《민이
(民彝)》지를 편집하였다. 1916년 5월 15일 이 잡지 창간호에 발표한 이
대교의 논문〈민이(民彝)와 정치〉는 20대 후반 이대교의 초기 정치사상
을 나타낸 또 하나의 유명한 글이다.

먼저 이 글에서 이대교가 말한 '민이(民彝)'의 뜻에 대해서는 학자들
사이에 의견이 분분하다. 그러나 이 글 안에서 인민과 정치의 관계 또는
정치의 진정한 목표에 관한 기본 관점을 주장하기 위한 여러 문장에서
이대교가 인용한 '민이'의 용례들을 종합해 볼 때, 그는 '민이'를 '민욕(民
慾)', '민의(民意) 또는 도리(道理)', 즉 '민중의 의욕과 원망(願望)'이란

뜻으로 사용하였다고 볼 수 있다. 그리고 그는 그것을 인간 고유의 본성으로서, 무엇에 의해서도 빼앗을 수도 제한할 수도 없는 천부적이며 불가침의 것으로 보았다. 그러한 천부적 불가양적(不可讓的)인 민중의 의욕과 원망인 민이를 그는 거스를 수 없는 역사 발전의 동력으로 보았다. 바꿔 말하면 이대교는 민이, 즉 민의와 민중의 의욕이 역사를 창조하며, 역사는 그러한 민이를 막을 수 없다는 것이다.15)

같은 맥락에서 그는 민이를 정치의 규정자로 파악하였다. 그는 유럽과 미국 등 선진국의 예를 들면서, 문명 선진국의 국민들은 정치에서 가장 마땅한 것을 구하는바, 그것은 민이를 믿는 것이요, 민이를 창달하는 것이라고 하였다. 즉 구미의 선진국인 영국과 미국의 정치는 오직 민주주의(民主主義)를 기본 정신으로 하는 대의(代議) 형태의 정부를 가지고 있으며, 모두 민이가 창성한 나라들이라고 지적하고 있다. 나아가 민이의 원리는 보편적인 것인 만큼 중국도 선진국들을 따라 의회제 정부를 건립해야 한다고 그는 주장하였다.16)

그리고 그는 군주(君主)와 민주(民主)는 물과 불처럼 서로 용납할 수 없는 것이며, 군주의 전제(專制)는 사회의 어둠과 국가 빈약의 화근인 반면 민주제도는 현 사회의 조류로서 그것을 따르는 자는 살아남고 거스르는 자는 멸망하는 것이어서, "군주가 살면 국민이 죽고(君主生卽國民死), 전제가 살아나면 자유가 망한다(專制活卽自由亡)"고 하면서 당시 원세개의 복고(復古)와 제재(帝制) 기도를 옹호하는 자들을 국가에 대한 반역자이자 국민의 공적(公敵)으로 규정, 그들의 획책을 강력히 비난하였다.17) 같은 글에서 이대교는 또한 역사 발전의 공을 영웅에게 돌리는 영웅사관을 배척하고 민중의 구실을 중시하는 민중적 사관을 피력하였다. 그와 같은 이대교의 '민이'사상은 그의 글에서도 인용한바, 톨스토이(L. N. Tolstoi)의 '민중의 창조적 힘'에 대한 강조와 밀(J. S. Mill)의 자유론의 영향을 받은 것이다. 중공 역사가들로부터는 당시 그의 역사관이 아직 유심론(唯心論) 단계에 머물러 있어 유물사관적인 요소를 결

여하고 있다고 평가되고 있다.[18]

3. 5·4기 신문화운동 활동과 마르크스주의 수용

1916년 봄에는, 전에 원세개와 밀월관계에 있던 진보당이 황제가 되려는 원세계의 제제 획책에 대하여 반대로 돌아서 그 주장이 자못 강해지고 있었다. 그러한 때 이대교는 탕화룡의 요청으로 3년 동안의 일본 유학생활을 접고 4월에 상해로 귀국, 탕의 비서가 되는 한편 진보당의 헌법연구회와 반원(反袁) 투쟁에 참가하였다. 그러던 차에 6월 6일 원세개가 갑작스럽게 사망하였다. 그리하여 해산되었던 국회가 8월에 다시 열리게 됨에 따라 그는 국회의장이었던 탕화룡을 따라 북경으로 가서 진보당 기관지《신종보(晨鍾報)》의 편집주임이 되는 동시에 탕과 양계초가 함께 이끈 국회 안 입헌파 그룹인 연구계(硏究系)에도 가담하였다. 원세개의 죽음은 공화정치와 통일에 대한 희망을 크게 했기 때문이었다. 그러나 기대와는 반대로 군벌들의 발호와 정부의 부패, 정파 사이의 싸움으로 정국은 더욱 혼탁해져 갔다. 이대교는 실망하여《신종보》와 다른 언론매체를 통해 군벌과 자신이 속한 연구계까지 격렬히 비판 공격하였다. 이 때문에 그는 결국 9월 5일 《신종보》의 편집주임 직을 사임, 진보당과 결별하였다.[19]

그러나 북경을 떠나지 않고 있던 이대교는 이듬해(1917년) 1월 가까운 친구이며 입헌주의자인 장사교(章士釗)의 초빙을 받아 그가 발행하는 《갑인일간(甲寅日刊)》의 편집인이 되었다. 그는 여기서도 군벌정치와 봉건적 유교문화를 비판하는 글을 많이 발표하였다. 그리고 그러한 글들은 또다시 군벌정부의 미움을 사 《갑인일간》지는 폐간당하였고, 그는 장사교와 같은 해 6월 상해로 도망하였다. 그 뒤에도 1917년 말까지 이대교는 〈조화의 미(美)〉, 〈모순생활의 이중부담〉, 〈입헌국민의 수양〉,

〈폭력과 정치〉등 많은 논설을 여러 잡지에 발표하였다. 그 논문들은 전체적으로 군벌의 폭정과 양계초 등 신구 세력의 사이의 자유경쟁을 주장하는 이른바 '가짜[僞] 조화론'의 허구성에 대한 공격, 그리고 봉건전통에 반대하는 내용과 함께, 앞서 언급한 '민이'사상에 이어 서구 민주사회를 본받아 각 사회계층 사이의 협력과 조화, 질서를 통해 민주사회와 문명의 진보를 이룰 것을 강조하는 적극적인 조화론을 주 내용으로 하는 것이었다.[20]

상해로 간 이대교는《신청년》의 창간인이며 당시 북경대학 문학부장이던 진독수의 추천으로 1918년 2월 북경대학 도서관장 겸 역사학 교수가 되었다. 그리고 앞서 1월에는 편집부를 상해에서 북경으로 옮기고 잡지의 성격도 진독수 개인 편집에서 동인들에 의한 편집 형식으로 바뀐《신청년》편집진의 일원이 되었다. 새로운《신청년》편집진의 한 사람이 된 이대교는 진독수를 비롯한《신청년》그룹의 다른 인사들과 정신적인 일체감을 느꼈고, 당시 중국의 정치·사회적 현상과 문제들에 대해서 대부분 인식을 같이하였다. 그는《신청년》의 다른 인사들과 함께 전통적 유교 가치에 대하여 공개적으로 신랄하고 단호한 반대 의사를 밝혔다.《신청년》인사들의 공공 봉사정신, 구국의 희망은 청년들에게 있으며 청년들에게는 중국의 낡고 부패한 전통문화를 척결하고 새롭고 활기찬 문화를 창조할 사명이 있다는 그들의 신념, 그리고 그들이 선도하고 있던 신문화운동의 상징적 가치인 '민주'와 '과학'의 중요성에 대해서도 그는 공감하고 있었다.

그러나 동시에 당시 이대교의 사상은 다른《신청년》동인들과 다른 독자적 면도 가지고 있었다. 두루 아는바, 진독수, 호적, 전현동 등은 고정적 이분법적 역사관으로 중국과 서양, 전통과 근대의 관계에서 중국의 전통과 과거 세대의 모든 것을 전면 부정하고 근대 서구적인 것과 청년을 높이 평가하면서 전반적 서구화를 주장하였다. 그러나 이대교는 역사의 연속성을 중시하고 중국 전통을 일방적으로 비하하지 않는 주체

적 역사관에서 중국과 근대 서양, 청년으로 대표되는 신(新)과 노인으로
대표되는 구(舊)의 관계를 상대적 존재로 인식하여, 어느 일방을 전적으
로 거부하지 않고 역사 발전의 대세에 따라 자연스럽게 동반 병진(竝進)
해야 한다고 믿고 있었던 것이다.21) 이대교가 《신청년》지에 기고한
1917년 4월의 〈청춘과 노인(靑春與老人)〉(제3권 제2호)과 1918년 5월의
〈새 것! 오랜 것!(新的!舊的!)〉(제4권 제5호) 두 글은 그러한 대표적인
예이다.

〈청춘과 노인〉에서 이대교는 '현대의 문명은 협력의 문명'이며 '현대
사회는 조화의 사회'라고 전제하고 노인과 청년이 협력과 조화를 이룰
때 가장 아름다운 사회와 문명의 진보를 이룩할 수 있다면서, 사회의 구
성요소로서 청년과 노인 둘은 서로 돕되 각각의 장점, 곧 청년의 활발하
고 왕성한 기력과 노인의 온건하고 풍부한 경험을 이용하여 사회의 오
랜 침체된 적폐물을 제거하고 선량한 질서를 세우는 데 기여하여, 아름
다운 사회의 건설과 문명의 발전을 도모해야 한다고 주장했다. 그러나
만약 청년과 노인이 서로 경시하고 나쁘게 본다면, 그것은 옳지 않을 뿐
만 아니라 결국 모두 야만적이며 비문명적인 것이라고 경고하였다.

이러한 이대교의 글 말미에 진독수는 다음과 같은 내용의 짧은 글을
첨부하였다 : '이군'의 글이 일리가 있기는 하나 '우리 청년'들이 반드시
유의할 두 가지 점이 있다. 첫째로 중국사회에는 예부터 보수의 양이 진
보보다 많았으므로 그런 점에서 청년과 노인의 협력과 조화는 신중할
수밖에 없으며, 둘째로 지금 중국사회에서는 그 나이와 지력(知力)이 반
비례 관계에 있기 때문에 지력의 심천(深淺)에 따라 존비(尊卑)를 따진
다면 중국의 노인은 당연히 청년에게 경례를 해야 할 판이기 때문에 노
인들이 그의 글 뜻을 오해하지 않도록 경고하는 것이 필요하다. 즉 진독
수는 위와 같은 덧붙이는 말로 완곡하게 이대교의 글과는 견해를 달리
함을 독자들에게 분명히 한 것이다.22)

〈새 것! 오랜 것!〉에서 이대교는 당시 중국인의 생활 전부와 중국의

현상 모두가 모순된 것임을 길게 구체적으로 예를 들고, 그 원인은 신구 사이의 종적 거리가 대단히 멀고 횡적 거리가 매우 가까우며, 시간적 성질의 차가 매우 큰 데다 공간적 접촉이 대단히 긴박한 상태에서 인물·사실·사상 등 모든 것들이 한곳에서 동시에 뒤엉켜 부딪치고 대립하고 있는 중에 새로운 것은 기력이 아주 약하여 새 생활을 창조할 노력도 하지 못하면서 오래된 것을 정복하려는 잘못을 하고 있기 때문이라고 진단

이대교 동상(북경 이대교열사릉원)

했다. 그리고 그러한 현상의 해법으로 그는 청년들에게 다음과 같은 바람을 피력하였다 : "우리 청년들이 정신을 차려 정치·사회·문학·사상 등 여러 분야에서 새로운 길을 열고, 새로운 생활을 창조하며, 잔폐퇴패(殘廢頹敗)한 노인을 포용하고 감쌈으로써 그들이 문명의 진보를 방해하지 않을 뿐만 아니라 그들도 신문명의 행복을 누릴 수 있도록 하였으면 한다."

앞의 진독수의 예와 같이 이 글에 대해서도 전현동이 논평을 붙여 반대 의견을 나타냈다. 그의 생각으로는 중국의 모순된 생활을 타파하기 위해서는 낡은 것들을 정복하는 것 외에 다른 방법은 없으며, 무엇 때문에 옛 사물을 고집하고 고칠 줄을 모르는 그들(노인)에게 우리가 아주 고생하여 만들어 낸 행복을 누려 달라고 부탁을 하면서 안색을 살펴야 되는가 하는 것이었다.[23]

한편 그가 북경대로 옮기는 기간에 국제적으로 큰 역사적 사건이 발생했다. 1917년 10월 러시아에서 일어난 볼셰비키혁명의 성공이 그것이

442

었다. 그러나 이 세계 역사상 최초의 공산혁명은 중국 사가들의 주장과는 달리 1918년 말 파리강화회의와 5·4사건 때까지 중국 지식인으로부터 큰 반향을 얻지 못했다. 이대교는 다른 지식인들과는 달리 볼셰비키혁명에 대해 비교적 호의를 갖고 있었던 것 같다. 그러나 그도 1918년 여름까지는 그에 대한 견해를 피력하는 것을 유보하고 있었다.[24]

볼셰비키혁명에 대한 그의 견해가 처음으로 발표된 것은 1918년 7월 계간지 《언치》에 실린 〈프랑스와 러시아 혁명 비교관(法俄革命之比較觀)〉이란 글이었다. 이 글에서 그는 두 혁명이 각각 19세기와 20세기의 역사적 흐름을 반영하였다고 보았다. 그러나 러시아혁명을 프랑스혁명보다는 한 차원 높은 발전적 혁명이라 평가하고, 후자가 '기본적으로 사회혁명의 색채를 띤 국민주의적 혁명'인 데 견주어 전자는 '근본적으로 세계혁명의 색채를 가진 사회주의혁명이며 제3의 신문명으로 가는 위대한 첫걸음'이라고 하였다.[25] 그러나 그와 같이 호의적인 평가에도 불구하고 이 논문은 마르크스주의 이론의 정확한 이해에서가 아닌 종래 그의 유전적(流轉的) 역사관과 서구적 민주주의 개념의 기초에서 이루어진 것이었다.

그는 또 제1차 세계대전에서 독일의 패전이 확정된 뒤 1918년 11월 《신청년》에 연속으로 〈서민의 승리〉와 〈볼셰비즘의 승리〉 두 편의 글을 발표하였다. 이 두 글은 볼셰비키혁명에 대해 앞 글에서보다 더 적극적인 견해를 나타낸 것이었다. 그는 전자에서 제1차 세계대전의 승리를 "서민의 승리요 자본주의의 실패며 노공주의(勞工主義)의 전승"이라고 했으며 "볼셰비즘이 대표하는 새로운 흐름은 어떠한 저항으로도 막을 수 없다"고 말하였다. 후자에서는 볼셰비즘을 '20세기 세계혁명의 새로운 신조'라고 찬양하면서 "앞으로 세계 도처에는 볼셰비즘 전승 깃발이 보일 것이며 볼셰비즘의 개선가를 들을 것"이라고 하였다.[26]

오늘날 중국 역사가들은 이 두 글을 이대교가 '초보적 공산주의자'로 전향한 증거로 보고 있다. 그러나 그들도 당시 이대교가 '진보적 개량주의 지식인’으로서 10월 혁명의 웅대한 승리에 매료되었을 뿐 아직 마르크스주의를 잘 이해하지는 못하고 있었던 것을 인정하고 있다.27) 단지 이 논문들은 그 뒤 이대교가 마르크스주의 이론에 대해 관심을 갖고 본격적 연구를 하게 되는 시발이었다는 데에 의미가 있다 할 것이다.

이대교의 마르크스주의에 대한 본격적 연구는 1918년 말부터였을 것 같다. 이때 이대교는 북경대에서 그를 따르던 학생들과 ‘마르크스주의 연구회’를 조직하고 마르크스주의에 관한 자료를 수집, 연구, 토의하였다. 토의는 비밀리에 북경대 도서관 이대교의 사무실에서 이루어졌으며, 이 모임에는 뒷날 중국의 지도자가 되는 모택동, 구추백(瞿秋白), 장국도(張國燾), 등중하(鄧中夏)가 참여했다. 그리하여 당시 북경대에서 그의 사무실은 ‘붉은 방[紅樓]’이라 불리었다고 한다.28)

어쨌든 이러한 모임과 관련된 연구성과로 보이는 그의 마르크스주의 이론에 관한 긴 논문이 1919년 5월 초《신청년》에 〈나의 마르크스주의관〉이라는 제목으로 발표되었다. 일본어로 번역된 마르크스의 여러 저작들 가운데 주요 내용을 종합 정리한 것으로 알려진 이 글에서 그는 유물사관의 진보사관이나 계급투쟁설에는 대체적으로 동의하였다. 그러나 그는 ‘상부구조(上部構造, 정치·사상 기타 정신적 현상)’는 하부구조의 반영에 지나지 않는다는 의견을 흔쾌히 받아들일 수 없었으며, “오늘날과 같은 과도기에는 역사에서 이전 세대의 말들을 제거하기 위하여 윤리적 인간주의적 운동 노력을 배가해야 한다. …… 우리는 물질적 변화에만 의존할 수 없다”고 하면서 경제적 결정론을 비판하였다. 또한 마르크스의 이론은 그 시대의 산물이기 때문에 시대가 변하면 수정되어야 한다는 견해를 보였다.

따라서 이때까지도 이대교는 마르크스주의로 완전히 전향하지 않았던 것이다. 게다가 당시 이대교는 또 다른 줄기의 사상, 곧 19세기 러시아 지식인들의 인민주의로부터 영향을 받고 있었다. 러시아 지식인들의 나로드니크(Narodnik : 인민 속으로)운동에 감명을 받은 그는 “중국에서도 농민들의 해방 없이는 구국이 있을 수 없다"고 보고 〈청년과 농촌〉(1919. 2.) 등의 글을 통해서 지식인들에게 농촌으로 갈 것을 주장하였다. 그는 또한 "앞으로 중국혁명은 농민혁명이 될 것이다"라고 말했다. 이는 뒷날 모택동이 이끈 중국혁명운동의 방향을 예언한 것이 되었다.[29]

오래지 않아(1919년 5월 4일) 북경에서 폭발하여 전국으로 번진 5·4 애국시위운동은 그 뒤 중국 역사에 정치·사회·문화적으로 지대한 영향을 끼쳤는데, 이대교에게도 사상과 활동 면에서 모두 큰 전환을 가져오는 계기가 되었다. 먼저 5·4운동은 그 온양(醞釀)과 진행 과정에서 이대교의 영향과 구실이 적지 않았다. 북경대에서 5·4시위를 계획 지도한 핵심적 학생들인 신조사(新潮社)의 부사년(傅斯年), 나가윤(羅家倫)과 국민사(國民社)의 허덕연(許德衍), 등중하, 고군우(高君宇) 등은 모두 이대교와 가깝거나 직접 지도를 받은 학생들이었다.[30]

5·4운동이 일어나자 그는 전년 12월에 진독수와 함께 창간한《매주평론》을 통해 운동 진행사항을 상세히 보도함과 아울러 체포된 학생의 석방과 채원배 북경대 교장의 사임을 만류키 위해 동분서주하였다. 또한 〈비밀외교와 강도세계〉라는 논설을 써서 제1차 세계대전의 패전국 독일이 갖고 있던 산동반도의 이권은 마땅히 중국에 되돌려져야 함에도 불구하고 일본이 비밀외교를 펼쳐 영국·프랑스의 양해와 미국의 묵인을 받아 독일의 이권을 넘겨받은 것을 강력히 비난하였다.[31] 그리고 진독수와 같이 '북경시민선언서'를 거리에서 배포하다 진독수가 체포되기도 하였다.[32] 이러한 모든 경험은 이대교에게 사상적 변화를 가져옴과 함께 그를 더 급진적인 행동주의자로 만들었고, 그 결과가 후술하는 중국공산당의 창당으로 나타났다.

5·4사건은 이대교가 사상 면에서도 마르크스의 이론을 전면적으로 수용하는 계기가 된 것으로 말해지고 있다. 5·4사건의 전 과정을 통해서 행동주의적 성향이 더욱 강화된 그는 중국문제를 해결할 수 있는 강

력한 포괄적 정치이념체계로 마르크스주의를 확신하게 되었던 것이다. 마르크스주의를 중국병의 만병통치약으로 맹신하는 경향이 청년 지식인 일각에서 확산되는 조짐을 겨냥해서 호적이 〈문제를 더 많이 연구하고 주의를 적게 말하자〉는 논문을 발표한 데서 비롯된 '문제와 주의' 논쟁에서 그가 소련혁명의 예를 들어 '주의'가 사회 전반의 근본 해결책도 될 수 있다고 주장한 〈문제와 주의를 재론함〉이라는 글33)은 마르크스주의 이념을 전면 수용한 시발로 여겨지고 있다. 그 뒤 그는 〈물질변동과 도덕변동(物質變動與道德變動)〉, 〈경제로 해석한 중국 근대사상 변동의 원인(有經濟上解釋中國近代史上變動的原因)〉 등 많은 글을 발표했는데 그러한 글에서 그는 마르크스의 정통이론을 모두 그대로 인정하고 있다.34)

4. 중공 창당과 국공합작기의 활동

5·4사건 뒤 마르크스수의에 완전히 기울어진 이대교는 문필생활보다는 마르크스주의 실천을 위한 정치활동에 치중하였다. 그리하여 그는 마르크스주의 이론 전파, 노동운동 조직, 그리고 중국공산당 조직에 이르게 되었다.

먼저 이대교는 1920년 1월 상해로 떠나는 진독수를 전송하기 위해서 함께 천진으로 가면서 그와 중국공산당 건립문제에 관해 의논을 하였다 한다. 그리고 진독수가 떠난 뒤 천진의 러시아 조계(租界) 안 소련영사관에서 레닌이 파견한 소련인을 만나 혁명운동 조직에 관한 의견을 교환하고 북경으로 돌아와 그해 3월 등중하 등과 함께 '마르크스학설연구회'를 조직하였다.35) 이 연구회를 통해 이대교는 마르크스주의 이론을 공개적으로 전파할 계획이었다. 그는 또 같은 해 4월 북경대에 재직하고 있던 소련인 교수를 통해 당시 중국에 파견된 코민테른 원동국(遠東局)

국장 보이틴스키(Grigory Voitinsky)와 만나 중국공산당 건립의 필요성을 논의하였으며, 그를 상해에 있던 진독수에게 소개함으로써 보이틴스키가 상해로 가서 진과 의논하여 5월 상해에 (중공)임시중앙위원회를 조직케 하였다. 어떤 뜻에서는 이것이 실질적으로 중공 성립의 첫 조직이었다고 할 수 있다.[36]

그 뒤 8월 진독수는 보이틴스키의 도움으로 이한준(李漢俊), 이달(李達) 등과 함께 '공산주의 소조(小組)'를 조직했으며, 이대교도 북경에서 공산주의 소조를 조직하였다. 이 북경 공산주의 소조에는 등중하, 하맹웅(何孟雄), 고군우(高君宇), 나장룡(羅章龍), 장국도(張國燾) 등 북경대학생과 이전 마르크스학설연구회의 성원들이 참가했으며, 이대교를 중심으로 마르크스-레닌주의를 학습하며 혁명활동을 진행하였다. 그리고 상해와 북경의 두 공산주의 소조를 중심으로 각 도시, 북방과 남방의 여러 성에서 공산조직의 성립을 분담 책임지기로 합의하였다. 여기서 당시 중국 내부에서 흔히 불린 '남진북이(南陳北李)'라는 말이 생겨났던 것이다.[37]

이대교는 공산당 창당을 위해 노력하면서 노동자들에 주목하여 그들을 조직하는 데 힘썼다. 그는 북경에서 제자들과 《노동음(勞動音)》이라는 잡지를 발행하고, 1921년 1월 장신점(長辛店)에 공인(工人)보습학교를 열고 철도노동자를 조직하였다. 그리고 5월 1일에는 장신점의 노동자들과 대규모 메이데이 기념행사를 열고 공회(工會, 노동조합)의 조직을 결의케 하였다. 그렇게 하여 생긴 것이 '장신점공인구락부'였다. 그밖에도 이대교는 직접 가거나 사람을 보내 천진·당산(唐山)·제남(濟南)·정주(鄭州) 등지에 당 건립을 위한 기본 조직들을 만드는 한편 노동운동을 전개하였다.[38] 또한 1920년 가을부터 1921년 초 사이에는 상해와 북경을 본떠 호북성의 무한(武漢), 호남성의 장사(長沙), 산동성의 제남, 광동성의 광주 등지에도 공산주의 소조가 계속 조직되었다.

위와 같이 북경과 상해를 비롯하여 전국 여러 지방에도 마르크스주의 조직들이 생기고 노동운동 전개를 위한 준비가 어느 정도 갖추어지자 1921년 7월 상해에서 창당대회인 '중국공산당 제1차 전국대표회의(1全大)'가 열렸다. 이 대회에는 전국 각지와 해외 당원 총 57명을 대표한 12명의 대표가 참석하였으며[이대교와 진독수는 각각 북경과 광주에서 공무로 불참하고 대신 장국도과 주불해(周佛海)를 보냈다], 레닌의 당 조직 원칙과 기율을 도입하고 중앙위원회를 설치하기로 결의하는 한편, 진독수를 당을 대표하는 중앙서기로 선출하였다. 이로써 중국공산당은 정식으로 성립되었다. 이대교는 중국의 북방구(北方區) 책임자로서 당세 확장과 노동운동에 전력하였다. 1922년에 16개 공인부락부가 조직된 경한철도(北京-漢口 간 철도) 노동운동의 발전과 1923년 44명의 사망자와 수백 명의 부상자를 낸 유명한 '2·7참안(慘案)'을 초래한 2월 4일의 경한파업도 이대교 등의 북방구 당원들이 기울인 노력의 결과였다.[39]

위에서 본대로 중공은 성립 뒤 마르크스-레닌주의의 정통노선에 따라 노동운동을 중심으로 당세를 확장하려 하였다. 그러나 그 결과는 미미하였다. 그 까닭은 당시 산업노동자 총수는 150여만 명으로 중국 전 인구의 0.37%에 지나지 않은 데다 1923년 조 노동조합에 가입하고 있는 노동자의 수는 겨우 20여만 명에 지나지 않았으며 2·7참안 이후 노동운동이 큰 타격을 받았기 때문이었다. 이러한 난국에서 벗어나 다른 방법으로 당의 힘을 확장하려고 중공이 택한 새 전략이 이른바 '국공합작(國共合作)'의 통일전략이었다.

이 국공합작 전략은 중공의 독자적 전략 변화가 아니라 코민테른(제3 인터내셔널)의 지시에 따른 것이었다. 즉 1920년 7월에 열린 코민테른 제2차 대표대회에서 레닌이 제출한 〈민족과 식민지문제의 테제〉에 따라 1922년 1월에 모스크바에서 개최한 원동(遠東) 각국 공산당 및 민족혁명단체 제1차 대표대회에서 통과한 〈공산당과 민주혁명파의 합작문제의 결의〉를 그대로 받아들인 것이었다.[40] 이 국공합작 전략을 촉진하기 위하여 코민테른은 마링(H. Maring)을 중국에 파견하였고, 마링은 1921

년 12월 광서성 계림에서 손문과 만나 중국혁명을 위한 국민당과 소련의 협력과 국민당과 중공의 합작기반을 마련하였다. 그리고 마링은 소련 공산당 대표 달린(Dalin, 達林)과 함께 중공 지도자들과 만나 중공 당원의 국민당 가입을 통한 합작의 필요성을 제의·설득하였다. 그에 대해 처음에는 진독수를 비롯한 중공 간부들의 반대도 없지 않았다. 그러나 중공은 결국 1922년 7월 상해에서 열린 제2차 전국대표대회와 8월 항주 서호(西湖)에서 열린 중앙위 특별회의에서 마링이 전한 코민테른의 요구를 존중하여 국민당과의 '당내합작', 즉 공산당원이 개인 자격으로 국민당에 가입할 것을 결정하였다. 이러한 과정에서 코민테른의 요구에 가장 긍정적으로 동조한 것이 이대교였다.[41]

같은 맥락에서 이대교는 1922년 8월 23일 손문과 면담한 뒤 중공 당원 가운데 제일 먼저 국민당에 입당하였으며, 국공합작을 공식화한 1924년 1월 하순의 국민당 제1차 전국대표대회에서는 5명의 주석단(主席團) 가운데 한 사람이 되었고, 국민당의 영도 기관인 중앙집행위의 정식위원 24명 가운데 한 사람으로도 선출되었다. 이리하여 중공 안에서는 물론 국민당 안에서도 중요한 위치를 차지한 이대교는 2월 말 북경으로 돌아온 뒤 1927년 3월까지 중공의 북방구 책임자와 국민당의 북방집행부 및 장치위원회 북방분회의 일원으로 노동운동과 화북·몽고 등지의 조직 확대, 그리고 군벌과 제국주의 열강의 부당한 침탈행위에 대한 반대 운동을 주도하였다.

따라서 이대교는 군벌들에게 1급 제거대상자가 되었다. 그 결과 1927년 4월 6일 소련대사관 안에 숨어 있다가 당시 국민혁명군에게 쫓겨 만주로 후퇴하던 봉천군벌 장작림(張作霖)의 군경특무에 의해 체포되었으며, 20여 일 동안 수감된 뒤 4월 28일 38세의 젊은 나이로 함께 잡혔던 19명의 중공 당원들과 교수형을 받음으로써 중공의 중요한 영도자로서는 첫 희생자가 되었다.[42]

5. 맺는 말

이제까지 우리는 이대교의 사상적 발전과 활동을 극히 개략적으로 살펴보았다. 그러면 앞의 서술에 비추어 우리는 그의 시대, 곧 중국 근대사 초기의 정치·사회·사상적 여러 현상과 관련하여 그를 어떻게 평가할 것인가?

첫째, 그는 보기 드물게 유능한 민족주의적 언론인이었다. 학창시절부터 5·4기까지 그는 여러 신문과 잡지 편집인 또는 발행인으로서 수많은 논설을 통해 민족의 발전을 가로막는 정치적 비리를 공격하였고 사회적 결점을 지적 계몽하는 데 앞장섰다.

둘째, 그는 시대의 변혁에 나선 가장 독창적인 사상가 가운데 한 사람이었다. 그의 일생 전반의 관념적 우주론적 세계관이나 후반의 마르크스주의 수용도 모두 새로운 중국의 재생을 위한 실천적 '변혁이론'으로 취한 것이었다. 뿐만 아니라 그의 사상은 항상 동시대의 다른 사상가들과 다른 독특함과 선구적인 면이 있었다. 중국과 동양의 고대사상과 근대 서양사상을 융합한 웅대한 규모의 우주론이 그랬고, 그의 마르크스주의가 그랬다. 특히 그의 마르크스주의에 나타나는 강한 민족주의적 성향, 인간의 의식과 의지 중시, 농민의 혁명적 개발에 바탕을 둔 인민주의적 요소는 1920년 이후 중국 현대사의 발전과 관련하여 결정적으로 중대한 의미를 갖는다 하겠다. 그의 사상을 모택동이 계승 발전시켜, 농촌을 근거지로 한 '중국화한 마르크스-레닌주의' 노선과 전략에 따라 중국혁명을 성공할 수 있었기 때문이다.

마지막으로 이대교는 투철한 실천가였다. 그는 일생 동안 일신상의 안일이 아닌 정치·사회적 신념의 실현을 위한 헌신적 실천으로 일관했기 때문이다. 그러한 실천성이 비교적 빨리 그의 희생을 가져왔다고도 할 수 있는 것이다. 오늘날 중국대륙에서 그가 크게 숭앙되는 것은 영웅을 필요로 하는 정치적 이유도 없지 않다. 그러나 그가 성공한 중국혁명

의 예시자요, 사심 없는 실천적 혁명가로서 그들 이념의 고귀한 첫 순교
자였다는 점에 더 큰 이유가 있는 것이다.

■주 ────────────

1) 이대교의 생년월일에 대해서는 《李大釗選集》(北京 : 人民出版社, 1959, 이하 《選集》
으로 줄임)에 실린 〈李大釗同志生平事略〉 등에 1888년 10월 6일 출생으로 기술되어 있
다. 그러나 1978년 이래 李義彬 등의 고증에 따라 오늘날은 1889년 10월 29일로 확정되
었다. 위의 《選集》 1쪽과 張靜如・馬模貞, 〈建國以來李大釗述評〉, 《近代史硏究》 26,
1985, 175쪽.

2) 許全興, 〈李大釗革命的一生〉, 《李大釗哲學思想硏究》, 北京 : 北京大學出版社, 1989, 1쪽.

3) 許全興, 앞의 글 ; 〈獄中自述〉, 《李大釗文集》(이하 《文集》으로 줄임) 下, 北京 : 人民
出版社, 1984, 888쪽.

4) 〈獄中自述〉, 《文集》 下, 889쪽.

5) 이대교는 1916년 8월 20일자 《晨鍾報》에 톨스토이를 소개하기도 하였다. 〈介所哲人托
爾斯泰〉, 《文集》 上, 186~187쪽.

6) 《文集》 上, 142쪽.

7) 〈原殺(暗殺與自殺)〉, 《文集》 上, 44~48쪽(原載 《言治》月刊 第1年 第4期, 1913. 9. 1.) ;
楊洪章, 〈早期李大釗對改良派和革命派態度的演變〉, 中共中央黨史硏究室科硏局 編, 紀
念李大釗誕辰100周年 《李大釗硏究文集》(이하 《硏究文集》으로 줄임), 北京 : 中共黨史
出版社, 1991, 149~150쪽.

8) 王純新, 〈李大釗早期資産階級制憲主張述評〉, 《硏究文集》, 139~140쪽.

9) 〈國情〉, 《文集》 上, 110~113쪽(原載 《甲寅》雜誌 第1年 第4期, 1914. 11. 10.).

10) 〈警告全國父老書〉(1915), 《文集》 上, 116~124쪽.

11) 〈國民之薪膽〉(1915. 6.), 《文集》 上, 130~140쪽 ; 許全興, 앞의 글, 3쪽.

12) 〈厭世心與自覺心〉, 《文集》 上, 145~152쪽(原載 《甲寅》雜誌 第1卷 第8號, 1915. 8. 10.).
본문의 진독수와 이대교의 글에 대한 논의에 대해서는 이병주, 〈5・4期 陳獨秀의 愛國
主義－理性的 內的 省察의 愛國觀〉, 《중국사연구》 9, 2000, 129~130쪽, 특히 주 12를
참조할 것.

13) 〈靑春〉, 《文集》 上, 199~200쪽(原載 《新靑年》 第2卷 第1號, 1916. 9. 1.).

14) Benjamin I. Schwartz, *Chinese Communism and the Rise of Mao*, NY : Harper & Row,
Publishers, Inc., 1967, pp. 10~11 ; Maurice Meisner, *Li Ta-chao and the Origins of
Chinese Marxism*, Cambridge : Harvard Univ. Press, 1967, p. 28.

15) Maurice Meisner, ibid., p. 164.

16) 〈民彝與政治〉, 《文集》 上, 157~158쪽 ; 許全興, 앞의 책, 75쪽.

17) 〈民彝與政治〉, 《文集》 上, 175쪽.

18) Maurice Meisner, op. cit., pp. 31~32 ; 許全興, 앞의 책, 76쪽.

19) Maurice Meisner, op. cit., p. 33.

20) 당시 이대교의 논문 내용에 대한 더 자세한 논의에 대해서는 이병주, 〈5·4期 李大釗 思想의 變轉-맑스主義 受容問題를 중심으로〉, 한림과학원 편, 《歷史의 再照明》, 小花, 1995, 398~400쪽 참조.

21) 이병주, 앞의 글, 1995, 402쪽 ; 논의 내용은 다르나 마이스너도 비슷한 견해를 피력하고 있다. Maurice Meisner, op. cit., pp. 37~38.

22) 《文集》上, 368~371쪽 ; 野村浩一, 《近代中國の思想世界-『新青年』の群像》, 東京 : 岩波書店, 1990, 86~88쪽.

23) 《文集》上, 537쪽, 539~540쪽.

24) 이병주, 앞의 글, 1995, 408쪽.

25) 〈法俄革命之比較觀〉, 《選集》, 101쪽 ; 더 자세한 논의는 이병주, 앞의 글, 1995, 411~414쪽 참조.

26) 《選集》111쪽 ; 《文集》593쪽.

27) 袁謙·吳家林, 〈五四前後李大釗同志對馬克思列寧主義的傳播〉, 《紀念五四運動六十周年學術討論會文選》(2), 北京 : 中國社會科學出版社, 1980, 138쪽 ; 朱成甲, 〈正確理解和評價李大釗傳播馬克思主義的歷史功績〉, 《研究文集》, 57쪽 ; 이병주, 앞의 글, 1995, 415~416쪽.

28) Maurice Meisner, op. cit., pp. 72~73 ; Arif Dirlik, *The Origins of Chinese Communism*, Oxford Univ. Press, 1989, p. 45 ; 蕭超然, 《北大學與五四運動》, 北京 : 北京大學出版社, 1995, 134~136쪽.

29) 이 문제에 대한 상세한 논의에 대해서는 이병주, 앞의 글, 1995, 417~429쪽 참조.

30) 蕭超然, 앞의 책, 89~101쪽.

31) 제1차 세계대전 뒤 산동반도의 이권이 독일에서 일본으로 넘어가게 되는 과정에 대해서는 郭廷以, 《近代中國史綱》下, 香港 : 中文人學出版社, 1991, 464~465쪽.

32) 彭明, 〈五四時期的李大釗和陳獨秀〉, 韓一德·王樹棣 編, 《李大釗研究論文集》(이하 《研究論文集》로 줄임) 上, 石家庄 : 河北人民出版社, 1984, 333·338쪽.

33) 〈再論問題與主義〉, 《文集》下, 32~38쪽(原載 《每週評論》 第35號, 1919. 8.).

34) 《文集》下, 134~152쪽(原載 《新潮》 제2卷 第2號, 1919. 12. 1.) ; 《文集》下, 177~184쪽(原載 《新青年》 第7卷 第2號, 1920. 1. 1.).

35) 李樾, 〈李大釗與中國共産黨的創立〉, 《研究文集》, 223~224쪽.

36) James Pinckney Harrison, *Long March to Power : A History of the Chinese Communist Party*, 1921~72, NY : Praeger Publishers, 1972, pp. 27~28. 이월은 1920년 5월 진독수가 상해에 설립한 공산 조직을 '마르크스주의연구회'라고 말하고 있다. 李樾, 위의 글, 224쪽.

37) 이 시기 이대교가 이끈 공산주의 소조의 전국적 확산과 중공 창당을 위한 여러 활동에 관해서는 李樾, 앞의 글, 223~226쪽 ; 周子信, 〈李大釗與中國共産黨的創立〉, 《研究論文集》下, 344~346쪽 참조.

38) 周子信, 위의 글, 346쪽.

39) 경한파업과 2·7참안에 대해서는 中共中央黨校黨史敎硏室 編, 《中國共産黨史稿》, 第1分冊, 北京 : 人民出版社, 1981, 78~81쪽 참조.

40) 이병주·김기훈, 〈國權掌握 策略으로서의 中國共産黨의 統一戰線政策 研究(1921~1936)〉(Ⅰ), 《전략연구》 통권 21호, 한국전략문제연구소, 2001, 152~155쪽.

41) 이병주·김기훈, 앞의 글, 159쪽 ; 傳紹昌, 〈李大釗在實現第1次國共合作中的重大貢獻〉, 《研究論文集》, 476~481쪽.
42) 이대교의 체포에 대해서는 李新, 〈研究李大釗 學習李大釗〉, 《研究論文集》 上, 37~39쪽 참조.

송경령宋慶齡
민족·민중을 위한 실천적 민주사회주의자

이양자

1. 송경령의 생애

송경령(宋慶齡 : 1893~1981)은 1893년 상해에서, 목사인 부친 송가수 (宋嘉樹)와 서광계(徐光啓)의 후손이며 그 당시로는 신식 여성이었던 예계진(倪桂珍) 사이의 둘째 딸로 태어났다. 그녀의 언니 애령(靄齡), 동생 자문(子文), 미령(美齡), 자량(子良), 자안(子安) 등 6남매는 다 함께 뒤에 현대 중국에서 정치, 경제, 사회적으로 상당한 지위를 갖게 된 송씨 가족을 이룬다.1) 특히 6남매는 모두 미국 유학을 하였으며, 송경령은 미국 조지아주의 웨슬리안대학(Wesleyan College)의 철학과를 졸업하였다. 아버지 송가수는 해남도의 가난한 집안 출신이며 친척의 양자로 미국에 건너가 우여곡절 끝에 미국에서 신학대학을 졸업하고, 귀국한 뒤 전도사로 활동하다가 제분공장과 인쇄소 등을 경영하여 부르주아로 성장하였다. 그런 가운데도 그는 중국의 자유와 독립에 관심을 가져 일찍부터 손문의 민족주의 혁명사업을 경제적으로 도왔다.2) 이와 같은 가정환경은 송경령에게 중국혁명에 대한 관심을 높여주었으며 졸업 후 영웅으로 숭배하던 손문과 결혼까지 하게 되어 결국 혁명전선에 투신하는 계기를 마련해 주었다.

송경령을 비롯한 애령, 미령 등 세 자매는 모두 전족을 하지 않았으며 미션 계통인 중서여숙(中西女塾)을 졸업한 뒤 미국으로 유학을 떠났다.

454

세 자매의 성품을 말하자면 장녀인 송애령과 동생 송미령은 꽤 활발한 편이었는데, 송경령은 내성적이고 온순했으며 학구적이고 사색적이었다고 한다.3)

송경령은 15세 되던 해 미령과 함께 미국으로 가 뉴저지주의 서미트에서 대학입시를 준비한 뒤 이듬해 웨슬리안대학에 입학하였다. 4년 동안의 대학생활에서 그녀는 학교잡지 《The Wesleyan》의 문학 편집을 맡았으며 네 편의 글을 실었다. 그 가운데 〈귀국 유학생이 중국에 미치는 영향〉이란 글에서는 "조국은 변하지 않으면 안 된다"고 전제하면서, 청조의 정치적 부패를 바로잡고 아편추방, 전족반대, 변발폐지, 빈민생활 상태 개선, 사회개혁 등 변혁에 힘과 관심을 기울이는 것이 유학생이 해야 할 일이라고 주장하였다. 이처럼 그녀의 유학 목적은 뚜렷하였으며 초점은 대중의 행복에 맞추어져 있었다.

1911년 10월 10일 무창봉기가 성공한 뒤 손문(孫文)이 임시대총통이 된 사실을 안 송경령은 청조의 국기[龍旗]를 떼어내고 아버지가 보내준 공화국의 새 국기(오색기)를 달고 신해혁명의 승리에 환호를 보냈다. 그러고는 학교 잡지에 〈20세기 최대의 위대한 사건〉이라는 글을 발표하여 "혁명은 중국에 자유와 평등을 가져왔다. 너무나 많은 고귀한 영웅적인 생명을 희생시킨 대가로, 누구에게도 양도할 수 없는 자유와 평등의 인간권리를 확립했다. 그러나 그와 더불어 박애가 획득되지 않으면 안 된다. 박애야말로 자유·평등의 기반이다"라고 자기 신념을 분명히 밝혔다. 이 내용은 그녀의 생애를 관철하는 사상과 행동의 원류였다고 할 수 있다. 비록 추상적인 표현이기는 하나 그녀는 인간 본연의 자세, 사회 본연의 상태에 대해 이미 진지하게 추구하고 있으며, 이제 혁명이 시작된 조국의 미래에 인간애·정의·평화가 실현되기를 기대하고 있음을 느낄 수 있다. 그녀의 문장에는 애국심과 중국의 미래에 대한 신념이 가득하였다. 그렇기 때문에 송경령은 마음속에서 늘 민족의 영웅으로 숭배하던 손문에게 적극적으로 접근하였고, 부모 친지의 반대를 무릅쓰고 아버지와 같은 연배인 27세 연상의 손문과 대담하게 결혼할 수 있었던 것이다. 그것은 '진정한 혁명운동의 중심으로 접근'하기 위한 것이었으며 '애정의 이상과 혁명의 이상'의 결합이었던 것으로, 바로 그녀의 이상주의적 민족주의 열정의 징표였다.4)

송경령·손문 부부

이렇게 하여 그녀는 손문과 결합함으로써 그와 함께 혁명전선에 투신하는 계기를 얻었다. 손문과 함께한 결혼생활 10년은 송경령에게는 정치를 익히고 혁명을 배우는 중요한 과정이었다. 그녀는 손문 만년의 중요한 시기에 정치적 사고와 행동에서 모든 깃을 그와 함께 하였다. 특히 5·4운동 시기에 손문과 청년운동가 사이에서 매개 노릇을 하고, 손문과 레닌 사이에 오갔던 편지를 기초했으며, 손문과 코민테른 대표 마링(Maring)과 소련 대표 요폐(Loffe)의 회담 및 공산당 대표 이대교(李大釗) 등과 회담하는 자리에 동석하였고, 손문을 도운 보로딘과 일상적인 대화를 통해 국민당 개조과정에서 참여하는 등 송경령 자신이 중국 국민혁명에 입문함으로써 손문 만년의 주의나 정책에 끼친 영향 또한 적지 않았던 것이다.

1924년 12월 손문이 국민회의 개최를 요구하며 북경의 단기서(段祺瑞)와 회담하기 위해 북상하다가 잠시 일본을 거쳐 천진에 도착하였는데, 그때 이미 손문은 간암으로 건강이 악화되어 북경의 협화병원에 입원하였다. 이때 투병 3개월 동안 송경령은 손문의 병상을 지키며 한 발

456

짝도 곁을 떠나지 않으면서 침식을 잊어버리고 간호를 하였다. 손문은 타계하기 얼마 전에 슬퍼하는 부인 송경령에게 "동지는 계속 혁명에 노력할 것을 희망한다"는 유언을 남겼다. 손문의 이러한 유언은 의미심장한 것이었다. 마침내 송경령은 손문에게 동지였음이 확인되었다고 할 수 있다. 송경령은 사상적으로나 혁명사업 수행에서 독자적인 활동가로서 손문의 신뢰를 얻고 있었던 것이다.[5] 1925년 3월 12일 손문은 송경령과 동지들에게 중국의 자유, 평등을 위한 국민혁명의 성취를 당부하며 끝내 생을 마감하였다.[6]

손문이 경령을 혼자 남겨두고 세상을 떠났을 때 그녀의 나이 32세였다. 감정상으로 그녀는 너무나 깊은 상처를 받았다. 약 10년 동안의 결혼 생활 가운데 두 사람은 늘 함께 있었다. 고난을 함께 나누고 쉬지 않고 혁명 활동을 같이 담당하는 가운데 화합하고 행복한 가정생활을 공유하였다. 손문의 죽음으로 남편이며, 지도자이며, 스승이며, 아버지 같이 자애로운 사람, 그 모두를 한꺼번에 상실하였다. 그 이후 언제나 3월 12일 손문의 기일이 되면 그녀는 자기 방에 틀어박혀 가능한 한 공적 행사도 피하고 고독한 회상에 잠겼다.[7]

손문 사후 송경령은 손문 유지를 계승하고 그의 정책을 수호하기 위해 몸을 바쳤다. 국공합작 상황에서 공산당원과 접촉하면서 대중운동에 참가하고, 5·30운동을 통하여 반제(反帝)노선을 견지하는 등 독립된 혁명정치가로서 자립하였다. 이후 국민정부의 중앙집행위원회 위원으로 선임되었고 국민당 좌파 구성원으로서 무한정부(武漢政府) 수립에 적극 참여하였다. 그러나 장개석의 4·12반공쿠데타에 뒤이어 무한정부가 붕괴하는 반혁명적(反革命的) 사태에 직면하여 송경령은 손문과 장개석 사이의 이념적 단절을 통감하게 되었다. 그리하여 그녀는 장개석의 국민정부에 결별을 고하고 모스크바로 정치적 망명을 떠났다. 송경령에게 이 시기는 대단히 중요한 시기였다. 좌절된 국민혁명의 재기를 위하여 손문의 이른바 신삼민주의와 3대 정책을 좌파적 관점에서 해석하고 그것을 수행하려면 노동자 농민이 주축이 되는 급진적 사회혁명이 선행되어야 함을 주장하였다. 여기에는 송경령 자신의 이상주의적 혁명관뿐만 아니라, 장개석을 비롯한 국민당 우파의 무자비한 반공정책이 국민혁명에 남긴 손실 때문에 그녀가 해야 했던 정치적 선택도 크게 반영되어 있었다.

1929년에 손문의 국장(남경으로의 이장식)에 참여하기 위해 잠깐 귀국한 바 있던 송경령은 1931년 어머니 예계진의 죽음을 눈앞에 두고 다시 조국으로 돌아왔다. 그녀를 맞이한 것은 일본의 만주 침략이었다. 이리하여 4년 동안의 유럽 체류 뒤 귀국한 송경령은, 1930년대를 거치며 만주사변 이래 일본의 중국 침략에 대한 국민저항운동 및 국제적 반제·반전·반파시즘 활동과 연계하면서 반장(反蔣)·민권(民權)운동과 항일민족통일전선을 형성하는 데 주력하였다.

송경령은 일제의 계속적인 화북 침략에 대한 장개석의 시종일관한 타협적 양보정책을 맹렬히 비난하는 한편 거국적 항일구국운동을 전개하였다. 아울러 중국민권보장동맹(中國民權保障同盟)을 결성하여 정치적 이념과 당파를 떠나서 한 시민으로서 민권과 자유를 위해 투쟁하였다. 장개석의 국민정부는 초기 국민혁명의 이념에서 벗어나 극우 권위주의적 정치성향을 띠면서 남의사(藍衣社), CC단(團) 등의 비밀폭력집단을 동원하여 항일구국을 주장하는 진보적 인사를 탄압하였다. 이에 대항한 송경령의 민권 또는 민주화운동은 혁명적 정치범을 보호하는 제도적 망상(網狀)조직으로서 민중의 항일운동을 위한 추진력이 되었으며, 또한 장개석 정권의 독재 강화에 제동을 거는 반정부적 민간여론을 대표하고 있었다. 1935년에 접어들어 맞게 된 화북 상실의 위기 상황에서, 중국 민중의 항일구국 의지가 전국에 팽배하여 마침내 전국각계구국연합이 결성되자 송경령은 이 운동에 앞장섰다.

1937년 중일전쟁이 터진 뒤 송경령은 보위중국동맹(保衛中國同盟)을 만들어 국제적인 중국원조기구와 해외 화교들의 지원을 받아 아동·부

458

녀·부상병·난민·유격대전사를 돕는 데 헌신하였다. 또한 중국공업합작사(中國工業合作社) 운동을 일으켜 난민을 돕는 등 제2차 국공합작 기간에는 정치적 논평을 삼가고 구제사업에 전념하였다. 제2차 국공합작, 즉 항일 통일전선의 형성은 그동안 서로 반목하였던 경령, 애령, 미령 세 자매를 제휴하게 만들었다. 여성운동, 생산사업, 아동보육, 부상병위로, 전선장병 위문 등에 세 자매가 함께 활동하는 모습은 항일운동에 큰 구실을 했을 뿐 아니라 국민들에게 국공합작의 든든한 모습을 상징적으로 보여주는 것이었다. 그러나 1941년 환남사변(晥南事變) 이후 항일 민족통일전선이 결렬되자 송경령은 환남사변의 진상을 폭로하고 장개석 정권에 대해 호된 비난을 퍼부었다. 3차에 걸쳐 반공의 기운이 고조되고 내전의 위기가 깊어지는 가운데 국민정부의 각 당파에 대한 탄압과 중공 항일 근거지에 대한 봉쇄가 가열되자 송경령은 이를 반대하였다. 그녀는 끝까지 항일, 단결, 민주를 고수하고 손문의 신삼민주의와 3대 정책의 실행을 주장하였다. 물론 세 자매의 단결은 깨어지고 다시금 각자의 길을 걷게 되었다.

중일전쟁의 종식과 함께 국공연합정부 수립을 주장하였던 민중과 송경령의 노력도 무산되고, 국공내전이 벌어지는 과정에서 그녀는 점차 중공으로 기울어져 내전이 끝나자 결국 중공정권과 합류하게 된다.

1949년 10월 10일, 천안문 위에서 혁명의 승리를 선포하는 모택동 옆에는 부주석의 당당한 모습으로 송경령이 서 있었다.[8] 그 뒤 송경령이 국제평화를 위한 활동과 다음 세대를 이어나갈 어린이들의 복지 향상 그리고 문화방면에 힘을 기울였음은 잘 알려진 사실이다. 또한 전국여성연합회 명예주석으로서 여성운동에서도 중요한 존재였다.

문화대혁명 시기에는 그녀와 행동을 같이했던 여러 민주당파 사람들이 홍위병의 공격 대상이 되고 부모의 무덤도 파헤쳐졌을 뿐만 아니라, 자신의 사업도 타격을 입어 잡지 《아동시대》가 정간되자 크게 괴로워하였다. 이런 가운데서도 송경령은 손문 탄생 100주년 기념집회 강연을

통해 손문의 불굴의 혁명정신을 예찬하고 그 혁명이론의 역사적 의의를 강조했다.[9]

1981년 5월 29일 송경령은 생애를 마쳤다. 그녀의 나이 88세였다. 중국 공산당 당원으로서,[10] 중화인민공화국 명예주석으로서 그녀는 본인의 간절한 희망에 따라 상해 만국공묘에 잠들어 있는 부모의 무덤 아래, 오랜 세월 그녀를 돌봐준 가정부 이마(이연아)의 무덤 옆에 나란히 묻혔다.

2. 송경령의 정치·사회활동과 사상

손문의 부인으로서 지닌 특수한 지위를 발판으로 1920년대 국민혁명의 무대에 진출했던 이상주의자 송경령은, 남편의 혁명 생애가 도달했던 최후 단계인 민족주의적 사회혁명으로써 국민혁명의 성과를 수호하고자 했다. 그녀는 이를 위하여 장개석 국민정부와 외롭게 투쟁하며 손문 사상을 새로운 단계로 발전·변용시킴으로써 역사상의 독자적 지위를 획득한 혁명정치가였다.

송경령의 생장 환경은 그 당시 중국에서는 보기 드문 것으로, 그녀는 유복한 기독교 가정에서 태어나 처음부터 신식교육을 받았고 미국 유학까지 하였다. 특히 아버지 송가수는 미국에서 교육받은 전도사 출신이지만 중국의 자유와 독립에 관심을 가져 일찍부터 손문의 민족주의 혁명사업을 경제적으로 도왔다. 이와 같은 가정환경은 송경령에게 중국혁명에 대한 관심을 높여주었고, 드디어는 영웅으로 숭배하던 손문과 결합함으로써 그와 함께 혁명전선에 투신하게 되었던 것이다.

손문 사후 송경령은 국공합작 아래에서 대중운동에 참여하고 5·30운동을 통하여 반제국주의 노선을 견지하는 등 독립된 혁명 정치가로서 자립하였다. 그 뒤 국민정부의 중앙집행위원회 위원으로 선임되었고 국민당 좌파(左派)의 구성원으로서 무한정부 수립에 적극 참여하였다.

그러나 장개석의 4·12 반공(反共)쿠데타 이후 국공합작이 결렬되고 무한정부가 붕괴하는 반혁명적 상황 아래서, 송경령은 국민당의 주도권을 군국주의자인 장개석이 장악한 데 대해 "손문의 뜻을 등지고 노동대중을 배반한 행위"라고 비난하면서 상해를 떠나 소련으로 첫 망명길에 나섰다. 이로부터 그녀는 송씨 가문의 모든 사람들과도 결별하였다.

4년 동안 유럽에 체류한 뒤 귀국한 송경령은, 만주사변 이래 일본의 침략에 대한 국내 저항운동과 반제국주의·반전·반파시즘의 국제 활동과 연계하였고, 이를 바탕으로 반장·민권운동과 항일 민족통일전선을 형성하는 데 힘썼다. 1930년대에 걸친 이 시기에 송경령의 구체적 활동은 다음과 같았다.

첫째, 일제의 계속적인 화북 침략에 대한 장개석의 시종일관 타협적인 양보정책을 맹렬하게 비난함과 동시에 거국적 항일구국운동을 전개하였다. 장개석이 '선안내 후양외(先安內後攘外)'를 내걸고 철저한 '초공(剿共)'과 대일타협의 내전정책을 계속 고수하자 반장운동은 전국적인 민중 연합의 수준으로까지 고조되어 갔다. 특히 9·18사변 이후 학생들의 항일요구를 철저하게 탄압한 장 정권을 송경령은 '정치세력'으로 인정하지 않고 '제국주의 앞잡이'로 몰아붙여 격렬하게 규탄하였다. 또한 그녀는 상해사변 이후 직접 모금운동, 병원건립, 부상병 치료 및 전선 방문과 같은 물심양면에 걸친 항일전 지원에 나섰다. 이러한 운동을 통하여 그녀는 군대의 항일의지가 곧 민중의 공감대를 얻고 있음을 깨닫고 민중의 애국적 무장동원을 지지했다. 뿐만 아니라 중국 민중의 민족의식을 토대로 하여 장개석 국민당 정권의 내전정책에 대한 저항력을 결집시키는 데에도 큰 구실을 하였다.

둘째, 송경령은 중국민권보장동맹을 결성하여 정치적 이념과 당파를 떠나서 한 시민으로서 민권과 자유를 위하여 투쟁하였다. 이 민권보장동맹에는 채원배(蔡元培)·노신(魯迅)·양행불(楊杏佛)·임어당(林語堂) 등 저명인사들이 참가하였으며 송경령이 회장을 맡았다. 민권보장동맹의 현실적 과제는 항일구국운동의 탄압에 항거하고, 출판·언론·집회·결사의 자유를 합법적으로 쟁취하려는 것이었다. 송경령의 민권운동은 민중항일운동의 추진력이 되었다. 민권운동은 민주주의를 위한 독자적 의미를 갖는 운동이었음에도 당시 제국주의 침략 아래서 항일민족운동과 대중적 사회혁명에 기여하는 방향으로 흡수 통합되었다. 그러나 당시 민권운동의 정신인 자유주의·박애주의적인 요소에도 주목해야 한다. 동시에 송경령은 1930년대

청년시절의 세 자매(애령·경령·미령)

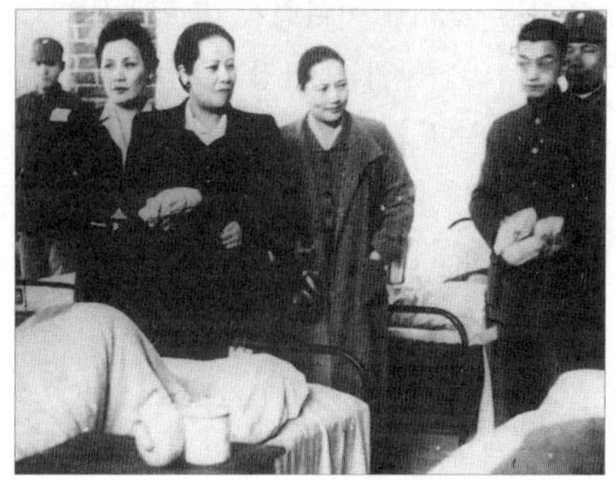

국공합작 시기의 세 자매(미령·애령·경령)

초기에 국제적으로 추진되고 있던 반제·반파시즘운동에도 가담하였다. 즉 '혁명적 계급에 대한 억압을 배제하고 피압박 민족의 해방을 쟁취하기 위하여' 국내외적으로 '파쇼적' 정권과 제국주의에 대항하여 싸우는 것을 정당화하기 위한 것이었다.

셋째, 1935년에 화북지방 상실의 위기와 더불어 확산된 중국 민중의 항일구국의지를 결집하고자 마침내 전국각계구국연합회가 결성되었는데 송경령은 이 운동에 앞장섰다. 국민당은 '안내양외(安內攘外)'의 대일 부저항 정책으로 일관하면서 오히려 민중의 항일운동을 탄압하였으며, 공산당 중앙은 소비에트 건설과 계급혁명에 급급하여 일본침략에 따른

민족모순에 대처하지 못한 채 국민당의 초공작전에 대항하기에 바빴다. 이러한 상황에서 확대되는 민중의 항일 역량을 끌어내어 항일 민족통일전선을 형성하는 데 주요한 구실을 담당한 것이 송경령을 비롯한 재야의 중간파 또는 좌경 민주세력(민족자산계급을 포함한 좌파 인텔리겐치아)이었다. 12·9항일학생운동의 파장은 거국적 구국회(救國會)운동으로 번져가 마침내 '전국각계구국연합회(1936)'가 성립되어 구국전선이 이루어졌고, 항일과 민주를 목표로 한 항일구국회를 중심으로 민족통일전선운동이 전개되었다. 사실상 제2차 민족통일전선(국공합작)의 성공은 이들 진보적 지식인을 비롯한 일반민중의 항일구국운동에서 비롯한 것이고 국민당과 공산당을 항일구국운동이라는 민족공동의 과제 속으로 끌어들인 세력이 바로 이들이었던 것이다.

다음에는 1937년 중·일 전쟁 발발 이후 항전기간에 펼쳐진 송경령의 활동을 살펴보고자 한다.

첫째, 중일전쟁이 일어나자 송경령은 상해에서 20여 개 부녀단체를 규합하여 항일구망(抗日救亡) 단체를 영도하였고, 국민당의 구국채권 모집운동에 적극적으로 참여하였다. 또한 국제적으로는 영·미의 대일 불간섭 중립정책을 비판하고 국민정부에 대해 손문의 3대 정책을 실행하고 항일통일전선을 구축하도록 촉구하는 한편, 국공합작을 실현하기 위하여 장기간에 걸쳐 단절되었던 국공 양당의 관계개선에 교량적인 구실을 맡았던 것이다.

둘째, 제2차 국공합작이 성립한 뒤 구망활동을 펼친 '보위중국동맹(保衛中國同盟)'은 중국 항일전의 진상을 전 세계에 알려서 항일전을 지지하게 만들며 아울러 전쟁에 필요한 물자를 원조하도록 하고자 그녀가 조직한 단체였다. 이 '보위중국동맹'은 항일전의 전 기간에 걸쳐 국제적인 중국원조기구와 해외 화교들과 긴밀한 관계를 유지하였고 이들의 국제적 지원으로 아동·부녀·부상병·난민·유격대 전사를 도울 수 있었다.

셋째, 일본군이 천진·상해·광동 등 주요 항구를 점령함에 따라 중국 공업이 심각한 타격을 입게 되자 레위 알리, 에드거 스노 등 외국인이 발안하여 '공업합작사'운동이 일어났다. 이것은 바로 운동전(運動戰)에 적합하도록 이동 가능한 조직 형태를 취하는 공업으로서, 난민구제 수단으로도 유효하였을 뿐만 아니라 노동자의 경영참가 원칙으로 운영되는 민주적 성격을 띤 것이었다. 송경령은 이 운동에 적극적으로 참여하였다. 더구나 그녀는 이 운동을 더욱 발전시킬 목적에서 '중국공업합작사국제위원회(1939)'를 발족시켰는데, 국내외의 많은 인사가 참여함으로써 '공업합작사' 운동은 정부 통제에서 벗어난 대중운동으로서 자주성을 유지할 수 있었다.

넷째, 제2차 국공합작이 성립한 다음 송경령은 항일통일전선의 유지를 위해 어떠한 정치적 논평도 삼갔다. 그러나 환남사변(1941) 이후 항일민족통일전선이 결정적 타격을 입게 되자 그녀는 장개석 정권에 대해 강한 비난을 퍼붓기 시작하였다. 이 사변에서 중간적 처지에 섰던 많은 단체와 개인이 내전 반대를 외치고 공산당 지지에 나섰다. 그녀는 끝까지 항일·단결·민주를 고수하고 손문의 신삼민주의와 3대 정책의 실행을 주장하였다. 중일전쟁의 종식과 함께 국공연합정부 수립을 주장하였던 송경령의 노력도 무산되고 국공내전을 치르는 과정에서 그녀는 점차 중공에 기울어져, 내전이 끝나자 결국 중공정권에 합류하였던 것이다.

송경령이 중공을 선택하게 된 것은, 당시 중국의 유력한 정치세력으로는 국민당과 공산당이라는 좌우 양자택일의 여지밖에 없는 상황에서 중공이 국민정부보다 대중적 반제(反帝) 사회혁명에 더 접근해 있다고 생각했기 때문이었다. 무한정부 붕괴 이후 그녀는 이미 국민당과 결별하였고, 등연달(鄧演達)이 처형된 뒤로는 장개석의 독재체제 구축을 위한 정치운용 방식, 정권구조의 비민주성, 부패, 무능에 크게 실망하여 "국민당은 이미 정치세력이 아니다"[11)라는 '송경령 선언'을 발표한 바 있었다. 특히 반식민지 민족해방 투쟁에서 장개석의 비민중적 투쟁방식은 효과적이지 못했다. 곧 민중무장동원에 따른 항일투쟁은 항일전쟁 시기의 매우 막강한 제국주의 침략 아래에서는 불가피한 전략이라고 송경령은 이해하였고, 중공이 이 전략에 성공했음은 널리 알려진 사실이다. 그리하여 국민당 정권에 대한 비판세력이었던 송경령을 비롯한 각 민주당파로 하여금 중공에 합류하게 만든 것이었다. 실제로 개인의 정치적 권리나 인권 및 민권의 개념이 결여된 공산주의 사회는, 이런 것들을 견지해 온 송경령을 비롯한 재야 민주세력에게는 이상적 사회라고 보기 어렵다. 비록 전략적인 면에서 중공의 대중운동을 지지하고 인도적인 면에서 중공을 지원해 왔지만, 국민당이 아닌 선택의 대안(代案)이 중공밖에 없었기 때문에 그들은 결국 중공으로 가야만 했다.

다음으로, 송경령은 중국의 여성해방운동에도 남다른 관심을 가지고 큰 공헌을 하였다. 이에 대한 이론과 그 실천적 노력을 정리하면 다음과 같다.

우선 송경령은 여성과 혁명의 관계를 불가분한 것으로 보았다. 그리하여 그녀는 각 시기마다 여성을 혁명주체로서 인식시키면서 혁명대열에 참여시키고자 노력하였고 혁명의 완성이 바로 여성해방을 가능하게 한다고 강조하였다. 즉 국민혁명기에는 먼저 국가의 자유·독립을 얻는 것이 바로 여성 자신의 해방을 얻는 길이며, 여성은 국민의 일부분이고 여성운동은 국민혁명의 일부분이므로 국민혁명에 참여해야 한다는 것이다. 또한 항일전 기간에는 항일전 참여가 바로 여성해방의 지름길이며, 일본 침략 아래서 여성해방은 바로 항전 승리로만 가능하다고 주장하였다. 다음 인민공화국의 초기 건설기에는 낙후된 국가의 공업화를 위한 생산활동에 여성이 참여하는 것이 여성해방을 얻는 길이라고 하였다.

각 시기마다 그 시대에 부응하는 여성의 참여를 고무·강조하는 송경령의 이론과 인식은 민족주의적 구국사상에서 나온 것이었다. 또한 그것은 청년시절부터 얘기해 온 '다른 반쪽인 여성을 높이는 것 없이는 인류의 또 다른 반쪽인 남성을 높일 수 없다'는, 기본적인 천부인권의 평등을 전제한 사상에서 나온 것이다. 특히 여성해방운동을 단지 내용이 빈곤한 여권주의 기치 아래서가 아닌, 민주운동의 일부분으로 파악했으며, 여성의 권리를 포함한 민주주의를 확대해야만 대일항전에서 진정한 승리를 보장받을 수 있다고 보았다. 이 같은 인류적, 국민적 차원에서 여권을 다루는 송경령의 박애주의 관념은 여성의 여성에 대한 차별을 경계하는 그녀의 주장에서 잘 표현되고 있다. 또한 송경령은 중국 인구의 절반인 여성이 해방되지 않는 한 사회의 혁명적인 변화가 불가능하며, 여성의 해방과 행복이 결국은 인류 절대다수의 해방과 행복을 가능하게 해줄 것이라고 말한 것도 같은 취지에서였다.

송경령이 만년에 한 다음과 같은 말은 그녀의 여성운동에 대한 인식을 잘 엿볼 수 있게 해준다. "만약 우리가, 중국에서 여성해방운동은 종식되었는가 묻는다면 그 대답은 분명히 '아니오'이다. 여성해방운동은 사회 전체의 변혁 과정이 마무리되는 날에 가서야만 끝나게 될 것이다."12)

송경령의 실천적 여성운동의 내용을 살펴보자. 혁명전쟁을 치르는 시기마다 여성들을 동원하여 부상병 구호활동과 적십자활동 그리고 실업노동자 원조활동을 펼쳤으며, 또한 구호를 위한 물자모집과 모금운동에 적극 참여하였다. 또 이와 같은 모든 여성운동을 이끌기 위한 지도자 양성을 위해 '부녀당무훈련반'이나 '간호훈련반'을 설립·운영하였는데, 이것은 여성운동 지도를 위해 큰 구실을 담당하였다. 또한 각 시기마다 호소력 있는 연설과 강연과 글로써 여성들을 자각시키고 고무함으로써 여성들 자신의 위치와 임무를 일깨우는 데도 기여하였다.

송경령의 평생의 활동 가운데 빼놓을 수 없는 중요한 활동은 사회복지를 증진하기 위한 다방면에 걸친 노력이었다. 그녀는 중국의 사회문제에 깊은 관심을 기울여 빈민구제와 복지사업에 몰두하였고 특히 전쟁 중에는 난민과 고아 구제에 헌신하였다. 신중국이 성립한 뒤에는 부녀자 건강과 아동의 교육사업 및 복지사업에 깊은 관심과 애착을 가지고 활동하였다. 송경령이 복지활동을 해나가는 데 주축으로 한 기구는 그

466

녀 자신이 1938년 설립한 '보위중국동맹'(1945년에 중국복리기금회로, 1950년에는 중국복리회로 바뀜)이었다.

송경령은 항일전 기간 내내 국민당 통치구역이나 공산당 통치구역을 가리지 않고 재해동포, 즉 난민·고아·부상병, 그리고 악조건에서 싸우는 유격대 전사 등 전쟁으로 고통 받는 모든 중국인을 돕고자 노력하였다. 이 같은 사회복지 활동이 해방구와 중공유격대를 지원함으로써 민족혁명에 통합되는 측면도 무시할 수 없지만, 정치이념과 당파를 초월한 송경령의 보편적 박애주의 사상의 측면도 지니고 있었음을 간과할 수 없다. 따라서 사회복지 활동은 전쟁이 끝난 뒤에도 그녀의 주요 사업으로 지속될 수 있었다.

송경령은 일반적으로 국제주의의 전사라고 일컬어질 만큼 해외 친지, 우호인사, 화교들의 많은 도움으로 구제를 위한 수많은 액수의 금품을 원조받을 수 있었다. 그러나 그녀는 국제 반파시즘 통일전선의 기치를 내걸고 중국의 항전을 지원하는 것은 범세계적 반파시즘 투쟁의 일환이며, 중국을 원조하는 것은 원조 당사자들을 구제하는 데 귀결된다는 논리를 폈다.

마지막으로 송경령의 사상적 측면, 즉 손문주의의 계승과 좌경화, 그리고 그녀가 지닌 민족주의, 박애주의의 성향과 사회주의 사상의 관계에 대해 언급하고자 한다.

첫째, 송경령은 손문이 그의 혁명 생애의 절정기에 도달한 제1차 국공합작이 낳은 국민혁명을 수호하기 위해 노력했다. 그녀는 손문주의 이념을 계승하고자 하였는데, 그것은 바로 이른바 신삼민주의와 3대 정책이라고 주장하였다. 장개석의 국민당 우파는 물론 국민당 좌파마저 이 노선을 포기한 다음에도, 송경령은 새로운 상황에 따른 손문주의의 재해석을 통해 점차 좌경화해 갔다. 즉 그녀는 손문보다 더욱 이상주의적, 국제주의적 원칙과 보편성을 고집하여 손문주의를 반제·사회혁명의 필요성에 더 철저히 결합시켜 재해석함으로써 국공합작에 바탕을 둔 대중적 민족혁명 노선을 견지해 나갔던 것이다. 그녀와 손문 사이에 일정한 사상적 굴절이나 변용이 있다고 할지라도, 손문의 혁명적 낙관주의에 따른 애국적 혁명의지만은 장개석이나 국민당 좌파의 그 누구보다도 송경령에게서 그 연속성을 찾을 수 있는 것이다. 손문주의에는 민족주의(구국주의)를 중심으로 한 불평등조약의 폐지를 비롯하여 점진적인 사회 정책적 요소를 포함하는 국가자본주의적 지향성이 있었음은 사실이다. 그러나 송경령이 이를 더욱 이상주의적, 국제주의적 반제·사회혁명의 이념으로 변용했던 것은 그녀가 손문의 만년에 이르러, 가변적인 전략지침이었던 이른바 3대 정책을 삼민주의의 본질로까지 규정하고, 일정한 연속성이 있는 구삼민주의와 신삼민주의를 단절된 것으로 구분한 점에 잘 집약되어 있다. 송경령이 손문주의를 계승하는 방식은, 모든 혁명은 본질적으로 사회혁명이라는 그녀의 인식을 바탕으로 한 것이었으며, 따라서 노농대중은 혁명동원의 주체로서 더욱 절대시되었던 것이다.

둘째, 송경령이 이처럼 손문주의를 좌경화함으로써 마르크스 레닌주의와는 구별되지만 결국 국민당 좌파로서 민주주의와 국가자본주의의 요소를 지니는 사회주의 사상에 도달했다는 점이다. 송경령이 손문의 혁명운동에 참여한 것은 손문의 만년, 국공합작과 국민당 개조 과정에서 본격화하였다. 또 국민당 좌파가 주도하던 국민혁명 초기까지 좌파의 일원으로서 그녀의 사상은 사회주의화해 가고 있었다. 그럼에도 송경령의 좌경화가 확인되고 좌파의 처지에서 손문주의와 국민혁명에 대한 이론적 재해석이 이루어진 것은 1927년이었다. 즉 송경령의 그러한 전환은 국민당의 반제국주의·사회혁명노선 포기와 국공분열의 사태에 직면하여 당의 현실노선과 혁명의 과제 사이에 괴리가 생기는 위기 상황에 대처하게 되면서부터였다. 국민혁명의 완성을 위하여 진보적 계급연합과 대중적 사회혁명의 필요성을 주장하다 보니 반장(反蔣)·연공(聯共)의 입장을 고수하게 되었다. 결국 만주사변 이후 항일구국운동이 격화하는 과정에서 실질적 무력을 갖춘 국공 두 세력 가운데 송경령은

468

국민혁명 이념에 더욱 가까운 중공에 접근하는 장기적 과정을 걷게 되는 것이었다. 또한 송경령의 이상주의적, 국제주의적 경향은 민주적인 반제·사회혁명의 국제적 성격을 강조하게 되었다. 이상과 같은 송경령의 사상 경향이야말로 그녀를 다른 국민당 좌파와도 구별하게 만드는 극좌파의 특성이라 할 수 있다. 1931년 일제(日帝)의 9·18사변과 그와 같은 시기에 있었던 국민당 극좌파 등연달의 처형사건을 계기로 송경령의 사회주의화와 반장투쟁은 더욱 확고한 현실적 기초를 갖게 되었다. 그녀의 민권운동과 항일민족운동이 국제적 반제·반파쇼 논리와 맞물리며 전개되어 감에 따라 그녀의 민주적 사회주의 지향은 항일 민족통일전선의 주요한 요소로서 작용하였다.

송경령은 손문주의에서 사회주의로 좌경화하였는데, 사실은 이 양자의 서로 다른 사상들을 결합한 기본적 사고는 청년 시기부터 만년까지 그녀 사상의 저류가 되었던 민족주의와 민주박애사상이었다고 여겨진다. 이 두 가지 사상 요인은 그녀의 손문주의 해석이나 사회주의 사상을 관통하고 있을 뿐 아니라 그녀의 여성운동과 사회복지 활동까지 포괄하고 있는 것이다. 송경령 사상의 출발점은 언제나 민족(구국)주의로서 이것은 반제·반파시즘·항일운동을 관통하는 대전제가 되었으며 심지어 그녀의 민주박애사상도 바로 이 민족과 국가의 구원을 핵심으로 하여 전개되었다. 한편 민주박애사상은 청년기의 기독교적 박애주의와13) 미국적 자유주의를 비롯하여 그 뒤의 민권, 여성, 사회주의운동과 사회복지 활동까지 포괄하고 있다. 이러한 초기의 민족주의와 기독교 사상, 자유주의 사상이 반제·사회주의 사상으로 전개되어 가는 계기는 무엇인가? 그것은 당시 중국이 처한 제국주의 아래의 반(半)식민지 상황과 이에 대처하는 국민정부의 비민중적 정책, 그와 더불어 이 시대 청년지식층의 사고를 특징짓는 국제주의와 이상주의라는 보편적, 진보적 사고의 틀이었다고 여겨진다.

3. 20세기 중국혁명사에서 송경령의 위치

송경령은 손문의 부인으로 또 송씨 가족의 일원으로 더 많이 알려져 있으나, 그보다는 1920~1930년대 중국혁명에서 독자적 노선을 견지하고 크게 영향을 미친 중요한 역사적 인물이다. 그녀는 여성 혁명정치가였고 또한 사회활동가였으며 인류의 평화와 복리증진을 위해 노력한 국제적 명사이기도 하다. 그녀는 90년 가까운 생애를 파란만장한 중국현대사 가운데서 살며, 평범한 여성으로 안주하지 않고 국가와 민족의 운명에 깊은 관심을 가지고 혁명운동에 몸을 바쳤다. 송경령이 추구한 반제민족해방운동은 민주박애주의의 이상과 결합되어 있으며, 그녀는 그것을 당시 반식민지 반봉건적 시대상황에서 노동자와 농민과 여성의 해방을 사회혁명을 통하여 달성하고자 하였던 것이다.

송경령은 유복한 기독교 가정에서 태어나 미국에서 유학하는 동안 애국혁명의 길로 크게 돌아섰고, 신해혁명 이래 손문 곁에서 혁명에 발을 들여놓았다. 또한 송경령은 손문의 아내·비서·동지로서 반원(反袁)투쟁, '호법'운동, 북벌, 국민당 개조 등 혁명사업에 힘께 참가하였다.

1920년대 손문 사후 송경령은 국민혁명의 과정에서 정치적, 사상적으로 독자적 위치를 확립하였다. 혁명이 발전함에 따라 그녀는 또한 손문주의에 대하여 독자적인 해석을 내렸고, 국공분열 뒤에는 국민당의 지도권을 장악한 장개석 정권의 정치노선에 끝까지 저항한 국민당 좌파 인물로서도 유명하다.

1930년대 만주사변 이후 항일구국운동 시기에는 세계 반제·반파시즘운동과 중국민권보장동맹을 통해 반장·항일노선을 견지하고 그 활동에 적극적으로 참여함으로써 제2차 국공합작·항일통일전선의 형성에 기여하였다. 종전 후 내전을 거치면서 그녀는 마침내 중공정권 건설에 합류하였고 중화인민공화국 성립 후에는 여러 정부요직을 역임함과 아울러 여성과 아동을 위한 평화·복지사업에 헌신하였다. 따라서 이러한 송경령의 사상과 정치활동은 단지 중국 현대여성사에서 차지하는 위치뿐만 아니라 국민정부와 중공의 양대 세력이 중국현대사의 주도세력으로 등장하는 과정에서 민주적 중간파나 국민당 좌파가 지니는 존재이유(raison d'être), 그리고 그들의 사상적 모색과 정치적 선택을 연구하는 데도 중요한 사례로 자리매김할 수 있으리라 본다. 앞에서 간략하게나마 송경령이 손문 사상을 계승 발전(변용)시킨 방식, 국민당 좌파 안에서 그녀의 위치, 반장운동에서 중간파 지식인 및 중공과 맺게 된 관계, 그리고 그들이 종국적으로 중공을 선택하게 되는 사상적, 정치적 계기를 밝혀보고자 하였다.

손문의 미망인으로서 상징적인 지위에 머무르지 않고 독자적 역사성을 지녔을 뿐 아니라 장개석의 국민정권이나 중공과의 특수 관계 등으로 미루어 보아 중국현대사에서 송경령의 위치는 대단히 중요하다. 이같은 송경령의 위치를 평가하기 위해서는 그녀가 민족과 조국에 끼친 업적들을 간추려 보아야 할 것이다. 송경령은 무엇보다도 먼저 민족주의자였음을 높이 평가해야 한다. 그녀의 미국 유학 자체도 단순한 것이 아니고 그 목표가 명확히 정해져 있었음은 그가 대학시절에 쓴 글 〈귀국 유학생이 조국 중국에 미치는 영향〉이란 글에서 엿볼 수 있다. 여기서 그녀는 선진국에서 교육받은 남녀 인재들이 어떻게 구중국의 악폐에 도전하여 성과를 올릴 것인가 하는 책임의식을 논하고 있다.

무창봉기에 대해 〈20세기 최대의 사건〉이라는 제목으로 쓴 글에서는 중국혁명을 20세기 최대의 빛나는 위업으로 평가하면서, 나아가 조국의 미래에 인간애, 정의, 평화가 실현되어야 함을 소망하고 애국심과 중국의 미래에 대한 신념 그리고 박애와 세계 평화에 대한 열렬한 희망을 토로하고 있다.

그리고 송경령이 27세의 손윗사람이자 부친의 친구인 손문과 결혼하게 되는 동기를 살펴볼 때 그녀의 애국심을 능히 가늠해 볼 수 있다. 부모, 친지들의 반대를 무릅쓰고 영웅으로 숭배하던 손문과 대담하게 결혼한 것은 "진정한 혁명운동의 중심으로 접근하기 위한 것이며 그이(손문)만이 조국을 구할 수 있기 때문이다"14)라고 한 그녀의 얘기를 떠올려 볼 때, 그것은 그녀의 이상주의적 민족주의의 열정으로만 설명이 가능하다. 또한 송경령이 손

주은래(왼쪽), 곽말약과 송경령(1950년)

문과 결혼한 시기가, 장개석이 권력을 장악하고 난 뒤 송미령이 그와 결혼한 것과는 달리, 1, 2차 혁명의 실패 후 가장 어려웠던 시절인 일본망명 기간이었다는 점을 주목하면 더욱 그러하다. 이러한 점들은 손문의 혁명사업을 도와 자신의 이상인 자유와 평등의 중국을 위한 혁명에 투신하고자 했음을 말해준다. 결혼 후 송경령은 조국을 위해, 손문의 혁명운동에 대한 강한 정열을 품은 그의 아내로서, 통역과 문서기초를 돕는 조수로서, 이념의 동지로서, 정치적 조언자로서 모든 지혜와 역량을 다해 그를 지지하고 협조하였다.15)

그리고 또 한 가지 중국혁명에 대한 강한 의지와 담대한 용기를 보여준 대표적인 사건은 1922년 진형명(陳炯明)의 반란 때 광주 관음산의 포위망 속에서 극적으로 일어났다. 이 사건은 포화가 터지는 위급한 상황이 닥치자 잠에서 갓 깨어나 함께 탈출하기를 재촉하는 손문에게 "중국을 위해 나는 없어도 되지만 손문 당신이 없어서는 안 된다(中國可以沒有我 不可以沒有你)"라고 하고, 또한 "민간인으로서 나는 그렇게 위험하지 않을 것이므로 나를 남겨두고 혼자 먼저 떠나는 것이 더 안전하다"16)고 설득하여 그를 탈출에 성공시켰던 일이다. 게다가 그녀 자신은 생사의 고비를 여러 번 넘는 위험을 뚫고 유산까지 하며 이틀 만에 겨우 탈출하였다.17)

송경령의 애국적 공헌 가운데 가장 두드러진 것으로는 1, 2차 국공합작 노력을 들 수 있다. 송경령이 손문 생전에 그의 국공합작 사업을 확고하게 지지하고 밀었음은 말할 필요도 없으며, 특히 그의 사후 무한정부 붕괴시기까지 이어진 위기에서 국공분열을 반대하여 합작, 단결, 통일을 옹호한 노력은 대단한 것이었다. 그런데 그녀가 손문의 국공합작 정책의 알맹이라고 본 것은 이른바 신삼민주의와 3대 정책이었다. 송경령이 국민당 우파와 좌파가 차례로 포기한 국공합작을 끝까지 고수한 것은 무엇 때문인가? 그녀의 처지에서 국공합작이 파괴되어서는, 당시의 정세에서 사회혁명과 반제혁명도 성취할 수 없을 것이라고 생각했기 때문일 것이다. 송경령이나 중공이 말하는 이른바 3대 정책에 공농대중운동 말고도 용공(容共)과 연소(聯蘇)가 들어있는바, 이 둘은 국공합작을 가능하게 하는 조건의 하나였던 것이다.

유럽망명 시절, 그녀의 귀국을 종용하러 온 사랑하는 동생 송자량에게 송경령은 "송씨 집안이 중국을 위해서 있는 것이지 송씨 집안을 위해 중국이 있는 것이 아니다"[18]고 한 말은 그녀의 철저한 애국사상을 이해하는 데 큰 도움을 준다. 장개석과 송미령의 결혼으로 송씨 집안은 이젠 돈에다 권력까지도 가지게 되었고 이들은 중국의 정치를 점점 더 우익의 방향으로 지배해 갔었다. 물론 이것은 송경령의 결혼을 바탕으로 이루어진 송씨 왕조였지만 아이러니컬하게도 그녀는 이 왕조를 붕괴시키려는 길고도 험난한 과업에 자신의 일생을 바쳤다 해도 지나친 말이 아니다. 그것은 오직 민중 편에 서고자 한 애국심의 발로였다.

만주사변 이후 점차 확대되어 가는 일본 침략 속에 이제 송경령은 항일구국운동에 앞장섰다. 1933년에는 '국민어모자구회'를 조직하고 〈중화인민 대일작전 기본강령〉을 발표하였고, 1934년에는 '중화민족무장자위위원회'를 결성하고 공산당의 〈항일구국 6대강령〉에 지지를 표명하였으며, 12·9운동(1935) 뒤 1936년에는 '전국각계구국연합회'의 창립에 참여하여 광범한 구국전선을 형성하게 되었던 것이다. 1931년에서 1937년에 이르기까지 6년 동안 송경령은 상해에서 재야의 처지에서 장개석과 국민당을 끊임없이 비판하는 일에 몸과 마음을 바쳤다. 아울러 전 민족 동원 발상, 즉 계급과 정당을 초월한 온 민족의 동원이라는 방법을 씀으로써 하나의 이데올로기나 정당에 매몰되지 않고 혁명에 동원될 수 있는 모든 세력을 다 동원하고자 노력하였다. 그렇게 함으로써 송경령은 제2차 국공합작과 항일 민족통일전선의 형성에 크게 이바지하였다. 송경령의 애국주의, 구국주의는 일제침략 아래서 민권운동과 항일민족운동을 항일 민족통일전선운동으로 통합해 나간 혁명적 민족주의였다.

다음으로, 송경령이 사회활동가였음을 높게 평가하여야 한다. 그녀는 중국의 사회문제에 깊은 관심을 기울여 빈민구제와 복지사업에 몰두하였고, 전쟁 때에는 난민과 고아 구제에 헌신하였으며, 신중국 성립 후에는 모자건강과 아동교육에 애착을 가지고 활동하였다. 1938년 그녀가 설립한 보위중국동맹은 항일전의 참된 정황을 세계인에게 알리고 아울러 중국항전에 얼마나 원조가 절실한가를 이해시켜, 더 많은 전시 물자를 국제적으로 얻어 항일무장 근거지를 원조하기 위한 것이었다. 항일전이 끝난 뒤 내전기간 동안에는 보위중국동맹을 중국복리기금회로 바꾸어 부녀와 아동위생과 전쟁고아를 위한 문화교육사업에 헌신하였다. 인민공화국 성립 이후 1950년에는 다시 중국복리기금회를 중국복리회로 개조하고 부녀아동 보건과 소년아동 문화교육사업에 진력하였으며 아울러 국가적으로는 중국인민구제총회 집행위원회 주석과 전국인민보위아동전국위원회 주석에 선임되어 사적으로나 공적으로나 사회의 복지증진에 헌신하였다.

세 번째로 송경령은 여성해방의 제창자로서 한평생을 하루같이 여성해방운동에 남다른 관심을 가지고 큰 공헌을 하였다. 그녀는 청년시절부터 "하늘의 반쪽을 지탱하는 여성을 소외시킨 인류사회의 발전은 존재할 수 없으며 인류의 반쪽 여성을 높이는 것 없이는 또 다른 반쪽인 남성을 높일 수 없다"[19]는 천부인권의 기본적인 평등을 전제한 사상을 제기하였다. 우선 송경령은 여성과 혁명의 관계를 불가분한 것으로 보았다. 국가의 자유와 독립 획득은 바로 여성 자신의 해방을 얻는 길이며, 여성은 바로 국민의 일부분이고 여성운동은 국민혁명의 일부분인 만큼 국민혁명에 참여해야 한다는 논리를 폈다. 그러므로 단지 내용이 빈곤한 여권주의의 기치에서 벗어나 여성해방운동을 민주운동의 일부분으로 파악하였던 것이다.

네 번째로 송경령은 세계평화운동의 지도자였다. 그녀는 로맹 롤랑, 조지 버나드 쇼, 앙리 바르뷔스, 하인리히 만, 토마스 만, 막심 고리키, 알베르트 아인슈타인 등 반전·반파시즘 연합전선조직을 제창한 세계 각국의 우호적인 인사들과 친분관계를 갖고, 세계반제대동맹의 명예주석으로 있으면서 국제적 반제운동에 적극 참여함으로써 세계평화 옹호에 힘썼다. 이 같은 국제적 활동과 구제복리사업을 펼쳐 평화실현에 노력한 공로로 1950년 송경령은 스탈린 국제평화상을 수상하였다.

등소평(鄧小平)은 송경령을 위한 추도사[20]에서 "송경령은 세상에 널리 그 이름이 알려진 애국주의, 민주주의, 국제주의, 공산주의의 위대한 전사이며 세계평화와 인류의 진보사업에 헌신하여 사회의 발전과 인류의 행복을 위해 필생의 정력을 다 바친 위대한 여성으로, 어떠한 정황 아래서도 정치의 원칙성을 굳게 지키며 역사의 발걸음을 따라 끊임없이 전진하여 혁명민주주의자를 거쳐 위대한 공산주의자가 되었다"고 평가하였다.

송경령의 일생을 통한 혁명활동은 노동자, 농민과 같은 피억압 기층 대중과 여성대중의 해방에 일관된 역점을 두고 있는데, 이 같은 사회혁명의 강조는 그녀의 박애주의(휴머니즘)의 발전 형태라 할 수 있을 것이다. 생애를 통하여 흐르고 있는 민족주의와 박애주의 정신 때문에 그녀는 국내외 많은 사람들에게서 존경을 받았다. 그녀의 친지들이 그것을 증언하고 있다. 에드거 스노(Edgar Snow)는 "송경령은 중국의 미완성 혁명의 양심이며 항구적 핵심이다", "그녀의 견정불굴(堅定不屈)의 용감한 충성과 정신의 아름다움은 살아 있는 중국의 가장 탁월하고 빛나는 상징이다"21)고 하였다. 그리고 스노의 부인 헬렌 스노(Helen F. Snow)는 "그녀는 모든 기간에 자신이 아닌 남을 위해 싸웠으며 그녀가 한 모든 행동은 그녀 자신의 이익을 희생한 것이었다", "그녀가 가진 중요한 성격 가운데 하나는 생각하거나 말할 때의 근본적인 정직함이다. 여기서부터 자존과 타인에 대한 존경의 대부분이 나오는 것이었다", "어떤 사람도 정치에서는 성인을 발견하지 못한다. 그러나 당신은 바로 정치의 한가운데서 상처를 안고 있으나 더럽혀지지 않은 채 정치에서 물러나 있는 송경령을 발견하게 된다. 그녀는 중국의 양심이며 인간 본성의 승리자들 가운데 한 사람이다"라고 평가하고 있다.22) 또한 빈센트 시언(Vincent Sheean)은 "그녀는 순전히 개성의 힘과 동기의 순수성 그리고 최고의 정직에 힘입어 영웅이 되었다. 중국혁명의 좌절 속에서 이 같은 현상은 가장 비범한 일 가운데 하나다"23)라고 하였다.

로맹 롤랑은 "여러분은 우리들의 빛나는 송경령 여사가, 전 세계가 그 향기를 맡을 수 있는 아름다운 한 송이 꽃에 불과하다고 생각하십니까? 아니오! 절대 아닙니다! 그녀는 그물을 몽땅 찢어버리려 하는 사자입니다"24)라고 증언하였다.

그리고 인도의 네루 수상은 "지나간 세월 동안 어떠한 폭풍과 비바람이 중국을 뒤흔들었어도 그녀의 신념은 결코 흔들리지 않았으며 그녀의 목소리는 항상 평화를 위해 울려 퍼졌다"25)라고 증언하고 있다.

이러한 증언들을 통해, 송경령은 내면의 순수성과 강직성이 뒷받침된 이상주의자이며 세속적 권력투쟁의 소용돌이 속에서 혁명적 원칙을 상대적으로 순수하게 고집해 나간 인물임을 알 수 있다.

그녀가 고집한 혁명적 원칙은 손문의 이른바 신삼민주의와 3대 정책으로서, 송경령은 그 이상주의적 원칙성을 바탕으로 그것을 더욱 좌경화해 나갔다. 바로 그 이상이나 원칙이란 그녀의 청년기 이래 일생 동안 지속되었던 민족주의와 박애주의(인도주의)였다. 뿐만 아니라 더욱 중요한 것은 그녀의 애국주의가 민족의 특수성만 집착하는 편협한 국수주의에 빠지지 않고 보편적 국제주의의 성향을 띠면서 반제·반파시즘이라는 국제적 보편성의 이념으로 승화되어 갔다는 점이다.

위에서 살펴본 바와 같이 송경령은 단지 손문의 미망인이 아닌 홀로 자립한 혁명정치가이며 사회활동가이고, 여성해방운동 제창자이며 세계 평화운동가이고 아울러 애국주의자였음을 알 수 있다. 그녀는 도덕심이 높았으며, 자신이 옳다고 생각하는 원칙과 가치에 대해서는 흔들리지 않는 신념으로 단호하고 용기 있게 밀고 나갔다. 반면에 감성적이며 아름다움을 사랑하는 섬세한 성품도 간직하고 있었다. 또한 송경령은 90세 가까이 살면서 중국과 중국민족을 사랑하고 대중 편에 서서 많은 글을 썼는데, 문장은 절도가 있고 간결하고도 논쟁적이었다.

중국에서는 송경령에 대해 '애국주의, 국제주의, 민주주의, 공산주의의 위대한 전사'라고 평가하고 있다. 필자는 송경령이 민주주의자였고 국제주의적 우호와 평화의 옹호자였으며 민족주의자였음에는 동의하지만 공산주의자였다는 데는 생각을 달리 하고 싶다. 그녀는 좀더 포괄적인 의미에서 사회주의를 지향한 이상주의자였다고 할 수 있을 것이다. 다시 말해서 송경령은 그녀가 살던 시대의 과제에 따라 민족주의, 민주 박애주의를 구체적으로 실현하고자 했던 이상주의자로서, 그녀가 사회주의의 길을 걸었던 것은 진정 대중편에 서서 다 함께 잘 사는 사회, 자유·평등·박애의 사회를 추구하고자 하였기 때문이다. '민중을 위한 진정한 사회주의'가 존재할 수 있다면 송경령은 바로 그것을 지향하는 사회주의자였다고 생각된다.

■주 ────────────

1) 언니 애령(1888~1973)은 중국 최초로 미국에 유학한 여성이었으며, 손문의 비서를 지내다 1914년 산서성 태곡(太谷) 출신의 유명한 금융업자 공상희(孔祥熙 : 1880~1967)

와 결혼하였다. 공상희는 일찍부터 기독교로 개종하였으며 기독교 계열의 노스차이나
유니언 칼리지를 졸업한 뒤 미국 오하이오 주 오벌린대학을 졸업하고 예일대학에서 경
제학 석사를 받았다. 그는 일본 동경에서 중국계 YMCA의 총간사직을 맡고 있을 때 애
령과 결혼하였다. 그 뒤 그는 장개석 정권 아래서 실업부장, 재정부장, 행정원장 등 요직
을 두루 거치며 중국 굴지의 재벌이 되었고, 애령은 남편 배후의 실력자로 활약하였다.
李陽子,《宋慶齡研究》, 일조각, 1998, 25쪽.

　남동생 자문(1894~1971)은 미국 하버드대학 졸업하고 이어 컬럼비아대학에서 석사학
위를 취득한 뒤 뉴욕 국제은행에 근무하다 1917년 귀국하였다. 손문의 광동군정부에 재
정부장으로 참가한 이래 재정적 수완을 발휘하여 국민정부의 각 시기에 행정원장, 재정
부장을 지내는 한편 중국의 금융을 지배하여 세계적인 대부호로 불릴 정도로 재산을
모았다. 1957년 이래 미국 뉴욕에 거주하였으나 1971년 한 식당에서 식사 도중 목에 음
식이 걸려 급사했다.

　여동생 미령(1897~)은 처음에는 경령과 함께 웨슬리안대학에 입학하였으나 언니가
귀국한 뒤, 오빠 자문이 다니는 하버드대학 근처로 옮겨서 미국 매사추세츠주의 웰즈리대
학을 졸업한 재원으로 1927년 장개석과 결혼하여 일세를 풍미하였음은 잘 알려진 바다.

　2남 자량(1899~?)은 미국 밴더빌트대학을 졸업했으며 국민당 정부 외무부 비서 및 총
무사 사장, 중국은행 이사 및 사장, 중국 건설공사 이사, 광동성 재정특파원, 광동성 정
부위원 겸 재정청장을 맡았으며 1947년 이후 미국에서 거주하고 있다.

　3남 자안(?~1969)은 하버드대학을 졸업하였으며, 장개석 정권 아래서 중국 건설은행
공사 사장 및 중국 국화공사(國貨公司) 감찰직을 맡았다. 1948년 홍콩광주은행 이사회
회장을 지냈고 이후 미국 샌프란시스코와 홍콩을 오가며 거주하였다. 尚明軒·陳民·
劉家泉·趙楚云 編,《宋慶齡年譜》, 北京 : 社會科學出版社, 1986, 23~25쪽.

2) 李陽子, 앞의 책, 10쪽.

3) 중국여성사연구회 편, 임정후 역,《중국 여성해방운동의 선구자들》, 도서출판 한울림,
　 1985, 137쪽.

4) 李陽子, 앞의 책, 11~15, 220쪽.

5) 1925년 4월 12일 상해 各公團孫中山先生 추도대회에서 하향응(何香凝)이 한 추도연설
　 문 내용. 상해《人民日報》1925년 4월 13일자 게재. 그리고 이 추도대회에서 하향응은
　 "지금 선생은 서거하셨습니다만 부인은 건재하십니다. 우리들은 선생의 말씀을 생각하
　 고 일어나서 부인의 뒤를 따라 함께 분투하지 않으면 안 됩니다"고 함으로써 송경령의
　 존재와 위치를 공식 석상에서 확인시켰다.

6) 손문은 세 통의 유서를 남겼는데, ①〈국민당에 대한 遺囑〉, ②〈가족에 대한 유촉〉,
　 ③〈蘇聯에 대한 유촉〉이 그것이다. ②의 내용은 "나는 국사에 진력하느라 가산을 다스
　 리지 못했다. 남기는 서적, 의복, 주택 등은 모두 나의 처 송경령에게 주어 기념이 되게
　 하라. 나의 자식들은 이미 성장하여 자립할 수 있을 것이다. 바라건대 각각 자애하고
　 또 나의 뜻을 이어갈 것을 유촉한다"이다. 陳錫祺 主編,《孫中山年譜長編》下冊, 北
　 京 : 中華書局, 1991, 2130~2132쪽.

7) 10년 동안의 결혼생활에서 송경령은 손문을 존경하고 사랑하였다. 그 뒤 56년 동안의
　 긴 미망인 생활 가운데 손문의 忌日이 되면, 언제나 그녀는 누구와도 만나지 않고 말하
　 지 않았으며, 어떠한 회합에도 참가하지 않고 집안에서 칩거하였다(Israel Epstein 증언).

8) 중공정권 성립 이후 송경령은 국가부주석, 전국인민대표대회 부위원장, 정협전국위원
　 회 부주석, 중소우호협회총회 회장, 중국부녀연합회 명예주석, 중국인민구제총회 집행위

원회 주석, 중국인민아동보위정국위원회 주석 등을 맡았으며 만년에는 국가 명예주석에 까지 이르렀다. 汪新 主編,《中國民主黨派名人錄》, 南京 : 江蘇人民出版社, 1993, 3쪽.

9) 宋慶齡,〈孫中山 堅定不移, 百折不撓 革命家〉,《宋慶齡選集》下卷, 北京 : 人民出版社, 1992, 480쪽.

10) 송경령은 세상을 떠나기 2주일 전인 1981년 5월 15일에 공산당에 입당하였다. 1950년대에 입당을 희망한 일이 있었지만 오히려 당 밖에서 협력해 줄 것을 요청받았다.

11) 宋慶齡,〈國民黨已不再是一個政治力量〉(1931. 12. 19), 앞의 책, 1992, 83쪽.

12)《北京評》, 1974년 4월 5일자.

13) 송경령은 자신의 기독교 정신에 대해 "나의 정신 가운데는 聖書사상은 박애(博愛)라는 형태로 남아 있다"고 했다. 仁木富美子,〈宋慶齡さんのこと－あとがきをかねて〉, 宋慶齡 著, 仁木富美子 譯,《宋慶齡選集》, 東京 : ドメス出版, 1979, 643쪽.

14) Cornelia Spencer, *Three Sisters : The Story of the Soong Family of China*, New York : The John Day company, 1939.

15) 尙明軒,〈論宋慶齡與何香凝〉,《紀念宋慶齡誕辰100週年宋慶齡學術研討會論文輯》, 中國化平出版社, 1994, 233쪽.

16)〈登小平同志致悼詞〉,《宋慶齡紀念輯》, 北京 : 人民出版社, 1982, 25쪽.

17) 宋慶齡,〈廣州脫險〉,《宋慶齡選集》上卷, 北京 : 人民出版社, 1992, 15쪽.

18) 스털링 시그레이브 저, 윤석인 역,《宋家別曲》하, 도서출판 동지, 1992, 68쪽.

19) "The Modern Chinese Women," *The Wesleyan*, 1913-4.

20)〈鄧小平同志在宋慶齡同志追悼大會上致道詞〉,《人民日報》, 1981년 6월 4일자.

21) 尙明軒·唐宝林,《宋慶齡伝》, 北京 : 北京出版社, 1990, 319~321쪽.

22) Helen, F. Snow, *Women in Modern China*, The Hague Mouton & Co., 1967, p. 103, 117, 121.

23) 장롱·존 할리데이 공저, 이양자 역,《송경령평전》, 지식산업사, 1993, 67쪽.

24) 위의 책, 84쪽.

25) 장롱·존 할리데이, 앞의 책, 149쪽.

채원배_{蔡元培}
채원배蔡元培
중국 근대교육 개혁의 선구자

김정화

1. 머리말

신해혁명(辛亥革命)시기, 독일 라이프치히대학에 유학 중이던 채원배(蔡元培 : 1868~1940)는 혁명이 성공하자 손문(孫文)의 부름을 받고 귀국하여 다음해인 1911년 1월 남경임시정부(南京臨時政府) 교육총장(敎育總長)에 부임한다. 남북통일 뒤에도 계속 북경(北京)정부 교육총장을 맡았는데(1912년), 이 기간에 그는 청 말(淸末)의 구 교육제도를 개혁하여 근대적 교육체계를 수립하였다.

그는 우선 청 말 학부(學部)에서 정한 '충군(忠君)·존공(尊孔)·상공(尙公)·상무(尙武)·상실(尙實)'이라는 5개 항의 교육이념을 '군국민교육(軍國民敎育)·실리주의(實利主義)·공민도덕(公民道德)·세계관(世界觀)·미육(美育)'의 5개 항으로 수정하였다. '충군'은 공화정체(共和政體)와 맞지 않고, '존공'은 신앙의 자유에 위배된다 하여 삭제하였다.

그는 1912년 2월 《교육잡지》에 기고한 〈교육방침에 대한 의견(對於敎育方針之意見)〉1)에서 이러한 교육이상을 설명하고, 이를 바탕으로 교육을 개혁하고 새로운 국가를 건설하려는 의도를 밝혔다.

그는 먼저 교육과 정치의 관계를 밝히고, 정치에 예속되는 교육과 정치를 초월하는 교육으로 구분하였다. 전제시대(專制時代)에는 정부의 방침에 좌우되는 전자(前者)가 행해졌으나, 공화시대(共和時代)에는 인

대학원장 시절의 채원배

민의 처지에서 교육함으로써 교육이 정치로부터 독립할 수 있되, 공화시대에도 정치에 예속되는 일부 교육, 즉 군국민교육·실리주의·공민교육은 불가피하게 행해져야 한다고 보았다. 그리고 정치를 초월하는 교육, 즉 세계관교육과 미육은 인류의 진화와 함께 탐욕과 편견이 없는 미래 이상사회 건설을 목표로 이루어져야 한다고 주장하였다.

1912년 7월 10일, 북경에서 전국임시교육회의(全國臨時敎育會議)를 개최하여 공화시대 교육의 기본방침과 각종 학교제도, 그리고 신학제(新學制)를 제정했다. 채원배는 개회사에서 민국(民國) 교육개혁의 주안점을 밝혔다. 그는 스위스의 교육가 페스탈로치의 말을 인용, "(교육이란) 아동의 처지에서 그것을 체험하고 그에 따라 교육방법을 정해야 하는 것처럼, 국민의 처지에서 그가 사회와 세계에 어떠한 책임이 있는가를 따져 보고 어떠한 교육을 받아야 하는가를 결정하고 체험케 하는 것"[2]이라고 말한다. 그의 교육사상이 페스탈로치의 영향을 받았음을 일러 준다.

채원배가 전국임시교육회의에서 제시한 이 교육이념[敎育宗旨案]은 다수의 대표들이 "지나치게 이상적이라 이해하기 어렵다"고 하여 "도덕교육을 중시하여, 실리주의교육과 군국민교육으로 보조하고 미감교육으로 그 도덕을 완성한다[注重道德敎育, 以實利主義敎育, 軍國民敎育輔之, 更以美感敎育完成其道德]"고 개정하여 세계관교육을 제외하고 통과되었다. 9월 2일 정식으로 '국민교육방침'으로 채택된 이 안은 후임 교육총장 범원렴(范源濂)이 공포하였다.[3]

채원배는 청 말 민국(民國) 초(初)라는 중국의 격동기에 교육자로서 가장 중요한 자리에 있었던 사람이다. 1902년 중국교육회 성립에 간여한 것을 시작으로 교육사업에 종사했고, 초대 교육부 총장(總長), 북경대학 교장(校長), 중앙연구원 원장 등을 지내면서 새로 건립된 민국에서 자신의 세계관을 바탕으로 중국의 교육개혁을 주도했다. 또 국민정부 대학원장과 감찰원장을 맡아 장개석(蔣介石)정부에 참여하였고, 1932년에는 반장개석(反蔣介石)활동단체인 중국민권보장동맹(中國民權保障同盟)에 참여하는 등 정치활동도 했지만, 만년까지 중앙연구원 원장과 세계교육회의 중국대표로 일하는 등 일생을 중국의 학술과 교육개혁에 바쳤다.

그는 거인(擧人)에서 진사(進士), 한림원(翰林院) 보편수(補編修, 史書를 편찬하는 벼슬)를 지낸 뒤 41세에 독일에 유학했다. 독일 라이프치히대학과 프랑스 유학 시절에 자연과학과 사회과학을 공부했고, 현실 인문학의 관점을 기초로 하는 신철학(新哲學)을 체득했으며, 진화론, 이상적 사회주의, 프랑스대혁명의 자유·평등·박애의 구호를 신봉했다. 그는 유학 시절에 체득한 이러한 신시상을 바탕으로, 중국의 전통사상을 새로운 시각과 과학적 방법으로 분석했다. 또 신학(新學)을 말할 때는 중국전통사상을 인용, 동서문화의 융합을 시도하여 교육뿐만 아니라 문화사상면에서도 큰 영향을 남겼기 때문에 그를 '시대적 인물', '승선(承先 : 선인을 계승하고)·계후적(啓後的 : 후대를 일깨워 준) 인물'이라고 부르기도 한다.4)

그의 최대의 이상은 진정한 민주정치 국가를 건설하는 것이었다. 그는 중국에 진정한 민주정치를 실현하기 위해 도덕과 교육에 관심을 가졌고, 특히 교육의 영구한 가치를 믿었다. 이러한 신념을 바탕으로 그의 교육사상 — 미감교육(美感敎育)과 세계관교육(世界觀敎育) — 이 제창된다.

미감교육은 칸트의 이성주의 영향을 받았고, 또 이미 체득하고 있던 구학(舊學), 즉 중국의 전통정신을 뒷받침하는 예(禮 : 예절), 악(樂 : 음악), 사(射 : 활쏘기), 어(御 : 말타기), 서(書 : 서법), 수(數 : 계산법)의 교육에 그 근원을 둔 것이다. 이 미감교육 사상은 민국 초기 정치상황과 채원배 자신의 반(反)종교정서 때문에 '종교 대신 미감교육[以美育代宗教]'으로 발전한다.

채원배의 세계관교육은 그의 교육이상의 최종 목표로서 그의 인생관을 교육이상으로 설정한 것이라고 할 수 있다. 세계관교육에서 그가 제시하는 교육목표는 국가와 민족의 틀을 넘어서는, 인류 진화를 위해 공례(公例, 만인이 정당하다고 여기는 본보기)에 합치되는 정신을 가지라는 것이다. 그의 독창적인 미감교육도 교육과학화·사기위군(舍己爲群, 전체를 위해서 자신을 희생)·노동신성(勞動神聖)과 함께 세계관교육을 위한 한 과정이다.

이 글에서는 채원배의 독창적인 교육사상을 분석해 보고자 한다. 교육이상 실현을 위한 방안으로서 미감교육·세계관교육의 구체적인 내용이 무엇인가를 분석하고, 그 사상의 근원 ─ 그가 계승한 전통사상 ─ 은 그의 교육사상에 어떤 영향을 미쳤는지를 밝히고자 한다.

2. 민국 초기의 교육개혁

1) 채원배의 생애와 전통을 계승하고 앞날을 개척[繼往開來]한 학문

채원배의 교육사상 형성과정을 이해하려면 그의 생애와 학문 활동을 살펴볼 필요가 있다.

그는 절강성(浙江省) 소흥부(紹興府) 산음현(山陰縣) 사람이다. 어렸을 때 이름은 아배(阿培), 사숙(私塾)에 들어간 뒤 원배라 개명(改名)했는데, 자(字)는 학경(鶴卿)·중신(仲申)이다. 애국학사(愛國學社)에서 일할 때는 호(號)를 민우(民友)라 했는데, 《경종일보(警鐘日報)》의 편집국장(主編)으로 있으면서 "나 역시 한 백성[民]일 뿐이다. 어찌 민우라 하겠는가?"하고 《시경(詩經)》의 '주여려민 미유혈유(周餘黎民 靡有孑遺)' 구절에서 한 자씩 따서 혈민(孑民 : 살아남은 백성이라는 뜻)으로 고쳤다. 그 뒤로 계속 사용한 '혈민'은 반청(反淸)사상을 담고 있다. 또 글을 쓸 때는 단속을 피하기 위해 부인 황세진(黃世振)의 이름에서 따와서 채진(蔡振)이라고 하였다. 항일(抗日)기간에 홍콩으로 피신하였을 때는 필명을 주자여(周子餘)라고 하였다.5)

집안은 대대로 상인(商人) 가문이었고, 아버지 광보(光普)는 전장(錢莊 : 청나라 때의 금융기관)의 경리(經理)였다. 11세 때 부친이 사망하여 모친 주(周)씨가 자녀를 양육했다. 어머니는 아이들에게 자립심을 강조하여 남에게 의존하지 말 것을 타일렀다.

그는 10여 세 때부터 숙부 명은(銘恩)에게서 《사기(史記)》·《한서(漢書)》·《곤학기문(困學紀聞)》·《문사통의(文史通義)》·《설문통훈정성(說文通訓定聲)》 등을 배웠다. 17세 이후는 서원(書院)에서 소학(小學)·경학(經學)·변체문(騈體文 : 시구와 음률을 조화한 문체)에 전념하고, 고서 가운데서도 보통 사람이 거의 읽을 수 없는 글을 읽어 원장 전진상(錢振常)·왕계향(王繼香)의 칭찬을 받았다. 명(明)의 학자인 유종주(劉宗周, 호는 蕺山)를 존경하여 자신의 글방을 앙즙산방(仰蕺山房)이라 하였으며, 20세 이전부터 송유(宋儒)를 숭배하였다.6)

그의 학문적 경향에 대해 "나의 취미는 고증고거(考證考據) 쪽이어서 훈고(訓詁)와 철리(哲理 : 철학상의 이치)를 집중하여 공부하고, 제도와 문물(典章)과 사물에 대하여는 번거로움을 견디지 못했다. 사장에서는 산문을 집중하여 공부하고, 변문(騈文)이나 시사(詩詞)는 그다지 열심히 하지 않았다. 그러나 한 가지라도 모르면, 부끄럽게 여겨서 의학과 산학(算學)도 잡다하게 모두 읽었다"7)고 한다. 기축(己丑, 1889년) 향시(鄉試)와 경인(庚寅, 1890년) 회시(會試)에 연이어 합격했다.

그의 경학에 대한 수업은 이처럼 고훈(古訓 : 고서 자구의 해석)과 대의(大義)에 집중되었고, 역사는 《유림문원제전(儒琳文苑諸傳)》·《예문지(藝文志)》와 풍속을 집중 공부했는데, 전사(戰史)·정치사·지리·관제(官制) 등은 깊이 공부하지 않았다. 26세에 전시(殿試 : 천자가 친히 시행하는 진사시험)에 응하여 이갑진사(二甲進士)에 합격, 한림원(翰林院) 서길사(庶吉士)에 임명되었고, 2년 뒤 한림원 보편수로 승진했다.

이 시기 조정의 벼슬아치들이 다투어 서학(西學)을 말하자, 그도 청일전쟁(淸日戰爭, 1894년)을 겪으면서 신문과 잡지를 읽고 서양 서적을 섭렵했다. 하관조약이 체결되자 비분강개한 그의 심정을 〈잡기(雜記)〉(手稿)8) 에서 볼 수 있다. 무술정변(戊戌政變) 뒤9) 고향으로 돌아와 소흥중서학당(紹興中西學堂)의 감독이 되었다. 이 시기 채원배는 신사상을 제창하고 민권·여권(女權), 생존경쟁의 진화론[物競爭存之進化論]을 제창했는데, 이 논쟁으로 구파(舊派) 교원들과 충돌한 뒤 사직하였다.

이즈음 부인 왕(王) 씨가 사망하였는데, 그 뒤 채원배는 재혼의 조건으로 다섯 가지를 내걸었다. '① 여자는 전족(纏足)을 하지 않는다, ② 여자도 글을 알아야 한다, ③ 남자는 첩을 얻지 않는다, ④ 남자가 죽은 뒤에 여자는 재혼할 수 있다, ⑤ 부부가 서로 화합하지 못하면 이혼할 수 있다'가 그것이다.

그는 재혼 뒤 본격적으로 신학(新學)을 공부하기 시작했다. 그러나 공자 숭배는 더욱 심화돼 혼례식 때 절강의 풍속에 따라 삼성(三星) 그림 족자를 걸지 않고, 붉은색의 휘장에 '공자(孔子)'라는 두 글자를 장식하여 걸었다. 이때 그는 《공양춘추(公羊春秋)》(제나라 공양고가 지은 춘추의 주해서)의 삼세의(三世義 : 據亂世·升平世·太平世의 세 단계를 거치면서 역사가 발전해간다는 뜻)로 진화론을 설명하면서, 또 삼강오륜을 변호했다.10) 유럽 유학 이전에도 중국문화의 관점에서 동서문화의 융화를 시도하고 있었음을 볼 수 있다.

1901년 남양공학(南洋公學) 총교습(總敎習)에 임명되었고, 다음해 일본에 갔으나 곧 귀국한 뒤 상해에 중국 최초의 여학교인 애국여학교(愛國女學校)를 창립하고 애국학사를 조직하였다.

1903년 절강·안휘성의 혁명지사들이 광복회를 조직하여 채원배를 회장에 추대했다. 본격적으로 혁명활동에 나선 것인데, 그는 배만(排滿) 활동에서 과격파의 주장을 반대했다. 추용(鄒容)이 '살진호인(殺盡胡人, 오랑캐를 모두 죽이자)'을 주장하자 "만주인의 혈통은 오래 전에 이미 한족(漢族)과 섞였다. 그 언어와 문자도 역시 한어(漢語)·한문 때문에 도태되었다. 만주인이라고 상징되는 것은 단지 세 가지이다. 첫째는 세습 군주, 둘째는 실업에 힘쓰지 않는 것, 셋째는 놀고먹으면서 타인의 생산을 차지하고 특권을 누리는 것이다. 진실로 만주인이 자각하고 그 특권을 버린다면, 한인은 결코 만주인을 다 죽일 필요가 없다"11)고 반박했다.

1905년 일본 동경에서 동맹회(同盟會)가 성립되자, 채원배는 상해 회장이 되었다. 이때 그는 애국여학교 교장 일을 하면서 《경종일보》의 편집도 맡고 있었다. 그러나 이러한 일은 성과가 없었고, 도모한 일도 제대로 되지 않았다. 역학관(譯學館)에서 일하다가, 1907년 주독공사(駐獨公使) 손모한(孫慕韓)이 매월 학비조로 30냥, 상무인서관(商務印書館)이 매월 저술과 번역료로 100원을 주기로 하여 손모한과 함께 베를린으로 유학을 떠났다. 독일에서 공부하는 동안, 그는 철학·문학·문명사·인류학 강의를 들었고, 실험심리학과 미학(美學)에 관심을 갖고 열심히 공부했다. 또 세계문명사 연구소에 들어가서 비교문명사를 공부했다. 유학 4년 동안에 《중학수신교과서》 다섯 책과 《중국윤리학사》를 편수했고, 독일 칸트파 철학자 파울센(F. Paulsen : 1846~1909)의 《윤리학원리》를 번역했다.12)

유학 시절 그는 서양문화와 사상을 공부했지만, 의식적으로 중국문화를 옹호하는 편이었다. 《중국윤리학사》가 그 좋은 예이다. 이 책은 공자를 대표로 하는 유가(儒家) 윤리학설의 역사적 발전과정이 주요 내용인데, 발간 목적은 중국 고유의 문학·철학·사상체계를 옹호하는 것이었다. 서문에서 그는 "이방(異邦) 학설이 곳곳에서 수입되어 충돌의 형세를 보이고 있는데, 우리 고유의 사상체계를 갖추어 중심을 가져야 한다. 그렇지 않으면 장차 방황의 기로에 설 것"13)이라 했다. 중국의 고전을 현대적 의미로 해석하여 동서 문화 융합을 시도한 것이 바로 이러한 관점에서라고 생각된다. 이 글에서 그는 공자학설이 중용(中庸)사상임을 강조하고 있다.

《윤리학원리》는 1899년 발간된 가니에 요시마루(蟹江義丸)의 일본어 번역본을 참고로 1909년 번역 출판했다. 이 《윤리학원리》는 윤리학이론·동기론·공리론을 내용으로 한 것으로, 채원배가 신봉하던 칸트철학의 심물이원론(心物二元論)을 대표하는 책이다.14) 이것이 독일유학 4년 동안 그가 받아들인 서양철학이라고 할 수 있는데, 그의 교육사상 형성에 큰 작용을 했다.

2) 교육방침에 대한 의견

교육총장 채원배는 '군국민교육·실리주의·공민도덕·세계관·미육'의 다섯 가지 주의(主義)를 교육이념으로 제시했고, 교육잡지에 〈교육방침에 대한 의견〉을 실어 교육을 정치에 예속하는 교육과 정치를 초월하는 교육으로 분리하고, 한 사람의 사회적 구실을 도덕과 정치의 이중의 의미로 설명하면서, 도덕을 더 중시하는 자신의 교육이상을 밝혔다. 그는 군국민 교육과 실리주의 교육은 군사력을 강화하고 실업을 발전시키며 국민이 사회에서 유용한 직업을 갖게 하는 것으로서, 부국강병을 목적으로 하는 청 말의 교육이념과 크게 다르지 않다고 하였다. 그리고 군국민과 실리주의로 국가가 부강해지면 사투(私鬪)와 침략과 지혜 있는 자가 우매한 자를 속이는 것[知欺愚]과, 강자가 약자를 겁탈[强劫弱]하는 일이 발생하고, 빈부격차가 심해지며 자본가와 노동자가 싸우게 되는데, 이러한 현상을 막으려면 공민도덕 교육을 실시해야 한다고 강조했다.

채원배의 눈에 비친 민국 초기의 중국은 너무나 타락해 있었다. 그는 도덕적 타락을 일찍이 없었던 현상이라고 탄식한다.

> 북경은 원세개(袁世凱) 정부 시대부터 의원을 매수하여 황제제도 부활운동을 했고, 전국의 공금을 아까워하지 않고 모래 뿌리듯 하는 등 계집질과 도박에 미쳐 있었다. 한편에서는 요행을 좇고, 한편에서는 권세에 빌붙어서 이익을 보고자 했다. 이렇게 잘못된 풍토는 유행병처럼 번져 지금까지도 그치지 않고 계속되고 있다. 내가 귀국한 뒤 먼저 절강성의 여러 곳을 돌아봤는데 교육계, 실업계에서 두각을 나타낸 자로 계집질과 도박을 접대수단으로 하지 않는 자가 없음을 보고 마음이 매우 상했다. 북경에 와서 보니 이러한 풍조는 더욱 심했다. 더욱 놀라운 일은 과거 혼탁한 시대에 폐속(敝俗)과 싸우던 청류(淸流)가 없다는 사실이다. 동한(東漢)의 당인(黨人), 남송(南宋)의 도학(道學), 명말(明末)의 동림(東林)과 같은 일부 청류들은 폐속과 싸우면서 시국이 암담하고 어수선할 때 깨우치는 소리를 그치지 않았는데, 지금은 모두가 탁(濁)하다. 혼자 청렴한 선비[獨淸之士]는 홀로 쓸쓸히 가고, 동지를 규합하여 말세적 풍속[末俗]을 고치려 하지 않으니, 일찍이 없었던 현상이다.15)

따라서 그는 새 중국건설을 위해서 도덕의 실천을 매우 중시했다. 이석증(李石曾)·오치휘(吳稚暉) 등과 1912년 2월 중순 상해에서 진덕회(進德會)16)[후에 육불회(六不會)로 개칭]를 발기하고, 송교인(宋敎仁)·이석증·오치휘 등 20여 인과 함께 사회개량회(社會改良會)로 확대 개편하면서 선언을 발표하였다. 사회개량회는 "수천 년 동안 계속된 군권(君權)과 신권(神權)의 영향이 지금까지도 이어지고 있다. 그것은 공화사상(共和思想)과 저촉되는 부분이 많다. 인도주의로 군권의 전제주의와 이기주의를 없애고, 과학지식으로 신권의 미신을 없앤다"[17]고 전제하고 제거 또는 개선해야 할 중국사회의 악습을 지적하였다.[18]

진덕회 규약이나 사회개량회의 선언은 중국인의 뿌리 깊은 구습을 타파하자는 노력이었다. 구습을 타파하고 공민도덕을 통해 국민의 선량한 품성을 함양하고 덕성을 갖추게 하여, 공화국민의 자질을 기르고 그러한 개인을 기본으로 새로 성립한 중국을 진정한 민주공화국으로 만들고자 하는 것이었다.

그러나 그가 인식하기에 현재의 중국에는 그런 사회를 만드는 요소들이 크게 결핍되어 있었다. 때문에 교육부 관제를 정할 때 사회교육사(社會敎育司)를 둔 것이나, 신교육이념 5개 항 가운데 공민도덕을 제창한 것은 공화국민으로서 기본을 중국인들에게 요구한 것이었다. 상해에서 발기한 진덕회, 육불회나 사회개량회, 민국 초기 교육부에서 만든 사회교육사 등에서 공민도덕을 강화한 것도 동지를 규합하여 말세적인 풍속을 고치려한 데 그 목적이 있었다.[19]

그렇다면 그가 설정한 공민도덕의 요점은 무엇인가? 그는 〈교육방침에 대한 의견〉에서 프랑스혁명이 표방한 자유·평등·박애를 공민도덕의 요점으로 설정하고 이것을 중국고전의 성인 말씀과 비교하여 설명하였다. 자유·평등·박애를 중국고전으로 해석함으로써 민주주의의 의미를 쉽게 이해시킬 뿐만 아니라 중국고전을 현대에 맞추어 새롭게 해석하여 현대생활에 적용할 수 있는 생명력을 갖게 하려는 시도였다고 볼 수 있다. 그의 자유·평등·박애에 대한 해석은 다음과 같다.

'자유'란, 공자의 "필부(匹夫)에게서 그 뜻을 빼앗지 못한다"는 말과 맹자의 "대장부란 부귀로도 그 마음을 혼란스럽게 못하고, 빈천(貧賤)으로도 그 마음을 변하게 하지 못하고, 무력으로도 그를 굴복시키지 못한다"는 말의 의미와 같으며 (중국의) 옛 사람은 이것을 '의(義)'라고 했다.

'평등'은, 공자의 "자기가 원하지 않는 것을 남에게 하게 하지 말라"와 자공(子貢)의 "남이 나에게 하는 것을 원치 않으면 나도 남에게 그것을 하지 않는다"의 뜻과 같고, 《예기》·《대학》의 "앞사람에게서 싫다고 느꼈던 것을 뒷사람에게 하지 말 것이며, 뒷사람에게서 싫다고 느꼈던 것을 앞사람에게 하지 말 것이며, 오른쪽 사람에게서 싫다고 느꼈던 것을 왼쪽 사람에게 하지 말 것이며, 왼쪽 사람에게서 싫다고 느꼈던 것을 오른쪽 사람에게 하지 말 것"이라는 말의 의미와 같으며, 옛 사람은 이것을 '서(恕)'라고 했다.

'박애'란, 맹자의 "홀아비, 과부, 고아, 늙고 자식 없는 외로운 자는 천하의 빈궁한 자로 호소할 데 없는 사람이다"와 장자(張子)의 "무릇 천하의 약하고 병든 자, 장애자, 늙고 자식 없이 외로운 자는 모두 우리 형제로 곤란하고 고통스러워도 호소할 길이 없는 사람이다"라는 말과 같은 것으로, 우(禹)는 "천하에 물에 빠진 사람이 있으면 마치 자신이 물에 빠뜨린 것처럼 생각"하였고, 직(稷)은 "천하에 굶주린 사람이 있으면 마치 자기가 그를 굶긴 것처럼 생각"하였다. 이윤(伊尹)은 "천하 백성이 요와 순 임금의 은택(恩澤)을 입지 않고 있는 것을 보면 자신이 그들을 도랑에 밀어 넣은 것처럼 생각하였다". 또 공자는 "자신이 나서고 싶으면 남을 내세워 주고 자기가 이루고 싶으면 남을 이루게 해 준다"고 했는데, 이것은 친애(親愛)의 의미로서 옛사람은 이것을 '인(仁)'이라고 했다.[20]

그는 이 세 가지가 도덕 교육의 근원이며, 공민도덕의 모든 것이라고 했다. 이것은 중국과 서양을 융합하는 도덕사상이고, 신도덕관념(新道德觀念)이다. 그는 이처럼 동서문화의 융합을 시도하면서, 중국의 구학(舊學)을 새로운 시각에서, 과학적으로 설명했다. 그리고 그 해석에 현대적 의미를 부여했다.[21]

채원배의 도덕에 대한 인식은, 도덕이란 인간에게 필수라는 것이다. 곧, 중용에서 말한 '도란 잠시라도 떠날 수 없다[道者 不可須臾離也]'는 정신이다. 그러나 도덕이 이른바 '하늘이 변함이 없듯이 도 역시 변하지 않는다[天不變 道亦不變]'나 '하늘, 땅과 같이 변함이 없는 도리[天

經地義]'는 옳지 않다고 비판했다. 유교도덕도 시대에 맞추어 변화되어야 한다는 것이다. 옛날 성현들의 격언이나 훌륭한 가르침[格言嘉訓]은 사람이 만든 것이지만 그 시대의 경험으로 얻어진 공률(公律)에 따른 것이기 때문에 시대의 변천에 따라서 그 내용을 달리하지 않을 수 없다는 것이다.

중요한 것은 도덕은 궁행실천(躬行實踐)해야 하고, 자율적이어야 하며, 헛되게 외치거나 남을 책망하는 것이 아니고, 또 그것을 수양하는 데 과학적인 방법으로 해야 한다22)는 것이다. 채원배는 이러한 도덕관을 자신만의 규범이 아니고, 새 중국 건설의 토대로 인식했으며, 그의 일생은 그 이상을 실천하기 위한 것이었다고 평가할 수 있다.

이처럼 도덕을 중시하므로 공민도덕이 교육의 최종 목적일 것 같지만, 그는 이러한 공민도덕도 정치를 초월할 수 없다고 하였다. 그의 주장에 따르면, "최대다수란 소수인 한 사람 한 사람으로 이루어진다. 한 사람의 행복은 의식이 족해야 하고 재해가 없어야 한다. 이것이 현세의 행복이 된다. 그리고 한 사람 한 사람의 행복이 모여서 최대다수의 행복이 된다. 입법부의 의결, 행정부의 집행, 사법부의 보호도 이를 위해 있다. 더 나아가 예운(禮運)의 '대의란 공공을 위하는 것[大道爲公]'과 사회주의자가 말하는, 미래의 황금시대에나 가능한 '각각 능력을 다해서 일하고 필요한 대로 갖는다[人各盡其所能 而各得其所需]'는 이상 역시 그 요점은 현세의 행복에 있다. 무릇 정치의 목적은 현세의 행복을 위한 것"23)이다. 따라서 공민도덕 교육도 정치의 목적을 위한 것이다. 그러나 그는 교육이란 정치의 목적을 뛰어넘어 인류의 미래를 위한 보편적 가치를 추구해야 한다고 주장한다.

채원배 교육사상의 다음 단계는 정치에 예속되지 않는 교육이다. 그는 세계관교육과 그것을 위한 미육을 들었다. 그는 군국민교육·실리주의교육·공민교육이 부강하고 정의로운 사회의 건설을 목적으로 한다면, 세계관교육과 미육은 인류 진화를 위해서라고 주장했다.

그는 현세의 행복이란 죽음 앞에서 소멸하는데, 사람은 단지 죽음 앞에서 소멸하는 행복을 추구하면서 살고 있는 것이 된다. 그렇다면 '인생이 무슨 가치가 있겠는가'와 '인류는 어떠한 가치를 가지고 살아야 하는가'를 묻는다. 개인으로 말하면, '자신을 희생하여 대의를 이룸[殺身成仁]'과 '생을 버려서라도 의를 따름[舍生取義]' 그리고 ' 의를 위해 자신을 희생[舍己而爲義]'하는 것은 무슨 가치가 있으며, 사회를 두고 말하자면, '나는 자유를 가졌는가? 한 민족의 자유를 쟁취하기 위해서 전 민족이 마지막 피 한 방울까지 흘려야 한다면 전국이 큰 무덤이 되어야 하는데, 이것이 가치 있는 일인가'24)의 문제를 제기한다.

그는 교육자란 국가와 세계라는 영역을 초월하여 인류의 미래를 위한 보편적 가치를 추구해야 한다고 주장한다. 그의 주장에 따르면, 세계는 현상과 실체의 두 세계로 이루어져 있다. 현상세계에서는 정치가가 현세의 행복을 만드는 것을 목적으로 일을 하고, 실체 세계에서는 종교가 현세의 행복을 초월하여 그 작용을 한다. 현상세계는 상대적이고 인과율의 범주 안에 있으며, 시간과 공간의 관계를 떠날 수 없고, 경험할 수 있다. 그와 딜리, 실체세계란 절대적이고 인과율을 초월한다. 공간과 시간도 초월하며, 직관에 의해서 체득된다. 실체세계는 이름을 붙일 수 없는 관념의 일종이다. 굳이 이름을 붙여야 한다면, 이를 '도(道)', '태극(太極)', '신(神)', '흑암의 의식[黑暗之意識]', '무의식의 의지[無識之意志]'라 할 수 있다.25)

그는 인류가 실체 세계로 나아가야 하는데, 현상세계에서 실체세계에 이르는 데 장애가 되는 것은 남과 나[人我]의 차별과 행복추구[求福]라고 주장한다. 인간은 자위력(自衛力)의 불평등으로 강약을 만들고, 자존력(自尊力)의 불평등으로 빈부격차를 만든다. 강약·빈부로 타인과 나의 차별이 생겨나게 되고, 약자·빈자(貧者)는 불행으로 고통을 받으면서 행복을 추구한다. 남과 나의 차별이 있으므로 서로를 구분하게 되고 어긋나게 된다. 복을 추구하지만 이루어지지 않으면 끊임없는 고통이 되고, 이루어졌지만 정도가 지나치면 현상 안에서 맴돌게 되어 실체세계에서 멀어진다는 것이다.

실체세계에 이르기 위해서 "우선 육체의 향수(享受)를 자연에 맡기면 물질을 위한 구복(求福)이 사라지고, 남과 나의 차별 역시 바뀌며, 현상세계의 의식이 실체 정신과 합치될 수 있다"고 한다. 그러나 그의 '자연에 맡기라'26)는 주장은 루소나 노자처럼 인위적인 문명에 대한 거부가 아니라, 개인은 자신의 이익만을 추구하지 않는다는 유가의 인문주의를 바탕으로 하고 있다. 곧, 나만을 위한 구복을 없애고 나와 남의 차별을 없도록 하는 것이다. 부언하면, 소극적으로는 현상세계의 사물과 감정에 대해 '싫증내거나 버리지도 않고[無厭棄]'·'집착하지도 않는[無執着]' 것이고, 적극적으로는 실체세계를 갈망하여 깨달음[領悟]의 경지로 들어가는 것이다. 사상자유와 언론자유의 공리에 따라 한 파의 철학, 한 종파의 교의(敎義)에 마음을 예속하는 것이 아니고, 형체가 없고[無方體], 시작과 끝이 없는 세계관[無終始之世界觀]을 목적으로 한다.

이와 같은 교육을 세계관교육이라고 하는데, 그렇다면 어떤 방법으로 세계관교육을 실시할 것인가에 대해 그는 우선 미감교육(美感敎育)이라는 방법을 제시한다. 채원배는 미감(美感)이란 아름다움과 존엄을 합한 것이라고 말한다. 미감이란 현상세계와 실체세계 사이의 다리가 되는 것으로, 칸트가 주창한 것이라고 한다. 채원배가 밝힌 미감교육의 요지는 다음과 같다.

> 현상세계 가운데는 사랑, 미움, 놀람, 두려움, 기쁨, 분노, 슬픔, 즐거움[愛惡驚懼喜怒悲樂]의 모든 정서가 있다. 그리고 헤어짐과 만남, 삶과 죽음, 재앙과 행복, 이로움과 해로움[離合生死禍福利害]의 현상에 따라서 유전한다. 미술은 이 현상을 자료로 하여 그것을 감상하는 사람이 미감 이외에 잡념이 없도록 한다. 예를 들어, 채련자두(采蓮煮豆, 음식 이름)는 음식이지만 일단 그 음식을 주제로 하여 시가(詩歌)가 만들어지면 다른 흥취가 생긴다.

또 다른 예로 화산의 용암이나 태풍과 난파선은 놀랍고 공포감을 주는 광경이지만 일단 그림으로 그려지면 웅장한 장면으로 전개된다. 이것이 현상세계에 대해서 싫증내거나 버리지 않고[無厭棄], 집착하지 않음[無執着]이다. 이미 일체의 현상에서 상대적 감정을 초월한 것으로, 미감과 혼연일체가 되어 이른바 조물주와 일체가 된다. 이미 실체세계의 관념에 접촉한 것이다.[27]

따라서 교육가는 현상세계에서 실체세계에 이르는 관념을 끌어내기 위해서 미감교육을 하지 않으면 안 된다는 것이다.

3. 미감교육과 세계관교육의 내용

채원배 교육총장의 〈교육방침에 대한 의견〉과 교육부에서 발표한 공자 숭배에 대한 제재(制裁)는 보수 세력들을 긴장케 하고 결집하도록 하는 데 크게 작용하였다.[28]

원세개는 정신계에서 여전히 절대적인 권위를 유지하고 있는 공자를 내세워 권력을 강화하여 황제가 되고자 하였고, 그가 사망한 뒤에도 기성 정치세력이 유교를 국교로 하려는 운동[孔敎國敎化運動]은 끈질기게 이어졌다. 강유위(康有爲)는 두 번에 걸쳐 총통에게 편지를 보내 유교를 국교로 하자고 청원[29]하였다.

신·구 지식인 사이에 유교 국교화를 둘러싼 쟁론이 노골화[30]하였을 때인 1916년 겨울, 채원배는 북경대학교 총장에 부임하기 위해 유럽에서 돌아왔다. 그의 종교에 대한 반대는 이러한 정치적 상황 때문에 더 적극적이었다. 그는 1917년 1월 북경정학회(北京政學會) 환영회의 연설인 〈유럽전쟁에 대한 나의 견해[我之歐戰觀]〉와 북경중앙공원에서 개최한 〈신교자유회 연설(信敎自由會 演說)〉에서 자신의 교육이상을 설파하는 한편, 당시 정치계에서 한창 진행되고 있던 유교[孔敎]를 국교로 하자는 주장을 반박했다. 이어서 3월 29일의 〈청화학교 고등과에서 한 연설사[在淸華學校高等科演說詞]〉와 4월 8일 북경 신주학회(神州學會)의 〈미육으로 종교를 대신하자[以美育代宗敎說]〉는 연설에서도 진화론과 과학으로 종교에 반대하고, 종교를 미감교육으로 대체하자고 주장한다.

〈유럽전쟁에 대한 나의 견해〉에서 그는 독일·프랑스·러시아 3국의 전쟁과 과학·종교·도덕·미술과의 관계를 말하면서 자신의 주장을 펼친다. 일찍이 채원배는 라이프치히대학에서 연구하고 있다가 프랑스로 갔는데, 제1차 세계대전이 일어나자 프랑스 남부로 옮겨서 3년을 지낸다. 제1차 세계대전의 주요 전쟁국인 독일과 프랑스에서 전쟁을 겪은 것이다. 독일과 프랑스의 사상·문화·종교·도덕 등을 더욱 깊이 관찰하고 인식하게 된 그는 국민의 도덕성이란 신앙과 무관하며, 국민의 실력은 과학과 미술의 결과일 뿐이라고 말한다.

> 러시아는 종교를 가장 중시한다. 모스크바 한 곳만 봐도 교회당이 1천 개가 있다. 독일의 북방은 주로 예수교를 신봉하고 남방은 주로 천주교를 믿지만, 광적으로 믿지는 않는다. 대학생들은 대체로 선교사를 비웃는다. 일원론(一元論) 철학가 헤겔은 종교를 공격한다. 프랑스인은 독일인보다 더 종교를 가볍게 여긴다. 성탄일에 프랑스는 평상시처럼 가게문을 열고 아무런 장식도 하지 않는다. 1892~1912년 프랑스는 정치와 종교의 분리정책을 시행하여, 선교사는 국립학교 교원이 될 수 없게 되었다. 소학교에서 대학까지 모두 그랬다. 이밖에 종교에 반대하는 학설은 볼테르 이후 수없이 많다. 소련의 신앙 열은 독일과 프랑스보다 높다. 그러나 전시의 국민도덕은 독일과 프랑스에 훨씬 못 미친다. 종교는 도덕과 크게 관계가 없음을 알 수 있다. 프랑스, 독일 두 국민의 신앙심이 그리 깊지 않은데 일반인은 왜 도덕심을 갖고 있는가? 그것은 미술의 작용 때문이다.[31]

채원배는 자신이 본 외국이 학술과 정치면에서 뿐만 아니라 품행과 풍속 면에서도 중국보다 우수했는데, 그 원인은 교육보급과 과학발달, 법률의 완비 때문[32]으로 보았다. 그는 〈신교자유회연설〉에서 이 같은 경험을 기초로 보수세력의 공교국교화 주장, 즉 유교를 국교로 채택하자는 일련의 움직임을 반대한다.

> 공자의 학설은 교육일 뿐이고, 정치일 뿐이고, 도덕일 뿐이다. 종교에 가까운 고래(古來)의 예법이 없어지지 않는 것은 세속에서 행해지고 있는 것을 단지 따르고 있는 것으로, 본의는 아니다. 자로(子路)가 귀신에 대해서 묻자, 공자가 대답하기를 "사람을 잘 섬기지 못하면서 어찌 귀신을 섬기겠는가?"라고 했고, 죽음에 대해 물으니 대답하기를 "생(生)도 알지 못하는데, 죽음을 어찌 알겠는가?"라고 했다. 이것은 공자 스스로 종교를 자신의 영역 안에 두지 않았음을 알게 해준다. 또 종교의 성립은 반드시 그 교주가 스스로 하늘의 사도임을 자칭하여 의식(儀式)을 만들고, 또 이교(異敎)를 공격하는 것을 유일한 의무로 했다. 공자에게 이런 일이 있었던가? 공자는 공자이고, 종교는 종교이다. 공자와 종교는 상관이 없다.[33]

이처럼 유교를 국교로 하자는 움직임에 반대했을 뿐만 아니라 더 나아가 〈중국의 문예부흥〉에서는 중국 전통사상의 특징 가운데 하나로 신앙의 자유를 들고 있다. "중국은 중세유럽의 가톨릭 같은 종교도 없었고, 신교와 구교의 전쟁 같은 종교전쟁도 없었다. 대신 중국은 고유한 조상교(祖上敎)가 있다. 유가의 수정을 거쳐서 완전한 의식을 갖추고 기념하는 것으로 바뀌었다. 이것은 신비주의를 상징하지 않고, 칸트가 주장한 인도교(人道敎)와 흡사하다. 또 원래 있던 다신교는 도교(道敎)가 되었는데, 유교와 큰 충돌이 없었다. 불교가 들어온 뒤에도 마찬가지 상황이었다. 이것을 종합해 보면 중국인은 예로부터 이질적인 것 가운데 비슷한 점을 찾아내서 그것과 조화를 이루었다. 유럽인이 다른 면만을 찾아내는 것과 다르다. 회교가 전래된 뒤에도 그랬고, 기독교가 전래된 뒤에도 그랬다. 그리하여 유럽에서 신앙의 자유가 헌법으로 규정되기 전에 중국은 이미 실행되었다"34)고 한다. 외국인을 상대로 중국문화를 소개하는 강연이었지만, 전통문화에 대해서 도취의 경지에 이르렀음을 느끼게 해 주는 대목이다.

〈미육으로 종교를 대신하자[以美育代宗敎說]〉에서 그는 인류진화사적 관점으로 종교의 기원부터 문제를 제기한다. 그리고 인류의 진화를 이끄는 것은 예술작업과 과학의 탐구라고 생각한다. 과학탐구와 예술작업만이 현상세계의 장애를 없애고 인류를 실체세계로 이끄는 것으로 본 것이다. 과학이란 현상세계의 장애를 제거하여 광명으로 이끌며, 미술이란 실체세계 현상을 그려 내어 그 감각을 불러일으킬 수 있기 때문이다.

채원배는 이 강연에서 종교의 허구성을 역사적으로 증명한다. 그는 인간의 정신작용을 지식과 의지, 감정의 세 종류로 구분한다. 그리고 최초의 종교는 이 세 작용을 겸했다고 한다. 그의 주장에 따르면, 미개시대에는 우리 자신과 세계만물 모두 불가사의한 일이었다. 생(生)은 어디서 왔는가, 죽으면 어디로 가는가, 창조자는 누구인가, 관리자는 어떻게 하는가 등은 당시 사람들이 의문을 제기하여 해답을 구했던 문제들이다. 그러나 사회문화가 날로 진보하고, 과학이 날로 발달하여 학자는 옛사람이 불가사의하다고 여겼던 것들을 하나하나 과학으로 해석하게 된다. 자연계 현상, 지구의 기원, 동식물의 분포, 인종의 차이 모두 물리학, 화학, 생물학으로 증명했다. 종교가가 말한 신의 인류창조론도 생물진화론으로 바뀌었다. 따라서 사람들은 영원불변의 법칙에 회의를 품게 되었고, 원래 지식·의지·감정의 정신작용으로 구성된 종교는 시대의 진화에 따라서 감정 작용만이 남았다는 것이다.

그런데 종교는 어떠한 종교라도 교세를 확장하고 이교를 공격한다. 심지어 공화시대에도 제제(帝制) 편에 붙는 잘못을 저지른다. 이처럼 종교의 폐단이 심한 것은 감정을 자극하는 작용 때문이다. 따라서 감정을 함양하기 위해서 종교를 버리고, 그 대신 미감교육을 해야 한다[35]고 말한다.

그는 순수한 미육(美育)은 사람의 감정을 도야(陶冶)하고, 고상하고 순결한 습관을 갖게 한다고 주장한다. '남과 나[人我]'의 구별과 '이기심으로 남을 훼손하는 마음[利己損人之念]'을 점점 소멸시킨다는 것이다. 그것은 미육에 '보편성'과 '초월성'이 있기 때문이다. 그는 '남과 나'의 구별과 '남을 훼손하는 마음'을 점점 소멸시킨다는 미의 보편성과 초월성에 대해서 나음과 같이 말한다.

채원배(가운데 앉은 이)가 중국교육대표단을 이끌고 단향산(檀香山)에서 열린 태평양 각국교육회의에 참석했을 때(1921년 8월)

미의 보편성은 남과 나의 차별을 불가능하게 한다. 내 입에 들어오는 음식은 다른 사람의 배를 함께 채울 수 없다. 내가 입은 의복은 동시에 타인을 따뜻하게 해 줄 수 없다. 그것은 보편성을 갖지 못하기 때문이다. 그러나 미란 그렇지 않다. 예를 들면 북경 가까이에 있는 서산(西山)에는 나도 놀러 가고 남도 놀러 가지만, 내가 남에게 피해를 끼치지 않고 남도 나에게 피해를 주지 않는다. 멀리 떨어진 밝은 달[明月]은 나도 남도 가질 수 없고, 중앙공원의 꽃들과 농사시험장의 수목은 사람마다 감상할 수 있다. 이집트의 피라미드나 그리스의 신전, 로마의 극장을 바라보고 감탄하는 자가 몇천 명이고, 만들어진 지 몇천 년이 되었지만 그 가치는 예전과 같다. 각국의 박물관은 모두 공개되지만, 개인이 소장한 진품(珍品)도 뜻을 같이하는

사람들에게 관람의 기회를 때때로 준다. 각 지방의 음악회와 연극은 모두
많은 사람을 즐겁게 해 준다.[36)]

이른바 혼자 즐기는 것보다 남과 함께 즐기는 것이 낫고, 소수가 즐기
는 것보다 대중이 함께 즐기는 것이 낫다는 것은 미의 보편성을 증명한
다. 또 미에 대한 비평은 간혹 사람마다 다르지만, 나에게 아름다운 것이
면 그것을 '미(美)'라고 할 수 있다. 이것 역시 보편성을 표준으로 한 예
라고 말한다. 미(美)는 보편성 때문에 남과 나를 구별하지 않는다. 또 이
해관계도 가질 수 없다. 그렇다면 미의 초월성은 어떠한가?

> 말과 소는 사람이 이용한다. 그러나 대숭(戴嵩)이 그린 소나 한간(韓幹)
> 이 그린 말을 대하면 결코 부리거나 탈 생각이 나지 않는다. 사자나 호랑이
> 는 사람이 두려워하지만 노구교(蘆溝橋)의 돌사자[石獅子]나 신호교(神虎
> 橋)의 호랑이[石虎]에 대해서는 두려움이 생기지 않는다. 식물의 꽃은 열매
> 를 맺지만 우리는 꽃을 감상하면서 과일로 먹을 수 있다는 생각은 하지 않
> 는다. 아름다운 노래를 하는 새는 식품이 아니고, 찬란한 독사는 독즙을 많
> 이 품고 있다. 심미의 관념으로 그것을 대하면 그 가치는 흔들리지 않는다.
> 사람들은 미색(美色)을 좋아하지만, 그리스의 나상(裸像)에 대하여 음탕한
> 생각을 하지 못한다. 라파엘로, 루벤스 같은 화가의 나체화를 보고 주방의
> 춘화도[周昉秘戱圖]를 생각하지 못한다. 무릇 미의 실제에 대한 초월함은
> 이와 같다.[37)]

미감에 빠지면 모르는 사이에 영혼은 그 대상 속으로 빨려 들어 간다.
이리하여 대상의 위대함은 나의 위대함이 된다. 이러한 미감으로 심경
(心境)이 단련되고 습관이 되면, 어떤 비열한 유혹도 마음을 흔들 수 없
고, 어떤 세간의 권위와 무력도 협박할 수 없게 된다[38)]고 한다.
이러한 미감교육은 인격을 갖추고 순수한 감정을 도야하기 위한 방법

이었다. 곧, 인류진화를 위한 세계관과 인생관을 갖도록 하는 교육의 과정이다. 채원배는 인류의 진화를 신봉했고, 인류의 진화를 이끄는 것은 예술작업과 과학의 탐구라고 생각하였다. 그는 인류정신이 이러한 방향으로 나아간다면 인류의 미래는 밝을 것으로 보았다.

미감교육과 교육과학화 외에, 그가 제시하는 인류 진화를 위한 개인의 의무는 '사기위군(舍己爲群)'과 '노공신성(勞工神聖)'이다.39) 그는 "진화란 우리들에게 인류에 대한 의무가 다수를 위해서[爲群] 자신[小己]을 버리는 것임을 알려 주고 있다. 장래를 위하고 현재를 버리는 것임도 알려 준다. 정신의 즐거움을 위하고 육체의 즐거움을 버리는 것도 가르쳐 주면서, 인생이란 세계진화의 공례(公例)에 합치되어야 진정한 가치가 있는 것"이라고 주장한다. 그렇다면 어떻게 다수를 위해서 자신을 버리는가?

1916년 4월 화법교육회(華法敎育會)에서 화공학교(華工學校)를 개설했는데, 채원배는 스스로 학생을 뽑아 덕육(德育)과 지육(智育) 강의를 맡았다. 이것이 이른바 〈화공학교강의〉인데, 강의의 한 과목인 '사기위군'의 내용은 다음과 같다.

사람이 모여서 집단[群]을 이루는데, 집단을 이룸으로써 개인이나 공공의 이익을 꾀하게 된다. 그러나 집단을 부리려고 해서는 위험하다. 집단을 이루는 사람들이 만사를 제쳐 놓고 일생지계(一生之計)로 집단을 보호[保群]하지 않는다면 집단은 망할 것이다. 이것이 사기위군(舍己爲群)의 의무이다. 사기위군의 이유는 두 가지인데, 우선 내가 집단 가운데에 있으므로 집단이 망하면 나도 망하기 때문에 지금 나를 버리고 집단을 구하는 것이다. (이 경우) 집단도 망하지 않고 나 역시 망하지 않는다. 또 설령 내가 먼저 죽음을 면치 못하더라도 집단과 내가 모두 망하는 것보다 낫다. 여기에는 자신의 존재를 드러냄이 있다. 또 하나는 집단의 처지에서 집단 안에 있는 한 사람을 보건데, 그 가치는 많은 사람으로 이루어진 집단보다 작다.

그 하나를 희생하여 많은 사람을 구하는데 무엇을 꺼릴 것인가? 한 사람이 이렇게 생각하면 사기위군하는 한 사람을 얻을 수 있고, 집단이 이렇게 생각하면 사기위군하는 집단을 얻게 된다. 이 경우 자신의 존재가 드러나지 않는다. 드러남은 다르지만, 사기위군의 결심은 하나이다.[40)]

그는 몇 가지 예를 들어 그것을 증명한다. 먼저 전쟁의 경우이다. 종군·전쟁은 죄악이지만 야만인의 공격에 대한 방어를 위한 전쟁은 부득이한 일이라고 한다. 벨기에가 독일의 침략을 당했을 때 벨기에 사람들이 죽음을 두려워하지 않고 적을 막았다. 이것은 당연한 일이다. 그 다음 사기위군의 예는 혁명이다. 혁명은 피를 흘려야 한다. 그러나 혁명을 일으키지 않고 나쁜 정부 아래서 노예가 되는 것은 살아 있지만 죽은 것이다. 따라서 유혈을 두려워하지 않고 혁명을 일으킨다. 1789년 프랑스혁명과 중국 수천 년 동안의 혁명에서 혁명운동을 고취하다가 체포되어 죽은 자가 수천 사람이고, 혁명 당시 싸우다가 죽거나 다친 사람이 수천이다. 이들 모두가 사기위군의 정신으로 나섰다.

세 번째 사기위군의 예는 암살이다. 암살이란 혁명에서 가장 간단한 수단이다. 괴수를 죽이고, 졸개는 용서한다. 일벌백계하니 유혈은 대단한 것이 아니다. 과거 형가(荊軻)가 진시황을 살해하려 했던 것과 같고, 최근 러시아 황제 알렉산드르 2세가 살해된 것 등 모두가 그 예이다. 이것도 사기위군의 정신이다.

마지막으로 진리를 위한 희생을 사기위군의 예로 든다. 진리란 화평의 표현이지만 지금까지 교회와 왕당파와 귀족에게 기피당했다. 사기위군의 정신이 없으면 감히 언급하지 못한다. 예를 들면, 소크라테스가 신철학을 제창하여 하옥된 뒤 독을 마시고 죽었고, 코페르니쿠스는 지동설로 교황의 적이 되었다. 바쿠닌은 무정부주의를 주창하여 형벌을 받고 쫓겨났다. 그밖에도 비행기를 시험하고 남극과 북극을 탐험하는 일 등은 오늘날에도 죽음을 각오한 일로 생각된다. 호기심에서 또는 경쟁

에서 승리하기 위해서 행동했을지라도 역시 집단을 위한[利群] 동기에서 시작했을 것이다.[41]

여기서 그가 강조하는 것은 개인의 존재 가치보다 집단이나 공동체의 존재 가치이고, 집단이나 공동체의 존재를 위해서 개인의 희생을 의롭게 생각하는 유가전통의 살신성인하는 정신이다.

공자가 말하기를 '지사인인(志士仁人)은 삶을 구하여 인(仁)을 해하지 않고 살신성인한다[志士仁人, 無求生而害仁, 有殺身而成仁]고 했다'. 묵자(墨子)는 '정수리에서 발꿈치까지, 몸이 부서지도록[摩頂放踵 粉骨碎身] 천하를 이롭게 하자'고 했고, 맹자는 '생(生)과 의(義)를 함께 겸할 수 없다면 생을 버리고 의를 취한다[生與義不可得兼, 舍生而取義]'고 했다면서, 인생이란 세계진화의 공례(公例)에 합치해야 진정한 가치가 있는 것이라고 중국의 고전을 인용하여 자신의 교육목표를 주장하고 있다.[42]

유가의 인문주의 전통에서는 개인은 항상 공익에 봉사하는 자발적인 의무를 가져야 한다. 개인은 자신의 이익을 위해서 공익을 해쳐서는 안 된다. 필요하다면, 개인은 집단을 위해서 자신을 희생해야 한다. 그가 추구하는 인류 최고의 가치는 이처럼 유가의 인문주의 전통을 바탕으로 하고 있다. 서구에서 터득한 개인주의는 사회수요에 부합하지 않고, 인류의 진화를 만족시킬 수 없다는 것이다. 진보적인 교육제도와 합리적인 도덕훈련과 예술적인 감정의 연마로 인류를 이러한 높은 품격에 이르게 해야 한다. 이 교육 사상은 중국의 가족주의를 초월하고 국가도 민족도 초월한다.

그의 교육사상의 핵심은 여기에 있었다. 유가의 인문주의가 그 바탕임을 그의 글 어디에서나 볼 수 있다.[43] 채원배의 세계관교육과 미감교육은 바꾸어 말하면 교육자로서의 인생관이다. 그는 1912년 4월 〈세계관과 인생관〉(《東方雜誌》9-10)을 발표하여 인생의 참뜻이란 "세계의 각 분자 하나하나가 합심하여 다시는 서로 차별하지 않고 현상세계와 실체세계가 서로 만나는 지점에 이르는 것"[44]이라고 말한다.

진화의 역사에서 보면 인류정신의 추세는 이것과 일치한다. 신대륙을 탐험한 자는 호기심 때문에 새로운 개척지를 탐험했는데, 이 탐험은 배고픔과 추위 때문에 반드시 해야 하는 것이 아니었다. 또 남극점에 우리들의 생활에 직접 이용할 만한 자료가 있는 것도 아니다. 그러나 탐험가가 연이어 찾아간다. 유치한 수레에서 크고 튼튼한 수레로, 뗏목에서 방주로 발전했고, 교통이 열리고, 더 발전하여 기차와 기선, 자동차를 만들었다. 근래의 쾌속정과 비행기는 경쟁이 목적이었다. 이러한 작업의 시초에 반드시 희생도 있었다. 최초에는 자신에게 반드시 필요하지 않았기 때문에 후회도 했다. 문학가와 미술가의 경우, 죽은 뒤에 그 작품이 숭배되기도 한다. 처음에는 자신도 인정할 수 없어서 작업을 그만두기도 했다. 이로써 우리가 알 수 있는 것은 미래를 위해서 현재를 희생하는 것은 인류의 보편적인 성질이라는 것이다.[45]

5종의 교육목표 가운데 정치에 예속되지 않은 미감교육[46]·세계관교육의 큰 뜻은 바로 여기에 있었다.

채원배는 부국강병이 최대 목표이던 당시 지식인의 수준을 넘어 인류의 지향점을 교육목표로 제시하였다. 당대를 뛰어넘는 주장이자, 교육개혁을 위한 끝없는 노력과 함께 교육사상가로서의 참모습을 보여 주는 예라 할 수 있다.

4. 맺는 말

청 말 이래 중국의 상황에서 지식인이 당면했던 과제는, '국가와 민족의 생존을 도모[求亡圖存]하기 위해서 어떻게 자강(自强)을 꾀해야 하는가'였다. 정치와 군사뿐만 아니라 문화사상면에서도 큰 위기에 부닥쳤다. 조상 대대로 배워 왔던 한학과 송학은 완전히 현실에서 동떨어져 그 주장이 공허하고 경직되어 있었다. 진보적 지식인들은 그것을 정신적 지주로 하여서는 외국침략에 저항하고 독립자주를 유지할 수 없다고 생각했다. 그들은 서구에서 배워야 한다고 생각했다. 구국을 위해서 혁명을 주장하는 자, 개량적 방법으로 국가와 민족의 생존을 도모하는 자, 실업구국·교육구국·과학구국, 그밖에 전통문화를 재창조하여 구국하자고 주장하는 자 등, 근현대사의 격동 속에서 수많은 인물이 배출되었는데, 그 공통점은 서양으로부터 학습하여 중국의 구국을 도모하는 것이었다.

채원배는 청 말 민국 초라는 중국의 격동기에 문화사상뿐만 아니라 교육에 큰 업적을 남긴 사람이다. 그는 한림원 편수로서 41세의 나이에 최초의 독일유학생이 되었다. 라이프치히대학과 프랑스 유학을 거치면서 현실 인문학의 관점을 기초로 하는 신철학을 체득했다. 그리고 그것을 바탕으로 유가(儒家)의 인문주의 사상을 서양 근대의 상징인 자유·평등·박애에 비유하여 새롭게 해석하고, 중국의 전통사상을 바탕으로 하여 동서문화의 융합을 꾀했다.

그는 새로 성립된 중국에 민주정치를 실현하기 위해서 초대 교육총장에 부임하였고, 사회의 도덕과 교육에 관심을 가졌다. 교육총장으로서 그가 수립한 교육사상은 군국민교육·실리주의·공민교육·미감교육·세계관교육이다. 그는 군국민교육·실리주의교육 그리고 공민도덕교육이 부강하고 정의로운 사회건설을 목표로 한다면, 미감교육과 세계관교육은 '인류진화를 위해서'라고 주장했다. 부국강병이 최대의 목표였던 당시 중국의 상황에서 교육이념으로 미감교육·세계관교육을 주장한 것은 독특하다.

교육이념을 설명하는 글에서 채원배는 현세의 행복과 인류 미래를 위한 보편적 가치를 설정하고, 모든 교육현상을 현상세계와 실체세계로 나누어 이분법적으로 평가한다. 그리고 현상세계에서 교육을 정치에 예속되는 교육으로 파악하면서, 현상세계의 교육으로 구국을 위해 어떠한 교육을 실시해야 하는가를 설명한다. 군국민교육·실리교육·공민도덕이 그것이다.

504

　실리주의와 군국민교육은 외압을 겪고 있는 신생국가로서 피할 수 없는 선택이다. 그 목적은 '어떻게 하면 외압을 물리치고 중국을 이상적인 나라로 만들 것인가'이다. 따라서 교육에 크게 영향을 미치는 개인적 정서나 취미, 기질적인 것, 반응방법 등의 차이, 성 차이 등 개인의 유전적 작용 등을 무시하고 중국의 현실을 반영한다.

　그 다음 정치에 예속되지 않는 미감교육과 세계관교육을 제시하는데, 이 단계에서는 교육이 국가라는 영역을 초월하여 인류 미래를 위한 보편적 가치를 추구해야 한다고 주장한다. 그는 루소처럼 허례를 버리고 자연적인 원시농경으로 복귀할 것을 주장하는 도가사상을 배척한다. 도가에서 주장하는 '족함을 알아야 욕됨이 없고, 그칠 줄 알아야 위태롭지 않다[知足不辱 知止不殆]'는 눈앞의 행복만을 말하고 있기 때문이다.

　정치에 예속되지 않는 교육의 목적은 형체도 없고[無方體], 시작과 끝이 없는[無終始] 세계관 — 실체세계를 경험하는 것이다. 미감교육도 실체세계로 가는 한 방법이다. 미감교육 외에 실체세계를 구현하는 교육의 방법은 진화·과학적 탐구·미감(예술)이고 사기위군·노공신성(勞工神聖)이다. 이것들이 세계진화의 공례이고, 이것들이 현상세계의 장애를 없애고 인류를 실체 세계로 이끈다고 보았다.

　세계관 교육의 목표는 그의 인생관이다. 그는 인생이란 세계진화의 공례에 합치되어야 진정한 가치가 있는 것이라고 말한다. 실체세계를 경험하는 방법으로 특히 강조된 것은 미감교육이다. 그래서 그는 종교 대신 미육을 주장했다. 채원배는 종교의 의식과 신조는 덕성을 함양할 수 있다고 한 주장에 반대한다. 신앙이란 자신을 속이고 남을 속이는 일이라고 했다. 만약 덕성을 함양할 수 있다면, 미육을 제창하는 것이 낫다고 하였다.

　무릇 인류의 악은 자사자리(自私自利)에서 시작하는데, 미술은 초월성이 있기 때문에 일신의 이해에 얽매이지 않고, 또 보편성이 있기 때문에 남과 함께 즐기고, 대중과 함께 즐길 수 있으니 좋다는 것이다. 종교를 대신하여 미감이라는 예술활동으로 교육을 완성하고자 한 것이다. 그는 한 파의 철학, 한 종문의 교의에 마음을 매이지 말도록 당부한다.

채원배의 실체세계에 대한 설정은 교육가 페스탈로치의 영향으로 보이며, 교육을 넓은 의미로 해석하여, 인류의 정신적 문화유산을 계승하고, 확장하는 것으로 보았다. 그러기에 계승해야 할 문화는 무엇이며, 또 버리거나 바로잡고 극복해야 할 문화는 무엇인가를 찾아내서, 전통문화를 보전하고 그 가치에 생존의 의미를 부여하기 위해서 노력했다.

유가 윤리학설의 역사적 발전과정을 주요 내용으로 한《중국윤리학사》에서, 책의 발간 목적을 중국 고유의 문학·철학·사상체계를 옹호하는 것이라고 밝힌 것은 좋은 예가 된다. "이방(異邦)학설이 곳곳에서 수입되어 충돌의 형세가 있을 것인데, 진실로 우리 고유의 사상체계를 갖추어서 중심을 가져야 한다. 그렇지 않으면 앞으로 방황의 기로에 설 것"이라 했다. 그가 중국의 고전을 현대적 의미로 해석하여 동서문화 융합을 시도한 것은 바로 이러한 안목에서였다.

그는 구시대의 독서인이었다. 35세 때도 삼강오륜을 옹호했다. 수재(秀才)에서 거인, 진사, 한림(翰林)으로 중국전통사상을 계승했다. 결혼식의 행례에서도 '공자'라는 장식을 내걸 정도로 공자를 숭배했다. 그가 종교를 부정하고 신앙의 자유를 주장한 것은 그 자신의 학문적 뿌리가 되고 있는 중국전통사상과 관련된다고 볼 수 있다. 민국 초기 그의 교육사상·북경대학 개혁·신문화운동에 대한 지지와 동조는 모두 구세력을 긴장시킬 만큼 파격적이었지만, 그 사상의 바탕은 유가 인문주의의 전통에 있었다. 그보다도 그는 유가적 인문주의에서 중국 생존의 가치를 찾았다고 말해야 할 것이다.

인문주의의 유가전통에 따르면, 개인은 자신을 희생하고 집단을 위해야 한다. 사기위군 살신성인(舍己爲群 殺身成仁)이 그것이다. 그가 추구하는 인류 최고의 가치는 이처럼 유가전통의 인문주의를 바탕으로 하고 있다. 세계관교육은 진보적인 교육제도와 합리적인 도덕훈련으로 인류를 이러한 완미(完美)한 경지에 이르게 하는 것이다. 이것은 중국의 가족주의를 초월하고 국가와 민족도 초월한다. 그의 독특한 교육사상 ─ 미감과 세계관교육사상 ─ 의 핵심은 여기에 있었다.

■주

1) 蔡元培, 〈對於教育方針之意見〉, 孫常煒, 《蔡元培先生全集》, 臺北 : 臺灣商務印書館, 1977, 452~459쪽.
2) 蔡元培, 〈臨時教育會議日記〉, 舒新城, 《近代中國教育史料(3)》, 上海 : 中華書局, 1928, 216~217쪽 ; 蔡元培, 〈教育宗旨案之說明〉, 孫常煒, 《蔡元培先生全集》, 臺北 : 臺灣商務印書館, 1977, 703~706쪽.
3) 孫培靑, 《中國敎育史》, 上海 : 華東師範大學出版社, 1992, 603쪽.
4) 吳敬恒, 〈 蔡先生的志願〉, 앞의 책, 1977, 1368쪽.
5) 그 내력은 채원배 선생의 어머니는 周씨인데, 선진시대에는 周·蔡가 모두 姬姓의 후예였기 때문이다. 孫常煒, 《蔡孑民先生元培年譜》, 臺北 : 臺北遠流出版事業公司, 1997, 1~2쪽.
6) 孫常煒, 앞의 책, 1997, 7쪽. 모친 주 씨가 병이 났을 때 팔을 베어서 약으로 드렸는데, 이러한 효도는 모두 20세 이전에 교육 받은 宋儒의 영향이라고 한다.
7) 孫常煒, 〈我的讀書經驗〉, 《蔡元培自述》(이하《自述》이라함), 臺北 : 傳記文學出版社, 1985, 5쪽.
8) "성상(聖上)께서 왜(倭)와 화의를 결정하셨다. 그 화약(和約) 십사(十事) 가운데 중요한 것을 들면, 대만 할양, 봉천과 요양(遼陽) 이동(以東) 할양, 배상금 2억 냥이다. 韓과 魏는 秦에게, 宋은 金에게 날마다 백리(百里)를 빼앗기고 밤마다 재앙을 당했지만 이보다 심하지는 않았을 것이다. 성상께서 겸손하게 자신을 억제하고 조정의 의견을 두루 물으시나 강신(彊臣)들이 발호하니 정부는 무능할 뿐이다. 내외로 낭패를 당하면서도 무방비 무능력인 채로 공갈을 치고 있다. 철을 모아 무기를 만들었지만, 안일한 계책으로 일거에 이 지경에 이르렀구나. 통곡하고 크게 울고 탄식할 일이다."
9) '유신당이 실패한 원인은 먼저 혁신의 인재를 양성하지 않고, 소수인으로 정권을 쟁취하여 수구를 배척하였고, 이 때문에 情勢가 왜곡되지 않을 수 없었다. 이후의 북경정부는 희망이 없으므로 京職을 포기하고 교육에 종사하기를 원했다'(黃世暉, 〈蔡孑民先生傳略〉, 孫常煒, 앞의 책, 1985, 52쪽). 이하 채원배의 생애에 관한 기술(記述)은 채원배 선생이 구술하고 黃世暉가 記錄한 〈蔡孑民先生傳略〉을 주로 참조함.
10) 그의 삼강오륜에 대한 견해는 다음과 같다. '綱이란 目에 대칭되는 것으로, 三綱은 治事(일을 함)를 위해서이다. 나라에는 군주가 있으며, 君은 綱이고, 臣은 目이다. 가(家)에는 호주가 있으며, 夫와 父는 綱이고, 婦와 子는 目이다. 이는 권리를 통일하기 위한 것으로 상호간에 대우하는 법과는 무관하다. 상호 대우하는 법으로는 五倫이 있다. 君仁·臣忠, 夫義·婦順, 父慈·子孝인데, 臣은 마땅히 충성하고, 子는 마땅히 효도하고, 婦는 마땅히 순종해야 한다는 것이 아니다. 또, 君·夫·父는 不仁·不慈·不義할 수

있다는 말이 아니다. 세속에 君이 원하면 신하는 죽지 않을 수 없고, 父가 원하면 子는 죽지 않을 수 없다는 말이 있는데, 이 말은 五倫에 합치되지 않을 뿐만 아니라 삼강오륜에도 합치되지 않는다'(孫常煒, 앞의 책, 1985, 53~54쪽). 이 시기 채원배의 삼강오륜에 대한 견해이다. 삼강오륜에 평등의 의미를 부여하고자 하는 시도인데, 그는 중국고전을 항상 이러한 태도로 해석한다.

11) 蔡元培, 〈釋仇滿〉, 孫常煒, 앞의 책, 1977, 437쪽.

12) 孫常煒, 앞의 책, 1985, 63쪽.

13) 蔡元培, 《中國倫理學史》, 高平叔, 《蔡元培全集》(이하《全集》이라함) 제2권, 北京 : 中華書局, 1984, 1쪽.

14) 蔡元培, 《倫理學原理》, 高平叔, 《全集》 제1권(北京 : 中華書局, 1984)에 전문이 실려 있다. 목차는 413~415쪽에 있다. 이 책이 번역 출판된 뒤 중국 안의 일부 학교에서 윤리학 교과서로 채택하여 썼다(周天度, 《蔡元培傳》, 臺北 : 新潮社出版, 1994, 63쪽).

15) 蔡元培, 〈北京大學進德會之旨趣書〉, 孫常煒, 앞의 책, 1977, 470쪽.

16) 진덕회의 규약 가운데 "관리가 되지 않는다", "의원이 되지 않는다"의 항목은 불편하다고 하여 모두 합의하여 삭제하고, 6항목만 남겼다. 송교인의 제창으로 '육불회(六不會)'라고 개칭하였다. 그 규약은 '1. 매음하지 않고 2. 도박하지 않고 3. 첩을 두지 않고 4. 육식을 하지 않고 5. 음주하지 않고 6. 흡연하지 않는다'이다. 입회자는 앞의 3항은 반드시 준수해야 하고 뒤의 3항에 대해서는 자유로웠다(孫常煒, 앞의 책, 1997, 93쪽).

17) 蔡元培, 〈社會改良會宣言〉, 高平叔, 《全集》 제2권, 137쪽.

18) 그 지적은, 계집질과 축첩을 하지 않고 남녀평등을 실행, 조혼 폐지와 결혼자유, 그밖에 이혼과 재가의 자유, 산아제한, 무릎을 꿇는 예나 허리 굽혀서 하는 인사를 두 손을 맞잡는 인사로 대신하며, 나리라는 호칭을 선생으로 하자는 등 악습타파에 관한 것이었다. 또, 아편과 각종 술, 담배를 삼가며, 아무 곳에나 침을 뱉지 않고 쓰레기를 버리지 않는다는 등, 공중도덕, 보건위생에 관한 것과 미신타파가 주된 내용이다(蔡元培, 〈附 : 社會改良會章程〉, 高平叔, 《全集》 제2권, 138~140쪽).

19) 孫常煒, 앞의 책, 1997, 91쪽.

20) 蔡元培, 〈對於敎育方針之意見〉, 孫常煒, 앞의 책, 1977, 453~454쪽.

21) 이밖에도 채원배는 〈中國的文藝復興〉에서 중국 전통사상의 특징을 평민주의 · 세계주의 · 화평주의 · 평균주의 · 신앙자유주의의 다섯 가지로 정리하여 설명하고 있다(孫常煒, 앞의 책, 1977, 811~814쪽). 또 〈사회주의사서(社會主義史序)〉에서는 《論語》의 〈季氏〉편, 《禮記》의 〈禮運〉편, 맹자의 許行說 등을 예로 들면서, 중국고전에 사회주의 학설이 있다고 주장한다(《新靑年》 제8권 1호). 심지어 중국의 공자와 맹자는 프랑스 혁명의 선각이라고까지 말하고 있다(蔡元培, 〈蔡元培等人公啓〉, 張允侯, 《留法勤工儉學運動》, 上海 : 上海人民出版社, 1980, 80~81쪽).

22) 蔡元培, 〈科學之修養〉, 孫常煒, 앞의 책, 1977, 768쪽.

23) 蔡元培, 〈對於敎育方針之意見〉, 孫常煒, 앞의 책, 1977, 454쪽.

24) 孫常煒, 앞의 책, 1977, 455쪽.

25) 孫常煒, 앞의 책, 1977, 455~456쪽.

26) 孫常煒, 앞의 책, 1977, 456~457쪽.

27) 孫常煒, 앞의 책, 1977, 456~457쪽.

28) 孔敎會의 성립 및 공교국교화 운동과 관련된 민국 초기의 사건은 김정화, 〈채원배의

북경대학 개혁(1)〉,《中國史研究》제8집, 2000. 2., 중국사학회, 115~121쪽을 참조.

29) 康有爲,〈孔敎를 國敎로 하고 天壇에 제사지내는 議〉,《不忍雜誌》제3기, 민국 2년 4월.

30) 陳獨秀,〈駁康有爲致總統總理書〉,《新靑年》제2권 2호, 민국 5년 10월 1일.

31) 蔡元培,〈我之歐戰觀〉(在北京政學會歡迎會上的演說詞), 高平叔,《全集》제3권, 北京 : 中華書局, 1984, 2~3쪽.

32) 蔡元培,〈在淸華學校高等科演說詞〉, 高平叔, 위의 책, 1984, 28쪽.

33) 蔡元培,〈在信敎自由會之演說〉, 孫常煒, 앞의 책, 1977, 724쪽.

34) 蔡元培,〈中國的文藝復興〉, 孫常煒, 위의 책, 1977, 814쪽.

35) 蔡元培,〈以美育代宗敎說〉, 高平叔,《全集》제3권, 1984, 32~33쪽.

36) 高平叔,《全集》제3권, 1984, 33쪽.

37) 주 36과 같음

38) 미감교육에 대한 그의 관심은 평생에 걸친 것으로, 이 강연은 그가 죽기 1년 전인 73세 때의 강연이다. 蔡元培,〈在香港聖約翰大禮堂美術展覽會之演詞〉, 孫常煒, 앞의 책, 1977, 898쪽.

39) 채원배는 대학원 성립 초에 교육회의를 개최하면서 세 가지 교육방침을 제시한다. 그 것은 그가 국민교육에서 한결같이 중시한 교육정신으로, 첫째 과학교육을 실시하고, 둘 째 전국인민에게 노동의 습관을 갖도록 하며, 셋째 전국 인민이 예술에 관심을 가져서 고상하고 순결한 사기위군의 사상을 갖도록 해야 한다. "勞心者는 농공의 노동을 해야 하고, 勞力者는 노동의 시간을 줄여서 학습기회를 가져야 한다. 그래서 누구나 생산에 힘쓰고 누구나 품위 있는 문화를 체득하도록 해야 한다"는 것이다. 노공신성은 무정부 주의의 영향이라고 보이는데, 그는 勤工儉學운동을 지원하였고, 북경대학 총장을 역임 하면서 한결같이 勞工神聖을 강조했고 학생들에게 큰 영향을 주었다. 蔡元培,〈全國敎 育會議開會辭〉, 孫常煒, 앞의 책, 1977, 819쪽.

40) 蔡元培,〈華工學校講義－舍己爲群〉, 孫常煒, 앞의 책, 1977, 191쪽.

41) 孫常煒, 앞의 책, 1977, 191~192쪽.

42) 孫常煒, 위의 책, 1977, 463쪽.

43) 뒤커(W. J. Duiker)는 채원배가 인식한 도덕의 핵심은 "自成(儒家에서의 修身의 현대 적 의미)을 넘어서 자신의 창조력으로 사회에 봉사(治國平天下의 현대적 의미)하도록 고무하는 것"이라고 하면서, 채원배는 유가제도가 현대사회에서 적응력을 갖지 못하게 되자, 오히려 심각하게 유가가치에 대해서 의미를 부여했다고 하고, 자고로 이러한 가 치 속에 중국인 생존의 의의와 목적이 있었다고 평가한다. 뒤커 지음, 張力 옮김,〈蔡元 培與儒家傳統〉,《自由主義》, 臺北 : 時報出版社, 1980, 265~288쪽.

44) 孫常煒, 앞의 책, 1977, 460쪽.

45) 孫常煒, 위의 책, 1977, 461~462쪽.

46) 미감교육은 채원배가 창의한 뒤, 교육사상사에 중요한 자리를 차지했다. 이로 말미암 아 교육에 크게 영향을 끼쳤다. 첫째, 보통 중・소학 예술과목이 증가했다. 手工・圖 畵・음악과가 증가했다. 배정시간도 18% 증가했다. 둘째, 미술전문학교가 설립되었다. 가장 먼저 창립한 것은 민국 원년에 설립된 상해의 미술전문학교이다. 셋째, 대학에 예 술원을 설립하고 고급사범학교에 예술과를 증설하였다. 모두가 미감교육사상의 영향이 다. 任時先,《中國敎育思想史》, 臺北 : 商務印書館, 1981, 34쪽.

도행지陶行知
창조적 향촌교육자, 민주화운동의 투사

이병주

1. 머리말

도행지(陶行知 : 1891~1946)는 1891년에 나서 1946년에 죽었다. 그가 55년의 짧은 생애를 살았던 동안은 중국현대사의 전반기(1910~1940년대)[1]로 중국이 전통적 전제군주체제에서 현대적 민주사회로 이행하는 혼란과 격동의 시대였다. 이 시대에는 우선 정치적으로 해묵은 전통적 전제왕조를 청산하고 중국 실정에 맞는 새로운 통일, 독립된 근대적 정치체제의 확립을 모색하는 과정에서 대내적으로 신해혁명(1911), 국민혁명(1924~1928), 그리고 중공혁명(1949)의 3대혁명과 그에 따른 수많은 정치적 사건이 잇달아 일어났고, 대외적으로는 21개조 요구(1915) 이래 노골화하면서 점차 집요하게 확대되어 간 일제(日帝)의 침략으로 중국에는 시련과 고통이 끊이지 않았다. 사회적으로도 이 시기는 종적 위계질서에 바탕을 둔 지배윤리와 차별적 사회직능관의 전통적 사회제도와 가치관이 수평적 상호관계와 개인주의에 바탕을 둔 새로운 민주적 사회제도와 근대적 가치관으로 변환·대치(代置)되는 과정에서 가치관의 혼란과 사회계층간의 갈등이 첨예화하고 있었다.

그러한 격변기의 정치·사회적 환경은 도행지의 생애에도 자연히 반영되었다. 그의 생애는 이미 젊은 20대 후반부터 혁신적 교육개혁가로 시작하여 창조적이며 헌신적인 농촌·대중교육운동가, 그리고 진보적 민주·항일애국투사로 이어졌다. 그의 생애는 그 당시 빠르게 진행된 정치적 변화와 각 시기적 요청에 기사취공(棄私取公)의 정신으로, 순정적이고 사명감이 강한, 능동적이고 적극적으로 부응한 삶을 살아간 결과였다. 따라서 도행지는 살아있을 때나 죽은 뒤에도 많은 사람의 애호와 높은 평가를 받은 인물이다.

그러나 도행지에 대해서는 채원배(蔡元培)나 호적(胡適)과는 달리 우리 한국이나 외국에서도 그리 잘 알려져 있지 않은 것이 사실이다. 그러한 점에서 그의 생애를 각 시기별로 나누어 간략히 소개하되, 여기서는 그의 인생의 본령인 교육가로서 그의 독창적 교육사상 발전을 중심으로 서술하고자 한다.2)

2. 도행지의 생애와 교육활동3)

1) 가정과 교육

도행지는 1891년 10월 18일(음력 9월 16일) 안휘성 섭현(歙縣) 왕곽원(王槨源)이라는 작은 마을에서 소규모 자작농 도임조(陶任潮)의 2남 2녀 가운데 2남으로 태어났다. 어릴 때 이름은 문준(文濬)이었으며 14세까지 부친 슬하와 서당에서 한문을 배웠다. 그 뒤 15세 되던 1906년 도는 섭현 성안 기독교 계통의 중학 숭일학당(崇一學堂)에 입학하여 4년 과정을 월반과 우등으로 3년에 마치고, 항주(抗州)에 있는 역시 기독교 계통의 의과대학 광제학당(廣濟學堂)에 진학했다가 세례 문제로 반년 만에 그만두었다. 그리고 이듬해 19세로 남경의 사학명문 금릉대학(金陵大學) 문학계에 입학하였는데, 장차 대중교육 개혁가와 애국운동가로서 그의 자질이 나타나기 시작한 곳이 바로 이 금릉대학이었다.

신해혁명 1년 전에 금릉에서 학생생활을 시작한 그는 연설부를 조직,

학교 안팎에서 민족주의와 민주주의를 선전하고 전람회를 열어 혁명운동 응원을 위한 구국 모금 활동을 주동하였으며 학생 잡지 《금릉광(金陵光)》을 창간하여 편집하는 등 활발한 학생 활동을 벌였다. 그는 또한 대학에 다닐 때 왕양명(王陽明, 1471~1529)의 《전습록(傳習錄)》을 탐독, 그의 지행 합일설(知行合一說)에 심취하였다. 그 결과 도행지는 스스로 이름을 지행(知

도행지

行)으로 바꾸었는데, 이 이름은 1934년 다시 행지(行知)로 개명할 때까지 썼다.4) 여하튼 그는 1913년 4년의 과정을 1년 빨리, 그것도 수석으로 금릉대학을 졸업하였다.

금릉대학을 졸업한 도행지는 관리가 되려고 하였으며, 이를 위해 도미 유학을 결심하였다. 그리하여 1914년 겨울 그 친척에게서 돈을 빌려 미국 유학길에 올랐다. 미국에 당도한 그는 처음에 작정한 대로 일리노이대학교 정치과 대학원생으로 등록하여 시정(市政, city administration)을 전공하였다. 그러나 컬럼비아대학 출신 코프만 (Lotus D. Coffman) 교수의 교육행정학을 수강하다가 존 듀이(John Dewey)의 교육철학에 깊은 감명을 받은 나머지 이듬해 가을 듀이가 재직하고 있는 컬럼비아대학교 사범대학으로 전학하여 교육학도가 되었다. 그뿐 아니라, 듀이를 비롯한 여러 교수들의5) 사랑을 받아 1917년 봄 교육석사학위를 받고 졸업하였다.

2) 신교육의 제창과 평민교육운동

1917년 가을 귀국한 도행지는 남경고등사범학교 교수로 초빙되었으며 머지않아 교육장이 되었다. 그는 학교에서 자신이 배워 온 듀이의 실용주의적 교육철학에 따라 교수법과 교과내용의 개편에 노력하였다. 그리고 학교 밖에서도 채원배·장몽린(蔣夢麟)·호적 등 저명한 교육자들과 함께 중국의 교육개혁을 제창하였다. 그는 《신교육(新敎育)》, 《신교육평론(新敎育評論)》과 같은 교육잡지에 듀이 등 미국 학자들의 새로운 교육사상과 이론을 소개했으며,6) 앞서 말한 학자들과 함께 1921년 겨울 중화교육개진사(中華敎育改進社)7)를 조직하고 총간사로 선출되어 개진사(改進社)의 실질적 운영을 책임졌다. 그러한 활동은 모두 당시 중국의 교육개혁을 위한 그의 적극적 의지의 표현이었다.

그는 거의 같은 시기에 성인을 위한 식자(識字)운동(문맹퇴치운동)에도 힘을 기울이기 시작하였다. 처음에는 여름방학 동안 학생들과 남경 고등사범학교 주변의 문맹자들을 대상으로 한 임시적이고 실험적인 식자운동에 불과하였다. 그러나 이 운동은 1923년 8월 또 다른 저명한 문맹퇴치운동가 안양초(晏陽初, James Yen)와 함께 북경에서 중화평민교육촉진회(中華平民敎育促進會)를 설립함으로써 그의 주된 사업으로 바뀌었다.8) 그는 당시 평민교육운동이라고 부른 이 문맹퇴치운동에 전념코자 동남대학(東南大學)으로 개명, 승격된 고등사범학교의 교수직을 사임하였다. 그리고 10월부터 촉진회를 중심으로 평민교육운동을 전국적으로 전개하였다. 그는 주경농(朱經農)과 협력하여 손수 《평민천자과(平民千字課)》라는 문자독본을 만들었으며, 전국 주요 도시를 방문하여 야학을 세우고 집·상점·공장·여관 등 가능한 곳에는 모두 '평민독서처(平民讀書處)'를 개설하여 인력거꾼·행상·노동자·하부(荷夫) 등 하층계급의 문맹자들이 쉽게 기초적인 문자나 산술을 배울 수 있도록 하였다.9) 그 결과 평민교육운동은 시작한 지 9개월 만에 20개 성과 수많은 도시로 확산되었다.

그러나 여기서 주목할 것은 도의 평민교육운동이 단순한 성인교육의 차원을 넘어 사회개혁과 정치개혁적 성격을 띠었다는 사실이다. 그는

1923년 한 친구에게 보낸 편지에서 자신의 식자운동은 사회를 변화시키기 위한 노력의 하나라고 한 바 있다.[10] 또 다른 기회에 그는 같은 운동을 "각 계급의 장벽을 깨뜨려 자유롭고 열린 사회를 만드는 기초"라고 하였다.[11] 또 당시에 정치적 분열과 사회적 혼란의 어려운 상황에서 "정치적 통일은 당장 어렵지만 교육은 통일적으로 될 수 있다"고 하여 대중교육의 신속한 보급이 군벌정치(軍閥政治)를 극복하고 통일·민주정치를 확립하기 위한 가장 기초적 작업이라 믿었던 것이다.[12]

그뿐 아니라 문맹퇴치를 위하여 수많은 도시를 여행하고 대중들과 접촉하는 동안에 도행지는 진정한 대중운동을 위하여는 그 자신이 완전히 대중과 같아지지 않으면 안 된다는 것을 깨닫게 되었다. 그는 우선 자신의 옷차림이 대중과 달라 그들과 가까워지는 데 방해가 됨을 깨닫고 '지식인의 복장'을 벗어버리고 평민들이 입는 조끼와 바지를 사서 입고 빵떡모자를 구하여 썼다. 도는 그 뒤 여생을 한결같이 그와 같은 복장으로 지냈다.[13]

3) 농촌교육운동

(1) 효장학교(曉莊學校)와 생활교육 실험

선교사와 같은 열성에도 불구하고 도행지는 몇 년 가지 않아서 주로 도시와 주변 지역 중심의 식자운동에 한계를 느끼게 되었다. 그는 대중운동 과정에서 정말로 구국계몽의 대상이 되는 중국의 민중은 소수의 도시에 있는 사람들보다는 전 인구의 85% 이상을 차지하고 있는 농민대중임을 깨닫게 되었다. 그는 또한 종래의 학교교육이 도시와 농촌을 가릴 것 없이 도시생활과 상급학교 진학 위주로 되어 있어 봉사와 개선이 시급한 농촌을 도울 수 있는 인재를 양성할 수 없으며, 외국 직수입의 교육방식으로는 중국의 문제를 해결할 수 없으므로 중국토양에 맞는 교육방법의 개발이 필요하다고 생각하였다.[14] 그러한 각성을 배경으로

514

그가 새로이 찾은 사업의 출구가 향촌교육운동이었으며, 그것은 농촌학교 특히 농촌사범학교를 중심으로 농촌생활을 개선하고 그것을 중국 부흥의 기초로 삼는다는 것이었다.[15] 도행지의 이와 같은 농촌사범학교를 중심으로 한 향촌사회 개조 구상의 실천적 첫발이 1927년 3월 남경 교외에서 개설된 효장사범학교(曉莊師範學校)였다.[16]

효장학교(원명은 曉莊試驗鄉村師範學校)는 남경의 북방 외곽 화평문(和平門)에서 5리 떨어진 소장(小莊)이라는 작은 촌(村)에서, 도와 교육개진사에서 같이 일하는 조숙우(趙叔愚), 교개명(喬啓明) 등[17] 뜻있는 젊은 학자들이 단 13명의 학생과 함께 교사와 운동장도 없이 한 농가의 앞마당을 빌려 천막 하나, 몇 개의 의자와 책상을 가지고 시작하였다. 그러나 교사와 학생들이 한편으로는 공부, 한편으로는 건설에 피나는 노력 끝에 1929년 말에는 비록 흙벽과 풀잎지붕의 건물이긴 하나 효장학원(학교 본부와 사범과), 7개 소학교와 유치원, 1개 중학교, 강당, 도서관, 음악실, 식물연구실 등 십수 동의 건물을 갖게 되었고, 직원과 학생 수가 모두 3천여 명에 이르렀다. 또한 학교 주위 약 20km 안에 240여 개의 촌락을 상대하여 움직이는 교육과 농촌개혁을 동시에 실험하는 단체로 발전하였다.[18]

그러나 효장학교의 중요성은 무엇보다도 그 목적과 운영, 그리고 교육방식의 색다름에 있었다. 학교의 교육목표를 "향촌아동과 민중에게 존경과 사랑 받는 도사(導師)의 양성"으로 정하고, "본교 졸업생은 한편으로 아동을 교도하고 양호한 향촌학교를 운영하며, 다른 한편으로는 민중을 보도(補導)하고 자기가 운영하는 학교를 향촌사회 개조의 중심으로 삼을 것을 원한다"고 하였다.[19] 그러한 목표에 도달하기 위한 교육기준으로 ① 농민적 신수(身手)의 양성, ② 과학적 두뇌의 양성, ③ 예술가적 흥취의 양성, ④ 사회개조가의 정신과 열심의 양성을 설정하였다.[20]

실제 학교의 운영과 학생의 교육, 훈련에도 거의 극단적인 민주주의와 평등주의의 원칙과 정신교육, 실습 위주의 학과교육, 육체노동의 3자를 결합한 방식을 채택하였다. 도행지 교장 이하 모든 교사와 학생이 한 교정 안에 기거하며 학교의 사무와 교육계획에서부터 취사와 청소에 이르기까지 지도원(교사)의 인도 아래에 학생들이 처리케 하였으며, 교육과 훈련도 특정한 교과과정이나 교과서가 없이 교장과 교사들의 강화, 자유토론, 학생 개개인의 전공에 따른 개인지도, 자습, 각종 노동, 그리고 농민에 대한 봉사가 주요 내용이었다. 또한 정신교육면에서는 민족주의(反제국주의), 민주와 평등주의(反군벌, 反열신, 反토호), 자력갱생, 노동의 신성성, 협동정신을 강조하였다.21)

이와 같은 효장학교의 색다른 교육방법은 뒤에 다루겠지만 '생활교육' 사상에 근거한 것이거니와, 점차 유명해져서 전국 각지로부터 많은 참관단체와 인사들의 방문이 끊이지 않았다. 그 가운데에는 당시 정치·군사의 실권자 장개석(蔣介石) 부처도 끼어 있었으며,22) 많은 농촌사범학교가 효장학교를 모방하였다. 그러나 전통적 구 교육은 물론 당시 관영 교육과도 어긋나는 효장학교의 운영 및 교육방법과 반군벌적·반제국주의적 입장, 그리고 특히 도교장과 반장(反蔣)군벌 풍옥상(馮玉祥)과의 친밀한 관계는 효장학교를 반정부 집단으로 간주케 하여 정부의 감시를 받게 하였다. 그리고 1930년 봄 남경 하관(下關)에 있는 '화기(和記)' 공장 노동자들의 반제(反帝) 파업에 대한 효장학생들의 동정시위를 구실로 결국 같은 해 4월 정부에 따라 효장학교는 폐쇄되고 도행지는 체포를 피해 1930년 겨울부터 1931년 봄까지 일본으로 망명하였다.23)

(2) 산해공학단(山海工學團) 실험24)

1931년 봄에 귀국한 도행지는 상해에 은거하면서 민족자본가 사량재(史量才)의 후원 아래 '자연학원(自然學院)'을 창립하고 과학하가(科學下嫁 : 과학의 통속화)운동을 제창하면서 아동과학총서 100여 종을 간행하였다.25) 또한 사(史)씨가 경영하는 《신보(申報)》 〈자유담(自由談)〉 난에 여러 가지 필명으로 시국 수상(隨想)을 기고하면서 항일정론(抗日

516

政論)을 펴고 교육소설 〈고묘고종록(古廟敲鐘錄)〉26)을 연재하여 자신의 교육관을 펼쳤는데, 이 〈고묘고종록〉은 그가 1932년 10월 상해 교외 보산현(寶山縣) 맹가대교(孟家大橋)에서 연 산해공학단에서 실천, 시험했다.

도행지가 'Labor-science Union'이라고 부른 공학단은 교육과 생산을 결합시킨 그의 제2의 농촌개혁 실험인데 "공장·학교·사회를 하나로 만들어 향촌을 개조하고 생활력을 기르게 하는 세포"라고 표현했다. 이 공학단운동은 처음에 20여 명의 소학생으로 된 아동공학단으로 시작되었으나 1년 뒤에는 9개소에 아동공학단이 조직되어 단원이 300여 명이 되었고, 성인들로 구성된 양어(養魚)공학단, 면화(棉花)공학단, 직포공학단, 부녀공학단이 결성되어 농민생활에 큰 도움을 주게 되자 인근 촌락으로 급속히 확대되어 갔다. 특히 아동공학단에서 교사난을 해결하기 위한 방안으로 고안된 '소선생제(小先生制)'(학생 상호간의 교육과 소학생의 지식을 식자운동에 동원하는 제도)는 짧은 시일 안에 상해 주변 여러 현에 퍼짐은 물론 1945년까지는 전국 23성시(省市)에서 채택되는 유력한 교육보급 제도가 되었다.27) 그러나 뒤에서 다루겠지만 1935년 이래 일제의 화북침략 의도가 노골화하고 1936년 7월 도행지가 전국각계구국연합회의 항일 민간사절로 해외여행을 떠나자 공학단운동도 정돈되는 상태에 빠지게 되었다.

4) 국난(國難)교육과 전시교육운동

일제가 만주를 점령한 뒤 1935년 화북에 대한 침략 기도를 노골화하자, 12월 9일 북경의 대학생들이 중심이 된 대대적인 항일(抗日)청원시위와 그에 호응한 전국적인 항일운동이 일어났다. 또한 12월 중순부터 1936년 5월까지 중국 각지 각계에서 구국회(救國會)가 조직되고 6월에는 전국각계구국연합회[全救聯]가 결성되었다 이와 같은 항일운동의 새

국면을 맞아 도행지는 1935년 12월 27일에 조직된 상해문화계구국회 집행위원으로 선출되었으며, 전구련(全救聯)에서도 심균유(沈鈞儒), 추도분(鄒韜奮) 등과 함께 유력한 지도자가 됨으로써 항일운동의 전면에 나섰다.28) 그는 1936년 7월부터 1938년 9월까지 2년여 동안 전구련의 국민외교사절로 남양 각지와 영국·프랑스·미국 등 28개국을 순방하여 화교들에게 항일의식을 고취하고 구국헌금을 각출하며 전 세계에 일제의 침략성을 고발하였다.29)

군중대회에서 연설하는 도행지를 그린 삽화(1946년)

다른 한편 도는 1936년 2월에 국난교육사(國難教育社)를 창립하고 국난교육 방안을 초안, 발표하여 국난교육을 제창하였다. 그 주지는 "행동에서 국난 해결의 참 지식을 취득하며, 그것을 즉시 대중에게 전달하여 국난을 해결하는 역량이 일어나게 한다"는 것이었다. 그리고 노예화교육과 매판(買辦)교육에 반대하며 매국노와 한간(漢奸), 그리고 일본제국주의 타도를 선언하였다.30)

1938년 도행지의 귀국 때는 이미 중일전쟁이 발발하여 무한(武漢)이 일본군의 위협을 받고 있었다. 이와 같은 상황에서 도의 국난교육 운동은 항전에 직접 기여하는 전시교육운동으로 전환되었다. 그는 '7·7사변' 이래 이미 전시교육복무단을 조직하여 교육을 통한 항전운동을 펴온 그의 국난교육사 동지들과 1938년 9월 계림(광서성)에서 중국전시교육협회(中國戰時教育協會)를 창립하고 전시교육방안을 기초함으로써 전시교육 운동에 적극으로 나섰다. 그의 전시교육 운동은 기본적으로 생활교육원리에 바탕을 둔 것이나 민족주의적 항전의식 교육과 민중교육을 통한 민중의 항전동원을 주안점으로 한 것이었다.31)

전시교육과 더불어 도행지는 수많은 전쟁고아들의 고통을 덜어주며 그들 가운데 재능 있는 아동들의 특수교육 문제에도 관심을 갖게 되었다. 그리하여 1939년 7월 국민당 진휼위원회(振恤委員會), 미국원화회(美國援華會), 중경지구 민족자본가의 후원 아래 중경 교외 봉황산(鳳凰山) 기슭에 세워진 것이 육재학교(育才學校)였다. 이 육재학교는 전쟁고아 가운데 재능 있는 아동을 선발하여 장차 국가와 사회 각 방면에서 이바지할 '천재유묘(天才幼苗)'를 배양코자 하는 것이었다. 학생들을 음악·연극·미술·무용·문학·자연·사회 등 7개 특수과와 1개 보통과로 나누고 '인재시교(因材施敎, 대상에 맞게 가르친다)'의 원칙에 따라 당시 중경에서 유명한 전문교사의 지도 아래 개별 재능교육과 함께 집단교육을 받았다. 또한 도행지는 육재학교의 교육을 '문화위공(文化爲公), 천하위공(天下爲公)'을 목표로 하였으며, 교사임용과 교육자금 출처에는 좌우(左右)를 가리지 않았다. 따라서 육재학교 교사 가운데는 적지 않은 좌익계 문화인이 있었으며, 1941년 1월 신4군(新四軍)사건 이후 자금사정이 어려워지자 풍옥상(馮玉祥)과 중공의 자금도 받아들였다. 그것은 전부터 도행지의 무당무파주의와 당시 변화를 겪고 있던 그의 정치적 성향 때문이었다. 그 결과 육재학교는 국민정부와 종종 마찰을 빚었다. 1946년 2월에는 육재학교 교사와 학생들이 중경의 교장구(較場口)집회에서 국민당 기관원들에게 집단폭행을 당함으로써 정부와 최악의 관계에 이르게 되고 학교의 정상적 운영이 거의 정지되다시피 하였다.32)

항전기간에 도행지는 위와 같은 교육활동 말고도 심균유 등 구국연합회 간부들과 더불어 국민참정회(國民參政會)의 참정원으로 선출되어 민간신분으로 정치에도 참여하였다. 그러나 교육자로서 그의 관심은 정치권력보다는 국공(國共) 양자 사이의 화해와 협력을 통한 항전 역량의 제고와 민주정치를 회복하는 것이었다. 그리하여 그는 1·2차 국민참정회에서 교육보급 강화, 지원병제 실시, 청년의 사상 해방 등을 통한 항전건국 역량 증가 등 몇 가지 제안을 하였다. 다른 한편 1945년 봄 그는 중립적 민주인사들이 중심이 된 제3당인 민주동맹 건립에 참여하여 중앙상무위원 겸 교육위원회 주임으로 선출되었다. 또한 그는 같은 당 기관지의 하나인 《민주성기간(民主星期刊)》을 주편(主編), 간행을 통해 정치와 교육의 민주화를 역설하였다.[33]

5) 종전과 민주교육운동

1945년 8월 15일 중일전쟁 종결 뒤 중국이 당면한 가장 시급한 문제는 국공내전의 방지와 민주정부의 재건이었다. 이러한 국가적 요청 아래 도행지는 전시항전교육에서 민주교육운동으로 전환하였다. 그는 우선 1945년 10월부터 약 두 달 동안 매주 토요일 저녁 주로 청년들을 대상으로 '민주강좌'를 열어 국내 당면문제와 민주교육의 방향을 제시하였다. 그가 제창하는 민주교육은 "인민으로 하여금 지기가 주인임과 동시에 국가의 주인임을 인식시키고, '당화교육(黨化教育)'을 반대하며 파시스트 세균을 숙청하여 진정한 민주를 이룩하는 것"이었다.[34]

그와 같은 '민주강좌'는 발전하여 정규 야간대학 형식을 갖춘 '사회대학'의 개설로 이어졌다. 도행지가 교장, 이공박(李公樸)을 부교장으로 하여 1946년 1월 10일 중경 시내 관가항(管家巷) 한 모퉁에서 개교식을 가진 이 학교는 정치경제계, 문학계, 신문계, 민간예술계의 5개 학과로 편성되고 학과 담당교수들은 민주동맹의 당원들이 중심이 된 저명한 학자와 지식인들이었다. 대부분 직업청년인 학생들은 교원·공원·점원 등 출신이 다양했으며, 개교한 지 2개월 안에 그 수가 400여 명으로 늘어나는 등 학교는 순조롭게 진행되고 있었다. 그러나 정치민주를 전제로 하면서 '민덕(民德), 친민(親民), 인민의 행복[人民之幸福]'을 교육목표로

하는 사회대학은 국민정부 당국의 경계 대상이 되었으며, 마침내 1946
년 3월 하순 폐쇄 조치되고 말았다.[35]

사회대학이 폐쇄되자 도행지는 중경을 떠나 상해로 갔다. 그것은 공
학단, 육재학교, 사회대학을 재건하고 민주동맹 간부의 한 사람으로서
화평운동에 적극 참여키 위한 것이었다. 그러나 그때는 국민당이 정치
협상회의의 파기를 선언하고 여러 곳에서 국공(國共) 양측 군대의 대치
와 충돌이 빈발하여 전면적 내전 발발의 가능성이 점증하고 있었다. 따
라서 상해에서 도행지의 생활은 앞의 교육기관 재개 문제, 많은 정치적
집회, 그리고 언론활동 등으로 매우 바쁜 날들이 계속되었다. 그는 여러
군중집회에서 내전 정지와 민주화평을 호소하였으며, 언론을 통해 "어
린이와 인민을 교사로 삼고", "4억 5천만 국민을 주인으로 만들고, 백공
백업(百工百業)의 인재를 기르는" 신교육의 방향과 교사들의 민주교육
을 위한 재교육을 주장하였다.[36] 이렇게 활동하는 가운데 그는 1946년
7월 11일과 15일 사회대학 동지이며 민주동맹의 중진인 이공박과 또 다
른 민주동맹의 지도적 인물이며 학자이자 시인인 문일다(聞一多)가 연
이어 곤명(昆明)에서 암살되었다는 소식과 그 다음 목표는 자신이라는
말을 듣게 된다. 그 뒤 그는 친구의 권고에 따라 상해 시내 한 아파트에
은거하면서 자신의 시 원고 10만여 어(語)를 정리하다가 건강의 악화와
과로로 7월 25일 쓰러져 숨을 거두었다. 그때 그의 나이는 55세였다.

3. 도행지의 교육사상

도행지의 교육사상은 앞서 다루었듯 효장학교 시절에 정립된 이른바
'생활교육' 사상으로 대표된다. 그러나 그의 교육사상은 효장학교 이후
에도 시기와 정국의 추이에 따라 부단한 발전을 하였다. 앞에서 본 그의
항전기 민족주의 교육과 항전 승리 뒤의 민주교육 운동이 그러한 것이

다. 물론 후자의 두 가지도 모두 기본적으로는 생활교육 사상에 바탕을 둔 것이다. 그러면서도 그것들은 그의 교육사상이 단순히 서양 교육사상의 번안이 아닌 큰 역사적 전환기 속에서 한 순수한 애국애민의 중국인 교육자로서의 독창적 성격을 나타낸 것이라는 점에서 큰 의미가 있는 것이다.

1) 생활교육의 개념과 내용

생활교육은 도행지가 그의 스승 존 듀이(John Dewey)의 교육철학인 '교육 즉 생활' 사상을 중국에 적용하려다 실패한 뒤, 중국의 현실에서 여러 가지의 경험과 평소 그의 강력한 사회개혁 의지가 결합되어 듀이의 철학을 극복하거나 번복하여 만들어 낸, 당시의 중국 현실에 밀착한 독특한 교육철학이라 할 수 있다.[37] 그러한 생활교육은 3대 주장을 그 이론적 지주로 하고 있다. 즉 '생활 곧 교육', '사회 곧 학교', '교학주합일(敎學做合一)'이 그것이다.

(1) 생활 곧 교육

도행지에 따르면 생활교육은 '생활이 원래 갖고 있는, 생활이 스스로 운용하는, 생활이 필요로 하는 교육[生活所原有, 生活所自營, 生活所必需的 敎育]'으로 정의된다.[38] '생활이 원래 갖고 있는 생활', '생활이 스스로 운용하는 교육'이란 말은 생활 속에 교육이 배태되어 있으며 생활 자체가 교육과정이라는 것을 의미한다. 다시 말해서, 인류사회의 각각 역사적 단계는 그 사회 그 시대의 독특한 교육제도와 내용을 가지며, 교육은 생활을 위해 존재한다는 것이다. 그는 이러한 생활과 교육의 관계를 변증법적으로 보았으니, 즉 생활의 개선을 위하여 노력하는 가운데 교육의 필요성이 생기고, 그렇게 해서 생긴 교육은 생활을 일정한 수준까지 향상, 변화시키며, 또 향상된 생활은 다시 교육에 영향을 주어 변화를 가져온다고 생각하였다. 따라서 교육은 생활을 위한 것이며 생활의 변화에서만 그 근본 의의를 찾을 수 있다는 것이다.39)

도행지의 이러한 교육관은 당시 중국의 특수한 사회상황에서 중국 실정에 맞는 교육노선을 모색하던 가운데 생성된 것이라 할 수 있다. 전통교육은 물론 공식 교육제도를 비판하고 평민 식자교육에서 향촌교육에 이르기까지 주로 대중교육에 헌신해 온 그는 교육은 직접적으로 대중의 생활을 위한 것이어야 한다고 믿었다. 왜냐하면 종래 학교교육은 그 내용이 대중의 생활과 유리되었고 너무 비싸기 때문에 가난한 중국의 대중들은 재정적으로 감당할 수가 없었으며, 따라서 대중들에게는 생활 자체가 유일한 교육의 원천이 되었다는 말이다. 그러한 의미에서 대중의 교육은 그들의 삶을 위한 노력 안에 있는 것이며, 그렇게 볼 때 교육은 대중들이 원하는 방향으로 운영되어야 한다고 주장하는 것이다.40)

'생활에 필요한 교육'은 위의 대중생활을 위한 교육이라는 개념과 연결하여 더욱 구체적으로 삶의 수단을 제공하고 생활의 개선에 도움이 되는 교육을 말한다. 도행지의 말을 빌리면 "인생은 식물(食物)이 필요하므로 식물을 얻는 교육을 하고, 인생은 천의(穿衣)가 필요하므로 옷을 얻는 교육을 해야 하며, 인생은 주거가 필요하므로 주거를 만드는 교육을 해야 하고, 인생은 남녀생활이라 교육은 마땅히 남녀관계에 대한 것을 가르쳐야 한다"는 것이다.41) 그런 의미에서 "생활교육은 장식물적인 전통교육과는 전혀 다르다"고 도행지는 주장한다. 간단히 말해서 생활교육은 생산적이며 실용적 교육을 그 본체로 하는 것이다. 그러나 생활교육은 단순히 생활수단의 제공에 그쳐서도 안 된다고 한다. 거기서 진일보하여 '생활의 변화'(改善 — 필자 주)를 가져오지 않으면 교육의 본분을 다하지 못하는 것이라고 보는 것이다. 그러므로 생활교육의 궁극적 목표는 개인과 사회의 역량을 기르고 사회를 개조하는 데 있다는 것이다.42) 이러한 교육관이 '생활은 곧 교육'이라는 개념 속에 압축하여 표현되어 있으며, 이것이 생활교육사상의 제1명제인 것이다.

(2) 사회 곧 학교

생활교육의 제2 명제는 '사회는 곧 학교'라는 관념이다. 이것은 존 듀이의 '학교는 곧 사회'라는 개념을 뒤집은 것이다. 이것은 교육의 영역에 관한 것으로, 학교를 사회의 모형으로 보기보다 학교를 사회의 일부분으로 보는 동시에, 사회 전체를 하나의 '광대한 교실'로 간주하는 것이다. 그것이 "도로이건 골목이건 향촌, 공창(工廠), 점포, 감옥, 전장이건 무릇 인생과 관련된 곳이면 모두 자기를 교육하는 장소"라는 것이다.43) 효장학교 때에 도행지가 학생들에게 시계 고치는 법을 가르쳐 주기 위하여 학생들을 학교 부근의 시계 수리점으로 데리고 간 것이나, 학생들로 하여금 직접 농민들과 접촉하고 농사일을 하며 그들과 함께 생활토록 한 것이나, 회안(淮安)의 신안(新安) 소학생들로 하여금 아동 여행단을 조직하여 1·28전구(一二八戰區)'와 상해 각지를 여행케 함으로써 일본 제국주의자들의 침략의 잔학함과 포악함, 그리고 대중의 어려움을 깨닫게 한 것은 도행지의 이 '사회는 곧 교실'이라는 신념의 실천적 예인 것이다.44)

노행지는 또 '사회는 곧 교실'이라는 명제를 역사적으로 풀이하여 다음과 같이 말한다.

> 사람이 있은 이래 사회는 학교였으며 생활은 교육이었다. 사대부(士大夫)는 그것을 인정치 않는데, 그 까닭은 그들이 특수학교에서 그들의 자제들에게 특수교육을 하기 때문이다. 그러나 대중적 처지에서 보면 사회는 대중의 유일한 학교이며 생활은 대중의 유일한 교육이다.45)

도행지는 또한 '사회가 곧 학교'라는 원칙은 교육을 새장에서 해방시키는 것이라면서 새의 진정한 세계는 새장이 아니라 울창한 삼림인 것처럼 학교의 문을 개방하여 사회로 돌아가게 하는 것이라고 하였다.46) 즉 전통적 교육에서는 학교를 위해 학교를 운영하고 학교와 사회 사이

524

에는 높은 담이 있었는데 '사회가 곧 학교'인 교육에서는 그러한 높은 담을 깨뜨려 학교의 일체를 대자연으로 신장시키며, 모든 사람들로 선생을 삼고, 모든 사람으로 동학(同學)을 삼으며, 모든 사람으로 학생을 삼는 것이라고 하였다.47)

요컨대 도행지는 역사적으로 대중민주주의 시대인 오늘날에는, 그리고 특히 광대한 노고(勞苦) 대중을 가진 중국적 상황에서는 소수의 특수 계급을 위한 전통적 교육이 아닌 대중을 위한 대중 자신이 하는 대중교육이 되어야 하며, 대중교육에서는 고립된 학교가 아닌 사회 전체가 학교가 되어야 하고, 대중생활 일체가 교육의 대상이 되어야 한다고 주장하는 것이다.

(3) 교학주합일(教學做合一)

생활교육사상의 제3 명제는 교육방법론으로서의 '교학주합일' 원리다. 이것은 문자 그대로 가르치는 것, 배우는 것, 일(행)하는 것을 하나로 연결시킨다는 것이다. 이를 직접 도행지의 말을 빌어 설명하면 다음과 같다. "가르치는 이는 가르치는 방법을 배우는 이의 방법에 맞도록 하고, 문제에 대한 자기의 답을 주는 대신 배우는 이가 스스로 해결 방안을 찾도록 해야 한다." 또한 "가르치는 이는 한편으로는 가르치면서 한편으로는 배워야 한다." 때문에 "선생과 학생 사이에는 엄격한 분별이 있는 것은 아니다. 60세의 노인도 6세의 아동에게 배울 수 있다. 만나면 서로 가르치고 배워야 한다."48) 그뿐 아니라 이 원리는 가르치는 것도 행동을 통해서 해야 하고 배우는 것도 행동을 통해서 해야 한다는 것이다. 예컨대, "씨 뿌리는 일은 밭에서 하는 것이다. 따라서 씨 뿌리는 밭에서 가르치고 배워야 한다." "수영은 물 속의 행동이다. 그러므로 수영은 물 속에서 손발을 움직여 배워야 한다." 한 걸음 나아가서 "교실에서 종도(種稻, 모심기)에 대해서 강해(講解)하는 것은 강해 자체를 위해서 하는 것이 아니라 모심기를 하기 위해서이다. 그러므로 실제 모심기에 이르지 못하는 강해와 책읽기는 소용없는 강해요 죽은 지식이다." 이것이 말하자면 종도적 교학주(敎學做)이며 "일체 생활의 교학주가 그와 같다." 다시 말하면, 도의 '교학주합일'이란 '주(做, 일, 행위)'를 위해서 '주'를 중심으로 교와 학이 이루어져야 한다는 것이다.49)

(4) 재노력상노심(在勞力上勞心)

교육의 과정에서 '행위(行爲)'를 강조한 도는 생활교육과 관련하여 또 하나의 독특한 교육개념을 제창하였다. 그것은 재노력상노심, 즉 '육체노동에 바탕을 둔 정신노동'의 관념이다. 이 관념을 설명하면서 도는 세상 사람들을 4가지 부류로 나누었다. ① 정신노동자[勞心的人], ② 육체노동자[勞力的人], ③ 정신노동과 육체노동을 겸하거나 분리하는 사람[勞心兼勞力, 勞力與勞心分家的人], ④ 육체노동에 바탕을 둔 정신노동을 하는 사람[在勞力上勞心人]이 그것이다.50)

도행지에 따르면 육체적 노동만 하는 사람은 독창성이 결여된다고 한다. 왜냐하면 그러한 사람은 두뇌를 쓰지 않기 때문에 모든 동작이 일상적인 테두리를 벗어나지 못하고 새로운 길을 개척할 수 없이 남의 시킴과 제재만 당하는 사람이다. 이러한 사람들은 또한 쉽게 남의 기만과 착취, 그리고 억압의 대상이 되어 불평등한 사회를 이룰 소지가 있다.

다음 정신노동만 하는 사람은 공리공담(空理空談)만 일삼기 쉽고 한낱 '고등유민(高等游民)'이 될 뿐이어서 그들의 주위환경을 개선할 능력이 없다고 보는 것이다.

세 번째, 정신노동과 육체노동을 분리하는 사람도 진보와 발명이 불가능하다고 생각한다. 그것은 노동을 하되 생각 없이 하고 정신을 쓰기만 하고 노동을 안 한다면 진정한 일이 이루어지지 않기 때문이다.

다만 육체노동을 바탕으로(또는 전제로) 해서 정신노동을 하는 사람, 즉 정신노동과 육체노동을 연결시키되 정신노동의 성과를 스스로 육체노동을 통해서 실시하고 구현하는 자만이 창조와 사회개혁의 능력이 있

526

다고 보는 것이다. 그러므로 그는 진정한 교육은 정신노동자로 하여금 육체노동을 할 줄 알게 가르치고[敎勞心者勞力], 육체노동자는 두뇌를 쓸 줄 알게 가르쳐서[敎勞力者勞心], 정신노동과 육체노동을 연결할 줄 아는 '재노력상노심자'를 양성하는 것이라고 주장하였다. 그리고 사람들이 모두 '노력상노심자'가 될 때 사회는 폐인이 없고 계급이 없으며, 자연을 정복하여 평등과 정의가 지배하는 이상세계인 '대동사회(大同社會)'를 이룰 수 있다고 하였다.51)

위와 같은 원칙 말고도 도행지는 생활교육과 관련하여 '거짓지식[僞知識]'을 버리고 '참다운 지식[眞知識]'을 얻을 것과 과거의 전통교육과 같이 제왕에 의부(依付)하여 승관발재(升官發財)를 목적으로 하고 '창반흘(搶飯吃, 밥을 뺏어 먹기)', '편반흘(騙飯吃, 밥을 사기 쳐서 먹기)'로 사람들을 해하는 '사람 위의 사람[人上人]'의 소수 지식분자를 만들어 내는 것이 아니라, 대중 속에서 대중을 위하여 봉사하는 '인중인(人中人)'을 만들어 내는 것이 생활교육의 목적이라 하였다.52) 그러면 여기서 도행지가 말하는 '참지식'과 '거짓지식'을 구분하는 기준은 무엇인가? 그것은 그 지식의 획득과정과 내용 및 목적에 관계가 있다. 즉 '거짓지식'은 자기경험을 통해서 얻어지고 검증된 것이 아니라, 다른 사람에 따라서 전해지는 지식을 맹목적으로 믿고 따르며, 그 내용이 실제 생활과 동떨어질 뿐만 아니라 개인의 부귀영달(富貴榮達)과 타인 위에 군림하는 도구로 쓰이는 지식을 가리키는 것이다. 반면에 '참지식'은 지혜처럼 자신의 경험 속에서 얻어지는 것이며 실제 생활에 소용되고 풍부케 하는 지식을 말한다. 그는 또한 '거짓지식'은 '관귀인(官貴人), 열신(劣紳), 토호'와 같은 계급을 형성하되 '참지식'은 어떠한 계급도 형성치 않는다고 한다.53) 그리하여 그는 당시 중국 농촌에 지배세력으로 잔존해 있던 전통적 향신(鄕紳)과 토호 세력을 반대하고 농민대중을 옹호하는 태도를 명백히 하였다.

그뿐 아니라, 도는 그러한 생활교육의 대중적인 성격을 민족주의적인 면으로 연결한다. 그것은 다음과 같은 생활교육의 대중적인 성격을 민족주의적인 면으로 연결하는 것으로, 생활교육의 사명을 천명한 데에 잘 나타나 있다.

> 중국은 이미 생사관두(生死關頭)에 서 있다. 대중의 해방이 생활교육의 역사적 사명이라면, 그것의 성취를 위해서 중화민족의 해방의 쟁취가 반드시 필요하다. 그리고 중화민족의 해방을 쟁취하기 위해서는 대중을 교육하여 서로 연합하여 국난(國難)을 해결토록 해야 할 것이다. 그러므로 대중문화를 추진함으로써 중화민국의 영토와 주권의 완정(完整)을 보위(保衛)하고 중화민족의 자유와 평등을 쟁취하는 것은 생활교육 동지들이 당면하고 있는 천직인 것이다.[54]

위의 글에서 우리는 도가 생활교육을 통한 대중생활의 향상과 그들의 역량 증대를 바로 중국의 완전 독립을 위한 민족의 역량 증대로 보고 있음을 알 수 있다.

요컨대, 위에서 그 대상을 논의한 도의 생활교육사상은 개성의 발전, 실용주의, 그리고 실험주의를 근간으로 하는 존 듀이의 교육철학을 중국적 현실에 맞도록 변용한 것으로서 대중생활의 개선, 평등사회의 실현, 민족과 국가의 독립쟁취를 그 목표로 하고 교육의 대중화·실용화·행동화·토착화를 그 수단으로 하는 사회개혁적·민족주의적 교육사상이라 할 수 있다.[55]

2) 생활교육의 상황적 발전

(1) 민족주의 교육사상

효장학교 시기에 정립된 생활교육사상 안에는 이미 강한 민족주의적 요소가 있었다. 그러한 요소는 1930년대 초 중국에 대한 일제의 침략강화와 더불어 도행지의 교육사상도 더욱 성숙해졌다. 앞서 다루었듯, 1930년 봄 효장학교 폐쇄 뒤 약 1년 동안 일본에 망명했다가 귀국하고 상해에 은거하던 도행지는 1931년 9월부터 《신보(申報)》에 〈자유담(自由談)〉이라는 고정란(칼럼)을 얻어 "不除庭草諸夫"라는 필명으로 정치·사회·교육에 관한 여러 가지 의견을 개진하였다.

1931년 9월 18일 '만주(滿洲)사변'이 일어나자 남경국민정부는 거의 무저항정책을 취하고 있었음과는 달리, 그는 같은 해 10월에 이미 〈자유담(自由談)〉 난을 통하여 전시과목의 실시와 민중의 무장투쟁을 호소하였다. 그는 전시의 공부는 "몇 개의 애국적 구호를 외치는 것이나 목총을 가지고 학생들을 정렬시키고 구보나 하는 따위의 형식적인 훈련이어서는 안 되며" 실제로 배워서 적에게 응전할 수 있는 '진본령(眞本領)'의 군사훈련이어야 한다고 주장하면서, ① 남학생의 진짜 무기 무장과 실전의 긴급학습, ② 여학생의 진짜 무기 무장과 간호기술 학습, ③ 일본에 대한 경제 단절의 선전과 실시, ④ 일본에 대한 연구, ⑤ 동기성(東己省)에 대한 연구, ⑥ 국제 대세 연구 등 12가지의 구체적인 안을 제시하였다. 그리고 정부에 대해서는 민중의 구국 역량을 믿고 그들의 무장과 의용자위군 형성을 도울 것을 강력히 촉구하는 동시에 국가의 생사관두(生死關頭)에 서서 전 국민이 궐기하여 무장투쟁하는 길밖에는 없다고 주장하였다.[56]

또한 같은 〈자유담〉 난에 1년 남짓 연재하였고 그것의 실체화가 산해공학단으로도 나타났던 '고묘고종록(古廟敲鍾錄)'에서도 도행지는 만주가 일본군에게 점령되어 중국민족이 생사관두에 서 있음을 지적하면서, 중국민족은 보편적 군사훈련과 함께 보편적 생산훈련·식자훈련·민권훈련·생육훈련의 실시를 주장하였다.[57] 그리고 그의 이와 같은 '민족해방'과 국가방어를 위한 교육의 강조는 1935년 12·9운동 이후에 더욱 강화되었다. 예컨대 앞서 다루었듯 1936년 2월에 발표한 '국난교육방안' 초안에서 그는 공인(工人)·농민을 비롯하여 부녀, 학생과 상인에 이르기

까지 국난교육을 실시할 것과 그 내용으로서 중국민족의 자유와 평등의
쟁취와 영토·주권의 완정(完整)을 목표로 하는 구국적 교육과 무장 항
일의 배합, 그리고 세계 약소민족과 공동분투를 역설하였다.[58]

또한 ‘7·7사변’과 ‘8·13상해항전’ 이후 도행지가 주창한 전시교육운
동에서도 모든 교육에서 항전을 위주로 하고 민중의 조직을 교육하여
모두 정치공작단체로 발전시키며 그러한 교육에서 특히 향촌에 집중할
것을 제안하였다.[59] 그리고 1938년 그가 참정회 참정원으로 선출됐을
때에도 앞의 전시교육방안을 수정하여 결의안으로 제출했는데, 그 내용
은 전국의 모든 물자와 인력을 총동원하여 일본군과 총 결전을 감행할
것, 그리고 모든 국민이 계층과 직업 그리고 남녀노소를 막론하고 모두
항전에 참여케 하는 전면항전교육운동을 전개하자는 것이었다.[60] 이러
한 도행지의 제안은 결과적으로 국민정부가 채택하지 않았으나 일제의
노골적 침략 확대를 맞아 그의 생활교육의 민족주의적 경향이 더욱 전
면으로 부각되고 있었음을 알 수 있다.

(2) 중국적 민주교육

1945년에 들어와서 일본군이 태평양전쟁에서 연패함으로써 중일전에
서도 패색이 완연해지자, 도행지는 전시교육에서 민주교육운동의 제창
으로 전환하였다. 그것은 머지않은 종전 뒤 가장 시급한 문제는 화평과
민주통일국가를 수립하여 유지하는 것이라고 믿었기 때문이었다. 그리
하여 1945년 5월에 도행지는 〈실시 민주 교육적 제강(提綱)〉이란 논문
을 내고, 계속해서 여러 글에서 그 자신의 민주교육관을 펼쳤다. 1945년
11월 《민주교육》에 발표한 〈민주교육〉이란 글에서 그는 “민주교육은
사람들로 하여금 주인이 되도록 가르치는 것으로써 자기의 주인이 되고,
국가의 주인이 되며, 세계의 주인이 되게 하는 교육”이라고 하였다. 그
리고 그 구체적 내용으로 ① 교육의 목적은 교육위공에서 천하위공에
도달케 하는 것으로 설정하고, 적극적 방편으로는 모든 인민의 철저한

교육기회 균등을 요구하고 소극적 방편으로는 당화교육(국민당 위주 교육-필자)에 반대하고, ② 인민들로부터 파시스트 세균을 숙청하여 진정한 민주를 실현할 수 있도록 가르치며, ③ 인민들의 각오성을 계발하여 그들 스스로 자각적 학습을 진행하고 스스로 기율을 준수케 하고 스스로의 할일에 열심히 노력하는 것을 가르치며, ④ 창조력을 배양하여 창조적 민주와 민주적 창조를 실현케 하는 것이라고 밝혔다.[61] 또 이어 다음 달에 발표한 〈민주교육의 보급〉이란 글에서는, "민주교육은 한편으로는 사람들을 가르쳐 민주를 쟁취토록 하는 것이요, 다른 한편으로는 사람들을 가르쳐 민주를 발전시키도록 하는 것"이라고 정의하고, 민주 쟁취나 민주 발전이나 모두 광대한 인민의 '군책(群策, 대중의 지혜를 모으는 계책)'과 '군력(群力, 대중의 합력)'에 의지하지 않고서는 성공할 수 없으므로 광대한 인민의 역량을 기르되 그들의 수요에 주의하고, 개인과 집체적 창조력을 발휘할 수 있도록 하며, 전 인민의 행복을 이루는 것이 되어야 한다고 하였다.[62]

도행지는 1946년에 진정한 민주사회를 수립하기 위해서는 대중들에 대한 민주교육뿐만 아니라 사회 영도계층들도 민주를 위한 재교육을 받아야 한다는 점을 지적하였다. 그것은 중국인은 사회의 상·하층을 가릴 것 없이 민주교육을 받은 바가 극히 적을 뿐만 아니라 지난 10여 년 동안 계통적으로 반민주적 변종 파시스트 훈정(訓政)을 받았기 때문에 재교육을 통한 일체의 비민주와 반민주적 관습과 태도를 청산치 않으면 '독재 작풍(作風)'을 면할 수 없기 때문이라는 것이다. 그리고 그는 그러한 재교육의 새로운 민주작풍의 내용으로 다음과 같은 5가지를 들었다. ① 민을 귀하게 보고 인민제일과 일체를 인민을 위하는 것, ② 천하위공·문화위공으로 하고 일을 독단하거나 징수한 것을 사유로 하지 않는 것, ③ 겸허한 마음으로 학습하여 광익(廣益)에 생각을 집중하고 자기주장을 확립하는 것, ④ 자기의 의견을 개진함과 동시에 타인의 말도 인정하며 가장 좋은 것은 모든 사람이 함께 의논하는 것, ⑤ 민주가 도달하기

전에는 연합 궐기하여 민주 쟁취를 자기의 책임으로 하며, 인민의 기본자유가 획득된 뒤에는 민주원칙에 따른 공동창조를 기하는 것이다.[63]

그리고 그러한 재교육에는 일반 백성[老百姓]과 어린아이들[小孩子]이 좋은 교사가 될 수 있다고 하였다.[64] 전자의 뜻은 인민을 위해 봉사(服務)하기 위하여서는 인민과 같이 호흡하며 그들의 문제와 바라는 바를 알아야 하기 때문이며, 후자는 어릴 적부터 그들의 창조성을 존중하고 개발하여 사회에 공헌하고 봉사하도록 도와주어야 중국사회가 진정한 민주사회가 될 수 있다는 것이었다.

4. 맺는 말―종합과 역사적 평가

도행지에 대한 평가는 말할 것도 없이 그의 개인생활이 아닌 국민·사회·국가와 관련된 공적 생활에 기초한다. 그가 살았던 기간은 2천여 년 지속된 전제군주제와 유교적 윤리 중심의 전통사회가 붕괴되고 주권재민(主權在民)과 사회적 평등을 중심가지로 하는 근대적 국가와 사회체제로 이행하는 역사적 전환기였다. 그러한 그의 생애 기간은 또한 해묵은 전통요소의 잔존으로 말미암은 정치·사회적 격변과 혼란의 연속에다 일부 영토의 침탈에서 전면전으로 몰고 간 일제의 침략까지 겹쳐 일어났던 위중한 국난기였다. 따라서 그의 평생은 같은 시대 애국지사들의 경우처럼 구국을 첫째 사명으로 삼아 당시 시기별 상황변동에 따른 시대적 요청에 능동적으로 대응, 사회와 국가를 위한 공적 삶이 거의 전부였다고 해도 지나친 말이 아니다.

그의 공적 생애는 남경고등사범하교의 유명한 개혁적 대학교수로 시작하였다. 그것은 그가 미국유학 때 교육입국의 뜻을 품고 교육행정과 교육철학을 전공했기 때문이었다. 그러나 중학과 대학시절에 이미 민족주의운동과 민주혁명을 옹호하는 우국충정과 강한 독립적 사고의 경향을 보인 그는, 민국 초기 공화정의 파행과 군벌기의 정치·사회적 혼란이 지속되자 사회적 명성과 안락한 생활이 보장된 교수직을 초개처럼 버리고, 1920년대 초반부터 평민교육운동과 향촌교육개혁운동에 투신하였다. 그 두 운동은 가난으로 교육받을 기회를 상실한 중국인 대다수의 하층국민(도시빈민과 농민)을 대상으로 중국 실정에 맞는 값싸고 실질적인 기초교육을 실시하여 종래 소수의 전유물이었던 교육의 대중화를 이룩하고, 대다수 민중의 지식 향상, 생활개선, 정치·사회적 의식과 역량을 높여 민주정치와 근대사회 건설의 토대를 마련하려는 구국적 사회운동이었다. 그런가 하면 1930년대 초부터 1940년대 중반까지 '만주사변'에서 중일전쟁 기간과 항전 승리 뒤 국공내전 직전에 이르는 기간에는 항일민족주의 교육과 진보적 민주주의 교육운동에 헌신하였다. '만주사변' 때 활발한 언론활동을 통하여 민중의 직접 무장투쟁, 학생과 전 민중의 국난 및 전시교육 실시를 역설한 것이나, 항전기 참정회원으로 참여 정부의 항전정책을 돕는 한편, 전면항전 교육운동을 전개한 것, 그리고 항전 뒤 통일·민주정권의 장래가 불투명하자 대중은 물론 영도층의 재교육을 포함한 인민 지상(至上)의 민주교육 운동을 제창한 것이 그러한 구체적 사례이다.65)

위의 여러 형태의 교육과 구국활동에 더하여 도행지에게는 남다른 특별한 면이 있었다. 그것은 대중교육과 애국활동에서 그가 보인 애민 애국의 순수성과 선교사적 열정, 일관된 신념과 불굴의 의지, 그리고 중국 실정에 적합한 창의적 이론의 창안과 실천이었다. 몇 가지 두드러진 예만 다시 들어본다. 우선 대학교수직을 떠난 뒤 그는 하층민중과 같은 남루한 조끼와 바지를 입고 빡빡 깎은 머리에 빵떡모자를 쓴 모습으로 평생 도시의 하층민중과 향촌의 농민대중과 생활을 함께하면서 그들의 기초교육과 생활 개선, 시민으로서의 역량 제고에 전력을 다 하였다. 항전기의 범국민적 항일운동과 항전 승리 뒤 민주운동을 전개할 때 그는 명분 없이 권력에 영합하거나 특정 이념 정파에 편향되지 않고 순수한 견지에서 오로지 국민대중과 국가의 장래를 위하는 자신의 사상과 일에만 전념함으로써 권력으로부터 신변의 위협까지 받기도 했으며, 결국은 과로로 순국하였다. 그리고 그의 평민교육 운동과 향촌교육 운동을 위한 생활교육 사상과 항전 때와 항전 승리 뒤 제창한 민족주의와 민주주의 교육운동의 내용들은 단지 그가 배운 듀이의 실용주의 교육이론을 그대로 답습한 것이 아니었다. 그것들은 실용주의교육의 기본사상을 중국적 실정에 맞게 변용, 당시 중국의 상황에서 정말로 유용한 교육사상과 제도를 창안하고, 또한 중국 고래의 교육이상을 더하여 중국적 교육사상으로 완전히 탈바꿈시킨 매우 창조적인 것이었다.[66]

위와 같은 자신의 위치에서 순수하고 희생적인 애민애국의 사상과 활동으로 말미암아 도행지는 살아 있을 때부터 많은 사람들의 존경과 주목을 받았다. 살아 있을 때 그에 대한 많은 사람들의 애호와 높은 평가는 그의 갑작스런 죽음이 불러일으킨 광범위한 반향으로 증명되었다. 도행지가 1949년 7월 24일 상해에서 사망했다는 소식이 알려지자, 중국 안의 각계 인사와 단체들은 물론 미국·캐나다·일본 등 세계 각처로부터 고인을 애도·추모하는 전보와 글이 2천여 건 이상이나 쏟아져 들어왔던 것이다.[67] 그런데 그 당시 발표된 많은 추모의 글 가운데서도 중공 지도자의 것은 한결같이 그에 대하여 극진한 찬사를 보냈다는 데 특별한 뜻이 있다. 모택동은 도행지를 가리켜 "인민의 위대한 교사"라고 했는가 하면[68] 주은래는 도행지의 죽음은 "중국 인민에게 보상될 수 없는 손실"이라고[69] 하였다. 또한 곽말약(郭沫若)은 헌시(獻詩)를 통해 "2천 년 전에는 공중니(孔仲尼 : 공자-필자)요 2천 년 뒤에는 도행지"이며 "당신은 손중산(孫中山)이 죽은 뒤에 또 하나의 손중산"이라고 극찬하였다.[70] 그뿐 아니라 중공은 선전부장 육정일(陸定一)로 하여금 중공중앙위원회를 대표하여 그에 대한 공식 추도문을 발표토록 하였고, 당시 섬감영변구(陝甘寧邊區) 정부주석 임백거(林伯渠)는 변구(邊區)의 교육자들에게 그의 정신을 학습할 것과 그의 서거를 기념할 것을 공식으로

명하였다.[71]

도행지는 평생 중공 당원이 된 적이 없었다. 그럼에도 중공 지도자들이 그의 죽음을 그처럼 애도하고 최대의 찬사를 보내면서 거당적으로 추모한 이유는 무엇인가? 거기에는 두 가지의 이유가 있다고 생각된다. 첫째로, 중공 지도자들은 평생 농민을 비롯한 광범위한 민중을 위한 도행지의 교육운동과 사상이 자기들의 교육 노선과 합치되는 것으로 생각했다는 것이다.[72] 둘째로, 중공은 일제의 만주침략 이래 도행지의 항일구국 활동을 자신들의 '내전반대·일치항일' 정책에 대한 호응 내지는 연계활동으로 파악하여, 그를 자신들에게 동조하는 '친밀한 전우'로 보았다. 또한 그의 죽음도 국민당 특무(特務) 요원의 암살 위협 속에서 긴장과 과로로 말미암은 간접살해라고 주장, 그의 죽음을 국공내전 초 양당 관계가 극히 악화된 상황에서 국민정부를 비판하기 위한 또 하나의 호기로 이용하려 했던 것 같다.[73] 요컨대, 도행지에 대한 많은 사람들의 높은 평가는 중공의 정치적 고려와는 별개로 순전히 온 생애를 통해 나타낸 그의 인민과 국가에 대한 순수한 사랑과 교육과 민주, 그리고 애국운동 면에서 그가 이룬 업적의 결과라 할 것이다.

■주 ——————————

1) 여기서 필자가 중국현대사의 전반기를 1910~1940년대로 기술한 것은 중국현대사를 크게 2분하여 1949년 10월 중공정권 수립 이후를 후반기로 보고 있기 때문이다.

2) 도행지의 일생은 그의 제자 方與嚴에 따라 도의 교육운동 발전단계를 중심으로 향촌교육운동, 보급교육운동, 國難교육운동, 전시교육운동, 전면교육운동, 민주교육운동의 6단계로 정리하여 정식화되고, 다른 기술도 대략 그것을 따르고 있다. 그러나 필자는 이해를 돕고자 본문에서와 같이 5단계로 나누어 간략히 설명한다. 方與嚴 編, 〈教人民起來做主人〉, 《陶行知教育論文選集》(이하 《論文選集》이라 함), 上海·香港 : 星加坡·生活書店, 1948, 4쪽 ; 江蘇省陶行知教育思想硏究會·南京曉莊師範陶行知硏究室 合編, 《陶行知文集》(이하 《文集》이라 함), 江蘇省人民出版社, 1981 참조.

3) 도행지의 일생에 관한 자료로는 도행지선생기념위원회, 《陶行知先生紀念集》, 상해 : 1947 (이하 《紀念集》이라 함) ; 《陶行知先生四周年祭》, 北京 : 生活教育社, 1950과

"Tao Hsing-chih," *Bibliograpical Dictionary of Republic of china*, ed. by Howard C. Boorman, Columbia Univ. Press, 1970, Vol.Ⅲ, pp. 243~248 ; 傳紀著書로는 麥靑,《陶行知》, 上海, 1949 ; 戴白韜,《陶行知的生年及學說》, 北京, 三聯書店, 1949 ; 齊藤秋男,《陶行知》, 東京 : 刀江書院, 1951 및《評傳 陶行知-政治的 抒情詩人の生涯》, 東京 : 勁草書房, 1968 등이 있다.

4) 앞에 나온《文集》,〈연표〉, 883쪽 참조. 戴白韜은 1930년 무렵이라 기록하고 있다(戴白韜, 앞의 책, 25쪽).

5) 당시 컬럼비아대학의 세계적 교육학자로는 듀이 말고도 Paul Monroe, Wiliam Kilpatrick 교수 등이 있었다.

6)《文集》, 1~58쪽 참조.

7) 中華教育改進社는 教育部長(문교장관)을 비롯하여 국내 유력한 교육자의 대부분을 회원으로 하는, 당시 중국에서 가장 영향력 있는 교육단체였다. 그 창설에 대하여는《新教育》4기 3권, 1922년 3월, 529~536쪽 참조.

8) 陶行知,《知行書信》, 上海, 1929, 28~29쪽.

9) 陶行知, 위의 책, 14~16, 25쪽 ; 도행지,〈平民讀書之試驗〉,《文集》, 67~69쪽 (原載 1923년 12월 中華教育改進社 第二周年紀念會刊).

10) 陶行知,《知行書信》, 上海, 1929, 42쪽.

11) 陶行知, 위의 책, 56쪽.

12) 麥靑,《陶行知》, 18쪽 ; 張健,〈重新認識陶行知先生的生平和事業〉,《人民教育》4권 1기, 1951.11, 31쪽.

13) 陶行知,〈創造一個四通八達的社會一給文漢的信〉,《知行書信》, 上海, 1929, 56쪽 ;《文集》, 64~65쪽.

14) 이병주,〈도행지 박사와 중공의 교육이념〉,《중국문제》1권 1호, 한양대 중국문제연구, 1975, 97쪽 ; 邰爽秋 編,《鄉村教育之理論與實際》, 上海, 1934, 鄉村教育類, 4~5쪽.

15) 陶行知,〈中國教育改進社改造中國鄉村改造宣言書〉,《文集》, 142쪽 (原載《新教育評論》, 3권 1기, 1926.12 및〈中國鄉村之根本改造〉, 같은 책, 155쪽 및《知行書信》, 154~156쪽.

16) 효장사범학교에 대한 1차적 기록으로는 李楚材,《破曉》, (曉莊叢書之一), 上海, 1932 ; 方與嚴 編,《曉莊之一項》, 上海, 1934 및《曉莊之一計劃》, 上海, 1933 등이 있다.

17) 趙叔愚는 1920년대 중국 교육계에서 교육계획과 향촌교육에 관한 유능한 전문가의 한 사람으로 1930년대 초에 요절했다. 喬啓明은 저명한 농촌사회학자이며 그 뒤 금릉대학 교수를 역임했다.

18) 孔雪雄,《中國今日之農村運動》, 南京, 1934, 282~287쪽.

19) 梁漱冥,〈他山之石〉, 方與嚴 編,《曉莊之一項》, 上海, 215쪽.

20) 方與嚴 編, 위의 책, 251쪽.

21) 좀더 상세한 생활모습에 대해서는 이병주, 앞의 글, 99~100쪽 참조.

22) 戴白韜, 앞의 책, 35~36쪽.

23) 戴白韜, 앞의 책, 36~40쪽 ; 梁漱冥 主編,〈名地鄉村運動消息〉,《村治》1기 2호, 1930.5, 1~2쪽.

24) 향촌공학단 실험계획에 관한 자료로는 도행지,〈鄉村工學團試驗初步計劃說明書〉앞에 나온 教育論文選輯, 197~201쪽 ;〈山海與蕭場之實驗〉,《文集》, 395~396쪽 ;〈寶山

縣試辦鄕村兒童自動工學團組織大綱草案〉,《文集》, 404~410쪽 참조.

25) 戴白韜, 앞의 책, 55~57쪽.

26) 古廟敲鐘錄은 고묘에 사는 鐘兒라고 불리는 남자가 村人과 더불어 古寺를 학교로 개조하고 朱선생이라는 교사를 초빙하여 교육과 중국 사회문제에 관한 의견교환을 문답식으로 하여 도행지의 생활교육철학을 펼친 것이다. 古廟敲鐘錄(節錄),《文集》, 344~360쪽.

27) 潘一塵,《小先生制》, 上海, 1946, 45~46, 61쪽 ; 陶行知, 〈小先生與民衆敎育〉,《文集》, 417~421쪽 ; 余之介, 〈偉大的人民敎育家陶行知－爲紀念陶氏逝世三周年而作〉, 四周年祭, 127~128쪽 ; 戴白韜, 앞의 책, 82~86쪽.

28) 戴白韜, 위의 책, 96~97쪽.

29) 陶行知, 〈出訪二十八國日誌〉,《文集》, 585~615쪽.

30) Howard C. Boorman, op. cit., pp. 534~552

31) 余之介, 앞의 책, 129~130쪽.

32) 陶行知, 〈育材學校創辦旨趣〉,《文集》, 664~667쪽 ; 〈育材學校敎育綱要〉, 같은 책, 668~676쪽 ; 〈育材二周歲前夜〉, 같은 책, 705~715쪽.

33) 심균유, 〈一切着眼於救國〉, 四周年祭, 27~28쪽

34) 陶行知, 〈實施民主敎育的 提綱〉,《文集》, 781~788, 792~793쪽 ; 〈民主敎育〉, 같은 책, 792~793쪽 ; 〈民主敎育之普及〉, 같은 책, 794~796쪽 참조

35) 陶行知, 〈社會大學運動〉,《文集》, 803~806쪽 ; 郭方侖, 〈訪陶行知先生談社會大學〉, 같은 책, 807~810쪽.

36) 余介之, 앞의 책, 132쪽.

37) 華東師範大學敎育系敎科所 編,《中國現代敎育史》, 上海 : 新華書店, 1983, 395쪽 ; Philip A. Kunh, "T'ao Hsing-Chih, 1891~1946, An Educational Reformer," *Papers on china*, Vol.13, Harvard Univ., 1959.12, 182~187쪽.

38) 陶行知, 〈什麼是生活敎育〉,《論文選輯》, 1~2쪽.

39) 陶行知, 〈生活敎育之特質〉, 위의 책, 4쪽.

40) 위의 글, 5쪽

41) 陶行知, 〈什麼是生活敎育〉, 위의 책, 3쪽.

42) 위의 글, 2쪽.

43) 陶行知, 〈生活敎育的特質〉, 위의 책, 6~7쪽.

44) 方與嚴 編1,《曉莊之一項》, 上海, 1934, 55~56쪽.

45) 陶行知, 〈什麼是生活敎育〉, 앞의 책, 2~3쪽.

46) 위의 글, 1쪽.

47) 위의 글, 2쪽.

48) 陶行知, 〈敎學做合一〉,《論文選輯》, 13쪽.

49) 위의 글.

50) 陶行知, 〈在勞力上勞心〉, 위의 책, 19쪽.

51) 위의 글, 20쪽.

52) 陶行知, 〈敎人民起來做主人〉, 위의 책, 3쪽.

53) 陶行知, 〈僞知識階級〉,《文集》, 191~201쪽.

54) 陶行知, 〈生活敎育的特質〉, 앞의 책, 7쪽.

55) 참고로 도행지는 1936년 발표한 〈生活敎育之特質〉이란 글에서 생활교육의 특징을 ①
생활적 ②행동적 ③대중적 ④전진적 ⑤세계적 ⑥有歷史聯系的의 6가지를 들어 설명
했다. 위의 책, 4~7쪽.

56) 陶行知, 〈戰時的功過〉, 《文集》, 306~307쪽.

57) 齊藤秋男, 〈反動支配下の中國知識人と前衛－陶行知の‘改良’から‘革命’への轉化を
めくつて〉, 《思想》 No.366, 1954. 12, 85쪽.

58) 余之介, 앞의 글, 128~129쪽.

59) 위의 글, 129쪽.

60) 위의 글, 130쪽.

61) 陶行知, 〈民主敎育〉, 위의 책, 792~793쪽.

62) 陶行知, 〈民主敎育之普及〉, 위의 책, 794~796쪽.

63) 陶行知, 〈領導者再敎育〉, 위의 책, 811~813쪽.

64) 陶行知, 〈小學敎師與民主運動〉, 위의 책, 816~821쪽.

65) 도행지의 대중교육 운동과 독특한 향촌교육 운동으로의 전환은 그 시기 군벌의 발호,
국민혁명의 醞釀, 세계공황의 여파 등 3重苦 아래서 가장 심한 고통을 받고 있던 중국
국민의 절대 다수인 농민대중의 교육을 구국에 가장 긴요한 것으로 확신한 데 따른 것
이며, 항일투쟁과 민족주의교육, 민주주의교육에 헌신한 것은 일제의 침략에 처한 구국
정신과 장차 민주조국 건설을 위한 결단의 행동이었다. 이병주, 《지식인과 사회개혁－
중국현대대중교육운동》, 영남대출판부, 1997, 113~117쪽 참조.

66) 이러한 점은 듀이의 실용주의학설을 그대로 소개하고 준수한 胡適의 예와는 대조적인
것으로, 도행지의 교육이론에서 工學團과 小先生制와 같은 새로운 교육제도 창안과 교
육의 목적에 人中人, 大同社會, 天下爲公, 文化爲公과 같은 중국의 이상적 교육사상의
요소가 가미된 것은 그러한 예이다. Philp A. Kuhn, op. cit.

67) 陶行知先生紀念委員會 編, 《陶行知先生紀念集》, 上海, 1947.

68) 生活敎育社 編, 〈陶行知先生四周年祭〉, 北京, 1950 (이후 《四周年祭》라 함)에 재록된
모택동의 제자.

69) 周恩來, 〈對進步朋友應多加關照〉, 《周恩來選集》, 상권, 北京, 1980, 238쪽.

70) 鄧初民, 〈略論陶行知主義〉, 《四周年祭》, 53쪽.

71) 林伯渠, 〈向陶行知先生學習〉, 《延安解放報》, 1946. 8. 12.

72) 중공의 대중교육가 서특립은 도행지를 ‘중국의 혁명적 교육가’이며 동시에 유물주의자
로 규정하면서 그의 생활에 바탕을 둔 교육사상을 중공의 整風運動 이후 邊區에서 모택
동 지도 아래 행해진 교육과 일치한다고 하였다. 또한 중공의 유명한 黨史家 胡喬木은
“해방구에서 우리들의 교육 방침이 도선생의 그것과 서로 부합한다”고 하였다. 徐特立,
〈陶行知的 學說〉, 《四周年祭》, 9쪽 ; 胡喬木, 〈爲什麽來紀念陶先生〉, 위의 책, 21쪽 참조.

73) 六定一, 위의 책, 6~7쪽 ; 李維漢, 〈對人民忘了自己〉, 위의 책, 20쪽.

오치휘 吳稚暉
중국 무정부주의의 선구자
―그의 사상과 국민당 안에서의 정치활동을 중심으로―

박 제 균

1. 머리말

무정부주의는 인간다운 사회의 건설을 가로막는 강권(强權)에 항거하여 자유롭고 주체적인 개인들이 자율적으로 연합하여 자유·평등·상호부조의 원리에 바탕을 둔 공동체사회를 건설하고자 하는 정치사상 또는 사회사상이라고 할 수 있다. 논자에 따라서 중국 근현대사, 특히 정치사에서 무정부주의를 그다지 중시하지 않을 수도 있겠지만, 사상사나 사회사적 측면에서 무정부주의가 상당히 중요한 위치를 차지하고 있음은 부정할 수 없다. 일반적으로 중국의 무정부주의 운동이나 사상에서 가장 주목받고 있는 인물은 유사복(劉師復)이라 할 수 있으며 다음으로는 유사배(劉師培) 혹은 이석증(李石曾)이라고 생각된다.

그럼에도 오치휘(吳稚暉 : 1865~1953)를 거론하는 것은 첫째, 그가 비록 무정부주의에 충실하지 못하여 근현대 중국 무정부주의 운동이나 사상을 대표한 인물이라고 보기는 힘들다 하더라도, 중국의 전통적 사회 속에서 성장하고 전통 교육을 받음으로써 무정부주의자들 가운데서 유사배에 못지않게 전통을 깊고 넓게 이해하고 있었으므로, 전통을 극복하고 서구 사상 특히 무정부주의를 받아들이는 과정에서 자신의 전통학문의 소양을 바탕으로 무정부주의의 본질을 깊이 인식하였던 인물이었다고 보기 때문이다. 둘째, 그가 주장한 무정부주의 실현을 위한

540

방법론의 독특함과 그것이 당시 무정부주의자들에게 미친 영향력 때문
이다.

그는 대부분이 신지식인들이었던 당시 청년 무정부주의자들과 마찬
가지로 근대과학을 절대적으로 신봉하고 중국의 전통적 학문과 관습을
철저히 극복하려고 하였다. 그러나 그는 중국에서 이상적인 무정부주의
사회를 실현하기 위해서 서구의 무정부주의가 주장한 방법론을 무조건
수용하지는 않았다. 그는 활동의 폭이 넓었고 젊은 무정부주의자들로부
터 순수성을 의심받을 정도로 대담한 방법론을 제시했던 것이다. 전통
교육을 받는 과정에서 형성된 전통적 사고가 항상 무정부주의의 방법론
을 모색하는 데 영향을 주고 있었으므로, 그는 자신에게 영향을 주는 바
로 그 전통적 사고와 대결하는 과정을 거쳐야 했던 것이다.

오치휘는 그 과정에서 대체로 전통적인 것을 극단적으로 부정하는 편
을 택했다. 그러나 의식적으로도 전통적 사고틀을 완전히 극복하지 못
하였을 뿐 아니라, 때로는 무의식적으로 전통을 묵수(墨守)한 경우도 있
었으므로 그는 순수한 무정부주의자로서의 면모는 덜했다고 비판을 받
고 있다. 그럼에도 그는 자신에게 영향을 주는 전통적 요소와 중단 없이
대결하고 있었으므로 중국의 무정부주의자가 간과해버렸던 많은 문제
들을 회피하지 않고 대응했던 인물이라고 할 수 있다.

기존의 연구에서 오치휘에 대한 견해는 다양하다. 대표적인 무정부주
의 이론가로 보는 견해, 신해혁명을 전후한 짧은 시기에 한정하여 무정부
주의자로 보고 그의 무정부주의는 한때 식견이 부족하여 생겨난 것이었
다고 보는 견해, 정객 혹은 정상배라고 보아 무정부주의는 정치적 야심을
달성하기 위한 방편이었다고 오치휘의 무정부주의를 극단적으로 부정하
는 견해 등이 있다.[1] 이러한 다양한 견해가 존재하는 것은 그의 사상과
생애 자체가 그만큼 다양하고 복잡했던 때문이다. 그러나 더 큰 원인은
연구자들의 당파적 선입견이 연구에 투영된 결과라고 볼 수 있다.

이 글에서는 오치휘의 생애와 사상을 무정부주의 사상과 정치사와 관

련하여 살펴보고자 하며, 아울러 어떠한 현실 문제에 직면하여 좌절되었는지를 살펴보고자 한다.[2]

2. 전통 교육을 받은 오치휘

오치휘는 1865년(同治 4년) 강소성 무진현(武進縣)에서 분리된 양호현(陽湖縣)에서 태어났다. 아버지는 가난한 소상인이었고, 5세에 모친을 여의어 오치휘는 그 뒤 외조모의 슬하에서 성장하였다.[3] 그와 함께 신세기파에서 활동한 이석증이 청조의 최고 권력자로 예부상서(禮部尙書) 군기대신(軍機大臣)이자 청 말 청류파(淸流派)의 영수이기도 했던 이홍조(李鴻藻)의 아들이었고, 장정강(張靜江)이 오흥(吳興)의 대상인 가문 출신이었던 데 견주면, 그는 한미한 가문 출신이었다. 따라서 그가 사회적인 명성을 얻기까지에는 뛰어난 재능과 각고의 노력이 필요했던 것이다. 그리고 그의 사회활동의 기초는 각고의 노력을 통해 전통적 교육을 착실히 받음으로써 마련될 수 있었다. 유년기 초기에 오치휘는 장난꾸러기였지만 기억력이 비상하여 여러 곳을 전전한 사숙(私塾)에서는 신동이라는 평판을 얻기도 하였다.[4]

오치휘가 과거시험 공부를 시작하여 동시(童試)에 합격하고 수재(秀才)가 된 것은 그의 나이 22세인 1887년이었다. 그리고 1889년에는 당시 고학(古學)으로 명성을 자랑하며 강소성에서 가장 유명하였을 뿐 아니라 중국 굴지의 남청서원(南菁書院)에 가장 우수한 성적으로 입학하였고, 그 뒤 5년 동안 이 서원에서 공부하였다. 당시 남청서원은 경학(經學)을 체계적이고 전면적으로 강의하는 것으로 평판이 있었는데, 청대의 대경학가(大經學家) 왕선겸(王先謙)도 여기서 강의를 하면서 《황청경해속편(皇淸經解續編)》을 편찬하였다.

오치휘는 당시 남청서원의 산장(山長 : 원장)이었던 황이주(黃以周)

오치휘

를 만날 때 황이 친필로 써서 벽에 걸어둔 '구체적인 사실에 입각하여 진리를 파악하고 다른 사람에게 부화뇌동하지 않는다(實事求是, 莫作調人)'는 경구를 보고 자신의 좌우명으로 삼았다고 한다. 수재가 되기 전 가정 형편이 어려워 과거를 포기한 적도 있던 그는 남청서원이라는 공부하기 좋은 환경을 만나자 의욕이 솟아나 그 다음해 건강을 해쳐서 결핵에 걸려 요양을 해야 할 정도로 아주 열심히 노력했다고 한다.

1891년(26세) 음력 8월 그는 향시(鄕試)에 응시하였고 팔고문(八股文)과 시(詩)에서 격식을 어겼으나 경문(經文)에서는 가장 우수한 성적을 얻어 거인(擧人)이 될 수 있었다고 한다. 그러나 1892년 이석증의 아버지인 예부상서 이홍조가 주고관(主考官)이었던 회시(會試)에서는 당비(堂備 : 보결합격 후보자)에 오르긴 했으나 결국 낙방하였다. 그 뒤 당시 그의 철저한 원칙론적 주자학자로서의 면모를 보여 준, 공자 사당 앞에서 말에서 내리지 않은 강음지현(江陰知縣)의 가마에 돌을 던진 사건으로 남청서원으로부터 추방되었다. 1893년 소주의 자양서원(紫陽書院)에서 1년 동안 공부한 뒤 1894년 다시 회시에 응시했으나 낙방하였고, 1895년의 회시에서도 낙방하자 3년 뒤에 있을 다음 회시까지 생계를 유지하기 위해 1897년 천진(天津) 북양학당(北洋學堂) 철로반(鐵路班)의 국문교습(國文敎習)이 되었다.5)

3. 변법유신운동 참여

1895년 강유위(康有爲)가 주동하여 유신을 위한 '공거상서(公車上書)'를 올렸을 때 당시 회시 응시자였던 오치휘도 연명자의 명단에 있었다. 그러나 그가 연명에 응했던 것은 변법사상을 이해하고 한 행위는 아니었다. 그는 청일전쟁 뒤 중국의 위기가 더욱더 가중되고 있던 상황에서 서태후(西太后)의 친신(親臣)이던 영록(榮祿) 아래서 일하던 고향 친구 서중호(徐仲虎)로부터 청 조정의 부패상을 자주 듣고 또한 강유위, 양계초(梁啓超) 등 유신파가 간행한 《강학보(强學報)》, 《시무보(時務報)》 등을 읽으면서 변법사상으로 기울어졌다. 그리고 1897년에 고향 친구인 염천(廉泉)의 소개로 강유위를 면담한 뒤에는 스스로 유신파라고 자처하게 되었던 것이다. 그리하여 강유위와 팔고문을 쓰지 않겠다고 한 약속을 지키기 위해 1898년(33세)의 회시에는 응시하지 않았다고 하는데, 그 회시에서 양계초가 합격하자 오치휘는 강유위와 양계초의 인격에 회의를 품게 되었다고 한다.

그 뒤 북양학당의 국문교습으로 있을 때 한 학생이 국문습작에서 인간평등, 주권재민의 사상을 표방하자 충군(忠君)의 관점에서 장문의 글로 반박한 것으로 보아 오치휘의 변법유신에 대한 이해는 피상적이었다고 할 수 있을 것이다. 이 때문에 학생의 시각에 동조하는 총판(總辦 : 교장)이자 총교습(總教習)이던 왕울생(王菀生)의 비방에 직면하여 북양학당을 사직하고 고향인 무석(無錫)으로 돌아갔다.6)

1898년 6월 '명정국시조(明定國是詔)'가 반포되고 '백일유신(百日維新)'이 진행되자 오치휘는 시류에 따라 자신의 고향 무석에서 숭안사(崇安寺)를 개조하여 '삼등학당(三等學堂)'이라는 소학을 열고 나름대로 유신의 흐름에 동참하고자 하였다. 그리고 곧 성선회(盛宣懷)가 설립한 상해 남양공학(南洋公學)의 학장 겸 국문교원으로 취임하였는데, 이때 그는 한 동료와 이후에 다시는 선장본(線裝本 : 전통시대의 漢籍本)을 읽지 않겠다고 약속하였다고 한다.

1900년 의화단(義和團)사건이 발발하고 동남 각 성에서 이홍장, 장지동(張之洞), 유곤일(劉坤一) 등의 총독들이 '동남호보(東南互保)'를 주장하는 위기상황이 도래하였다. 오치휘는 남청서원 이래의 친구 유영건(鈕永建) 등과 외국의 군국민(軍國民) 교육을 모방하여 남양공학의 학생들로 군대를 조직하려고 했다. 그러나 총판 하매생(何梅生)의 반대로 학생들과의 약속을 지키지 못하게 되자 학장직을 사임하고 국문교원으로만 활동하였다.

이 시기 이미 상당히 급진적인 유신사상을 가지게 된 그는 1901년 남양공학의 총판으로 취임한 장원제(張元濟)와 갈등을 빚자 3월 일본으로 유학을 떠나 동경고등사범학교 안의 중국 학생들을 위해 설립한 굉문학원(宏文學院)에 입교하였다. 그해 일본에서는 이미 유학생들 사이에 여지회(勵志會)와 광동독립협회 등의 혁명단체가 조직되어 혁명사상이 전파되고 있었지만, 이때에도 여전히 변발을 자르지 않고 보황(保皇)의 입헌유신사상을 견지하고 있었던 오치휘는 그해 여름 일본 요코하마에 거주하면서 양계초와 논쟁을 벌여 유학생들에게 큰 영향을 미치고 있던 손문(孫文)을 같이 방문하자는 유영건의 제의를 거절하였다고 한다.

그해 겨울 친구 육이규(陸爾奎)의 주선으로 양광총독(兩廣總督) 도모(陶模)가 준비하고 있던 광동대학당의 설립을 위해 일시 광주로 귀국하였으나, 관계의 부패를 목격한 뒤 호한민(胡漢民)을 포함한 광동대학당 최초의 입학생 가운데 26명을 인솔하여 다시 일본으로 갔다. 그러나 그의 일본 유학생활은 오래 지속되지 못하였다. 그 이유는 1902년 6월 강소·절강·강서의 자비유학생 9명의 성성학교(成城學校) 입학 문제에 적극적인 지원을 하지 않고 있던 주일본공사 채균(蔡鈞)에게 강력히 항의하다, 결국 일본 경찰이 추방령을 내렸기 때문이었다. 오치휘는 청조 관료의 부패와 일본의 처사에 항의하기 위해 압송 도중 물로 뛰어들어 자살코자 한 자살미수사건을 일으켰다. 결국 그는 추방되었으나 그의 격정을 염려한 채원배(蔡元培)가 귀국에 동행한 것이 계기가 되어 그 뒤 평생 동안 가장 친한 친구가 된 채원배와의 우정이 시작되었다.[7]

4. 혁명운동과 무정부주의 수용

일본에서 귀국하는 배 위에서 채원배는 오치휘에게 자신이 조직한 중국교육회를 소개하면서, 중국교육회의 새로운 교과서 편찬과 새로운 방식의 교육을 실시하고자 하는 계획을 설명하였다. 이미 선장본을 읽지 않겠다고 맹세하였으며 서구식 근대 과학교육을 실시해야 한다고 생각하던 그는 동경고등사범학교에서 교육학을 체계적으로 공부하였던 터였으므로, 채원배의 이러한 계획에 전폭적으로 찬성하였다. 오치휘가 귀국 뒤 상해에서 문명서국(文明書局)과 관계를 가지면서 교재로 쓸 일문(日文) 서적의 번역에 종사하고 있을 때, 근대 중국사상 최초의 학생운동이라고 할 수 있으며 사회적으로 큰 반향을 불러일으킨 남양공학 학생들의 퇴학사건이 발생하였다.

채원배는 학교 측의 부당한 퇴학조치에 동조하여 함께 자퇴한 학생들을 구제하고자 노력하였으나 성과를 거두지 못하자, 스스로도 교직을 사퇴한 뒤 자퇴학생들의 문제를 중국교육회 내부의 토론에 부쳤다. 그리하여 중국교육회가 자퇴 학생들을 위해 교육기관으로 조직한 것이 애국학사(愛國學社)였다. 채원배가 교장, 오치휘는 학감, 장병린(章炳麟)과 장유교(蔣維喬) 등 중국교육회원이 교직원으로 활동하였다. 이 사건은 당시 중국 교육계에 큰 영향을 미쳐 남경의 육사학당(陸師學堂) 등 많은 학교의 학생운동을 촉발시켰으며, 그 과정에서 자퇴한 학생들이 애국학사에 입학하였다.

당시 중국교육회의 활동으로서 사회적으로 큰 반향을 일으킨 또 하나의 것은 장원(張園)연설회였다. 1903년 초 서경오(徐敬吾)가 중국교육회와 애국학사에 요청해서 조계지의 장원 안개제(安慨第)를 빌려 시작된 연설회의 주된 주제는 당시 주요한 시사문제와 관계된 '애국'과 '혁명'이었다. 오치휘도 유력한 연설원들 가운데 한 사람이었던 이 연설회는 거법(拒法)운동으로 시작되어 당시 일본유학생들이 항아(抗俄)의용대를 조직하여 군국민교육회(軍國民敎育會)로 개명하며 전개한 거아(拒俄)운동을 지지하는 것으로 발전하면서, 중국에 자유로운 논단의 풍조를 조성하고 국사문제를 대중들이 공개적으로 논의하는 시대를 열며 엄청난 사회적 영향력을 발휘하였다.

이 장원연설회의 사회적 영향력이 커짐에 따라 잡지 발간의 필요가 발생하였다. 결국 오치휘의 발의에 따라 중국교육회와 애국학사의 기관지로 이용한 것이 《소보(蘇報)》였다. 1903년 5월 27일 육사학당 학생운동의 지도자였던 장사교(張士釗)가 주필이 된 뒤 《소보》는 본격적으로 혁명을 선전하는 수많은 글을 게재하였는데, 특히 근대 중국의 '인권선언'이라고 일컬어지던 추용(鄒容)의 《혁명군》을 선전하는 데 주력하였다. 《혁명군》이 혁명사상의 전파에 중요한 구실을 하였으므로 결국 청조 당국의 탄압을 받게 되었으니 그것이 '소보사건[蘇報案]'이었다.[8]

소보사건이 발발하자 홍콩으로 피신하였던 오치휘는, 1902년 상해로 그를 방문했던 이석증과의 약속을 기억하고 프랑스로 가려 하였으나, 주위의 권고로 결국 영국으로 갔다. 1903년 9월 영국에 도착한 그는 이후 스코틀랜드의 에든버러와 런던에서 어려운 고학생활을 하였다고 한다. 1905년 봄 런던에서 오치휘는 그를 방문한 손문과 처음으로 대면하였고, 그해 겨울 조아백(曹亞伯)의 권고로 중국혁명동맹회의 회원으로 가입하였다. 그 무렵 이석증의 친구 장정강이 그를 방문하여 프랑스에서 무정부주의 소단체를 조직하는 문제를 상의하였다.

다음해(1906년) 봄 오치휘는 여러 차례 파리로 가서 이석증, 장정강, 저민의(褚民誼) 등과 상의한 뒤 중국인 최초의 무정부주의 소단체인 세계사(世界社)를 조직하였다. 이 단체에서 최초로 무정부주의를 수용한 것은 이석증이었고, 오치휘는 이석증의 영향으로 무정부주의를 수용하였다. 오치휘가 파리로 거처를 옮긴 뒤 그들은 유사배가 동경에서 발행한 《천의(天義)》와 더불어 중국인 최초의 본격적인 무정부주의 선전 잡지로 일컬어지는 《신세기(新世紀)》를 1906년 6월 22일부터 발간하기 시작하였다.

《신세기》는 1910년 5월 21일 경비문제 때문에 121기를 마지막으로 정간될 때까지 무정부주의 선전에 주력하면서 청조의 통치와 입헌파(보황파)를 공격하였으며, 혁명파 내부에 분열이 일어나 장병린, 도성장(陶成章) 등이 손문을 비판하였을 때에는 손문을 지지하는 처지에서 논쟁을 벌이기도 하였다. 잡지의 경비는 주로 장정강이 조달하였고 필진은 오치휘, 이석증, 저민의가 중심이었다. 이들 가운데 이석증은 잡지의 사상적 기초인 무정부주의 이론가 노릇을 하였다고 평가되며 오치휘는 잡지의 주필로서 가장 많은 글을 기고하였다. 이 《신세기》는 《천의》와 더불어 중국인에게 무정부주의를 본격적으로 소개한 최초의 무정부주의 선전지로서 평가되고 있다.[9]

《신세기》는 과학이 개인의 사유를 가져다주고 산업의 발달을 실현하여 무정부주의의 실현을 위해 결정적인 중요성을 가진 것으로 보아, 과학으로써 중국의 전통적인 농업사회를 극복한다는 견해를 취했다. 반면 《천의》는 과학과 산업의 발달에 초점을 두기보다는 중국의 전통사상이나 농업사회 속에 존재했던 자율적인 공동체 질서를 무정부주의적 요소로 강조하고, 전통적인 '평균주의'에 가까운 농민혁명을 통한 농민의 공산제 실현에서 중국에서 가능한 무정부주의 사회 실현의 길을 찾았다. 그러한 점에서 두 잡지는 무정부주의가 실현할 이상적인 사회의 모습에 대한 조감도에 차이가 있었고 더구나 그것을 실현할 방법에서는 꽤 큰 차이를 보였다. 이후 중국 무정부주의운동을 대표하는 두 경향이 이미 나타난 것이다.

《천의》는 모택동사상에 따라 지도된 중국의 공산혁명으로 연결되는 농민적 사회주의의 길을 선구적으로 모색한 측면을 가졌음이 인정되어 긍정적으로 평가되기도 한다.[10] 그러나 무정부주의운동 자체 속에서는 일반적으로 《천의》보다는 《신세기》가 이후에 미친 영향이 더 컸다고 평가되고 있다. 그것은 《천의》가 1906년부터 약 1년이란 짧은 기간 동안 발행되다가 정간되고 만 데 견주어 《신세기》는 그보다 훨씬 장기간에 걸쳐 발간되었고, 유사배가 《천의》의 정간 뒤 청조의 관리 단방(端方)에게 매수되어 변절해 버린 데 견주어 오치휘, 이석증 등의 신세기파는 민국의 성립 과정에서나 이후 민국시기 동안 줄곧 재야 명망가로서 또는 국민당의 원로로서 사회와 정치의 영역에서 지속적으로 영향력을 가지고 활동하였던 것과도 관계가 있었다. 그러나 더욱 중요한 이유는, 1910~1920년대의 중국은 국가·사회적 위기상황에 처해 있어서, 과학과 기술의 발달이 뒤쳐져 산업이 발달하지 못했고 중국의 전통적인 예교(禮敎) 윤리의 속박과 황제 전제체제의 정치적 억압이 개인과 사회의 자율성을 속박하고 있었으므로, 과학에 기초한 반(反)전통을 주장하고 개인의 자유를 바탕으로 황제 전제체제를 비판한 《신세기》의 주장이 폭넓은 공감을 얻을 수 있었기 때문일 것이다.

5. 민국 전기 무정부주의 활동과 신문화운동 참여

중화민국 전기, 곧 북경 군벌정부 시기(1912~1927)에 오치휘는 1924년까지 주로 무정부주의자로 활동하였으며, 사회적으로도 대표적인 무정부주의자로 평가받고 있었다. 그동안 1909년 10월 무렵부터 장정강의 경제적 사정이 악화되어 《신세기》는 결국 1910년 5월 21일 121호를 마지막으로 정간되었다. 오치휘는 런던으로 돌아가 천문·지리·화학 등의 신지식을 습득하는 데 노력하여 그의 자연과학에 대한 믿음은 더욱 확고해졌다. 그는 근대 인류학과 역사학에 대한 자신의 학습 결과를

1911년 상해의 문명서국에서 《상하고금담(上下古今談)》이란 책으로 발행하였다. 1911년 10월 10일의 무창기의(武昌起義)와 그 뒤 혁명의 급진전 소식을 들은 그는 번역과 저술 활동을 중단하고 채원배 등의 해외 동지들과 교신하여 해외에서 국내의 혁명에 호응할 수 있는 방법을 모색하였다.

당시 미국에서 모금활동을 하고 있던 손문은 무창기의 소식을 들은 뒤 서구 열강이 연합하여 혁명에 반대할 가능성이 있다고 판단하고, 우선 열강을 설득하여 청조에 대한 지원을 중단시킬 외교활동에 착수하였다. 중국에 가장 큰 이해관계를 가지고 있던 미국·영국·독일·프랑스·러시아·일본 등의 6개국 가운데 영국이 열강의 태도를 결정할 수 있는 힘을 가지고 있다고 판단한 손문은 영국으로 건너갔다. 11월 11일 런던에 도착한 손문의 방문을 받은 오치휘는 그 뒤 손문의 외교활동을 최측근에서 도왔다. 이전에도 그는 장병린, 도성장 등과 대립하면서까지 손문을 도운 바 있었다. 이때의 인연으로 그는 손문과 돈독한 인간관계를 맺게 되었다. 귀국 뒤 그는 무정부주의자로서의 원칙 때문에 비록 남경 임시정부에서 각료직을 맡지는 않았지만 총통부에서 손문과 침식을 같이 할 정도로 친밀했다고 한다.

중화민국이 성립된 뒤 오치휘의 활동은 크게 무정부주의 선전과 근공검학(勤工儉學)운동의 주창 및 교육활동, 독음(讀音) 통일을 위한 연구와 행정 책임자로서의 조정, 신문화운동 속에 포함될 수도 있는 과학의 주창과 민국의 미래에 대한 전망을 제시하는 언론활동, 그리고 때때로 그에게 요구된 정치적 활동의 수행 등으로 대별해 볼 수 있다.

민국 성립 직후인 1912년 2월 오치휘는 이석증, 채원배, 장정강, 장계(張繼), 왕정위(汪精衛) 등과 진덕회(進德會)를 발기하였다. 진덕회는 신세기파의 무정부주의 사상을 바탕으로 조직된 것이었다. 개인이 연합하여 촌을 구성하고 촌이 연합하여 지방을 이루며 지방이 연합하여 전체 사회를 구성하므로 사회의 기초는 개인이라는 사회관을 바탕으로 하여, 민국의 완성을 위해서 가장 긴급한 과제인 개인의 도덕 완성에 목표를 두고 조직된 것이 진덕회였다.

회원이 준수해야 하는 회약(會約)에는 두 가지가 있었는데, '당연진덕(當然進德)' 3조(악행·도박·축첩을 하지 않는다)와 '자연진덕(自然進德)' 5조(관리·의원·흡연·음주·육식을 하지 않는다)로 모두 8가지였다. 그 가운데 당연진덕 3조는 모든 정회원이 반드시 지켜야 하였고, 자연진덕 5조는 각자의 형편에 따라 선택할 수 있었다. 그리고 지켜야 하는 진덕에 따라 갑·을·병 회원으로 나누었다. 또한 지켜야 하는 진덕 항목 수에 따라 3불(不)·4불·6불·8불 등의 별칭도 있었는데, 이석증과 오치휘는 '8불'회원이었다.11)

그러나 진덕회의 목적이 취지대로 잘 이루어지지는 못했다. 발기자의 한 사람인 오치휘가 이후 8불의 덕목을 견지하지 못했던 것도 문제이지만, 그때까지 중국의 혁명을 위해서 치열한 정치투쟁을 전개해 온 동맹회를 중심으로 한 혁명파 인사들이 진덕회의 주된 대상이었다는 것이 더욱 큰 문제였다.12)

국가의 권력구조와 관계된 정치행위에 가치를 두지 않는 무정부주의자들에게 개인의 도덕성 고양은 항상 추구해야 할 과제였다고 할 수 있다. 그러나 혁명파의 처지에서 보면 신해혁명으로 그들이 추구해 온 국가권력의 재편이 목전에 와 있고 원세개와의 권력투쟁에 조직의 역량을 총 결집해야 할 시점에서 정치투쟁의 주체가 될 관료와 국회의 조직 자체를 거부하는 회약을 가진 진덕회에 가입한다는 것은 당시 상황을 지나치게 낙관적으로 파악하고 있지 않고서는 불가능한 일이었다. 오치휘나 이석증이 동맹회원들을 진덕회의 대상으로 삼은 것은 그때까지 혁명파와 활동을 함께해 왔던 터였으므로 사회를 도덕적으로 진보시키기 위해서는 자기가 처해 있는 바로 그곳, 즉 혁명파들 가운데서부터 무정부주의 혁명을 시작하고자 했던 것이라고 할 수 있다.

이 시기에 오치휘가 주력한 또 하나의 일은 중국어의 주음자모(注音

字母)운동이었다. 중화민국 성립 직후 교육총장이 된 채원배는 한자 개혁의 필요성을 절감하고 그 일을 자신의 친구인 오치휘에게 부탁하였다. 한자 개혁의 필요성에 대해서는 청 말의 지식인들 사이에 폭넓은 공감대가 형성되어 있었다. 노당장(盧戇章)이 1892년 '절음신자(切音新字)'라는 병음문자(拼音文字)를 만든 것을 시작으로, 왕조(王照)의 '관화자모(官話字母)'와 노내선(勞乃宣)의 '합성간자(合聲簡字)' 등 28종의 절음자(切音字) 방안이 이미 청 말에 제기되고 있었다고 한다. 오치휘도 1895년에 이미 '두아자(豆芽字)'라고 하는 절음자를 스스로 만들어 사용한 적이 있었으며 《신세기》를 발간할 무렵에도 에스페란토어 사용을 주장하는 등 중국어 개혁의 필요성을 일찍부터 절감하고 있었던 바였다.

오치휘는 1913년 2월 15일 정식 개회한 독음통일회의 회장으로 취임하여 당시 각 지방에서 사용되는 6백여 개의 중국어 음[國音]을 정하고 각 음을 표시할 부호(자모) 39개를 제정하여 '주음자모'라고 명명하였다. 그의 노력으로 각가지 의견이 대립하여 난무하는 어려운 상황을 수습하고 회의에서는 최종적으로 《국음회편(國音匯編)》(草)이라는 교육부안을 마련하였다. 그러나 때마침 송교인(宋敎仁) 암살사건이 일어나고 이어 제2차 혁명이 실패하자 오치휘는 유럽으로 피신해야 했으므로, 이 일은 중단될 수밖에 없었다. 원세개 사망 뒤 단기서(段祺瑞) 내각의 신임 교육총장이 된 범원렴(范源廉)의 요청으로 그는 다시 이 일을 계속하여 《국음회편》을 《강희자전(康熙字典)》의 부수에 따라 배열하여 《국음자전(國音字典)》을 편찬하였다. 이 자전은 교육부가 전국에 반포하여 1932년 역시 오치휘가 참여하여 수정한 《국음상용자회(國音常用字匯)》로 교체될 때까지 사용되었다.

이것은 많은 어려움이 수반된 엄청난 노력을 요하는 작업이었다고 할 수 있다. 그럼에도 오치휘가 그렇게 흔쾌히 자신의 시간을 할애하고 노력을 기울인 것은 교육 보급이야말로 구국의 근본적 방법이며 주음자모는 평민에게 교육을 보급하기 위한 최선의 도구라고 생각했기 때문이었다. 5·4신문화운동에서 호적(胡適)과 진독수(陳獨秀)가 제창한 백화문 운동이 신지식인층의 열렬한 호응을 얻었음은 주지의 사실이다. 그러나 오치휘는 그 이전부터 그것을 주장하고 실천했을 뿐 아니라, 중국의 수 많은 음운을 종합하고 정리하여 중국어의 음을 통일하고 주음문자를 제 정하여 교육현장에서 사용할 수 있도록 한 중국어 주음자모운동의 최선 봉이었다.13)

근공검학운동은 유법검학회(留法儉學會)·유법근공검학회(留法勤工 儉學會)·화법교육회(華法敎育會) 등의 조직을 중심으로 1912년부터 1923년까지 신세기파 무정부주의자들이 추진한, 이 시기 가장 큰 영향 을 미쳤던 무정부주의자들의 대표적인 무정부주의운동이자 교육운동이 었다.14) 이 운동을 시작하고 추진한 실무의 중심인물은 이석증이었다. 그러나 이석증에게 고학(苦學)을 통한 해외유학의 필요성을 처음으로 역설한 것이 오치휘였으며, 그는 스스로 영국에서 고학을 실천하여 근 공검학의 가능성을 입증해 보이기도 하였다. 또한《신세기》를 통하여 무정부주의혁명 방법으로 교육을 강조함으로써 근공검학의 이론적 기 초를 확립한 것도 그였다. 그러나 그는 근공검학의 필요성을 역설하는 글을 발표하거나 근공검학회 상해지부장을 맡은 외에는 이 운동을 조직 하고 추진하는 실무에 깊이 간여하지는 않았다. 오치휘는 주로 근공검 학운동의 이론가 노릇을 하였다고 할 수 있다.

이 운동은 '노동을 하여 (돈을 벌어) 학문을 추구한다'는 슬로건을 내 걸고 추진되었다. 그 사상적 기초는, 인간은 육체와 정신으로 구성되어 있으므로 모든 인간에게 육체노동과 정신노동은 모두 필수 불가결한 요 소이고, 이상적인 사회는 모든 인간이 정신노동과 육체노동을 겸하며 두 노동 사이에 가치의 우열이란 없다는 무정부주의 사상이었다. 그때 까지 중국에서는 정신노동자[勞心者]는 지배하고 육체노동자[勞力者]는 지배를 받아야 한다는 맹자 이래의 전통적 사상이 일반적이었다. 무정 부주의자들은 그러한 사상이 잘못된 계급사회를 낳았다고 주장하였다.

그래서 지식인도 노동해야 하고 노동자도 학문해야 한다고 보아 지식인 대상으로는 1912년 검학회를, 노동자 대상으로는 1915년 근공검학회를 조직하였던 것이다. 그러므로 검학회와 근공검학회는 사실상 같은 사상적

오치휘와 오랜 친구 요천(聊天)

기초를 가진 것으로, 크게 보면 근공검학운동 속에 포괄된다.

　이 운동은 5·4시기 공독(工讀, 또는 工學)사상이 신지식인들을 중심으로 빠르게 확산되면서 사회적 기반을 공고히 하게 되었고 1919년부터 1921년까지 2천 명에 가까운 학생들을 프랑스로 유학시킨 유법근공검학운동으로 발전하였다. 하지만 유학생들은 프랑스에서 공부는 물론 노동으로 생활을 영위하는 것조차 불가능하였으므로 유법근공검학운동은 사회적으로나 외교적으로 커다란 문제를 일으킨 채 중단되어 무정부주의 실천운동으로서는 실패한 운동이 되었다. 그러나 이 유법근공검학생 가운데서 많은 학자와 과학자가 배출되었고, 특히 초기 공산주의운동의 지도자들이 다수 배출되어 중국 공산주의운동의 성장에 크게 기여한 운동이 되었다. 따라서 이 운동에 대해서는 당시에도 그러했고 지금도 논쟁이 분분한 상황이다.15)

　근공검학운동이 중단된 결정적인 계기는 1921년의 리옹대학사건이었다. 이 사건은 오치휘가 주도적으로 구상하고 자금을 모아서 프랑스 리옹에 설립하였으며 또한 교장으로서 학생들을 선발한 리옹대학에 당시 프랑스에서 궁지에 몰려 있던 근공검학생들이 입학을 요구하면서 발생한 것이었다. 이 사건을 주도한 채화삼(蔡和森), 이립삼(李立三), 섭영진(聶榮臻), 이부춘(李富春), 왕약비(王若飛) 등 공산주의계열 학생들이

554

프랑스로부터 중국으로 추방되었고, 그들은 귀국 뒤 언론을 통해 프랑스에서 학생들이 처한 곤궁한 상황을 국내에 알리고 아울러 이 운동의 무정부주의 지도자들을 비방하였다. 뿐만 아니라 리옹대학 안에서도 식사 문제, '평등대우' 문제, '파당' 문제 등으로 학생들이 오치휘를 비판하는 소요가 계속되어 그는 신변의 위협을 느끼고 도망치듯 귀국할 수밖에 없었다.

그리하여 이석증과 오치휘가 주도한 유법근공검학운동과 더불어 리옹대학도 참담하게 실패하였으며 국내외 여론도 극도로 악화되었던 것이다. 그 당시 오치휘가 처했던 참담한 상황은 멀쩡하게 살아 있는 자신의 부고[自訃]를 신문에 게재한 사실로도 짐작할 수 있다. 이 유법근공검학운동과 리옹대학의 실패는 중국의 무정부주의자들이 전력을 기울여 추진했던 것인 만큼 그 뒤 그들의 활동에 지대한 영향을 미쳤다고 말할 수 있다.

오치휘는 5·4신문화운동을 전후한 시기에 앞에서 서술한 진덕회·주음자모운동·근공검학운동 등을 주도하였을 뿐 아니라,《신청년》·《중화신보》·《노동》 등의 잡지에 무정부주의 사상16)을 비롯하여 민국의 진로와 정당의 성격 문제나 과학·교육 등의 중요성을 주장하는 글들을 발표하여 지식 청년들을 계몽하고 현실의 문화와 정치를 비판하는 데 적극적으로 활동하였다. 당시 그의 문장은 논리와 주장에 거침이 없고 방언이나 속어의 사용도 꺼리지 않아 강한 호소력과 생동감이 있었으므로 청년 지식인들에게 강한 영향을 주었다. 그러나 무엇보다도 그의 호소력은 명쾌한 논리와 주장의 과감성에 있었다고 할 수 있다. 그것은 그가 당시 그 누구보다도 동서양 철학과 사상에 대한 깊고 체계적인 이해를 바탕으로 자신의 사상을 정립하고 있었기 때문이라고 생각된다.

그것은 그가 근공검학운동의 실패로 참담한 심정으로 칩거하던 1923년 때마침 지식인들 사이에서 전개된 '과학과 인생관 논쟁'에 참여하여 발표한 〈서양의 껍데기를 쓴 이학을 경계한다(箴洋八股化之理學)〉, 〈새로운 우주관과 인생관(一個新信仰的宇宙觀及人生觀)〉이라는 글로서 입증된다. 이 당시까지의 그의 사상을 종합적으로 체계화한 것으로 보이는 이 글들의 자세한 내용은 뒤에서 살펴보기로 하고, 여기서는 두 번째의 글을 가지고 호적이 오치휘를 이 '논쟁을 진압한 대장(大將)', '선봉', '노영웅', '3백 년래 4대 반이학(反理學) 사상가의 한 사람'이라는 등의 찬사를 보냈다는 사실을 지적해 둔다.17)

6. 민국 후기, 국민당의 원로이자 장개석가의 스승으로 활동

오치휘는 5·4운동 시기에는 주로 무정부주의자로 알려졌다. 그러나 같은 시기 그는 실제로 국민당 안에서도 줄곧 손문의 존경을 받는 동맹회의 회원 또는 국민당의 지도자로 명망을 유지하고 있었다. 그것은 손문과 그의 관계를 보아도 알 수 있다. 1907년 청 조정의 압력을 받은 일본 정부가 손문을 일본에서 추방할 때, 손문이 일본 정부와 일본 사업가로부터 받은 자금을 사직인 목적으로 유용했다는 장병린, 도성장 등의 비난에 대해 오치휘가 《신세기》를 통해 변호해 준 인연을 비롯하여, 두 사람은 1900년대 초부터 1924년까지 오랫동안 친밀한 인간관계를 유지하였다.

신해혁명 직후 손문이 민국의 새로운 정치상황에서 잠시 정치활동의 방향을 확정하고 있지 못하던 때 오치휘 등이 조직한 진덕회의 활동을 손문의 측근들 모두가 바람직한 것으로 생각하지는 않았다. 그러나 왕정위와 장계가 회원이었던 점을 생각해 보면, 국토건설계획에 전심하고 있었을 정도로 혁명에 대한 방향감각을 잃고 있었던 당시 손문도 진덕회의 활동을 이해하고 있었던 것 같다.

이후 이석증이 주도한 유법검학회와 유법근공검학회의 활동을 채원배, 왕정위, 장계 등과 함께 지원하면서 신문화운동의 흐름을 주도하고 있을 동안에는 손문과 일정한 거리를 유지하고 있었던 듯하다. 그러나 당시에도 파리파(Paris派)[18]의 장정강은 중화혁명당의 재정부장으로서 손문의 혁명 활동에서 가장 중요한 자금책 노릇을 하고 있었다. 그리고 이석증이 주도하고 오치휘가 적극적으로 지원한 근공검학운동은 손문과 항상 밀접한 관련 속에서 정치적 활동을 하고 있던 왕정위, 장계, 채원배 등의 적극적인 지원 속에서 추진되었다. 따라서 오치휘, 이석증, 채원배 등의 파리파는 손문의 최측근 집단은 아니었다 할지라도 기본적으로 손문이 기반으로 하고 있던 중요한 정치세력 가운데 하나였다고 할 수 있다. 더구나 파리파 가운데서 장정강과 왕정위는 손문의 최측근 인물이었던 점도 고려해야 할 것이다. 그것은 유법근공검학운동이 진행 중이던 1921년 오치휘가 광동정부의 지원을 받아 리옹중법대학(中法大學)을 설립했던 것에서도 알 수 있다.

이렇게 어느 정도 손문과 거리를 유지하고 있었던 오치휘가 1924년 국민당 개조를 계기로 손문과의 관계를 밀착시키고 국민당 안에서 정치 활동에도 적극적으로 참여하기 시작하였다. 그 배경으로 가장 결정적이었던 것은 앞에서도 지적했듯이 유법근공검학의 실패로 무정부주의자들에 대한 국내 여론이 극도로 악화되었던 것과 국민당 내 지도자들과 그의 인간관계였던 것으로 생각된다. 그밖에도 5·4운동을 계기로 빠르게 성장한 대중의 민족주의적 정서와 그를 기반으로 하는 정치세력의 성장과 재편, 소련 공산당의 크로포트킨(P. A. Kropotkin)에 대한 탄압 그리고 중국에서 공산당이 출현하고 무정부주의자와 마르크스주의자 사이에 논쟁이 벌어지면서 급진적 지식인들 사이에 나타난 노선 갈등 등이 배경으로 작용을 했을 것으로 생각된다.

오치휘는 국민당의 개조 이전에 이미 왕정위의 요청으로 손문과 진형명(陳炯明) 사이의 화해를 위한 정치특사로서 국민당을 위한 정치활동을 시작했다. 그러한 그는 국민당 개조가 진행되는 상황에서 국민당 안에서는 국공합작(國共合作)의 강력한 지지자였으며, 아울러 안국합작론

(安國合作論)을 주창하여 중국의 무정부주의자들에게 국민당과의 합작에 동참할 명분을 제시하고자 하였고, 국민당 중앙감찰위원회 위원의 직위를 수락하며 당내 활동에 본격적으로 참여하였다. 풍옥상(馮玉祥)이 주도한 북경정변(北京政變)으로 이석증을 위원장으로 청실(淸室)문제 처리를 위한 선후위원회(善後委員會)가 북경에서 조직되자 그가 이석증의 요청에 응해 위원직을 수락하고 북경으로 거처를 옮긴 것도 손문의 북상(北上)을 지지하고 당시 손문이 적극적으로 추진하려고 한 국민회의운동을 도우려고 한 것이었다.

그는 손문 사후 손문의 유촉(遺囑) 작성에 관여하였고, 그 뒤 등택여(鄧澤如) 등의 유촉 진위문제 제기에 대해 유촉의 정당성을 변호하면서도 보로딘(M. Borodin)에 대해서는 비판하였다. 또한 1925년 11월에는 서산(西山)회의의 예비모임에 참석, 주석으로 선임되어 추로(鄒魯), 임삼(林森) 등 국민당 우파들이 제출한 왕정위와 공산당 탄핵안에 반대하는 처지에서 중재하려고 하였다. 이러한 그의 활동을 보았을 때, 그는 기본적으로 왕정위의 주도권이 확고한 상황에서는 국공합작을 지지하는 좌파로 처신하면서도 국민당의 지나친 좌경화에 대해서는 비판하는 명확한 자신의 견해를 밝히고 있었던 것이다.

이 시기에 그는 국민당 지도자들의 자녀를 대상으로 한 소년당교(少年黨校)라 할 수 있는 북경해외예비학교를 설립하였다. 그러한 것도 그가 무정부주의자로서 일관되게 주장한 교육혁명론을 실천하려 한 측면과 함께 자신의 주장을 국민당 안에서 관철하고자 한 정치적 의도가 있었던 것으로 볼 수 있다. 여하튼 이 시기는 손문보다 한 살이 많은 그의 나이와 손문 생전부터 맺은 특별한 인간관계 및 왕정위, 장정강, 호한민(胡漢民), 장계, 대계도(戴季陶), 유영건 등 국민당 지도자들과의 인간관계, 신문화운동 때 무정부주의자로서나 신문화의 주창자로서 얻은 명성, 그리고 국공합작을 시종 찬성하며 신중하게 처신한 좌파적 처지, 권력투쟁이 치열하게 전개되는 속에서도 중앙감찰위원으로 손문의 유지를 충실히 계승하려 하면서도 권력에 대해 일정한 거리를 유지하려고 한 신중한 처신 등이 작용하여 국민당의 원로로서 그의 명망이 급속히 높아진 시기라고도 볼 수 있다. 아울러 서산회의 예비모임에 참가하고 대계도와 의견을 조율하는 것 등에서 손문 사후 지나친 좌경화와 국민당 내 공산당의 급부상을 견제하기 위해 국민당의 이념 문제에 관심을 가지기 시작한 것을 볼 수 있다.

위와 같은 오치휘의 태도에 급격한 변화를 가져온 계기가 된 사건은 1926년 북경정부의 집정(執政)이었던 단기서가 발동하여 민중운동을 탄압하고 국민당 인사들을 체포한 3·18참안(慘案)과 4월 장개석이 왕정위를 축출하고 당권을 장악하고자 한 중산함(中山艦)사건이었다. 3·18참안과 곧 이은 4월의 봉천계 군벌 장작림(張作霖)의 북경 진공으로 오치휘와 그의 동지 이석증이 주도한 청실문제처리선후위원회의 활동이 정지되었다. 그밖에도 그가 경영하던 북경해외예비학교가 폐쇄되었으며, 아울러 이석증에 대한 체포령이 내려지자 그와 오치휘의 정치적 기반이 사실상 완전히 파괴되었다.

오치휘는 체포의 위험을 피해 황급히 광주로 갔다. 이때는 바로 장개석이 장정강과 사전에 교감을 가지고 중산함사건을 일으켜 왕정위를 실각시키고, '당무정리안'을 통과시켜 공산당의 활동을 제한하고 국민당의 당권을 장악하려고 하던 시점으로, 오치휘는 장개석과 급속도로 가까워졌다. 군권을 바탕으로 권력을 장악한 장개석으로서는 자금은 장정강을 통하여 절강 재벌들의 지지를 끌어내어 해결할 가능성이 있었지만, 그가 당내의 삼민주의를 계승할 수 있는 이론가로 인식되지는 못하였다. 따라서 장개석은 오치휘와 같은 당내의 명망 있는 인물의 지지가 필요했고, 오치휘로서는 당시 무정부주의자들이 군벌과 공산당에 의해 군중과 노동자들 속에서 지지 기반을 잃어 가고 있던 형편에서 국민당 안의 권력에 접근하는 것 말고는 달리 다른 방법이 없는 상황이었다. 그리고 손문의 유지를 올바로 계승하는 것도 그의 관심사였으리라 생각된다.

공산당에 지나치게 기울어지고 있던 좌파 지도자 왕정위가 실각한 상황에서 오치휘는 장정강의 경제력과 자신의 이론·명망·경륜으로 오직 군권만을 가진 장개석을 자신들이 의도하는 방향에서 충분히 이용할 수 있다고 생각했을 수도 있다. 더구나 당시 무정부주의자들에게도 그가 주창한 '무정부주의자와 국민당의 합작에 관한 주장(安國合作論)'이 받아들여지기 시작하였고,[19] 그 자신은 스스로 국민당 사람임을 주장해 왔던 터이므로 국민당 안에서 공산당과 좌파의 권력을 약화시키는 활동을 하는 데 대한 정치적 부담이 상당히 적어진 상황이기도 하였다.

그리하여 1926년 5월 15일 장개석의 특별한 대우 속에 국민당 제2기 2중전회(中全會)에 참가하여 당무정리안을 통과시키고, 국공 양당 연석회의의 국민당 측 5인 위원 가운데 한 사람으로 선출되어 장개석의 의도를 충실히 받들어 회의를 이끌었다. 이 회의를 계기로 장개석과 오치휘는 완전히 의기투합하게 되었고 오치휘는 본격적으로 장개석의 최측근이자 '장개석가(家)'의 스승으로서 반공을 위해 활약하기 시작하였다. 중앙감찰위원일 뿐이었던 오치휘는 7월 9일에는 북벌서사대회(北伐誓師大會)에서 국민당 중앙위원회를 대표하여 장개석에게 수기(授旗)를 하였으며 그 뒤 장개석은 행정원장, 국부(國府) 주석, 대총통 등의 취임과 같은 당과 국가의 모든 중요한 의전행사의 전례관(典禮官)을 모두 오치휘가 맡도록 하였다고 한다. 오치휘는 당시 공인부장(工人部長) 대리의 자리에 오르기도 하였다.

본격적인 북벌이 시작되자 오치휘와 그의 막역한 친구 유영건은 장개석의 특명을 받고 상해로 파견되었다. 당시 국민당과 공산당, 서산회의파 등 국민당 내 모든 파벌들이 가장 관심을 기울이고 있던 상해 지역 각 정파의 동향을 파악하고 장의 지지기반을 확보하려는 의도에서였다. 1926년 10월 24일 상해에서 오치휘 등이 조직하여 발동한 노동자들의 제1차 무장기의(武裝起義)는 실패로 끝났고, 1927년 2월 19일 공산당이 주도적으로 조직한 제2차 무장기의도 북벌군의 동로군(東路軍)으로부

560

터 지원이 없어 실패하였다. 특히 제2차 무장기의 과정에서 공산당이 자신이 대표하고 있던 국민당의 통제를 받지 않은 사실, 상해에서 확고한 공산당의 지지기반, 3월 6일 진독수가 그와 담화하다가 중국에서 20년 안에 공산주의를 실현할 수 있다고 한 대답 등을 근거로 오치휘는 공산당과의 합작이 더 이상 계속될 수 없다는 결론을 내린 것으로 보인다.

그리고 3월 21일 공산당이 주도한 제3차 무장기의가 일어나 상해를 장악하고, 때마침 공산당과 국민당 좌파가 장악하고 있던 무한(武漢) 국민정부에서 장개석의 북벌군 총사령직을 해제하는 일이 일어났다. 그러자 남창의 장개석과 상해의 오치휘는 반공청당(反共淸黨)을 발동하여 장개석이 국민당의 당권을 장악하는 데 의견의 일치를 보았다. 오치휘는 장개석의 반공청당을 통한 당권 장악에 명분을 제공하기 위하여 파리파가 장악하고 있던 중앙감찰위원회를 이용하였다. 그는 장정강과 함께 자신과 항상 정치적 행보를 같이 해 온 이석증을 북경으로부터 불러오고 채원배를 설득하여 당시 장개석을 지지하던 이종인(李宗仁), 황소굉(黃紹竑) 등의 군인을 참석시킨 가운데 반공청당의 필요성과 당위성을 역설하고 최종적으로 실행을 결정하였던 것이다.

4·12정변으로 국공합작이 결렬되고 반공청당이 전개되어 공산당은 국민당으로부터 축출되었다. 오치휘는 국민혁명군 총정치부 주임으로 당시 청당운동의 실행에 깊숙이 개입하였다. 그 뒤 무한정부에서 공산당과 결별을 선언한 왕정위와의 합작이 문제가 되어 영안합작(寧漢合作)을 위한 국민당 중앙정치회의가 결성되자 그는 이석증, 채원배 등과 함께 중앙정치위원이 되어 장개석 중심의 남경 국민정부를 수립하는 데 노력하였으며, 그 뒤 왕정위를 지지하는 광주사변이 발발했을 때나 진공박(陳公博)이 개조파를 결성하여 《혁명평론》을 발행했을 때도 그는 일관되게 장개석의 편에서 좌파와 논전을 벌여 장개석의 좌파 공격에 일조하였다.

물론 이 시기에도 오치휘는 무정부주의 동지 이석증 등과 더불어 무정부주의 선전을 위한 《혁명》을 발간하기로 결정하였으며, 무정부주의 사회의 실현을 위한 최선의 방법이라고 생각한 교육을 보급하기 위하여 상해에 국립노동대학을 설립하기도 하였다.[20] 그리고 '연소(聯蘇), 용공(容共), 부조농공(扶助農工)'의 국민당 개조 3대 정책의 계승과 관련하여 논의된 삼민주의의 해석을 둘러싸고 계급혁명의 의의를 인정하는 좌파에 대응하기 위해 무정부주의적 색채를 가미한 전민혁명론(全民革命論)을 제기하여 대응하기도 하였다.[21]

그의 이러한 무정부주의적 활동은 1928년 이후 장개석이 남경 국민정부와 국민당 안에서 좌파를 누르고 권력을 장악한 뒤 중앙집권적 정책을 추진함에 따라 견제를 받기 시작하여 결국 1930년 무렵 모두 장개석의 탄압을 받아 좌절되었고, 장개석의 재병회의(裁兵會議)와 대(對)군벌전쟁을 마지막으로 국민당 안에서 그의 구실도 축소되어 권력을 행사하는 직위를 가지지 못하게 되었다. 그러나 장개석과의 관계 자체는 기본적으로 유지되어 1930~1940년대 그는 국민당의 원로로서 또 장개석가의 스승으로서 명예를 유지하였다. 그는 1953년 10월 30일 대북(臺北)에서 88세의 나이로 죽었다. 그의 유골은 유언에 따라 화장되어 대만해협의 금문도 앞바다에 뿌려졌다고 한다.

7. 오치휘의 무정부주의 사상

1) 이상적인 사회로서 무정부주의 사회 구상

중국 근현대사에서 무정부주의의 의의는 전통적 사고를 해체하고 근대적 사고의 토대를 마련한 것이라고 할 수 있다. 먼저 전통적 사고와 근대적 사고의 특징을 간단히 살펴보자. 전통 중국사회는 한마디로 얘기하면 예교사회(禮敎社會)였다. 정치체제와 질서의 근간이 되었던 것은 말할 것도 없이 유교였다. 유교는 학문적으로 내외겸수(內外兼修)를 기초로 도덕적 인격의 주체인 군자, 즉 사(士)가 사회적 소임을 다함으로써 실현되는 예교적 사회를 이상으로 하는 사고체계임은 다 아는 사실이다. 이러한 유교적 질서와 사고 속에서 맹자와 같은 이는 왕도정치를 주장하고 인정(仁政)이라는 민본정치에서 민의를 중시할 것을 강조하기도 했지만, 유교적 정치에서는 어디까지나 사농공상(士農工商)의 신분적 질서를 바탕으로 한 사대부 신사(紳士)들이 주체가 되었기 때문에 근대적 의미의 인권이라든지 여론은 정치제도상에 설자리가 없었던 것이다.

그렇다면 중국의 근대적 사고는 5·4신문화운동에서 진보적 신지식인들이 주창했던 것처럼 전통과 완전히 단절된 채 서구로부터 이식되었던 것인가? 물론 그런 것은 아니었다. 오치휘의 사상을 통해 중국의 근대적 사고가 전통과 어떻게 연결되면서, 동시에 어떻게 전통을 부정하여 근대적 사고가 성립되었는지 살펴보자.

먼저 오치휘가 가진 무정부주의 사상의 골격부터 살펴보자. 그에게 무정부주의 사회는 가장 이상적인 새로운 사회를 뜻하였다. 그가 파악한 무정부주의 사회란 다음과 같은 것이었다. 사유재산제도를 완전히 폐지하고 기존의 모든 행정기구를 폐지한 다음, 3리(里)에서 5리 간격으로 서로 인접한 숙사(宿舍)를 짓고 주위에 기존의 제도와는 아무런 관계가 없는 산림·목장·공장·경작지 등을 배치한다. 숙사 안에는 휴식처와 침실·식당·독서실·통신연구실·공작실 등을 둔다. 물론 이러한 무정부주의 사회는 자유로운 사회를 건설하고자 하는 '무강권(無强權)'의 무정부와 평등한 사회를 구현하기 위해 '능력에 따라 일하고(各盡所能), 필요에 따라 얻는(各取所需)' 공산(共産)이라는 두 가지 목표를 달성하기 위해 박애정신에 바탕을 둔 상호부조의 원리에 기초한 공동체사회였음은 말할 것도 없다.[22] 이것은 서구의 근대적 사고의 기초라고 할 수 있는 자유·평등·박애의 정신을 체계적으로 구현하는 사회이고, 이는 그가 자신이 가지고 있던 전통적 사고를 철저히 부정하고 새로운 세계관을 수용했음을 뜻한다.

이러한 이상사회로서의 무정부주의 사회상은 신세기파 무정부주의자들이나 그 뒤 그를 계승한 대부분의 중국 무정부주의자들이 파악하고 수용하였던 것과 기본적으로 같은 것이었다고 볼 수 있다. 그러나 그 함의(含意)를 생각해 볼 필요가 있다. 오치휘는 무정부주의를 수용하기 전에 이미 체계적인 주자학적 소양을 가지고 있었으므로 그의 무정부주의 수용은 결코 피상적인 것은 아니었다고 생각된다. 그의 주자학적 소양은 무정부주의의 구성 요소들을 분명히 그리고 체계적으로 받아들이는 데 작용했을 것이 틀림없다.23) 아울러 무정부주의가 주자학과 다른 철학적 바탕 위에 서 있었던 만큼 무정부주의를 수용한 것은 곧 자신의 기존 주자학적 세계관을 극복해 갔던 것을 뜻하기도 한다. 그러면 이러한 과정에서 그에게 작동했던 사고의 궤적을 간단히 설명해 보자.

먼저 자유로운 무정부 사회가 뜻하는 것은 무엇인가? 서구적 자유는 개인의 천부적 인권으로부터 출발한다. 인간은 군주나 신에게 종속된 것이 아니라 이성을 가진 자유롭고 독립적인 존재라는 것이고, 따라서 인간은 자신의 행동을 책임질 수 있는 자율성을 가진다는 것이다. 오치휘가 무정부주의의 중요한 한 축이었던 이 자유의 개념을 받아들이는 것이 어려웠던 것으로 보이지는 않는다. 오치휘는 일찍이 남청서원의 산장 황이주의 수제자로서 황이주가 모토로 하고 있던 '실사구시(實事求是), 막작조인(莫作調人)'이라는 인생관을 자신의 일생의 좌우명으로 삼고 있던 터였으므로 누구보다도 자신의 행동에서 자율성을 중시하고 있었기 때문이다. 그는 이미 맹자의 학설이나 주자학 속에서 인간의 자율성을 중시하는 견해를 계승하고 있었던 것이다.

그러나 맹자나 주자학에서 인정하는 인간의 자율성이 곧 서구의 근대적 자유와 동질적인 성격인 것은 아니다. 맹자나 주자학에서 인(仁) 또는 인의예지(仁義禮智)로서의 보편적인 인간성의 선(善)에 대해서 인정하면서 누구나 수양을 하면 도덕적 실천이 가능하다고 보는 점에서는 인간의 자율성을 인정하는 것 같다. 그러나 구체적인 사회와 정치 현실 속에서는 모든 인간이 자율적으로 수양하여 천(天)으로부터 품수(稟受)된 도덕성을 발현하는 것은 아니기 때문에 자기 수양을 이루는 것은 오직 군자뿐이라고 본다. 그러므로 예교질서의 구현자인 군자의 자율성이란 사농공상의 신분적 질서 속에서 정치 담당자인 군자의 책임의식으로 드러나는 것으로서 모든 인간, 모든 개인이 자유를 가진다는 뜻은 아니었던 것이다. 그리고 군자의 책임의식은 유가적 수양의 산물이었는데, 그 수양의 본질은 천리(天理)에 따라 인간의 욕망[人情]을 절제하는 것이었으므로 인정에 따라 살아가는 대부분의 일반인[民]이 자율성을 가진 주체로 인식되지는 않았던 것이다.

유가의 발전 과정에서 양명학이나 명말청초의 경세사상가들, 나아가 청대의 기철학자인 대진(戴震) 등은 인간의 욕망과 감정을 용인함으로써 욕망과 감정의 주체자인 개인[私]을 인정하는 데까지 나아가기도 했다. 그러나 그들도 사회질서의 원리로서는 성인(聖人)이 수립한 예교를 이상적인 것으로 봄으로써 개인은 여전히 예교질서에 구속된 존재로 머물러 있어야 했으며, 인간의 보편적인 자율성은 인정하였다 할지라도 개인의 정치적 사회적 자유를 인정하지는 않았다.

이렇게 볼 때 오치휘가 무정부주의를 수용한 것은 그러한 예교의 구속을 벗어난 개인의 해방, 욕망과 감정에 따라 행동하는 개인의 주인 됨을 수용한 것이고, 주체적인 개인이 중심이 되어 조직하는 사회는 더 이상 성인이 정해 놓은 유가의 예교와 같은 기성 윤리의 구속을 받지 않고 자율적인 공동체 질서를 추구함을 수용한 것이다. 그러한 뜻에서 젊은 시절에 몸담았던 주자학적 전통이 오치휘가 무정부주의를 수용하는 데 일정한 구실을 했으나, 서구적 자유를 수용한 결과로 그가 전통과 철저히 결별했음을 알 수 있다.

그가 전통사상으로부터 결별할 수 있었던 결정적인 요인을 찾는다면

후술할 '과학'이었다고 할
수 있을 것이다. 1920년대
에는 국민당 또는 공산주
의자 등 정치적 견해를 달
리하는 여러 당파들이 각
축을 벌였다. 그러나 개인
의 해방과 독립적 자주적
개인을 바탕으로 한 바람
직한 사회질서를 새롭게
수립하는 것이 중국 근현
대사의 정치적 과제였음

오치휘 동상

을 생각할 때, 20세기 초 오치휘와 같은 무정부주의자들의 출현은 사상
사적으로 중요한 의미를 가진다고 할 수 있다.

다음으로 '능력에 따라 일하고, 필요에 따라 얻는' 공산, 즉 평등의 문
제이다. 오치휘는 물론 이 원칙을 수용하였다. 그가 가진 유가적 전통,
특히 고대의《예기》등에 나타난 대동사상(大同思想)을 상기힐 때 그가
이 평등의 원칙을 수용하기는 어렵지 않았을 것이다. 그밖에도 불교의
용화(龍華)세계, 노자의 '소국과민(小國寡民)' 세계 등이 묘사하는 이상
세계가 모두 평등한 사회를 이상으로 하고 있었으므로 평등의 원리란
모든 중국 전통의식의 밑바탕에 존재하는, 이상적인 사회를 지탱하는
원리였던 것이다. 이 평등의 문제는 원칙을 받아들이는가 아닌가가 아
니라, 어떻게 실현해 내느냐 하는 것이었을 것이다.

그런데 그가 무정부주의를 수용한 것은 이 평등의 문제 인식에서도
중요한 측면에서 전통과 결별했음을 말한다. 즉 그 이상적인 측면은 대
체로 전통적 사고의 틀을 계승하고 있었던 것으로 볼 수도 있다. 그러나
그가 그린 이상적 평등사회는 모두가 농민으로 구성된 획일적인 평등사
회는 아닐 뿐만 아니라, 오히려 물질문명이 고도로 발달된 평등사회였

566

다. 따라서 그 실현 방법 측면에서 그는 전통적 유가와는 다른 길을 제
시할 수 있었던 것이다.

오치휘가 그러한 무정부주의적 평등사회의 실현을 위해 제시한 방법
은 크게 두 가지로 볼 수 있다. 하나는 과학의 발달이었고 다른 하나는
교육의 보급이었다. 과학 발전의 중요성에 대한 그의 주장은 '품물진화
론(品物進化論)'이라고 할 수 있다. 그는 독특한 발전론적 역사관을 피
력하는데, 역사의 발전은 곧 물질의 발전이라는 것이다. 인류사회는 각
단계마다 그 사회질서가 다르게 성립되는데, 그 사회질서란 다름 아닌
당시 물질의 진보에 조응하여 성립된다는 것이다. 과학이 진보하면 할
수록 도덕도 더욱 진보하며, 세계의 진보는 물질의 진보에 따른 것이고,
과학은 새로운 물질을 만드는 가장 유력한 방법이라는 것이다. 무정부
주의의 이상사회란 물질이 고도로 발달하여 인류의 모든 수요를 충족시
킬 수 있을 정도로 생산력이 발달된 단계에서 실현된다는 것이다. 결국
무정부주의사회를 실현하려면 과학을 발전시키고 그것을 토대로 산업
을 발달시켜야만 가능하다는 것이다.[24]

이렇게 역사의 발전이 물질의 발전에 따라 이루어진다는 오치휘의 역
사관은 무정부주의의 이상사회를 실현하기 위한 가장 중요한 방법인 교
육의 내용도 규정하게 된다. 그는 무정부주의를 실현하기 위한 혁명적
방법은 다름 아닌 교육이라 보아 교육의 중요성을 무엇보다 강조하면서,
그 교육의 내용에 대해서는 무정부주의 도덕교육과 더불어 과학교육을
들었다.

셋째로, 무정부주의의 두 원리인 자유와 평등의 실현을 위한 기초가
되는 궁극적인 원리로서 제시된 것이 박애이다. 신세기파가 무정부주의
를 수용하게 된 결정적인 요소는 크로포트킨의 상호부조론(相互扶助論)
이었다고 지적되고 있다.[25] 신세기파에게는 이 상호부조론이 바로 박애
의 원리였던 것이다. 즉 공자의 인(仁) 사상을 계승한 맹자 이래의 유가
적 성선설(性善說)은 주자학적 배경에서 성장한 오치휘, 이석증 등의 신

세기파 무정부주의자들이 무정부주의를 수용하기 전에 이미 당연한 것으로 받아들이고 있었던 것으로, 그들의 의식 근저에 존재하는 심층의 식이었고 그들의 정체성의 기초를 이루고 있던 도덕의식이었다고 보아도 좋을 듯하다.26) 따라서 이 박애에 대한 무정부주의적 해석인 상호부조론은 유교 전통 속에서 성장한 오치휘를 비롯한 신세기파가 무정부주의를 수용하게 된 결정적 계기가 되었던 것이다. 따라서 오치휘가 아무리 격렬한 반전통론자로서 선장본을 보지 않기로 결심했다고 공언했다 하더라도 그의 무정부주의 수용은 중국 전통사상과의 완전한 단절 위에서 이루어진 것이 아니라고 하겠다.27)

이렇게 자유·평등·박애라고 하는 3가지 무정부주의 원리는 모두 중국의 전통사상계에서도 큰 관심의 대상이 되었던 논의 주제였으며, 전통교육을 받고 성장한 오치휘를 포함한 당시의 중국 지식인들에게도 익숙한 주제였다. 오치휘는 그러한 전통적 개념들 가운데서 박애, 즉 인(仁)을 변함없는 기본 틀로 유지하고, 새로운 시대를 열기 위해서 서구의 무정부주의자들이 새롭게 해석한 자유와 평등의 개념을 수용한 것이었다. 특히 그는 무정부주의의 실현을 위해서 중국에서 가장 필요히고 절실한 것으로 자유를 무엇보다도 강조함으로써 당시 중국의 사상계에 큰 충격을 주었다고 평가된다.

천의파(天義派)의 유사배는 전통 속에서 평등의 요소를 찾아내고 무정부주의적 평등을 현실에서 실현하려고 함으로써 평등을 강조하였다. 그에 견주어 오치휘는 평등한 이상사회를 과학 발달의 결과로 실현될 미래의 이상상(理想像)으로 그림으로써 현실적으로 무정부주의는 자주적 독립적인 개인을 양성하는 데 주력하는 것이라 하였고, 현재의 단계는 자주적 독립적 개인이 과학을 공부하고 산업을 발전시켜 나가야 한다고 보았던 것이다. 그의 이러한 관점은 이석증, 저민의 등 신세기파의 동료들과 기본적으로 같았다.

2) 무정부주의 사회의 실현을 위한 방법과 실천

다른 사상체계나 이념들이 그러한 것과 같이 무정부주의 사상의 특징은 그들이 추구하는 이상사회상(像)에서도 찾을 수 있지만, 무정부주의자를 더욱 무정부주의자답게 해 주는 것은 그들이 그 이상사회를 실현하기 위해 제시하고 실천한 방법에 있었다. 일반적인 무정부주의자들의 방법론을 한마디로 말하면 '사회혁명론'이다. 이 무정부주의 혁명의 주체는 일반 평민이며, 이 혁명의 가장 중요한 특징은 바로 지금 현실에서 이상적인 무정부주의를 당장 실천하는 것이다. 그것은 바로 지금 각 개인이 있는 바로 그 장소에서 자율적으로 연합하여 자유와 평등의 원리를 실현하는 상호부조의 공동체사회를 만들어 내는 것이다. 현실적으로는 농촌공동체와 공장을 자율적으로 경영하는 노동조합공동체가 그것이다. 물론 그 공동체에서는 모든 성원들이 평등한 생활을 하기 위해서 능력과 취향에 따른 분업이 인정된다. 하지만 사회적 불평등을 초래하는 정신노동과 육체노동의 차별이 있어서는 안 된다. 정신과 육체는 인간을 구성하는 불가결한 두 요소이므로 한 개인이 자율적이고 독립적인 인간으로 살아가기 위해서는 육체노동과 더불어 정신노동을 병행해야 하며 어느 한 가지만 한다는 것은 인간의 본질에 위배되는 것이다.

이상과 같이 무정부주의자들이 사회혁명으로 건설하려는 사회가 현재 사회에서 완전히 실현되고 있는 것은 물론 아니다. 무정부주의의 이상사회는 인간의 본성이라는 대지를 바탕으로 하고 있는 것이기에 이곳저곳에서 솟는 샘물과 같이 대지로부터 솟아오르지만,[28] 현실적으로는 강권을 가진 계급과 국가가 존재하고 있으므로 이상적인 사회는 실현되지 못하고 있는 것이다. 따라서 무정부주의자들은 강권에 저항할 것을 주장한다. 그것이 사회혁명이고, 사회혁명의 수단에는 교육과 선전 등의 평화적 방법뿐 아니라 시위와 총파업, 민중봉기 등의 폭력을 동원한 저항도 포함되며 심지어 폭압적으로 강권을 휘두르는 개인에 대한 암살까지도 용인하는 무정부주의자들도 있었다.

중국의 무정부주의자들도 대체로 이론적으로는 이러한 소극적인 혁명방법론과 적극적인 혁명방법론의 모든 수단을 유용한 것으로 받아들였으나, 구체적 실천문제에서는 중국의 산업이 발달하지 못하여 근대적 산업이나 산업노동자들이 존재하지도 않은 낙후한 현실을 고려하여 선전과 교육에 우선을 두었다. 오치휘는 그 대표적인 인물이라고 할 수 있다.

(1) 과학과 교육

오치휘가 묘사한 이상적인 무정부주의 사회가 그의 사상에서 차지하는 위치로 볼 때 현실적인 의미가 전혀 없는 것은 아니지만 다소 상징적인 것이라 할 수 있다. 현실적으로 그의 사상에서 더욱 중요한 부분은 이러한 무정부주의 사회를 실현하기 위한 방법론과 그것을 뒷받침하고 있는 우주관과 인생관 그리고 역사관이라 할 수 있다. 오치휘의 글 가운데서 그의 사상을 자신이 가장 체계적으로 그리고 어느 정도 완성된 형태로 제시한 것이 앞에서 말한 바 있는 〈새로운 우주관과 인생관〉이다. 이 문장을 통해 그의 사상을 정리해 본다.

먼저 그의 우주관을 보자. 그의 우주관은 물질일원론이라고 할 수 있는데,29) 출발은 본체라고 할 수도 있고 모든 것의 근원이라고도 할 수 있는 '하나[一個]'이다. 이 하나가 파열되어 순식간에 전체 우주를 생성시킨다. 질량[質]과 에너지[力]가 없다고는 할 수 없는 불가사의할 정도의 미세한 양이 합성되어 그 어떤 것[子]을 이루고 그 어떤 것이 합성되어 전자가 되며, 전자가 합쳐져 원자, 원자가 합쳐져 만물을 생성한다. 문제가 되는 것은 이 하나와 만물의 관계인데, 만물은 이 하나가 '분화'되어 생성된 것이라는 것으로, 분화되었기에 이 하나는 더 이상 존재하지 않고 그것을 인식할 수도 없지만 이 세상의 만물 가운데 이 하나가 아닌 것도 없다. 나도 하나요, 너도 하나요, 그도 하나이다.

그런데 이 하나는 '살아 있는 것[活物]'이다. 동물과 식물이 활물일 뿐 아니라 돌과 같은 무생물도 활물이라는 것이다. 그 근거는 모든 물질은 모두 질량과 에너지를 가지고 있기 때문이라는 것이다. 심지어 무(無 : 노장사상의 형이상학적 관념인 무가 아니라 아마 물질적인 진공을 말했을 것이다)도 질량과 에너지를 가지고 있으므로 활물이다.

이렇게 유물론적인 관점에 서 있었으므로 그는 물질과 대비되는 정신 또는 영혼의 독자성을 부정한다. 감정·사상·의지 등을 아름답게 불러 심리라고 하거나 그 기능[事]이 신기하여 영혼이라고 하지만 실제로는 모두 질량과 에너지의 상호작용에 지나지 않는다. 모든 물질이 활물이 듯이 인간도 생명을 가지고 있는 활물이므로 그 생명의 권력으로부터 가장 먼저 의지가 생성된다. 그리고 다음 단계로 외물(外物)과 접촉하게 되어 감각이 생겨나며, 다음으로 감각을 수용하거나 거부하는 정감(情感)이 생겨난다. 그리고 정감에 오류가 생길 가능성이 있으므로 사상이라고 할 수 있는 이지(理智)가 생겨난다. 이지의 많은 심사를 거쳐 어떤 특정한 정감은 자연이 항상 그러하듯이 적당한 것이 되는데, 때로는 이지의 잘못을 거꾸로 고치기도 한다. 그것이 직각(直覺)이다. 그 가운데서 몇몇 직각은 심체(心體)에 적합하여 점검이 필요 없는 것이 있을 수 있다. 그것이 유전되어 본능이 된다.

이 모든 작용은 신경계에서 일어나 인체라는 기계를 만들어 간다. 즉 오치휘는 인간의 심리활동조차 인간 신체의 신경계에서 기계를 만들어 가는 것으로 보았다. 그리고 '하나'가 활물이라는 관점에서 '우주'란 하나의 큰 생명체[一個大生命]이자 영원히 유동하는 것이라고 한다. 이 세상의 그 어떤 진선미(眞善美)의 상태란 것도 영원할 수 없으며 모든 것이 다 끊임없이 변화한다는 것이다.30)

위와 같은 오치휘의 우주관이 새롭고 독창적이라고 보기는 힘들다. 대체로 당시 서구의 무정부주의자들과 중국의 신지식인들 사이에서 유행하던 뉴턴의 물질입자론(物質粒子論)과 동력학(動力學)의 유물론이 바탕을 이루고 있고, 의지를 감각이나 이지 등의 인식보다 선행하는 것으로 본 관점은 불교의 유식론에서 빌려온 듯하다. 그가 이지(이성)보다 직각(지금의 용어로는 직관에 해당할 것이다)이나 본능을 중시한 것은 당시 무정부주의자들이 주목하고 있던 베르그송의 생명철학의 영향이라고 보인다. 아울러 우주 전체를 하나로 보며 생생불식(生生不息)한다는 관점은 유가의 사상과 관련을 가지는 것으로 보인다. 우주를 살아 있는 하나의 생명체로 본 것은 베르그송의 영향 아래 유가의 '만물일체의 인(仁)'의 개념에서 인을 물질로 대체한 것으로 보이고, 영원한 변화라는 개념은 《역(易)》의 기본 사상을 바탕으로 하면서 서구의 진화론적 발전사관을 결합한 것이라고 생각된다. 그의 우주관의 의의는 당시 제기되고 있던 관점들을 무정부주의적 유물론이라는 체계로 종합한 것이라고 하겠다.

다음으로 그의 역사관은 품물진보사관(品物進步史觀)이라고 할 수 있다. 그는 "물질문명이 진보할수록 품물도 더욱 갖추어지게 되어 인류의 합일이 쉬워진다. 복잡한 문제도 더 쉽게 해결될 것이다. …… 물질문명이 인류의 지구적 통일을 도와 공산(共産)과 대동(大同)이 실현될 것이라는 것이 나의 굳은 신념이다"라고 하였다. 그리고 인류의 정신문화도 물질문명의 발달에 기초하여 이루어진다고 보았으며, 세계에는 각종 인종이 있는데 그들이나 중국인이나 모두 가지고 있는 혈기심지(血氣心智)는 같으나 각기 가지고 있는 혈기심지가 자신들을 둘러싸고 있는 산천토지에 얼마나 잘 적응하는가에 따라 창조하는 물질문명의 수준도 달라진다고 보았다.

그는 도덕과 문명의 관계에 대해서도 도덕은 문화의 결정체로서 문화가 높아지면 도덕도 높아진다고 보았고 관건은 역시 물질문명의 발전이라는 것이다. 인류 역사상 물질문명은 구석기 이래로 지금까지 끊임없이 진보해 왔으며 앞으로도 그럴 것이므로 옛날보다는 지금이 진보한 것이고, 물질문명이 종말을 고할 것이라는 주장이나 사공(事功)을 경시한 주자학적 태도는 잘못된 것이라고 통박하였다. 이러한 그의 역사관은 물질일원론적 우주관을 바탕으로 진보사관을 개진한 것으로, 무정부주의적 이상사회의 실현을 당연한 추세로 이해한 것이라고 하겠다.[31]

오치휘의 인생관에 따르면 먼저 인간은 두 다리로 걷고 두 손을 사용하며 신경계통의 물질이 비교적 많은 동물이라고 규정된다. 그리고 인생이란 손과 뇌를 사용하는 동물이 '우주대극장' 속의 무수하게 많은 무대 속에서 연기를 하는 것이라고 한다. 그렇다면 인생관이란 우주대극장의 인생이라는 큰 무대 위에서 연기자들이 배역을 맡을 때 준거가 되는 사상이 된다. 인생의 무대 위에는 크게 3개의 연극이 있는데, 개체의 존재를 유지하기 위해 먹는 것[吃飯], 인종의 존재를 유지하기 위해 아이 낳는 것[生小孩], 자기 이외 모든 물종(物種)의 존재를 돌아보는 것인 사귀는 것[招呼朋友]이 그것이다. 이 세 가지는 인생의 객관적인 실제에 대한 지식이라 할 수 있는 것이고, 인생에서 더욱 중요한 것은 '인생의 이상(理想)'에 대한 견해라고 한다. 즉 어떻게 먹고, 어떻게 아이를 낳으며, 어떻게 친구를 사귀는 것이 가장 원만한 것이냐에 대한 견해라는 것이다.

먹는 것과 관련하여서는 4가지 원칙을 제시하였다. 먹을 것은 자기의 노동력을 들인 것으로 교환하여 확보해야 하고, 자기가 먹기 위해 다른 사람이 먹는 데 장애가 되지 말아야 하며, 노동력을 사용해서 먹는 것을 해결하지 못하더라도 다른 사람이 먹는 것을 빼앗아 먹지는 말아야 하고, 모든 사람이 함께 먹을 많은 밥을 생산할 방법을 생각해 내려고 해야 한다는 것이었다. 그리고 음식과 도덕은 모두 중요하므로 먹는 문제의 바른 해결책은 결국 네 번째 것이라야 하고, 그렇게 되려면 문질문명의 과학에 의존하지 않을 수 없다고 하였다. 이 먹는 문제를 인류 안에서 해결하는 방법은 그러하지만 다른 물류(物類)에 대해서도 고려하지 않을 수 없다. 왜냐하면 우주 속의 만물은 자기의 생존을 위해 필요한 자료를 우주 안에서 구할 수밖에 없기 때문이다. 그렇다고 서로 다른 종류들이 자신의 필요를 위해서 서로 죽이는 것은 만물공존의 공리(公理)

에 어긋나는 것이다. 그는 '쓸모없는 것을 가지고 유용한 것을 만들어 내는 것'이 원칙이라고 제시하면서 이 원칙을 실행하려면 과학에 의존하지 않을 수 없다고 주장하였다.[32]

아이 낳는 일은 본래 강력한 정감의 지배를 받는 것이지만, 정에 따라 행동했을 때 장벽에 부딪히게 되고 그에 대한 사유가 진행되어 이지가 생겨난다고 보았다. 그리하여 근친결혼으로 태어난 자녀들이 선천적 장애자가 많음을 알게 되는 등 결혼에 대한 인간의 이지가 발전되어 왔다고 보았다. 그리고 인류의 최고 도덕은 인종의 개량이라고 주장하며, 아이 낳는 일의 과학화는 최고[神工鬼爺]의 아이 낳는 인생관이라고 하였다. 그리고 남녀 양성 관계의 오랜 발전을 보았을 때 결혼제도의 폐지와 남녀의 잡교(雜交)는 인류가 반드시 도달해야 할 경지라고 보았으며, 그것은 어린이의 공공양육과 사유재산제도의 폐지를 전제로 실현될 수 있다고 보았다. 잡교가 혈통의 혼란을 초래하지 않고 우생우종(優生優種)을 낳도록 하기 위해서도 과학의 진보가 필요하다고 하였다.[33]

친구 사귀는 문제에 대해 그는 친구란 '내가 아닌 존재(非我)'이므로 사귀려면 반드시 빙법이 필요하다고 주장하면서 맹자가 말한 측은(惻隱)·수오(羞惡)·사양(辭讓)·시비(是非)의 4단(四端)을 그 방법으로 제시하였다. 다만 이것은 '이성(理性)'으로 여겨 오랫동안 인간의 생존환경이나 이지와는 무관한 것으로 어머니의 배 속에서부터 직접 지니고 온 선험적 본능이나 직각이라고 보았으나, 실제로는 직각이나 본능이란 것도 정감의 맹목성이 이지의 검증을 거치면서 가려져 유전된 것이라 하였다. 그러므로 인생관을 확립하고 이성적 방법을 찾기 위해서는 그에 맞는 문화환경과 사회환경의 훈도(薰陶)를 거쳐 정감과 이지를 부단히 발전시켜 직각이 되도록 해야 한다는 것이다. 결국 사귀는 것에 대한 인생관을 올바로 정립하기 위해서도 과학의 발전이 필요하다는 것이었다.

결론적으로 인생관이란 인사관(人死觀)이 아니며, 아생관(我生觀)에 그치는 것도 아니고, 다른 존재들과 더불어 살고자 하는 것이며, 인생관이 있어야 우주관도 있을 수 있다는 것이었다. 그리고 오치휘는 인간이 존재하고 난 뒤에 우주의 연극도 더욱 정채(精彩)하게 될 수 있었으며, 인간은 만물의 영장으로 천지를 짊어지고 우주를 감당해야 하는 큰 책임을 지고 있는 존재이기 때문에 '과학만능'을 굳게 믿고 인을 실천하는데 양보하지 않으면 어떠한 고난도 극복할 수 있을 것이며 인간에게 부여된 역사적 임무를 완수할 수 있을 것이라고 하였다.34)

그가 주장한 인생관도 우주관과 비슷한 성격의 것이라고 할 수 있다. 독창적이기보다는 주로 여러 사상을 자신의 체계로 종합한 것이라고 할 수 있다. 그것은 유물론적 관점을 가지고 유가의 인간관을 수정하여 재배치한 것이며, 그 과정에 이석증이 특히 열심히 공부했다는 라마르크(J. Lamarck)의 획득형질 유전과 귀요(M. J. Guyau)와 베르그송(H. Bergson)의 직관에 대한 견해를 참고하여 종합하고, 거기에 주로 크로포트킨으로부터 유래된 무정부주의적 이상사회상을 결합하여 그의 과학주의에 기반을 둔 유물론적 무정부주의 인생관의 체계를 수립한 것이었다.

이상에서 보았듯이 오치휘의 우주관·역사관·인생관의 기초는 곧 물질이었고, 그의 생각에 물질문명은 부단히 발전해 왔으며 또 발전할 것이지만 그 발전을 담보하는 것은 다름 아닌 과학 지식이었다. 따라서 그가 이상으로 생각한 무정부주의 사회의 실현은 과학이 발전하지 않고서는 불가능했다. 따라서 그는 과학의 발전을 무정부주의 실현 방법의 가장 중요한 요소로 보았던 것이고 과학 교육의 필요성을 역설하였던 것이다. 오치휘에게 무정부주의 사회는 기존의 잘못된 모든 가치와 질서를 파괴하고 성립될 새로운 사회였기에 혁명을 통하여 실현되는 것은 당연하였다. 그런데 그는 과학을 이처럼 중시하였기 때문에 정치적 결사를 통한 혁명세력의 결집과 무장투쟁 등의 문제와 관련된 일련의 전략·전술을 제시한 것이 아니라 과학을 전파시키고 발달시키는 교육을 혁명의 가장 강력한 수단으로 보았던 것이다. 그는 교육이 곧 혁명이라고까지 하였다. 오치휘는 다음과 같이 주장하였다.

> 무정부주의 혁명은 이른바 혁명을 제창할 것이 아니라 교육을 하면 되는 것이다. 혁명을 준비한다고 할 것이 아니라 교육하는 것이 곧 혁명하는 것이다. 진실로 나날이 교육하는 것이 또한 나날이 혁명하는 것이다.[35)]

이렇게 오치휘가 무정부주의 사회의 실현을 위한 방법으로 교육을 가장 강조했던 이유는 중국사회의 발전 정도가 무정부주의를 즉각 실현할 수 있는 수준에 이르지 못했다는 현실 인식과도 관계가 있었다. 아울러 그가 누구 못지않게 철저히 받아들였던 전통적 유가 군자상, 특히 주자학에 바탕을 둔 중국의 전통 지식인이라는 정체의식이 철저했던 사실과도 깊은 관계가 있었다고 보아야 할 것이다. 즉 유가의 현실개혁론에서 가장 중요한 기초는 자기수양과 경세(經世)를 아우르는 학문, 즉 뒤집으면 교육이라는 것은 말할 필요조차 없다.

그가 유·청소년기에 사회개혁의 가장 기초적이고 중요한 방법을 학문에 두는 전통적 유가사상을 철저히 받아들였음은 그의 청년기 행동으로 분명히 알 수 있다. 그는 변법유신운동에 참가하여 근대적 지식을 수용하고 난 뒤에 중국의 근대적 지식인임을 자처하고 그 누구보다도 전통사상을 격렬하게 비판하였다. 그러나 그가 교육의 중요성을 부정하거나 교육활동을 포기한 적이 없었다는 사실로도 그의 유·청소년기에 형성된 관점이 근본적으로는 변화가 없었음을 짐작할 수 있다.

당시 중국의 상황도 교육의 내용이나 다른 분야와의 선후문제에 대해 논의하는 것은 몰라도 교육의 필요성을 부정할 수 있는 상황은 아니었다. 당시 중국의 극악한 상황을 타개하기 위해서 다양한 정치적 개혁론과 혁명론이 출현하였고 여러 가지 정치적 시도가 있었음은 다 아는 사실이나 실제 교육은 팽개쳐진 채 점점 더 황폐하게 되었다. 그러나 주장을 달리하며 난립하다 교체되었던 근대 중국의 정치세력 모두가 교육의 필요성에 대해서는 그 어떤 나라의 정치세력이나 지식인들보다도 더 강조하고 있었던 것이다. 그 근본적인 이유 가운데 하나는 바로 중국의 뿌리 깊은 유가적 전통, 즉 학문이 모든 사회 변화의 가장 기본적인 수단이라는 관념에서 유래한다고 할 수 있다. 오치휘는 분명 그러한 당시 사회 관념을 가장 잘 대변하는 대표적인 인물로서, 다른 정치인들처럼 교육의 필요성을 인정하면서도 그 중요성이나 선후 문제에서 정치활동이나 경제발전보다 뒤에 두거나 하지 않았던 것은 바로 그의 사상의 근저에 유가사상에 뿌리를 둔 의식구조가 자리 잡고 있었기 때문이었다고 볼 수 있다.

(2) 민국의 과도기를 거치는 단계적 혁명론

오치휘가 기본적으로 무정부주의자였음은 그의 사상이나 그 자신의 주장에서 확인되는 사실이다. 그러나 그가 과연 일관된 무정부주의자였는지에 대해서는 충분히 의문을 가질 만한 요소를 그의 사상과 활동에서 모두 찾아볼 수 있다. 특히 그것은 주로 그의 공화혁명과 국민당에 대한 태도와 관계되어 있다.

그는 신해혁명 전 《신세기》를 발행하던 시기부터 공화혁명을 인정하는 단계론을 사실상 인정하고 있었다. 신세기파는 역사상의 혁명을 3단계로 나누어 제1단계는 이성개조(異姓改造 : 전통시대의 왕조혁명), 제2단계는 구정부를 전복하고 신정부를 수립하는 신구 과도기시대의 혁명, 제3단계는 모든 정부를 제거하는 신세기혁명으로 규정하여 과도기의 혁명을 인정하는 견해를 개진하였다.36) 저민의는 그것을 역성(易姓)혁명·정치혁명·사회혁명으로 나누었고, 이석증은 전제(專制)·입헌·공화·무정부로 나누어 강권(强權)을 전복시키는 것은 황제권을 전복시키는 것으로부터 시작한다고 하며 정치혁명을 인정하였다.37) 오치휘도 강자에게 저항하려는 공리에 바탕을 둔 것이라면 약소민족이 일정한 부강을 추진하여 민족을 교양하는 것이 필요하다고 하였다.38) 그들은 심지어 종족혁명론자들과 사회혁명론자들이 경쟁상대가 아니고 합력하여 함께 혁명하고자 노력해야 한다고 말하였다.39) 그러므로 그들이 말하는 정치혁명은 분명히 혁명파의 공화혁명을 뜻하였고 그것을 인정하고 있었다. 그리고 실제로 오치휘를 비롯한 신세기파 성원들은 대부분 동맹회의 회원이었다.

신해혁명 뒤에도 그들이 동맹회원의 신분으로 국민당을 위하여 적지 않은 혁명활동을 했다는 것은 그 시기에도 그들이 이전의 혁명단계론에 바탕을 두고 과도기의 정치혁명을 인정하는 견해를 견지하고 있었음을 분명히 보여 주는 것이다. 신세기파 가운데서 오치휘는 특히 공화정체에 대해 많은 관심을 나타냈다. 그는 공화제는 군주제보다 진보된 정체이며 중국인들은 공화제를 실행할 능력을 가지고 있다고 하면서, 공화혁명은 미래의 무정부주의 사회가 실현되기 위해서 필수적으로 거쳐야 할 단계라고 보았다.40) 그는 국민당 안의 정당활동에는 직접 개입하지 않았지만 민국의 바람직한 정치제도에 관한 자신의 견해를 언론에 발표함으로써 바람직한 공화국의 건설에 기여코자 하였던 것이다.

오치휘는 공화국이란 주권이 모든 공민에게 속한 국가라고 보았고 민주주의란 대중의 참여를 기초로 한 정부형태라고 보았는데 정당도 중국의 민주화에 필수적인 것이라고 보았다. 그는 정당이란 법치를 하기 위한 하나의 기관이며 내각이나 의회와 연대해서 작용하는 것이라고 하면서, 그것이 실제로 바람직한 기능을 한다고 보면 정군(政群)이란 명칭이 더 적합할 것이라고 주장하기도 하였다.41) 당시 그는 민사(民社)라는 단체를 확대하여 민국진보당으로 개조하고 전국의 진보적 인물들을 연합하여 보수세력을 견제하는 것을 적극적으로 검토하기도 하였다. 그러나 군소정당이 난립하는 상황이 전개되자 민국의 헌법이 안정되고 효율적인 것이 되려면 군소정당들이 합병되는 것이 더 좋을 것이라는 생각에서 그러한 작업을 중단한 것으로 생각된다.42)

이석증의 회고에 따르면 파리파는 동맹회와 연합하는 방식으로 관계를 가지고 있었는데, 신해혁명 직후 오치휘가 정당정치와 책임내각제를 지지한 것은 동맹회와 국민당이 점차 일원제로 기울어짐에 따라 주로 다원제적 공화국을 실현하려는 생각에서였다고 한다.[43] 그리고 오치휘가 당시 정당문제를 언급하면서도 그것이 자신의 양심에 어긋나는 것임을 알고 있다고 한 사실도 있다.[44] 그러므로 그가 공화정체와 국민당을 지지한 것이 무정부주의를 포기했음을 뜻하는 것은 아니었고, 무정부주의를 실현하려는 목표를 견지하고 있으면서도 당시의 현실을 과도기로 보고 그러한 현실에서 개인의 자유권을 최대한 보장할 수 있는 정부체제를 중간단계로 인정하려 한 것이었음을 알 수 있다.

그러나 그가 바랐던 그러한 중간단계로서의 의미밖에 갖지 못하는 정부도 실현되기가 어려운 상황이었던 것이다. 그리고 결국 그는 제2차 혁명의 실패로 원세개의 국민당에 대한 탄압이 본격적으로 시작되자 해외로 도피하지 않을 수 없었다. 그 뒤 5·4시기 동안 그는 국민당과는 거의 관계가 없는 무정부주의 선전활동이나 신문화운동의 범주에 속하는 문화활동에 주력하였다. 또한 그의 동지 이석증이 주도한 근공검학운동이 본격적으로 시작되어 대부분의 무정부주의자들이 이 운동에 동참함에 따라 그도 이 운동의 이론적 지도자로서 이를 선전하거나 실행을 측면에서 지원하는 형태로 참여하였다.

그러나 유법근공검학운동이 실패하고 5·4신문화운동의 열기가 민족주의적 정치운동으로 발전하자 무정부주의운동은 중대한 기로에 처하게 되었다. 특히 1924년의 국공합작을 바탕으로 한 국민당의 개조는 무정부주의적 경향을 갖고 있던 지식인들에게도 상당한 영향을 미쳤다. 오치휘가 '안국합작론'을 제기한 것은 이 시점이었다. 그는 무정부주의자가 국민당 안에서 활동하는 것이 무정부주의의 원리에 위배되는 것은 아니라고 주장하였다. 그 이유는 첫째, 국민당은 혁명당이기 때문이고 둘째, 무정부주의자와 국민당은 북양군벌이라는 공동의 적을 가지고 있기 때문이라는 것이었다.[45]

그가 이 주장을 제기할 당시에는 적지 않은 무정부주의자들로부터 무정부주의운동의 정체성을 잃어버릴 수 있는 위험한 발상이라고 공격을 받았다. 심지어 이러한 주장을 제기하고 국민당 안의 중앙감찰위원직을 수락한 오치휘는 이미 무정부주의자가 아니라는 비난을 받기도 하였다.46) 그러나 그가 이 주장을 제기한 시점은 민족주의적 정치세력이 급부상하고, 노동운동과 민중운동에서 공산당이 급속히 조직을 확대하고 있었던 상황이었다. 그뿐만 아니라 그가 중국의 신지식인층이나 무정부주의운동에서 지도자로서 차지하고 있던 위치가 있었으므로 이 주장은 적지 않은 영향을 미쳤다고 할 수 있다. 더구나 이 주장이 제기된 이후 국민혁명이 급속히 추진되었으며 그에 따라 노동운동을 중심으로 민중운동에서 공산당의 세력이 급속히 확산되자 1926년 이후에는 많은 무정부주의자들에게 이 주장은 설득력을 얻게 되었던 것이다.

그러나 앞에서도 보았듯이 바로 그 시점에서 오치휘는 장개석의 군권을 빌어 청당운동을 주도하고 국민당 좌파의 이론에 대항하기 위하여 전민혁명론을 주장하는 등 국민당 안의 파벌투쟁에도 깊숙이 개입하였다.47) 그것은 그가 안국합작론을 주장하면서 무정부주의자인 동시에 국민당원이라고 말한 자기 정체성의 문제에서 완전히 국민당 쪽으로 돌아선 것이었다고 지적할 수 있다. 4·12정변 이후에도 무정부주의를 실현하기 위한 활동을 하지 않은 것은 아니지만 그가 국민당원으로서 벌인 일련의 정치활동은 이미 무정부주의 원칙에서는 도저히 용납되지 못할 것들이었다고 할 수 있다. 국민당원과 무정부주의자라는 두 가지 선택의 기로에서 그는 국민당, 특히 장개석에게 굴복하고 자신의 자유를 포기함으로써 노후의 안전은 보장받았으나,48) 무정부주의자로서의 원칙과 중국 무정부주의운동의 미래를 포기한 것이라고 하겠다.

신세기파와 오치휘로 대표되는 중국 무정부주의자들이 혁명파 또는 국민당과 연합하고 합작한 것이 중국 무정부주의운동에 부정적이었다고 평가할 근거는 없다. 그러나 1927년 이후 이들의 청당운동과 정치활동은 그들 자신은 물론 다른 많은 무정부주의자들을 변절하게 한 중요한 요인이었던 것도 사실이라 해야 할 것이다.

8. 맺는 말

오치휘는 생애를 일관하여 무정부주의자였던 것은 아니다. 그는 1924년까지 무정부주의자임을 자처하였고 그렇게 인식되었으며, 그의 언행을 살펴보아도 무정부주의자로서 손색이 없었다. 그의 사상이나 활동이 중국 근현대사에서 갖는 의미는 그가 무정부주의자로서 활동하던 이 시기가 가장 크다고 할 수 있다.

오치휘를 비롯한 무정부주의자들이 중국 근대사에서 어떠한 구실을 하였는가? 그 의의는 무엇보다도 중국의 전통적 사고를 극복하고 근대적 사고의 틀을 마련한 것이라고 할 수 있다. 자유·평등·박애라고 하는 프랑스혁명의 세 원리를 무정부주의적 방식으로 수용하여 전통적 예교질서 원리 속의 인간관·사회관을 철저히 부정하고 개인의 독립자주권을 바탕으로 공동체적 사회원리를 제시함으로써 5·4신문화운동 시기의 사상혁명·사회혁명의 기초를 마련한 것이다. 5·4신문화운동에서 중국 개혁의 새로운 지표로 공인된 민주주의와 과학이라는 원리나 마르크스주의도 무정부주의자들의 전통 부정과 새로운 사회원리의 제시라는 정지작업을 무시하고는 생각하기 어려운 것이다. 중국의 전통적 사고와 사회는 무정부주의 원리에 따라 철저히 반성되었기에 그 뒤에 국민혁명이나 사회주의혁명이 출발할 수 있었던 것으로 볼 수 있다.

5·4운동 뒤에 중국사회의 진로 모색과 관계되어 벌어진 과학과 인생관의 논쟁에서 호적으로부터 '압진대장(押陳大將)'이라는 호칭을 얻을 만큼 오치휘의 무정부주의에 기초를 둔 사상과 논리는 당시 신지식인들로부터 폭넓은 공감을 얻었다. 그러한 설득력은 그의 무정부주의사상이

당시 혁명적 담론(談論)의 장에서 신지식인들의 사상과 폭넓은 공통분모를 가지고 체계화되었기 때문일 것이다.

그러나 그의 무정부주의사상이 반(反)전통을 위한 강렬한 그의 열정과 무정부주의를 비롯한 서구의 신지식 위에서만 체계화된 것은 아니었다. 전통을 격렬하게 공격하였지만 그는 청소년기에 받았던 전통적인 교육으로부터 전통적 문화와 학문을 의식적이든 무의식적이든 계승하고 있었으며, 그러한 전통적 요소가 새로운 서구 사상을 체계적이고 깊이 있게 수용하는 데 때로는 긍정적인 작용도 하였다고 생각된다.

그러나 그에게 남아 있던 전통적 요소가 다 긍정적이었던 것은 아니었다. 그가 청당 운동을 주도하여 장개석의 정권 장악을 돕고 국민당에서 좌파와 공산당을 축출한 것은 무정부주의자로서는 변절이라고 할 수 있으나, 당시 중국의 무정부주의운동이 처한 상황이 그만큼 어려웠던 것이라고 이해해 볼 수도 있다. 그렇다 하더라도 장개석에 대해 무조건적일 정도로 충성을 다하였던 그의 모습은 손문이나 왕정위에게도 그러했던 것처럼 최고 지도자에게는 절대적으로 복종해야 한다는 그의 생각에서 나왔다고 하는 만큼 그에게 남아 있던 전통적 요소의 부정적인 모습이자 무정부주의와는 결코 양립할 수 없는 변절의 씨앗이었다고 하지 않을 수 없다.

■ 주 ────────

1) 오치휘에 관한 연구로 미국에서 나온 것들은 Arif Dirlik, *Anarchism in the Chinese Revolution*, California University Press, 1991 ; Peter Zarrow, *Anarchism and Chinese Political Culture*, Columbia University Press, 1990 ; Wang Richard Tze-yang, "Wu Chih-hui : An Intellectual and Political Biography," Ph.D. dissertation, Virginia Univ., 1976 ; Paul G. Clifford, "Intellectual Development of Wu Zhihui : A Reflection of Society and Politics in Late Qing and Republican China," Ph.D. dissertation., London Univ., 1978 등이 있다.

중국의 것으로는 路哲, 《中國無政府主義史稿》, 福州 : 福建人民出版社, 1990 ; 蔣俊·

李興芝,《中國近代的無政府主義思潮》, 濟南：山東人民出版社, 1990；湯庭芬,《中國無政府主義研究》, 法律出版社, 1991；路小可,《民國大老－吳稚暉》, 蘭州大學出版社, 1997 등의 연구서와 甘辛,〈近代史上宋江式的人物－吳稚暉〉,《光明日報》1976. 2. 19. 第2版；匡珊吉,〈無政府主義在中國的傳播及其破産〉,《四川大學學報》1979-1；金沖及·胡繩武,〈二十世紀初年的中國無政府主義思潮〉,《從辛亥革命到五四運動》, 長沙：湖南人民出版社, 1983；孫其明,〈吳稚暉生死陳延年〉,《文物天地》1981-6；李瑗·胡長水,〈從無政府主義者到資産階級政客的吳稚暉〉,《求是學刊》1982-2；李興芝,〈《革命周報》與'安國合作'〉,《山東大學文科論文集刊》1983-1；蔣俊·李興芝,〈建國以來中國近代無政府主義思潮研究述評〉,《近代史研究》1985-4；彭英明,〈評辛亥革命前的無政府主義思潮〉,《文匯報》1982. 2. 25. 등이 있다.
    대만의 연구로는 趙淑敏,《永遠與自然同在－吳稚暉傳》, 臺北：近代中國出版, 1980；李文能,《吳敬恒對中國現代政治的影響》, 臺北：正中書局, 1977；安嘉芳,〈新世紀週刊之始末及言論分析〉,《中國歷史學會史學集刊》11 등을 참조.
    대체로 미국의 연구는 오치휘의 무정부주의적 측면을 긍정하는 편이고, 대만은 신해혁명기로 한정하여 긍정하는 편이며, 대륙의 경우는 신해혁명기에 한하여 인정하거나 정객이라고 전면적으로 부정하는 편이라고 할 수 있다.

2) 오치휘 연구를 위한 중요한 자료를 소개하면 다음과 같은 것들이 있다. 羅家倫·黃季陸 主編,《吳稚暉先生全集》18冊, 臺北：中央文物供應社, 1969；中國國民黨中央委員會黨史史料編纂委員會 編,《吳稚暉先生選集》上·下, 1964；朱傳譽 主編,《吳稚暉傳記資料》12冊, 臺北：天一出版社, 1985；吳則中 輯,《吳稚暉先生一篇重要回憶》, 臺北：世界書局, 1964；吳稚暉,《吳稚暉先生文粹》4冊, 上海：全民書局, 1929；方東亮 編,《吳稚暉先生全集》5冊, 上海：群衆圖書公司, 1927；梁冰鉉 編,《吳稚暉學術論著》, 1927(1945年 再版本)；梁冰鉉 編,《吳稚暉學術論著續編》, 1927(1945年 再版本)；梁冰鉉 編,《吳稚暉學術論著第三編》, 1927(1945年 再版本)；葛懋春·蔣俊·李興芝 編,《無政府主義思想資料選》上·下, 北京：北京大學出版社, 1984；高軍 等 主編,《無政府主義在中國》, 長沙：湖南人民出版社, 1984.

3) 楊愷齡 撰,《民國吳稚暉先生敬恒年譜》, 臺北：臺灣商務印書館, 1981, 4~5쪽.

4) 路小可, 앞의 책, 1~7쪽.

5) 路小可, 앞의 책, 11~21쪽.

6) 路小可, 앞의 책, 23~28쪽.

7) 路小可, 앞의 책, 28~41쪽.

8) 1903년 6월 29일부터 7월 6일까지 장병린, 추용 등 6명이 조계 당국에 체포된 이 사건은 추용이 1905년 4월 3일 옥사하고 장병린이 1906년 6월 29일 만기 출소함으로써 끝났다. 그런데 장병린은 출옥한 뒤 일본으로 건너가 1907년 3월 25일《혁명평론》에〈추용전(鄒容傳)〉을 발표하였는데, 그 글에서 소보사건에서 오치휘가 장병린, 추용 2인을 주모자로 청조에 제보한 밀고자라고 씀으로써 당시 유럽에서《신세기》를 발간하고 있던 오치휘와 한바탕 필전을 전개하였다. 이 사건의 전말에 관하여서는 唐振常,《蔡元培傳》, 上海：上海人民出版社, 1985, 38~58쪽에서 상세히 다루었다.

9) 安嘉芳,〈"新世紀"之始末及其言論之分析〉, 中國文化學院 歷史研究所 碩士論文, 1978.

10) 嵯峨隆,〈無政府主義者としての劉師培〉,《アジア研究》26-1, 1979.

11) 진덕회의 보통회원은 당연진덕 3조를 준수하면 되었고, 특별회원은 갑·을·병으로 나뉘는데, 갑부 특별회원은 관리가 안 된다는 조항을 준수해야 했고, 을부는 의원과 흡

연을 하지 않는다는 항목을, 병부는 술과 육식을 하지 않는다는 항목을 덧보태 준수해야 했다. 〈發起'進德會'會約〉, 中國國民黨中央委員會黨史委員會 編,《李石曾先生文集》上, 臺北：中央文物供應社, 1980, 175~178쪽(原載《民立報》 1912. 1. 19.).

12) 진덕회를 조직한 인물들은 대체로 신세기파를 중심으로 한 혁명파였다. 그런데 이 진덕회가 새로운 도덕을 보급할 대상으로 삼은 것은 전통적 지식인이었을 것이라고 보는 견해도 있다. 嵯峨隆,〈民國初年におけるアナキズム－第一世代を中心に〉,《アジア經濟》 37-1, 1990 참조.

13) 路小可, 앞의 책, 99~105쪽.

14) 박제균,〈五·四期 無政府主義者의 理想追求運動－李石曾의 勤工儉學運動을 중심으로〉,《大丘史學》 50, 1995 참조.

15) 森時彦,〈中國における勤工儉學運動研究の動向〉,《東洋史研究》 40-4, 1982 참조.

16) 이 시기 오치휘가 선전한 내용 가운데 전에 주장해 왔던 것과 다른 내용은 노동의 중요성과 더불어 무정부 공단주의적(工團主義的) 노동운동에 대한 것들이다.

17) 胡適,〈幾個反理學的思想家〉,《胡適文存》 3卷 2集.

18) 신해혁명 이후에는 신세기파보다 이 이름이 더 합당할 것 같다. 신세기파의 구성원 가운데 장계와 같이 무정부주의에 큰 관심을 가지지 않은 경우도 생겨났고, 채원배와 왕정위 등은 이전부터 관계를 가지고 있었다 하더라도 신해혁명 이후부터 본격적으로 활동을 같이 한 인물들도 있었기 때문이다. 이들은 대체로 제2차 혁명 뒤 원세개의 탄압을 피해 파리에서 함께 생활하면서 기존의 신세기파에 합류하였다.

19) 葛懋春·蔣俊·李興芝 編,《無政府主義思想資料選》 下, 北京：北京大學出版社, 1984에 실린 '무정부주의와 실제 문제'로 토론한 글들을 보면 1926년 초부터 국민당과의 관계를 긍정적으로 검토할 필요성이 제기되고 있었다고 보인다. 그러나 오치휘를 비롯한 신세기파 원로들이 국민당 안에서 입지를 굳힌 것이 무정부주의자들을 그러한 방향으로 가도록 한 요인이리고 보는 것이 더 타당할 것이다.

20) Ming K. Chan and Arif Dirlik, *Schools into Fields and Factories－Anarchists, the Guomindang, and the National Labor University in Shanghai, 1927~1932*, Duke University Press, 1991 참조.

21) 박제균,〈1920년대 후반 중국 무정부주의자들의 정치활동〉(하),《중국사연구》 15, 2001 참조.

22) X與X(吳稚暉),〈談無政府之閒天〉,《新世紀》 第1號, 1907. 5. 30.

23) 嵯峨隆,〈吳稚暉の出發－'陋儒'から'革命家'へ〉,《東亞》 227, 1986.

24) 吳稚暉,〈一個新信仰的宇宙觀及人生觀〉, 羅家倫·黃李陸 主編,《吳稚暉先生全集》(이하《全集》으로 줄임) 卷1, 中央文物供應社, 1969[原載《太平洋雜誌》(上海), 1923. 8.~1924. 3.]. 이밖에도〈靑年與工具〉,〈機器促進大同說〉,〈勤工儉學傳書後〉 등 이와 관련된 글들이 있다.

25) 嵯峨隆,〈辛亥革命前の李石曾－'新世紀'時期を中心に〉,《現代中國と世界－その政治的展開》(石川忠雄敎授還曆紀念論文集), 東京：慶應通信, 1982.

26) 오치휘는 무정부주의자는 모두 인심(人心)이 선하다고 보는 맹자의 인의설(仁義說)을 순수하게 따른다고 하였다. 吳稚暉,〈與人書〉,《新世紀》 第13號, 1907. 9. 14.

27) 嵯峨隆,〈士大夫的歐化主義者のアナキズム〉,《近代中國アナキズムの研究》, 東京：研文出版, 1994, 172쪽.

28) 조지 우드콕(George Woodcock), 하기락 옮김,《아나키즘 – 자주인의 사상과 운동의 역사》(사상편), 대구 : 형설출판사, 1981, 20쪽.

29) 路小可, 앞의 책, 139쪽. 비슷한 견해이지만 오치휘의 사상을 '철학적 유물론'이라고 하기도 한다. D. Wynn-ye Kwok,〈Wu Chi-hui and Scientism〉,《淸華學報》1-3, 1962 참조.

30) 吳稚暉,〈一個新信仰的宇宙觀及人生觀〉,《全集》卷1.

31) 吳稚暉, 같은 글.

32) 吳稚暉, 같은 글.

33) 吳稚暉, 같은 글.

34) 吳稚暉, 같은 글.

35) 吳稚暉,〈無政府主義以爲敎育爲革命說〉,《新世紀》第65號, 1908. 9. 19.

36)〈新世紀之革命〉,《新世紀》第1號.

37) 民(褚民誼),〈普及革命〉,《新世紀》第17號, 1907. 10. 12. ; 眞(李石曾),〈某氏與新世紀書附答〉,《新世紀》第8號, 1907. 8. 10.

38) 吳稚暉,〈文明之暹羅〉,《新世紀》第81號, 1909. 1. 23.

39) 眞(李石曾),〈與友人論種族革命黨及社會革命黨〉,《新世紀》第8號, 1907. 8. 10.

40) 吳稚暉,〈致江亢虎討論政黨函〉,《全集》卷10, 1496쪽.

41) 吳稚暉,〈政黨問題〉,《全集》卷10, 1491쪽.

42) 吳稚暉,〈致江亢虎討論政黨函〉,《全集》卷10.

43) 李石曾,〈談憲〉,《李石曾先生文集》下, 臺北 : 中央文物供應社, 1980, 129쪽.

44) 吳稚暉, 같은 글.

45) 吳稚暉,〈答華林書 – 以毒攻毒問題〉(1924. 5. 19.),《全集》卷10, 1588~1590쪽.

46) 박제균,〈1920년대 후반 중국 무정부주의자들의 정치활동〉(상),《중국사연구》14, 2001, 171~175쪽 참조.

47) 吳稚暉,〈'全民革命與國民革命'的商榷〉,《全集》卷8, 642쪽(原載 上海《中央日報》1928. 6. 1.).

48) 1929년 9~10월 무렵 절강성 주석이 된 장정강이 그의 집에서 채원배, 이석증, 오치휘, 이제심, 이종인 등과 대화하던 중 장개석의 태도 변화에 대해 불만을 토로했을 때, 오치휘는 장개석이 이미 황제나 다를 바 없는 신분으로 그 전과 같이 말해서는 안 된다고 하였다 한다. 모든 사람들이 장개석을 신임하고 모든 국가의 중대사를 그에게 의지해야지 함부로 주장을 남발하지 말아야 한다고 했다는 것이다. 中國人民政治協商會議 廣西壯族自治區委員會 文史資料硏究委員會 編,《李宗仁回憶錄》下, 1980, 602~603쪽.

장동손張東蓀
중국 현대 신 철학체계의 건립자
─철학사상과 사회민주주의론─

강 명 희

1. 머리말

　장동손(張東蓀 : 원명은 萬田, 자는 聖心, 1886~1973)은 전통적 유학 교육을 받은 뒤 1904년 일본에 유학하여 철학과 심리학을 공부하였다. 귀국한 뒤 서양철학을 광범하게 섭렵, 소개하여 중국에 서양철학을 도입하는 데 가장 영향이 컸던 인물이다. 양계초(梁啓超)나 진독수(陳獨秀)가 중국 근대철학에서 계몽운동자라면, 장동손은 중국 근대철학의 계통을 세운 대표적 철학자이다.[1]

　중국근현대사에서 장동손의 위상은, 무엇보다 장군매(張君勱)와 더불어 철학자로서 학술 발달에 이바지한 점에서 찾을 수 있을 것이다. 그러나 그는 신해혁명(1911) 직전에 일본에서 귀국하여 혁명 후 새로운 정치질서 수립에 참여한 이래, 중국의 정치·사회·경제·문화적 현실을 개선하기 위하여 1910년대부터 1940년대 말까지 여러 잡지를 책임편집하였고, 많은 논설을 발표하여 언론계에서 지식인으로서 뚜렷한 발자취를 남겼으며, 중국의 민주주의 발전을 위하여 현실적·정치적 구실도 적극적으로 수행하였다.

　1920~1930년대에는 전적으로 학술적 철학 논저만을 발표하며 중국의 대표적 근대철학자로서 위치를 굳혔다. 이 시기에는, 현실정치와 언론으로부터 거리를 두려고 노력하였으나, 만주사변 후 국민당의 일당독

재식 훈정체제에 대항하기 위해 장군매와 국가사회당(國家社會黨)을 조직하였다(1932). 항일전쟁 시기의 국가의 위기와 종전 후 전개된 격렬한 정치적 혼란의 1940년대 중국에서 그는 다시 현실정치로부터 자유로울 수 없었다. 중국이 수립해야 할 새 질서는 과연 어떤 것인가, 그것을 어떻게 실현해 나가야 하는가 등의 문제에 관한 저술과 논저를 연이어 발표하였고, 민주동맹(民主同盟), 정치협상회의(政治協商會議), 그리고 끝내 공산정권의 신정부 수립 과정에 참여하는 등 가장 활발한 정치적 구실을 수행한 지식인 가운데 하나였다.

활발한 정치활동을 하는 동안에도 철학자로서 연구와 교육을 게을리하지 않았고, 1949~1950년 이후 그의 관심은 다시 주자의 형이상학, 중국철학에서 불교사상의 위상 등 순수철학적 문제의식으로 되돌아왔다. 그러나 1950년 미국인에게 중국의 군사와 재정예산의 기밀을 누설했다는 죄목으로 반국(叛國) 죄인으로 지목되어 철학교수직을 잃고 공민권을 박탈당하였으며, 1968년 문화대혁명 때 체포되어 북경의 한 감옥에 수감되었다가 1973년 병사하였다.

중국 근대철학의 체계를 세운 장동손은 일본에 유학을 떠난 이래 문혁(文革)의 혼란 속에서 죽을 때까지, 혁명중국의 현실에 깊이 간여한 지식인이며 학자로서 치열한 삶을 살아온 인물이다. 중국철학계에서 장동손의 철학에 관한 연구가 많이 이루어져 왔는데도 그의 정치사상은 중국 본토에서는 민주주의를 주창한 민감한 인물로 기피되어 왔고, 대만에서도 공산정권을 지지한 인물로 인식되어 거의 연구되지 않다가, 최근에 그에 관한 연구가 속속 발표되고 있다.

이 글에서는 그의 철학사상의 특징을 간단히 살펴보고, 중국문화의 출로(出路)를 사회주의와 민주주의를 결합한 체제의 실행에서 찾았던 정치사상의 내용을 살피고자 하나, 중점은 후자에 둘 것이다. 그는 특히 철학적 이론과 지식과 실제생활이 서로 어떤 영향을 미치는지에 큰 관심을 가지고 있어, 그가 '문화적' 도덕철학의 체계를 세우며 중국문화의 출로를 모색한 단계는 그의 철학과 정치사상이 만나는 접점이라 할 수 있다.

민주주의 전통을 결여한 중국에서 사회주의 혁명이라는 시대적 요구와 민주주의 구현이라는 이상을 조화시키고자 한 장동손의 정치사상을 통해, 당시 동아시아 국가들이 당면했던 민주화·근대화 과정의 보편적 문제와 해결의 모색에 접근해 보고자 한다.

2. 철학사상

장동손은 플라톤과 아리스토텔레스로부터 중세의 유명론(唯名論)과 실재론, 근세의 경험론과 이성론, 현대철학의 신실재론과 창조적 진화론까지 서양철학의 각파를 섭렵하고 종합하였다. 각파를 종합·수용하였기 때문에, 그의 철학은 '외국 철학자의 찬집(纂集)'으로, 독창적인 것이 없다는 비평을 받기도 하였다. 그러나 서양철학에 심취했으나 맹종하지 않았고, 그의 학풍은 '순중국적'이라거나 중국에서 처음으로 독창적 인식론 철학체계를 이루었다는 평가도 있다. 당시 서양철학을 소개한 학자가 많았지만, 한 학파의 학설 소개에 그치거나, 그 내용도 천박한 경우가 대부분이었으나, 그는 여러 학파에 대한 이해와 비평 그리고 융합에서 진정한 학술논문 수준의 깊이에 다다른 흔치 않은 경우에 속한다.[2]

서양에 유학한 적은 없지만 어떤 서양 유학자보다 서양서적을 많이 읽었을 뿐 아니라, 특히 지속적으로 서양철학의 최신 발전에 관심을 가지고, 그 이해와 소개에 진력한 것은 그의 학문적 진지성을 말해 준다. 그는 사회철학·정치철학·도덕철학·비교철학·지식론·지식사회학에 대해서 당시뿐 아니라 오늘날 중국철학계에서도 충분히 섭렵하지 못한 영역을 독보적 연구와 논술로 학계에 공헌한 점을 인정받고 있다. 또 최초의 철학전문잡지 《철학평론(哲學評論)》을 창간하여(1927) 현대중국철학을 연구·발전시키는 초석을 세웠다.

장동손의 철학사상은 분명히 서양철학의 각파를 종합하여 형성된 것으로, 그의 철학 연구는 3단계로 나누어 볼 수 있다. (1) 1929년 이전 시기에는 고대 그리스철학부터 근·현대 구미철학까지 여러 유파의 철학을 광범하게 소개하며, 그의 '신철학' 체계를 초보적으로 건립하기 시작한 단계이다. (2) 1929~1937년 사이에 그는 철학체계의 핵심인 인식론을 다듬어 '다원인식론'을 제출하였다. 서양의 도덕론과 가치론을 중점적으로 소개하며 연구 영역을 부단히 개척해 나가서, 계통적 도덕철학 체계를 형성하였다. (3) 1937년 이후, 그는 지식사회학을 출발점으로 지식과 문화의 문제를 논하는 대표적 저술을 남기고, 지식론 체계를 건립하였다. 이와 같이 그는 계속 새로운 것을 모색하며 깊이 탐구하고, 자신의 입론을 스스로 부정하며 자신의 철학적 관점을 심화해 나갔기 때문에, 현재까지도 상당한 평가를 받고 있는 것이다.

장동손의 철학은 칸트와 비슷하게 인식론에서 출발하여 인식론에서 우주론을 도출하고, 우주론에서 인생관을 도출하였다. 그 자신이 '방법론상의 인식론'이라 일컬은 철학의 방법은 가장 직접적이고, 가장 기본적이고, 가장 자명한 사실을 출발점으로 해야 했는데, '인지(認知)'는 가장 근본적이고 직접적이고 자명한 사실이므로, 인식론을 철학 연구의 출발점으로 하는 방법을 택해야 했던 것이다.[3]

1929년 출판한 《신철학논총》에서 그는 인식론의 각도에서 '주객교호작용설(主客交互作用說)'을 철학체계의 기초로 제시하였다. 그것은 칸트주의와 실용주의를 종합하여, 인식론과 본체론의 일치점에 근거하여 물(物), 생(生), 심(心)의 관계에 관해 논한 이론이다. 외부 세계(외계)에 대한 인식은 사진 촬영 같은 것이 아니라, 자기의 방식으로 외계의 재료를 흡수한 뒤, 다시 자기의 방식으로 변화시켜 객관적 실제에 대응하므로 방식이 변화할수록 복잡해지고, 객관적 대상과 상호 얽힘이 더욱 긴밀해진다는 것이다. 인식은 한편으로는 "선천적 방식이 후천적 경험을 좌우"하며, 다른 한편으로는 "후천적 경험이 선천적 격식(방식)을 개량한다"는 것이다. 즉, 주관(격식)과 객관(경험)의 상호 작용의 점층적 전개 과정이다.

장동손

그러나 그는 인식 문제에 관한 연구를 계속한 뒤, 인식 현상이란 너무 복잡해서 '주객상호작용설'로 결코 해결할 수 없는 것이라고, 자신의 종전 주장을 수정하였다. 즉, 인식 중의 각종 요소가 서로 예속적이거나 층차로 점진하지도 병렬적이지도 않다는 것을 인정한 것이다.

칸트와 흄을 연구한 뒤, 어느 한쪽에도 전적으로 동의하지 않고, '다원인식론' (인식론적 다원주의) 사상을 제출하였다. 1931년부터 1937년까지 발표한 여러 논문에서 논의를 세부적으로 계속 수정하며 충실히 하여 나갔다. '수정 칸트주의'라고 부를 수도 있다는 그의 다원인식론의 내용을 간단히 살펴보자.

[감각론] 감각이란 외부 사물로 말미암아 생기지만, 감각의 내용은 외적 사물의 반영이 아니므로, 결코 외적 사물을 표시하지 않는다. 그것은 외부 세계의 존재자도 아니며, 내심(內心)에 존재하는 것도 아니라는 것이다. "칸트의 견해에 따라 감각은 일종의 심(心)도 물(物)도 또는 실제 있는 것도 아닌" 부존재자(不存在者) 혹은 환상이라는 것을 인정할 수밖에 없다. 감각 가운데 단지 방식을 획득할 수 있지, 재료는 획득할 수 없으며, 혹 단지 외계의 '불완전한' 원리를 획득할 수 있을 뿐, 외계의 내용 그 자체를 획득할 수 없다는 것이다.

여기서 장동손은 유물주의와 유심주의의 대립을 초월하고자 노력하였다. 감각이 생기는 것과 변화는 외계가 불러일으키는 것이라고 본 그

590

의 감각론은 유물주의적 요소를 가지고 있다. 그러나 감각 내용의 객관 원천을 부인하고 감각 내용을 환상과 비슷한 '부존재자'라 할 때는 유심주의와 불가지론(不可知論)의 경향을 가지고 있다 하겠다.

[외재원리(外在原理)(外界條理)] 외부 세계는 우리에게 단지 방식을 부여해 주지만, 일체 방식이 모두 외계에서 오는 것은 아니라고 본 장동손은, '조리'를 외계에 속하는 '본유(本有)의 조리(논리상 선험적으로 예비된 규율)'와 '초험적(超驗的) 조리(인식상 선험적으로 예비된 방식)', '가설적(假說的) 조리'로 분류하였다.

외계(자연)조리는 인류의 주관 인식 작용으로 생겨난 것이 아니고, 확실히 외계에 본유하는 것으로, 사람의 감각 혹은 지각 변화의 '외재적 근본 이유(外在根由)'라고 보았으니, 장동손의 입장이 확실히 유심론은 아님을 알 수 있다. 다른 한편, 외계조리는 사람의 인식 작용을 떠나 독립 자존할 수 없고, 외물은 단지 결구(結構) 방식이지 물질이 아니므로, 외계조리는 내용이 없는 일종의 결구조리, 즉 일종의 유심주의적 허구이기도 하다는 것이다.

[선험격식(先驗格式)] 외계조리가 우리의 인식으로 진입하려면 반드시 몇 겹의 막을 통과해야 하는데, 그것이 바로 주관 인식상 고유한 선험격식이다. 선험격식은 직관적 선험 방식과 논리적(사유상) 선험 방식으로 나누어진다.

[직관적(인지적) 선험격식] 사물을 인식하는 데 직관과 유관한 선험격식은 공간·시간·주객관계의 세 가지이다. 이러한 직관적 선험격식을 가지고 (후천적) 감각 재료와 결합함으로써, 경험지식(경험인식)을 형성할 수 있다.

[논리적(사유적) 선험격식] 유(有)/무(無), 일(一)/다(多), 부분/전체, 필연/우연 …… 과 같은 가설적 조리(設准 또는 公准)는, 우리가 사물을 관찰할 때 예비되어 있는 가정이며, 사물을 관찰하는 도구 또는 방법·관찰의 조건이다. 이러한 논리적 가설은 완전히 선험적인 것이 아니고,

문화적·사회적 영향을 받아 증가 또는 변화된다. 반(半)경험·반(半)선험적 범주로서, 정적(靜的)·논리적 선험격식이라 한다.

[동적 논리적 선험격식] 일체 판단과 추론의 기초가 되는 상호함수관계(相涵관계 또는 함의관계)이다. 상등(相等)관계·대소상이(大小相異)관계·부분관계·상반관계가 포함된다. 무엇을 인식할 때, 판단·추론·분별하고, 사상을 형성함에 함의가 없으면 불가능하며, 이 함의는 후천적, 가정적, 제정된 것이 아닌 선험적이고 기초적인 것, 논리적 선험격식이다. 선험유심론과 실용주의의 종합을 보여준다.

[경험적 개념] 최고 개념은 형이상학적 개념이고, 그 다음은 물리학·심리학·생물학·논리학·윤리학적 개념인데, 일체의 개념은 인간의 행위와 습관에서 나오는 경험적인 것이며, 추론의 결과이다. 개념의 분류에는 어떤 근거가 있는데, 이 근거는 외계의 자연 성질이 아니고, 우리가 그 물(物)을 대하는 경험적 태도여서, 서로 다른 사람이 가지고 있는 서로 다른 경험 태도에 따라 전이된다. 개념은 외물에 대한 사진이 아니며, 주관적 수의(隨意)의 산물이라는 것이다.

[지식론] 지자(知者)와 소시(所知)의 중간이 다원인시론의 연구 대상이다. 지식의 유래는 지자와 소지 중간의 자연조리, 감상(感相), 개념, 설준, 함의, 직관적 선험격식(시, 공, 주객)등 복잡한 고리에서 나온다.

1934년 《인식적다원론》에서 지식은 감각과 격식 그리고 설준 등의 합병 산물이라 했으나, 1937년 《다원인식론중술(多元認識論重述)》에서, "인식은 사실 매우 복잡한 것이다. 그 가운데 환영 같은 감상도 있다. 영성한 외재근유(外在根由)도 있다. 직관적 선험격식도 있고 방법상 선(先)가설적 설준(設准)이 있다. 자연히 나누어지는 주객, 추론상의 선험논리 기본율, 습관과 행위로부터 형성되는 '경험적 개념'도 있다. 이들 고리의 관계는 층차적 사다리가 아니고 서로 평행적인 것이다. 인식은 이러한 상호 병렬적 요소로부터 구성되는 것"이라고 수정하였다. 이것은, '감성에서 지성으로, 다시 이성으로 단계적으로 상승한다'는 칸트의 인식론 관점에 반대한 장동손의 다원인식론의 특징이다.

[지식의 성질] 지식은 많은 요소가 혼합되어 형성되는 것이며, 행동을 위해 생겨난 것은 아니다. 실용주의 관점, 즉 지식을 행위의 도구로 보는 관점에 동의하지 않고, 지식은 행위와 분리할 수 없고 행동에 제한을 받지만, 지식 그 자체가 행동을 위해 만들어진 것도, 행동만을 위한 도구도 아니라고 주장하였다.

장동손 철학 연구의 전성시대인 1930년대, 그의 연구 중점은 인식론의 심화로써 다원인식론을 제기한 일면과 다른 한편으로는 계속 서양철학, 특히 도덕론과 가치론을 중점적으로 소개하며, 자신의 도덕철학 체계를 세운 것이다. 장동손의 '문화적' 도덕철학은, 도덕은 문화의 일종으로 날로 점진적으로 진화하여 범위가 확대되고 함의가 심화되지만, 최초의 근본 도덕이 있는데, 그것은 바로 '성(誠)'과 '인(仁)'이니, 그 외 모든 도덕 덕목은 이로부터 파생되어 나온 것으로 보았다.

도덕과 개인의 관계에 관하여, 도덕의 성격은 문화와 개인의 천성이 합하여 형성되는 것인데, 개인은 문화층에서 살고 있고 문화의 진화는 무궁한 것이므로 도덕의 진화도 무궁하다는 것이다. 그는 도덕을, 문화와 문화의 진화 과정 가운데서 고찰하고, 문화를 이용하여 도덕 문제를 해결하는 것을 목표로 삼았다.

장동손 철학의 첫째 단계와 둘째 단계가 내용상 차이는 있어도 모두 인식론을 중심으로 한 것이었던 데 견주어, 세 번째 단계는 사회·문화의 각도로부터 철학과 지식을 이해하는 지식사회학적 관심의 '문화주의' 단계라 할 수 있다. 그는 1937년 이후 항일 전쟁과 국공내전(國共內戰) 시기를 거치면서, 중국민족의 출로를 치열하게 모색한 현실적 관심과 결부된 문화철학이나 지식사회학의 결실을 《지식과 문화》, 《사상과 사회》 그리고 《이성과 민주》라는 문화사상 저작으로 드러내었다.

사실 형이상(形而上)의 학술 영역인 철학 연구와 현실 정치 참여를 병행한 장동손에 대해, 그의 지인들도 안타까운 생각을 표시했던 듯하고 그 자신도 고민했다고 술회하였다.4) 이는 두 세계가 서로 통하지 않는 별개의 것이라고 생각되었기 때문인데, 수년 동안 인류의 문화 현상과 동서 문화를 비교 분석하며 연구한 결과 정치와 철학사상을 연결하는 통로를 발견하였다. 그 중간 교량과 같은 것이 문화사상이다. 문화사상은 문화철학(문화주의 지식론, 또는 지식사회학)을 이론 기초로 하여 문화비교론, 중국문화출로론(出路論)으로 구성되며, 결국 정치사상에 귀결되는 것이다.

그는 동서양의 철학이 왜 상이한 발전을 해왔는가 하는 문제에 대한 관심에서, 실제 사회·문화와 철학적 이론 지식·사상에 대한 상호 영향을 분석하였다. 지식·사상과 문화·사회의 상호 작용은, 언어·논리·범주·철학·사회사상 등 문화 요소의 사상에 대한 제약에 나타나며, 또한 진리문제(지식)에 대한 문화 환경의 결정적 영향에 표현된다는 사실을 구체적으로 입증하였다.5) 논리학과 철학·정치·도덕·사회 그리고 정치의 관계를 통합적으로 파악하여, 인지의 주체인 개인이 고립되어 있는 것이 아니고 사회성을 가지고 있는 만큼, '개체의 지(知)'뿐 아니라 '사회의 지'를 논하는 신지식론을 제기한 것이다.

따라서 반드시 문화의 각도로부터, 또 문화적 수요로부터 철학을 이해하고, 이를 심리학·사회학·역사철학 등 여러 학문의 경계에 놓고 이해해야 한다고 보았다. 그는 철학이란 무엇인가 하는, 철학 자체에 대한 나름대로의 견해를 가지고 있었던 점이 동시대 많은 철학자들과 다른 점이라 할 수 있다.

3. 문화체계로서의 민주주의

철학자 장동손은 다른 한편으로 민주를 인류의 최고 성취라고 인식하고, 그것을 중국에 도입하고자 노력한 민주주의자였다. 서양의 학술사상이 다양하고, 그 가운데 중국에 유익한 성분이 여러 종류이지만, 전체 문화로서의 민주주의가 바로 서양 도통(道統) 가운데 가장 보배로운 자산이며, 인류의 최고 보배라고 본 것이다. 전체 문화로서의 민주주의는 물론 민주정치 그 이상의 개념이다.

서양의 민주정치는 그리스 시대부터 존재했지만, 민주주의란 근대의 산물이라는 것이다. 근대에 이르러 민주정치를 민주주의로 변화시켜, 정치 외에 생활과 사상, 태도 각 방면을 포괄하게 되어, 민주주의가 일종의 제도일 뿐 아니라, 하나의 문화가 되었다는 것이다. 총괄해서 말하면, 민주주의는 정치제도이고, 사회조직, 교육정신, 생활태도, 사유방법, 앞날의 이상, 절실한 습관을 포괄하는 개념, 즉 전통문화 전체이다.[6]

> 민주주의는 하나의 정신이며, 원칙이고, 목표로서 의미를 가지고 있다. 높이 매달려 있는 이상이어서, 완전히 도달할 수 없지만 노력할수록 점점 접근할 수 있는 목표이며, 이 목표를 향해 분투 전진하는 정신이다. 그리고 하나의 원칙으로서 민주주의는 하나의 궤도이니, 이 궤도에 들어서면 스스로 차츰 발전해 나갈 수 있는 길이다.[7]

즉 민주는 일종의 이상으로서 인류에게 지고무상의 목표를 제시해 주는 것이므로, 이 목표에 인류는 아직 도달해 보지 못한 것이다. 일종의 제도로서 민주는 사람들에게 따라갈 수 있는 최초의 길을 열어주므로, 민주주의적 원칙이라는 궤도에 들어서서, 완전히 도달할 수는 없지만 노력할수록 점점 접근할 수 있는 높은 이상인 목표를 향해 차츰 발전해 나아갈 수 있는 것이다. 이 목표는 인류가 도달해 보지 못한 것이지만, 민주주의 문화는 부단히 진보하는 과정 가운데 있기 때문에, 이 제도는 점점 더 민주적이 되고, 인간의 생활은 점점 더 행복해질 수 있다. 이 제도는 오래 지속되면서 최고 목표에 접근하는 사회를 이루어 갈 것이다.

여기서 장동손이 암시하고 있는 것은, 중국이 단시간 안에 고도의 민

중남해(中南海)에서 장동손과 민맹 신정협(新政協) 대표단(1949년)

주에 도달한다는 것은 실제에 부합되지 않는 헛된 바람이라는 것이다. 중국에 민주를 건립하는 임무의 어려움을 인식시키고, 일종의 제도를 건립하는 성도의 간단한 문제기 절대 아님을 설명하려 한 것이었다.[8]

이와 같은 정신·원칙·목표를 내포하는 문화체계인 민주주의를 중국이 반드시 학습하고, 실행해 나가야 하는 이유는 무엇인가? 그것은 민주주의가 부단한 진보를 특정으로 하는 문화이기 때문이다. 다시 말해 민주주의는 자기 자신의 기제(機制)를 빌어 자신의 문제를 부단히 고쳐 나가고, 향상·제고하는 능력을 구비한 문화라는 뜻이다.[9] 스스로 향상 되는 문화이기에 그 속에 사는 각 사람의 도덕이 제고된다. 그러므로 '진 보'는 민주주의 문화의 기본 특징이다.

그러나 이 제도를 성공적으로 운용하기 위해 필요한 조건이 있으니, 그것은 이성적 인간만이 잘 할 수 있다는 것이다. 민주와 이성은 서로 보완적인 두 요소이다. 민주주의 문화는 이성의 계발을 도와주는 제도이 며, 또한 이성이 풍부한 민족이 이 제도를 진정으로 철저하게 실행할 수 있다. 민주와 이성은 서로 인과관계가 되면서 상호 발전시키는 것이다.

서양문화를 형성하는 요소 가운데 최고 정화는 진보·이성·인격 본위·공평·평등·자유 등의 기본 관념인데, 이것이 바로 민주주의의 기초석인 것이다. 장동손은 자유와 평등을 민주의 양대 기본 개념으로 보았다. 자유가 없으면 민주는 없는 것이라 보았는데, 자유는 사회에 면역력을 제공해주므로 사회가 부패·타락하는 것을 막고 건강하게 진보하도록 하기 때문이다.

그 가운데서도 언론의 자유는 민주와 동일한 의미가 있다고 보았으니, 헌법과 의회 선거 같은 제도가 있다 해도 언론 자유가 없으면 민주정치라 할 수 없다는 것이다. 하나의 문화는 곧 하나의 정신이니, 정신이 민주에 부합되면 그 외표의 형식은 여러 종류로 다르다 해도 문제가 안 되지만, 반대로 민주정치를 위한 핵심적 제도를 가지고 있어도 그 정신이 없으면 헛된 것이라 주장하였다. 그러므로 언론 자유는 민주주의 국가의 영혼이며 사회의 생명인 것이다.

민주정치는 언론 자유를 통해 군중의 지지를 획득하고, 독재국가는 폭력과 압박을 빌어 군중의 찬동을 얻어 내며, 전제국가에서는 자유주의 교육을 금지하고, 선전 수단으로 인심을 획득한다. 인민의 일체 자유는 정신의 자유를 근본으로 하는데 정신의 자유의 가장 직접적 표현은 사상의 자유이므로, 사상의 자유가 일체 자유의 중심이라고 보았다.

서양의 민주주의 관념 가운데 또 하나의 중요 요소인 평등은 기회상의 사회 평등을 뜻한다. 자연적 불평등 즉 자질과 능력의 차이를 문제 삼는 것은 아니며, 반대해야 하는 것은 인간이 만든 불평등이다. 인간은 서로의 자유를 서로 침범하지 않는 평등성을 내포하고 있다고 볼 수 있다. 민주주의에 대한 이상과 같은 기본 개념을 토대로, 이를 중국에서 어떻게 실현할 것인지에 관한 장동손의 입론을 살펴보자.

4. 민주주의와 사회주의의 중간노선 – ‘사회주의적 민주주의’

장동손은 1910년대부터 사회주의에 상당히 기울어져 있었으나, 공산혁명이론에 찬성하지 않아 공산당 건립에 참여하지 않았으며,10) 줄곧 민주주의를 인류가 달성해야 할 궁극적 목표로서 인식하고, 사회주의와 민주주의가 배치되는 사상이 아님을 논증하고자 하였다. 나아가 중국에서 민주주의를 어떻게 실현할 것인가 하는 문제에 대해 일찍부터 민주주의와 사회주의를 조화시키는 데서 중국의 출로를 찾는 사고방식이 형성되어 있었다. 1919년에 창간한 잡지《개조와 해방(改造與解放)》의 요지를 ‘정치적 민주의 촉진과 점진적 사회주의의 창도’로 밝혔고, 1932년 국가사회당을 조직하며 발행한《재생》창간호에 실린 창간사에 해당하는 〈우리가 말하고자 하는 바(我們所要說的話)〉에서도 민치주의와 국가사회주의적인 (생산면의) 집산주의(集産主義), (분배면의) 보산주의(普産主義)의 결합을 지향하였다.11)

‘사회주의적 민주주의’ 또는 ‘민주주의적 사회주의’의 추구는, 정치적 위기와 격변 상황에서 그가 중국문화의 출로 문제를 고심하며, 그의 정치사상의 완성을 보이는 1940년대 말까지 일관된 방향으로 견지되었다.

그는 민주주의와 사회주의가 상호 대립적 사상으로 여겨지는 현실을 우선 이론적으로 시정하려 하였다. 민주의 양대 기본 개념인 자유와 평등으로부터 파생되는 관념을 덧붙이자면, 이성·공정·인권·용인·개인 같은 관념군(觀念群) 또는 개념망(槪念網)이다. 서양문화의 기본 관념군으로서 문화의 특질을 결정짓는 것은 바로 이성·자유·평등 등이니, 이러한 관념 계통을 민주라 부를 수 있는 것이다. 단, 이러한 민주주의의 기본 관념들은 다름 아닌 사회주의의 기본 관념들이므로, 양자가 분리될 수 없음을 알 수 있다는 것이 장동손의 주장이다.

서양문화사에는 일찍부터 후대에 민주주의와 사회주의의 개념 기형(基型)이 될 자유·평등·이성 등의 관념이 존재해 왔는데, 당시에는 단지 '이상'에 지나지 않았으나(정의·공도(公道)에 호소하고, 사회적 불평등을 비난했지만, 어떻게 실현해야 할지 몰랐다), 부분적으로 이러한 '이상'을 현실로 바꾸려 노력한 역사가 존재했다. 이러한 노력은 마르크스가 이상을 현실로 바꾸는 '과학'이론을 찾아냄으로써, 사회주의 이상은 공상에서 과학으로 변화되었다는 것이다.

18세기 사상계의 최대 공헌은 사회 불평등을 제거하는 여러 학설을 산출한 것인데, 이러한 학설은 크게 민주주의와 사회주의 두 방향으로 나누어진다고 보았다. 즉, 민주주의는 정치권력으로 말미암은 불평등(독재·전제)을 제거하는 것이고, 사회주의는 박탈로 말미암은 경제 불평등을 제거하는 것이니, 양자는 동일한 사안이 두 방면으로 진행된 것이다. 그러나 발전 과정에서 서로 분리되어 대치되는 운동이 되어 버렸다. 개인의 자유를 숭상한 민주주의는 자유방임정책을 창도하여 자유경쟁을 불러일으켰고, 사회주의는 경제혁명을 진행하기 위해 폭력에 호소하였으며, 혁명 중의 반혁명을 진압한다는 명분으로 정치독재를 합리화했다는 것이다. 민주주의를 다분히 자유민주주의로 여겼다고 볼 수 있다.

장동손은 평등을 포기하고 개인의 자유를 확립한 민주주의, 평등의 이상을 실현하기 위해 자유를 제쳐 놓은 사회주의는 모두 편벽되고 불완전한 것으로, 진짜 민주주의 또는 진짜 사회주의가 아니라고 주장하였다.[12] 평등과 자유는 민주주의 원칙상 나란히 중요한 것이어서 어느 하나를 포기할 수 없는 것이다. 사회주의가 수반되지 않은 민주주의는 결코 진짜 민주주의가 아니며, 반대로 민주주의가 수반되지 않은 사회주의는 결코 진짜 사회주의가 아닌 것이다. 따라서 중국은 사회주의와 민주주의를 함께 실현해 나가야 한다는 '사회주의적 민주주의'를 제기하게 된 것이다.

그러나 중국의 상황은 당연히 당장 고도의 민주주의를 실시할 수 있는 것은 아니었기 때문에, 중국의 현실에 부합하는 실현 방안을 모색해야만 했다.

중국이 민주주의의 길을 가는 것은 정치제도의 문제일 뿐만 아니라 전체문화의 문제로서, 중국을 역사의 구 궤도로부터 끄집어내서 별개의 신 궤도에 올려놓는 것이다. 따라서 조속히 높은 이상을 실현할 수는 없지만, 민주의 궤도 위에 올려놓는 것이 중요하다는 것이었다. 어떻게 실시하느냐 하는 문제보다 먼저, 민주의 실현에 장애가 되는 현실 조건은 어떠한 것인지를 역사·전통적 배경과 정치·경제적 현실에 두루 걸쳐 진단하고,13) 이를 극복하고 민주를 실시하는 방안을 제시하였다.

중국의 전통에는 결여된 것으로 민주주의 실현의 기초가 되는 민주주의의 사상적 기초를 배양하고, 개인주의를 본위로 한 인생관을 건립하여, 중국에서 민주주의의 사회적 기초를 확립한다는 근본적이고 장기적인 방향을 제시하였다. 그러나 그보다 구체적이고 시급한 것은 생산을 발전시키고(경제 기초), 민족국가(정치 기초)를 조성해야 한다는 것이다. 그는 중국에 민주주의 실현의 토대가 되는 물질적 기초가 없음을 가장 큰 문제로 생각하여, 개혁이냐 혁명이냐, 또는 자유와 평등의 실현 정도 등의 판단 기준은 '생산의 발전'이 되어야 한다고 주장하였다.

이러한 사상적·물질적 기초를 조성하기 위한 구체적 빙인으로는, 1) 군대를 감축하고 (사적인) 군대의 성질을 변혁한다, 2) 부재지주의 토지를 몰수하여 농민에게 분배하고, 향촌자치를 하며, 과학적 영농으로 집체농장을 운영한다, 3) 중국역사상 최대의 우환인 관료 문제(민주정치를 하면 선거를 이용하고, 일당독재를 하면 입당하고, 혁명을 하면 혁명을 변질시키며, 변신을 거듭하는 세력이 관료라고 보았다)를 해결한다, 4) 중국 민주주의 실행의 사명을 '사(士)'와 농민에 부여한다는 것이다.14)

장동손의 '사회주의적 민주주의' 실현 방안의 특색은 '점진론'이라 할 수 있다. 그는 사회주의 이상에 동조하였지만, 무산계급독재나 계급투쟁 이론을 핵심으로 하는 마르크스의 사회주의 혁명이론에 대해서는 이견을 표시하였다. 마르크스는 노동계급 혁명의 제일보는 무산계급이 통치자의 지위에 오르게 하여 진정한 민주를 영위할 수 있게 환기하는 것으

600

로 생각하여, 과도적 단계의 계급독재를 주장했지만, 일당독재사상을 지지하지는 않았다고 파악한 것이다.

따라서 민주주의가 결코 완전히 공산주의 밖에 놓여 있는 것이 아니고, 무산계급의 해방은 민주주의에 필연적으로 함축된 의미이기 때문에, 무산계급의 민주 내지 무산계급의 독재라는 불완전한 민주의 틀에 갇혀서는 안 된다는 것이다. 이것은 1940년대 중국에서 민주주의 인식이 경제적 평등을 실현할 수 있는 경제적 민주, 즉 중국 공산당이 추구하는 '사회주의적 민주주의'를 '진짜 민주주의'로 여기는 시대 조류에 이의를 제기한 것이다.15) 계급투쟁이론은 다른 형식의 투쟁과 마찬가지로 정권 장악을 위한 수단이 아닌지, 그는 의문을 제기하였다.

국제적으로 영미 자본주의 진영과 소련 공산주의 진영 사이의 갈등이 고조되고 있었고, 중국 안에서는 국민당과 공산당의 갈등이 내전으로 치닫고 있을 때, 장동손은 '중간성 정치노선'을 제기하여 주목을 끌었다. 자본주의나 공산주의 어느 한쪽도 아닌 중간 견해를 내세워 양쪽으로부터 모두 원조도 얻고 세력 균형을 이루며, 국내적으로는 국민당도 공산당도 아닌 양자의 중간 정치노선을 취하는 제3세력이 정국을 주도할 수 있게 되어야 한다는 주장이다.

'중간성 정치노선'은, 정치적으로 어떤 일당독재나 계급독재에도 반대하고, 영미식의 자유주의적 민주주의를 채용하며, 경제적으로는 소련식 계획경제와 사회주의를 채용하려 한 이론이다.16)

'중간성 정치노선'은 항전 시기에 형성되었으나 반향을 얻지 못했고, 1946년 전후 국공(國共) 양당이 상당히 양보하는 특수한 여건에서, 정치협상회의(政治協商會議)가 민주동맹(民主同盟)을 중심으로 한 지식인 제3세력의 정치적 요구를 반영하는 결의를 하자, 중국이 자본주의도 공산주의도 아닌 제3의 길을 갈 가능성에 대한 기대가 고조되기도 했다.

그러나 국공내전이 격화되고, 민주동맹이 국민당의 탄압을 받고 그 지도자들이 암살당하는 상황에서, 중간노선의 실현 가능성은 멀어져 갔다. 1947년 이후, 중간노선의 기본 견해는 견지하되, 상황의 변화를 반영하여 구체적 내용면에서 '중간성 정치노선'을 보완한 '신형민주'론을 제시하였다. 당시 동유럽과 북유럽에서 시도되던 '신민주주의'에 관심을 갖고, 이를 중국에 적용하고자 한 것이다. '신형민주'론은 문화사상상의 자유·정치경제상의 평등과 생산 발전의 3요소를 조화시켜, 계획경제와 문화적 자유주의를 토대로 생산도 발전시키고 문화도 번영하게 한다는 이론이다.

'신형민주'의 내용은, 다당(多黨)이 병존하며 연합하여 각 계급의 연합을 이루고, 의회 제도를 채용하여 의회를 통해 각 계층을 대표할 수 있게 하며, 혼합경제체제로써 사인 자본과 국가 자본 및 합작사 경영을 병존시키고, 사유재산제도는 유지하되 착취는 제거한다는 것이다.[17]

내전 시기 국민당 정권의 탄압에 대항하는 투쟁을 벌이며, 앞에서 살펴본 바와 같은 민주주의와 사회주의를 결합할 수 있는 이론을 전개하던 장동손의 공산당에 대한 태도도 차츰 긍정적으로 바뀌고, 전세도 공산당의 승리가 굳어져 가는 방향으로 바뀌고 있었다. 혁명 특히 무력혁명이 불가피한 현실, 즉 혁명의 추진력이 되는 내재(內在) 모순의 격화를 인정하며, 사회주의 혁명을 실현하면서 민주주의를 방기하지 않도록 하는 방안을 제시하고자 부심하였다. "자유주의의 정신으로 충분히 사회주의(즉 공산주의)를 흡수할 수 있다. 오늘날 사회주의 문화를 중국에 이식하는 데 반드시 그 자유주의 정신을 가지고, 두 가지가 융합되어 같이 들어오도록 해야 한다"고[18] 경고했던 것이다. 공산당이 집권하더라도 점진적인 사회 변혁을 추구하기를 기대하며, 다음과 같이 '극좌(極左)'를 경계하였다.

마르크스주의 공식으로 말하자면, 사실 트로츠키파는 누구보다 엄수하였으니, 트로츠키파가 스탈린파에 견주어 더 좌(左)라고 말할 수 있다. 오늘날 스탈린의 성공은 바로 그가 극단적 좌가 아니었다는 데 있다(不太左).

> 오늘날 중국 국내외의 상황은 우리를 진보하지 않을 수 없게 압박하지만, 우리들이 지나친 좌(太左的)의 극단으로 가지 않으면 안 되게 하지는 않는다. 중공 중앙은 이 점에 대해 아마 이해하고 있을 것이며, 중공이 장래 성공한다면, 그것은 바로 극단적 좌(左)가 아니라는(不太左) 데에 있을 것이라고 나는 감히 말할 수 있다.19)

장동손은 민주주의와 사회주의를 실현하고자 하는 각 민족의 차이, 각국의 실현 정도 차이, 각국의 실정을 감안한 실행을 지지하였던 만큼, 사상문화적·사회경제적 여건이 성숙하지 않은 중국에서는 급격한 변혁보다 점진적 변혁이 오히려 진정한 변화에 접근하는 길이라고 믿었던 것으로 보인다. '중국적 민주주의' 또는 '중국 실정에 부합하는 사회주의'를 창도했다고 할 수 있을 것이다.20)

민주주의와 사회주의 이상을 어떻게 실현할 것이냐 하는 문제에 관한 그의 점진론적 관점을 읽을 수 있는 부분은 이상 실현의 매개물이 되었다고 본 개인주의, 자본주의, 계획경제에 관한 그의 인식이다.

5. 계획경제와 민주주의

앞에서 언급했듯이, 5·4 시기 장동손은 사회주의에 강한 공감을 느끼면서도 중국의 실업 발전을 강조하여, "응당 서양 자본주의 방식을 채용하여 실업을 개발해야 한다."고 주장함으로써, 그와 다른 사회주의자 사이의 논쟁의 핵심이 되었다.21) 1922년 진독수에게 보낸 회신에서 명확하게 '국가사회주의' 또는 '국가자본주의'로써 실업을 발전시키자고 주장하였고, 1932년 국가사회당 창립 종지를 밝힌 〈우리가 말하고자 하는 바〉에도 '조산(造產)'을 최우선으로 하는 사상이 표현되어 있다.22) 1940년대에도 생산 발전을 주장하며, 자본주의 방식에 따른 실업 개발을 긍정적으로 인식한 그의 관점은 변하지 않았다. 자본주의 생산 방식은 효율적이어서 자본주의 국가뿐 아니라 사회주의 국가도 역시 채용하지 않을 수 없다는 것이다.

실업 발전을 중시하는 주장은 이 시기 식자층에 공통된 인식이었지만, 장동손은 부국강병의 민족주의적 동기에서 나아가, 민주주의 실현을 위한 매개물로써 명백하게 파악했던 것이다. 그는 민주주의 이상이 현실적 민주주의 운동으로 변화하는 과정에 개인주의가 매개물이 되었고, 이것은 경제 방면에서 산업혁명의 성과로 말미암아 가능하게 되었다는 사실을 중시하였다.23)

자유와 평등은 민주주의와 사회주의가 공유하는 관념 기형(基型)인데, 이러한 천상(天上)의 이상을 현실에서 실현한 매개물은 두 가지 즉, 개인주의적 자본주의 제도와 민족주의라고 파악하였다. 이 두 가지 모두 이상적인 것은 아니어서, 이점도 있지만 폐단도 있음을 인정하지만, 개인주의와 자본주의는 인류 문화사상 천상의 이상을 인간세로 끌어내린 매개물, 또는 중간 접속고리 구실을 한 성취라고 주장하였다.

그러나 1920년대에 진행된 소련 사회주의의 거대한 성취를 접히고, 그의 사상에 변화가 일어났다. 즉, 자본주의 생산 방식의 효율성은 인정하지만, 생산을 발전시키는 것이 자본주의 한 가지 길만은 아니라는 것이다. 소련은 '비자본주의(非資本主義)' 방법을 사용하여 점점 자본주의 생산을 뒤쫓아 가고 있으니, 소련에서 사회주의 이상을 현실로 변화시킨 매개물은 계획경제라고 파악하였다.24)

그런데 이 계획경제는 국가자본주의 위에 건립된 것이고, 국가자본주의는 기존 사인자본주의의 산업 기초를 빌어서 건립된 것이니, 소련경제는 국가자본주의를 위주로 한 국가자본주의와 사회주의의 혼합체였던 것이다. 레닌은, '소비에트정부에 국가자본주의 요소는 사회주의의 4분의 3을 점한다.'고 파악하고, 이를 사회주의에 도달하는 필연 단계로 인식하였다.25) 왜냐하면 산업혁명을 거치지 않은 낙후국가였기 때문에,

혁명 후 공업 기초가 빈약하여 직접 사회주의의 길로 들어설 수 없어, 산업혁명을 거쳐 공업사회를 조성하지 않을 수 없었다는 것이다.

소련의 이 같은 국가자본주의는 산업이 낙후한 모든 국가가 취할 방법을 제시한 것으로 생각되었다. 국가가 대외무역을 완전 장악하여 경영함으로써, 국가 자본을 형성하고, 이를 토대로 계획경제를 실시할 수 있었기 때문이다. 중국에 자본주의와 사회주의의 혼합경제체제 위에 계획경제로써 신속한 실업 발전을 도모해야 한다는 생각은 1930년대 초 이래 1940년대 말까지 견지되었다.

중국도 계획경제로 산업을 발전시켜야 한다면, 계획경제를 실시하기 위한 적당한 조건과 기초를 조성해야 할 것이었으니, 무엇보다 급선무는 자본 문제를 해결하는 것이었다. 자본의 축적은 어떤 방법으로 이루어질 수 있는가? 소련의 주된 자본 축적 방법을 살펴보면, 1)국영사업의 잉여 2)사인(私人)영업에 대한 과세 3)일반 인민의 저축 4)농산품의 저가(低價) 징수 등으로 집약할 수 있다.

소련은 혁명 후 전시공산제(戰時共産制)를 취소하고, 심각한 자본 문제를 해소하고 생산을 발전시키기 위해 신경제정책 실시하였다.[26] 신경제정책의 요점은 폐지했던 국내 자유교역을 회복하는 것이었다. 국내 교역을 자유화한 뒤, 정부는 자유무역 상인에게 중과세하여 국가 세입을 증대시키고 이를 생산 자본으로 사용할 수 있게 된 것이다. 즉, 상업을 번영시켜 그 세원을 공업과 농업의 발전을 촉진하는 수단으로 사용했던 것이다.

또한 이전의 이른바 '좌경유치병', 예컨대 곡물의 전면 징수, 화폐 폐지, 평등임금제, 생필품 배급제 등 전시공산제 정책을 폐지하여 경제를 활성화하고자 하였다. 효율에 따라 임금을 정하는 불평등임금제도를 채택하여, 최고 봉급과 최저 임금이 약 20배나 차이가 나고, 빈부 격차가 심화되어 갔다.

전체 인민의 소비 절약을 유도하고, 저가 수매라는 방법으로 농업 생산의 잉여를 흡수하여 농민의 부담을 가중시켰다. 대규모 자본이 필요한 시기에 자본을 축적하기 위해 전체 인민으로부터 그 노동이 획득한 '잉여 가치'를 흡수하는 각종 방법을 강구했음을 알 수 있다. 만일 잉여가치를 흡수당하는 것을 '착취'라고 본다면, 국가자본주의는 착취로 자본을 확보하는 것이고, 국가는 자본가를 대신한 새로운 착취자, 전체 인민은 피착취자가 되는 것이다. 농업국가에서는 농민이 바로 그 착취 대상이라는 비판을 받을 여지가 충분한 것이다.

그러나 장동손은 이러한 비판에 대해, '이상과 현실의 혼효를 벗어나지 못한 생각'이라며, 제3의 매개물인 계획경제도 이점이 있고 폐단도 있는 것이 사실이라 인정하였다. 그러나 자유와 평등의 이상이 아무리 좋아도, 지상에서 실시될 수 없다면 헛된 것일 따름이니, 현실에 접근시키려면 (이상을) 크게 꺾을 수밖에 없는데, 어느 정도로 할 것이냐가 문제라는 것이다. 꺾지 않으려고 하면 이상을 영원히 이룰 수 없기 때문에 이상을 가지고 국가자본주의를 비평할 수 없다는 것이 그의 생각이다.

더욱이 그는 개인적 능력의 차이에 따른 사회나 생산 공헌 정도를 고려하지 않은 '절대평등주의'는 오히려 공도(公道)에 어긋나는 것이라 생각하였다. 평등이란, 사회 제도상의 인위적 불평등으로 천연(天然)에 반하는 것을 개혁하여 공평하게 하자는 것이지, 타고난 능력과 지혜의 차이를 부정하는 것은 온당치 않다는 것이다.[27]

국가자본주의적 계획경제는 사실상 자본주의적인 경제체제로서 사회주의 이상에 배치되는 문제를 가지고 있을 뿐만 아니라, 과연 민주주의 실현에 접근하는 것인지, 오히려 정치적 전제성을 가중하고 민주주의 원리 또는 원칙이 제한을 받는 것은 아닌지 검토해 보지 않을 수 없는 문제이다. 소련의 다른 여러 조처들과 민주의 관계에 대해서도 점검할 필요가 있을 것이다.

계획경제를 실행하기 위해 '통제'는 불가결한 수단이라 할 수 있다. 따라서 중국도 앞으로 계획경제를 실시하자면 약간의 통제 방법을 취해야 할 터인데, 정치상의 자유를 희생하는 대가를 치르게 되는 것은 아닌가? 여기서 이른바 '통제와 자유의 교계(交界) 문제' 즉, 통제경제와 민주주의(自由)의 관계 문제가 발생하는 것이다.

장동손은, 통제는 자유를 손상하지 않는 한도 안에서 행해져야 하고, 경제상의 통제와 문화상의 자유주의는 근본적으로 충돌하는 것은 아니라고 보았다. 계획경제와 민주주의 실질은 모순되지 않는다고 파악하였으되, 그 한계를 지키기 위해 '최소한의 통제'라는 주장을 제시하였다. 그가 말한 '최소한의 통제' 속에는 금융의 통제, 교통의 통제, 노력의 통제와 대외무역의 통제가 포함되었다.

그러나 이러한 경제 통제가 당시 중국의 상황에서 악용될 가능성에 대해 경계하여, "민주주의를 실현하는 것이 바로 통제의 진정한 목적이므로, 관료자본주의를 타도하기 전에는 진정한 경제 통제를 실행할 수 없다"거나, "국민당 관료 자본을 타도하지 않으면 영미식의 민주정치 실현은 불가능하다. 현재 중국 상황에서 영미식의 자유자본주의 도로를 가는 것은 매우 곤란하므로, 소련식 계획경제 도로로 갈 수밖에 없다"고 하였다. 또한, "통제는 단지 수단이므로, 반드시 목적이 있어야 한다. 만약 관료의 치부에 목적이 있다면 일체 통제는 죄악으로 변할 것"이라 경고하고 있다.[28]

장은 '노력의 통제'를 최소한의 통제에 포함시켰는데, 이는 소련이 취한 방법 가운데서, '생산에 대한 전 인민의 총동원'을 어떻게 볼 것이냐 하는 문제이다. "인민 동원은 군대편제와 성질상 큰 차이가 없다. 전체 인민을 편제하여 반(半)전쟁상태 아래 두고, 일종의 흥분된 생활을 하며 생산 증가에 종사하게 하는 것"이라고 그는 파악하였다.[29]

생산 증대를 위한 반 전쟁 상태의 총동원체제를 '정적 문명의 농업국가에서 활동성이 풍부한 사회로 전환'하는 과정으로 설명하는 것은, 경제 발전을 위해 민주주의 실행을 제한하려 한 (신)권위주의 정권의 발상과 비슷한 문제점을 내포한다고 하겠다. 그러나 '전민(全民) 총동원의 실행은 극히 교묘한 방법이 필요한데, 이것을 이끌 유능하고 헌신적 간부를 충분히 확보할 수 있을지,' 중국에서 현실적으로 실행될 경우 일어나게 될 문제에 우려를 표시하였다.

국가가 경제 전반에 걸쳐 계획경제의 계획을 수립하고 이것을 수행할 때 발생할 국가권력의 지나친 집중, 전제화 가능성에 대비하여 그는 국가는 전반적 계획을 수립하는 구실만 수행하고, 이것을 경영·관리하는 것은 직업단체의 동행공회(同行公會) 행원들에게 위탁하는 방법을 제시하였다.[30]

소련의 일당정치에 대해서마저 현실적으로 부득이한 요구에서 나온 것인데, 이것을 가지고 민주냐 아니냐를 평하는 것은 '사실의 부득이함을 이론상의 적합성 여부 문제로 전화시키는 것'이라며 비평자들을 역비판하고 있다.[31] (그러나 이러한 일당제도는 어떤 국가에서나 적용할 수 있는 방법은 아니라는 것을 유의해야 한다고 단서를 달았다.) 이론상으로는 자유도 평등도 최고도로 발휘되어야 좋고 합리적이지만, 후진국에서는 생산의 발전이 최급선무라는 것이다.

산업이 낙후된 국가가 있다면 인민의 급박한 수요는 고도의 자유와 평등을 성립시키느냐가 아니고, 도리어 어떻게 생산을 증가시켜 일반 인민의 물질생활 제고 요구를 먼저 해결하느냐 하는 것이니, 이러한 생산 발전의 요구를 표준으로 자유와 평등의 다소와 증감의 정도를 결정해야 한다는 것이다.

> 자유가 지나치면 생산 증가를 위한 조치나 노력에 장애가 발생할 수 있으므로, 생산을 위해 일부 자유를 희생할 수밖에 없다. 그런즉, 자유에 상당한 제한을 가해야 한다. 평등도 마찬가지이므로, 지나쳐서 생산의 노력에 장애가 되면, 일부 이상을 포기할 수밖에 없는 것이 현실이다.[32]

후진국에서는 생산의 발전이라는 지상 과제를 수행하기 위해서 필요하다면 자유도, 평등도 제한될 수 있다는 것인데, 혁명이란 생산의 발전을 저해하는 생산 관계를 제거하는 것이라 보았다. 어떤 혁명이 착취 관계를 제거하고, 빈부를 평균화하는 데서 그친다면 그것은 '가짜 혁명(왕조 교체)'이고, 거기서 나아가 혁명 이후에 잠재되어 있는 생산력을 발휘해 증산의 길로 나아가야만 '진짜 혁명'이라는 것이다.[33]

이러한 경제 개혁은 정치 혁명이 선행되어야 발전의 장애를 제거할 수 있는 것이고, 더욱이 증산은 단순히 굶주림의 문제를 해결하거나 생활수준을 향상시키는 차원에 그치는 것이 아니고, 궁극적으로 민주주의를 실현하기 위한 조건을 조성한다는 의미를 가지고 있는 것이었다. 따라서 계획경제·통제·총동원 같은 모든 수단들이 민주주의 실현이라는 목적에 부합되어야 했는데, 1940년대 후반의 상황은 사회주의 혁명의 성공 속에 민주주의의 기본 원칙도 매몰될 것 같은 불안을 느끼기에 충분하였다.

장동손이 《민주주의와 사회주의》, 《이성과 민주》 등의 저작을 속속 발표하며, 민주주의와 사회주의 양자를 조화시킨 '사회주의적 민주주의' 또는 '민주주의적 사회주의'를 중국에서 실행하도록 이론적·역사적 분석을 하고, 잡지 등에 기고해서 지식계·정치계에 대해 앞서 언급했듯이 '중간성 정치노선'·'신형민주' 이론을 제시하기도 하고, 또 계속 경고의 메시지를 보낸 것도 그러한 상황에 대한 대응이었다.

사회주의 혁명으로 자본가계급을 타도하고 무산계급이 정권을 장악하면, 모든 문제가 해결될 것 같은 혁명적 사회 분위기에 대해 그는 다음과 같이 경고하였다.

마르크스는 권력 관계를 특별히 경제 방면에 치중하여, 경제 방면에서 강제성을 잃으면 정치 방면에서는 저절로 권력의 사용을 잃게 된다고 본 것은 너무 단순화한 것이다. …… 장래에 갑자기 경제적으로 극단적 평등사회가 된다면, 권력의 남용을 방지할 대책을 마련해야 한다. 결코 경제적 평등에

따라 (권력의 남용이) 저절로 소멸되지 않는다는 것이 역사의 교훈이다.[34]

6. 맺는 말

장동손의 부단한 정치적 행적에 대해, '정치 야심가'라는 평가도 있지만, 중공정권 성립 이전 지식인들의 평가는 상반된 것이었다. 그는 '한 가닥 야심이나 어떤 의도도 없었으며(無絲毫野心和任何企圖)', 개성이 당파 정치 활동에는 맞지 않는 사람이었지만, 중국과 세계에 대한 일종의 책임감에서 정치 활동을 하고 정론(政論)을 발표했던 것이라면서, '영락없는 학자(不折不扣的學者)'이지 결코 정당인이나 정치가가 아니라는 것이다.[35]

장동손 자신도 철학을 연구하며 정치를 논하는 것보다 순수철학가가 되길 기대하는 주위의 바람을 의식하고, "언론의 자유가 없으면 문화가 없다. 내가 정론을 즐겨 쓴 것은 다름이 아니라 그러한 문화를 파괴하려는 국내외 조류에 저항하고자 한 것뿐이다"고 하며, 철학과 정치가 관통한다는 것, 즉 모든 철학은 사회정치사상의 '이유화(理由化)'임을 깨달아 《사상과 문화》를 저술하게 되었다고 밝혔다.[36]

민주주의와 사회주의를 결합해, 자유와 평등이 함께 실현되어 가는 신중국의 건설을 위해 논설로, 그리고 사회·정치 참여를 통해 그는 적극적 노력을 아끼지 않았다. 자유와 평등을 동시에 추구해야 한다는 이상주의자였지만, 중국의 현실을 냉정하게 파악하여 가능한 것을 점진적으로 실현해 나가야 한다는 현실주의자이기도 했다. 그는 자유와 평등의 실현이 아무리 지상 목표라 해도 현실적 기반이 없으면 실현 불가능한 것이고, 실업의 발전은 그것의 불가결한 토대이며, 후진국에서는 생산의 발전이라는 과제가 자유·평등의 추구보다 더 시급한 문제라 보았던 것이다.

장동손에 대한 역사적 평가는 더 많은 연구와 정치 상황의 변화를 기다려야 되리라고 본다. 하지만 1949년 중국공산당의 집권으로 중화인민공화국이 탄생되고 나서 50여 년 동안 사회주의적 국가 건설을 진행한 뒤 21세기로 들어선 현재, 20세기 초 민주공화 혁명의 목표였던 '민주주의와 법제'의 확립을 부르짖고 있는 중국 현대사의 전개 과정은 장동손이 사회주의 정권의 '권력의 남용'에 대해 경고했던 '역사의 교훈'을 되새겨 보게 한다.

■ 주 ─────────

1) 郭湛波, 《近五十年中國思想史》, 濟南 : 山東人民出版社, (1936)1997, 140~147쪽 ; 吳孝武, 〈張東蓀與民主主義思潮〉, 《中國文化》 10期, 1994. 8, 202쪽.

2) 1930년대 중반 이후, 중국철학계의 중심인물로 여겨져 온 장동손에 대한 당시 철학계의 평가에 관해서는 張耀南, 《張東蓀》(世界哲學家叢書), 臺北 : 東大圖書公司, 1998, 36~42쪽에 광범하게 인용, 정리되어 있다. 그의 인식론은 당시로서는 드물게 독창성, 명석성을 가진 이론이라고 일반적으로 평가되었다. 가장 비판적이었던 葉靑은 '잡다한 종합'이라고 평가하였다. 葉靑, 《張東蓀哲學批判》, 上海 : 辛墾書店, 1934 참조.

3) 이하 장동손의 철학사상을 설명한 부분은 주로, 左玉河, 《張東蓀學術思想評傳》, 北京 : 北京圖書館出版社, 1999 ; 左玉河, 《張東蓀傳》, 濟南 : 山東人民出版社, 1998 그리고 주 2) 張耀南의 저작을 참조함.

4) 張東蓀, 《思想與文化》, 上海 ; 商務印書館, 1946, 3쪽. 이 책은 바로 자신이 왜 철학과 정치를 병행해 왔나 하는 문제에 대한 답변이라고 서술하였다.

5) 張東蓀, 〈從中國言語構造上看中國哲學〉, 《東方雜誌》 33卷 7號, 上海 : 商務印書館, 1936. 4 ; 장동손, 〈思想言語與文化〉, 《社會學界》 10期, 北京 : 燕京大學, 1938 ; 장동손, 〈不同的邏輯與文化幷論中國理學〉, 《燕京學報》 26期, 1939. 12.

6) 정신・원칙・가치로서 민주주의를 강조하는 경향은 장동손만의 특징은 아니었고, 민주공화정의 좌절로 말미암은 민주주의 정치제도에 대한 기대가 붕괴된 1910년대 후반 이후 중국인의 민주주의 인식의 변화를 의미한다. 강명희, 〈民國初 중국 지식인의 민주주의와 平民主義 인식〉, 《동양사학연구》 89, 2004. 12 참조.

7) 張東蓀, 《思想與文化》, 上海 : 商務印書館, 1946, 157쪽, 166쪽.

8) 紀文勛, 《現代中國的思想衝突》, 太原 : 山西人民出版社, 1989, 170쪽 ; 左玉河, 《張東蓀文化思想研究》, 北京 : 中國社會科學出版社, 213쪽.

9) 張東蓀, 《理性與民主》〈序論〉, 上海 ; 商務印書館, 1946, 1쪽.

10) 5・4 시기 장동손의 사회주의에 대한 적극적 입장은 그의 〈我們爲甚麼要講社會主義〉(《解放與改造》 1卷 7號, 上海 : 解放與改造社, 1919, 3~14쪽)에 잘 나타나 있으며,

이 시기 梁啓超, 李達과의 논쟁도 참조할 필요가 있다.《五四運動文選》, 당시《時事新報》를 편집하고 있던 장동손은 공산당 창당을 위한 준비 모임에도 참석한 적이 있지만, 계급투쟁혁명이론에 동조하지 않아 공산당과는 분명한 선을 그었다. 이에 관한 논쟁이《新靑年》(1920. 12)에 게재되어 있다.

11) 〈我們所要說的話〉의 절록(節錄)이 장동손,《張東蓀學術文化隨筆》(이하《文化隨筆》로 약함), 北京 ; 中國靑年出版社, 2000, 139~152쪽에 재수록.

12) 張東蓀,《理性與民主》, 130쪽.

13) 左玉河,《張東蓀文化思想硏究》, 北京 : 中國社會科學出版社, 1998, 227~246쪽.

14) 상세한 설명은 위와 같은 책, 246~269쪽.

15) 강명희, 주 6)에 든 논문(2004) 158~170쪽 참조.

16) 張東蓀, 〈一個中間性的政治路線〉,《再生周刊》118期, 1946. 6 ; 장동손,《文化隨筆》, 171~177쪽 재수록.

17) 張東蓀, 〈增産與革命〉,《中建》半月刊 3卷 4期, 1948. 7 ; 장동손,《文化隨筆》, 263~271쪽 재수록 ; 장동손, 〈關於中國出路的看法－再答樊弘先生〉,《觀察》3卷 23期, 1948. 1 '신형민주' 주장은 모택동의 신민주주의론과 비슷하지만, 계급 연합에서 무산계급과 그 정당의 영도성을 인정하지 않은 점에서 근본적으로 자산계급 정치사상의 범주를 벗어나지 못했고, 이러한 차이가 결국 중공정권 수립 후, 그와 중공 사이의 결별을 초래했다고 해석되고 있다. 左玉河,《張東蓀傳》, 400~403쪽 참조.

18) 張東蓀, 〈從二十世紀哲學裏的蘇聯哲學說起〉,《中國建設》4卷 4期, 1947.

19) 張東蓀, 〈答林布君兼論左派理論〉,《時與文》1卷 14期, 1947. '左'의 중국사회에 대한 위험을 예견한 장동손의 통찰력을 보여준다. 張耀南, 앞에 든 책, 170쪽.

20) 장동손 자신이 중국의 특수한 국정을 반영한 실현 방법을 추구하는 것을 '중국적 민주주의'라 칭했다.《理性與民主》, 150~151쪽.

21) 張東蓀, 〈現在與將來〉,《改造》3卷 4號, 1920. 12.

22) 張東蓀, 〈我們所要說的話〉(節錄) ; 장동손,《文化隨筆》, 139~152쪽.

23) 張東蓀,《民主主義與社會主義》, 35~36쪽.

24) 위의 책, 46~47쪽.

25) 위의 책, 60~61쪽.

26) 소련도 혁명 이후 직접 사회주의를 실행하려 했으나, 시험 결과는 예상 밖의 것이었다. 외부적 요인도 있었지만 내재적 요인도 심각했으니, 노동자의 관리는 기술·계산 등의 문제뿐 아니라, 전체 국면을 고려하지 않고 이기적 고려만 하는 문제를 노정했고, 화폐의 폐지나 임금제의 폐지도 경제 혼란만 일으켰다.

27) 張東蓀, 〈經濟平等與廢除剝削〉,《觀察》4卷 2期, 1948. 3(장동손,《文化隨筆》, 255~263쪽에 재수록) ; 장동손,《民主主義與社會主義》, 58쪽.

28) 중국이 통제를 실행할 수 없다는 의미가 아니고, 관료자본주의 타도 후에도 중국은 통제가 필요하므로 갑자기 중단하면 안 됨을 오히려 강조하였다. 장동손,《理性與民主》, 190~191쪽.

29) 張東蓀,《民主主義與社會主義》, 53쪽.

30) 앞에 든 〈我們所要說的話〉 참조.

31) 張東蓀,《民主主義與社會主義》, 55~58쪽.

32) 張東蓀, 위의 책, 65쪽.

33) 張東蓀, 〈增産與革命〉, 《文化隨筆》, 263~271쪽.

34) 張東蓀, 《民主主義與社會主義》, 73~74쪽.

35) 千家駒와 兪頌華의 비평과 찬양의 내용은 張耀南, 앞에 든 책, 160~165쪽 참조.

36) 《思想與文化》의 서두에 이런 말을 썼는데(3쪽), 항전 시기 저술되어 종전 후 연이어 출판된 《知識與文化》, 《理性與民主》이 세 문화사상 저서는 모두 철학·사상·지식·도덕·문화·사회와 정치 등의 관계를 포괄하는 지식사회학 내지 문화철학적 문제의식의 산물이다.

양수명梁漱溟
중국 신유학新儒學의 개창자, 향촌건설운동의 상징

이병주

1. 머리말

양수명(梁漱溟 : 1893~1988)은 20세기 중국의 가장 저명한 문화보수주의자 또는 독립적 사상을 편 실천적 신유교주의자로 알려져 있다. 그러나 그는 동시대의 교육계와 사상계 명사들인 채원배(蔡元培)·진독수(陳獨秀)·호적(胡適)·노신(魯迅)만큼은 일반 지식인들, 특히 우리나라의 대부분 지식인들에게는 잘 알려져 있지 않다.

이제까지 중국에서 양수명에 대한 평가도 긍정적이기보다는 부정적인 경우가 많았다. 양수명은 반세기도 안 되는 짧은 기간에 세 번의 큰 혁명[신해혁명(1911), 국민혁명(1926~1928), 중공혁명(1949)]과 8년 동안의 일제(日帝) 침략을 겪어야 했던 중국현대사의 많은 굴곡과 난국을 함께 하면서, 그의 사상적 발전과 각 시기의 요청에 따라 교육가, 사상가, 사회개혁가, 정치가로서 다양하게 활동하며 조국을 위해 최선을 다한 파란만장한 삶을 살았다. 그러나 그의 평생에 걸친 대표적인 사업은 두 가지였다. 첫째는 고대 이래 전통적 중국 문화양식의 특성과 그 바탕이 된 유가사상(儒家思想)의 가치를 옹호하고, 나아가서 그러한 중국의 문화양식을 인류가 현재의 서양문화 단계를 거친 뒤 지향해야 할 다음 단계의 문화양식으로까지 여겨, 시대를 초월한 인류의 보편적 가치로 삼도록 주장한 것이다.[1] 둘째는 그가 1930년대에 들어 현대 중국사회에 적용 가능한 중국문화의 전통 가치와 근대 서양문명의 대표적 장점인 민주주의와 과학·기술을 배합하여 낙후한 중국 농촌을 새로운 정교합일(政教合一)의 독특한 농촌생활공동체로 탈바꿈시키려한 사업, 이른바 '향촌건설운동[鄕建運動]'이다.[2] 양수명에 대한 그동안의 평가도 주로 이 두 가지 사업을 기준으로 이루어져 왔다.

먼저, 5·4운동사를 다룬 주요 저자로서 미국에서 활동한 주책종(周策縱)은 양수명의 사상을 5·4기(1915~1921)의 신사상에 대한 반동으로 여겼으며, 비록 서양문명의 어떤 면들을 수용할 것을 제창하긴 했지만 실제로는 유교와 중국의 전통문명을 옹호하기 위해 서양학문을 반대한 시대착오적 인물로 그를 묘사하였다.[3] 다른 한편, 양수명과 동시대의 마르크스주의자들은 양수명을 기본적으로 반공산주의자로, 그리고 그의 향건(鄕建)사업을 중국에서 '가차 없이 진행되고 있는 부르주아적 산업화 과정에서 나타나는 농업과 봉건적 씨족사회의 마지막 발악'이라고 매도했다.[4] 또한 1950년대 중반 중공정권 아래서 양수명은 봉건적 도덕을 가지고 혁명적 농촌대중을 마비시키려 했고, 공업화를 반대하여 중국이 계속 약하기를 원했으며, 서양 제국주의자들과 손잡고 일한 주관적 관념주의자로 비판당했다.[5] 그런가 하면, 대만의 교과서에서는 그를 공산주의자들에게 속은 어리석은 인물로 인용하였다.[6]

그러나 1980년대 개혁개방과 더불어 중국에서는 양수명에 대한 다른 평가가 나오고 있다. 양수명에 대하여 비교적 객관적인 전기들과 적지 않은 논문들이 나오는가 하면, 그의 모든 저술과 글들을 모은 8권에 이르는 전집이 산동 인민출판사에서 출판되었다.[7] 특히 1988년 6월 말 그가 타계했을 때 중국정부 최고위 인사들을 비롯한 많은 정계, 사회, 문화계 명사들이 공개적으로 칭송하며 애도하였다. 중공의 기관지《인민일보(人民日報)》는 그의 장례식을 자세히 보도하고 장문의 글로써 그의 일생을 소개하면서 그를 "저명한 철학가, 교육가, 민주인사"이며 "중국 공산당의 오랜 친구이고, 개인 신상이 역경에 부딪혀도 옳고 곧은 말을

서슴지 않은, 진리와 고상한 품격을 견지
한 애국 지식인이었다.”8)

  객관적인 연구를 중시하는 학문풍토를
갖춘 미국에서는 좀더 일찍, 양수명에 대
해서 부정적 평가의 바탕이 된 기존의 사
실 관계와는 다른 면을 제시하고, 그를 중
국현대사에서 충분히 주목할 만한 인물로
보기도 했다. 그러한 견해를 가진 대표적
학자로는 알리토(Guy S. Alitto)를 들 수
있다. 알리토는 오랜 기간 수집한 많은 문

양수명

헌과 양수명의 거처를 직접 방문·면담한 자료들을 바탕으로 그에 대한
상세하고 충실한 전기를 저술하였다.9) 그 전기에서 알리토는 양수명이
단지 ‘죽어 가는 과거의 문화를 방어한 국수주의의 주창자’가 아님을 여
러 모로 논증하고 있다. 나아가 그의 사상은 유교의 가치를 바탕으로 삼
되, 독창적인 사유방법으로 “근대 서구의 생명철학 및 직관주의 철학과
함께 당시 ‘근대성’에 대한 전 세계적 비판(critique)의 일부를 형성한”
차원 높은 것이며, 그의 평생은 종래의 평자들이 흔히 사용했던 ‘고정화
한 틀(stereotyped mold)’로는 묘사할 수 없는 다양하고 특별한 면을 가
지고 있음을 지적하고 있다.10) 그는 양수명의 전기를 쓰면서 중국 현대
사의 많은 정치, 사회적 고비에서 양수명이 한 구실의 중요성 말고도 그
가 한 인간으로서 보여준 사물에 대한 인식과 삶의 방식에 큰 감명과
매력을 느꼈다고 밝히고 있다. 그는 인간 양수명의 중요성을 “당대 역사
적 여러 상황에 대한 그의 기본적인 관심사들, 그의 지적이며 감동적인
반응들, 그리고 그의 삶이 오늘날 우리 자신들의 관심사와 문제들과도
중요한 관련성을 가지고 있다”는 말로 표현하고 있다.11)

  필자도 양수명에 대한 알리토의 생각에 동감한다. 그것은 본문에서
상술하겠거니와 다음과 같은 세 가지 이유에서이다.

첫째, 양수명은 비상한 지적 능력으로 자신이 택한 문제에 일생을 건 놀라운 집념과 집중력의 인물이라는 점이다. 그의 최종 학력은 중학교이다. 그러나 그는 독학과 연구로 24세의 젊은 나이에 북경대학의 교수로 초빙되었다. 28세에 그는, 5·4운동기에 전통문화의 전면적 거부와 전반적 서구화를 주장하며 사상계의 주된 풍조가 되었던 신문화운동에 맞서 서구·중국·인도의 3대 문화양식을 비교하는 큰 틀의 독자적 방법론에 따라《동서 문화와 그 철학(東西文化及其哲學)》을 저술하여, 중국 전통문화를 장차 서구문화 다음 단계에 인류가 택할 보편적 세계문화로 설정하고 그 가치를 옹호함으로써 큰 사회적 반향을 일으켰다. 그리고 그는 평생에 걸쳐 20세기 중국이 처한 모든 중요한 난국에 적극적으로 동참하느라 수많은 어려움과 분주함을 겪으면서도, 청년기에 붙잡은 첫 사상의 과제를 계속 추구하고, 중국사회와 그 문화적 특성에 대한 연구를 통하여 보강·확대함으로써 중국문화에 대한 하나의 큰 독자적 사상체계를 이루었던 것이다.

둘째, 그의 학문은 이른바 '책상머리에 매인 학문'이 아니라 사회 속에서 구현되기 위한 실천적 학문이었다. 평생의 사업으로 여겼던 1930년대의 향촌건설 사업은 그가 주장한 '독특한 중국 문화와 사회'의 가치와 특성을 바탕으로 삼아, 근대 서양문화의 장점을 더함으로써 중국적이면서도 근대적 이점을 갖춘 새로운 공동체를 중국 영토의 대부분인 향촌에서 실험하고 성공해 보였다. 이는 20세기에도 여전한 낙후와 외침 속에 신음하던 중국을 위하여 최적의 '구국 방도'를 제시하려 한 것이나 마찬가지였다.

셋째, 개인적인 삶에서도 그는 몸가짐과 행위가 사상과 어긋남이 없는 유가의 군자 풍모를 내내 잃지 않았기에 많은 사람들의 존경의 대상이 되었다는 점이다.

위와 같은 사실을 바탕으로 이 글은 비록 제한된 지면 때문에 소략할 수밖에 없더라도, 지금까지 잘못 평가되어 왔고 우리의 식자들에게도 잘 알려져 있지 않은 양수명에 대해서, 중국현대사의 험난한 역정 가운데 그가 했던 다양한 구실, 핵심 사상과 사업, 그리고 개인으로서 그가 보여준 인간상 등을 소개하여 양수명의 진면목을 바로 이해하는 데 도움을 주고자 한다.

2. 조기교육과 청소년기에 형성된 독립적 사상경향

1) 독특한 조기교육과 소년기의 인생 탐구

양수명은 청일전쟁이 터지기 전해인 1893년 10월 18일, 북경 자금성(紫禁城)에서 가까운 광서성 계림을 원적으로 하는, 한 사대부 집안에서 부친 양제(梁濟, 자는 巨川)와 모친 장(張) 씨의 2남 2녀 가운데 둘째로 태어났다. 그의 아명은 환정(煥鼎), 자는 수명(壽銘)이었는데, 20세 후 수명(漱溟)으로 고쳤다. 그의 집안은 조상들이 여러 대에 걸쳐 거인(擧人) 또는 진사(進士) 출신으로서 관리를 지냈고, 소모와 모친도 시와 문에 능했던 이른바 '서향인가(書香人家 : 學者들의 집)' 또는 '세환지가(世宦之家 : 대를 이어 벼슬하는 집안)'의 사람으로 적지 않은 독서를 하였다.

그러나 직예(直隷)와 정정(正定) 등의 현령을 지낸 그의 조부 때부터 경제적으로 어렵게 되기 시작하였으며, 부친 양제는 40세에 비로소 거인이 되어 7품의 내각중서(內閣中書)로서 첫 벼슬을 시작하여 10년 뒤에 4품직에까지 올랐으나 가세는 더욱 기울어 대부분 빈곤한 생활을 벗어나지 못했다.12)

그러나 양제는 당시 일반 관리들과는 달리 꽤 개명한 지식인이었다. 그는 일찍부터 서양문화의 선진성에 눈을 떴으며, 중국이 '적약불진(積弱不振)'을 벗어나기 위해서는 세계조류에 따라 공리공담의 허문(虛文)

618

을 버리고 실학(실제적 학문)을 하여 부강을 도모해야 한다는 개혁사상을 가지고 있었다. 그래서 그는 증국번(曾國藩), 이홍장(李鴻章)의 양무신정(洋務新政 : 1861~1895)과 청일전쟁 패배 이후 강유위(康有爲), 양계초(梁啓超) 등이 전개한 변법유신운동(變法維新運動 : 1898)에 찬동하였으며, 특히 양계초의 저술을 탐독, 그의 숭배자가 되었다. 따라서 그는 무술년에 연소기예한 광서제(光緒帝)의 친정 아래 강유위가 주도한 '유신신정(維新新政 : 1898. 6. 11~9. 21)'의 여러 정책을 마음을 다하여 환영하고 지지하였다.

그러한 양제는 수명에게 어릴 적부터 남다른 교육을 받게 하였다. 그는 수명의 나이 6살 때 가숙(家塾)에 선생을 두고 글을 가르치면서 《삼자경(三字經)》, 《백가성(百家姓)》 등의 아동 계몽서를 마치게 한 뒤 당시 통상적 순서였던 사서오경 대신 세계 각국 역사와 지리를 소개한 《지구운언(地球韻言)》을 읽도록 하여 일찍부터 유럽, 아시아, 영국, 프랑스 등 초보적이나마 세계에 대한 지식과 관심을 갖게 하였다. 그리고 다음 해인 1898년 북경에 신식학교인 '중서소학당(中西小學堂)'이 창설되자 즉시 수명을 그곳에 입학시켜 신식교육을 받게 하였다. 그러나 곧 의화단 전쟁(1900~1901)이 터져 북경이 연합군에게 점령되는 바람에 학교가 문을 닫게 되자, 수명은 '남횡가(南橫街)공립소학당', '계몽학당', '강소(江蘇)소학당' 등을 전전하면서 소학교 교육을 마쳤다. 이들 학교에서 수명은 알파벳 등 초보 영어와 세계지리를 배웠으며, 처음으로 서양의 과학과 문화를 만나게 되었다.13)

양수명은 1906년 14살에 소학당을 마친 뒤 북경의 순천(順天)중학당에 입학하여 5년 반을 공부하고 1911년에 졸업하였다. 이 중학교는 당시 순천 부윤(府尹) 자리에 있던 진벽(陳璧)이 세운 것으로 북경에서 가장 일찍 설립되고 명망이 높았던 신식학교였다.

이 학교에서 이루어진 학업과 생활은 양수명의 일생에 매우 중요한 의미를 가진다. 그것은 이 중학교에 다니면서 장래 그의 인생 진로의 기초가 놓였기 때문이다. 이 학교에 입학한 뒤 그는 학과목 말고도 두 가지 문제, 곧 '인생문제'와 '사회문제'에 대한 생각에 몰두하게 되었다. '인생문제'란 인간은 왜 사는가 하는 물음이고, '사회문제'란 중국은 어디로 가고 있는가 하는 나라에 관한 문제였다. 전자는 그로 하여금 서양철학, 인도철학, 주진(周秦) 이래 중국의 역대 여러 학파의 사상을 탐구하여 사상가의 길로 나아가게 하였고, 후자는 중국의 사회와 정치활동에 투신하게 했다고 한다.14)

위와 같이 양수명이 중학생활 동안 조숙하게 인생의 진로문제를 생각할 수 있었던 것은 그가 곽인린(郭仁麟)이란 훌륭한 친구를 만난 덕택이기도 하였다. 곽인린은 양수명이 '곽사(郭師)'라고 불렀을 만큼 인격적으로 성숙했고 학문으로도 노장사상(老莊思想), 역경(易經), 불경에 조예가 깊을 뿐만 아니라 담사동(譚嗣同)의 《인학(仁學)》을 아주 좋아할 정도로 진보적이었다 한다. 양수명은 곽인린과 사귀면서 그때까지 부친의 영향을 받아 지니고 있던 삶에 대한 '편협한' 공리주의적 생각을 버리고 철학에 관심을 갖게 되었고, 정치사상 면에서도 양계초의 군주입헌론을 지지하던 쪽에서 손문이 이끈 민주공화 지향의 혁명석 태도로 변화하게 되었다.

2) 신해혁명 뒤 실망, 불법(佛法)에 귀의15)

순천중학당을 졸업하기 직전인 1911년 상반기에 18세의 양수명은 곽인린을 통하여 그보다 2, 3세 연상이며 손문의 열렬한 신봉자로 이미 혁명파에 몸담고 있던 동급생 견원희(甄元熙)를 알게 되었다. 그리고 그의 소개로 중국동맹회의 북경·천진·보정(保定)지구 지부인 경진동맹회(京津同盟會)에 가입하였다. 양수명의 그와 같은 정치적 태도 변화는 그의 부친의 뜻을 거스르는 것이었다. 그러나 그는 당시 청 정부의 지연 의도가 뚜렷하게 담긴 예비입헌 선포의 내용과 황친내각(皇親內閣)의 출현을 보고, 청조와 군주입헌론에는 더 이상 기대할 것이 없으며 혁명만이 유일한 중국 재생의 길이라는 결론에 이르렀던 것이다.

경진동맹회는 왕정위(汪精衛)를 지부장으로 한 조직으로서, 남방 혁명군의 무장봉기에 더하여 청정(淸廷)의 고위 관료를 테러로 살해하여 위기감을 조성하는 것이 주요 임무였다. 그러나 입회 당시 학생 신분이었던 양수명은 그러한 테러 행동에는 가담하지 않았으며, 그가 맡은 일은 점포로 가장한 북경의 경진동맹회 연락처를 지키는 것이 고작이었다.

그가 이 조직에서 본격적으로 활동한 것은 역시 순천중학당을 졸업하고 신해혁명이 성공하여 1912년 1월 1일 남경임시정부가 수립된 뒤이며, 동맹회가 국민당으로 개조되면서 그 기관지가 된 《민국보(民國報)》의 외근기자로 근무하면서부터였다. 그러나 기자로서 직접 보고 들은 당시 정치현상, 곧 동맹회원들의 분열, 수많은 정당들의 이합집산과 정객들의 부패상, 그리고 원세개의 교묘한 정치 조종이 불러온 공화정의 파행 등은, 이상을 소중히 여기고 불의와 타협을 모르는 사회 초년생이자 19세의 순진한 청년이던 양수명이 공화국 선포와 함께 펼쳐질 중국의 앞날에 대해 가진 장밋빛 희망과는 너무나 거리가 먼 것이었다.

또한 양수명은 중국사회의 극심한 빈부 격차와 대다수 인민들의 어려운 생활을 보고 나름대로 그 해결책을 모색하던 때에, 장계(張繼)가 번역한 일본의 사회주의 운동가 도모토쿠 아키미(幸德秋水)의 저서 《사회주의의 신수(神髓)》를 읽고 끊임없는 사유를 거쳐 사유재산을 인간 사회의 불평등, 착취, 생활의 위협 등을 낳는 만악(萬惡)의 근원으로 파악하게 되었고, 이에 반대하는 사회주의 사상에 기울어져 있었다.[16]

그러한 그의 눈앞에 전개되고 있던 중국의 정치와 사회현상에 대한 실망은 너무나 커서 그는 정치, 사회에 대해 실의를 넘어 증오를 하게 되었을 뿐만 아니라 인생 자체에 대한 회의에 빠지게 되었다.[17] 게다가 1912년 6월에는 그의 어머니가 세상을 떠났다. 그처럼 한꺼번에 닥친 실망, 번민, 슬픔으로 말미암아 양수명은 극도의 심리적 공황 상태와 신경쇠약에 빠지게 되어 같은 해 두 번씩이나 자살을 하려 한 일도 있었다. 결국 그는 1913년《민국보》의 기자직을 사임하고 집으로 돌아와 은거와 불법(佛法) 공부를 통해 정신적 고통에서 벗어나기로 하였다.

양수명이 그의 생애에서 이른바 '출세'(出世 : 속세와의 인연을 끊는 것)라는 명칭으로 부른 집안 은거, 불법 연찬과 명상 생활로 보낸 기간은 겨우 4년의 짧은 세월에 지나지 않는다. 그러나 그 기간은 그의 인생에서 매우 중요한 의미를 갖게 된다. 이 기간의 공부와 생활양식은 그의 긴 여생의 여러 면에 큰 영향을 끼쳤기 때문이다.

우선 이 기간의 불가적(佛家的) 생활 형식이 양수명의 생활양식에서 평생의 기본이 되었다는 것이다. 은거 기간 동안 그는 스님처럼 머리를 깎고 육식과 음주, 그리고 결혼도 하지 않고 옷도 아주 검소하게 입었다. 그러한 불가의 금욕적 생활양식은 그가 뒤에 유교로 전향하고 결혼도 하게 된 뒤에도 평생 그의 생활의 기본으로 유지되었다.

둘째는, 이 기간에 불전과 기타 불교 서적을 혼자서 연구하였는바, 그때의 자습은 자학(自學)과 독립직 사유능력을 크게 증진하여, 그가 단지 중학교 졸업의 낮은 학력을 갖추고서도 뒤에 당대의 저명한 불교 학자이자 독창적 신유교주의 사상가로 대성하는 데 밑거름이 되었던 것이다.18) 더욱 중요한 것은 그는 이때에 불교학 가운데서도 유식학(唯識學)19)을 불교 철학의 중심적 사상으로 보고 깊이 연구하였는데, 당시 얻은 유식학적 사유 방법은 유학으로 전향한 뒤 그의 동서 문화의 인식과 인생문제 탐구에도 적지 않은 영향을 끼쳤다는 사실이다. 예를 들어, 1920년대 그의 출세 저작으로 유명한《동서 문화와 그 철학》(1921)에서 양수명은 동서 문화의 특성을 설명하는 데 유식학의 사상과 용어를 원용(援用)하고 있다.20) 또한 그의 노년의 마지막 대표작인《인심과 인생(人心與人生)》(1984)에서도 인류를 위한 궁극적인 목표를 '사회주의 세계혁명에 도달하여 전 인류의 대 해방을 달성하는 것'으로 결론지으면

622

서 그것을 불교적인 개념으로 풀어 설명하고 있는 것이다.[21]

그러나 이 기간 양수명은 불전만 연구한 것은 아니었다. 그는 순천중학당 동급생이며 뒤에 저명 철학자가 된 장신부(張申府, 崧年)가 추천한 베르그송, 쇼펜하우어, 니체, 칸트, 밀(J. S. Mill), 헉슬리(J. S. Huxley), 젠크스(Jenks), 몽테스키외 등 근대 서양 사상가들의 저술을 엄복(嚴復)이 번역한 책으로 읽었으며, 황사항(黃士恒)의 번역으로 《동방잡지(東方雜誌)》(12卷 45号)에 실린 프랑스의 철학가 르봉(Gustave Le Bon)의 《물질신론(物質新論)》(*The Evolution of Matter*)을 읽어 그의 사상적 폭을 넓혔다.[22] 또한 그는 불전에 대한 계속적인 연구와 그 기간에 읽은 근대 서양사상의 지식을 이용하여 그가 깨우친 불교사상에 관한 논문들을 써서 세상에 발표하기도 하였다. 〈담불(談佛)〉(1914), 〈불리(佛理)〉(1915), 〈구원결의론(究元決疑論)〉(1916) 등이 그러한 논문들이다. 이 논문들의 대외 발표는 그가 집안의 은둔에서 벗어나 세상과 관계를 다시 갖기 시작하는 징후였으며, 특히 〈구원결의론〉의 발표는 양수명이 사회로 환속하게 되는 직접적 계기가 되는 것이다.

〈구원결의론〉은 1916년 《동방잡지》 5, 6, 7월호에 연속으로 발표한 전문 1만 3천여 자에 이르는 장문의 논문이었다. 이 논문은 은둔 기간에 양수명이 불교 연구를 통해서 터득한 자신의 우주와 인생에 대한 사상을 정리한 것이다. 논문의 구성은 제목이 표시하는 것처럼 '구원제일(究元第一)-불학여보론(佛學如寶論)'(우주의 본체 또는 세계의 본원론)과 '결의제이(決疑第二)-불학방편론(佛學方便論)'(인생문제론)의 두 갈래로 되어 있다.[23] 양수명은 인생에서 가장 근본적인 문제로 본 이들 두 가지 명제를 추구하고자 불교의 성종(性宗)과 상종(相宗)의 사상을 기본으로 삼고 새롭게 흡수한 근대서양사상의 지식과 대비·부회(附會)하는 등 그가 알게 된 모든 지식을 총동원하였다. 구체적으로 전자의 명제에 대해서는 성종의 《능엄경(楞嚴經)》과 《대승기신론(大乘起信論)》 설법을 활용하여 르봉의 《물질신론》과 대비하고, 후자에서는 상종(相宗)

의 《삼무성론(三無性論)》과 《불성론(佛性論)》을 중심으로 베르그송, 칸트, 쇼펜하우어 등의 여러 설을 함께 고찰하면서 불가적 해석을 폈다. 이 논문의 결론 요점은 세 가지이다.

(1) 우주의 본체는 본래 정형(定型)이 없고 불가사의한 무성(無性, 無明)의 것으로, 일체의 중생(모든 생명체)과 물질이 끊임없이 비롯하고 회귀하는 운동의 본원이다. 그 운동의 영원불변성은 주로 내인(內因)에서 얻어진다. 그러한 모든 것을 명료히 깨닫게 하고 관련된 문제의 해답을 줄 수 있는 것은 불교의 가르침 밖에는 없다.

(2) 인생과 세상사도 본래 어떤 목적이나 가치, 그리고 의의가 있는 것은 아니며 그 본질은 고통이다. 그리고 인류의 모든 문제는 근본적으로 인류의 생명 자체에서 나오는 것이다. 따라서 그 해결을 밖에서 찾는 것은 착오이며, 그 해결은 오직 불교에서만 가능하다.

(3) 인생문제 해결의 길[進路]은 '출세(出世)'와 '순세(順世)'의 두 가지이다. 출세의 길이란 인생의 고통이 인간의 끝없는 욕망의 산물인 만큼 고통을 없애는 방법으로서, "세속과 절연하고 불가에 귀의, 모든 '오정육욕(五情六慾)'을 제거하고 전심으로 정신상의 자아 주조(鑄造)에 정진하는 것", 곧 승려가 되어 불도를 닦는 것을 말한다. 순세의 길은 세속에서 인생의 통상 준칙에 따라 생활하면서 불법을 듣고 실행에 힘쓰며, 자기의 욕망을 억제함으로써 세간에서 안온한 생활을 하는 것이다. 이러한 길은 비록 출세가 인생의 고통에서 해탈하는 좋은 길이기는 하나 일반 중생(대중)이 모두 출세하기를 바랄 수는 없는 것이고, 모든 중생이 불성을 가지고 있다는 점에서 석가께서 일반 중생들을 동정하여 마련해 놓은 큰 가르침[如來大法]이라는 것이다.

《동방잡지》에 발표된 이 논문은 학계의 광범한 호평을 받았다. 이 논문에서 양수명이 설파한 불가적 견해는 독창적인 것은 아니었다. 그러나 양수명이 이 논문에서 보여 준 입론(立論)의 방법, 불교사상에 대한 해박한 지식에다 근대 서구사상의 여러 설을 동원한 인증(引證), 그리고

624

주제의 목표인 보편적 인생문제의 탐구에 대한 진지한 자세는 독자들에게 깊은 인상을 주기에 충분하였다. 특히 이 논문이 북경대학 교장 채원배의 주목을 끌게 된 것은 양수명의 운명을 바꾸어 놓는 계기가 되었다.

채원배는 신해혁명의 결과 건립된 중화민국 임시정부의 초대 교육총장을 지냈으며, 그 자신 동서양 학문에 두루 통달한 철학자로서 1916년 10월 프랑스에서 귀국한 지 얼마 되지 않아 당시 교육총장 범원렴(范源濂)의 요청으로 북경대학 교장에 취임하였다. 채원배는 이후 북경대학 안에 자리 잡은 엽관주의(獵官主義) 일색의 분위기를 일신, 학문적 연구와 국민문화 창조의 전당으로서 구실을 할 근대적 대학으로 육성하고자 '북경대학 개혁'의 일환으로 연령과 사상경향을 불문하고 실력 위주의 일류 지식인을 교수로 초빙하는 이른바 '겸용병포주의(兼容幷包主義)'를 실행하고 있었으며, 자신의 큰 관심 분야인 철학과를 강화하려는 생각을 하고 있었다. 그러한 채원배는 양수명에게 북경대학에서 인도철학 강의를 맡아달라고 요청하였고, 그 제의를 받아들여 양수명은 24세의 젊은 나이로 1917년 10월부터 이 대학 철학과의 인도철학 강사가 되어 4년 남짓한 '출세' 생활을 접고 다시 환속을 하게 된다.24)

3. 북경대학 시기와 신유학사상의 형성

양수명이 북경대학에서 강사로 근무한 것은 1917년 10월에 시작하여 1924년 여름 산동성 조주(曹州)에 있는 산동성립 제6중학교 교장으로 가기 위해 사임할 때까지 고작 7년 동안의 비교적 짧은 기간이었다. 그러나 이 대학에서 지낸 기간은 그 뒤 양수명 생애의 기본 틀이 놓이는 대단히 중요한 시기였다.

우선 중국 제1의 명문대학이라는 점과 채원배 교장의 획기적인 대학 개혁의 추진으로 조성된 자유롭고 활발한 교육과 연구 분위기는, 그동안 자학(自學)과 독립적 사고에 익숙한 양수명으로 하여금 그가 뜻하는 문제를 마음껏 연구하고, 수준 높고 다양한 학문과 지식을 많이 접할 수 있게 함으로써 명실상부한 학자로서 자질을 갖출 수 있게 하였다. 둘째, 이 시기에 환속은 하였으나 여전히 유지하고 있던 불교사상을 버리고 유가사상으로 전향하게 된다. 그뿐 아니라 양수명은 유학과 동서 문화 관계를 연계하여 연구하고, 그에 따라 독자적 견해를 제시함으로써 20세기 중국의 가장 저명한 신유학사상가(또는 문화보수주의자)로서 첫발을 내딛은 것이다.

양수명이 이 대학에서 처음 담당한 과목은 인도철학이었다. 그러나 인도철학 말고도 유식철학(唯識哲學)과 공자 탁지(鐸旨) 등의 과정을 계속 개설하여 강의 영역을 넓혀 나갔다. 그리고 그러한 강의 내용을 정리하여 《인도철학개론》(1919)과 《유식술의(唯識述義)》(1920)를 출판하였다.25) 또한 1921년 가을에는 그가 1918년 10월부터 진행해 온 동서 문화에 관한 연구 결과인 《동서 문화와 그 철학》을 출판하였다. 이들 세 책 가운데 《동서 문화와 그 철학》은 '신유학'에 관한 첫 저술로, 그의 사상체계와 그에 연관된 사회개혁 운동에서 여러 모로 중요한 의미를 갖는 것이었다.

첫째로, 이 책은 양수명이 불교사상에서 유가사상으로 전향하는 확실한 표지였다. 그러한 점은, 이 책의 사상이 '유가사상에 귀종(歸宗)하는 것'이며 책 가운데 공자를 찬양하고 유가의 사상을 천명한 곳이 많다고 양수명 자신이 확인하고 있다.26) 그 같은 사실은 또한 뒤에 상술하거니와, 그가 이 책의 주제인 동서양 문화의 특성과 그것이 인류 문화 발전사에서 차지하는 위치를 비교·고찰하는 가운데, 공자의 철학 특히 《중용》의 사상을 중심으로 중국문화의 특성을 풀어 제시하고, 그것이 결코 당대에 우세한 서양문화에 열등한 것이 아니라 단지 다른 성격의 문화일 뿐이라는 것과 '인류의 가까운 미래에는 (서양 문화의 다음 단계로) 오히려 중국 문화가 부흥할 것'27)이라는 주장을 편 데서 분명히 드러난다.

둘째로, 이 책의 출판은 그를 풍우란(馮友蘭)·웅십력(雄十力)·모종삼(牟宗三) 등 20세기 중국 신유학사상의 대표적 학자들 가운데서도 독자적이고 사회성이 강한 사상체계를 이룬 가장 저명한 학자로 만드는 계기가 되었다. 《동서 문화와 그 철학》은 현 국판으로 약 200여 쪽에 해당하는 전부 약 15만 자 분량의 책으로, 지면 관계상 여기서는 내용을 상술할 수 없고, 뒤에서 그 편린만 그의 1949년도 저술 《중국문화요의(中國文化要義)》에 관한 개요를 설명하면서 간략히 논급하려 한다.

또한 이 책은, 5·4기 사상계를 주도하며 중국 전통문화를 전면 부정하고 근대 서구문화를 수용하려던 신문화운동의 사조에 맞서 동서 양문화의 특성과 위치를 독특한 개념과 장차 인류사회의 발전 방향에 연관시켜 비교·고찰하고 있는바, 이러한 큰 틀의 독자적, 문화발달사적 접근 방법으로 중국 전통문화의 현대적 가치와 유용성을 주장한 당시로서는 '용감한' 저서다.

이 책이 출판되었을 때 '전반서화(全盤西化)'를 주장한 신문화운동의 창도자들, 즉 진독수·호적·오치휘(吳稚暉) 등의 비판이 없었던 것은 아니었다. 그러나 이 책에 대한 사회 전반의 반향은 대단히 컸다. 출판된 지 일 년 안에 연속으로 다섯 차례나 재판되어 10만여 책이 팔렸고, 근 100편의 논문과 10여 종류의 소책자가 출판되어 이 책 내용에 대한 논쟁을 벌였다고 한다. 또한 이 책은 12개국 언어로 번역되었고, 책의 내용을 두고 독자들이 양수명에게 보낸 서신이 5년에 걸쳐 5천여 통에 이르렀다고 한다. 그리고 북경대학 안에서 양수명의 유가철학 과목의 수강생 수가 급증하여 통상 200여 명에 달하였고, 교외 단체들과 학교들의 강연 요청이 쇄도하였으며, 평생 추종자도 생겼다고 한다.

셋째로, 이 책은 양수명의 평생 사상체계와 사회활동의 기초이자 시발이었다는 것이다. 양수명은 《동서 문화와 그 철학》의 주제를 계속 발전시켜 중국 문화와 사회의 특성과 그에 기초한 바람직한 발전 방향에 대한 독자적 사상을 체계화하였다. 《동서 문화와 그 철학》 출판 이후 죽기 전까지 그가 내놓은 수많은 저서와 논문들은 모두 공자 사상, 특히 중용사상을 재해석하여 그것이 투영된 전통사회 구조의 특징이 중국 문화와 사회가 지닌 기본 특성이라고 보고 있다. 또한 민주주의와 과학기술을 양대 기조로 하는 근대 서양문화가 지배하는 현대와 미래 세계에서, 그 특성을 살리면서 중국사회가 나아가야 할 길을 일관되게 추구하여 그 나름대로 독자적인 견해를 구축·제시한 것이었다. 또한 그가 필생의 사명으로 확신하고 헌신하였던 향촌건설운동도 사실은 중국사회의 현실과 장래에 관한 자신의 사상과 신념의 실천이었던 것이다. 이에 관해서는 뒤에 상술할 것이다.

다른 한편, 양수명이 '기불귀유(棄佛歸儒)'하고 이 책을 쓰게 된 것은 그로서 그렇게 밖에 할 수 없었던 동기가 된 몇 가지 사건들이 있었다. 첫 번째는 독재자 원세개가 공화제를 유린하고 있던 민국 초기보다도 정치적, 사회적 혼란이 더욱 악화했던 군벌기(1916~1928) 초에 양수명이 경험한 군벌들 사이의 쟁투와 그에 따른 사회 혼란과 민간 피해의 참상이었다. 양수명은 북경대학 강사직에 정식 취임하기 직전인 1917년 늦은 여름에 남방으로 여행을 하다가 호남성을 들렀는데, 이때 장사(長沙)와 형양(衡陽) 일대에서 지반 쟁탈을 위해 남북 군벌 사이에 벌어진 전쟁을 만나게 되었다. 거기서 그는 군벌들의 전쟁으로 말미암아 수많은 인민이 살상되고 인민 재산이 약탈당하며 사회 기반이 파괴되는 현장을 직접 보고 큰 충격을 받았다. 그는 군벌 간의 혼전부터 막는 것이 무고한 민간의 피해를 줄이고 중국 문제를 수습하는 급선무임을 절감하였다. 그는 즉시 북경으로 돌아와 "모든 사람들이 일어나 힘을 합하여 '국민식병회(國民息兵會)'를 설립하고, 전국적 여론을 동원하여 군벌들로 하여금 정전을 하고 이후 문제 해결에 상호 무력을 배제할 것을 보증하도록 압력을 넣자"는 내용의 글을 지어 자비로 인쇄하여 널리 배포하였다. 동시에 그는 나라가 병들고 수많은 국민이 말할 수 없는 고통 속에 있는데 자기 개인만의 해탈과 성지(成智)를 추구하고 있던 그때까지의 자신의 불가적 출세주의를 반성하고, 자신이 말하는 군벌들의 전쟁을 막는 운동을 위해서는 먼저 불교를 버리고 수신(修身)의 목적을 개인이 아닌 사회와 국가의 안녕(齊家治國平天下)에 두는 유가사상으로 돌아가지 않으면 안 된다고 생각하여 유교로 돌아오게 되었다고 한다.[28]

두 번째는 1918년 11월 신해혁명 후 정치·사회의 혼란에 실망하고 청조에 대한 충절을 지키기 위해 〈세상 사람들에게 경고하는 글(警告世人書)〉을 남기고 못에 빠져 순절(殉節)한 부친 양제의 자살사건이었다. 양제의 순사(殉死)사건은 당시 북경의 사상, 문화계에 큰 반향을 불러일으킴과 아울러 그 자살의 원인과 의미를 둘러싸고 많은 논란을 불러일으켰다. 그러나 한편으로, 그것은 양수명에게 지난날 부친에 대한 불효, 무엇보다도 부친의 뜻을 어기고 불교에 귀의하여 '민덕예지화(民德禮之化)'를 저버림으로써 부친의 마음을 크게 상하게 한 '죄'를 반성하고 다시 유교로 돌아가는 중요한 계기가 되었던 것이다.[29]

세 번째는 1차 세계대전 뒤에 나타난 '동방문화 구세론(救世論)'의 사조와 관련이 있다. 1차 세계대전으로 일찍이 없었던 대량의 인명 살상이 일어나자 적지 않은 동서양의 사상가들이 그 원인을 근대 서양 물질문명의 폐해로 돌리고 이를 서양문명 몰락의 전조로 보면서, 그 폐해를 구하기 위해서는 동양의 정신문명이 필요하다고 주장한 것이 '동방문화 구세론'이었다[예를 들어, 슈펭글러(Oswald Spengler)의 《서구의 몰락(Der Untergang des Abendlandes)》(1918), 양계초의 《구유심영록(歐遊心影錄)》(1923), 1919년과 다음 해에 중국을 방문한 존 듀이(John Dewey)와 버트런드 러셀(Bertrand Russell) 등의 발언].

그때까지도 국내에서는 중국 전통문화를 중국의 낙후와 피폐의 주원인으로 비판하면서, 이의 전면적 폐기와 서구문화의 도입을 주장하는 신문화운동이 문화·사상계를 휩쓸고 있었고 그 중심지가 북경대학이어서, 북경대학에 재직하며 동양학을 가르치는 양수명은 심리적으로 적지 않은 압박과 불안을 겪고 있었다.[30] 그러던 때에, 국내외 저명한 사

상가들에게서 나온 그
러한 '동방문화 구세론'
의 외침은 양수명에게
상당한 공감과 함께 용
기를 북돋아 주었다. 그
리하여 그는 1918년 10
월 이래 신념을 가지고
연구해 온 중국 전통문
화를 중심으로 한 동서

1940년대 민맹 중앙 주석 장란(張瀾, 왼쪽) 양수명

문화 문제를 《동서 문화와 그 철학》으로 정리 출판하여, 당시 문화·사
상계를 주도하고 있던 신문화운동의 '전반서화' 주장에 대한 안티테제로
과감히 제출하게 되었으며, 그의 신념과 사상의 실천을 위하여 '기불귀
유'도 결행하게 된 것이다.[31]

북경대에 재직하면서 '출가'를 벗어버리고 속세로 회귀하기로 결정한
양수명은 학자로서 저술 활동 말고도 정치와 사회문제에 대해서도 관심
을 가지고 강연이나 문장을 통하여 자신의 의견을 발표하였다. 당시 양
수명의 정치·사회관을 보여주는 몇 가지 예를 들어본다.

그가 북경대학에서 겪은 가장 큰 정치·사회적 사건은 유명한 5·4운
동(1919. 5. 4~7. 28)이었다. 1차 대전 후 파리 강화회의에서 산동반도
이권을 독일에게서 되찾기 위한 중국의 노력이 실패하고 그것이 일본에
넘어갔다는 소식이 전해지자 1919년 5월 4일 북경에서 3천여 명의 청년
대학생들이 궐기하여 일제 침략과 군벌정부에 대한 대대적인 항의시위
를 벌였다. 또한 일단의 학생들이 동교민항(東交民巷)에 있는 매국노 조
여림(趙如霖)의 집을 불태우고 그곳에 있던 매국노 장종상(章宗祥)을
구타하여 30여 명의 학생들이 군경에게 체포된 사건이 일어났는데 이것
이 5·4운동의 시발이었다. 이러한 5·4운동이 폭발한 뒤 며칠이 지나
양수명은 〈귀에 거슬리는 말(逆耳之言)〉이라는 글에서 학생들이 매국노

630

를 공격한 행동이나 동기가 애국적인 것임은 충분히 이해하고 동정하나 학생들의 조와 장에 대한 폭력 행사는 현행법을 어긴 옳지 않은 행동이며, 따라서 그러한 행동을 한 학생들은 경찰에 자진 출두하여 그에 합당한 어떠한 처벌도 감수하는 자기희생의 모습을 보이는 것이 바람직하다고 주장하였다.

1915년 '21개조 요구' 이래 계속된 일제의 중국 침탈 야욕과 그에 동조해 온 군벌정권에 대한 당시 중국 국민들의 증오가 극도로 격앙된 분위기 속에서 그와 같은 의사를 표명하는 것이 쉽지 않다는 것은 양수명 자신도 잘 알고 있었다. 그러나 중국사회의 안정과 민주적 발전을 가져오려면 어떠한 정치·사회문제의 해결도 오직 법률적 수단만으로 해결해야 하며, 그러한 것은 특히 현재만이 아닌 장래 선진 중국의 건설이라는 장기적 관점에서 군벌이나 경찰, 학생을 포함한 어떠한 계층이든 법을 준수하고 폭력을 자제하여야 하며, 모두 함께 국민들의 최소한의 인권이라도 보장하는 사회건설에 힘써야 한다는 것이 그의 생각이었다. 또한 비록 국민 정서상 조여림과 장종상 등이 큰 죄인으로 지목되고 있다 하더라도 법정에서 범법자로 판결되기 전에는 원칙상 아무도 초법적으로 그들의 자유와 인권을 해칠 수 없다는 점을 생각한다면, 열혈청년의 애국적 의기에서 그들에게 폭력을 행사했다 하더라도 사후에 스스로 법률적 책임을 떳떳이 지는 것이 오히려 민족을 위하여 좋은 선례를 보이는 더욱 가치 있는 행동이 아니겠는가 하는 것이 그의 의견이었다.[32]

이처럼 시기와 상황과 일반 여론의 형편에 매이지 않고 숙고 끝에 일단 신념을 갖추면, 대체로 원칙론적이고 이상적인 면이 강한 유가의 군자다운 관점을 거침없이 주장하는 것이 그의 평생의 일관된 행동이었다.

특히 《동서 문화와 그 철학》 출판 뒤 전국적으로 그의 성가가 높아지고 특별한 강연 재능이 널리 알려지자 많은 곳에서 그의 강연에 대한 요청이 쇄도하였다. 1922년 1월에는 산서성의 요청에 따라 양수명은 국민사범학원, 제일여자사범학교, 법정전문학교에서 〈오늘날 중국민족이 처한 지위〉와 〈현재 국가를 어떻게 안정시킬 수 있는가〉 등의 제목으로 강연하였다. 당시 그가 한 강연의 요지는 다음과 같다. (1) 당시 중국은 국내외적으로 극렬한 변동 시기에 처해 있는바, 국제적 환경과 국내 정세를 정확히 파악하는 것이 중국문제의 진상과 중국이 취할 태도와 대책을 아는 데 매우 중요하다는 점, (2) 낙후와 침략으로 고통 받는 중국의 가련한 처지는 서양과 중국의 문화가 서로 다른 길을 가는 상이(相異) 문화인데다 과거 수백 년 동안 전제군주의 위력에 굴복하는 가운데 형성된 중국인 대다수의 좋지 못한 특성, 즉 느리고 퇴양적(退讓的)이고 굴종적인 성격 때문이라는 것, (3) 따라서 당시 중국의 어려운 처지를 벗어나기 위해서는 그러한 중국인의 성격적 결함을 고쳐야 하며 정당하지 않은 권력의 위압에는 투쟁적 태도를 취할 수 있어야 한다는 점, (4) 서양에게서 배우더라도 단순히 서양 것을 모방할 것이 아니라 그들의 성공적인 면을 가려 배우고, 중국 고유 문명의 좋은 점(예를 들면, 가정 중시의 전통)을 가벼이 여겨서는 안 되며, 서방을 학습함에도 전문가들의 연구에 그칠 것이 아니라 서양문화와 중국의 전통을 가릴 것 없이 현대 생활에 적합한 것을 선택하여 사회에서 실천하도록 해야 한다는 점 등이다.[33]

그 밖에도 같은 기간에 양수명은 상술한 바처럼, 1917년 여름 북경에서 군벌 간 전쟁종식운동을 전개한 것과 같은 맥락에서 1922년 봉직전쟁(奉直戰爭) 직후 이대교(李大釗)와 함께 채원배를 방문하여 재병운동(裁兵運動)을 일으킬 것을 상의하였으며, 같은 해 5월에는 채원배의 집에서 호적이 기초하고 양수명을 포함한 10여 명의 지식인들이 토의·수정하여 발표한 〈우리들의 정치주장〉에 서명하였다. "사회 전체를 위한 복리를 도모하고 개인의 자유 보장과 개성의 발전을 애호"하는 하나의 좋은 정부를 조직해야 한다는 것이다. 일반적으로 '호인정부론(好人政府論)'으로 불린 이 정치주장은 헌정의 정부, 공개적 정부, 계획 있는 정부(3항 기본원칙)와 구 국회의 개회, 제헌, 재병(裁兵), 재관(裁官), 선거

제도 개량, 재정 공개(6항 주장) 등의 정치개혁을 요청하는 것이었다.[34]

4. 신유학사상의 실천적 모색

1) 곡부(曲阜)대학 시도 좌절과 향촌건설 지향

(1) 곡부대학 시도

국가의 발전이 아닌 사적(私的) 권력의 확장과 온존을 추구하는 군벌 정부 아래에서 '호인정부론'이 기대한 만큼 결과를 가져오기란 어려운 것이었다. 오패부(吳佩孚)의 지지 아래 성립한 왕총혜(王寵惠) 내각이 호인정부의 구실을 할 것이라고 믿은 사람도 있기는 하였으나 왕의 내 각도 이전 군벌들의 정부와 다르지 않았다. 그러자 〈우리들의 정치주 장〉에 참여한 양수명은 1922년 후반 들어 자신은 앞으로 정치문제보다 교육문제에 더 힘쓰겠다고 선언하였다. 그가 교육문제에 힘쓰겠다고 한 것은 서양식 교육제도를 도입하여 시행하고 있는 당시의 중국 제도와는 다른 교육제도, 곧 서양 교육제도와 중국 전통 교육제도의 장점들을 취 합한 더 합리적인 새로운 교육제도를 마련하겠다는 것이었다.

역시 동서 문화를 비교·연구했던 관점을 바탕으로 그는 서양식 교육 은 지식 전수(傳授)를 중요하게 여기며, 중국 전통교육은 정(情, 마음 바 탕)과 지(志, 의향)에 치중하는 것으로 보았다. 교육에서 지식의 전수는 가장 중요한 부분의 하나로 중국에 그러한 서양교육의 장점을 도입한 것은 매우 바람직한 것이라고 그는 생각하였다. 그러나 지식은 생활을 위한 도구일 뿐, 그것을 합당하게 사용하는지 여부에 따라서 생활 자체 에 이도 되고 해도 될 수 있는 것인 만큼 지식 교육만으로는 충분하지 못하다는 것이다. 그와 달리 중국 전통교육은 정과 뜻[志]에 치우쳐 인 성개발을 목표로 하고 지식과 기능을 소홀히 하는 결점이 있다는 것이다. 다시 말해서 서양교육을 모방한 당시 중국교육은 지식 면에만 치중하고, 피교육자의 전체적 인생행로에 대한 고려와 그들의 심리와 생리 면을 소홀히 하는데다가, 이론이 실제와 동떨어져 생산노동과 연결되지 못하여 자기 손을 움직여 일하기를 싫어하는 이른바 '정신적 귀족'을 배양하고 있다는 것이다.

그러므로 교육은 마땅히 한 개인의 인생행로에서 생활 전면에 도움이 되는 데 유의해야 하고, 심신의 건강과 발전을 중시해야 하며, 교육자도 모름지기 메마른 지식을 강해(講解)하는 데 만족할 것이 아니라 피교육자와 친구의 관계가 되어야 한다고 그는 생각하였다. 그렇게 되어 비로소 교사는 학생을 진정으로 이해할 수 있고 효과적인 지도를 할 수 있으며, 교사와 학생은 인생의 동지로서 서로 도움으로써 학생들은 자신의 갈 길을 찾게 되고, 학우들끼리도 자신들에게 합당하고 원하는 길을 찾는 데 도움을 주는 관계로 나아가야 한다는 것이 그의 지론이었다.[35]

양은 1921년 산동성에서 강연할 때 곡부에 위와 같은 그의 교육관에 바탕을 둔 새로운 대학을 열 것을 제안하였다. 구체적으로 그가 구상하는 곡부의 새로운 대학이란, 교육 이념과 방법은 위에서 언급한 그의 교육관을 기본으로 하고, 교학(敎學)과 연구방면은 동방문화 특히 중국문화의 교육과 연구를 중심으로 삼되 종교적 색채와 전통적 교육방법을 배제하며, 서구의 근대적 학문연구 방법을 도입하여 동양문화를 과학적으로 철저히 연구하고 근대 과학인 생물학, 수학, 이학 등의 학과도 갖춘 명실상부한 근대적 대학이었다. 그리하여 북경대학이 서구식 교육과 학문을 대표하는 대학이라면 곡부대학은 근대 교육사상에 중국의 전통적 교육철학을 함께 아우르는 교육관을 토대로 동양학문의 교육과 연구를 주로 하는 동양학의 중심 대학으로 세운다는 것이 그의 희망이었다. 그리고 그의 제의는 그 지방의 교육가 왕홍일(王鴻一)을 비롯한 문화적 보수주의 성향 인사들의 바람과 맞아 떨어져 동의를 얻음으로써 성사되어 있었다.

그러나 한 대학을 설립한다는 것은 막대한 자금 말고도 교수진과 학생 모집 등 상당한 준비를 필요로 하는 결코 쉽지 않은 사업이었다. 그래서 양수명과 산동의 관련 인사들은 먼저 한 중학교를 인수 운영한 다음, 학회를 만들어 전문가를 모아 곡부대학을 위한 교수진을 마련하고 학문 연구와 대학설립에 관련된 여러 문제들을 연구하는 2단계 준비과정을 밟기로 하였다. 이러한 계획에 따라 중학교로는 성 정부와 교섭을 거쳐 산동성립 제6중학, 즉 조주중학(曹州中學)을 선정하여 그곳에 중고부(高中部)를 개설, 장차 있을 곡부대학의 예과(豫科)처럼 운영하게 되었으며, 학회로는 '중화서원(中華書院)'을 창립하게 되었다.36)

위와 같은 계획을 실천하기 위하여 양수명은 1924년 여름 북경대학의 교직을 사임하고 조주(曹州)에 도착하여 조주중학 교장에 취임, 고급중학부를 신설하고 중학 졸업자나 동등한 자격 소유자로 구성된 80여 명의 신입생을 모집하였다. 양수명은 학교 운영과 학생 교육에서도 그의 교육관에 따라 몇 가지 개혁을 실행하였다.

첫째는, 학비징수규칙을 혁신하여 전체 학생들에게서 법정 학비를 동일하게 받던 종전의 방법을 바꾸어 학생들 가정의 경제적 형편에 따라 차등 징수하게 하였다. 즉 학비징수를 부유한 가정의 자제에게는 많이, 가난한 가정의 자제에게는 적게 하거나 아예 면제하는 제도를 실시하여 가난한 집 자제도 교육을 받을 기회를 갖게 하였다. 둘째는, 새로운 입시제도를 마련하였다. 종전에는 과목시험만 치르던 것을 과목과 구술의 두 가지 시험을 보게 하였다. 1차 과목시험은 국문·외국어·상식 등에 관한 것이고 2차 구술시험은 면담을 통해 학생 개개인의 체격·자질·성격·습관·태도 등을 보아 최종 합격 여부를 결정하도록 한 것인데, 두 시험 가운데 구술시험이 더 큰 비중을 차지하였다. 셋째는, 학교에서 청소나 물 끓이는 것 등 사소한 일은 학생들이 하도록 함으로써 그들이 노동의 습관을 배양하게 하고, 또한 학교에서 이루어지는 의식주와 기타 소비생활은 모두 간단하고 질박한 것으로 하여 검소한 생활을 배우

게 하였다.37)

그러나 이러한 새로운 교육방법을 써서 실험했던 고급중학을 바탕으로 3~5년 뒤 곡부대학으로 발전시키겠다는 큰 포부를 내걸었던 양수명이 일 년도 못 된 1925년 봄 조주중학교 교장직을 사임하고 북경으로 되돌아감으로써 그의 꿈은 무산되었다. 왜 그렇게 일찍 그의 포부를 접고 서둘러 북경으로 돌아갔는지에 대해서 그 뒤 그는 평생 전혀 언급한 적이 없다. 그는 남에 대해서 좋지 않은 말을 하는 것을 매우 삼가는 성품의 사람이었다. 그로 미루어 보아, 아마 그가 큰 열정을 가지고 추진하던 조주고중부의 새로운 교육개혁과 곡부대학의 설립이 후원자나 동지로 믿고 함께 일하던 가까운 사람들과 의견이 벌어져 난관에 부딪치자, 더 이상의 수고는 아무런 의미가 없다는 상황 판단에 따라 큰 실망 가운데 사업의 포기를 결행하게 된 것이 아닌가 생각될 뿐이다.

(2) 북경 은거와 향건이론의 모색

북경으로 돌아온 뒤 양수명은 조주제6중학에서 따라 온 10여 명의 제자들과 청화원(淸華園)에 머물면서 한동안 일절 외부와 교류를 끊고 부친의 유고를 정리하여 《계림양선생유집(桂林梁先生遺集)》과 《연보》를 간행하였다. 그리고 부친을 기리고 자신의 불효를 반성하는 《사친기(思親記)》를 지었으며, 조용히 지난 일들을 돌아보고 자신의 새로운 진로와 사명에 대해 깊이 생각하는 날들을 보냈다. 그는 또한 북경 서교(西郊)에 큰 집을 빌려 이사하고 제자들과 함께 '동주공독(同住共讀)'하면서, 자신이 오랜 동안 사색해 온 제목 〈인심과 인생〉을 5개월 동안 집중적으로 강해하였다.

이때 제자들과 했던 공부 방식은 그가 1922년 북경대학 재직 때 《동서 문화와 그 철학》을 출판한 뒤 학생들과 독서회를 조직하여 시작했고 조주제6중에서도 확대 적용하려 했던 교학의 방식을 이은 것이었다. 그것은 공자가 최초로 시작하고 송명(宋明)대 학자들이 더욱 발전시킨 이른바 '강학' 방법의 전통을 잇는 것으로서, 한 스승 주위에 제자들의 무리가 모여 공동생활을 하며 '친사취우(親師取友)'의 정신으로 생활과 학습을 함께 하는 것이었다. 즉 스승과 제자들이 한곳에서 공동체를 이루어 '동처공학(同處共學)'하면서 스승을 포함한 모든 구성원들이 학업에 관하여 서로 토론·비평·격려하고 생활에서 서로 절차탁마(切磋琢磨)와 도움을 통해서 지성과 도덕성의 향상을 함께 도모한다는 것이다. 양수명은 그러한 강학 방법이야말로 당시 중국 청년들이 고민하는 인생문제의 해결과 학문발전을 동시에 가져올 수 있으며, 결국 중국을 부활시킬 수 있는 길이라고 믿고 있었다. 또한 이 기간에 그러한 강학 생활의 일환으로 이른바 '조회(朝會)'를 열었다. 그것은 양수명과 학생들이 매일 해뜨기 전 새벽에 옥외에 모여 정좌(靜坐)한 채 양수명의 즉흥적인 간단한 강화를 듣고, 자기반성과 더불어 심지(心志)를 단련하고 정신을 진작하는 시간을 갖는 것이었다. 그러한 조회는 1930년대 초 그가 하남촌치(河南村治)학원에서 일할 때에도 계속하였다.38)

(3) 향치(鄉治)의 모색과 하남촌치(河南村治)학원 합류

양수명은 이 북경 은거 기간을 제자들과 강학 생활로만 보낸 것은 아니었다. 그는 또한 중국사회의 모든 분야에서 혼란과 고통을 심화해 온 군벌통치를 겪으며 이 기간을 수년 전부터 가슴속으로 고민해 온 중국의 전도(前途) 문제, 즉 잔존한 전통가치와 중국사회에는 '맞지 않는' 서양문화가 급격한 유입과 혼효(混淆)를 거치며 빚고 있는 여러 가지 후유증을 해소하고, 중국에 평화와 발전을 가져올 근본적 '입국지도(立國之道)'의 문제를 숙고하여 가다듬는 기회로 삼았다. 그렇게 하여 이르게 된 것이 '향촌자치에서 시작하여 구중국을 개혁, 새로운 중국을 건설'한다는 '향치' 이론이었으며, 그 이론은 1930년대에 더욱 구체화하여 하남성과 산동성에서 실시된 이른바 '촌치(村治)'와 향촌건설 운동으로 발전되었다.

　여하튼 위와 같은 양수명의 북경 은거생활은 당시 중국국민당(국민당)과 중국공산당(중공)의 합작을 거쳐 1926년부터 광동을 기점으로 본격적으로 시작된 국민혁명, 곧 무력으로 군벌들을 제거하여 통일된 근대국가를 건설하고자 북벌을 추진하게 된 새로운 정치상황과 더불어 끝나게 된다. 그동안 양수명은 광동의 국민혁명에 참여한 적지 않은 친지들, 특히 그의 오랜 지기로서 국민혁명사령부 광동 유수주임(留守主任)이자 광동성 정부 주석이었던 이제심(李濟深)과 진명추(陳銘樞), 장난선(張難先) 등 유력한 인사들에게서 은거생활을 끝내고 광주로 내려와 국민혁명운동에 동참하기를 여러 번 권유받았다. 그러한 권유에 대하여 양수명은 먼저 제자들을 광동에 보내어 국민혁명의 실상을 알아보는 신중한 태도를 취하다가 마침내 1927년 5월 이제심의 요청을 받아들이기로 결정, 북경을 떠나 광주로 향하였다. 그리고 같은 해 말 양수명은 이제심의 동의를 얻어 〈향치강습소설치[開辦]건의안〉과 향치의 〈시판(試辦)계획대강〉을 광주 정치분회에 제출하여 통과되는 결과를 얻었으나 국민당 중앙의 동의가 늦어져 ‘향치’의 시행은 순조롭지 못하였다. 그의 ‘향치’ 계획에 대한 국민당 정부의 태도가 미온적이었기 때문이었다.

　양수명은 중앙의 재가를 기다리는 동안 1928년 초 광동지방 경위대편련(警衛隊編練)위원회에서 〈향치 10강(十講)〉이란 제목으로 향치의 의의와 방법에 대해 열 차례에 걸친 강연을 하였다. 이 강연에서 그가 제시한 향치의 내용은, 정치·경제·문화 등 여러 방면의 요소를 충분히 고려한 지방자치 실현을 기초로 신중국을 건설하되 인구의 절대 다수가 향촌에 거주하는 농민이라는 중국의 특성상 지방자치는 마땅히 향촌에서 시작해야 하고, 그렇게 함으로써 구중국을 개조하고 신중국을 건설해야 한다는 것이었다. 이 강연의 청중 수가 천여 명이었다는 양수명의 회고로 미루어 그때 그의 향치 이론은 광동에서 자못 큰 관심을 불러일으키고 있었음을 짐작할 수 있다.[39] 그러나 당시 그의 향치론은 독창적이고 특별한 것이 아니라 비교적 소박한 내용의 것이었다. 그는 신해혁명 이후 중국이 제대로 발전하지 못하고 최악의 군벌통치 시대에까지 이르게 된 것을 한탄하면서 그 원인이 근대 서양 정치제도에 적응하지 못하는 중국 국민의 고루한 습관에 있다고 생각하였다. 따라서 중국에 선진 영국의 헌정체제와 같은 민주국가를 건설하기 위해서는 먼저 중국 국민의 새로운 정치습관, 즉 단체생활 습관을 바탕으로 한 자치능력의 배양이 필수적인바, 신중국의 건설은 중국의 대부분이 향촌인 현실에 주목하여 향촌자치에서 시작해야 한다는 것이 그의 향치론의 골자였다. 달리 말해서, 이때의 향치론은 그가 구국의 유일한 길로 확신하고 평생 일관되게 추구하며 투신한 향촌건설운동의 출발이며, 그 뒤에 더욱 치밀하게 발전하는 그 전체 이론의 맹아였던 것이다.40)

이러한 상황에서 양수명은 그의 향치 계획을 광동에서 실행하기에는 아직 때가 성숙하지 못한 것으로 판단하였다. 그래서 그는 먼저 당시 북방 여러 지역에서 시행(試行)되고 있던 향촌개진운동을 시찰하기로 결심하였다. 그는 여러 명의 제자들과 함께 1929년 2월 광주를 떠나 북상(北上)하여, 도행지(陶行知)가 주지(主持)하는 남경 교외 효장(曉莊)사범의 향촌교육, 황염배(黃炎培)의 중화직업교육사가 강소성 곤산(崑山) 서공교(徐公橋)에서 시판(試辦)하고 있던 농촌개진사업, 안양초(晏陽初)의 중화평민교육촉진회가 하북정현(河北定縣)에서 벌이고 있던 향촌개혁시험구(試驗區), 그리고 염석산(閻錫山)의 산서성 '촌정(村政)'실험을 차례로 시찰하였다. 이 시찰에서 그가 보고 느낀 소감은 뒤에 〈북유소견기략(北遊所見記略)〉이란 제목으로 하남촌치학원의 기관지《촌치월간(村治月刊)》에 발표되었다.41) 본래 양수명의 이 북상참관(北上參觀)의 목적은 그가 광주에서 시작한 향치사업을 위한 참고로 삼으려는 것이었다. 그러나 그가 북상한 지 얼마 안 된 같은 해 3월, 광서성 군벌 이종인(李種仁), 백숭희(白崇禧)와 장개석 사이의 불화를 조정하러 남경에 간 이제심이 광서계에 속하는 것으로 오해되어 장개석에게 연금 당하는 불상사가 일어났다. 광동성에서 양수명의 정치적 후원자였던 이제심의 이러한 실각은 그의 광주 지방 향치 실험을 불가능하게 하였다. 그래서 그는 북경으로 돌아가 머물면서 그동안의 생각을 정리하여《중국 민족의 전도(前途)》42)라는 책의 원고를 완성하는 한편 때를 기다리고 있었다.

양수명의 뜻하지 않은 북경 체류는 오히려 그가 평생의 사명으로 투신하게 될 향촌건설운동에 본격적으로 들어서는 기회가 되었다. 당시 왕홍일(王鴻一)·팽우정(彭禹廷)·양요조(梁耀祖) 등은 서북 군벌 풍옥상(馮玉祥)의 부장(部將)이며 하남성 정부주석으로 있던 한복구(韓復榘)의 후원을 받아 1929년 여름부터 향치운동을 추진하기로 했는데, 그들의 초청으로 양수명은 하남 향치사업의 중심이 될 하남촌치학원(村治學院)에 합류하게 된 것이다.

촌치학원은 하남성 향촌자치의 완성을 위하여 향촌자치와 향촌문제를 연구하고 향촌자치와 기타 향촌사업에 힘쓸 인재를 양성하는 기관으로, 1931년 1월 휘현(輝縣) 백천(百泉)에서 정식으로 개학하였다. 촌치학원은 그러한 목적을 위하여 농촌조직훈련부와 농촌사범부의 2개 부와 촌장훈련부·농촌경찰훈련부·농업실습부의 3개 부설 부를 두었다. 양수명은 학원의 교무장직을 맡아 새로 출발하는 학원의 모든 장정(章程)과 사업방향 등을 기초하였고, 향촌자치조직 등의 과목을 담당하였으며, 또한 기관지《촌치월간》의 편집책임자로도 활동하였다. 이 촌치학원은 제1기 240명의 학생을 모집하였으며, 교수진도 당시 향촌자치 분야의 명류들로 구성되어 전국적 관심의 대상이 되었고 하남성은 물론 하북, 산동, 산서 등 여러 성에서 참관객이 끊이지 않았다 한다.

그러나 하남촌치학원은 오래가지 못했다. 1930년 초 장개석과 풍옥상·염석산 사이에 모순이 격화하여 5월에 '중원대전(中原大戰)'이 일어나는 과정에서 한복구(韓復榘)가 장개석에게 포섭되어 산동성 정부주석에 임명되고, 중원전에서 풍옥상이 대패함에 따라 촌치학원도 폐쇄되었던 것이다. 그렇지만 산동성의 정부주석이 된 한복구가 산동성에서 하남 촌치사업의 지속을 환영함으로써 부원장 양요조를 비롯한 촌치학원 직원과 학생 일부는 1931년 1월 산동성으로 이전하여 그들의 사업을 계속하게 되었다. 산동성의 사업은 당시 많은 곳에서 향촌건설을 제창하고 있는 것을 고려하여 종래의 '촌치' 대신 더 넓은 사업범위를 가리키는 '향촌건설(이하 향건)'이라는 용어를 쓰기로 하고, 향촌문제의 연구를 주로 한다는 의미에서 기관명을 '산동향촌건설연구원'으로 정하여 새롭게 시작되었다.

2) 산동향촌건설연구원의 향건 실험

산동향촌건설연구원(이하 연구원)은 산동성 중앙에 자리 잡은 수륙교통이 편리한 추평현(鄒平縣)에서 1931년 6월 정식으로 개원하였다. 초대 원장은 양요조이고 양수명은 연구부 주임을 맡았다. 그러나 1934년부터는 양수명이 원장직을 이어 맡아 연구원의 모든 향건사업은 그의 이론과 복안에 따라 추진되었다. 다시 말해서 이 연구원의 향건 실험은, 양수명의 사상에 바탕을 둔 방법을 활용하여 극도의 빈곤과 무지, 그리고 고루한 전통의 굴레에서 헤어나지 못하는 중국의 대부분을 차지하는 향촌(농촌)사회를 중국적 윤리와 근대적 정치·사회 조직과 생산 기술을 두루 갖춘 새로운 공동체로 개조하려 하였고, 양수명은 이를 구국의 근본으로 삼겠다는 목표 아래 혼신의 힘을 기울여 이 사업을 추진하였다. 뿐만 아니라 그 실험과정을 통해 이론과 실천의 합일이 이루어진, 그로서는 가장 중요한 평생의 사업이었다. 또한 연구원 실험으로 양수명은 당시 전국 향촌건설운동의 중심인물이 되었다.

(1) 연구원의 구성[43]

연구원의 기능은 향촌건설(鄕建) 문제의 연구, 향건 간부의 배양과 훈련, 향건사업에 종사할 청년을 지도하는 센터(중심)의 구실을 하는 것이었다. 따라서 연구원은 다음의 3개의 부로 구성되었다.

① 향건연구부 : 산동성 향건계획 수립, 향건 시험 방안과 정책 연구를 주요 임무로 하며, 부서원은 대학이나 전문학교 졸업자와 동등한 학력자로 충원하고, 양수명이 주임을 겸하며 기획과 연구를 지휘하였다.

② 향촌복무훈련부 : 각 향촌에서 향건사업을 주도할 간부를 훈련하는 부서로 모집 대상은 중학 졸업자 또는 동등 학력자였다. 훈련생들의 과정은 1년이었으며 주요 과목은 삼민주의, 건국대강(建國大綱), 군사훈련, 사회조사와 통계, 농업상식과 기술, 향촌자위, 향촌교육, 풍속개량, 위생, 수리(水利)와 도로건설, 현행 법령 등이었고, 교사는 연구원 졸업생 가운데 선발하였다.

③ 향건실험구 : 연구 이론에 바탕을 둔 향건계획을 실제 상황에 적용·시험하여 효과를 측정하고 발전시켜 보급하기 위한 실험구로, 성 정부에게서 추평현 전 지역이 지정받았다. 실험구에 관한 모든 사항은 연구부 소관으로 관리되었다. 추평현장은 양수명이 겸임하였고 현의 행성을 포함한 모든 향건실험사업은 그의 지휘 아래 연구원에서 파견한 인물들이 집행하였다. 추평에서 거둔 향건실험의 성과를 토대로 1933년에는 하택현(荷澤縣)을 아우르는 실험구 확장이 단행되었고, 1935년에 이르러서는 제령을 중심으로 하는 13개현이 실험구에 편입되었다.

④ 농장 : 1936년에 연구원 안에 개설된 농장은 양질의 품종을 개량하고 농업기술을 개혁하여 보급하며, 농업경영의 합리화를 꾀하여 농가생산을 늘리는 일을 임무로 하였다. 그 규모는 농장 건물 20무, 원예와 각종 작물 육종장 40무, 동원면맥(東苑綿麥) 육종장 100여 무, 맹가방면종(孟家坊綿種) 번식장 135무, 영가장(榮家場) 면종번식장과 제남신장(濟南辛庄) 합작농장 680무, 황산(黃山) 양계장 10무, 당이장(唐李庄) 양봉장 등 총 900여 무에 이르렀다. 금릉(金陵)대학 교수들이 기술 지도를 담당하였으며, 양계와 양봉 말고도 소, 돼지, 양, 토끼 등의 사육도 이루

642

어지고 간장공장도 있었다.

(2) 사업과 성과

1931년 6월에 연구원이 개원한 뒤 중국에 대한 일본의 전면적 침략으로 산동성이 함락되어 1936년 10월에 문을 닫게 되기까지 6년여 기간 동안 벌어진 사업과 그 성과를 여기서 상세히 소개하는 것은 지면상 불가능하다. 그러나 연구원의 향건 실험이 양수명 사상의 주요한 실천적 표현이라는 점에서 요점만 제시하면 다음과 같다.

가. 연구원 본부사업[44]

연구부에서는 2개기(個期) 58명, 훈련부 3개기 1,040명, 단기반 4개기 1,300명 등 총 2,400명의 인재를 양성·배출하였다. 이들은 현 이하 각급 행정단위에서 추평현 향건운동의 여러 사업을 추진하는 데 핵심적 구실을 할 인재들이었다.

농장사업은 앞에서 언급한바 농업기술 개량과 보급(개량종, 과학적 영농기술과 관리지식의 전파, 해충 방제약의 개발 등)으로 농업생산력을 높이고 농민의 부업(가축의 우량종 개발과 과학적 사육기술 교육 등)을 개선함으로써 그들의 생활수준을 향상시켰다. 연구원은 면화, 소맥, 조[谷子], 수수, 콩 등의 육종시험을 거쳐 기후와 토질 특성에 맞는 우량종을 개발·보급하여 상당한 성과를 올렸다. 그 가운데 가장 좋은 예가 면화였다. 1931년 우량 면종(綿種)을 개발하여 4,000근을 추평현 농민에게 나누어 주었고, 이듬해 3만여 근의 면을 수확했으며, 다음해부터는 더욱 많은 개량종을 농민들에게 분배·보급하는 방법으로 추평 지역의 면 생산량을 크게 증가시켰다. 축산 분야에서도 연구원은 우량 돼지(토종 돼지보다 50근이 더 나감) '파추잡과저(波鄒雜科猪 : Poland-Zou)'종을, 그리고 연간 토종보다 두 배 정도 알(170개)을 더 낳는 닭을 개발하고 합작사 등을 통해 추평현의 농민들뿐만 아니라 다른 성에까지도 보급하여 농민들의 소득 증가를 가져왔다. 그밖에도 젖소, 젖양[乳羊]의 사육방법, 우량 벌의 번식과 채밀 방법, 그리고 토끼의 번식 등을 연구하여 농민들에게 보급하였다.

나. 각 실험현(實驗縣)의 사업[45]

1932년 12월 국민당 중앙이 소집한 전국내정회의에서 통과된 현정(縣政)개혁안과 지방자치개혁안에 따라 산동성 정부의 현정 실험구 조례가 마련되자 연구원은 추평, 하택, 제령 3개현을 실험구로 설정하고 향건사업과 현정개혁 실험을 함께 실시하였다.

연구원은 각 실험현의 향건사업과 현정개혁을 주로 향농(鄕農)학교(뒤에 다시 향학과 촌학으로 구분됨)를 중심으로 추진하였다. 향농학교를 통한 향건 방법은 농민에게 기초교육, 생산기술교육, 그리고 사회교육을 실시하여 중국 고유의 민족정신과 시민정신을 갖추게 함으로써 향약·합작조직과 마찬가지로 '(중국적) 윤리 본위의 합작조직'에 바탕을 둔 신사회를 건설하는 것이었다. 즉, 향농학교는 정치·경제·교육의 합일을 꾀하면서 교화(敎化) 곧 교육을 주요 수단으로 하는 향촌 개진(改進)의 중심기관이었다.

향농학교는 인구 1백5십 호 또는 3백 호 범위의 촌락에 1개 소씩 설립되었으며, 1931년 11월부터 1932년 2월까지 추평현에서 먼저 96개가 설립되어 총 3천9백96명의 학생들을 가르치기 시작하였다. 그리고 각 향에는 촌마다 설치된 향학 사이의 연락기관으로 연구원 본부의 직접 지휘를 받는 중심향학을 하나씩 두었다.

향농학교는 이사회[校董會], 교장, 교원, 학생(전체 향민)의 네 집단으로 구성되었다. 교동회는 해당 지역의 지도적 인물들로 이루어졌으며, 교장은 교동회(校董會)의 회원 가운데 학식과 덕망이 높은 사람을 추천하여 임명하였다. 교원은 신지식을 소유하고 사리가 분명한 사람을 외부에서 초빙하였고, 학생은 성년 농민을 중심으로 하여 남녀노유 할 것

없는 모든 향민이었다.

이러한 향학은 덴마크의 민중학교 교육의 장점 곧, 도덕(人生行誼)과 실용 지식, 기능 교육, 사립 경영, 국민의 자발적 참여[自動] 교육에 자극 받은 것으로, 농민들에게 단순히 문자나 생활지식을 가르치는 것이 아니라 향촌사회 개선과 향촌문제 해결을 위한 핵심조직으로 기능하는 데 목적을 두었다. 따라서 향농학교는 향촌의 지도자와 민중이 모여 향촌 공동의 문제들을 토론함으로써 힘을 합하여 해결하는 것과 향민 위주의 자발적 참여를 강조하였다. 그리고 교원들의 구실은 향민들을 모으고 움직이게 하며 그들을 위해 문제를 제기하고, 그 문제를 스스로 토론하여 능동적으로 해결하도록 이끌고 그러한 것이 실제에 부합하고 실행 가능한 것이 되도록 도와주는 것이었다. 또한 교원들은 향민의 공공관념을 함양하고 조직역량과 상호협력을 통해 문제를 해결하는 능력을 길러주며, 향민들 자신이 생활향상 정신을 드높여 모든 문제에 대해 자발성과 적극성을 갖게 하는 것이었다.

향농학교의 교육 과정은 향민의 교육 정도, 연령, 생활방식에 따라 여러 형태로 나누어 실시하였다. 즉 고급반과 보통반, 남자반과 부녀반, 유년반, 청년반, 성년반, 노인반, 전(全)일반, 반일반, 춘계반, 하계반, 동계반 등 다양하게 편성·운영되었다. 위의 모든 과정에서 기본문자(識字), 역사, 지리, 음악과 창가, 정신훈화 등은 공통과목이었다. 그리고 연령과 성별과 계절에 따라 실생활과 향촌사회 문제 해결에 필요한 농업개량기술, 농구개량, 조림, 종면(種綿), 방직, 양잠, 양봉, 각종 합작사(소비, 신용, 생산, 운수), 자위, 금독(禁毒 : 아편 금지), 금도(禁賭), 위생, 가사, 산아제한 등에 관한 강습이 실시되었다. 그리고 1933년 7월 이후에는 전년 12월 국민정부의 전국내정회의에서 통과된 현정개혁안과 지방자치개혁안에 따라 추평현, 하택현, 제령현 모두 현정 실험현이 되면서 향농학교는 향학과 촌학으로 구분되고, 또한 저마다 향공소(鄕公所)와 구공소(區公所)의 기능도 갖추게 됨으로써 정교(政敎)합일의 기관이 되었다.

연구소는 각 실험현에서 향학과 촌학을 중심으로 위에서 말한 향민에 대한 교육을 비롯하여 여러 가지 향건사업을 추진하였다. 예를 들어 농업 생산력 향상을 위한 우량종의 개발과 보급, 농산품경진대회 개최, 농촌소득 증가를 위한 각종 합작사[면화 운수, 잠업 생산과 운수, 임업 생산, 신용, 구매, 창고, 기직(機織) 등] 사업, 농촌금융사업(금융 유통처 설치와 각종 저축사업), 위생원(농촌병원) 사업, 사회풍속개량 사업(조혼과 매매혼 개선, 전족·도박·아편 금지 등), 그리고 자위대 조직 등이 그러한 사업들이다. 그러한 사업들은 어려운 여건에서도 적지 않은 성과를 거두었다.46) 다른 한편, 양수명은 위의 향건사업을 추진함과 아울러 향건사업을 이론화하는 작업으로서 다음과 같은 저술들을 출간하였다 :《중국민족자구운동지최후각오(中國民族自救運動之最後覺悟)》, 北平 : 村治月刊社, 1932 ;《향촌건설논문집(鄕村建設論文集)》, 鄒平 : 鄕村書店, 1934 ;《양수명교육문록(梁漱溟敎育文錄)》, 鄒平 : 鄕村書店, 1935 ;《향촌건설대의(鄕村建設大意)》, 鄒平 : 鄕村書店, 1936 ;《향촌건설이론(鄕村建設理論)》, 鄒平 : 鄕村書店, 1937.

5. 항일전쟁 기간과 중공정권 아래서 벌인 활동

1) 항전과 민주운동에 투신

1937년 7월 7일 일본군은 이른바 노구교 사건을 빌미로 중국 본토에 대한 무력 침략을 개시하고 1개월 남짓 만에 전란을 화북 전역과 상해로까지 확대함으로써 전면적 중일전쟁을 일으켰다. 같은 해 12월 초 산동성도 일본군에게 유린되었다. 따라서 양수명의 산동 향건 실험도 중단하지 않을 수 없게 되었다.

그보다 앞서 8월 중순에 양수명은 국민정부의 위임을 받아 국방최고

646

회의참의회(참의회)(國防參議會) 의원이 되었으며, 남경에서 열린 국방
참의회에 참석함으로써 그의 8년에 걸친 항전구국활동의 첫발을 내디뎠
다. 항전기간에 양수명이 참의회 의원(뒤에 참의회는 참정회로 바뀜)으
로서 힘을 쏟은 활동은 크게 다음의 세 가지로 나눌 수 있다.

(1) 참의회 회의를 통한 전선시찰과 군민항전 독려 활동[47]

참의회(또는 참정회) 의원으로서 해야 할 활동은 말할 것도 없이 참의
회 회의에 참석하여 항전정책을 심의하고 항전력 향상을 위한 양책(良
策)을 제안하는 것이었다. 수많은 참의회 회의를 통해서 양수명은 항전
능력의 극대화와 정치의 민주화를 위한 많은 헌책을 제시하며 최선의
노력을 하였다. 그러나 지면 관계로 그의 활동을 모두 상술할 수는 없어
최초 회의에서 벌인 활동을 소개하는 것으로 대신하려 한다.

중일전쟁이 터진 뒤 1개월 남짓 만인 8월 17일 저녁에 제1차 국방참
의회가 열렸다. 거기에서 양수명은 전국 군민의 조직적 동원을 위한 기
구의 설치와 그에 따른 다음과 같은 세 가지 원칙을 제의하였다. (1) 전
국 군민이 모두 최고 통일적 군령(軍令) 아래서 움직이고 생활할 것, (2)
전 국민은 항전을 위해 각자가 가진 대로 모든 힘, 금전, 지식을 바칠
것, (3) 정치의 민주화와 정부와 사회의 일체화를 꾀할 것. 그의 이와 같
은 활동은 참정회 때에 이르기까지 정력적으로 계속되었다.

양수명은 장개석의 명을 받거나 자원하여 각 전선을 시찰하면서 전황
을 살피고 전선 후방의 농민들을 만나 그들의 고통을 위로하며 일치단
결과 항전정신을 고취하였다. 적 후방 공작방안의 제시와 농민징집제도
의 개선을 위해 노력하였다. 그는 상해·산동·하남·산서·섬서 등 여
러 전선을 시찰한바, 특히 화북과 화농 지역 전선 방문에 치중하였다.

그 가운데 특기할 만한 예의 하나는 당시 중공의 본거지인 섬감영변
구(陝甘寧邊區)의 수도 연안의 방문이었다. 양수명은 1938년 1월 초 서
안을 거쳐 연안으로 가 1월 5일부터 25일까지 약 3주 동안 머물면서 중

공 주석 모택동과 기타 중공 지도자들과 회담하고 중공군과 변구의 실태를 시찰하였다. 그의 연안 방문 목적은 일본군의 전면적 침략을 계기로 성립한 제2차 국공합작 뒤 중공의 변화를 가늠하려는 것이었다. 구체적으로는, 평소에 폭력혁명을 반대하는 가운데 일제 침략을 맞아 각 당파가 일치단결하여 항전할 필요성을 절감하고 있던 그는 중공의 대내투쟁 방기(放棄)의 진위와 그 정도 그리고 당파 간 협력 가능성을 알고자 했던 것이다.

연안 방문 뒤 그의 결론은 (1) 중공의 변화는 사실이긴 하나 본질적 변화는 아니라는 것과 (2) 그러나 국가통일 문제에는 아직 희망이 있는 것 같다는 것이었다. 그러한 판단은 다음과 같은 두 가지 점에 근거를 둔 것이었다. 즉, 연안에서 중공은 민중조직을 계급 중심에서 지주와 부농을 포함한 전 국민적인 것으로 바꾸었고, 민중운동도 대내투쟁이 아닌 구국을 구호로 하고 있으며, 삼민주의의 실현을 당시에 필요한 국민적 임무로 인정하고 있다는 점에서 변화하고 있어 다소 희망적이라는 것이었다. 그러나 사회문제를 계급적 시각이 깔린 투쟁수단으로 해결하려는 중공 시도부의 근본적 인식에 변함이 없으며, 삼민주의도 그들의 사회주의와 공산주의로 가는 과정으로 생각하고 있는 점에서 중공의 변화는 그리 깊은 것이 아니며 결국 대내투쟁으로 귀결될 것이라는 우려를 안고 있었다.

양수명에게 또 하나의 중요한 전선 방문지는 그가 심혈을 기울여 향건사업을 펴던 산동성이었다. 그는 이미 1938년 2월 초 산동성과 인접한 하남성 전선으로 가 3월 초까지 머물면서 산동성 안에 남아 있는 동료들과 연락 회복을 꾀하는 한편, 산동항적(抗敵)공작의 일환으로 〈산동향촌공작 동료들에게 고하는 글〉과 〈향촌공작인원을 위한 항전공작지침〉을 발표하였다. 거기서 그는 산동에 남아 있는 향건 동료들에게 일치단결하여 항전 구망(救亡)활동을 전개할 것과 특히 적극적으로 민중을 조직·동원하여 유격대와 정규군과 힘을 합쳐 일본군에 대한 작전에 나설 것을 촉구한 바 있다.

그는 1939년 3월 하순, 소노(蘇魯 : 강소와 산동 지역)유격 총사령 우학충(于學忠)의 주선과 신사군(新四軍) 사령 팽설풍(彭雪楓)의 도움으로 낮에는 숨고 밤에만 걸어서 4월 24일 산동성 적진 후방에 잠입하였다. 거기서 그는 많은 옛 친구들과 제자들을 만나 강연과 좌담회를 열어 그들의 항전의지를 독려하고 적의 동태를 살폈으며 적의 통치 아래 고통 받는 일반 백성의 삶을 목도하였다. 항상 농민들과 삶을 같이하던 그는 특히 일본군의 무차별적 파괴와 혹독한 통치 아래서 고생하는 농민들에 대하여 큰 연민의 마음을 억제하지 못하는 한편, 말할 수 없는 고통 속에서도 묵묵히 참고 견디는 그들의 정신에 깊은 감동을 받고 궁극적 항전필승의 앞날을 보았다고 말하고 있다. 그리고 성도(成都)로 돌아와 그는 산동성의 예를 들면서 적 후방의 정치공작 강화를 통한 민중의 항적(抗敵)역량 계발의 중요성을 주장하였다.

(2) 중립적 소수정파 연합을 통한 정치민주화 노력[48]

양수명은 국민당과 중공 양당 말고도 민주 정파들을 규합, 제3세력을 결성하여 양당 사이 긴장을 조정하고 충돌을 방지하며, 여러 정당들의 합의에 바탕을 둔 정치의 민주화를 꾀하려 노력하였다. 그것은 당시 당파 사이 문제가 항일전쟁의 효율적 수행에 큰 걸림돌이 되고 있었기 때문이다. 양수명은, 비록 적지 않은 당파들이 모두 항일통일전선을 펴는 데는 이견이 없었다 하더라도 구체적 방법에서는 처지가 달라 통일적 전쟁수행이 원활하지 못한 것으로 보았다. 특히 국민당은 '국가지상(至上), 민족지상', '군사제일, 승리제일', '의지집중, 역량집중'을 내세우면서 다른 당파들에게 국민당과 정부의 정책에 대한 종속적인 협력을 요구하였고, 그와 달리 중공은 국민정부의 주도권을 인정하면서도 항일통일전선에 바탕을 둔 당파의 상호 연합과 자당을 비롯한 각 당파의 독립성을 주장하였으며, 중간 소당파들은 헌정 실시 등을 주장하여 불협화음이 적지 않았다. 1939년 이후에는 국공(國共) 양당 사이에 불신이 커져 국민정부는 6월과 9월에 각각 이당활동제한판법(異黨活動制限辦法)과 이당문제처리방안(異黨問題處理方案)을 공포하여 중공을 비롯한 정부시책에 비판적인 당파를 탄압하였고, 정부군과 중공군 사이에 무력충돌이 자주 일어나다 마침내 1940년 1월에는 국공 양당의 최대 무력충돌인 이른바 '환남(晥南)사건'이 일어났다.

이러한 상황을 타개하고자 양수명은 국민참정회의 심균유(沈鈞儒, 구국회), 황염배(黃炎培, 중화직업교육사), 좌순생(左舜生, 청년사), 장란(張爛, 무당파) 등과 의논하여 1939년 11월 말 성도에서 중간 소당파의 연합체인 통일건국동지회(이하 統建會)를 결성하였다. 그 주요 목적은 중간 소당파들의 독립적 지위를 확보하고 통일적 항전정책을 제시하는 것, 그리고 국공 사이에 이견을 다스리고 무력충돌을 방지하는 것이었다. 그러나 의도와 달리 통건회는 참가한 소정파들의 실효성 없는 좌담회의장 정도에 지나지 못했다. 그리고 모처럼 그가 기초한, 당시 국공 쌍방의 군사충돌을 거중 조정하도록 참정회에서 제의한 통건회 건의안도 장개석에게서 '군령 군기 문제이시 당파 문제가 아니라'는 이유로 거부당했다. 게다가 5월부터 중경이 자주 일본군의 공습을 받아 대부분의 통건회 회원이 중경을 떠나자 통건회는 해산지경에 이르렀다.

사정이 이렇게 되자 양수명은 1941년에 들어 좌순생·황염배·장란·장군매(張君勱) 등과 의논하여 통건회보다 더 통일된, 강력하고 독립적인 제3당파의 견해와 주장을 낼 수 있는 새로운 '각 민주당파와 무당파 인사의 대연합체'를 만들기로 하였다. 그리하여 만들어진 것이 '중국민주정단동맹(中國民主政團同盟, 이하 民盟)'인데, 이 연합체는 1941년 3월 19일 중경에서 제1차 전체회의를 열어 간장(簡章)과 시국주장을 통과시키고, 황염배·장군매·좌순생·양수명·장백균을 상임위원으로, 황염배와과 좌순생을 각각 상임위원회 주석과 총서기로 선출하였으며, 다음날 제1차 상임위원회를 열어 민주동맹을 공식으로 출범시켰다.

650

또한 양수명에게는 민맹의 기관지로《광명보》를 홍콩에서 발간하는 일
이 위탁되었다.

양수명은 3월 말 홍콩으로 가서 아무 예산도 없는 어려움 속에서 민
맹의 몇 임원들이 출자한 자금, 동남아의 화교와 그의 친지인 미국에 있
는 어느 화교 부호의 성금, 그리고 중공주홍콩판사처(辦事處) 구국회 해
외조직의 도움을 받아 수개월 준비 끝에 1941년 9월 18일《광명보》의
정식 창간을 고할 수 있었다. 그리고 쌍십절(10월 10일)에 맞추어《광명
보》에 민맹성립선언과 10대 정치강령을 발표하였다.

민맹성립선언과 정치강령은 모두 양수명이 기초한 것을 새롭게 주석
이 된 장란(張瀾)을 비롯한 동맹 성원이 토의해 통과시킨 것인데, 민맹
의 정치적 지향을 나타낸 것으로 국내외에 적지 않은 반향을 일으켰다.
그 골자로는 항전에서 필승하기 위해서는 국민당을 앞세워 항전 초심으
로 돌아가 국방참의회를 조직하고, 모든 당파와 정파가 단결하고 의지
를 집중함으로써 대국을 만회할 것 등을 주장하고 있다. 또한 대다수 국
민들의 바람인 군대의 국가화, 정치의 민주화, 군대 내 당단(黨團) 조직
중지, 무력을 이용한 당쟁 반대, 당치(黨治) 종결, 법치 실현, 민주정신
실현, 인민의 생명과 재산 및 신체의 자유 보장, 사상과 학술의 자유 존
중, 집회 결사의 자유, 헌정 실시 이전 당파마다 국사협의기관 설치 등을
주장하였다. 그러한 내용은 또한 〈민주실현으로 항전역량을 강화하고
건국 기초를 수립하는 안건(實現民主以加强亢戰力量樹立建國基礎安)〉
에 반영되어 11월에 개최된 국민참정회 제2차 회의에 제출되었으나, 장
개석의 진노와 반대로 안건의 토론 자체가 허락되지 않아 무산되었다.
그리고 그 다음부터 민맹은 국민정부의 미움을 사 박해를 받게 되었다.

또한 홍콩에서 발행되던《광명보》의 생명과 양수명의 활동도 오래
가지 못했다. 1941년 말 태평양전쟁을 일으킨 일본군의 공격으로 12월
25일 홍콩이 점령되었기 때문이었다. 양수명은 1942년 1월 10일 몇 명의
동지들과 함께 홍콩을 탈출하여 마카오와 광주를 거쳐 2월 5일 광서성

계림에 도착했다. 그는 계림에 정착하여 1944년 10월까지 약 3년 동안 살았고 적지 않은 손님들이 다녀갔지만, 당시 그의 생활은 이재심(李齋心)·이임인(李任仁)·진소선(陳劭先)·진차생(陳此生) 등 적은 수의 친지들과만 지속적 교유관계를 가졌을 뿐 사실상 은거에 가까운 것이었다. 그리고 이 기간, 곧 1944년 9월 민주동맹정단(政團)은 '정단'이 빠진 중국민주동맹으로 이름을 고쳤다. 그렇게 한 것은 민맹 가입 자격을 정단에 한정하지 않고 개인에게도 열어두어 '민주운동'의 확대를 꾀하는 동시에 그들의 협의체를 장차 가맹 정파들의 주관적 타산에 좌우되지 않는 하나의 통일적 독립 정당으로 발전시킬 의도에서였다.

다른 한편, 계림 정착 기간 동안 양수명의 개인적 생활면에서도 하나의 중요한 변화가 일어났다. 그것은 그가 1934년 첫 부인 황(黃) 씨가 병사한 뒤 10년 동안의 독신생활을 접고 1943년 말 북경사범대학 출신으로 6세 연하인 진수분(陳樹芬)과 결혼을 한 것이었다. 이 결혼 후 양수명은 전과 달리 농담도 할 정도로 명랑한 성격으로 변하였다 한다. 그러나 그의 국공 양당 사이의 중립적 태도와 정치민주화에 대한 소신은 여전하여, 이 기간 그는 주은래가 소북(蘇北) 등 중공 관할 지역에서 향촌을 건설하거나 민맹의 거점을 설립할 수 있도록 돕겠다는 권고와 중경에서 국방최고위원회 안에 설치한 '헌정실시협진회'의 위원으로 참여해 달라는 장개석의 제의를 둘 다 거절하고 계림에서 은거생활을 계속했던 것이다.

2) 항전승리와 중화인민공화국 건국 후의 양수명

(1) 항전 승리와 국공내전 중재활동[49]

양수명은 1945년 8월 광서성 가현(賀縣) 팔보(八步)에서 일본의 항복 소식을 들었다. 그러나 항전승리 후 정국은 그가 기대한 국가 재건을 위한 평화와 통일과는 달리 분열과 쟁투의 위기상황이었다. 일본의 항복과 더불어 국민정부와 중공 사이에는 일본군과 위군(僞軍 : 남경괴뢰정부군)의 무장해제와 항복 접수, 그리고 그들이 점령했던 지역의 선점(先占)과 전후 군사적 주도권 장악을 둘러싸고 전투를 불사하는 첨예한 대립이 벌어져 내전의 위기에 휩싸이고 있었던 것이다. 그러한 가운데 장개석의 제의로 건국문제를 비롯한 정치·군사 분야 등 양당 사이의 현안을 해결하기 위하여 장개석·모택동 회담(중경회담 : 1945. 8. 29~10. 10)이 열렸다. 그런데 중경회담 직후에도 여전히 화북, 화중, 동북의 여러 곳에서 국·공 양군 사이에 무력 충돌이 계속되어 내전의 위기가 높아만 갔다. 그러자 미국은 마셜(George Marshall) 장군을 대통령 특사로 보내 국공문제의 재조정을 시도하여 1946년 1월 10일 국·공 양군 사이에 정전협정이 이루어지고, 양당 사이의 정치적 현안은 정전기간 동안에 정치협상회의(정협)를 열어 다루게 되었다.

정협(1946. 1. 10~31)은 국·공 대표 말고도 다른 정당과 무당 무파의 대표들까지 참여하게 되었으므로 양수명도 민맹 대표의 한 사람으로 여기에 참석하였다. 정협에서 그는 군사소조(小組)에 소속, 민맹 안으로 모든 현역군인의 당적 이탈, 상비군 수의 대량 감축, 상비군 정군(整軍)을 위한 군사삼인조(국민당 정부와 중공 정부, 미군사전문가 각 1인) 구성안을 제출하였다. 그리고 이 안은 회의 마지막 날 통과되어 정협의 최종 결산인 '정협오항결의'에 포함되었다. 당시 5항 결의 내용은 민맹 등 중간파의 참여에 힘입어 내전 중지와 정치민주화에 대한 전 국민의 여망을 잘 반영한 성공적인 것으로 높이 평가되었고 여러 도시에서 민주당파와 민중의 축하연과 환영행사가 개최되었다.50)

정협이 이렇게 끝나자 양수명은 현실정치에서 할 일은 일단락되었다고 생각하였고, 정협 폐막과 함께 〈8년 동안의 노력의 결과를 말한다(八年努力宣告結果)〉와 〈앞으로 내가 힘쓸 것의 소재(今後我致力之所在)〉라는 두 편의 글을 잇달아 발표하면서, 전부터 그가 생각한 대로 현실정치를 떠나 문화연구에 전념하겠다는 뜻을 대외적으로 공표하였다. 그리고 그가 일할 문화연구기구의 설립을 위해 성도, 북경, 곤명 등지를 방문하면서 동분서주하였다. 그러나 시국이 또다시 어려운 국면으로 변하고 있었다. 국민당 중앙회의에서 정협 결의 내용에 대한 불만이 커서 그 실현이 어렵게 된데다 동북에서 중공군이 장춘을 점령, 국·공 사이에 군사충돌이 다시 일어났기 때문이었다. 그러한 상황에서 양수명은 책임을 느껴 곤명에서 중경으로 되돌아갔고, 민맹이 도움을 원했던 데다가 그에게 비서장 직을 맡아 줄 것을 요구하여 5월 초 3개월을 기한으로 수락하였다. 그 뒤 양수명은 민맹 비서장의 신분으로 국·공 쌍방을 왕래하면서 쟁점을 해소하고 내전을 정지시키려 적극 노력하였다. 또한 8월에는 곤명에 가서 국민당 특무(特務)에게 7월 11일과 15일 잇달아 암살된 민맹 중앙위원 이공복(李公撲, 구국회 '칠군자'의 1인)과 서남(西南)연합대학 교수 문일다(聞一多) 사건을 상세히 조사하여 폭로하고 국민당 특무의 폐지를 요구하는 등 강력히 항의하였다.51) 이 이(李)와 문(聞) 사건을 계기로 그때까지 국·공 양당 사이에서 '등거리 외교'를 취하려 애써 오던 양수명은 점차 국민당에 대한 감정은 나빠지고 중공에 대한 호감은 커지게 되었다.

여하튼 그 뒤에도 국·공 사이의 평화회담을 위해 2개월 남짓 동안 힘을 다했으나 10월 말에 들어 조정 노력에 희망이 보이지 않고 국공내전을 피할 수 있는 방도가 없게 되자, 그는 11월 중순 민맹 비서장직을 사임하고 현실정치를 떠나 중경 북배(北陪)로 가서 전부터 계획하던 문화연구와 저술에 몰두하였다. 거기서 그는 1949년까지 면인(勉仁)문화학원[처음엔 면인국학전과(專科)학교, 1948년 8월에 개조]을 세워 문하생들을 양성하는 한편, 1942년부터 시작한 《중국문화요의》(이하《요의》라 함)의 저술 작업을 계속하여 1949년 6월에 완성, 11월에 성도 노명(路明)서점에서 출판하였다.

《요의》는 약 23만 자, 310 쪽 분량의 책으로 1920년대 초부터 1940년까지 양수명이 지은 여러 책(《동서 문화와 그 철학》,《중국민족 자구운

654

동의 최후 각오》,《향촌건설이론》 등)과 강연들에서 주장해 온 것을 체
계적으로 정리, 그의 전 사상을 종합적으로 펼친 저술이라는 점에서 중
요하다. 그것은 이 책의 자서(自序), 장들의 명칭, 그리고 그 내용이 분
명히 말해주고 있다.52)

우선 《요의》는 《동서 문화와 그 철학》의 기본 명제인 서양과 중국
문화를 서로 완전히 다른 특성의 문화로 보는 이분법적 인식을 그대로
되풀이하고 있다. 즉 서양문화는 인류문화 발전단계의 제1단계 발전방
향(路向)을 담당하는데, 인(人)의 물(物)에 대한 관계에 중점을 두어 이
지(理智)가 발달하고 종교(기독교)가 중요한 구실을 하며 집단생활과
개인주의에 바탕을 둔 법으로 인간관계를 규정하는 계급사회라면, 중국
문화는 제2단계 발전방향을 주도하며 주로 '주공교화(周孔敎化)'로 말미
암아 사람 대 사람의 관계에 치중하여 이성(합리성)과 윤리가 사회를 지
배하는 윤리 본위 사회를 이룬다. 그리고 가족관계가 중심이 되어 계급
이 아닌 직업분립을 특징으로 하기 때문에 역사적 발전 방향을 달리하
는 문화라는 것이다. 그러므로 중국문화는 인류문화 발달의 제1단계를
제대로 밟지 않은 '조숙문화'로서 중국사회는 서양사회와는 달리 정치·
사회·경제면에서 서양식의 총체적 혁명, 곧 근본적 사회변혁 없이 계
속 향촌사회로 남아 있으며, 아울러 과학, 민주제, 농업·상업·공업이
발달하지 못했다는 것이다. 또한 이성에 치우치고 이지가 부족한 결과
'유치(幼稚)', '노쇠', '비실제성', '미래에 대한 소극성', '애매모호성' 등 이
른바 중국문화의 5대 결점이 생겨남으로써 19세기 중반 민주주의와 과
학이 크게 발달한 서양 근대문화와 마주쳤을 때 중국은 패퇴할 수밖에
없었다는 것이다.

따라서 양수명의 결론은 크게 다음의 세 가지로 요약할 수 있다. (1)
20세기 중국의 문제는 근본적으로 정치가 아닌 문화의 문제라는 것, (2)
부강한 신중국 건설을 위해서는 중국문화가 서양문화와 본질적 특성과
방향이 다른 문화인 만큼 서양문화의 직수입은 마땅히 옳지 않으며, 중

국 온 민족이 크게 각성하여 '5대 결점'을 고치고 중국문화와 사회가 조숙한 탓에 소홀했던 과학과 민주주의를 도입하되 중국문화와 사회에 맞도록 발전시키는 것, (3) 그리고 그러한 과업에서 지식인의 구실과 책임이 크다는 것이다. 앞의 저술에 대해서도 그러했지만 양수명은 이 《요의》의 성격과 집필 동기에 대해서도 순수한 학구적 연구이기보다는 중국 현실에 실제로 적용하기 위한 것, 곧 중국이 당면한 엄중한 문제의 근원을 파헤쳐 그 해결에 활용하는 데 목적을 둔 것임을 천명하고 있다. 그는 《요의》자서에서 그의 학문과 사상이 '학문을 위한 학문'이 아니라고 거듭 말하고 있는 것이다.

(2) 중공정부 수립과 양수명

양수명은 그가 천명한 대로 1946년 10월 말 현실정치에서 물러나 1949년 10월 1일 중화인민공화국이 선포될 때까지 중경 북배에 설립된 면인문화학원에서 《요의》의 저술과 강의를 통해 젊은 인재를 교육하는 데에만 전념하였다. 이는 중국문화의 본질적 특성에 대하여 '바른 인식'을 갖춘 이라야 신숭국 건설에 힘을 나할 수 있다고 보았기 때문이다. 그동안 그가 주도해 만든 민맹이 국민정부가 '공비와 결탁하여 반란에 참가했다'는 구실로 불법단체로 선포하는 바람에 1948년 11월 해산하는 일을 당했고, 국민당과는 완전히 손을 씻게 되었다. 그러한 상황에서도 그는 국민당 정권이 낳은 정치파행과 국공내전의 심화를 보고 《관찰(觀察)》, 《대공보(大公報)》 등에 〈신용을 수립하여 힘써 협력을 구해야 한다(樹立信用, 力求合作)〉, 〈각 방면의 친구들에게 보내는 공개 편지(給各方朋友一封公開的信)〉, 〈과거 내전의 책임은 누구에 있는가?(過去內戰的責任在誰?)〉, 〈중국공산당에 경고함(警告中國共産黨)〉 등의 글을 실어 시국에 대한 자신의 생각을 발표했을 뿐 어떠한 행동도 하지 않았던 것이다. 그리고 국공내전에서 국부군이 패하여 대만으로 쫓겨갈 때 그는 본토에 남기로 결정하였다.

656

중공은 1949년 10월 1일 중화인민공화국의 성립을 선포하기 전에 중공을 포함하여 각 당파와 사회 저명인사, 소수민족, 화교, 종교 등 각계의 대표들로 인민정치협상회의(이하 政協)를 구성하고, 1949년 9월 21일 북경에서 제1차 전체회의를 개최하였다. 그것은 새 정부의 성격을 규정하고, 정부요인을 선출하며, 새 정부의 정통성을 보증하고, 인민의 폭넓은 지지기반을 마련하기 위한 것이었다. 당시 양수명의 정치·사회적 명성에 따라 중공은 그를 그의 동의 없이 정협 1차 대표에 포함시켰다. 뒤에 그러한 사실을 들은 양수명은 모택동과 주은래에게 편지를 보내 자신이 전에 국사에 대하여 발언은 하겠으나 행동은 안 하겠다는 공언을 하였기 때문에 정협에 참가할 수 없다고 하였다. 그렇게 한 것은 그가 비록 국민정부 쪽보다는 중공을 선택하였으나 사상적으로 아직 중공의 이념과 혁명방법에는 동의하지 않기 때문이었다.

그러나 그는 1950년 1월 1일 모택동과 주은래의 요청에 따라 중경을 떠나 오랜 그의 고향인 북경으로 이사를 하였다. 그는 또 3월 12일 모택동의 초청을 받아 그의 주거지, 중남해(中南海) 이년당(頤年堂)에서 만찬을 가졌다. 만찬에서 담화하다가 모택동은 양수명에게 중공정부에 참가할 의향을 물었으나, 양수명은 자신은 "밖에서 정부를 위해 일하는 것이 바로 정부에 참여해 일하는 것보다 효과가 더욱 클 것 같이 생각하며, 나의 소원은 중국문화연구소 또는 세계문화비교연구소를 만들어 학술 연구를 하는 것"53)이라는 말로 사양하였다. 그러자 모택동은 양수명에게 그가 전에 향촌건설운동을 하던 산동과 하남을 포함한 관내 여러 농촌과 동북지방의 해방구들을 참관하는 것은 어떻겠느냐고 권하였고, 양수명은 그런 제의를 기꺼이 받아들였다. 그리하여 양수명은 4월 초부터 9월 중순까지 약 5개월에 걸쳐 모택동의 배려로 해당 지방의 고위 당 책임자들의 극진한 안내를 받으면서 화북의 산동, 하남, 평원과 동북 6성의 시찰을 마치고 북경으로 돌아왔다.54) 북경으로 돌아온 뒤 그는 9월 23일 모택동과 함께한 만찬에서 화북과 동북지방 시찰 소감을 구두로 보고하였으며, 더욱 상세한 참관 감상을 글로 발표하겠다고 하였다. 1950년 10월 1일(중공 건국일)에 《진보일보(進步日報)》에 실린 〈국경절 한 편의 솔직한 실화(國慶節一篇老實話)〉가 바로 그 참관기였다.

이 글에서 양수명은 국경일을 맞아 그의 마음이 참으로 기쁘니, 그것은 지난 반 년에 걸쳐 그가 참관한 모든 곳에서 중국민족의 새로운 생명이 확실히 시작되었음을 몸소 깨달았기 때문이라고 하였다. 한마디로 과거 국민당 치하에서는 수많은 사람들이 거의 죽어가고 있었는데, 지금은 모두 살아나고 있음을 보았다는 것이다. 특히 노동자들은 스스로의 의지와 노력으로 기예(技藝)가 날로 발전하고 있고, 수천 년 동안 산만하기만 했던 농민들도 역시 잘 조직되고 있다는 구체적 예를 들면서, 중국 인민들이 그렇게 기사회생하게 된 공은 마땅히 중국공산당의 영도에 돌리지 않을 수 없다고 하였다. 그리고 그가 본 그러한 "적은 생기들이 전국으로 확대되어 광대한 모든 국면에서 신선한 기운으로 가득 찰 것이며, 장차 중국에 무한한 광명의 앞날이 열릴 것이 틀림없다"55)는 대단히 희망적인 말로 끝을 맺었다.

양수명은 이 참관기 발표로 그가 이전에 중공에 대해 가졌던 의심과 새 정권에 대한 우려를 말끔히 해소한 것이다. 그 뒤에도 양수명은 모택동의 호의로 이화원 안 석방(石舫) 부근의 아담한 집으로 이사하여 살게 되었고, 1951년 5월 상순부터 8월 말까지 4개월 동안 중앙정부가 사천성 합천현(合川縣)에서 시행하고 있는 '토지개혁' 사업을 참관하기도 하였다. 양수명이 참관 후 모택동에게 이 토지개혁사업에 관해 보고하는 동안 그가 특별히 당시 사천성의 서남군정위원회 부주석 겸 정치위원이었던 등소평을 사천성의 모든 문제를 잘 해결하고 있는 탁월한 인물로 평가하였고, 모택동도 등소평이 정치와 군사 면에서 모두 뛰어난 사람이라며 동의한 일화도 있다.56) 양수명과 이루어진 만남과 그에 대한 모택동의 배려는 1953년 9월(정협 전국위원회 확대회의에서 양수명의 발언에 대해 모택동이 격렬하게 비판한 사건) 이전까지 계속되어 그들은

658

1, 2개월에 한 번씩 만날 정도였다. 그리고 그동안 양수명은 자신의 이전 사상이 보여준 오류와 중공에 대한 인식 변화를 담은 글도 썼다. 《중국건설의 길-중국공산당을 논하고 나 자신을 검토함(中國建設之路-論中國共産黨幷檢討我自己)》과 〈2년 동안 나에게 어떤 변화들이 있었는가?(兩年來我有哪些轉變)〉가 그러한 글들이다.

《중국건설의 길》은 양수명이 1950년 10월부터 1951년 5월까지 집필한 미완의 저작물로 출판되지 못한 것이다.57) 그 머리말에 따르면, 이 저술은 원래 상, 중, 하의 3편으로 구성되어 있었다. 상편은 '건국대업에 의서 중공의 3대 공헌', 중편은 '건국의 길'에서 나타난 과거 자신과 중공의 사상과 활동에서 같은 점과 다른 점, 하편은 '건국 근본과 기술 면에서 중공에 대한 건의'를 기술했던 것 같다. 양수명은 머리말에서 이 책의 저술 동기를 밝히면서, 전술했다시피 그가 1950년 거의 반 년에 걸쳐 화북과 동북의 여러 지방을 참관한 탓에 중공 영도자들이 중국인민들을 영도하게 된 까닭에 대해 새로운 인식을 갖게 되었고, 또한 과거 자신의 인식문제의 부족함을 깨닫게 한 계기가 되었으며, 그러한 중공에 대한 자신의 새로운 인식과 아울러 자신에 대한 검토도 함께 피력하려 한다고 말한다.

그리고 현존하는 상편의 내용은 그 제목과 같이 주로 건국 과정에서 두드러진 중공의 3대 공헌을 논한 것이다. 다음이 그 3대 공헌이다. (1) 민국 초 이래 40여 년 동안 분열과 혼란을 거듭했던 중국에 전국 통일을 실현하여 국권 수립과 건국을 위한 중요한 기반을 제공한 것이며, 그러한 중공의 성공은 정확한 정책노선 때문이라는 것이다. 여기서 정확한 정책노선이란 당을 만들고(建黨), 무산계급을 중심으로 다른 계급도 포용하는 통일전선적 인민으로 당의 기반을 삼는다는 점을 천명하고, 그러한 당에 완전 복속하는 당군(黨軍)을 만들어 통일의 도구로 삼은 것을 말한다. (2) 인민들 가운데 단체생활을 실현하여 수천 년 동안 내버려 둔 중국 문화의 치명적 병폐인 산만함, 곧 조직의 결핍을 치유했다는 것이

다. 그러한 것은 중국혁명 승리를 보증했을 뿐만 아니라 장차 경제건설
에도 유력한 방법이 될 것이라 했다. (3) 중국인들의 '인심'이 나타나게
(透出)했다는 것이다. 여기서 '인심'이란 양수명이 《중국문화요의》에서
말한 '이성'과 관련된 특수한 의미의 것으로, 그 주요 요소로 '청명'(맑고
똑똑한 정신), 자각, 생명력 또는 활력[靈活性]을 지적했다. 그가 시찰한
각지 인민들의 생활과 일터에서 그는 구 중국 때와는 완전히 다른 자각,
자발적 주동성, 활력을 보았다는 것이다.

　요컨대, 위의 글은 중국 국토의 통일과 건국 과정에서 중공이 했던 공
헌을 공개적으로 인정하고 찬양함으로써 중공에 대한 양수명의 인식과
태도가 긍정적으로 바뀐 것을 보여주었다. 그러나 동시에 그는 중공의
공헌을 자신의 기존 이론으로 해석함으로써 아직도 자신의 기존 문화와
사상적 관점을 상당 부분 견지하고 있음도 드러내었다.

　〈2년 동안 나에게 어떠한 변화들이 있었는가?〉는 양수명이 1950년 1
월 중경에서 북경으로 이사한 뒤 2년 동안 화동, 화북, 동북 각 지방을
시찰하고 사천성 합천현의 토지개혁사업에 참가하면서 겪은 그의 사상
면의 변화를 1951년 10월 5일자 《광명일보(光明日報)》에 발표한 것이
다.58) 여기서 사상의 변화란 물론 그가 이전에 부정했던 중공의 이념과
투쟁방식에 대한 인식의 변화와 수용 여부에 관한 문제를 말한다. 즉,
중공의 건국 과정에서 나타난 여러 성과들을 보면서 양수명은 자기반성
을 통해 이전에 자신이 지녔던 많은 견해가 잘못되었고 중공이 옳았음
을 깨닫게 되었으며, 그의 중공에 대한 인식에 적지 않은 변화가 있었다
는 것이다.

　그러나 동시에 그는 변한 것뿐만 아니라 아직 변하지 않은 것도 있다
고 솔직함을 보이고 있다. 구체적으로 말하여 2년 동안 그가 변했다는
것은, 과거에 줄곧 반대해 왔던 계급적 관점에 따른 중국사회 해석과 계
급투쟁을 통한 중국문제 해결 방침에 대하여 중공혁명이 성공한 뒤 다
시 평가할 때 자신의 견해가 잘못되었다는 것이다. 그는 중공이 중국사

회를 계급적 관점에서 파악하고 중국문제의 해결을 계급투쟁 방식에서 찾은 것이 진리였다는 것은 눈앞의 사실들이 뒷받침한다고 말하고 있다. 또한 그는 중공의 유물론적 관점을 수용하고 중국혁명에서 무산계급 영도의 필수성을 인정하며, 더불어 중공의 군중운동 영도 방식에 대해서 가장 탄복(佩服)하고 있다고 쓰고 있다.

그러나 그는 중공이 유물사관의 역사발전 5단계설에 따라 진한(秦漢) 이래 2,000년을 거쳐 온 중국사회를 모두 봉건사회로 보는 견해에는 아직 동의하지 않고 있음을 분명히 말하고 있다. 다시 말해서, 양수명은 유물사관이 인류사회 발전사의 보편적 법칙을 말한 것이라면 사회발전사에는 예외가 가능한바, 중국사회가 발전해 온 길도 그러한 예외적이고 특수한 길이었으며, 중국사회에서는 서양과 달리 계급적 구별이 엄격하지 않았고 단지 윤리 본위와 직업의 나눔[分途]만이 있어 왔다고 하여 그의 원래 견해를 견지하고 있음을 숨기지 않았다. 당시 그의 사상이 겪고 있던 이러한 상황을 그는 "현재 (자기와 중공 사이에 놓인 사상과 인식의) 거리가 확실히 크게 단축되었으며, 또한 계속 단축되고 있다"고 표현하였다.59)

위의 두 글은 양수명 자신의 말에 따르면, 수십 년 동안 자기 견해와 행동에 소신이 강하여 다른 의견에 쉽게 동의하지 않던 그로서는 '기록을 타파한 것'이며 중공과 달랐던 그의 사상이 '시간이 부족하여' 전부는 아니나 상당 부분 바뀌었고, 또한 더 바뀌리라는 것을 공개적으로 고백한 것이었다. 그러나 위 글들이 발표된 뒤 양수명은 송운빈(宋雲彬)·장릉광(張凌光)·천가구(千家駒)·하사원(何思源) 등 적지 않은 사람들에게서 예상하지 못한 매우 부정적이며 공격적인 비판을 받았다.

같은 《광명일보》를 통해서 이루어진 그 비판들은 처음엔 양수명의 과거 견해를 전반적으로 부정하면서 "자고자대(自高自大)하다", "학습의 정신이 결핍되어 있다", "유물론적인 성분이 조금도 없다"는 등 그의 글 내용에 대한 비판으로 시작되었다. 그러나 시일이 지남에 따라 비판들은 "양은 근본적으로 비인민적 입장이다" 그는 "제3자적 태도로 중국 문제를 논술하고 있다", "중국인민혁명과 신인민민주정권의 본질을 심각하게 왜곡하고 있다", 그리고 "일류 학자로서 그가 지닌 명성 때문에 일부 중국 청년들이 사상적으로 오염될 수도 있다"는 등 점차 양수명에 대한 정치적 비판과 사상 청산의 성격으로 옮아갔다.60)

그러한 비판에 대해서 양수명은 〈가르침을 주신 여러 선생들께 삼가 드리는 답〉61)이라는 글에서 비판자들의 주장을 일일이 거론하면서, 그들의 비판은 사실을 빠뜨리거나 추측에 기대어 자신들의 입맛대로 쓰어 있어 대부분 문제 자체를 비판하지 않고 있으며, 무엇보다도 자신의 저서들을 읽지도 않았거나 읽었어도 그 근본 내용을 오해한 데서 나온 것 같다고 지적하였다. 그리고 자신은 원래 '필전(筆戰)'을 원하지 않으며, 굳이 비평을 하고 싶으면 면담이 제일 좋겠다는 제의로 되받았다.

그러한 일이 있었음에도 그 뒤 2년 동안 양수명은 큰 탈 없이 지낼 수 있었다. 그 까닭은 주은래와 모택동이 그를 여전한 우의로 대했기 때문이었다. 주은래는 양수명이 각지를 시찰하고 돌아왔을 때마다 그에게 확실한 진보가 있다고 공개적으로 말했었고, 모택동도 양수명과 만남을 이어갔던 것이다.

그러나 1953년 9월에 들어 양수명은 뜻밖의 큰 위난에 부딪치게 된다. 그것은 1953년 9월 북경에서 열린 전국정협 제19차 상임위원회 확대회의(9월 8~18일)에서 양수명의 발언에 대해 모택동이 크게 진노하여 그를 반동분자로 비판하고, 양수명은 그의 비판에 대해 정면으로 승복하지 않은 사건이 일어났기 때문이었다(양수명은 1951년 10월 전국정협 위원에 선출되었다). 그때 정협 상임위 확대회의는 모택동이 '당의 과도기적 총노선과 총임무'로서 제시한 '상당 기간 안에 기본적으로 국가공업화를 실현하고, 농업, 수공업, 자본주의 상업을 사회주의 방법으로 개조'하는 문제를 토의하기 위해 소집된 것이었다. 대회 4일째(9월 11일) 분조 토론회의에서 양수명은 위에 말한 당의 총노선 정책 방향에 대해 기본적으로 찬성의 뜻을 밝히고, 농업과 농촌 정책에서도 더 많은 배려가 필요하다는 취지에서 자기가 농촌을 시찰하며 보고들은 것을 바탕으로 다음과 같은 요지의 발언을 하였다.

"과거 30여 년의 혁명기간 동안 중공은 농민들을 기반으로 삼았고, 향촌을 근거지로 혁명을 성공으로 이끌었다. 그러나 혁명이 성공하여 당이 큰 도시로 들어선 뒤에는 공작 중심이 도시로 옮겨가고, 향촌은 공허하게 되었다. 특별히 최근 수년 동안 도시 노동자들의 생활수준 향상은 매우 빠른 것과 달리 향촌 농민들의 생활은 여전히 매우 어렵다. 따라서 각지의 많은 농민들이 도시로 가고, 도시들은 그들을 수용할 수 없어 쫓겨 오는 형편이다. 그래서 '지금 노동자들의 생활은 구천(九天)에 있고, 농민들의 생활은 구지(九地)에 있다'는 말도 있다. 우리의 건국운동이 만일 중국인민의 대다수인 농민을 소홀히 대한다면 옳은 것은 아닌 것 같다. 사람들이 '당이 도시로 가더니 그들을 버렸다'는 말을 할 수도 있는데, 이 문제는 정부가 중시했으면 한다."

이러한 양수명의 발언을 들은 모택동은 격노하여 그를 '총노선에 동의하지 않는 자', '미국인을 돕는 자'라고 비판하였고, 그러한 말에 양수명은 오해라며 자신의 말에 대하여 해명의 기회를 요구하는 등 모의 비판에 쉽사리 승복하지 않은 일이 벌어졌다. 그러자 모택동은 양수명을 가리켜 '반동분자', '거짓 군자', '사기꾼[欺騙人]', 심지어 '펜을 든 살인자'라는 극언까지 하면서 비난하였다.62) 그 뒤 이 사건은 1955년 1월 당 중앙이 주도한 우파 지식분자의 자본계급 유심주의 사상 비판운동에서 양수명을 호적과 함께 주된 비판의 대상으로 삼는 계기가 되었고, 양수명 자신뿐만 아니라 그의 사상 전반이 당 차원에서 수많은 비판을 받게 되었다. 이는 본격적인 양수명 사상 청산운동으로 그는 많은 사람들에게 '지주계급의 대변인', '매판적 학자', '중국인민을 압제하는 제국주의자의 조수', '극단적 이상주의자', '극심한 반동분자', '반인민·반공주의자' 등으로 매도되었다.63)

이러한 '비양운동(批梁運動)'이 벌어졌지만 중공은 양수명을 정협에서 제명하지 않았고 월급도 계속 지급하였다. 그러나 양수명은 매우 억울한 심정이 들었지만, 다른 한편으로는 자신의 완고함을 자책하면서 크게 낙담하였다. 그러한 것은 자기 나름대로는 중공을 애호하고 새 정부의 건국방책을 돕는다는 의도에서 가식 없는 충언으로 소신에 따라 건의한 것이었는데, 그때까지 우호적이었던 최고 영수 모택동의 정책을 반대하는 것으로 오해받고, 또한 누구에게나 쉽사리 소신을 굽히지 않는 완강한 성격으로 말미암아 결과적으로 모택동과 중공 당원, 정협 위원 등 많은 사람들에게서 갖은 비난과 매도를 당하고 자신의 모든 것이 비판되고 부정되는 지경에 놓였기 때문이었다. 그 뒤 그는 여러 번 모택동의 오해를 풀고 사과의 뜻을 전하려 했으나 받아들여지지 않았다.

그 뒤에 1980년 개혁개방으로 정치·사회적 환경이 완전히 달라지기까지 27년 동안 양수명은 정협의 사상비판 회의에 몇 번 참석한 것 말고는 정치와 학술·사상계와 관계를 끊고, 자신의 소리를 내지 않고 지냈다. 1957년 중공의 정풍운동이 내건 '백화제방 백가쟁명(百花齊放 百家爭鳴)' 정책을 잘못 알고, 양수명의 친지를 포함한 많은 민주당파의 인사들과 지식인들이 중공을 비판하다가 뒤이은 반우파투쟁에서 '부르주아 우파반동분자'로 낙인 찍혀 수난을 받았을 때와, 1959년 대약진운동의 실패로 나라가 심각한 경제위기와 사회혼란에 놓였을 때도 양수명은 서재에 들어앉아 자신의 학문에만 힘썼을 뿐, 한 마디의 발언도 하지 않았다. 그러한 국외자의 자세를 취했기 때문에 그는 무사하게 지낼 수 있었다.

(3) 문화대혁명 시기의 양수명

그러나 1966년에 문화대혁명(文革)이 시작되자 그도 많은 지식인들처럼 홍위병들이 일으킨 재난을 피할 수는 없었다. 그해 8월 홍위병들은 양수명의 집에 들이닥쳐 세간을 부수고, 선대로부터 내려온 명·청 명

664

가들의 서(書)·화(畵), 그가 사귀었던 많은 학자들이 보낸 온 편지[手刹], 그리고 수많은 귀중한 장서들을 훼손하고 불태웠다. 게다가 홍위병들은 그의 집을 빼앗아 그들의 사령부로 삼고, 양수명의 부부는 근처의 조그만 집으로 이사하게 하였으며, 날마다 화장실 청소를 하며 자기반성을 하도록 명령하였다. 그리고 9월부터는 월급도 깎아 최저 생활비만 지급하였으며, 고령의 그를 길거리 비판투쟁에 끌고 다니면서 모욕을 주었다.

그러한 고통스럽고 고단한 환경에서도 양수명은 날마다 새벽 3시에 일어나 낡고 깨진 책상에 앉아 1966년에 시작하여 1만여 자를 쓰고 중단했던 《유·불교의 다르고 같은 점을 논함(論儒佛之異同)》이라는 저술을 20여 일 만에 5만여 자로 완성하였다. 이 작업은 참고자료와 전에 썼던 원고들이 모두 불타 없어진 가운데 기억을 되살려 다시 시작한 것이었으며, 얼마 뒤 또한 《동방학술개관(東方學術概觀)》을 지어 앞의 책의 미진한 부분을 보충하는 노익장을 보였다. 여하튼 매우 어려운 생활 조건이긴 하였으나 양수명은 계속 집에 머물면서 날마다 공원에서 태극권과 산보로 건강을 다졌고, 또한 독서, 연구 자료와 신문 보기, 그리고 이전부터 구상해 오던 새로운 저술인 《인심과 인생(人心與人生)》의 집필을 시작하는 등 규칙적이고 나름대로 바쁜 생활 속에 별 탈 없이 세월을 보냈다.

그런데 1973년 9월, 임표(林彪)와 그를 따르는 무리들이 모택동을 모해하고 탈권을 시도하다 실패했다는 이른바 '9·13사건'이 일어났다. 그리고 그것이 계기가 되어 당 중앙의 결정으로 1974년 1월부터 전국적으로 '비림비공운동(批林批孔運動)'이 일어나면서 사정은 달라졌다. 강청(江靑)이 제1차 비림비공대회에서 양수명을 비판하는 말을 함으로써 그에게 다시 세인들의 눈길이 쏠리게 된 것이다. 비림비공운동이 진행되면서 탈권을 시도했다는 임표를 비판하는 것은 몰라도 임표의 죄악을 공자에까지 확대하여 공자도 함께 비판하는 것에 대해서는 중국문화의

특성을 유학으로 풀어온 양수명으로서
는 동의할 수 없는 것이었다. 그러나
그동안 숱한 정치적 비판운동에서 개
인의 다른 의견이 얼마나 하잘것없는
것인가를 실제로 경험한 그는 침묵한
채 운동의 추이만 지켜보고 있었다.

그러나 그가 참석한 정협 소조(小組)
학습회에서 공자 평가에 대한 그의 의
견이 논란이 되어 발표를 요구받게 되
자 양수명은 2월 22일과 25일 〈오늘날
우리는 공자를 어떻게 평가해야 하는
가〉라는 제목으로 5시간에 걸쳐 발언

양수명(1985년. 북경)

하였다. 당시 그가 말한 것은 중국사회발전사에 관한 것으로 그 요점은
이전부터 그가 주장했던 두 가지였다. (1) 중국 고대는 노예생산제 사회
단계를 거치지 않았다는 점, (2) 중국사회의 역사발전은 마르크스가 말
한 아시아 사회 생산방식에 속한다는 것이었다. 양수명의 이러한 발언
은 소조 안팎에서 거센 비판과 공격을 불러일으켰고, 그에 대한 비판은
3월부터 9월까지 계속되었다. 그렇게 그에 대한 비판투쟁이 계속되는
동안 양수명은 자신의 답변이 받아들여지지 않을 것이 뻔하였기 때문에
어떠한 답변도 하지 않고 듣기만 하였다. 그러한 양수명의 태도는 당국
과 회중(會中)을 더욱 화나게 하였으며 마침내 5개 소조의 연석회의에
서 3일 동안 그에 대해 집중 비판이 벌어졌다. 그리고 마지막 날인 9월
23일 회의 주재자가 양수명에게 비판회에 대한 감상을 물었을 때, 그가
"삼군의 장수를 빼앗을 수는 있으나 필부라도 그 의지는 빼앗을 수는 없
는 것이다(三軍可奪帥也, 匹夫不可奪志)"라는 한 마디로 자신의 흔들리
지 않는 의지를 표현한 것은 유명하다.[64]

그 뒤 양수명은 그동안 자신이 못 다한 말을 1974년 11월 8일, 앞서

언급한 〈오늘날 우리는 공자를 어떻게 평가해야 하는가〉라는 제목으로 장문(3만여 자)의 논문을 완성하여 발표함으로써 대신하였다. 이 논문은 10개의 소절로 나누어 공자에 대한 평가와 함께 중국과 서양문화의 평가까지 상세히 다루었다. 비림비공과 관련하여 공자에 대한 그의 견해만 간략히 요약한다면 다음과 같다.

(1) 공자 이전 수천 년의 중국문화는 공자에 힘입어 전해졌고, 공자 후 2,500년 이래 문화도 공자에 의지하여 열렸다. 2,500년 이래로 중국문화가 서양에서와 달리 비종교적인 정리(情理)와 이성이 풍부한 문화로 일관되게 내려온 것은 그 발단이 공자가 창립한 유교에 근거를 두었기 때문이다.

중국문화에 끼친 유교의 영향에는 긍정과 부정의 양면이 있다. 긍정적인 면에서 유교는 하나의 인생 실천의 학문으로 본질상 그 도덕의 참뜻을 자각 자율에 둔다는 것이다. 또한 그 이성주의로 말미암아 중국문화는 종교적 미신이나 외래 종교의 위협을 막을 수 있었고, 정리를 좋아하는 민풍(民風)을 기른 탓에 한민족과 기타 소수민족의 교왕(交往)과 융합에 유리하였다. 그 결과 민족단위의 확대가 촉진되었고 그 역사도 장구하게 되어 중국은 오늘날과 같은 세계 유일의 연속적 고(古)문명국이 된 것이다.

2) 부정적인 면은 이성주의에 집착한 나머지 사회·경제면에서 물질생산력 침체하고 내지(內地) 농촌이 자연경제 상황에 머물러 있게 된 것이다. 그리고 국가·정치 면에서 천하관념으로 국가관념을 대체함으로써 내치에서 평안한 것[相安]에만 치중한데다 대외적으로 방수(防守)를 소홀히 하여 외침을 받았으며, 문화 면에서 이성이 조숙하여 서양에서처럼 민주주의와 과학이 발달하지 못한 점이다.

위와 같은 긍정적, 부정적 영향을 모두 고려할 때, 공자를 평가하는 문제에서 전면적 부정이나 전면적 긍정은 모두 옳지 않으며, 따라서 양수명은 당시 비림비공운동에서 전개된 공자에 대한 일방적 전면 비판에는 동의할 수 없다는 것이다.

3) 당시 공자에 대한 비판자들은 공자와 맹자가 제창한 처세지도(處世之道)가 피통치계급을 압박하는 통치계급의 도구로 사용되었다고 공격하는데, 그것은 공맹 학문의 근본을 잘 모르기 때문이라는 것이다. 즉, 공맹 학문의 근본은 학문에 있는 것으로서, 공맹은 입신(立身)처세에서 심사(心思)와 기력(氣力)을 자신에게 쓰는 것이지 밖을 향하거나 타인에게 사용하는 것이 아니라고 주장한다는 것이다. 여기서 마음과 노력을 자신에게 쓴다는 것은 곧 수신(修身)·수기(修己)를 말하는 것이며, 수신·수기의 뜻은 정신을 자기 신상에 수렴하여 유가 학문의 목표인 혼자 있을 때에도 마음가짐을 바로 할 수 있는 '신독(愼獨)'에 이르는 것이며, 세상에서 사람을 대할 때에도 자신을 반성하는 것이 목적이라는 것이다.

따라서 공맹의 도는 일반 계급사회에서 통치계급이 힘을 밖을 향해 사용하여 피통치계급을 압박하고 착취하는 것과는 다른 것이며, 공맹을 '복벽(復辟)', '반동', '도퇴(뒤로 되돌아 감)'의 대표로 지목하거나 배척하는 것은 교조적 마르크스주의관에 바탕을 둔 잘못된 것으로 진정한 마르크스주의를 이탈한 것이라는 논리이다. 또한 임표의 '복벽' 기도에 대해서는 역사가 공정한 평가를 하겠지만, 임표의 행위와 공자의 하나로 보아 비판하는 것은 양수명 자신으로서는 동의할 수 없다는 말이다.65)

1976년에 들어 건국 원로인 주은래, 주덕과 최고 권력자이며 문화혁명을 시작한 모택동이 차례로 사망함으로써 이른바 모택동 시대가 끝났다. 그리고 10월 중순에는 가장 발호가 심했고 모의 사후탈권까지 시도했던 강청 등 4인방이 타도되어 오늘날 '10년 동란'으로 불리는 문화혁명도 마침표를 찍게 되었다. 중공은 문화혁명의 후유증을 정리하고 새 출발을 하기 위해 1978년 11월 10일부터 12월 15일까지 북경에서 중앙공작회의를 열었다. 이 회의에서 등소평은 장차 온 당의 공작중점을 계급투쟁에서 사회주의 현대화 건설로 바꾸는 문제에 관한 토의를 제안하였으며, 폐막식에서는 〈사상해방, 실사구시(實事求是), 일치단결 향전간 (向前看 : 앞을 내다볼 것)〉의 제목으로 강연을 하였다. 이 연설 내용은 곧이어 열린 중공 제11차 3중전회(12월 18~22일)에서 사실상 지도사상 으로 제출되어 당의 기본노선으로 확정되었다. 이 3중전회는 오늘날 '위 대한 전환점'이라고 불리는바, 이 회의 결정은 주로 등소평의 의견이 반 영된 것으로 그 뒤 당의 체제개혁, 대외개방, 대내경제의 활성화를 포함 한 새로운 정책이 펼쳐지게 했고 1980년대 개혁·개방의 시대로 나아가 는 토대가 된 것이었다.66)

위와 같은 정치적 변혁과 새로운 정치노선에 따라 문화혁명 시기에 양수명이 받던 수난도 끝났다. 정협에서 그의 지위도 평위원에서 상무 위원으로 올라갔고, 아울러 제5차 전국인민대표대회 헌법개수위원회 위 원으로도 선임되었다. 또한 지위 향상에 따라 양수명에 대한 대우도 달 라져 주택도 새로운 곳으로 옮겼고, 전과 달리 훨씬 좋은 환경에서 말년 을 지낼 수 있게 되었다. 학술계에도 당시 개혁·개방 시책의 영향으로 각종 문화연구단체가 생겨났으며, 양수명의 중국문화와 중서(中西)문화 비교연구 업적에 대한 관심도 자못 높아졌다. 90여 세의 고령임에도 양 수명은 당시 가장 유력한 학술단체의 하나인 중국문화서원의 원무(院 務)위원회 주석으로 초빙되었으며, 여러 번에 걸쳐 국내외 중국문화 연 구자들에게 유학과 불교, 그리고 동서 문화와 그 철학에 관한 강의를 하 였다. 출판사들도 그의 저작물들을 앞 다투어 출판하거나 재판하는 등 1980년대는 적지 않은 '양수명 열풍'이 일어나기도 하였다.

양수명은 다행히 길지 않은 기간이나마 그러한 때늦은 명예회복과 더 불어 유쾌하고 만족한 생활을 누리다가 1988년 6월 23일 95세의 나이로 긴 인생 여정을 마쳤다.67)

4. 맺는 말 ─ 학자·사상가로서 양수명에 대한 평가

19세기 말부터 1980년대 말까지 양수명이 살았던 시기는 나라 안팎으로 중국사에서 유례가 드문 격동기였다. 장구한 중국역사의 한 부분으로는 매우 짧은 100년도 못 되는 이 기간에 경천동지할 수많은 역사적 사건들이 집중되어 일어났기 때문이다. 신해혁명, 국민혁명, 중공혁명으로 정권을 세 번 뒤바꾼 정치혁명, 그와 더불어 모두 15년에 걸쳐 일어난 두 번의 격렬한 전국적 내전, 새로운 시대를 향한 사회·사상적 변혁운동으로 나타난 두 번의 큰 문화혁명(5·4운동, 문화대혁명), 그리고 국토의 반 이상을 점령당한 채 8년 동안 겪었던 외침(중일전쟁) 등이 그러한 사건들이다.

그러한 역사적 격동기를 살아간 양수명의 생애도 청년기부터 생을 마칠 때까지 남다른 의식, 신념, 지조, 사명감의 투철함에 힘입어 각 시기마다 학자와 사상가, 농촌사회개혁가, 항일투사, 제3 민주정파 민주동맹의 유력한 창건자 등 다양한 경력과 활동으로 채워진 파란만장한 것이었다. 그러한 삶을 살았던 양수명에 대한 역사적 평가는 어떠한 것일까? 이 물음에 대하여 양수명이 죽은 뒤 사회 각계에서 평가한 바를 정리하여 답하되, 그가 기본적으로 학자이며 사상가인 만큼 학문과 사상에 대한 평가와 한 인간으로서 지닌 인품에 대한 평가로 나누어 기술하려 한다.

1) 학자, 사상가로서 양수명에 대한 평가

오늘날 대부분의 평자들은 양수명을 "5·4기 신문화운동 이래 중국의 가장 저명한 문화보수주의자이며, 현대 신유학의 개창자"[68]로 부르고 있다.

(1) 문화보수주의자

많은 평자들이 양수명을 문화보수주의자로 보는 것은 그가 진독수, 호적 등 이른바 '서화파(西化派)'라 불리는 신문화운동가들에 맞서《동서 문화와 그 철학》을 비롯한 여러 저술을 통하여, 민족문화유형설(類型說)에 바탕을 둔 새로운 3대 문화(서양, 중국, 인도) 모식(模式)이론을 내세우며 유교 중심의 중국 전통문화의 가치를 방어했기 때문이었다.

신문화운동가들은 20세기 국제사회에서 중국의 생존과 부흥을 위한 방편으로 중국 전통문화에 대한 전면적 부정과 근대 서양 문물의 전면적 도입, 즉 중국사회의 전반적 서양화[全盤西化]를 주창하고 있었다. 그러나 그의 중국 전통문화 방어는 청 말 민국 초 국수주의자들과 같이 중국 전통문화에 안주하거나 회귀하려는 수구적 주장이 아니었다. 양수명은 자신이 '비수구지인(非守舊之人)'이라고 여러 번 강조했고, "이전의 치도(治道)로 돌아가는 것은 절대로 안 된다"고 선언하여 전통문화로 회귀하는 것을 분명히 반대했다.69)

그는 중국 전통문화의 전부를 무조건 옹호하지도 않았다. 그는 서화파가 지적하는 근대에 부적합한 중국 전통문화(고유문화)의 결점들, 곧 예교(禮敎)의 형식화, 전제정치와 이를 수단으로 한 사회계층 간 압제, 그리고 근대 서양에서와 같은 개인의 자유와 민주정치의 성장과 과학과 기술의 발전을 발전시키지 못하고 제약한 점 등을 인정하였다. 그렇지만 그는 그러한 중국 전통문화의 결점들은 중국 민족문화의 유형이 지닌 발전 도정과 특성이 서양과 다른 데서 연유한 것으로, 병의 증상에 비유하면 근본적 문제가 아닌 '부족지증(不足之症)'일 뿐이어서 모자라는 것을 보충하고 지나친 것은 고치면 치유되는 문제로 보았다. 따라서 결점들이 있다고 역사와 민족문화의 산물인 중국고유문화를 버리고 서양문화로 전부 바꿔야 한다는 서화파의 주장은 부분적인 증상들이 있다고 해서 병자 자신을 버리는 것과 같은 오류라고 비판하였다.70) 양수명이 제출한 중국민족 부흥의 방도는 중국 고유문화의 특성과 장점, 특히 중국 고유정신의 바탕 위에서 근대사회에서 필요한 민주정신, 단체조직, 과학과 기술 등 구미사회의 장점들을 흡수하고 조화를 이룩하여 가장 진보한 문명사회를 창출한다는 것이었다.[71]

(2) 현대 신유학의 개창자

양수명을 현대 신유학의 개척자라고 한 것은, 1920~1950년대 그를 비롯하여 장군매(張君勱)·웅십력(雄十力)·풍우란(馮友蘭)·하린(賀麟)·모종삼(牟宗三) 등이 이른바 현대 신유학파란 하나의 학파를 형성한바, 양수명이 1920년대 초부터 제창한 이론들과 평생의 실천이 그 학파 성원들이 가진 공통의 사상적 특징들을 모두 갖추었다고 보기 때문이다.

현대 신유학가들의 사상이 지닌 공통적 특징은 간략히 다음과 같이 정리할 수 있다. (1) 유가문화를 중국문화의 정통 또는 대표적 문화로 보았다. 특히 송명신유학의 정신을 계승하며 유가적 도덕과 이상을 인류 최고의 보편적 문화가치로 간주하였다. 공맹(공자와 맹자), 정주(정명도, 정이천, 주희), 육왕(육상산, 왕양명)의 도통을 계승·발전시키고, 유가적 도덕과 이상을 다시 일으켜 태평시대를 열겠다는 강렬한 사명감을 갖고 있었다. (2) 중국의 역사문화를 하나의 살아 있는 생명체로 보고, '애정'과 '경외심'을 가지고 대해야 한다고 믿었다. 그 연구방법으로 서양의 과학적 분석방법을 반대하고 전통적 직각(直覺)의 방법을 지지하였다. 냉정한 객관적 연구를 추구하는 과학주의 분석방법은 정신과 인생태도를 기본으로 삼는 문화생명체인 중국 역사문화의 진수, 곧 정신과 도덕적 의의를 파악할 수 없고 오히려 파괴할 뿐이라고 믿었기 때문이었다. (3) 서양의 과학 발전을 반대하지는 않았으며, 서양의 과학을 이용하여 중국유가문화 본위의 새로운 민족문화를 중건할 것을 주장하였다.[72] 또한 양수명은 1930~1940년대 현대 신유학가의 대표적 인물인 웅십력과 마일부(馬一浮)와 함께 '유가삼성(儒家三聖)'이라고 불렸으며,

그들 3인은 학술상 견해가 기본적으로 일치했을 뿐만 아니라 사적인 관계도 매우 돈독했던 것이다.

(3) 현대 신유학가로서 지닌 이색적 특징

양수명에게는 나머지 현대 신유학가와 다른 그만의 특징도 있었다. 첫째 특징은 그의 학문은 순수학문이 아닌 현실문제를 해결하기 위한 실용적, 실천적 학문이었다는 점이다. 그러한 것은 "학문을 하여 실제에 이용한다"(學以致用)는 부친의 학문관의 영향이 컸다. 양수명은 청년기부터 노년에 이르기까지 일관되게 스스로 설정한 평생과제, 곧 인생문제와 중국문제의 해결을 위한 학문연구와 그 연구 결과의 실천에 힘썼다. 그 두 과제 가운데 특히 중국문제가 그가 추구한 핵심 문제였다.

1920년대 후반, 그의 나이 30대 중반 이후부터 양수명의 생애는 그 중국문제의 근본적 해법을 위한 학문적 모색과 활동이 중심을 차지했다. 산동 조주중학 시판(試辦)에서 비롯하여 하남, 산동에서 벌인 촌치와 향촌건설운동, 항일전쟁 때 국방참의원과 국민참정원으로서 항일 전력강화와 민주적 건국을 위하여 활동한 일, 항전승리 후 국공내전의 중지 호소와 화의를 위하여 기울인 노력 등은 모두 그의 사상의 구체적 실천이었다. 그 자신이 "나는 학문을 위한 학문은 하지 않는다"고 말하였으며, 자기는 학자라기보다 '사상가'나 '실천가', 그리고 '사상가인 동시에 사회개조운동가'로 불리기를 가장 희망한다고 말하였다. 대만학자 위정통(韋政通)도 다른 현대 신유학자들과 구별되는 양수명의 특징을 "그는 행동하는 인물로 행동하기 위해 사고했다. 지식보다 행동을 중히 여기는 점에서 그는 당대 신유학가 가운데 본래의 유가정신에 가장 상응하는 인물"이라고 평가하였다.73) 미국의 알리토가 양수명의 전기를 집필하면서 책 이름의 부제를 '최후의 유가(The Last Confucian)'라 붙인 것도 위정통과 같이 양수명의 학문과 생애를 유가적 수양과 이상의 실현을 위한 것으로 보았기 때문이었다.

둘째 특징은 양수명은 내심과 생활방식에서 불교적 요소를 유지하고 있었다는 점이다. 그러한 점은 그의 사상적 발전 역정이 다른 현대 신유학자들과 다른 데서 온 특징이다. 양수명은 부친의 자살사건을 계기로 20대 중반 불교에서 유교로 돌아왔다. 그 뒤 중서문화에 대한 인식이나 인생문제와 중국문제에 대한 사상에서 모두 철저한 유학의 색채를 띠었다. 그러나 그의 개인적 심정과 삶의 방식에는 유교로 전환하기 전의 불교적 요소가 많았다. 양수명을 가까이 모시던 제자 호응한(胡應漢)은 그의 매일 생활 모습을 다음과 같이 썼다. "일생 머리카락을 기르지 않았다. 매일 새벽에 일어나 불을 켜고 책을 보기를 더우나 추우나 한결 같이 했다. 고생과 노동을 마다하지 않았으며, 기호는 모두 끊었고, 식과 색에 모두 욕심이 없고 깨끗하였다. 생활이 간소하여 계율을 지키는 승려와 한가지였다."74)

1930년대 초 산동향촌건설연구원을 방문한 이래 양수명을 흠모해 온 원홍수(袁鴻壽)도 알리토가 지은 양수명의 전기 부제에서 그를 '중국 최후의 유가'라고 한 것은 잘못된 것이라고 하면서, 양수명의 생활은 '가사(袈裟)를 입지 않은 화상(和尚)'과 같았다고 하였다. 양수명의 평생이 불교의 육바라밀(六波羅蜜), 곧 열반의 피안에 이르기 위한 보살의 6가지 수행과 6도 5계(六度五戒)에 완전히 합치하는 것이었기 때문이라는 것이다. 원홍수는 구체적으로 양수명이 (1) 5계(殺, 盜, 淫, 妄, 酒)를 모두 범하지 않았으며, (2) 보시 면에서도 그가 일해 번 수입의 3분의 2를 다른 사람에게 줌으로써 '재보시(財布施)'를 했고, 인생의 진리를 말하여 남을 선한 길로 인도하는 '법보시(法布施)'와 다른 사람의 두려움을 없애는 '시무외(施無畏)'를 행했고, (3) 정진 면에서는 평생 일일신(日日新)하고 더욱 발전해 나감에 한 치도 나태하지 않았고, (4) 인욕(忍辱 : 욕됨을 참음) 면에서도 일반인들이 거부하거나 참을 수 없는 모욕의 처지를 잘 견디어 냈으며, (5) 선정(禪定)에서 매우 어려운 때 남달리 자약(自若)했으며, (6) 지혜 면에서도 뛰어남이 비상했다고75) 지적했다.

(4) 마르크스주의 반대자

양수명은 그의 이론과 사상 면에서 마르크스주의에 반대했다. 그는 마르크스주의 역사관인 유물사관의 세계사적 보편성에 동의하지 않았다. 즉, 그는 유물사관에서 물질적 생산제력(生産諸力), 생산방식의 발전과 생산관계의 모순, 그리고 계급의 대립과 투쟁이 저마다 사회발전의 결정요소와 주요 동력이 된다는 견해와 사회경제구성체의 변화에 따라 인류 역사가 단계적으로 발전한다고 하는 역사발전 단계론에 반대했다.

첫째로, 양수명은 사회발전과 변화의 결정요소를 생산력이 아닌 인류의 정신이라고 주장했다. 그는 유물사관이 생산력의 발전으로 사회발전을 설명하는 것에 부분적 일리는 있으나, 생산력이 어떻게 사람을 떠나 스스로 발전할 수 있느냐고 묻는다. 생산은 인류가 자연계를 장악하고 이용하여 얻는 것인데, 자연계를 이용하는 능력은 자연계에 대한 인간의 관찰과 실험, 곧 인간의 정신작용을 통과하는 만큼 결국 사회발전의 결정 요소는 인간 정신이라는 것이다.[76] 그는 또한 '문화는 인간의 생활양식'이며 '인간 생활의 근본을 의욕'이라고 보았다. 인생의 각종 문제, 즉 물질 혹은 주위환경, 타인, 자기 자신과 관련된 문제에 대해 반응하는 의욕의 형태에 따라 생활양식 즉 문화의 성격이 결정된다는 말이다. 근대 서양문화는 자연정복, 과학, 민주주의 등을, 중국문화는 안분(安分), 지족(知足), 과욕, 섭생과 자연과의 융합, 유락적 태도로 얻는 내적 만족을 저마다 특징으로 하는바, 그러한 차이는 사회 경제력의 발전이 아닌 인생에서 '의욕', 즉 인생을 영위하는 기본정신의 차이 때문이라는 것이다.[77]

두 번째로, 계급투쟁을 사회발전의 기본 동력이라고 하는 견해에 대해서 양수명은 그것이 서구에는 맞을는지 모르나 중국에는 해당되지 않는다는 의견을 갖고 있었다. 우선 중국사회에는 서양과 달리 분명하고 적대적인 계급 구분이 없었고, 대신 직업의 분화[職業分立]만이 있었으며, 윤리 본위의 사회였기 때문이라는 것이다.[78]

세 번째로, 인류 역사는 반드시 원시 공산제, 노예제, 봉건제, 자본주의, 그리고 사회주의(공산주의)의 역사발전 단계를 밟는다는 발전 단계론의 보편성에 동의하지 않았다. 양수명은 중국역사에서 진한 이래 2000여 년 동안 일치일란(一治一亂)의 순환이 있었을 뿐 서양식 혁명은 없었다고 말했다. 그리고 중국역사는 서양사의 단선적인 발전과는 달리 순환과 왕복(盤旋往復) 형태로 발전하였으며, 서양사에서와 같은 봉건시대도 존재하지 않았다고 주장했다.79) 게다가 그는 중공의 소련식[以俄爲師] 공산혁명에 대해서 공개적으로 반대했다. 그 이유는 그가 주장한 중국의 역사 배경과 사회, 문화의 특수성으로 말미암아 중국에서는 소련 공산당식이나 마르크스주의의 무산계급 혁명이 불가능하며, 중공의 계급적 무력투쟁은 중국을 분란에 빠뜨릴 것으로 보았기 때문이다.80)

2) 특별한 인품

양수명은 당대에 드문 독창적 사상가로서 유명했을 뿐만 아니라 남달리 고매하고 강직한 인품으로 많은 사람들의 존경의 대상이 되었다. 한 사람의 인물됨은 그 사람이 죽은 뒤 사람들이 내린 평가가 가장 정확하다고 할 수 있다. 그런 의미에서 1993년 양수명의 탄생 100주년을 기념하여 발간된《양수명선생기념문집》81)에 실린 많은 추모의 글들과 신문보도는 그의 인격의 진면목을 생생히 증언해 주고 있다. 이 기념문집에서 많은 인사들이 공통적으로 말하는 양수명의 인품 가운데 두드러진 특징은 다음과 같은 몇 가지로 정리할 수 있다.

첫째, 일생을 통해 언제나 속과 바깥이 같았고[表裏如一], 독립적 사고와 불굴의 의지로 자신이 생각하는 것을 솔직히 말했으며, 이러한 면모는 신념에 바탕을 둔 것이었기에 숙고의 결과나 옳은 일을 말하고 행동할 때는 누구 앞에서나 어떠한 위압에도 주저함이 없었고 굴복하거나

676

타협하지 않았다는 것이다. 그러한 많은 사례들 가운데 1951년 9월 전국정협 상임위 확대회의에서 당시 모든 사람이 모택동을 '제왕'처럼 어려워하는데도 과도기의 총노선 정책과 관련하여 농민과 농촌의 홀대에 대한 시정을 요구하는 발언을 하여 곤욕을 치른 일과, 1974년 9월 문화혁명(1966~1976) 시기에 전개된 비림비공운동을 겪으면서 "공맹의 도를 옹호하는 도사"로 낙인찍혀 수많은 비판을 받으면서도 '삼군가탈수(三軍可奪帥), 필부불가탈지(匹夫不可奪志)'라는 말로 자신의 신념을 공개적으로 굽히지 않은 일은 대표적인 것들이다.

둘째, 신념과 공의(公義)에 강직한 것과 달리 개인적인 대인관계에서는 매우 겸손하고 성심을 다한다는 것이다. 다른 사람의 소개로 양수명을 방문했던 한 학자는 그와 만났던 일을 회고하면서 "양 선생이 후진을 대하는 태도는 장자(長子 : 나이가 윗사람)로서 교만을 부리지 않고 오히려 끝까지 평등한 관계로 대하고, 이치로 따르게 하고 도의로 감동하게 하였으며, 인의(仁義)의 사람으로 그 말이 부드러웠다"82)고 증언하고 있다. 그와 추평에서 함께 일했던 한 제자는 양수명의 사람됨을 '성실독실(誠實篤實)' '검박진지(儉薄眞摯)', '경사내고(敬事耐苦 : 신중히 일을 처리하고 고통을 잘 참음)', '동정감 풍부', '절대로 자기를 속이거나 남을 속이지 않음'이라고 표현하고 있다.83) 또 다른 지인은 그의 성격을 "성을 내지 않으며, 모든 사람을 좋은 사람으로 믿었다. 철학을 말할 때는 돌려 이야기하나 사람을 대해서는 똑바로 말한다. 그의 은은한 미소는 보는 사람들을 퍽 감동하게 한다"84)고 기록하고 있다. 그런 점에서 평자들 사이에서는 그를 인간으로서는 최선의 찬사라 할 '참사람[眞人, 眞正人]'이라고 부르기도 한다.85)

셋째는 양수명의 학문에 대한 태도이다. 그에게서 학문과 인격은 둘이 아니었다. 즉, 그는 학문을 인격을 닦고 실천을 위한 지식과 신념을 얻는 방편으로 삼았다는 것이다. 한 평자는 그러한 양수명의 인격과 학문의 관계를 다음과 같이 표현했다. "그는 자기 자신을 자기의 철학을 실천하는 도구로 삼고, 자기의 철학적 신념에 따라 생활하는 것이 그의 철학의 일부분이었다. 그리고 그의 일은 끊임없이 자기수양을 하여 무아(無我)의 순정(純淨)한 경지까지 나아가게 하는 것이었다.”86)

1946년 말 양수명이 중경에 세운 중학, 국학전문학원, 문학원의 교명을 모두 ‘면인(勉仁)’이라 한 것도 학문을 하여 인을 힘써 실천한다는 뜻에서였던 것으로, 학문과 인격을 하나로 보는 그의 학문관의 표현이었던 것이다.

끝으로, 인물 양수명에 대한 종합적 평가의 하나를 들고자, 중공정권 초기와 문화혁명 기간 동안 부르주아 사상가의 대표적 인물로서 비판과 박해의 대상이었던 양수명의 사망 후 중공의 기관지 《인민일보》가 보도한 내용을 간략히 소개한다.

먼저 《인민일보》는 양수명의 사망 소식과 장례식을 보도하며 기사 제목을 〈한 세대의 큰 스승으로 많은 사람을 가르쳤으며, 일생 지략이 웅대하여 작은 일에 개의치 않았고, 부러질지언정 굽히지 않았다(一代宗師誨人不倦, 一生磊落寧折不彎)〉와 〈삼군의 장수는 빼앗을 수 있으나 필부라도 그 뜻은 빼앗을 수 없다(三軍可奪帥 匹夫不可奪志)〉로 뽑아 그의 일생을 요약하였다. 또한 양수명의 장례식에 조자양(趙紫陽)·만리(萬里)·이선념(李先念)·호요방(胡耀邦) 등 당시 많은 중공의 최고위 영도자들이 화환을 보내고, 생전의 그와 우의를 나누었던 각계각층의 인사 400여 명이 참석한 사실을 전하였으며, 장문의 글로 그의 일생을 다음과 같이 소개하였다.

“그는 저명한 철학가, 교육가, 민주인사이며 중국공산당의 오랜 친구이고, 개인 신상이 어려운 역경에 처부딪혀도 옳고 곧은 말을 서슴지 않은, 진리와 고상한 품격을 견지한 한 애국 지식인이었다.”87)

■ 주

1) 이러한 주장은 신문화운동 기간(1915~1921)에 중국 사상계를 주도했던 중국 전통문화에 대한 전반적 부정과 전면적 서양화 주장에 맞서서, 양수명이 1921년 28세의 젊은 나이에 《동서 문화와 그 철학(東西文化及其哲學)》이라는 저술을 통해 비교문화학적 관점에 따라 체계적으로 제시한 것으로 그 후에도 여러 저술에서 그가 평생 일관되게 견지한 사상이다.

2) 이 사업은 앞서 말한 양수명의 전통적 중국문화에 대한 사상적 신념을 당시 국토의 대부분이 농촌이며 인구의 압도적 다수가 농민인 중국의 상황에서 실천으로 구현해 보이고자 한 또 다른 실험이기도 하였다. 그는 향건운동을, 당시 정치적, 사회적으로 낙후한 상황과 제국주의 외세 침탈이라는 이중고로 신음하고 있던 중국이 택할 '최후의 구국 방도'라고 주장하면서 그의 평생의 사업으로 생각하고 있었다.

3) Chow Tse-tung, *The May Fourth Movement, Intellectual Revolution in Modern China*, Stanford Calif : Stanford University Press, 1978, p. 330 ; 웨이크만은 주책종(周策縱)이 양수명을 중국 국수(國粹)의 옹호자이며 전통적 농업주의의 주창자로서 방어할 수 없는 것을 방어하는 문화반동주의자로 묘사했다고 보았다. Frederic Wakeman Jr., "Foreword," Guy S. Alitto, *The Last Confucian, Liang Shu-ming and the Chinese Dillemma of Modernity*, Berkeley : University of California, 1979, p. ix.

4) "Introduction," Guy S. Alitto, ibid., p. 5.

5) 양수명은 호적과 함께 1955년 중공정부 주도 아래 이루어진 자산계급 사상비판운동의 주된 대상이 되었다. 그리고 중공정부 당국은 양수명을 비판하는 글들을 모아 2권의 책으로 출판하였다. 그 책에서 그는 지주계급의 대변자, 매판적 학자, 제국주의자들의 방조자, 극단적 관념주의자, 봉건주의의 옹호자, 반공주의자 등으로 비난받았다. 《梁漱溟思想批判》, 2冊, 北京 : 三聯書店, 1955.

6) 주 4와 같음

7) 中國文化書院學術委員會 編, 《梁漱溟全集》(이하 《全集》이라 함) 8冊, 濟南 : 山東人民出版社, 1989~1993.

8) 〈三軍可奪帥 匹夫不可奪志－梁漱溟走完近百年人生旅程〉, 《人民日報》, 1988. 7. 8.

9) Guy S. Alitto, op. cit..

10) Frederic Wakeman, Jr., "Forward," Guy S. Alitto, op. cit., p. x.

11) Preface, ibid., p. xv.

12) 〈我的自學小史〉, 《全集》 제2권, 663쪽.

13) 汪東林, 《梁漱溟問答錄》, 香港 : 三聯書店, 1988, 6~8쪽.

14) 양수명은 만년에 "나의 인생 (14세 이후) 80여 년 동안 주요 정력과 마음은 모두 이들 두 문제에 바쳐진 것이나 마찬가지인 바, 이 두 문제의 시작과 확립은 중학시대에 이루어졌다"고 말했다. 《問答錄》, 17~18쪽.

15) 이 절의 기술은 〈我的自學小史〉, 《全集》 제2권, 660~699쪽에 주로 근거를 두었다.

16) 그는 당시 그의 심리적 상황을 다음과 같이 토로하고 있다 : "이 기간 (기자로서) 사회와 자주 접촉한 결과 점차 현실(사실들)이 나의 이상과는 모두 같지 않다는 것을 깨닫게 되었다. '혁명', '정치', '위대한 인물' …… 모든 것이 겨우 이러한 것들인가 하는 느낌을 갖게 되었다. 그 모든 것들은 하류의 거래들과 비속한 심리, 찌르듯 날카롭고 독하며

흉포한 일들이며 이전에 가정이나 학교에서는 전혀 격어보지 못한 것들로서, 나로 하여
금 인생에 대하여 역겨움과 증오를 갖게 하였다."《全集》 제2권, 687~691쪽.

17) 《全集》 제2권, 989~687쪽.

18) 이는 양수명 자신이 했던 말이다. 《問答錄》, 32쪽 ; 鄭大華, 《梁漱溟學術思想評傳》,
北京 : 北京圖書館出版社, 1999, 14쪽 참조.

19) 불교에서는 인생의 고통의 원인을 기본적으로 자신과 사물에 대한 집착(我執과 法執)
에서 비롯하는 심소(心所), 특히 악심(惡心)과 번뇌로 본다. 따라서 그 고통의 해소 방안
도 아집과 법집에서 벗어나는 것이 된다. 유식학은 그러한 고통의 원인을 밝히고자 자
아와 사물의 존재를 고도의 철학적 심리학적 인식방법을 통해 세밀히 분석, 그것들의
실존적 허구성과 거기에서 벗어나는 길은 곧 "부처라는 일개의 인격 완성, 영원한 자리,
이타의 활동까지 이르는 것임"을 일깨우는 학설로 불교 학문 가운데 가장 난삽한 철학
적 체계리 할 수 있다. 싱세한 유식학의 소개서는 나게무라 마키오(竹村木男) 지음, 정
승석 옮김, 《唯識의 構造》, 민족사, 1989를 참조할 것.

20) 제4장 〈西洋·中國·印度 三方 哲學之比較〉의 기술에서 사용된 지식과 연구방법이
유식학에 바탕을 두었다고 양수명 자신이 밝히고 있다. 〈東西文化及其哲學〉, 《全集》
제1권, 397쪽.

21) 〈人心與人生〉, 《全集》 제3권, 756~757쪽 ; 鄭大華, 앞의 책, 1999, 14~15쪽.

22) Guy S. Alitto, op. cit., p. 56 ; 馬勇, 《梁漱溟評傳》, 合肥 : 安徽人民出版社, 1992, 28쪽.

23) 이 논문의 구성과 내용에 대한 기술은 〈究元決疑論〉, 《全集》 제1권, 3~22쪽 ; 鄭大華,
위의 책, 15~20쪽 ; 馬勇, 앞의 책, 1992, 27~32쪽 참조.

24) 채원배의 '兼容幷包主義'와 양수명의 교수채용에 관해서는 蔡建國, 《蔡元培與近代中
國》, 上海 : 上海社會科學阮出版社, 1997, 171~174쪽 ; 鄭大華, 앞의 책, 1999, 20쪽.

25) 《印度哲學槪論》은 양수명의 첫 학술서적으로 1919년 12월 상부인서관에서 출판하였
다. 1922년 제3판부터 증산(增刪)하였고, 그 뒤에도 재판을 여러 번 하였다. 전체 15만
자로 4편 12장으로 되어 있다. 그 내용의 개요에 대해서는 《印度哲學槪論序》, 《全集》
제1권, 25~28쪽 ; 鄭大華, 앞의 책, 1999, 30~33쪽 참조 ; 《唯識述義》는 두 책으로 되어
있고, 1920년 1월 재정부인쇄국에서 인쇄하고 북경대출판부에서 판매했다. 그러나 현재
는 5만여 자의 제1책만이 전한다. 그 내용의 요점은 초판본 《唯識述義》서언, 《全集》 제
1권, 151~153쪽 ; 鄭大華, 앞의 책, 1999, 34~36쪽 참조.

26) 〈第三版 自序〉, 《全集》 제1권, 321쪽 ; 〈自述〉, 《全集》 제2권, 11쪽.

27) 〈自述〉, 위의 책, 11쪽.

28) 馬勇, 앞의 책, 1992, 32~36쪽.

29) 〈思親記〉, 《全集》 제1권, 593~596쪽 ; 鄭大華, 앞의 책, 1999, 24~25쪽.

30) 〈自述〉, 《全集》 제2권, 11~12쪽.

31) 〈東西文化及其哲學, 自敍〉, 《全集》 제1권, 542~545쪽 ; 鄭大華, 앞의 책, 1999, 25~27쪽.

32) 馬勇, 앞의 책, 1992, 124~125쪽 ; Guy S. Alitto, op. cit., pp. 71~72.

33) 馬勇, 앞의 책, 1992, 120~122쪽.

34) 〈我們的政治主張〉, 《努力周報》, 제2期 ; 馬勇, 위의 책, 126~127쪽.

35) 梁漱溟, 〈辦學意見述略〉, 《北京大學日刊》, 1924년 6월 18일자 ; 〈東西人的教育之不
同〉, 《漱溟三前文錄》, 上海 : 上海書店, 1989, 183~191쪽 ; 馬勇, 앞의 책, 1992, 128~
128쪽 ; 鄭大華, 앞의 책, 1999, 43~44쪽.

36) 〈辦學意見述略〉,《全集》 제4권, 776~777쪽 ; 馬勇, 앞의 책, 1992, 130쪽 ; 鄭大華, 앞
    의 책, 1999, 44~45쪽.

37) 〈辦學意見述略〉,《全集》 제4권, 782쪽.

38) '講學'에 대해서는 〈東西文化及其哲學〉,《全集》 제1권, 539~540쪽 ; '朝話'에 대해서
    는 〈朝話的 來歷及其意義〉,《全集》 제2권, 40~41쪽 ; 汪東林, 앞의 책, 1988, 51쪽 참조.

39) 汪東林, 앞의 책, 1988, 52쪽 ;〈自述〉,《全集》 제2권, 22쪽.

40) 〈自述〉,《全集》 제2권, 22~24쪽.

41) 汪東林, 앞의 책, 1988, 52~54쪽 ;〈北遊所見記略〉,《全集》 제4권, 875~904쪽.

42) 양수명에 따르면, 이 책은 1922년부터 구상하기 시작하여 7, 8년간 단계적으로 발전시
    켜 1929년에 그 전반을 원고화한 것이며, 그 뒤 1937년 3월 산동성 추평 향촌서점에서
    《鄕村建設理論》(일명 《中國民族之前途》)이라는 책명으로 출판되었다. 그 요지는 중국
    을 정치, 경제와 문화전통 등 여러 면에서 분석하여, 중국민족이 맞닥뜨린 곤경에서 장
    차 벗어나려면 '鄕治'가 유일한 출로이며, 앞으로 국민당이 살 길도 중국 민족정신의 고
    취와 민족문화를 부흥시키는 것이라고 주장하는 데 있었다. 〈自序〉,《鄕村建設理論》
    (일명 《中國民族之前途》),《全集》 제2권, 143~145쪽 참조.

43) 馬勇, 앞의 책, 1992, 196~197쪽.

44) 馬勇, 앞의 책, 1992, 197~199쪽 ; Guy S. Alitto, op. cit., pp. 262~264.

45) 梁漱溟, 〈鄕村建設理論〉,《全集》제2권, 346~359쪽 ; 馬勇, 앞의 책, 1992, 199~210
    쪽 ; Guy S. Alitto, op. cit., pp. 247~268 ; 향농학교의 구실과 그를 통한 양수명의 신중
    국 재건관에 관해서는 李炳柱, 〈中國鄕村敎育運動의 發展(1920년대~30년대 초)〉,《阜
    村申延澈敎授停年退任紀念史學論叢》, 일월서각, 1995, 288~290 쪽 참조.

46) 상세한 내용에 대하여서는 이병주, 〈中國 鄕村建設運動에 관한 管見〉,《梨大史苑》 2
    2~23합집, 1987, 319, 324쪽 ; Guy S. Alitto, op. cit., pp. 253~268 참조.

47) 〈散篇論述〉,《全集》 제6권, 80~86, 87~96쪽 ; 馬勇, 앞의 책, 1992, 223~250쪽.

48) 〈統一同志會〉(散篇論述),《全集》 제6권, 248~262쪽 ; 趙錫驊,《民盟史話(1941~
    1949)》, 北京 : 中國社會科學出版社, 1992, 1~10쪽 ; 馬勇, 앞의 책, 1992, 251~289쪽 ;
    中國民主同盟中央文史資料委員會 編,《中國民主同盟歷史文獻》, 北京 : 文史資料出版
    社, 1983, 1, 26~30쪽.

49) 이 항을 기술함에는 주로 다음의 자료를 근거로 하였다.《全集》제6권, 610~785쪽 ; 제
    3장〈民主黨派爲爭取國內的和平民主而鬪爭〉, 邱錢牧,《中國民主黨派史》, 杭州 : 浙江
    敎育出版社, 1987, 124~217쪽 ; 馬勇, 앞의 책, 1992, 291~366쪽.

50) 菊池貴晴,《中國第三勢力史論 : 中國革命における第三勢力の總合的硏究》, 東京 :
    汲古書院, 1987, 34~35쪽.

51) 〈中國民主同盟代表梁漱溟在滬報告李聞暗殺調査經過(1946年 8月 26日)〉,《全集》 제6
    권, 637~669쪽.

52) 《要義》의 내용 요약은 기본적으로 《中國文化要義》,《全集》제3권의 자서(3~7쪽),
    282~288, 289~316쪽에 근거하였다. 그밖에 이병주, 〈20세기 초반 중국 지식인의 이념
    적 分岐와 실천문제〉,《中蘇硏究》, 한양대학교, 14卷 4号, 1990-1, 234~239쪽 ; 馬勇, 앞
    의 책, 1992, 제14장(326~346쪽) 참조.

53) 〈散篇論述〉,《全集》 제6권, 838쪽(〈國慶日的一篇老實話〉), 836쪽(〈1950年向領導黨建
    議硏究 中國文化, 設置中國文化硏究所之草案, 附識〉).

54) 〈散篇論述〉,《全集》 제6권, 386쪽.

55) 〈國慶日的一篇老實話〉, 위의 책, 838~839쪽.

56) 汪東林,《梁漱溟與毛澤東》, 長春 : 吉林人民出版社, 1989, 17~18쪽.

57) 이 저술은 원래의 수고(手稿)가 보존되어 있지 않다. 다만 현존하는 것은 초본 형태로 약 90쪽 분량의 머리말(辯言)과 상편이《梁漱溟全集》제3집, 315~414쪽에 정리되어 실려 있다.

58) 〈兩年來我有了哪些轉變〉,《全集》 제6권, 857~874쪽.

59) 앞의 책, 860~874, 858~860, 857쪽.

60) 여러 비판자들의 더 상세한 비판 내용에 대해서는 馬勇, 앞의 책, 1992, 380~382쪽 참조.

61) 〈敬答賜教的幾位先生〉,《光明日報》, 1951. 12. 26(《全集》제6권, 877~889쪽에 재수록).

62) 이 사건 전말에 대한 상세한 내용은 汪東林, 앞의 책, 1989, 21~27쪽. 양수명에 대해 모택동이 한 비난 언동에 대해서는 27쪽 참조.

63) 馬勇, 앞의 책, 1992, 406~410쪽.

64) 양수명의 발언에 대한 비판이 컸던 까닭은, 비록 공자에 대한 직접적 언급이 없었을지라도 고대 중국에서 노예제 사회가 없었다는 그의 주장이, 당시 공자를 노예제도를 옹호한 완고한 사상가로 비판하고 있던 중공의 공식 견해가 지닌 논거를 상실하게 만들기 때문이었다. 〈批孔 運動以來我在學習會上的發言及其經過的事情述略〉,《全集》 제7권, 317~ 318쪽.

65) 〈今天我們應當如何評價孔子〉,《全集》 제7권, 295~315쪽.

66) 靳德行 主編,《中華人民共和國史》, 開封 : 河南大學出版社, 1989, 505~525쪽 ; 小島朋之 著,《摸索する中國 : 改革と開放の軌跡》, 東京 : 岩波書店, 1989, 56~57쪽.

67) 馬勇, 앞의 책, 1992, 460~461쪽.

68) 鄭大華, 앞의 책, 1999, 254~296쪽 ; Guy S. Alitto, op. cit., p. 6.

69) 馬勇, 앞의 책, 1992, 182쪽.

70) 〈鄉村建設理論〉,《全集》 제2권, 557쪽.

71) 위의 책, 278~279쪽 ; 〈精神陶煉要旨〉,《全集》 제5권, 507쪽 ; 그는 그러한 방도를 '中西沟通(중국과 서양을 통함)'와 '從老根上新發芽(오랜 뿌리에서 자라난 새싹)'이란 두 마디의 말로 표현했다. 여기서 '오랜 뿌리에서 자라난 새싹'라는 말은 서양의 민주주의, 단체조직, 과학, 기술 등을 흡수하되 중국문화의 오랜 뿌리, 즉 유가의 전통적 도덕과 지혜 위에서 싹을 틔운다는 것이다. 다시 말해서, 외래의 신문화를 그대로 이식하는 것과는 달리 중국 고유문화를 계승하면서도 서양문화의 장점을 흡수하여 혁신과 발전을 통한 새 시대에 맞는 중국문화를 창출한다는 것이다. 그리고 중국이 서양의 장점을 흡수해도 좋은 이유로 양수명은 서양의 인생 태도, 사회풍습, 언어 등은 중국민족이 본뜰 까닭이 없으나, 서양의 허다한 학문과 물질문명의 기초인 과학과 기술의 성취는 '천하의 공기(公器)', 즉 인류의 지혜가 발휘된 자연스런 결과이기 때문에, 비록 서양인이 그 것들을 먼저 발전시켰다 하더라도 서양인의 것[私]으로만 볼 수는 없다는 점을 내세우고 있다. 그의 이러한 '中西沟通, 縱老根上新發芽' 방식은 그가 주도한 산동 향촌건설운동에서 실험되었다. 이에 대한 상세한 논의는 馬勇, 앞의 책, 1992, 182~185쪽 ; 鄭大華, 앞의 책, 1999, 271~276쪽 참조.

72) 양수명과 현대 유학가들의 학풍에 대한 더 상세한 논의에 대해서는 鄭大華, 앞의 책, 1999, 277~296쪽 참조.

73) 여기서 양수명의 학문적 연구가 철저히 실용 및 실천과 연관된 것이라는 점은 그의
　　 자평이나 그에 대한 다른 이들의 평에서 잘 알 수 있다.《동서 문화와 그 철학》의 출판
　　 을 통하여 한 저명한 신유학자로서 전국적 명성을 얻게 되었을 때 양수명은 자기는 일
　　 반적 의미의 학자나 철학자가 아님을 강조하였다. 그리고 자신은 다만 인생방법과 사
　　 회, 그리고 사회문제에 대한 합당한 설명과 실제적 개혁을 위한 긍정적 계획의 기초를
　　 제공할 수 있는 사상을 모색하고 그 사상에 따라 엄격히 생활하는 사람일 뿐이라고 하
　　 였다.〈自敍〉,《中國文化要義》,《全集》第3권, 4쪽 ; 韋政通,〈梁漱溟 : 一個爲行動而思
　　 考的儒者〉,《儒家與現代中國》, 臺北 : 東大圖書公社, 1984, 219쪽.

74) 胡應漢,〈梁漱溟先生年譜初收〉,《人生雜誌》, 19쪽.

75) 梁培寬 編,〈仲尼燕居－悼念梁漱溟先生〉,《梁漱溟先生紀念文集》, 北京 : 中國工人出
　　 版社, 1993, 77쪽.

76)〈東西文化及其哲學〉,《全集》제1권, 375쪽.

77) 더 자세한 논의는 이병주, 앞의 글, 1987, 308~309쪽 참조.

78)〈鄕村建設理論〉,《全集》 제2권, 166~174, 176~177쪽 ;〈中國文化要義〉,《全集》 제3
　　 권, 169~168쪽.

79)〈中國文化要義〉,《全集》 제3권, 169~172쪽.

80)〈我們政治上第二個不通的路－俄國共産黨發明的路〉,《全集》 제5권, 266~285쪽 ;
　　〈鄕村建設理論〉, 409~411쪽.

81) 梁培寬 編, 앞의 책. 편집 후기에 따르면 이 책은 양수명이 타계한 해인 1988년부터
　　 사제지간 또는 친지의 관계, 심지어 그에 대한 비판적 입장에 있었던 인사까지 포함하
　　 여 그를 평가할 수 있는 위치에 있는 각계의 학자나 저명 인사들에게 양수명에 대한
　　 글을 부탁, 5년 동안 수집·편찬하여 양수명에 대한 다양한 견해를 싣고자 하였다 한다.

82) 吳小如,〈梁漱溟先生的高風亮節〉, 梁培寬 編, 앞의 책, 157쪽.

83) 朱秉國,〈鄒平漫懷〉, 위의 책, 48쪽.

84) 李竟西,〈梁漱溟〉, 위의 책, 223~224쪽.

85) 袁鴻壽, 위의 책, 76쪽 ; 唐君毅,〈我心中的梁漱溟先生〉, 같은 책, 204, 205쪽.

86) 郭齋勇,〈特立獨行一大直聲－梁漱溟的人格和著作漫談〉, 위의 책, 293~234쪽.

87)〈三軍可奪帥匹夫不可奪志－梁漱溟走完近百年人生旅程〉,《人民日報》, 1988. 7. 8 ;〈一代
　　 宗師誨人不倦一生磊落寧折不彎－梁漱溟遺體告別式在京擧行〉,《人民日報》, 1988. 7. 8.

필자 소개

이병주 李炳柱

　　서울대학교 문리대 사학과, 하와이대학교 대학원(석사·박사). 영남대학교 사학과 교수, 중국현대사연구회 회장, 중국사학회 회장 지냄. 현재 중국사학회 명예회장.

이학로 李學魯

　　계명대학교 중국학과, 계명대학교 대학원 역사학과(석사), 경북대학교 대학원 사학과(박사). 현재 계명대학교 국제학대학 중국학과 초빙전임강사.

신태갑 申太甲

　　영남대학교 사학과, 국립대만대학교 대학원(석사), 영남대학교 대학원(박사). 북경제이외국어대학 교환교수 지냄. 현재 동아대학교 인문학부 교수.

김종건 金鍾健

　　경북대학교 사학과, 경북대학교 대학원 사학과(석사·박사). 현재 영산대학교 자유전공학부 단임교수, 중국사학회·명청사학회 이사.

천성림 千聖林

　　이화여자대학교 사범대학 사회생활과(역사전공), 이화여자대학교 대학원 사학과(석사·박사). 현재 배재대학교 사회과학연구소 연구교수.

박선영 朴宣怜

　　덕성여자대학교 사학과, 대만국립사범대학 역사연구소(석사), 남경대학 역사과(박사). 동경대학동양문화연구소 외국인연구원을 지냄. 현재 포항공과대학교 인문사회학부 교수.

전동현 錢東炫

　　이화여자대학교 사학과, 이화여자대학교 대학원 사학과(석사·박사). 현재 이화여자대학교 한국문화연구원 연구원.

요전덕 姚傳德

　　남개(南開)대학교 사학과, 남경대학교 사학 박사. 현재 소주(蘇州)대학 사회학원 교수.

김진경 金眞經

영남대학교 사학과, 인디애나대학 대학원 사학과(석사), 하와이대학 대학원 사학과(박사). 현재 영남대학교 사학과 등에서 강의.

김기훈 金基勳

육군사관학교, 서울대학교 동양사학과, 하와이대학교 대학원 사학과(석사·박사). 현재 육군사관학교 사학과 교수.

윤혜영 尹惠英

서울대학교 동양사학과, 서울대학교 대학원 동양사학과(석사·박사). 현재 한성대학교 역사문화학부 교수.

이승우 李承佑

영남대학교 문과대학 사학과, 영남대학교 대학원 사학과(석사), 남개(南開)대학 역사학원(박사). 중국 남개대학 역사학원 강사, 중국 남개대학 근대중국연구중심 겸임연구원 지냄. 현재 영남대학교 중국연구센터 연구원.

허 증 許 增

영남대학교 사학과, 영남대학교 대학원 사학과(석사·박사). 현재 영남대학교 사학과 등에서 강의.

이양자 李陽子

서울대학교 사범대학 역사교육과, 서울대학교 대학원 사학과(석사), 영남대학교 대학원 사학과(박사). 현재 동의대학교 사학과 교수, 중국사학회 회장.

김정화 金貞和

성균관대학교 사학과, 성균관대학교 대학원 사학과(석사), 대만국립사범대 역사연구소(박사). 현재 충북대학교 인문대 사학과 교수.

박제균 朴濟均

서울대학교 동양사학과, 서울대학교 대학원 동양사학과(석사), 경북대학교 대학원 사학과(박사). 현재 울산대학교 인문과학연구소 연구교수.

강명희 姜明喜

서울대학교 동양사학과, 시카고대학교 대학원(석사), 서울대학교 대학원 동양사학과(박사). 현재 한세대학교 교수.

*논문 게재 순